# MATHEMATIK
# NEUE WEGE

## ARBEITSBUCH FÜR GYMNASIEN

**Berlin**

**9. Schuljahr**

Herausgegeben von
Arno Lergenmüller
Günter Schmidt

**Schroedel**

**MATHEMATIK NEUE WEGE 9**
**ARBEITSBUCH FÜR GYMNASIEN**
Berlin

Herausgegeben von:
Arno Lergenmüller, Prof. Günter Schmidt

erarbeitet von:
Ellen Ebbes, Nieder-Olm
Dr. Nicola Haas, Essen
Johanna Heitzer, Mönchengladbach
Ariane Keil, Neustadt
Elke Kuhnert, Berlin
Arno Lergenmüller, Roxheim
Hellen Ossmann, Ingelheim
Peter Ossmann, Ingelheim
Kerstin Peuser, Roetgen
Michael Rüsing, Essen
Prof. Günter Schmidt, Stromberg
Thomas Vogt, Hargesheim
Martin Zacharias, Molfsee

für **Berlin** bearbeitet von:
Angelika Reiß, Dr. Eberhard Lehmann



Druck A [1] / Jahr 2008

Alle Drucke der Serie A sind im Unterricht parallel verwendbar, da bis auf die Behebung von Druckfehlern unverändert.

Redaktion: Dr. Klaus-Peter Schrage
Herstellung: Udo Sauter
Umschlagentwurf: Janssen Kahlert Design & Kommunikation GmbH, Hannover
Illustrationen: M. Pawle, München
techn. Zeichnungen: M. Wojczak, Butjadingen
Satz: Cross Media Solutions GmbH, Würzburg
Druck: westermann druck GmbH, Braunschweig

**ISBN 978-3-507-85509-0**

# Inhalt

**Fotoverzeichnis:**
akg-images, Berlin: 18, 117, 161 (Erich Lessing), 175, 177; Arco Images, Lünen: 236.4 (B. Fischer), 237.2 (NPL), 237.3 (P. Wegner); blickwinkel, Witten: 196 (M. Woike), 213.2 (H. Baesemann), 236.5 (C. Leithold); Bridgemanart, Berlin: 224; Wolfgang Deuter, Willich: 236.2; Deutsches Museum, München: 7, 50, 201, 202; elance-media: 127.1, 127.2; M. C. Escher's "Regular Division of the Plant VI" © 2008 The M.C. Escher Company-Holland. All right reserved. www.mcescher.com: 68; M. C. Escher's "Square Limit" © 2008 The M.C. Escher Company-Holland. All rights reserved. www.mcescher.com: 82; M. Fabian, Hannover: 24; fh-friedberg.de/users/boergens: 193; Erhard Friedrich Verlag, Seelze: 236.6 (mathematik lehren, Heft 19); Getty Images, München: 207; H. von Graefe, Helmstedt: 67, 76, 132; Haff, Pfronten: 61; J. Heitzer, Mönchengladbach: 158.1, 163; Institut für Biomechanik, Deutsche Sporthochschule Köln: 145.2; Dr. E. Kretschmann/Dr. P. Zacharias: 152.2; E. Lehmann, Berlin: 170; A. Lergenmüller, Roxheim: 211, 213.1, 217, 218, 227; Mauritius, Mittenwald: 42.1 (Lindner), 72.2 (Image State), 88.1 (Palais), 97.1 (Plomer), 98 (Mallaun), 108 (Oechslein), 119 (Pöhlmann), 141.2 (v. d. Ropp), 142 (fact), 145.3 (Thonig), 146 (Röder), 147.2 (Wendler), 152.3 (Plath), 181.3 (Eastep), 205.1 (Power Stock), 222 (Oxford Scientific), 236.3 (Bernhard Lehn), 237.1 (Steve Bloom); Max-Planck-Institut für Radioastronomie: 205.3; Norddeich Radio: 205.4; Okapia, Frankfurt: 235.2 (Martyn Colbeck/OSF); onboardmag.com: 143; K. Peuser, Roetgen: 178, 179, 181.1, 181.2, 181.4, 182, 183, 185.1, 185.2, 185.3, 185.4, 195; PhotoAlto: 216.1 (Isabelle Rozenbaum); picture-alliance, Frankfurt: 77 (dpa), 93.2 (Gerd Rebenich/dpa), 97.2 (dpa), 123.2 (Hirschberger Ralf/dpa), 135 (Greg Wood/dpa), 152.1 (dpa/Wolfgang Weihs), 167 (dpa), 223 (dpa), 235.1 (dpa), 238.1 (Sven Simon), 238.2 (dpa), 238.3 (dpa), 238.4 (Sven Simon); Reinhard-Tierfoto, Heiligkreuzsteinach: 78.1; M. Rüsing, Essen: 140.2, 141.3; Schlüter Biologie, Winnenden: 39.1; School of Mathematics and Statistics, University of St. Andrews, Scotland: 28; K.-P. Schrage, Braunschweig: 216.2; Sven Simon, Mülheim: 145.1, 147.1; Stede, Chile: 221; Superbild, München: 215 (Option Photo); H. Tegen, Hambühren: 88.2; TopicMedia Service, Ottobrunn: 78.1 (Danegger), 78.3 (Hosking); Transglobe Agency, Hamburg: 205.2 (Ambuschowa); T. Vogt, Hargesheim: 42.2, 42.3, 43, 54, 63.2, 87; Wildlife, Hamburg: 237.4 (S. Muller); Carl Zeiss, Oberkochen: 79.3

Übrige Fotos: G. Schmidt, Stromberg

Es war uns nicht in allen Fällen möglich, die Inhaber der Bildrechte ausfindig zu machen. Berechtigte Ansprüche werden selbstverständlich im Rahmen der üblichen Konditionen abgegolten.

# Zu diesem Buch

## Die erste grüne Ebene

***Was dich erwartet***

*In wenigen Sätzen erfährst du, worum es in dem Abschnitt geht.*

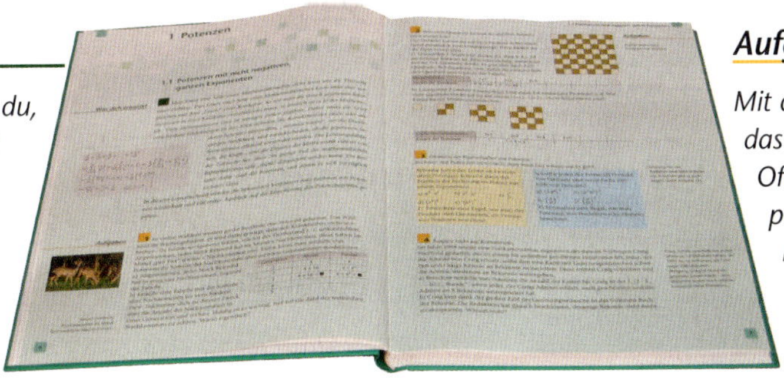

***Aufgaben***

*Mit diesen Aufgaben lernst du das Thema des Abschnitts kennen. Oft stößt du dabei auf Alltagsprobleme, die mithilfe der Mathematik gelöst werden.*

## Die weiße Ebene

***Basiswissen***

*Im roten Kasten findest du das wichtige mathematische Wissen kurz und bündig zusammengefasst.*

***Beispiele***

*Die Beispiele mit Musterlösungen helfen dir beim Lösen der Aufgaben.*

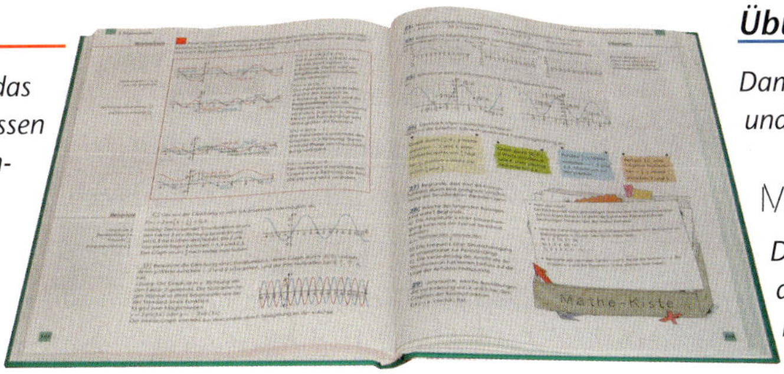

***Übungen***

*Damit kannst du dein Verständnis und dein Können trainieren.*

Mathe-Kiste

*Du findest sie manchmal unten auf einer weißen Seite. Sie garantiert das Auffrischen und Wiederholen deiner Kenntnisse.*

Lösungshilfen

*Beispiele und Tipps findest du bei vielen Aufgaben in dem blau-gestrichelten Kasten.*

Kontrolle

*Mit den Lösungen kannst du deine Ergebnisse selbst kontrollieren.*

## Die zweite grüne Ebene und Check-up

***Aufgaben***

*Du kannst dein Wissen in interessanten Zusammenhängen und neuen Situationen vertiefen. Oft lohnt sich die Zusammenarbeit in Gruppen.*

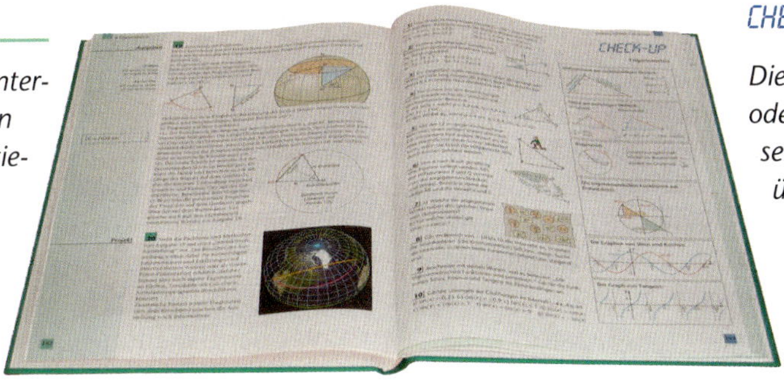

CHECK-UP

*Dies sind Extraseiten nach einem oder mehreren Kapiteln. Sie fassen das Wichtigste des Kapitels übersichtlich zusammen. Mit zusätzlichen Übungsaufgaben kannst du dein Wissen festigen und für Klassenarbeiten trainieren. Die Lösungen zu den Aufgaben findest du am Ende des Buches.*

# 1 Neue Zahlen entdecken – reelle Zahlen

## 1.1 Wurzeln bestimmen

***Was dich erwartet***

*„Es gibt Zahlen, die gibt es gar nicht."*
*„Wie soll man denn das verstehen?"*
*„Nun, du kannst sicher eine Zahl nennen, die mit sich selbst multipliziert 9 ergibt."*
*„Sicher. Das ist z. B. die Zahl 3."*
*„Prima! Dann kannst du sicher auch eine Zahl angeben, die mit sich selbst multipliziert 10 ergibt. Um es dir leicht zu machen, schlage ich dir die Zahl 3,16227766 vor."*
*„Da muss ich nicht lange rechnen. Dein Vorschlag ist falsch. Wenn ich eine Dezimalzahl mit 8 Stellen hinter dem Komma mit sich selbst multipliziere, dann erhalte ich nicht genau 10. Das klappt doch mit überhaupt keiner Dezimalzahl. Lässt sich denn dein Problem überhaupt lösen?"*

*Wie du vielleicht vermutest, werden wir in eine neue „Zahlenwelt" vorstoßen. Doch keine Angst, vieles, was du von Zahlen kennst, gilt auch für die neuen Zahlen.*

***Aufgaben***

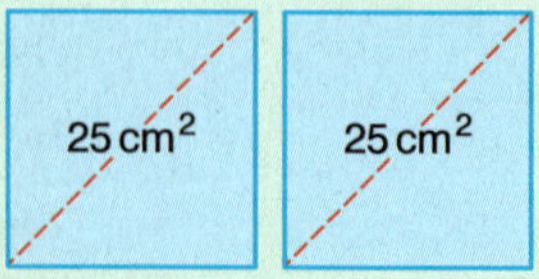


**1** *Quadratpuzzle*

Zeichne zwei Quadrate mit jeweils 25 $cm^2$ Flächeninhalt.

a) Verwandle durch Auseinanderschneiden und Zusammenlegen die *beiden* Quadrate in ein neues Quadrat, ohne dass ein Teil übrigbleibt.

b) Welchen Flächeninhalt hat das neue Quadrat? Miss die Kantenlänge und überprüfe rechnerisch, ob du richtig gemessen hast.

c) Bestimme die Kantenlänge möglichst genau.

**2** *Lösen von Gleichungen*

Die Gleichung $x^2 = a$ bedeutet: Gesucht wird eine Zahl x, die mit sich selbst multipliziert die Zahl a ergibt.

a) Finde die Lösungen der Gleichungen (1) bis (6). In einigen Fällen kannst du die Lösungen nur näherungsweise bestimmen.

b) Du hast sicher bemerkt, dass einige der Gleichungen zwei Lösungen haben und dass je eine Gleichung nur eine Lösung bzw. keine Lösung hat. Begründe.

(1) $x^2 = 81$
(2) $x^2 = 0$
(3) $x^2 = 0{,}04$
(4) $x^2 = 5$
(5) $x^2 = -9$
(6) $x^2 = 10$

## Aufgaben

**3** *Fallzeit*

An der Universität von Pisa arbeitete im 16. Jahrhundert der berühmte Physiker GALILEO GALILEI. Er kam durch Überlegungen und durch verschiedene Experimente zu der Erkenntnis, dass alle Körper ohne Berücksichtigung des Luftwiderstandes unabhängig von der Masse mit der gleichen Beschleunigung fallen.
Es wird behauptet, dass GALILEI Steine und Kugeln vom schiefen Turm von Pisa fallen ließ, um seine Vermutung experimentell zu überprüfen. Dies ist allerdings nicht belegt. Heutzutage kann man mit Fallexperimenten im Vakuum nachweisen, dass GALILEO GALILEI Recht hatte.
Für alle Körper kann man auch in Luft für kurze Fallzeiten t näherungsweise mit einer Faustregel die Fallstrecke s(t) ermitteln: $s(t) = 5t^2$

GALILEO GALILEI
*1564 †1642

Dabei muss man die Fallzeit in Sekunden eingeben und erhält dann die Fallstrecke in Meter.
a) Erstelle eine Tabelle zur Funktion $s(t) = 5t^2$

| Zeit t in Sekunden | 0 | 1 | 2 | 3 | 4 | 5 |
|---|---|---|---|---|---|---|
| Fallstrecke s in Meter | 0 | 5 | ■ | ■ | ■ | ■ |

b) Schätze mithilfe der Tabelle die Fallzeit für die Strecke 16,20 m. Überprüfe deine Schätzung und ermittle die Fallzeit auf zwei Stellen nach dem Komma genau.
c) Schätze, wie lange ein Körper benötigt, um 30 m zu fallen. Ermittle das Ergebnis auf zwei Stellen hinter dem Komma genau.
Kannst du dir denken, warum in Aufgabe b) die Fallzeit ausgerechnet für 16,20 m berechnet werden sollte?

**3b** $16{,}20 = 5t^2$

**4** *Quadratzahlen*
Gesucht ist eine Zahl, die quadriert die Zahl a ergibt.
a) Zu welchen natürlichen Zahlen a zwischen 0 und 100 findest du eine exakte Lösung?
b) Zu keiner Zahl a zwischen 0 und 1 mit genau einer Nachkommastelle gibt es eine exakte Lösung. Begründe.
c) Zu welchen Zahlen a zwischen 0 und 2 mit zwei Nachkommastellen gibt es eine exakte Lösung?

**5** *Stellenjäger*
Suchst du die Kantenlänge a eines Quadrates mit dem Flächeninhalt $A = 16\ \text{cm}^2$, so findest du leicht die Lösung: Die Kantenlänge beträgt $a = 4$ cm, denn $4 \cdot 4 = 16$. Bei einem Quadrat mit dem Flächeninhalt $17\ \text{cm}^2$ kann man die Kantenlänge nur näherungsweise z. B. durch systematisches Ausprobieren ermitteln:
$4 < a < 5$ denn $4 \cdot 4 = 16$ und $5 \cdot 5 = 25$
$4{,}1 < a < 4{,}2$ denn $4{,}1 \cdot 4{,}1 = 16{,}81$ und $4{,}2 \cdot 4{,}2 = 17{,}64$
a) Setze die näherungsweise Berechnung von a für die beiden nächsten Stellen fort. Kann man mit diesem Verfahren noch weitere Stellen ermitteln?
b) Ermittle durch systematisches Ausprobieren einen Näherungswert für die Kantenlänge a eines Quadrates mit dem Flächeninhalt $90\ \text{m}^2$. Gib den Näherungswert auf drei Stellen nach dem Komma an.

## Basiswissen

Auf jedem Taschenrechner findet man eine Taste, mit der man eine Wurzel näherungsweise berechnen kann:

### Die Wurzel

Wenn a eine Quadratzahl ist, dann ist die Gleichung $x^2 = a$ leicht lösbar.

$x^2 = 1{,}44$
$x_1 = 1{,}2 \qquad x_2 = -1{,}2$

Wenn a keine Quadratzahl ist, dann kann man die 2 Lösungen der Gleichung $x^2 = a$ mithilfe des Wurzelzeichens schreiben.

$x^2 = 2$
$x_1 = \sqrt{2} \qquad x_2 = -\sqrt{2}$

$\sqrt{a}$: sprich Wurzel aus a

Ist a größer oder gleich 0, dann ist $\sqrt{a}$ die positive Zahl, die mit sich selbst multipliziert (quadriert) a ergibt.

$(\sqrt{a})^2 = a$
$(\sqrt{2})^2 = 2$

Wenn a eine positive Zahl ist, dann hat die Gleichung $x^2 = a$ zwei Lösungen:
**1.** $x = \sqrt{a}$ ist eine Lösung, denn $(\sqrt{a})^2 = a$.
**2.** $x = -\sqrt{a}$ ist eine Lösung, denn $(-\sqrt{a})^2 = a$.

Wurzelzeichen
$\sqrt{x}$
Radikand

## Beispiele

**A** Löse die Gleichungen.

a) $x^2 - 9 = 40$

*Lösung:*
$x^2 - 9 = 40 \quad |+9$
$x^2 = 49$
$x_1 = 7 \qquad x_2 = -7$

b) $4x^2 = 40$

*Lösung:*
$4x^2 = 40 \quad |:4$
$x^2 = 10$
$x_1 = \sqrt{10} \qquad x_2 = -\sqrt{10}$

c) $x^2 = -1$

*Lösung:*
Es gibt keine Lösung, da keine Zahl mit sich selbst multipliziert eine negative Zahl ergibt.

**B** Schätze die Kantenlänge des Quadrates.

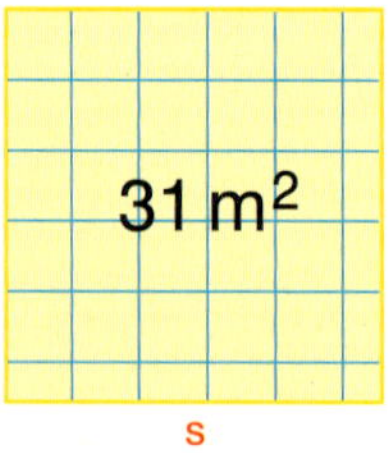


Den Flächeninhalt A eines Quadrates mit der Kantenlänge s kann man nach der Formel $A(s) = s^2$ berechnen.
Durch Einsetzen erhält man die Gleichung $31 = s^2$.
Da die Kantenlänge s nicht negativ sein kann, gibt es nur eine Problemlösung: $s = \sqrt{31}$ m.

Aus der Zeichnung kann man eine grobe Abschätzung ablesen: $s \approx 5{,}6$ m.
Eine bessere Schätzung erhält man mithilfe des Taschenrechners:
31 [√] 5.567764363
Auf drei Stellen nach dem Komma gerundet erhält man $s \approx 5{,}568$ m.

Schaue im Handbuch für deinen Taschenrechner nach, wie man „Wurzeln zieht".

## Übungen

**6** Ermittle die Wurzeln. Einige kannst du exakt bestimmen, andere nur schätzen.

a) $\sqrt{144}$ b) $\sqrt{500}$ c) $\sqrt{1{,}96}$ d) $\sqrt{\frac{16}{25}}$ e) $\sqrt{0{,}1}$
f) $\sqrt{30}$ g) $\sqrt{20{,}25}$ h) $\sqrt{\frac{1}{8}}$ i) $\sqrt{1{,}21}$ j) $\sqrt{\frac{25}{625}}$

**7** Löse die Gleichungen. Runde die Ergebnisse auf drei Stellen nach dem Komma.

a) $x^2 + 7 = 88$ b) $5x^2 + 9 = 54$ c) $9x^2 - 9 = 40$ d) $x^2 + 1 = 55$
e) $2x^2 - 16 = 0$ f) $x^2 + 1{,}2 = 3$ g) $7x^2 - 24 = 46$ h) $-x^2 + 10 = 5$

**8** Denke an Quadratzahlen
$\sqrt{60}$: $49 < 60 < 64$
$7 < \sqrt{60} < 8$

**8** Schätze, zwischen welchen aufeinander folgenden natürlichen Zahlen die Wurzeln liegen.

a) $\sqrt{60}$ b) $\sqrt{28}$ c) $\sqrt{105}$ d) $\sqrt{200}$ e) $\sqrt{405}$

## Übungen

**9** *Überschlagsrechnung*

Schätze die Seitenlänge des Quadrates mit dem angegebenen Flächeninhalt ab:

a) $20\ cm^2$

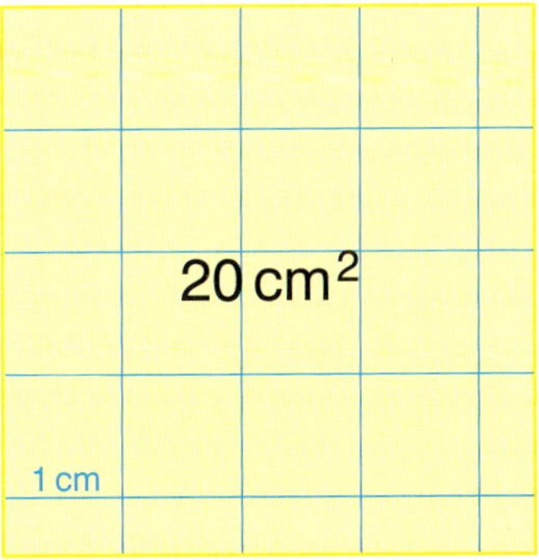


b) $18\ m^2$

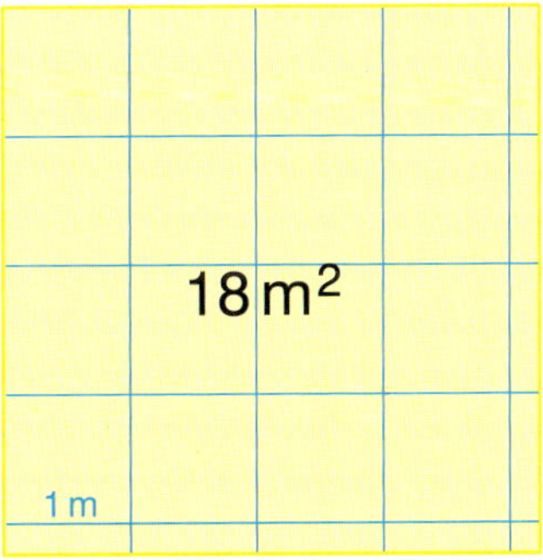


c) $600\ km^2$

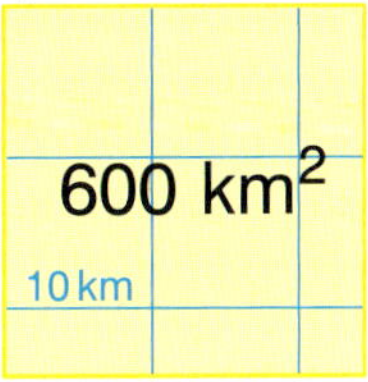


d) $1\,000\ cm^2$

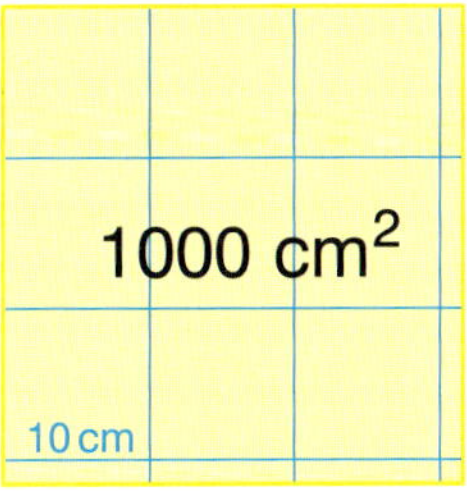


Überprüfe deine Schätzung mit dem Taschenrechner.

**10** *An einem klaren Tag am Meer*

Vielleicht hast du am Meer beobachtet, dass man durch die Krümmung der Erde selbst an einem klaren Tag nur eine bestimmte Entfernung weit sehen kann. Mit der Faustregel $\mathbf{w^2 = 13\,h}$ kann man die Sichtweite w in Kilometer in Abhängigkeit von der Höhe h der Augen über dem Boden gut schätzen. Dabei muss man h in Meter eingeben.

a) Wie weit kannst du sehen, wenn du auf dem Boden stehst und sich deine Augen etwa 1,60 m über dem Boden befinden?

b) Erstelle eine Tabelle für die Sichtweite w mit h = 5 m (10 m; 20 m; 40 m; 80 m). Wie verändert sich die Sichtweite w, wenn sich die Höhe h vervierfacht?

**11** *Oberfläche*

Der Oberflächeninhalt eines Würfels ist die Summe aller Seitenflächeninhalte. Wie groß ist die Länge der Seitenkanten, wenn die Oberfläche O

a) $216\ cm^2$ b) $480\ cm^2$ c) $600\ cm^2$ d) $840\ cm^2$

beträgt?

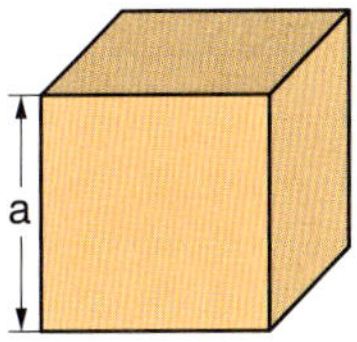


**12** *Die Schwingungsdauer eines Pendels*

Mit einer Schnur und einem Massestück kannst du ein Pendel basteln. Die Zeit, die ein Pendel benötigt, bis es nach einer Auslenkung wieder zu dem Ausgangspunkt „zurückgekehrt" ist, nennt man die Schwingungsdauer T.

a) Stelle ein Pendel mit der Länge $l = 0{,}25$ m her und ermittle mit einer Stoppuhr die Schwingungsdauer.
Vergleiche dein Ergebnis mit denen deiner Klassenkameraden. Verlängere das Pendel auf $l = 1$ m und miss erneut die Schwingungsdauer. Was stellst du fest?

b) Für kleine Ausschläge kann man die Schwingungsdauer T mit der Faustregel $\mathbf{T^2 = 4\,l}$ recht genau schätzen (T in Sekunden, $l$ in Meter).
Berechne die Schwingungsdauer T für dein Pendel mit dieser Formel und vergleiche mit deinem Experiment.

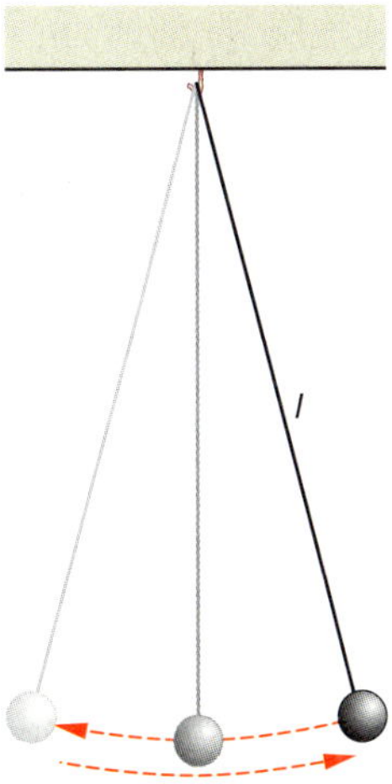


Besser messen kann man die Zeit für z. B. 10 Schwingungen. Diese muss man dann nur noch durch 10 dividieren, um T zu erhalten.

## Übungen

**13** *Intervallschachtelung oder wie man einen beliebig guten Schätzwert für Wurzeln errechnen kann.*

Häufig kann man einen gesuchten Wert immer genauer „einschachteln". Wenn man die Länge der Intervalle, in denen der gesuchte Wert liegt, beliebig klein machen kann, dann spricht man von einer *Intervallschachtelung.*

Intervallschachtelung

$3 < \sqrt{10} < 4$
$3{,}1 < \sqrt{10} < 3{,}2$
$3{,}16 < \sqrt{10} < 3{,}17$
$3{,}162 < \sqrt{10} < 3{,}163$
$3{,}1622 < \sqrt{10} < 3{,}1623$

a) Begründe, dass in dem Kasten eine Intervallschachtelung für $\sqrt{10}$ angegeben ist, indem du
- nachrechnest, ob die Zahlen stimmen,
- begründest, warum die Länge des Intervalls beliebig klein gemacht werden kann.

b) Gib eine Intervallschachtelung für $\sqrt{80}$ an (drei Stellen nach dem Komma).

c) Finde heraus, welche Zahl durch die Intervallschachtelung bestimmt wird. Setze die Intervallschachtelung für drei weitere Stellen fort.

$0{,}3 < x < 0{,}4$
$0{,}33 < x < 0{,}34$
$0{,}333 < x < 0{,}334$
$0{,}3333 < x < 0{,}3334$

## Basiswissen

Ist $a \geq 0$, dann ist nach unserer Vereinbarung $\sqrt{a}$ die nichtnegative Zahl, die quadriert a ergibt.

Manche Wurzel kann man mit einer abbrechenden Dezimalzahl exakt angeben: $\sqrt{6{,}25} = 2{,}5$.

**Intervallschachtelung**
Eine Intervallschachtelung ist eine Folge von geschachtelten Intervallen, deren Längen beliebig klein gemacht werden können.
Eine Intervallschachtelung bestimmt genau eine Zahl.
Die Zahl, die in *allen* Intervallen liegt, ist die Zahl, die von der Intervallschachtelung bestimmt wird.

Viele Wurzeln kann man nicht exakt durch eine abbrechende Dezimalzahl angeben, so z. B. $\sqrt{90}$. Gleichgültig wie viele Dezimalstellen man verwendet, man erhält niemals eine Zahl, die quadriert 90 ergibt. Man kann allerdings $\sqrt{a}$ mit einer Intervallschachtelung beliebig genau berechnen.

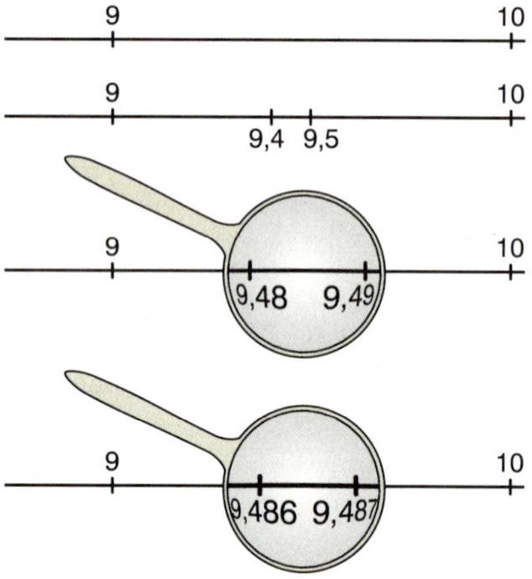


Intervallschachtelung für $\sqrt{90}$:

$9 < \sqrt{90} < 10$
$9{,}4 < \sqrt{90} < 9{,}5$
$9{,}48 < \sqrt{90} < 9{,}49$
$9{,}486 < \sqrt{90} < 9{,}487$
$9{,}4868 < \sqrt{90} < 9{,}4869$
$9{,}48683 < \sqrt{90} < 9{,}48684$
… …

Es handelt sich um eine Folge von geschachtelten Intervallen.
Die Intervalllängen kann man beliebig klein machen.

## Beispiele

**C** Bestimme die ersten 4 Schritte einer Intervallschachtelung für $\sqrt{11}$.

Man kann die Intervalle durch Ausprobieren ermitteln. Hilfreich ist aber auch der Taschenrechner:
$\sqrt{11} = 3{,}31662479$

11 [√] 3.3166…

$3 < \sqrt{11} < 4$
$3{,}3 < \sqrt{11} < 3{,}4$
$3{,}31 < \sqrt{11} < 3{,}32$
$3{,}316 < \sqrt{11} < 3{,}317$
… …

## Beispiele

**D** Gib eine Intervallschachtelung für die Zahl 5 an.
Man benötigt eine Folge „geschachtelter“ Intervalle, deren Längen beliebig klein gemacht werden können.

$4 < 5 < 6$
$4{,}9 < 5 < 5{,}1$
$4{,}99 < 5 < 5{,}01$
$4{,}999 < 5 < 5{,}001$
… …

## Übungen

**14** Benutze einen Taschenrechner zur Berechnung der Wurzel. Runde dein Ergebnis wenn nötig auf drei Stellen nach dem Komma.

a) $\sqrt{7{,}84}$ b) $\sqrt{7{,}8}$ c) $\sqrt{74}$ d) $\sqrt{73{,}96}$
e) $\sqrt{1{,}44}$ f) $\sqrt{500}$ g) $\sqrt{30{,}24}$ h) $\sqrt{30{,}25}$

Überprüfe deine Ergebnisse durch Quadrieren.

**15** Berechne die Wurzeln. Worauf kommt es an, damit das Ergebnis eine rationale Zahl ist? Runde nötigenfalls auf drei Stellen.

a) $\sqrt{0{,}04}$ b) $\sqrt{0{,}4}$ c) $\sqrt{4}$ d) $\sqrt{40}$ e) $\sqrt{400}$ f) $\sqrt{4000}$

**16** Gib die ersten fünf Schritte einer Intervallschachtelung für $\sqrt{60}$ an.

**17** *Wurzelfunktion*
a) Übertrage die Tabelle in dein Heft und ergänze.

| x | 0 | 1 | 2 | 4 | 6 | 8 | 9 | 12 | 14 | 16 |
|---|---|---|---|---|---|---|---|---|---|---|
| $y=\sqrt{x}$ | 0 | 1 | 1,4 | ■ | ■ | ■ | ■ | ■ | ■ | ■ |

b) Zeichne mithilfe der Tabelle den Graphen der Funktion mit der Gleichung $y=\sqrt{x}$.
Zeichne auf Millimeterpapier.
Beschreibe den Verlauf des Graphen.
c) Bestimme anhand des Graphen $\sqrt{3}$, $\sqrt{7}$, $\sqrt{10}$.

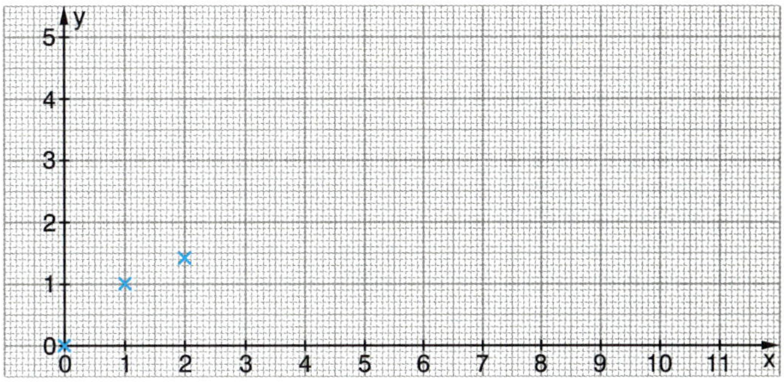


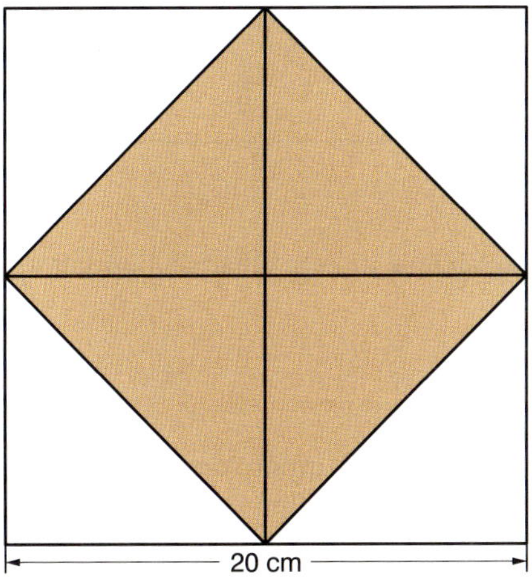


**18** *Fliesen bilden ein geometrisches Muster.*
Ein Plattenleger verwendet dreieckige Fliesen. Mit 8 Fliesen kann er ein Quadrat mit der Kantenlänge 20 cm legen. Berechne die Längen der Seiten der dreieckigen Fliesen.
Überprüfe deine Rechnung, indem du eine Fliese aufzeichnest und nachmisst.

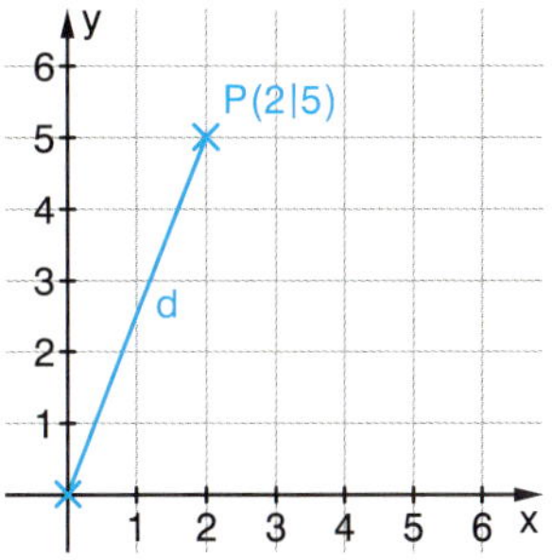


**19** *Kann das sein?*
Den Abstand eines Punktes P(x|y) vom Ursprung kann man mit der Formel $d=\sqrt{x^2+y^2}$ berechnen.
Ermittle nach dieser Formel den Abstand der Punkte P(2|5) und Q(−4|3) vom Ursprung. Überprüfe die Ergebnisse mit einer Zeichnung (1 LE ≙ 1 cm).

## *Aufgaben*

**20** *Zum Knobeln und Ausprobieren*

Der englische Mathematiker Augustus De Morgan – er lebte im 19. Jahrhundert – sagte einst:

*„Ich war x Jahre alt im Jahre $x^2$."*

a) Wann wurde De Morgan geboren?

b) Welche jetzt lebenden Personen können De Morgans Ausspruch „bald" machen? Wann wurden diese Personen geboren?

**21** *Die Kantenlänge eines Würfels*

a) Berechne die Kantenlänge der Würfel.

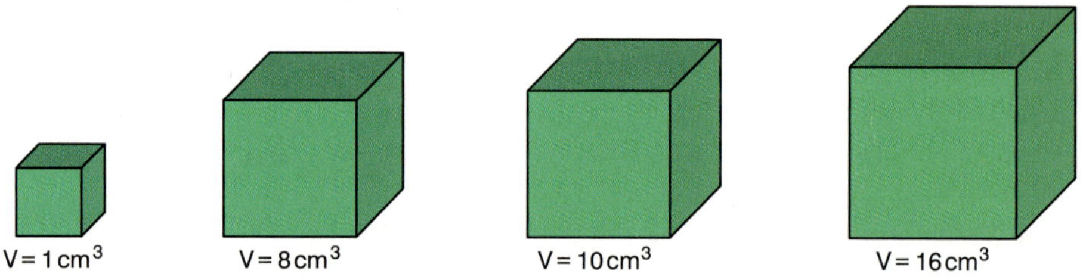


Bei einigen Würfeln kannst du die Kantenlänge nur näherungsweise bestimmen.

b) Gib weitere Würfel mit ihrem Volumen so an, dass die Kantenlänge exakt zu bestimmen ist.

c) Gib drei Intervalle einer Intervallschachtelung für die Länge der Kante eines Würfels mit dem Volumen 20 $cm^3$ an.

**22** *Wo einem Wurzeln begegnen.*

a) Begründe auf verschiedene Arten, dass die Länge der roten Seite $\sqrt{5}$ cm beträgt.

b) Konstruiere ein Viereck nach der folgenden Vorschrift:
- Zeichne zwei Strecken der Länge 5 cm, die einander halbieren und aufeinander senkrecht stehen.
- Verbinde die Endpunkte der Strecken.

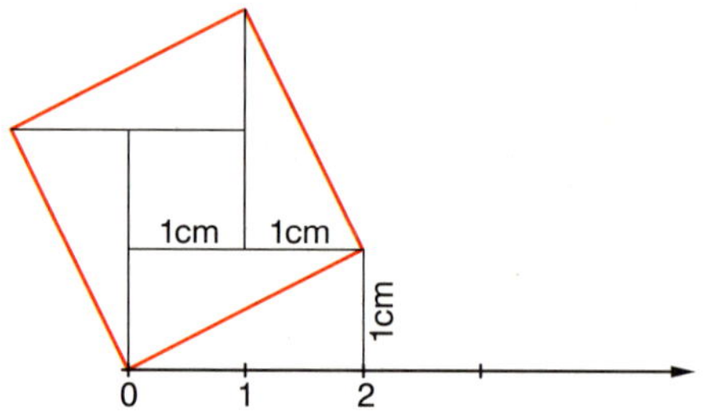


Begründe, warum es sich bei dem konstruierten Viereck um ein Quadrat handelt und bestimme dessen Kantenlänge.

**23** *Quadratzahlen*

Schon immer haben sich Menschen für Zahlen begeistern können, da es an Zahlen eine Menge zu entdecken gibt. Es gibt z. B. Tripel von natürlichen Zahlen (drei Zahlen (a, b, c)), für die gilt:

$a^2 + b^2 = c^2$ (Die Summe zweier Quadratzahlen ist wieder eine Quadratzahl.)

z. B. $3^2 + 4^2 = 5^2$

| a | b | c |
|---|---|---|
| 8 | 15 | ■ |
| 10 | 24 | ■ |
| 11 | 60 | ■ |
| 6 | 20 | ■ |
| 40 | 9 | ■ |

a) Überprüfe, ob die Tripel (6, 8, 10); (5, 12, 13); (5, 7, 9); (7, 24, 25) die Gleichung $a^2 + b^2 = c^2$ erfüllen.

b) Vervollständige die Tabelle so, dass $a^2 + b^2 = c^2$ gilt. Bei einem Wertepaar (a, b) wirst du keine entsprechende natürliche Zahl c finden.

# 1.2 Wurzeln und Näherungsverfahren

**Was dich erwartet**

*Häufig kann man als Lösung eines Problems kein exaktes Ergebnis, sondern nur durch Ausprobieren einen Näherungswert finden. In der Regel wollen wir dann wissen, wie genau dieser Näherungswert ist und wie man genauere Näherungswerte finden kann.*

*Vielleicht hast du schon einmal einen Pizzabäcker beobachtet, der den Teig in die Luft wirft, ihn dabei rotieren lässt und so einen dünneren, größeren Teig erhält. Dann wirft er den Teig wieder und wieder in die Luft, bis er für die Pizzaform passt.*

*Seit Jahrtausenden entwickeln Wissenschaftler zum Lösen von Problemen Verfahren, die so ähnlich funktionieren wie das, was der Pizzabäcker tut. Man beginnt mit einem Näherungswert für die Lösung eines Problems. Dann errechnet man mit einem Verfahren einen genaueren Näherungswert, nimmt diesen und errechnet nach demselben Verfahren einen noch genaueren Wert usw.*

*Verfahren dieser Art – man nennt sie „Iterationen" – werden in diesem Lernabschnitt benutzt, um „Wurzeln zu berechnen". Iterationen werden uns aber auch in späteren Kapiteln immer wieder begegnen.*

**Aufgaben**

**1** *Verwandeln in flächeninhaltsgleiche Rechtecke*

a) Verwandle das Rechteck jeweils in ein neues flächeninhaltsgleiches Rechteck. Dabei ist eine Seitenlänge des neuen Rechtecks der Mittelwert der Seitenlängen des vorhergehenden Rechtecks. Rechne und zeichne die ersten vier Rechtecke der so entstehenden Folge in dein Heft.

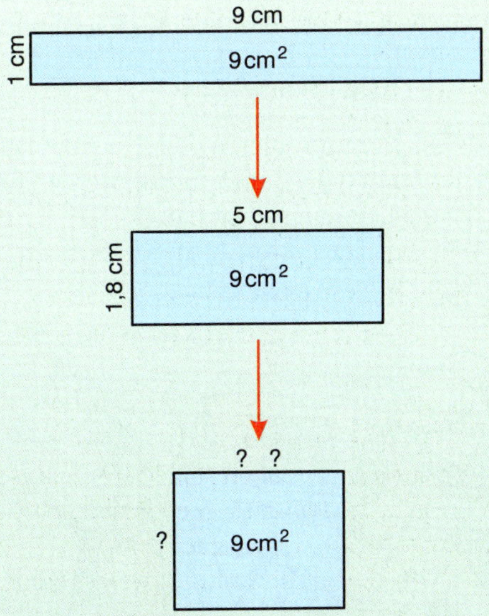


b) Setze das Verfahren rechnerisch weiter fort. Berechne drei weitere Rechtecke. Du kannst sicher schon vorhersagen, welcher Figur sich die Rechtecke mehr und mehr nähern, wenn man das Verfahren immer weiter fortsetzt. Versuche deine Vermutung zu begründen.

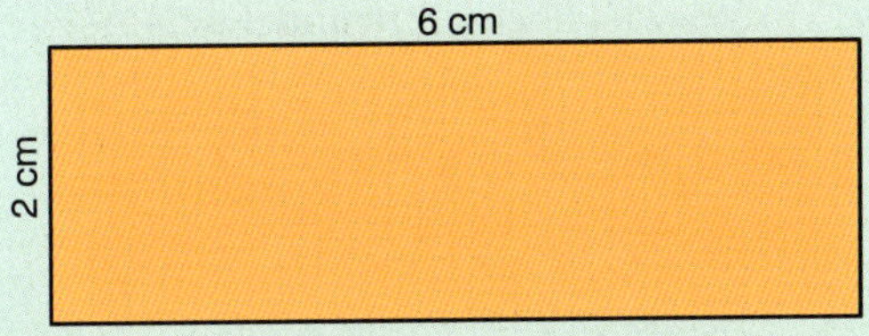


c) Führe die Berechnungen wie in Aufgabe a) bei einem „Anfangsrechteck" mit der Länge 6 cm und der Breite 2 cm durch. Welchem Wert werden sich Länge und Breite in diesem Fall nähern?

## Aufgaben

**2** *Zahlenraten*

Denke dir eine natürliche Zahl zwischen 1 und 100 aus. Deine Klassenkameraden dürfen dir Fragen stellen, um diese Zahl herauszubekommen. Wird eine Frage von dir mit ja beantwortet, so darf derjenige, der gefragt hat, weiterfragen.

a) Hast du eine besonders gute Ratestrategie, d. h. mit welchen Fragen errätst du die gesuchte Zahl möglichst schnell und sicher?

b) Suche mit dem *„Intervallhalbierungsverfahren"*:
Es gibt eine Strategie, die immer funktioniert und noch dazu rasch zum Ziel führt: das *Intervallhalbierungsverfahren*. Man kann das Verfahren in mathematischer Form aufschreiben.
Die ersten Schritte des Verfahrens sind vorgemacht, für den Fall, dass die zu erratende Zahl 39 ist. Finde durch „Weiterfragen" heraus, wie viele Fragen man insgesamt stellen muss, bis die gesuchte Zahl gefunden ist.

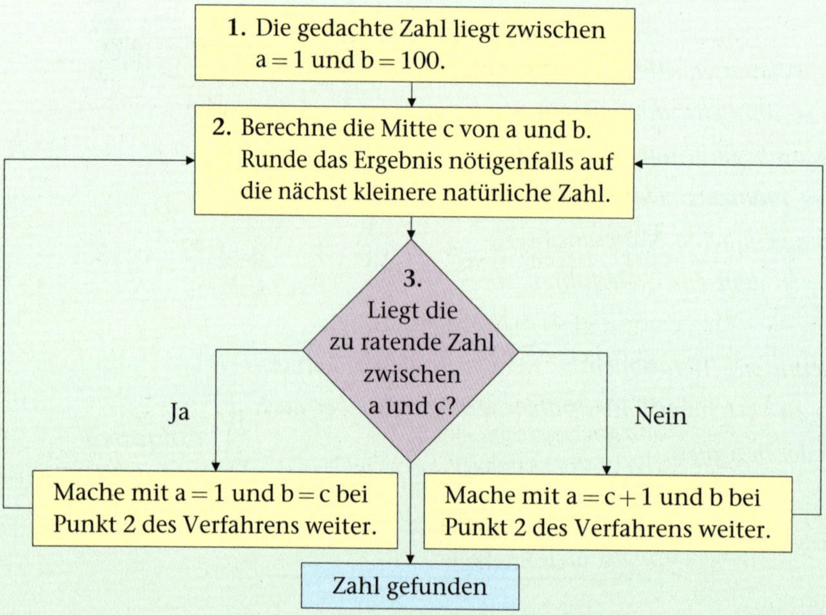


$a = 1,\ b = 100$

$c = \frac{1+100}{2} = 50\frac{1}{2}$

**Liegt die gesuchte Zahl zwischen 1 und 50?**
Ja!

$a = 1,\ b = 50$

$c = \frac{1+50}{2} = 25\frac{1}{2}$

**Liegt die gesuchte Zahl zwischen 1 und 25?**
Nein!

$a = 26,\ b = 50$

$c = \ldots$

c) Durch Ausprobieren oder Nachdenken kann man herausfinden, wie viele Fragen zum Erraten der Zahl benötigt werden und ob die Anzahl der Fragen von der Zahl, die man erraten soll, abhängt.
Wie viele Fragen würde man benötigen, wenn die gesuchte Zahl zwischen 1 und 200 liegen würde? Begründe.

**3** In einem Liter Kochsalzlösung sind 80 g Kochsalz gelöst.

a) Von der Lösung werden wiederholt 0,5 l ausgeschüttet und mit reinem Wasser ergänzt. Wie verändert sich bei jedem Verdünnungsvorgang die Menge des Kochsalzes, das in der Lösung enthalten ist?

b) Wie viel Kochsalz befindet sich in der Lösung nach dem 5. Verdünnen?

c) Kann jemals weniger als 1 g Kochsalz in der Lösung enthalten sein, wenn man das Mischverfahren weiter fortsetzt? Begründe.

## Basiswissen

Schon seit mehreren tausend Jahren ist den Menschen bekannt, dass man nur in besonderen Fällen Wurzeln exakt mit Dezimalzahlen angeben kann. In den anderen Fällen kann man mit einer Dezimalzahl nur einen Näherungswert ermitteln. Es gibt weniger genaue und genauere Näherungswerte. Das bekannteste Verfahren zur Bestimmung von Näherungswerten ist das *Heron'sche Näherungsverfahren* oder kurz das *Heronverfahren*.

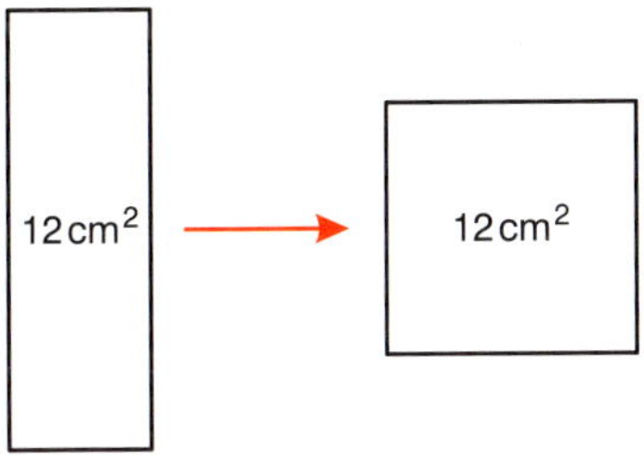


**Das Heron'sche Näherungsverfahren** zur Bestimmung von $\sqrt{12}$

Beim Heronverfahren wird z. B. ein Rechteck mit dem Flächeninhalt 12 cm² schrittweise immer „quadratischer" gemacht. Dabei bleibt der Flächeninhalt erhalten.

| *Geometrische Darstellung* | *Rechenverfahren* |
|---|---|
| Starte mit einem Rechteck mit dem Flächeninhalt 12 cm², z. B. mit der Breite x = 2 cm und der Länge y = 6 cm. | Näherungswert $x_1 = 2,\quad y_1 = 6$ Wichtig: Das Produkt muss 12 ergeben. |
| Verwandle das Rechteck in ein flächeninhaltsgleiches Rechteck. – Neue Breite ist der Mittelwert aus „alter" Breite und Länge. – Neue Länge ist der Flächeninhalt 12 cm² dividiert durch neue Breite. | $x_2 = \frac{x_1+y_1}{2} = \frac{2+6}{2} = 4$ $y_2 = \frac{12}{x_2} = \frac{12}{4} = 3$ |
| Verwandle dieses Rechteck erneut in ein flächeninhaltsgleiches Rechteck. – Neue Breite ist der Mittelwert aus „alter" Breite und Länge. – Neue Länge ist der Flächeninhalt 12 cm² dividiert durch neue Breite. | $x_3 = \frac{x_2+y_2}{2} = \frac{4+3}{2} = 3{,}5$ $y_3 = \frac{12}{x_3} = \frac{12}{3{,}5} \approx 3{,}429$ |

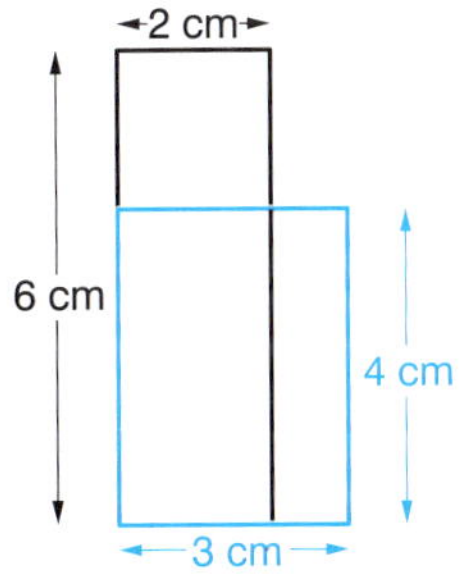


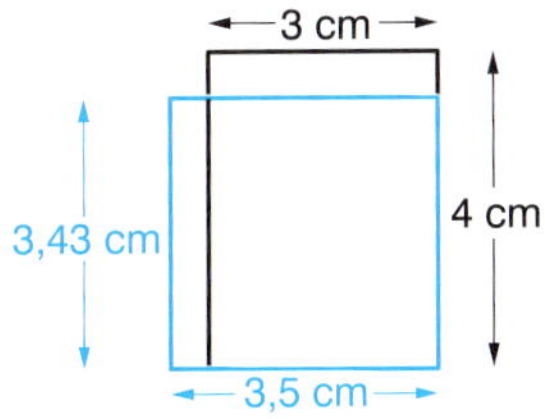


usw.

Vergleicht man die Formeln, so stellt man fest, dass die neue Breite und die neue Länge immer nach den gleichen Formeln berechnet werden:

alte Breite, alte Länge

neue Breite $x_{n+1} = \frac{x_n + y_n}{2}$

neue Länge $y_{n+1} = \frac{12}{x_{n+1}}$ (neue Breite)

Man nennt Verfahren dieser Art **Iterationen.**

**Iteration:** (lat. iterare: wiederholt dasselbe tun)

## Beispiele

**A** Berechnung von $\sqrt{50}$ mit dem Heronverfahren auf drei Dezimalstellen genau.

| Breite x | Länge $y = \frac{50}{x}$ | Mittelwert aus x und y |
|---|---|---|
| 5 | 10 | 7,5 |
| 7,5 | 6,66667 | 7,08334 |
| 7,08334 | 7,05882 | 7,07108 |
| 7,07108 | 7,07106 | usw. |

Der auf drei Dezimalstellen genaue Näherungswert ist 7,071.
Zur Kontrolle: $7{,}071^2 = 49{,}999\,041$

## Beispiele

Rolle des Startwertes beim Heronverfahren

**B** Welche Rolle spielt beim Heronverfahren der Startwert, d. h. der Wert, mit dem man beginnt? Überprüfe deine Antwort an dem Beispiel $\sqrt{50}$.
Suche zunächst die Quadratzahl a, die am nächsten zu 50 liegt. Starte mit $\sqrt{a}$ als Breite x.

| Breite x | Länge $y = \frac{50}{x}$ | Mittelwert aus x und y |
|---|---|---|
| 7 | 7,14286 | 7,07143 |
| 7,07143 | 7,07071 | 7,07107 |
| 7,07107 | 7,07107 | usw. |

Liegt der Startwert näher an der gesuchten Zahl, dann erreicht man in der Regel schneller eine größere Genauigkeit.

**Intervallhalbierungsverfahren**, ein Beispiel für ein anderes Iterationsverfahren.

**C** Das Intervallhalbierungsverfahren ist auch ein Iterationsverfahren.
Berechne für $\sqrt{50}$ mit dem Intervallhalbierungsverfahren die ersten fünf Iterationsschritte.

| Linke Intervallgrenze x | Rechte Intervallgrenze y | Mittelwert aus x und y | Wo liegt $\sqrt{50}$? |
|---|---|---|---|
| 5 | 10 | 7,5 | $7{,}5^2 = 56{,}25$ |
| 5 | 7,5 | 6,25 | $6{,}25^2 \approx 39{,}06$ |
| 6,25 | 7,5 | 6,875 | $6{,}875^2 \approx 47{,}27$ |
| 6,875 | 7,5 | 7,1875 | $7{,}1875^2 \approx 51{,}66$ |
| 6,875 | 7,1875 | 7,03125 | $7{,}03125^2 \approx 49{,}44$ |
| 7,03125 | 7,1875 | 7,109375 | usw. |

Man benötigt im Vergleich zum Heronverfahren viel mehr Iterationsschritte für eine Genauigkeit von z. B. drei Dezimalen.

## Übungen

**4** Verwandle ein Rechteck mithilfe des Heronverfahrens schrittweise immer mehr in ein flächeninhaltsgleiches Quadrat. Führe jeweils fünf Schritte durch.
a) x = 2 cm, y = 40 cm b) x = 4 cm, y = 9 cm c) x = 1 cm, y = 30 cm
Zeichne das jeweilige Rechteck für die ersten drei Iterationsschritte.

**5** Bestimme die Wurzel mit dem Heronverfahren auf vier Stellen nach dem Komma genau. Wähle jeweils einen günstigen Startwert.
a) $\sqrt{30}$ b) $\sqrt{85}$ c) $\sqrt{200}$ d) $\sqrt{60}$ e) $\sqrt{100}$

**6** *Intervallhalbierungsverfahren zur näherungsweisen Bestimmung von Wurzeln*
Führe die ersten fünf Iterationsschritte des Intervallhalbierungsverfahrens durch.
Ein „Startintervall" findest du, indem du als linke Grenze des Intervalls eine natürliche Zahl nimmst, deren Quadrat gerade noch zu klein ist, und als rechte Grenze die nächst größere natürliche Zahl.
a) $\sqrt{20}$ b) $\sqrt{40}$ c) $\sqrt{80}$ d) $\sqrt{120}$ e) $\sqrt{200}$

*Informiere dich:* Was versteht man unter einer Intervallschachtelung?

**7** *Eigenschaften des Intervallhalbierungsverfahrens*
a) Begründe, warum das Intervallhalbierungsverfahren zur näherungsweisen Bestimmung einer Wurzel eine Intervallschachtelung ist.
b) Wie viele Halbierungen musst du durchführen, wenn du wie in Beispiel C die Wurzeln auf drei Nachkommastellen genau bestimmen willst?

## Übungen

**8** Das Heronverfahren benötigt zwei Formeln, eine für die Breite x und eine für die Länge y. Man kann diese beiden Formeln zu einer einzigen Formel zusammenfassen:

Die Iterationsvorschrift $x_{n+1} = 0{,}5 \cdot \left(x_n + \frac{a}{x_n}\right)$

stellt das Heronverfahren zur näherungsweisen Berechnung von $\sqrt{a}$ in einer einzigen Formel dar.

a) Berechne $\sqrt{50}$ mit der Iterationsvorschrift auf zwei Dezimalstellen genau.
Starte die Berechnung mit $x_0 = 5$. Vergleiche mit den Ergebnissen aus Beispiel A.

b) Begründe, warum die Iterationsvorschrift das Heronverfahren darstellt.
Woran erkennt man, dass ein Mittelwert berechnet wird?

c) Berechne näherungsweise $\sqrt{95}$ ($\sqrt{12{,}8}$) auf fünf Dezimalstellen genau.

Das Heronverfahren

Wo ist $y_n$ versteckt?

### Iterationen

Viele Prozesse, z. B. Wachstumsprozesse, Annäherungsprozesse usw., die auf ein bestimmtes grundlegendes sich wiederholendes Verfahren zurückzuführen sind, lassen sich mit Iterationen besonders einfach beschreiben.
Bei Iterationen tut man wiederholt dasselbe, daher sind Iterationen ein besonders schönes Anwendungsfeld für Computer und grafische Taschenrechner.

Man kann sich eine Iteration mithilfe einer Maschine veranschaulichen:

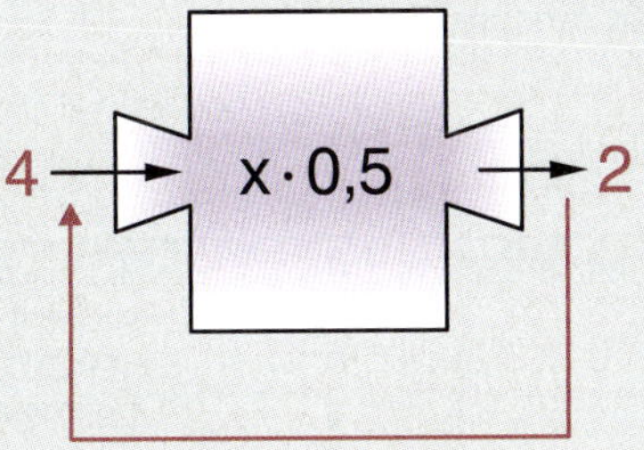


Ein „Startwert" wird eingegeben, die jeweilige Ausgabe wird als neue Eingabe verwendet.

Iterationen beschreibt man mit Variablen mit Indizes:

$x_{n+1} = x_n \cdot 0{,}5$ ← Iterationsvorschrift

Mit dem Startwert $x_0 = 4$ erhalten wir ← Startwert
die folgende Tabelle:

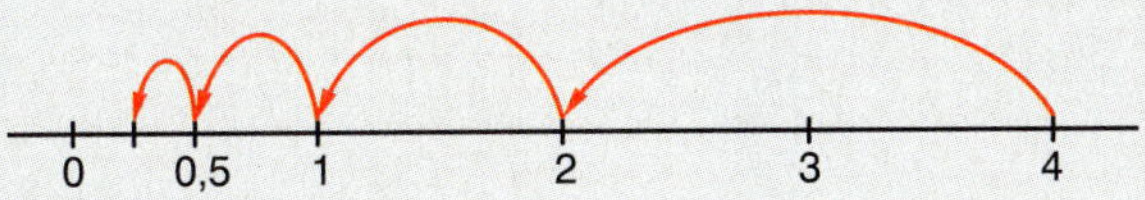


| n | Ergebnis $x_n$ |
|---|---|
| 0 | 4 |
| 1 | 2 |
| 2 | 1 |
| 3 | 0,5 |

$x_{n+1}$ ist der *Nachfolger* von $x_n$

**9** *Noch eine Iteration*

Es gibt verschiedene Iterationen zur näherungsweisen Bestimmung von Wurzeln.

a) Welche Wurzel wird in der Tabelle näherungsweise bestimmt? Gib jeweils den besten Näherungswert mit einer (zwei; drei) Stelle(n) nach dem Komma an.

b) Berechne mit demselben Verfahren $\sqrt{14}$ auf drei Stellen nach dem Komma genau. Starte mit dem Wert $x = 3$.

| x | $x^2$ | x | $x^2$ | x | $x^2$ | x | $x^2$ |
|---|---|---|---|---|---|---|---|
| 2,0 | 4,00 | | | | | | |
| 2,1 | 4,41 | 2,61 | 6,8121 | 2,641 | 6,974881 | 2,6451 | 6,996554 |
| 2,2 | 4,84 | 2,62 | 6,8644 | 2,642 | 6,980164 | 2,6452 | 6,997083 |
| 2,3 | 5,29 | 2,63 | 6,9169 | 2,643 | 6,985449 | 2,6453 | 6,997612 |
| 2,4 | 5,76 | **2,64** | 6,9696 | 2,644 | 6,990736 | 2,6454 | 6,998141 |
| 2,5 | 6,25 | 2,65 | 7,0225 | **2,645** | 6,996025 | 2,6455 | 6,998670 |
| **2,6** | 6,76 | | | 2,646 | 7,001316 | 2,6456 | 6,999199 |
| 2,7 | 7,29 | | | | | **2,6457** | 6,999728 |
| | | | | | | 2,6458 | 7,000258 |

## Übungen

**10** *Das Heronverfahren mit dem grafischen Taschenrechner (GTR)*
Mit vielen grafischen Taschenrechnern kann man Iterationen ausführen. Dazu muss man folgende Schritte abarbeiten:

mit GTR

```
x_{n+1}=.5(x_n+95/x_n)

Table
Range

Start:  0
End:    10
x_0:    9
...
```

- Schalte den GTR in den „Iterationsmodus" oder auch „Rekursionsmodus" um.
- Gib die „Iterationsgleichung" $x_{n+1} = 0{,}5 \cdot \left(x_n + \frac{95}{x_n}\right)$ ein.
- Lege den Bereich (range) fest, z. B.
  - Anfangswert für n (i. Allg. n = 0)
  - Endwert für n (Anzahl der Iterationen).
  - Startwert $x_0$
- Drucke die Ergebnisse der Iteration aus.

a) Führe zur Ermittlung eines Näherungswertes für $\sqrt{95}$ mit einem grafischen Taschenrechner fünf Iterationsschritte durch. Beginne mit dem Startwert 1.
b) Untersuche die *Rolle des Startwertes* mithilfe eines grafischen Taschenrechners. Führe fünf Iterationsschritte zur näherungsweisen Berechnung von $\sqrt{500}$ mit dem Startwert 20 durch. Wie viele Iterationsschritte muss man ausführen, wenn man mit dem Startwert 10 (5; 1) die gleiche Genauigkeit erreichen möchte?

**11** *Das Heronverfahren mit Tabellenkalkulation*

Tabellenkalkulation

Iterationen lassen sich auch mit einer Tabellenkalkulation besonders gut bearbeiten.

C3 = =0,5*(C2+($H$1/C2))

| | A | B | C |
|---|---|---|---|
| 1 | | Iteration | Näherungswert |
| 2 | n = | 0 | 2,00000000 |
| 3 | n = | 1 | 16,00000000 |
| 4 | n = | 2 | |
| 5 | n = | 3 | |
| 6 | n = | 4 | |
| 7 | n = | 5 | |
| 8 | | | |
| 9 | | | |
| 10 | | | |
| 11 | | | |
| 12 | | | |

a) Welche Wurzel könnte in der Tabelle wohl näherungsweise bestimmt werden?
b) Analyse des Verfahrens:
- Wie lautet der Startwert und in welcher Zelle steht er?
- Die Formel zur Berechnung der Zelle C3 kannst du ablesen.
- Wie lautet die Formel zur Berechnung der Zelle C4? Überprüfe deine Vermutung, indem du rechnest.

**Kopieren statt Eingeben.** Statt für jede der Zellen die entsprechende Formel einzugeben, können „Experten" die Formel durch Kopieren eintragen.

c) Ergänze die Formeln für die Zellen C5, C6, C7.
d) Was musst du ändern, damit eine Näherung für $\sqrt{300}$ berechnet wird? Berechne zehn Iterationsschritte mit dem Startwert 1.

Hier erleichtert ein GTR die Arbeit

**12** Wende das Heronverfahren zur näherungsweisen Bestimmung von $\sqrt{10}$ an. Beginne mit einem *negativen* Startwert, z. B. −1.
a) Was beobachtest du?
b) Was kannst du vermuten, wenn du beim Heronverfahren mit einem negativen Wert startest? Überprüfe deine Vermutung anhand verschiedener Beispiele.

ARCHIMEDES
287–212 v. Chr.

**13** Der berühmte griechische Gelehrte ARCHIMEDES verwendete als Näherungswert für die irrationale Zahl $\sqrt{3}$ die Brüche $\frac{265}{153}$ und $\frac{1351}{780}$.
a) Überprüfe, wie genau diese Näherungswerte sind.
b) Man weiß nicht, ob ARCHIMEDES diese Näherungswerte selbst errechnet hatte. Angenommen, er hat das Heronverfahren mit dem Startwert 1 benutzt. Wie viele Iterationsschritte sind nötig, um eine entsprechende Genauigkeit zu erreichen?

## Aufgaben

**14** *Wie man aus dem Volumen eines Würfels die zugehörige Kantenlänge berechnet*

a) Bestimme die Kantenlänge x eines Würfels mit dem Volumen $V = 8\,\text{cm}^3$ ($27\,\text{cm}^3$; $1\,000\,\text{cm}^3$).

b) Warum lässt sich die Kantenlänge eines Würfels mit einem Volumen von $500\,\text{cm}^3$ nicht so einfach bestimmen?

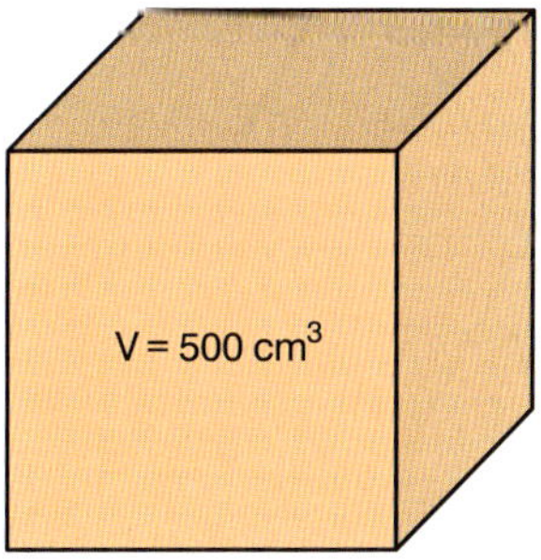


c) Mit $\sqrt[3]{500}$ bezeichnet man eine Zahl, die zweimal mit sich selbst multipliziert 500 ergibt.

$$\left(\sqrt[3]{500}\right)^3 = 500$$

Die Kantenlänge x eines Würfels mit einem Volumen von $500\,\text{cm}^3$ ist also

$$x = \sqrt[3]{500}\,\text{cm}.$$

Finde einen guten ganzzahligen Näherungswert für $\sqrt[3]{500}$.

Dritte Wurzel aus 500: $\sqrt[3]{500}$

d) Die dritte Wurzel aus 500 ($\sqrt[3]{500}$) kann näherungsweise mit einer Iteration berechnet werden:

Iteration zur näherungsweisen Bestimmung von $\sqrt[3]{500}$

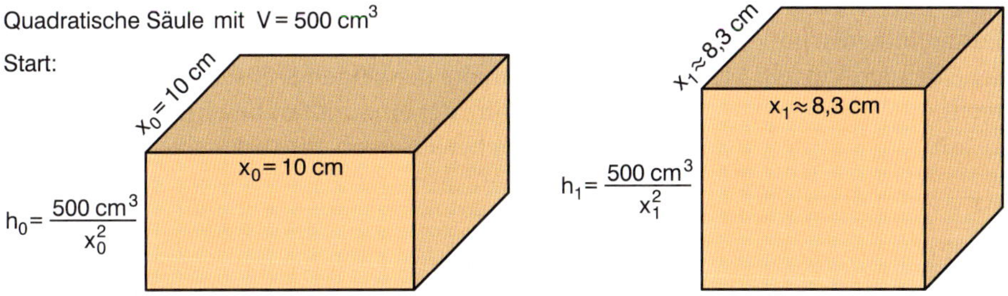


Iteration: Die neue Kantenlänge der Grundfläche ist der Mittelwert aus Länge, Breite und Höhe der Säule.

$$x_{n+1} = \frac{1}{3}\left(x_n + x_n + \frac{500}{x_n^2}\right)$$

Berechne mithilfe der Iteration einen auf zwei Nachkommastellen exakten Näherungswert von $\sqrt[3]{500}$.

**15** Unter $\sqrt[4]{a}$ versteht man eine Zahl, die dreimal mit sich selbst multipliziert a ergibt.

Iteration zur näherungsweisen Bestimmung von $\sqrt[4]{500}$

a) Berechne $\sqrt[4]{16}$ ($\sqrt[4]{10000}$; $\sqrt[4]{625}$; $\sqrt[4]{0{,}0081}$)

b) Du kennst bereits Iterationsformeln zur näherungsweisen Berechnung von Wurzeln und dritten Wurzeln. Wie könnte eine Iterationsformel zur Berechnung eines Näherungswertes für $\sqrt[4]{500}$ lauten? Überprüfe die von dir gefundene Iterationsformel.

$\sqrt{500}$: $x_{n+1} = \frac{1}{2}\left(x_n + \frac{500}{x_n}\right)$

$\sqrt[3]{500}$: $x_{n+1} = \frac{1}{3}\left(x_n + x_n + \frac{500}{x_n^2}\right)$

$\sqrt[4]{500}$: $x_{n+1} = \blacksquare$

Überprüfen der Iterationsvorschrift:
- Berechne die ersten 4 oder 5 Näherungen.
- Potenziere die Ergebnisse und vergleiche den Wert mit 500.

c) Du wirst sicher bereits ahnen, welche Fragen nun folgen.
- Was versteht man unter $\sqrt[5]{500}$?
- Wie lautet eine Iterationsformel zur Berechnung eines Näherungswertes für $\sqrt[5]{500}$? Überprüfe deine Vermutung.

**16** In der Abbildung ist eine Iteration grafisch dargestellt.

a) Lies an der Abbildung ab, welchem Punkt sich die Iteration nähert.

b) Berechne mit den Angaben aus der Zeichnung die Koordinaten des betreffenden Punktes.

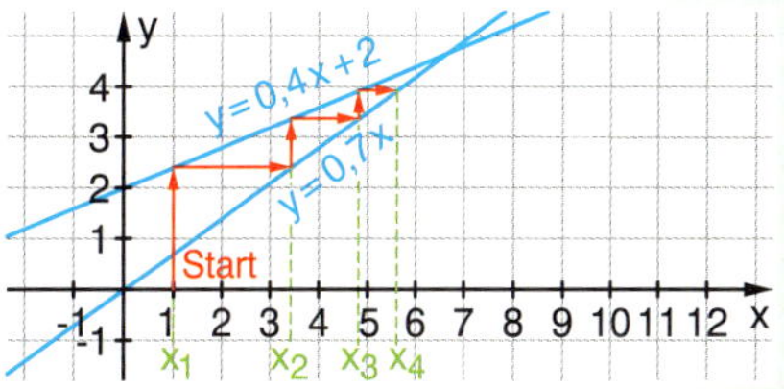

## *Aufgaben*

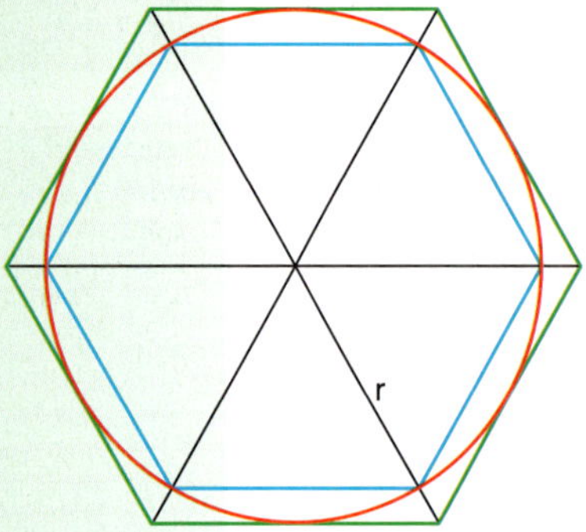


**17** *Das Verfahren des Archimedes zur Bestimmung von π*

Bei der Bestimmung seines Näherungswertes für π berechnete ARCHIMEDES zunächst die Flächen der beiden regelmäßigen Sechsecke, die dem Kreis ein- bzw. umbeschrieben sind. Dann verdoppelte er systematisch die Eckenzahl, berechnete erneut die Flächen und konnte so π immer näher einschachteln. Er hat sein Verfahren bis zum 96-Eck durchgeführt, für die damalige Zeit eine große Leistung. Damit erzielte er folgende Näherung für π: $3\frac{10}{71} < \pi < 3\frac{1}{7}$

a) Erläutere anhand der Abbildung das Verfahren des ARCHIMEDES. Wie erhielt er bei seinem Vorgehen eine Näherung für π? Weshalb verbessert sich der Näherungswert bei Verdopplung der Eckenzahl?

b) Auf wie viele Stellen genau ist die archimedische Näherung?

**18** *Eleganz durch Rekursion*

Das archimedische Verfahren blieb lange Zeit unübertroffen, denn es hat einen entscheidenden Vorteil: Man muss nur die Inhalte der beiden Sechsecke explizit berechnen. Ab dann berechnen sich die Inhalte der ein- und umbeschriebenen Vielecke auf immer gleiche Weise aus den bereits berechneten, also rekursiv. Es gilt:

$f_n$: Fläche inneres n-Eck
$F_n$: Fläche äußeres n-Eck

$f_{12} = \sqrt{f_6 \cdot F_6}$ allgemein: $f_{2n} = \sqrt{f_n \cdot F_n}$

$F_{12} = \frac{2}{\frac{1}{F_6} + \frac{1}{f_{12}}}$ allgemein: $F_{2n} = \frac{2}{\frac{1}{F_n} + \frac{1}{f_{2n}}}$

Im Folgenden sollst du die Gültigkeit der ersten Gleichung zeigen.

a) Begründe anhand der Abbildung:
$f_6 = 3 \cdot r \cdot h$  $F_6 = 3 \cdot r \cdot a$
Drücke dann die Hilfsgrößen h und a durch r aus und setze sie in die Gleichungen ein (s. Formelsammlung oder Kap. 5: „Pythagoras“).

$h = \frac{1}{2} \cdot r \cdot \sqrt{3}$
$a = \frac{2}{\sqrt{3}} \cdot r$
$b = r \cdot \left(1 - \frac{1}{2} \cdot \sqrt{3}\right)$

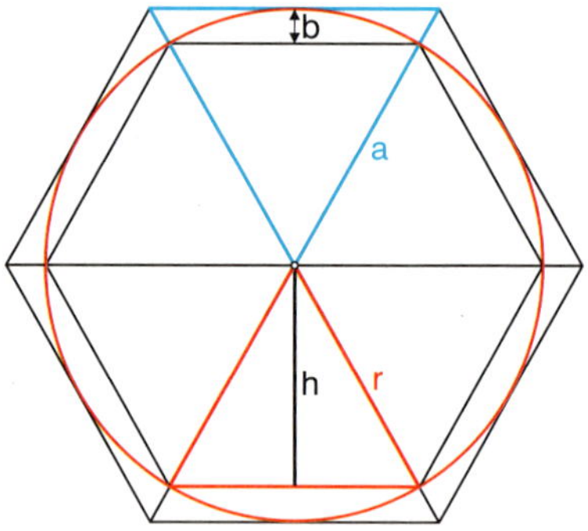


b) Zeige nun die Gültigkeit der Rekursionsformel $f_{12} = \sqrt{f_6 \cdot F_6}$.
Beginne mit den Ansätzen
$f_{12} = f_6 + 3 \cdot r \cdot b = \ldots$ und $\sqrt{f_6 \cdot F_6} = \ldots$
und zeige, dass sich nach Umformung jeweils das Gleiche ergibt.

**19** *Verbesserung des archimedischen Wertes durch Tabellenkalkulation*

Mithilfe der Rekursionsformeln aus Aufgabe 18 und eines Tabellenkalkulationsprogramms lässt sich heute sehr schnell eine genauere Näherung für π finden.

$f_{24} = \sqrt{f_{12} \cdot F_{12}}$

| | A | B | C | D |
|---|---|---|---|---|
| 1 | Eckenzahl | Fläche inneres n-Eck | Fläche äußeres n-Eck | Intervalllänge |
| 2 | 6 | =3*0,5*WURZEL(3) | =3*2/WURZEL(3) | =C2-B2 |
| 3 | =2*A2 | =WURZEL(B2*C2) | =2/(1/C2+1/B3) | =C3-B3 |
| 4 | =2*A3 | =WURZEL(B3*C3) | =2/(1/C3+1/B4) | =C4-B4 |
| 5 | =2*A4 | =WURZEL(B4*C4) | =2/(1/C4+1/B5) | =C5-B5 |

Kreis mit dem Radius 1.

a) Die abgebildete Tabellenkalkulation bezieht sich auf einen Kreis mit Radius 1. Erläutere die Befehlszeilen. Weshalb kann man hier die Flächeninhalte der n-Ecke als Näherungen für π auffassen?

b) Bestimme nach dem Vorbild π mit einem Tabellenkalkulationsprogramm auf acht Stellen genau. Wie viele Rekursionsschritte brauchst du? Begründe.

c) Wie kann man mit der Tabellenkalkulation Näherungswerte für π finden, wenn man sich auf einen Kreis mit dem Radius r bezieht?

## Aufgaben

**19** *π im Regen – Ein Gedankenexperiment*

Stell dir vor, du hast ein Blatt Papier mit einem Quadrat und einem einbeschriebenen Kreis auf dem Gartentisch liegen und es beginnt schwach, aber gleichmäßig zu regnen. In einer Minute fallen $n = 256$ Regentropfen auf das Quadrat, davon liegen $k = 196$ innerhalb des Kreises. Da die Regentropfen sich wohl zufällig verteilen, können wir erwarten, dass das Zahlenverhältnis $k:n$ in etwa dem Verhältnis des Flächeninhalts des Kreises zu dem des Quadrates entspricht. Wenn wir nun eine hinreichend große Anzahl n von Regentropfen zählen, so liefert uns die Zahl $4 \cdot \frac{k}{n}$ einen „Zufalls-Näherungswert“ für π.
Welchen Näherungswert liefern die angegebenen Zahlen?

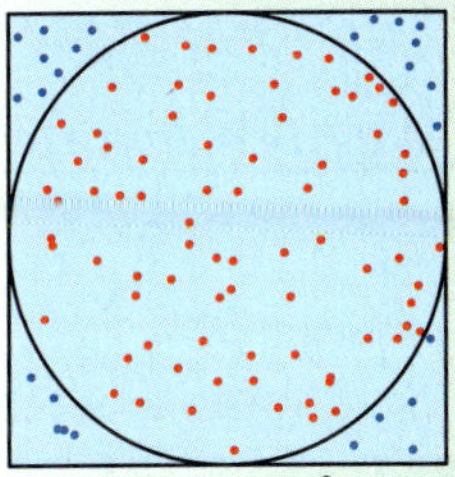

$$\frac{k}{n} \approx \frac{A_{Kreis}}{A_{Quadrat}} = \frac{\pi \cdot 10^2}{20^2} = \frac{\pi}{4}$$

**20** *Regnen mit dem Taschenrechner und Zufallszahlen auszählen*

Auch mit dem Taschenrechner kann man Zufallszahlen und Zufallspunkte erzeugen. Meistens heißt die entsprechende Taste „rand“ oder „random“. Wenn du diese drückst, erscheint eine Zahl größer als 0 bis höchstens 1. Das erste Drücken liefert den x-Wert, das zweite Drücken den y- Wert eines Punktes. Diesen kannst du auf mm-Papier in ein 100 mm × 100 mm-Quadrat eintragen. Wenn du das oft genug tust, entsteht auf dem Quadrat ein „Zufallsregen“.
In den beiden Abbildungen wurde dir die Arbeit abgenommen, indem $n = 200$ und $n = 400$ Zufallspunkte von einem Programm erzeugt wurden.

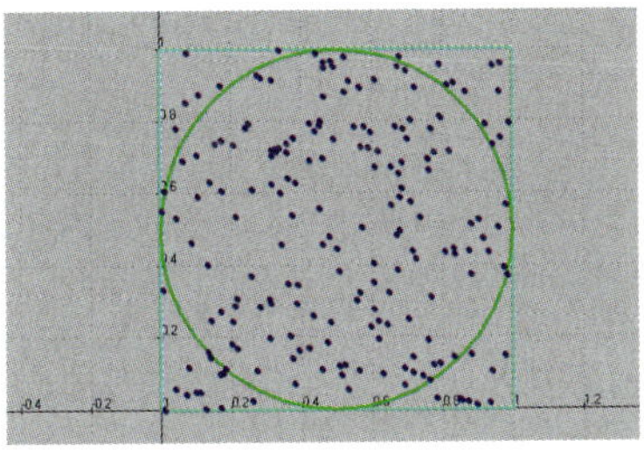

$n = 200$ Zufallspunkte, davon 163 im Kreis

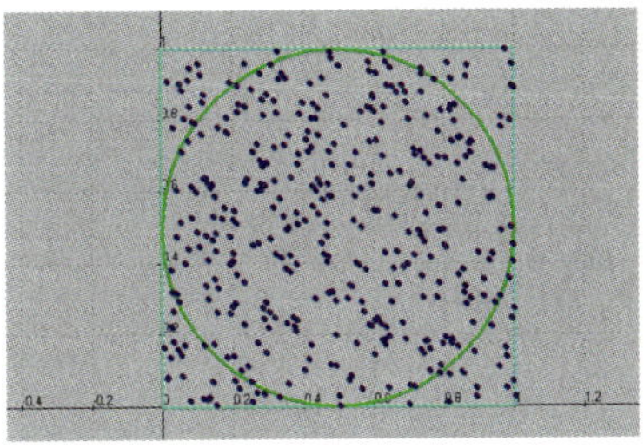

$n = 400$ Zufallspunkte, davon 329 im Kreis

Im Internet kannst du fertige Applets finden, mit denen solche Bilder erzeugt und ausgewertet werden (suche unter „pi Zufallsregen“).

Mit den angegebenen Werten kannst du π näherungsweise bestimmen.

**21** *Regnen mit Zufallszahlen aus dem Telefonbuch*

Auf einer beliebigen Seite des Telefonbuchs schneiden wir aus aufeinander folgenden Telefonnummern die jeweils letzten beiden Ziffern cd ab und bilden daraus eine Zahl $x = 0{,}cd$, die im Intervall $[0; 1]$ liegt. Zwei solcher Zahlen fassen wir zu einem Paar $(x|y)$ z. B. $(0{,}98|0{,}10)$ zusammen. Dieses Zahlenpaar beschreibt einen Punkt im Einheitsquadrat. Mit einer Seite im Telefonbuch lassen sich nun schon sehr viele solcher Zufallspunkte im Einheitsquadrat erzeugen.
Wenn wir nun die Anzahl k der Punkte zählen, die innerhalb des Viertelkreises mit dem Radius 1 liegen und diese Zahl durch die Gesamtzahl n der erzeugten Punkte teilen, so erhalten wir wiederum einen Zufallsnäherungswert für $\frac{\pi}{4}$. (Begründung?)
Zum Zählen der „Punkte“ im Viertelkreis hilft die Ungleichung $x^2 + y^2 < 1$ (s. Formelsammlung). Alle Punkte $(x|y)$, für die diese Ungleichung erfüllt ist, liegen im Viertelkreis. Führe das Experiment mit dem Telefonbuch aus und bestimme damit Näherungswerte von π für $n = 50, 100, 200$.

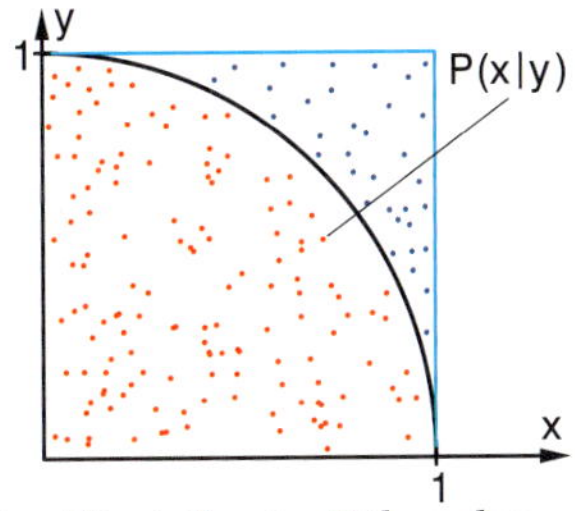


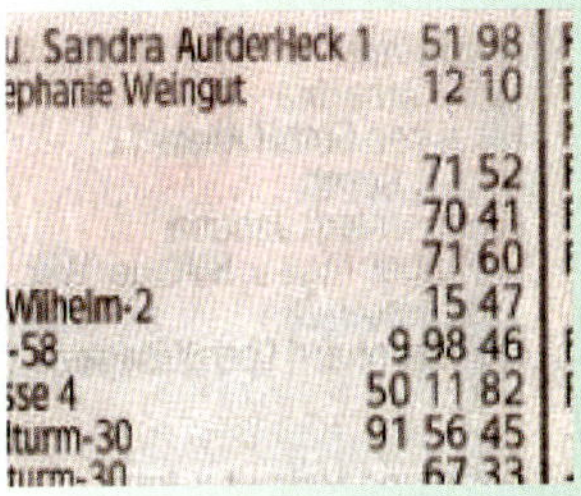


Zahlenpaare/Zufallszahlen:
$(0{,}98|0{,}10)$ $(0{,}52|0{,}41)$
$(0{,}60|0{,}47)$ …

Hier lohnt sich Arbeitsteilung!

## 1.3 Irrationale Zahlen

**Was dich erwartet**

*Probleme, bei denen als Ergebnisse Wurzeln auftreten, waren bereits den Ägyptern und den Babyloniern vor mehreren tausend Jahren bekannt. Sogar einfache quadratische Gleichungen wurden gelöst. Allerdings wurden nur solche Aufgaben behandelt, die „aufgingen", d. h. deren Ergebnisse rationale Zahlen waren.*

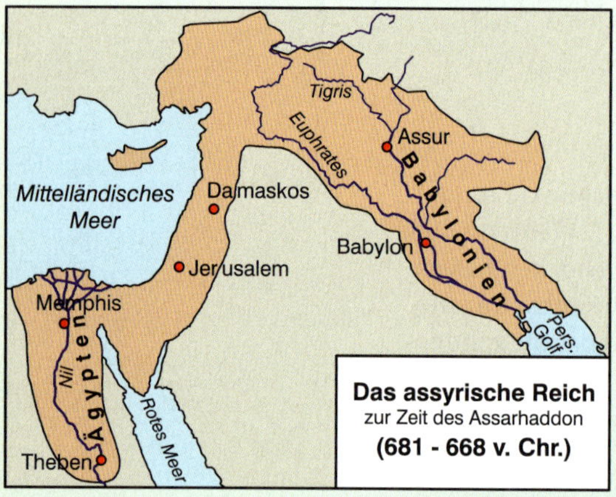

**Das assyrische Reich**
zur Zeit des Assarhaddon
**(681 - 668 v. Chr.)**

*Wahrscheinlich sind die Ägypter und die Babylonier auch auf Aufgaben gestoßen, die nicht „aufgingen". Jedoch finden wir dazu aus der Zeit der alten ägyptischen und babylonischen Kulturen nichts Schriftliches. Die mathematischen Texte der Griechen, die uns ab 600 v. Chr. überliefert sind, belegen eine intensive Beschäftigung mit der „Irrationalität". Wir wollen uns in diesem Abschnitt damit beschäftigen, was an den irrationalen Zahlen so besonders ist. Dabei erfahren wir sozusagen auf den Spuren der Griechen, wie man entsprechende Eigenschaften zeigen und beweisen kann.*

**Aufgaben**

**1** *Wo liegt $\sqrt{2}$ auf der Zahlengeraden?*

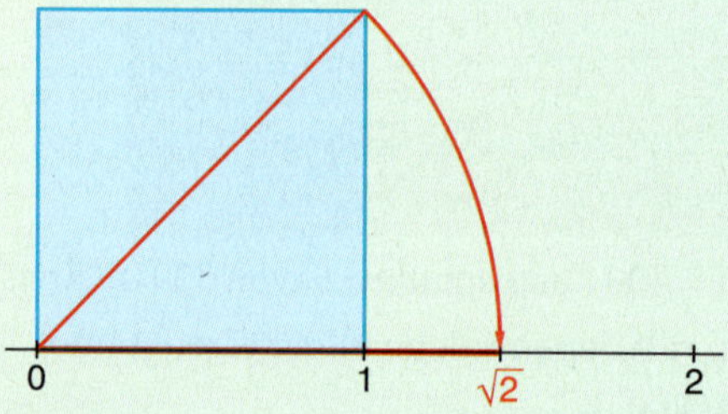


a) Beschreibe die nebenstehende Konstruktion ausgehend von der Zahlengeraden.
b) Begründe, wieso die Diagonale in einem Quadrat mit der Kantenlänge 1 cm die Länge $\sqrt{2}$ cm hat.
c) Finde mit der gleichen Konstruktion die Lage von $\sqrt{8}$ ($\sqrt{18}$) auf der Zahlengeraden.

**2** *Lässt sich $\sqrt{2}$ als Bruch schreiben?*
Man kann $\sqrt{2}$ zwar konstruieren und so die Lage auf der Zahlengeraden finden. Aber bereits im 5. Jahrhundert vor Christus drängte sich den Griechen der Verdacht auf, dass es keinen Bruch gibt, der den Wert $\sqrt{2}$ hat.

Für griechische Mathematiker und Philosophen war $\sqrt{2}$ keine Zahl, man konnte sie noch nicht einmal „aussprechen", d. h. mit einem Bruch benennen.

a) Zwischen welchen natürlichen Zahlen liegt $\sqrt{2}$?
b) Hat $\sqrt{2}$ denselben Wert wie $\frac{3}{2}$? Du kannst dies durch Rechnen oder durch Überlegen ohne zu rechnen überprüfen.
c) Wähle vier gekürzte Brüche zwischen 1 und 2, die als „Kandidaten" für $\sqrt{2}$ infrage kommen. Überprüfe deine Vermutung. Was stellst du fest? Lässt sich $\sqrt{2}$ als Bruch schreiben? Begründe deine Entscheidung.

**3** Die Abbildung zeigt den Funktionsgraphen zu $y = x^2$.
a) Die Abbildung zeigt, wie man $\sqrt{4}$ ermitteln kann. Lies ebenso für $\sqrt{6}$ einen Näherungswert auf der x-Achse ab.
b) Begründe mithilfe des Graphen, wieso $\sqrt{a}$ für $a < 0$ nicht existiert.

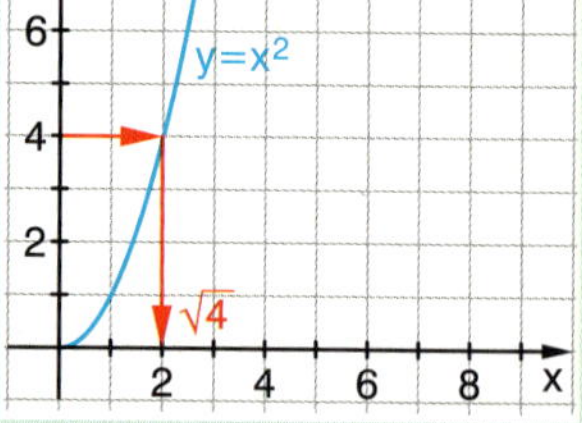

## Aufgaben

**4** In diesem Kapitel lernen wir Zahlen intensiver kennen, die sich nicht als Brüche darstellen lassen. Will man das Besondere an diesen Zahlen erkennen, dann muss man sich mit Brüchen gut auskennen.
Zur Erinnerung:
a) Wie ordnet man Brüche der Größe nach? Ordne die Brüche.
$\frac{1}{2}$; $\frac{2}{5}$; $\frac{3}{7}$; $\frac{4}{9}$; $\frac{4}{5}$; $\frac{7}{11}$; $\frac{5}{8}$
b) Rechnen mit Brüchen:

Subtrahieren | Multiplizieren | Addieren | Dividieren

Informiere dich. Erläutere die entsprechenden Rechenregeln an je zwei Beispielen.

**5** *Periodische Dezimalzahlen – ein besonderer Fall einer nicht abbrechenden Dezimalzahl*
a) Verwandle $\frac{1}{5}$ $\left(\frac{1}{6}; \frac{1}{7}; \frac{1}{8}\right)$ in eine Dezimalzahl. Was beobachtest du?
b) Beim schriftlichen Dividieren einer natürlichen Zahl durch eine andere natürliche Zahl können verschiedene Reste auftreten. Wie viele verschiedene Reste können bei der Division durch 7 (13; b) höchstens auftreten?
c) Begründe mit den Erkenntnissen aus b), dass $\frac{2}{7}$ $\left(\frac{5}{13}; \frac{a}{b}\right)$ einer Dezimalzahl mit einer Periodenlänge von höchstens 6 (12; b – 1) entspricht.

```
4 : 7 = 0,571428
35
 50
 49
  10
   7
  30
  28
   20
   14
    60
    56
     40
     35
      5
```

## Basiswissen

Die Zahl $\sqrt{2}$ ist Vertreter einer neuen „Sorte" von Zahlen mit bemerkenswerten Eigenschaften.

**Eigenschaften von $\sqrt{2}$**

$\sqrt{2}$ entspricht einer Zahl auf der Zahlengeraden.

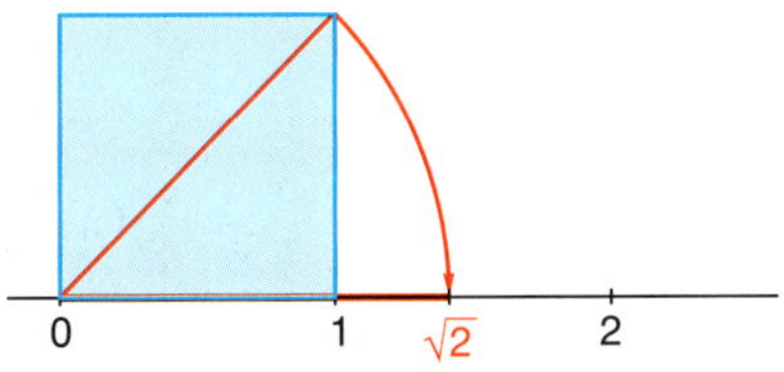


$\sqrt{2}$ lässt sich nicht als Bruch $\frac{p}{q}$ darstellen.

$\sqrt{2}$ ist eine nicht abbrechende, nicht periodische Dezimalzahl:
$\sqrt{2} \approx 1{,}414213\ldots$

$\sqrt{2}$ lässt sich durch eine Intervallschachtelung darstellen.
$1 < \sqrt{2} < 2$
$1{,}4 < \sqrt{2} < 1{,}5$
$1{,}41 < \sqrt{2} < 1{,}42$
$1{,}414 < \sqrt{2} < 1{,}415$
… …… …

Es gibt viele weitere Zahlen mit denselben Eigenschaften wie $\sqrt{2}$:
$\sqrt{3}$; $\sqrt{4{,}1}$; Kreiszahl $\pi$; 0,101001000100001…
Alle Zahlen mit diesen Eigenschaften heißen **irrationale Zahlen**.
Die Menge aller rationalen und irrationalen Zahlen ist die Menge der **reellen Zahlen**.

**Reelle Zahlen:**
Menge der rationalen und irrationalen Zahlen

Irrationale Zahlen
$\sqrt{2}$, …

Rationale Zahlen (Brüche)

Ganze Zahlen
… – 1, 0, 1, …

Natürliche Zahlen
0, 1, 2, 3, …

## *Beispiele*

**A** Um welche Art von reeller Zahl handelt es sich?

| Zahl | Typ | dezimale Darstellung | Art der Dezimalzahl |
|---|---|---|---|
| $\frac{2}{5}$ | rational | $\frac{2}{5} = 0{,}4$ | abbrechende Dezimalzahl |
| $\frac{5}{11}$ | rational | $\frac{5}{11} = 0{,}4545\ldots \approx 0{,}4\overline{5}$ | periodische Dezimalzahl |
| $\sqrt{5}$ | irrational | $\sqrt{5} = 2{,}2360679\ldots$ | nicht abbrechende, nicht periodische Dezimalzahl |

**B** Wo in etwa liegen die reellen Zahlen $-\frac{3}{2}$; $-\sqrt{3}$; 1,5; $\sqrt{2}$; $\frac{7}{3}$ auf der Zahlengeraden? Schreibe die Zahlen zunächst als Dezimalzahlen.

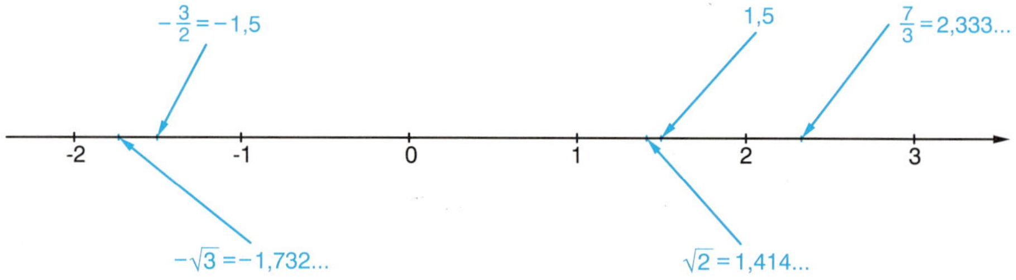


## *Übungen*

**6** Übertrage die Tabelle in dein Heft. Kreuze an, welche Eigenschaft die jeweilige Zahl besitzt.

| | natürlich | ganz | rational | irrational | reell |
|---|---|---|---|---|---|
| $\frac{7}{5}$ | | | X | | X |
| 2 | | | | | |
| $\sqrt{2}$ | | | | | |
| 0,333... | | | | | |
| −8 | | | | | |
| $\sqrt{\frac{36}{25}}$ | | | | | |
| $-\sqrt{16}$ | | | | | |

**7** Welche der folgenden Zahlen ist eine rationale und welche eine irrationale Zahl.

a) $\sqrt{36}$ b) 0,45 c) 0,454545... d) 0,32322322232222...
e) $\sqrt{\frac{1}{9}}$ f) $\sqrt{40}$ g) $\sqrt{0{,}16}$
h) $-\sqrt{\frac{100}{36}}$ i) $-\sqrt{\frac{3}{2}}$ j) $\frac{10}{3}$

Die Anzahl der Zweien zwischen aufeinander folgenden Dreien wird jeweils um 1 größer.

**8** Setze das richtige Zeichen ein (<, >, =).

a) $\sqrt{6}$ ■ $\frac{5}{2}$ b) $\frac{14}{11}$ ■ $\sqrt{1{,}5}$ c) 3,5 ■ $\sqrt{12{,}25}$ d) $\sqrt{5}$ ■ $\sqrt{6}$
e) $\frac{12}{7}$ ■ $\sqrt{3}$ f) $\sqrt{57{,}76}$ ■ 7,6 g) $\sqrt{12}$ ■ $-\sqrt{12}$ h) $\frac{7}{2}$ ■ $\sqrt{11}$

**9** a) Die Ziffernfolge in der Zahl 0,305003000500003... ist nach einem Muster aufgebaut. Setze die Ziffernfolge nach diesem Muster fort.
b) Begründe, dass es sich um eine irrationale Zahl handelt, wenn man sich das Muster immer weiter fortgesetzt vorstellt.
c) Konstruiere auf ähnliche Weise weitere irrationale Zahlen.
Etwas für Experten
d) Erzeugt man die Ziffern einer nicht abbrechenden Dezimalzahl mit einem Glücksrad, so ist die Zahl irrational. Begründe.

**10** Vergleiche die angegebenen Zahlen und trage sie auf der Zahlengeraden ein. Du kannst den Taschenrechner verwenden, um die ungefähre Lage zu ermitteln.

$-\frac{9}{2}$; $\frac{7}{11}$; $\sqrt{6{,}25}$; $\frac{17}{3}$; $-\sqrt{36}$; $-\frac{11}{3}$; $-\sqrt{6}$; $\sqrt{20{,}25}$

**11** Ergänze die Aussagen durch die Worte „immer", „manchmal" oder „nie". Begründe.

a) Eine reelle Zahl ist ... eine rationale Zahl.
b) Eine irrationale Zahl ist ... eine reelle Zahl.
c) Eine negative Zahl ist ... eine irrationale Zahl.
d) Die Wurzel aus einer Zahl ist ... eine irrationale Zahl.
e) Eine natürliche Zahl ist ... eine reelle Zahl.
f) Eine ganze Zahl ist ... eine irrationale Zahl.

## Übungen

Orientiere dich an dem Mengenbild auf Seite 23.

**12** Wo liegt die entsprechende Zahl auf der Zahlengeraden?

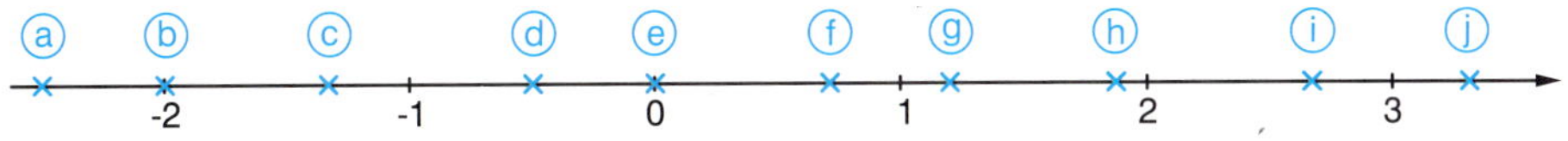


$\sqrt{1{,}44}$; $\frac{5}{7}$; $-2{,}5$; $\sqrt{0}$; $1\frac{7}{8}$; $-\sqrt{4}$; $-1\frac{1}{3}$; $\frac{8}{3}$; $\sqrt{11}$; $-\frac{4}{8}$

### Beweise

Erst im 5. Jahrhundert vor Christus ist das Beweisen von Aussagen „in Mode" gekommen. Aus dieser Zeit stammen aus Griechenland einige berühmte Beweise, so der Beweis, dass $\sqrt{2}$ eine irrationale Zahl ist.
Wichtige Beweistechniken sind der „direkte" und der „indirekte" Beweis.

**13** *Beweisen in der Algebra*

Behauptung: Das Produkt zweier gerader Zahlen ist gerade.

Beweisen und Begründen

**Begründung 1**
$2 \cdot 2 = 4$
$2 \cdot 4 = 8$
$2 \cdot 6 = 12$

**Begründung 2**
Ich habe kein Gegenbeispiel gefunden.

**Begründung 3**
a gerade $\Rightarrow a = 2n$
b gerade $\Rightarrow b = 2m$

$a \cdot b = 2n \cdot 2m = 4mn$
Das Produkt ist durch 2 teilbar, also eine gerade Zahl.

a) Welcher Begründung vertraust du mehr? Welche Begründung hältst du für einen Beweis und warum?
b) Beweise: Das Produkt zweier ungerader Zahlen ist ungerade.
c) Beweise: Die Differenz zweier ungerader Zahlen ist gerade.

**14** *Ein Gewinnspiel*

Bei jedem Verzehr erhält der Kunde eines Schnellimbisses ein Los mit einer bestimmten Punktzahl. Sammelt man die Lose, dann gewinnt man den Hauptgewinn, wenn man insgesamt genau 100 Punkte hat. Carmen und ihre Freundinnen haben Karten gesammelt: 6, 3, 3, 12, 15, 54, 42, 60, 72, 84, 15, 3 und 9. Sie können den Hauptgewinn nicht gewonnen haben. Beweise, dass diese Behauptung richtig ist.

## Übungen

**15** Kommentiere die folgenden Beweise mit eigenen Worten.

a) *Behauptung:*
Die Summe zweier rationaler Zahlen a und b ist eine rationale Zahl.
*Beweis:*
$a = \frac{p}{q} \qquad b = \frac{m}{n}$
$a + b = \frac{p}{q} + \frac{m}{n} = \frac{p \cdot n + m \cdot q}{q \cdot n}$

b) *Behauptung:*
Die Differenz aus einer irrationalen Zahl s und einer rationalen Zahl r ist irrational.
*Beweis:*
Annahme: $s - r = t$ und t ist rational.
$\Rightarrow s = t + r$
$\Rightarrow$ s ist rational.
Dies ist ein Widerspruch zu der Tatsache, dass s irrational sein soll.
Daher ist die Annahme falsch.

## Basiswissen

Wie in der Geometrie versucht man auch in der Algebra Aussagen zu beweisen. Es gibt verschiedene Techniken. Zwei sehr verbreitete Verfahren sind der *„direkte Beweis"* und der *„indirekte Beweis"*, auch *„Widerspruchsbeweis"* genannt.

**Der „direkte" Beweis**
Häufig werden Beweise in der Algebra geführt, indem man geeignete Terme oder Gleichungen aufstellt und dann durch Termumformungen die Behauptung beweist.

*Behauptung:* Das Quadrat einer ungeraden Zahl ist ungerade.

*Beweis:* a ist eine ungerade Zahl.
$a = 2n + 1$
$a^2 = (2n+1)^2 = 4n^2 + 4n + 1$
(gerade Zahlen, da durch 2 teilbar)
$a^2$ ist eine ungerade Zahl.

## Beispiele

**C** *Behauptung:* Das Quadrat einer geraden Zahl ist gerade.
*Beweis:* $a = 2n \Rightarrow a^2 = (2n)^2 = 4n^2$.
Da $a^2 = 4n^2$, ist $a^2$ durch 2 teilbar und somit eine gerade Zahl.

## Übungen

**16** *Beweisen kann man üben.*
Verwende die Beweise aus Aufgabe 15 als Modelle um die folgenden Aussagen zu beweisen:
a) *Behauptung:* Das Produkt zweier rationaler Zahlen ist rational.
b) *Behauptung:* Ist x rational und y irrational, dann ist $\frac{x}{y}$ irrational.
c) *Behauptung:* Der Mittelwert zweier rationaler Zahlen a und b ist rational.

**Mittelwert** m von a und b: $m = \frac{a+b}{2}$

**17** Beweise:
a) Das Produkt einer geraden und einer ungeraden Zahl ist gerade.
b) (Etwas ganz Einfaches) Die einzige gerade Primzahl ist 2.

**18** Finde drei gerade natürliche Zahlen, deren Produkt 149 ist, oder beweise, dass dies unmöglich ist.

## Basiswissen

### Der „indirekte" Beweis oder auch „Widerspruchsbeweis"

Beim Widerspruchsbeweis nimmt man zunächst einmal das Gegenteil von dem an, was man beweisen möchte. Durch logisches Schließen gelangt man zu einem Widerspruch zu bekannten Tatsachen oder in eine Situation, die offensichtlich unmöglich ist.

*Behauptung:*
Man kann das Schachbrett, von dem zwei weiße Eckfelder entfernt sind, nicht mit Dominosteinen, die zwei Schachfelder groß sind, überdecken.

Das Domino-Schachbrett-Puzzle veranschaulicht, wie ein indirekter Beweis funktioniert. Nimm vorübergehend einmal das Gegenteil von dem an, was du beweisen möchtest.

Funktioniert der Beweis auch, wenn man **irgendwo** im Schachbrett 2 weiße Felder entfernt?

## Beispiele

**D** Für drei positive Zahlen a, b und c gelte $a^2 + b^2 = c^2$.

*Behauptung:* Dann ist zumindest eine der Zahlen eine gerade Zahl.

*Widerspruchsbeweis:*
Annahme: Keine der drei Zahlen a, b oder c ist gerade, d. h. alle sind ungerade.

- Dann ist $a^2$ ungerade (wie wir schon bewiesen haben).
- Aus demselben Grund sind auch $b^2$ und $c^2$ ungerade.
- Wir wissen bereits, dass die Summe zweier ungerader Zahlen gerade ist. Also muss $a^2 + b^2$ gerade sein.
  Dies ist ein Widerspruch, denn $a^2 + b^2 = c^2$ und $c^2$ ist laut Annahme eine ungerade Zahl. Damit müssen wir die Annahme, dass alle drei Zahlen ungerade sind, fallen lassen.
- Zumindest eine der drei Zahlen a, b oder c ist gerade.

## *Beispiele*

**E** Beweise, dass $\sqrt{2}$ eine irrationale Zahl ist.

*Behauptung:* $\sqrt{2}$ ist irrational.

*Widerspruchsbeweis:*
Annahme: Das Gegenteil ist wahr.

Der nebenstehende Beweis ist der älteste überlieferte Beweis für die Irrationalität von $\sqrt{2}$.
Er ist zugleich ein besonders schönes Beispiel für einen indirekten Beweis.

EUKLID (um 300 v. Chr.)

| Folgerungen: | Erklärung: |
|---|---|
| (1) $\sqrt{2}$ ist rational. | |
| (2) $\sqrt{2}=\frac{p}{q}$ | Man kann $\sqrt{2}$ als vollständig gekürzten Bruch $\frac{p}{q}$ darstellen. |
| (3) $2=\frac{p^2}{q^2}$ | Quadrieren der Gleichung (2) |
| (4) $p^2=2q^2$ | Auflösen nach $p^2$ |
| (5) $p^2$ ist gerade. | Eigenschaft gerader Zahlen |
| (6) p ist gerade. | Eigenschaft gerader Zahlen |
| **(7) $p=2n$** | **p ist gerade, daher durch 2 teilbar.** |
| (8) $p^2=4n^2$ | Quadrieren von (7) |
| (9) $4n^2=2q^2$ | Einsetzen von (8) in Gleichung (4) |
| (10) $2n^2=q^2$ | Dividieren der Gleichung (9) durch 2 |
| (11) $q^2$ ist gerade | Eigenschaften gerader Zahlen |
| (12) q ist gerade | Eigenschaften gerader Zahlen |
| **(13) $q=2m$** | **q ist gerade, daher durch 2 teilbar.** |
| (14) $\frac{p}{q}$ ist *kein* vollständig gekürzter Bruch. | p und q sind gerade, also sind beide durch 2 teilbar. |

Dies ist ein Widerspruch zu der Annahme, dass $\sqrt{2}$ durch einen vollständig gekürzten Bruch darstellbar ist. Also ist $\sqrt{2}$ irrational.

## *Übungen*

**19** Benutze den Beweis aus Beispiel E als Modell für einen Beweis, dass $\sqrt{3}$ eine irrationale Zahl ist.

**20** In dieser Aufgabe wurde der Versuch unternommen, einen indirekten Beweis mit einer Folge von Abbildungen darzustellen.

*Behauptung:*
Wenn zwei Geraden g und h senkrecht zu einer Geraden k sind, dann sind g und h parallel.

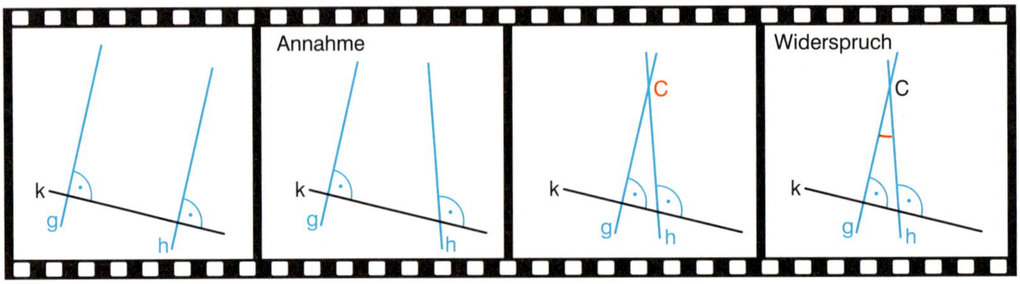


Schreibe den vollständigen Beweis (mit der Annahme) in Worten auf.

**Dreiecksungleichung:** In einem Dreieck ist jede Seite kürzer als die Summe der beiden anderen Seiten.

**21** a) Zeichne verschiedene Dreiecke und überprüfe die Behauptung.
b) Beweise die „Dreiecksungleichung" durch einen Widerspruchsbeweis. Nimm dazu an, du wolltest ein Dreieck konstruieren, für das $a+b<c$ gilt. Was würdest du beobachten?

*Merkwürdiges von Zahlen*

## *Aufgaben*

**22** Wie wir wissen, kann man eine irrationale Zahl einem Punkt auf der Zahlengeraden zuordnen. Angenommen, man hat alle rationalen Zahlen aufgetragen. Dann müsste es doch noch Lücken geben für die irrationalen Zahlen, oder?

Die Frage kann man etwas mathematischer formulieren:

a) Welche Zahlen liegen zwischen $\frac{3}{4}$ und $\frac{6}{7}$?

b) Begründe, warum zwischen $\frac{3}{4}$ und $\frac{6}{7}$ sogar unendlich viele rationale Zahlen liegen. Schaue dir dazu die Tabelle an.

c) Wie kann man zu zwei verschiedenen rationalen Zahlen stets Zahlen finden, die zwischen diesen beiden Zahlen liegen? Lasse dich bei deiner Antwort von den Rechnungen in a) und b) leiten.

**Frage:** Gibt es rationale Zahlen, zwischen denen keine weitere rationale Zahl liegt, d. h. zwischen denen es eine Lücke gibt?

| $\frac{3}{4}$ | $\frac{6}{7}$ |
|---|---|
| $\frac{21}{28}$ | $\frac{24}{28}$ |
| $\frac{42}{56}$ | $\frac{48}{56}$ |
| $\frac{84}{112}$ | $\frac{96}{112}$ |
| … | … |

### Die rationalen Zahlen liegen dicht, es gibt keine „Lücken".

Man kann zu zwei verschiedenen rationalen Zahlen stets rationale Zahlen finden, die zwischen den beiden liegen.
So ist z. B. der Mittelwert zweier rationaler Zahlen a und b eine rationale Zahl, die zwischen a und b liegt.

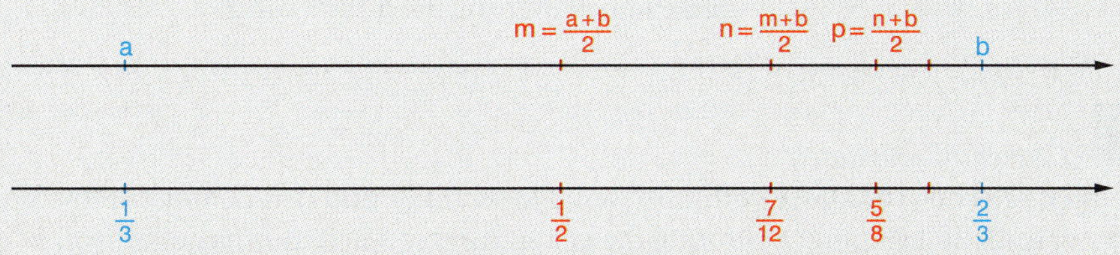


In der Mathematik sagt man: Die rationalen Zahlen liegen dicht.

*Trotzdem ist noch Platz für die irrationalen Zahlen!*

Die rationalen Zahlen: „Schulter an Schulter" – und dennoch passen die irrationalen Zahlen dazwischen

**23** *Kettenbrüche und irrationale Zahlen*

a) Berechne den Wert der folgenden Kettenbrüche.

$$1+\cfrac{1}{2+\cfrac{1}{2}} \qquad 1+\cfrac{1}{2+\cfrac{1}{2+\cfrac{1}{2}}} \qquad 1+\cfrac{1}{2+\cfrac{1}{2+\cfrac{1}{2+\cfrac{1}{2}}}} \qquad 1+\cfrac{1}{2+\cfrac{1}{2+\cfrac{1}{2+\cfrac{1}{2+\cfrac{1}{2}}}}}$$

Ahnst du schon, welcher Wurzel sich die Folge dieser Kettenbrüche nähert?

b) Benutze den nebenstehenden Kettenbruch und deinen Taschenrechner, um $\sqrt{10}$ auf sechs Stellen genau zu bestimmen.

$$3+\cfrac{1}{6+\cfrac{1}{6+\cfrac{1}{6+\cfrac{1}{6+\ldots}}}}$$

## Aufgaben

**24** *Frühe Näherungswerte für π*

Eigentlich ist es ja ganz einfach: In jedem Kreis ist die Zahl π versteckt. Man braucht nur das Verhältnis des Umfangs zum Durchmesser zu bestimmen oder das Verhältnis des Flächeninhalts zum Quadrat des Radius. Aber dieser Zusammenhang musste erst einmal „entdeckt" werden. Dann blieb immer noch das Problem einer möglichst genauen Berechnung dieser Zahl. Mit den Problemen um die Zahl π beschäftigten sich fast alle Völker und ihre besten Mathematiker. Dabei ging es dann meist nicht mehr um den praktischen Nutzen – hier genügt in den meisten Fällen der Näherungswert 3,14 –, sondern um mathematische Problemstellungen wie die Quadratur des Kreises oder die Entwicklung von schnellen Algorithmen zur Bestimmung von immer mehr Stellen der Zahl π.

„Und er machte das Meer, gegossen, zehn Ellen von seinem einen Rand bis zu seinem anderen Rand, ringsum rund und fünf Ellen seine Höhe; und eine Messschnur von dreißig Ellen umspannte es ringsherum." (1. Könige, 7.23)

a) Einen Näherungswert findet man bereits in der Bibel. Links ist ein Auszug aus dem alten Testament zitiert. Welcher Näherungswert für π steckt in diesem Zitat?

Papyrus Rhind: Diese Schriftrolle geht auf ein Werk aus der zweiten Hälfte des 19. Jh. vor unserer Zeit zurück. Es wurde 1858 von dem englischen Archäologen A. H. Rhind erworben und nach ihm benannt. Es wird heute im Britischen Museum in London aufbewahrt.

b) Aus dem ägyptischen Papyrus Rhind stammt der Näherungswert $\left(\frac{16}{9}\right)^2$. Er taucht im Zusammenhang mit der Frage auf, wie viel Getreide in einen zylinderförmigen Kornspeicher hineingeht. Der Papyrus enthält die nebenstehende Zeichnung, aus der du den Näherungswert ableiten kannst: Begründe, dass der Kreis etwa den Flächeninhalt $\frac{7}{9}\,d^2 \approx \frac{64}{81}\,d^2 = \left(\frac{16}{9}\right)^2 \cdot r^2$ hat.

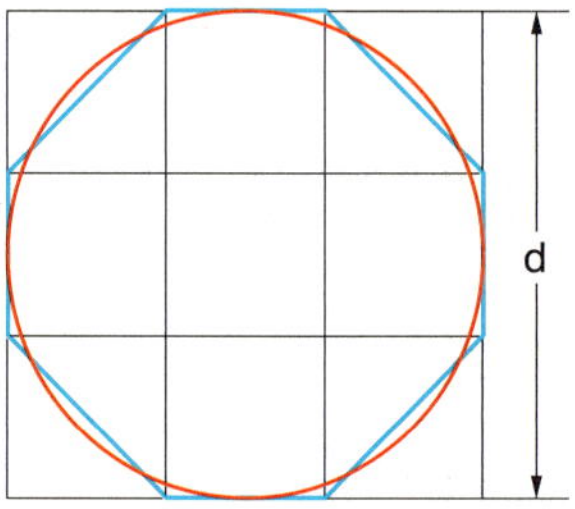


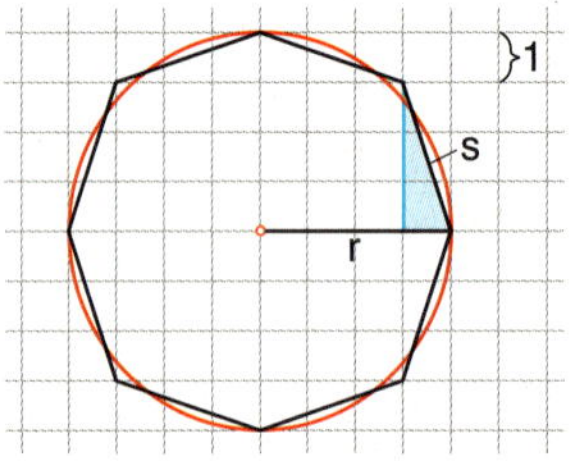


c) Um 700 n. Chr. benutzte man in Indien den Näherungswert $\pi \approx \sqrt{10}$.
Über die Herkunft dieses Näherungswertes ist man auf Vermutungen angewiesen. Die Inder könnten den Umfang des abgebildeten Kreises durch den des Achtecks ersetzt haben. Zeige, dass dies zu dem angegebenen Näherungswert für π führt.

$u_{Kreis} = 2\pi \cdot 4 = 8 \cdot \pi$
$u_{Achteck} = 8 \cdot s$
s mithilfe des blauen Dreiecks berechnen.

**25** *„Gedächtnisakrobaten"*

Sebastian aus der 10. Klasse verblüffte seine Mitschüler und den Lehrer durch eine ungewöhnliche Leistung: Er konnte die ersten fünfzig Nachkommastellen von π fehlerfrei auswendig aufsagen.

a) Teste deine eigene Lernfähigkeit.

b) Was haben die folgenden Merkverse mit der Zahl π zu tun?

*Wie, o dies π macht ernstlich so vielen viele Müh*
*Lernt immerhin, Jünglinge, leichte Verselein.*
*Wie so zum Beispiel dies dürfte zu merken sein.*

*Que j'aime à faire apprendre un nombre utile aux sages*
*Immortel Archimède, artiste ingénieur.*
*Qui de ton jugement peut priser la valeur?*
*Pour moi, ton problème eut de pareils avantages.*

*Now I know a spell unfailing*
*An artful charm for tasks availing*
*Intricate results entailing*
*Not in too exacting mood.*
*(Poetry is pretty good.)*
*Try the talisman,*
*Let be adverse ingenuity.*

**calculator will get fair accuracy**
**but not to π exact**

(Hier soll wohl eine Bruchzahl berechnet werden.)

Wenn du das Geheimnis gelüftet hast, kannst du die „Gedichte" vielleicht noch verlängern oder einen eigenen Merkvers komponieren.

$\pi = 3{,}141\,592\,653\,589\,793\,238\,462\,643\,383\,279\ldots$

## Die Geschichte der Zahl $\pi$

| | |
|---|---|
| $\pi = 3$ | Erwähnung bereits in der Bibel (1. Könige, 7.23, und 2. Buch der Chronik, 4.2) Einfluss Babylons auf die Hebräer (3000 – 500 v. Chr.) |
| $\pi = \left(\frac{16}{9}\right)^2 \approx 3{,}1605$ | Ägypten, *Papyrus Rhind* (1700 v. Chr.) |
| $3\frac{10}{71} < \pi < 3\frac{10}{70}$ | *Archimedes von Syrakus* (287 – 212 v. Chr.) „Der Umfang eines jeden Kreises ist dreimal so groß wie der Durchmesser und noch um etwas größer, nämlich um weniger als $\frac{1}{7}$, aber um mehr als $\frac{10}{71}$ des Durchmessers." Die Grenzen wurden durch Polygonbetrachtungen (n = 96) gewonnen. Der so gewonnene Wert $\pi = 3\frac{1}{7}$ trat nun einen Siegeszug von Land zu Land, von Buch zu Buch an (Alexandria → Indien → China). |
| $\pi = \sqrt{10} \approx 3{,}1623$ | *Brahmagupta*, Indien 600 n. Chr. |
| $\pi = 4 \cdot \left(1 - \frac{1}{3} + \frac{1}{5} - \frac{1}{7} + \frac{1}{9} - \frac{1}{11} + s...\right)$ | *Gottfried Wilhelm Leibniz*, 1674 |

**Stellenjagd**

| | | | |
|---|---|---|---|
| mit anstrengender Kopf- und Schreibarbeit | Ludof van Ceulen | 1609 | 34 Dezimalen |
| | Abraham Sharp | 1699 | 71 Dezimalen |
| | William Rutherford | 1841 | 152 Dezimalen |
| | William Shanks | 1873 | 527 Dezimalen |

| | | |
|---|---|---|
| mit dem Computer | 1949 | 2 037 Stellen in 70 Stunden |
| | 1959 | 500 000 Stellen in 28 Stunden |
| | 1988 | 201 326 000 Stellen in 6 Stunden |
| Die Jagd ist bis heute nicht beendet! | 1989 | 1 001 196 691 Stellen in 3 Tagen |

**Aufgaben**

**26** *Geschichte im Mathematikunterricht*

Sucht im Lexikon und im Internet nach weiteren Informationen über die erwähnten Namen und Probleme. Erstellt eine klasseneigene Broschüre (oder ein Plakat) zum Thema „$\pi$ hat Geschichte".

**27** *Eine anschauliche Einschätzung der Computerrekorde*

Im Exkurs sind einige Computerrekorde genannt. Versucht einmal abzuschätzen, wie viele DIN A4-Blätter zum Ausdruck dieser Näherungszahlen für $\pi$ gebraucht werden (du kannst davon ausgehen, dass auf ein Blatt etwa 50 Zeilen mit je 80 Zeichen passen). Wie hoch werden die Papierstapel? Wie lange bräuchte der Drucker eures PCs zum Ausdrucken?
Beschreibt eure Schätzmethode und vergleicht untereinander.

**28** *Wie genau braucht man $\pi$?*

a) Der Umfang eines Kreises mit dem Durchmesser von exakt 7 m (70 m; 700 m; 7 km) soll auf den Zentimeter genau berechnet werden.
Wie viele Nachkommastellen von $\pi$ muss man dazu mindestens kennen?

b) Handwerker benutzen zur Abschätzung des Kreisumfangs die Faustregel: „Dreifacher Durchmesser plus 5 %". Wie gut ist dieser Näherungswert?

# 1.4 Rechnen mit Wurzeln

## Was dich erwartet

?

$\sqrt{3}+\sqrt{5}=\sqrt{8}$

$\sqrt{2}\cdot\sqrt{6}=\sqrt{12}$

$\sqrt{8}=2\sqrt{2}$

$\frac{\sqrt{6}}{\sqrt{2}}=3$

richtig oder falsch?

*Die alten Griechen haben irrationale Zahlen nicht als Zahlen anerkannt und daher zunächst nicht damit gerechnet. Wir können mit Wurzeln rechnen. Man kann Wurzeln addieren oder subtrahieren, multiplizieren oder dividieren und vieles mehr.*

*Wie man mit Wurzeln rechnet, will gelernt sein. Wenn man sich die folgenden Rechnungen anschaut und mit dem Taschenrechner überprüft, dann kann man leicht feststellen, welche der Rechnungen richtig sind und welche nicht. Wir wollen Ordnung in das Rechnen mit Wurzeln bringen. Dabei werden wir Regeln erarbeiten, die uns das Rechnen mit Wurzeln erleichtern und die Möglichkeiten eröffnen, Terme mit Wurzeln zu vereinfachen.*

*Treten in Wurzeln Variable auf, dann ist es interessant herauszufinden, welche Zahlen man für die Variable einsetzen darf, d. h. wir werden uns mit der Definitionsmenge von Wurzeltermen beschäftigen.*

Welche Zahlen darf man für x einsetzen?

$\sqrt{x-2}$

0 | 1 | 3 | 6 | 9

## Aufgaben

**1** *Die Zahl $\sqrt{a}$ ist diejenige nichtnegative Zahl, die quadriert a ergibt.*
Wurzelziehen hat daher viel mit Quadrieren zu tun. Für das Rechnen mit Wurzeln ist die Kenntnis von Regeln für das Quadrieren hilfreich.

a) Überprüfe durch Einsetzen von Zahlen, welche der folgenden Rechenregeln richtig sein könnten.

(1) $a^2+a^2=2a^2$  (2) $a^2+a^2=a^4$  (3) $(a+b)^2=a^2+b^2$

(4) $a^2b^2=(ab)^2$  (5) $\frac{a^2}{b^2}=\left(\frac{a}{b}\right)^2$  (6) $a^2\cdot a^2=a^4$

b) Beweise die von dir als vermutlich richtig erkannten Regeln. Du findest zu allen richtigen Regeln unvollständige Beweise und Hinweise. Vervollständige die Beweise. Welche Rechengesetze wurden bei welchem Rechenschritt angewendet?

**Rechengesetze:**
– Kommutativgesetz
– Assoziativgesetz
– Distributivgesetz
Informiere dich über die Bedeutung der Rechengesetze.

$a^2b^2=a\cdot a\cdot b\cdot b=a\cdot b\cdot a\cdot b=$
$(a\cdot b)(a\cdot b)=\ldots$

$(a+b)^2=\ldots$
Binomische Formel

$k\cdot a^2+l\cdot a^2=\ldots$ Ausklammern
Auf welche der Aufgaben (1) bis (6) lässt sich dies anwenden?

$\frac{a^2}{b^2}=\ldots$
Rechne wie bei $a^2b^2$

$a^2\cdot a^2=(a\cdot a)\cdot(a\cdot a)$
$=\ldots$

**2** *Rechnen mit Wurzeln*

a) Berechne $\sqrt{9\cdot 16}$ auf zwei verschiedene Weisen:
$\sqrt{9\cdot 16}=\sqrt{144}=\ldots$  $\sqrt{9\cdot 16}=\sqrt{9}\cdot\sqrt{16}=\ldots$

b) Gib drei weitere Beispiele an, die bestätigen, dass gilt $\sqrt{a\cdot b}=\sqrt{a}\cdot\sqrt{b}$.

c) Berechne $\sqrt{9+16}$ und $\sqrt{9}+\sqrt{16}$. Was stellst du fest?

d) Gib drei weitere Beispiele an, die bestätigen, dass $\sqrt{a+b}$ in der Regel nicht dasselbe ist wie $\sqrt{a}+\sqrt{b}$.

Wie vereinfacht man Wurzeln und Terme mit Wurzeln?

## Basiswissen

– **Summen und Wurzeln**

$2\sqrt{7}+8\sqrt{7}=$
$(2+8)\sqrt{7}=10\sqrt{7}$

Für $x \geq 0$ gilt das *Distributivgesetz:*
$a\sqrt{x}+b\sqrt{x}=(a+b)\sqrt{x}$

– **Produkte und Wurzeln**

$\sqrt{2}\cdot\sqrt{8}=\sqrt{2\cdot 8}=\sqrt{16}=4$

Für $x \geq 0$ und $y \geq 0$ gilt:
$\sqrt{x}\cdot\sqrt{y}=\sqrt{x\cdot y}$

– **Anwendung der „Produktregel" – teilweises Wurzelziehen durch Faktorisierung**

$\sqrt{8}=\sqrt{4\cdot 2}$
$=\sqrt{4}\cdot\sqrt{2}=2\sqrt{2}$

Für $y \geq 0$ gilt:
$\sqrt{9y}=\sqrt{9}\cdot\sqrt{y}=3\cdot\sqrt{y}$

– **Quotienten und Wurzeln**

$\frac{\sqrt{18}}{\sqrt{2}}=\sqrt{\frac{18}{2}}=\sqrt{9}=3$

Für $x \geq 0$ und $y > 0$ gilt:
$\frac{\sqrt{x}}{\sqrt{y}}=\sqrt{\frac{x}{y}}$

Summen von Wurzeln mit gleichem Radikanden kann man vereinfachen.

$\sqrt{a}$ ← **Radikand**

## Beispiele

**A** Fasse so weit wie möglich zusammen.

a) $9\sqrt{7}-6+3\sqrt{7}+3-\sqrt{7}$
Ordne die Terme.
$=9\sqrt{7}+3\sqrt{7}-\sqrt{7}-6+3$
Fasse zusammen.
$=11\sqrt{7}-3$

b) $3\sqrt{2}-4\sqrt{3}+5\sqrt{2}-8\sqrt{3}$
$=3\sqrt{2}+5\sqrt{2}-4\sqrt{3}-8\sqrt{3}$
$=8\sqrt{2}-12\sqrt{3}$

Hilfreich zu wissen:
$\sqrt{7}=1\sqrt{7}$

**B** Bei einigen Produkten erhält man durch Zusammenfassen eine Wurzel, deren Radikand ein Quadrat ist.

a) $\sqrt{6}\cdot\sqrt{24}=\sqrt{6\cdot 24}=\sqrt{144}=12$

b) $\sqrt{\frac{3}{5}}\cdot\sqrt{\frac{12}{5}}=\sqrt{\frac{3}{5}\cdot\frac{12}{5}}=\sqrt{\frac{36}{25}}=\frac{6}{5}$

**C** Vereinfache durch teilweises Wurzelziehen.

Steckt eine Quadratzahl als Faktor in 12?

$6\sqrt{12}=6\sqrt{4\cdot 3}=6\cdot 2\cdot\sqrt{3}=12\sqrt{3}$

$\sqrt{\frac{75}{36}}=\sqrt{\frac{3\cdot 25}{36}}=\frac{5}{6}\sqrt{3}$

Der Nenner ist eine Quadratzahl, im Zähler steckt die Quadratzahl 25.

## Übungen

**3** Vereinfache.

a) $5\sqrt{11}-3\sqrt{11}$  b) $6\sqrt{21}+4\sqrt{21}$  c) $6\sqrt{5}-5\sqrt{5}$  d) $3\sqrt{7}-2\sqrt{5}$
e) $6\sqrt{5}+\sqrt{5}$  f) $4\sqrt{a}+6\sqrt{a}$  g) $\sqrt{b}-4\sqrt{b}$  h) $2\sqrt{c}+5\sqrt{d}$

**3** Zwei Terme kann man nicht vereinfachen.

**4** Vereinfache durch geschicktes Ordnen und Zusammenfassen.

a) $8-5\sqrt{2}-3+9\sqrt{2}$  b) $5\sqrt{6}+\sqrt{10}-7\sqrt{6}+\sqrt{10}$  c) $8\sqrt{y}-6\sqrt{x}+8\sqrt{x}-5\sqrt{y}$
d) $14-\sqrt{a}+5\sqrt{a}-20$  e) $4\sqrt{7}-5\sqrt{11}-4\sqrt{7}+6\sqrt{11}$  f) $5\sqrt{3}+4\sqrt{10}-5\sqrt{6}+4\sqrt{11}$

**4** Kommutativgesetz, Assoziativgesetz

**5** Vereinfache.

a) $\sqrt{3}\cdot\sqrt{10}$  b) $5\sqrt{2}\cdot\sqrt{7}$  c) $\sqrt{11}\cdot 3\sqrt{3}$  d) $(\sqrt{13})^2$
e) $(3\sqrt{2})^2$  f) $(-5\sqrt{10})^2$  g) $\sqrt{2}(2+\sqrt{3})$  h) $\sqrt{3}(\sqrt{3}-5)$

## Übungen

**6** Vereinfache die nachfolgenden Wurzelterme mithilfe des Distributivgesetzes.

a) $\sqrt{2}(\sqrt{3}+5)$ b) $(\sqrt{14}+\sqrt{11})\sqrt{3}$
c) $(\sqrt{7}+6)(\sqrt{2}-1)$ d) $(\sqrt{11}-3)(\sqrt{11}+3)$
e) $(\sqrt{3}+10)(\sqrt{3}-10)$ f) $\sqrt{a}(\sqrt{b}+\sqrt{c})$
g) $\frac{\sqrt{5}+\sqrt{10}}{\sqrt{5}}$ h) $\frac{\sqrt{6}}{\sqrt{3}+\sqrt{12}}$

**7** Du kannst viele der folgenden Terme durch teilweises Wurzelziehen vereinfachen.

a) $\sqrt{27}$ b) $\sqrt{200}$ c) $\sqrt{15}$
d) $\sqrt{\frac{32}{125}}$ e) $\sqrt{\frac{30}{7}}$ f) $\sqrt{0{,}02}$
g) $\sqrt{\frac{7}{48}}$ h) $\sqrt{0{,}18}$ i) $\sqrt{0{,}2}$

j) Finde vier weitere Beispiele für Wurzeln, die man durch teilweises Wurzelziehen vereinfachen kann.

**8** Kannst du den Term ohne Wurzel schreiben?

a) $\sqrt{20}\cdot\sqrt{5}$ b) $\sqrt{\frac{3}{20}}\cdot\sqrt{15}$ c) $\sqrt{0{,}2}\cdot\sqrt{0{,}8}$
d) $\frac{\sqrt{800}}{\sqrt{200}}$ e) $\sqrt{0{,}1}\cdot\sqrt{1000}$ f) $\frac{\sqrt{32}}{\sqrt{72}}$

**9** Erfinde mindestens vier Produktterme, deren Faktoren irrationale Zahlen sind und das Ergebnis eine rationale Zahl. Schaue dir dazu die Aufgabe 8 genau an. Erkennst du nach welchem Prinzip die Aufgaben gemacht sind?

$3\sqrt{2}=\sqrt{9\cdot 2}=\sqrt{18}$

**10** In Aufgabe 7 haben wir teilweise die Wurzel gezogen, d. h. wir haben einen Faktor „vor die Wurzel gezogen".
Jetzt wollen wir einen Faktor vor der Wurzel in die Wurzel bringen.
Rechne wie im Beispiel.

a) $3\sqrt{7}$ b) $2\sqrt{2}$ c) $0{,}1\sqrt{1000}$ d) $3\sqrt{a}$ e) $6\sqrt{\frac{5}{6}}$ f) $\frac{1}{2}\sqrt{2}$

Proben

**11** *Wie kann man die Probe machen?*

$\sqrt{\frac{28}{27}}=\frac{2}{3}\sqrt{\frac{7}{3}}$ stimmt das?

① $\frac{2}{3}$ in die Wurzel bringen:
$\frac{2}{3}\sqrt{\frac{7}{3}}=\sqrt{\frac{4}{9}\cdot\frac{7}{3}}=\sqrt{\frac{28}{27}}$

② Nachrechnen
$\sqrt{\frac{28}{27}}=\sqrt{\frac{4\cdot 7}{9\cdot 3}}=\frac{2}{3}\sqrt{\frac{7}{3}}$

③ Quadrieren bei positiven Zahlen:
$\left(\sqrt{\frac{28}{27}}\right)^2=\frac{28}{27}$
$\left(\frac{2}{3}\sqrt{\frac{7}{3}}\right)^2=\frac{4}{9}\cdot\frac{7}{3}=\frac{28}{27}$

Mache die Probe. Wende jede der drei verschiedenen Arten mindestens einmal an.

a) $\sqrt{80}=4\sqrt{5}$ b) $\sqrt{0{,}9a}=0{,}3\sqrt{10a}$ c) $\sqrt{\frac{50}{12}}=\frac{5}{6}\sqrt{6}$ d) $\sqrt{0{,}32}=0{,}4\sqrt{2}$

**12** *Komplizierter Term – schönes Ergebnis, erstaunlich oder?*

$$(\sqrt{2}+\sqrt{8})^2=(\sqrt{2})^2+2\sqrt{2}\sqrt{8}+(\sqrt{8})^2$$
$$=2+2\sqrt{16}+8$$
$$=2+8+8=18$$

Man kann auch anders rechnen:
$$(\sqrt{2}+\sqrt{8})^2=(\sqrt{2}+\sqrt{2\cdot 4})^2$$
$$=(\sqrt{2}+2\sqrt{2})^2$$
$$=(3\sqrt{2})^2=9\cdot 2=18$$

Rechne jeweils auf zwei verschiedene Arten.

a) $(\sqrt{8}-\sqrt{2})^2$ b) $(\sqrt{20}+\sqrt{45})^2$ c) $(\sqrt{75}+\sqrt{12})(\sqrt{75}-\sqrt{12})$

d) Kannst du erkennen, nach welchem Prinzip die Aufgaben gemacht wurden? Erfinde weitere ähnliche Terme mit Wurzeln, die beim Ausrechnen eine natürliche Zahl ergeben.

**13** Mehr vereinfachen geht nicht:
1. Kein Faktor des Radikanden ist eine Quadratzahl.
2. Der Radikand enthält keinen Bruch.

$$5\sqrt{\frac{12}{5}}=5\sqrt{\frac{4\cdot 3}{5}}=10\sqrt{\frac{3}{5}}=10\sqrt{\frac{3\cdot 5}{5\cdot 5}}=\frac{10}{5}\sqrt{15}=2\sqrt{15}$$

Quadratzahl Bruch im Radikand: Erweitern

**13** Vereinfache so weit wie möglich.

a) $11\sqrt{\frac{8}{11}}$ b) $3\sqrt{\frac{50}{7}}$ c) $4\sqrt{\frac{30}{12}}$
d) $8\sqrt{\frac{16}{3}}$ e) $5\sqrt{\frac{200}{5}}$ f) $14\sqrt{\frac{36}{7}}$
g) $\frac{12}{5}\sqrt{\frac{75}{32}}$ h) $4\sqrt{\frac{7}{2}}$ i) $\frac{1}{5}\sqrt{\frac{325}{8}}$

a) $=11\sqrt{\frac{8\cdot 11}{11\cdot 11}}=11\sqrt{\frac{88}{121}}$ $11\frac{\sqrt{88}}{11}$ a) $\sqrt{88}$

b) $=3\sqrt{\frac{7\cdot 50}{7\cdot 7}}=3\sqrt{\frac{350}{49}}$

**14** Vereinfache die nachfolgenden Wurzelterme mithilfe der 3. Binomischen Formel.

a) $\frac{1}{\sqrt{3}+1}$ b) $\frac{2}{\sqrt{5}-1}$ c) $\frac{\sqrt{3}}{\sqrt{3}+3}$ d) $\frac{\sqrt{a}}{\sqrt{a}-4}$

**15** *Training zum Rechnen mit Wurzeln*

a) $10+2\sqrt{5}-\sqrt{5}-12$ b) $4+2\sqrt{3}-\sqrt{18}-4$ c) $\sqrt{\frac{1}{2}}-\sqrt{\frac{49}{2}}$ d) $\sqrt{\frac{34}{136}}$

e) $\sqrt{2}\cdot\sqrt{8}-\sqrt{32}$ f) $(1+\sqrt{7})(1-\sqrt{7})$ g) $\sqrt{12}+2\sqrt{75}$ h) $\sqrt{0{,}01\cdot 144}$

**16** Für alle Punkte P(x|y), die auf dem Halbkreis um den Ursprung mit dem Radius 2 cm liegen, gilt die Gleichung

$$y=\sqrt{4-x^2}.$$

a) Erstelle eine Wertetabelle.

| x | −2 | −1 | −0,5 | 0 | 0,5 | 1 | 2 | 3 | −3 |
|---|---|---|---|---|---|---|---|---|---|
| y | | | | | | | | | |

b) Für einige x-Werte findest du keinen y-Wert.
Begründe, warum dies so ist
- algebraisch, d. h. mithilfe der Gleichung,
- geometrisch, d. h. mithilfe der Abbildung.

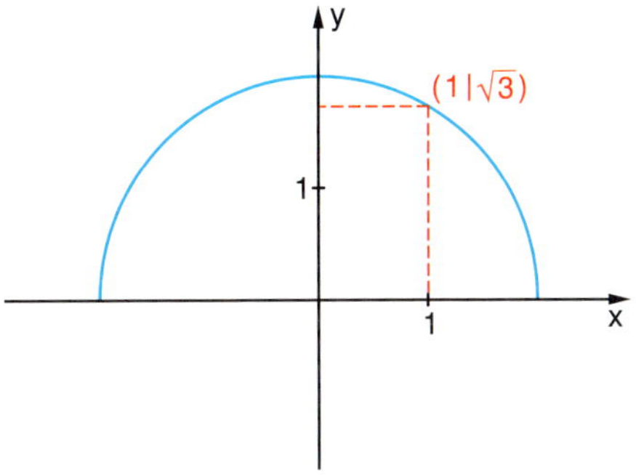


## Übungen

**14**

$\frac{5}{3+\sqrt{2}}=\frac{5(3-\sqrt{2})}{(3+\sqrt{2})(3-\sqrt{2})}$

$=\frac{15-5\sqrt{2}}{9-2}=\frac{15-5\sqrt{2}}{7}$

## Basiswissen

### Quadratwurzelterme

Quadratwurzeln mit Variablen im Radikanden heißen *Quadratwurzelterme.*

$\sqrt{1-x^2}$ ← Variable
↑
Radikand

**Die Definitionsmenge D** eines Quadratwurzelterms ist die Menge aller Zahlen, für die der Radikand positiv oder null wird.

| Term | Definitionsmenge |
|---|---|
| $\sqrt{x}$ | $D=\{x\mid x\geq 0\}$ |
| $\sqrt{x-2}$ | $D=\{x\mid x\geq 2\}$ |
| $\sqrt{1-x^2}$ | $D=\{x\mid -1\leq x\leq 1\}$ |

## Beispiele

**D** Bestimme die Definitionsmenge D des Terms $\sqrt{5-2x}$.
Der Radikand darf nicht negativ werden, d. h.:

$5-2x\geq 0$
$-2x\geq -5$
$x\leq 2{,}5$
$D=\{x\mid x\leq 2{,}5\}$

Der Wurzelterm ist also definiert z. B. für $x=0$; $x=2$; $x=2{,}5$; $x=-10$ usw.
Nicht definiert ist der Term z. B. für $x=6$; $x=10$ usw.

**E** Bei Wurzeltermen mit mehreren Variablen kann man „einschränkende" Bedingungen angeben, z. B. für $\sqrt{x-y}$.
Der Radikand darf nicht negativ werden, d. h.:

$x-y\geq 0$
$x\geq y$
$D=\{(x;y)\mid x-y\geq 0\}$

Der Wurzelterm ist definiert z. B. für $x=5$ und $y=2$ oder $x=-2$ und $y=-3$.
Nicht definiert ist der Term z. B. für $x=5$ und $y=6$ oder $x=-2$ und $y=-1$.

## *Übungen*

**17** Bestimme die Definitionsmenge des Wurzelterms. Überprüfe die jeweilige Definitionsmenge durch Einsetzen einiger Werte.

a) $\sqrt{a}$  b) $\sqrt{x-6}$  c) $\sqrt{1-x}$  d) $\sqrt{9-x^2}$  e) $\sqrt{20-x^2}$

f) $\sqrt{x^2}$  g) $\sqrt{\frac{1}{x}}$  h) $\sqrt{x^3}$  i) $\sqrt{x^2}$  j) $\sqrt{(2-x)^2}$

**18** • x und y gleiches Vorzeichen.
• $x \geq -y$
• $y \geq 0$
• $x \geq 2y$
• für alle x und y

**18** Für welche Werte der Variablen ist die Wurzel definiert?

a) $\sqrt{x+y}$  b) $\sqrt{x \cdot y}$  c) $\sqrt{x^2+y^2}$  d) $\sqrt{x-2y}$  e) $\sqrt{x^2y}$

**19** Vereinfache durch geschicktes Ordnen und Zusammenfassen.

a) $3\sqrt{a}-5\sqrt{b}+7\sqrt{a}+5\sqrt{b}-\sqrt{a}$  b) $\sqrt{x}-3\sqrt{y}+4\sqrt{x}+3\sqrt{y}-\sqrt{z}$

c) $2a\sqrt{x}-b\sqrt{y}+b\sqrt{x}+a\sqrt{y}$

**20** Welche der folgenden Terme kann man ohne Wurzel schreiben? Gib jeweils die Definitionsmenge an.

a) $\sqrt{a}\cdot\sqrt{a}$  b) $\sqrt{b^3}\cdot\sqrt{b}$  c) $\sqrt{x^3}\cdot\sqrt{\frac{16}{x}}$  d) $\sqrt{25a}$  e) $\frac{\sqrt{5a^3}}{\sqrt{5a}}$

**21** *Genau hingeschaut.*

a) Untersuche die Funktion $y=(\sqrt{x})^2$.
Ergänze die Tabelle und zeichne den Graphen der Funktion.

| x | 0 | 1 | 2 | 3 | −1 | −2 | −3 |
|---|---|---|---|---|---|---|---|
| y | ■ | ■ | ■ | ■ | ■ | ■ | ■ |

**Wurzeln quadrieren:**
$(\sqrt{3})^2=3$
$(\sqrt{-3})^2$ nicht definiert
$(\sqrt{a})^2=a, \quad a \geq 0$
**Wurzeln aus Quadraten:**
$\sqrt{3^2}=3$
$\sqrt{(-3)^2}=3$
$\sqrt{a^2}=|a|$

Gib die Definitionsmenge an. Finde einen einfacheren Funktionsterm.

b) Mit einem grafischen Taschenrechner kann man den Graphen der Funktion mit der Gleichung $y=\sqrt{x^2}$ leicht ausdrucken.

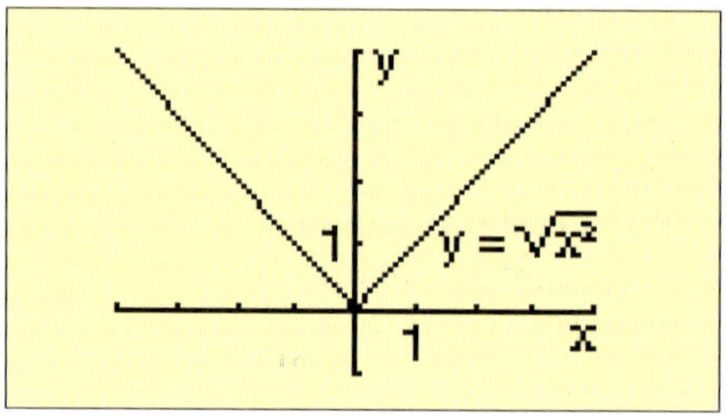


– Überprüfe den Graphen mit deinem GTR.
– Erstelle mit dem GTR oder anhand des Graphen eine Tabelle und vergleiche mit der Tabelle aus Aufgabe a).
– Begründe die Unterschiede, indem du die Rechnungen fortsetzt:

−3 —Quadrieren→ 9 —Wurzelziehen→ ■
3 ——→ ■ ——→ ■
−2 ——→ ■ ——→ ■

**22** Bringe den Faktor *vor* der Wurzel *in* die Wurzel.

a) $x\sqrt{6}$  b) $3y^2\sqrt{2}$  c) $a\sqrt{a}$  d) $b\sqrt{a}$  e) $2ab\sqrt{b}$  f) $(a-1)\sqrt{a-1}$

**23** $\frac{|a|}{\sqrt{b}}$  $\left|\frac{ac}{b}\right|$
$6x$  $\frac{12|x|}{y^2}$
$5ab\sqrt{3}$
$\frac{\sqrt{a}}{2}$

**23** Vereinfache soweit wie möglich. Wende alle „Tricks" an, die du kennst.

a) $\sqrt{2x}\cdot\sqrt{18x}$  b) $\sqrt{75a^3b}\cdot\sqrt{\frac{b}{a}}$  c) $\sqrt{\frac{a^2}{b}}$

d) $\sqrt{\frac{6}{a}}\cdot\sqrt{\frac{a^2}{24}}$  e) $\sqrt{\frac{3x^2}{y}}:\sqrt{\frac{y^3}{48}}$  f) $\sqrt{\frac{a}{b}}:\sqrt{\frac{b}{c}}\cdot\sqrt{ac}$

**24** Kann das sein? $2\sqrt{3-2\sqrt{2}}=2\sqrt{2}-2$

Schaue bei Aufgabe 11 nach, wie man überprüfen kann, ob die beiden Terme $2\sqrt{3-2\sqrt{2}}$ und $2\sqrt{2}-2$ wirklich gleich sind.

## Übungen

**25** *Lernplakat zum Thema Rechnen mit Wurzeln*
Erstelle auf einer Seite in deinem Heft eine Übersicht über die wichtigsten Regeln und Informationen. Organisiere die Seite möglichst großzügig und übersichtlich. Gib zu jeder Regel jeweils zwei Beispiele an.

**26** *Teste dein Wissen*

Fehlererkennung

In den folgenden Rechnungen sind Fehler versteckt. Spüre sie auf, indem du zunächst schaust, welche Information von deinem Lernplakat hilfreich sein könnte. Arbeite mit deinem Banknachbarn oder deiner Banknachbarin zusammen nach dem Motto „Vier Augen sehen mehr als zwei“.
Erkläre, wieso die Rechnung falsch ist und finde die richtige Antwort.

a) Anna und Christoph üben zusammen. Anna berechnet eine Wurzel:
$\sqrt{32} = \sqrt{16+16} = \sqrt{16} + \sqrt{16} = 4 + 4 = 8$

b) $(\sqrt{5} + \sqrt{7})^2 = (\sqrt{5})^2 + (\sqrt{7})^2 = 5 + 7 = 12$

c) $(3\sqrt{3}) = 3 \cdot 3 = 9$

d) $\sqrt{a^2 b^3} = ab\sqrt{b}$

e) $2\sqrt{5} + 2\sqrt{10} = 2\sqrt{5} + \sqrt{10} = 2\sqrt{15}$

f) $\frac{\sqrt{x}}{1+\sqrt{x}} = \frac{\sqrt{x}(1+\sqrt{x})}{(1+\sqrt{x})(1+\sqrt{x})} = \frac{\sqrt{x+x}}{1+x}$

g) Simon stellt fest: „Die Definitionsmenge D des Terms $\sqrt{(a-2)^3}$ ist $D = \{a \mid a \geq 0\}$“

**27** Mathematiker und Philosophen im „alten“ Griechenland haben sich intensiv mit der Teilung einer Strecke und den entsprechenden Teilverhältnissen beschäftigt.

a)

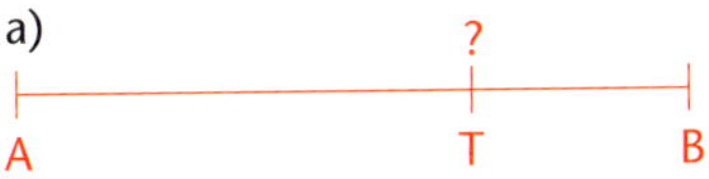


Wo muss der Punkt T liegen, damit für das Teilverhältnis $\overline{AT} : \overline{TB}$ gilt:
(1) $\overline{AT} : \overline{TB} = 1 : 1$
(2) $\overline{AT} : \overline{TB} = 3 : 2$
(3) $\overline{AT} : \overline{TB} = \overline{AB} : \overline{AT}$

*Hier hilft nur Ausprobieren!*

Zeichne $\overline{AB} = 10$ cm und den entsprechenden Teilpunkt T.
b) Der Fall (3), dass sich die ganze Strecke $\overline{AB}$ zur größeren Teilstrecke verhält, wie die größere Teilstrecke zu der kleineren, war für die Griechen von besonderer Bedeutung.
Griechische Mathematiker fanden heraus, dass dies genau dann der Fall ist, wenn das Teilverhältnis $\frac{1}{2}(1+\sqrt{5}) : 1$ ist.
Vergleiche das Teilverhältnis, dass du in Aufgabe a), Teil (3) gefunden hast, mit dem der Griechen. Wie gut warst du?

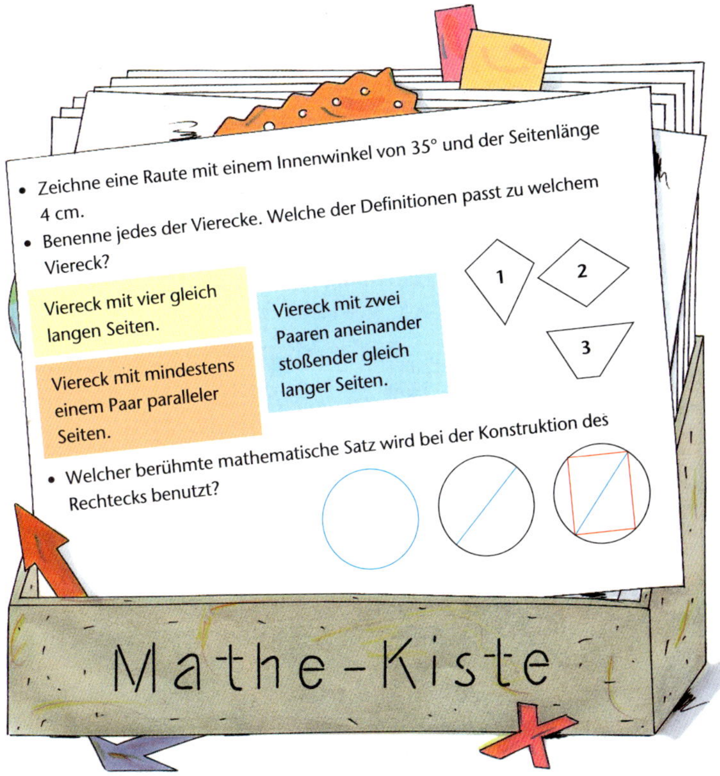

## *Aufgaben*

Das „goldene Verhältnis“

**28** *Das goldene Rechteck*

Künstler und Architekten haben Bilder, Statuen und Bauwerke entworfen, die auf dem „goldenen Rechteck“ beruhen. In einem „goldenen Rechteck“ ist das Längenverhältnis der längeren zur kürzeren Seite ein ganz besonderes Verhältnis: $\frac{1+\sqrt{5}}{2} : 1$

Viele Menschen empfinden „goldene“ Rechtecke als besonders harmonisch und schön.

a) Berechne $\frac{1+\sqrt{5}}{2}$ mit dem Taschenrechner auf drei Stellen hinter dem Komma genau.

b) In dem Triumphbogen des römischen Kaisers Konstantin in Rom sollen zwei goldene Rechtecke versteckt sein. Miss nach und rechne.

c) Welche der folgenden Rechtecke sind (in etwa) „goldene“ Rechtecke.

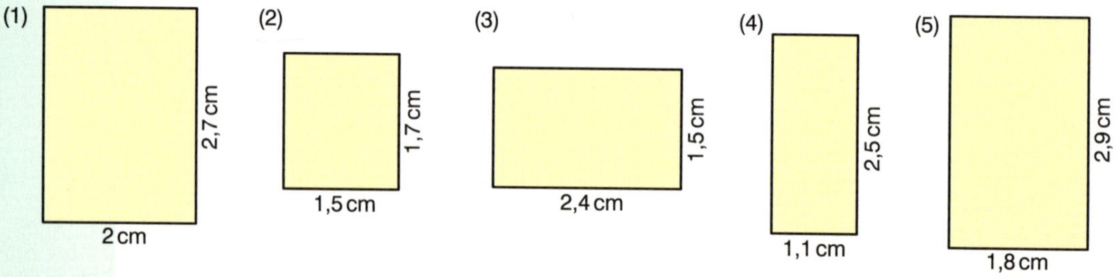


*Ein Klassenprojekt*

d) Zeichne die Rechtecke aus Aufgabe c) in Originalgröße. Frage möglichst viele verschiedene Personen (Eltern, Verwandte, Freunde, …), welches der Rechtecke ihnen von der Form her am besten gefällt. Erstelle in der Klasse ein Häufigkeitsdiagramm aller Antworten. Haben die meisten das „goldene Rechteck“ gewählt?

Psychologen wollen herausgefunden haben, dass Kunden unbewusst Produkte bevorzugen, deren Verpackung an ein „goldenes“ Rechteck erinnern.
Findest du solche Verpackungen?

**29** Das „goldene Verhältnis“ $\frac{1+\sqrt{5}}{2}$ findet man auch angenähert in der Natur. Ermittle das jeweilige Verhältnis $\frac{a}{b}$ durch Messen und Rechnen.

a) Arm zu Unterarm
b) Kopf–Kinn zu Augenbrauen–Kinn
c) Bauchnabel–Fuß zu Kopf–Bauchnabel

a)

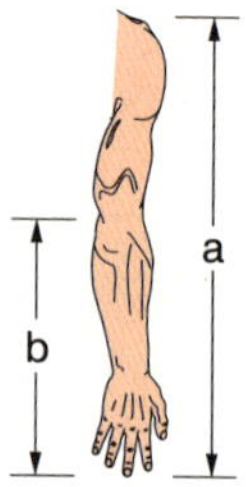


b)

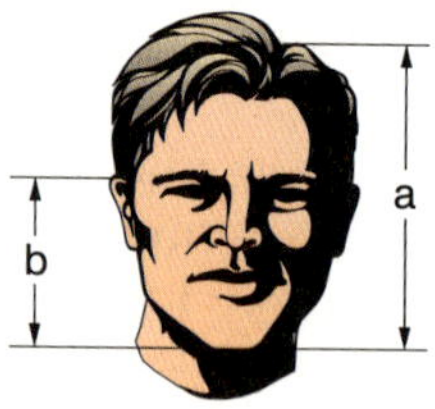


c)

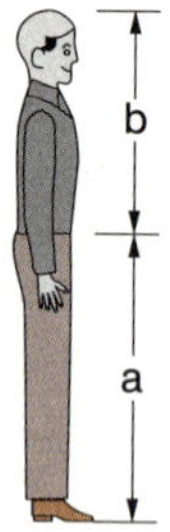


Kannst du diese Verhältnisse an Klassenkameraden bestätigen?

**30** *Muster in Zahlenfolgen – Fibonaccizahlen*

Fibonaccizahlen sind in der Mathematik außerordentlich beliebt, da sie zahlreiche interessante Eigenschaften haben. Eine der Eigenschaften hat etwas mit dem goldenen Verhältnis zu tun. Fibonaccizahlen erhält man, wenn man die Summe der beiden vorhergehenden Zahlen berechnet.

Man kann aufeinander folgende Fibonaccizahlen verwenden um Rechtecke zu konstruieren, die ungefähr „golden“ sind. Das Rechteck rechts ist konstruiert mit den aufeinander folgenden Fibonaccizahlen 3 und 5.

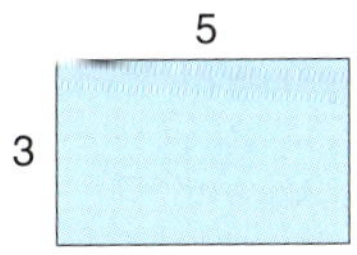


b) Wie viel weicht das Verhältnis 5 : 3 von dem goldenen Verhältnis ab.

c) Verwende aufeinander folgende Fibonaccizahlen, um Rechtecke zu konstruieren, die „fast golden“ sind.
- Ergänze die Tabelle, in dem du für Länge und Breite aufeinander folgende Fibonaccizahlen bis 89 verwendest.
- Zeichne die entsprechenden Rechtecke in Millimeter.
- Berechne das Verhältnis von Länge und Breite und vergleiche das Ergebnis mit dem „goldenen Verhältnis“.

| Länge | Breite | Verhältnis |
|---|---|---|
| 5 | 3 | $\frac{5}{3} = 1{,}667$ |
| 8 | 5 | $\frac{8}{5} = 1{,}6$ |
| 13 | 8 | ■ |
| ■ | ■ | ■ |
| ■ | ■ | ■ |
| ■ | ■ | ■ |

d) Welche der folgenden Maße entsprechen in etwa denen eines goldenen Rechtecks?

| Fotoabzüge: | Glückwunschkarte: | Breitwandleinwand | Papierformat A4: |
|---|---|---|---|
| 9 cm × 13 cm | 19 cm × 11,7 cm | 10,45 m × 6,3 m | 21 cm × 29,7 cm |

## Aufgaben

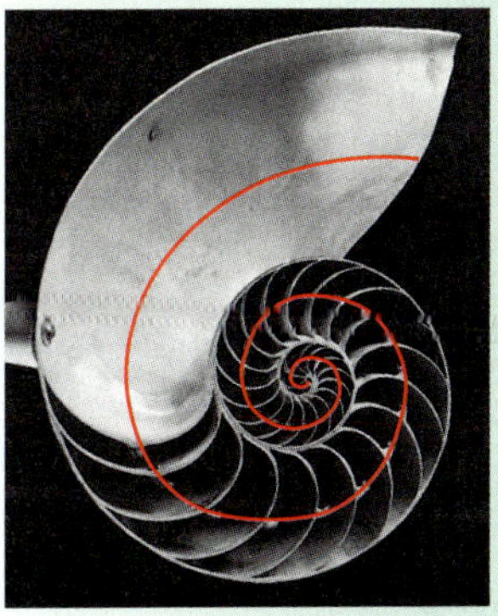

Das Wachstumsmuster der Kammern einer Nautilus bildet eine Spirale, die auf dem goldenen Verhältnis beruht.

## Der goldene Schnitt

In vielen Büchern und Publikationen findet man, dass das goldene Verhältnis (in der Kunst auch der „goldene Schnitt“ genannt), sozusagen göttlich gegeben ist als das Verhältnis, das zu besonders gefälligen Formen führt. Und in der Tat haben zahlreiche Künstler, wie z. B. der Maler Salvador Dali, der Architekt Le Corbusier und der Komponist Bela Bartok, ganz bewusst das goldene Verhältnis in verschiedenen Zusammenhängen benutzt.

Die Griechen haben sich bereits mehrere Jahrhunderte vor Christus mit dem goldenen Schnitt als einem besonderen Teilungsverhältnis beschäftigt. Aber dafür, dass sie dieses Verhältnis in der Architektur und der Kunst als besonders gefällig angesehen haben, gibt es keine „harten Beweise“ in Form von schriftlichen Überlieferungen.

# CHECK-UP

## Reelle Zahlen

**Wurzeln:**
Ist $a \geq 0$, dann ist $\sqrt{a}$ die positive Zahl, die mit sich selbst multipliziert (quadriert) a ergibt.
$(\sqrt{a})^2 = a$; $(\sqrt{3})^2 = 3$

**Lösen von Gleichungen:**

$6x^2 = 48 \quad |:6$

$x^2 = 8$

$x = \sqrt{8}$ oder $x = -\sqrt{8}$

**Reelle Zahlen:**
- **Irrationale Zahlen:**
  $\sqrt{2}$; $\sqrt{17}$; 0,1010010001 …
  sind nicht abbrechende, nicht periodische Zahlen
- **Rationale Zahlen:** Bruchzahlen

Jeder **irrationalen Zahl** entspricht ein Punkt auf der Zahlengeraden.

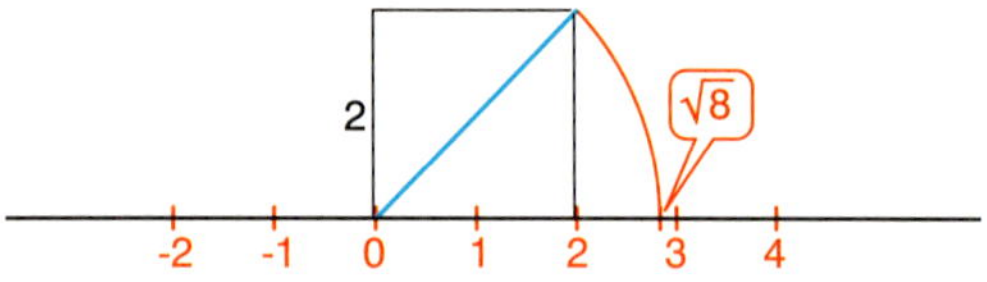


**Irrationale Zahlen** lassen sich durch eine Intervallschachtelung darstellen.

$2 < \sqrt{8} < 3$

$2{,}8 < \sqrt{8} < 2{,}9$

$2{,}82 < \sqrt{8} < 2{,}83$

$2{,}828 < \sqrt{8} < 2{,}829$

Die Zahl $\sqrt{8}$ liegt in allen Intervallen, die Intervalllängen kann man beliebig klein machen.

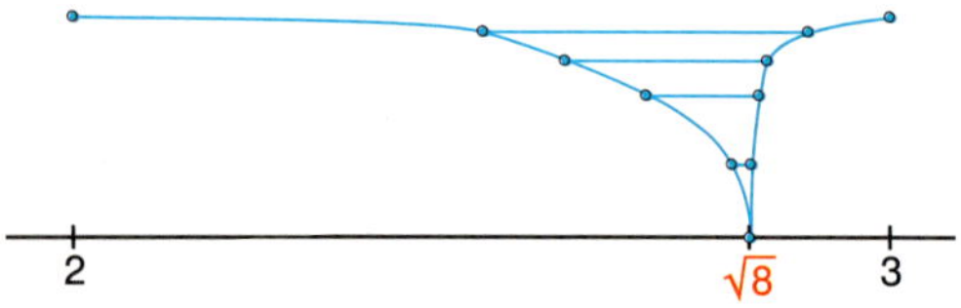


**1** *Wurzelbestimmungen im Kopf*

a) $\sqrt{121}$ b) $\sqrt{1600}$ c) $\sqrt{1{,}96}$ d) $\sqrt{225}$
e) $\sqrt{0{,}09}$ f) $\sqrt{0{,}25}$ g) $\sqrt{\frac{4}{81}}$ h) $\sqrt{\frac{25}{169}}$

**2** Berechne die Wurzeln ohne Taschenrechner.
Es hilft dir dabei $\sqrt{10} \approx 3{,}1623$.

a) $\sqrt{1000}$ b) $\sqrt{0{,}1}$ c) $\sqrt{40}$ d) $\sqrt{10\,000\,000}$

**3** Entscheide, ob die Seitenlänge des farbigen Quadrates eine rationale Zahl ist.

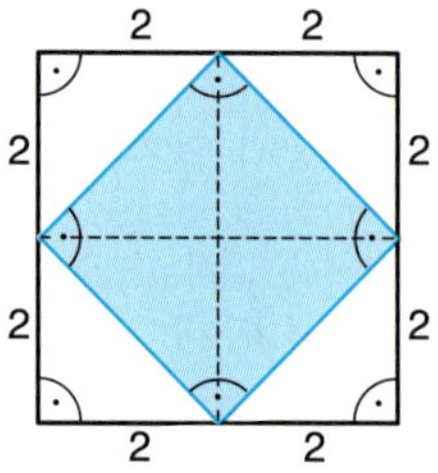


**4** Gib die Seitenlängen eines Quadrates mit folgendem Flächeninhalt an.

a) $17{,}25\ m^2$ b) 20 ha c) $8\ cm^2$ d) 1 a

**5** Ordne der Größe nach.

$\sqrt{12}$  3,45  3,47  $\sqrt{10}$  3,1  $\frac{7}{2}$  4

**6** *Gleichungen lösen*
Runde die Ergebnisse auf drei Stellen nach dem Komma.

a) $x^2 + 12 = 72$ b) $6x^2 + 5 = 29$ c) $x^2 - 5 = 35$
d) $3x^2 + 2 = 47$ e) $2(x^2 + 10) = 20$ f) $x^2 + 4 = 1$

**7** Begründe mit Beispielen, dass die folgende Aussage falsch ist:

a) „Wurzeln sind irrationale Zahlen."
b) „Jede Gleichung der Form $x^2 = b$ hat eine Lösung."

**8** Ordne die Zahlen den Punkten auf der Zahlengeraden zu, ohne den Taschenrechner zu benutzen.

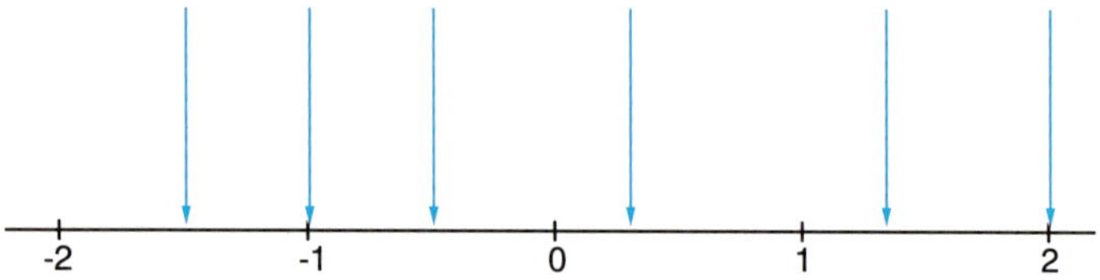


$\sqrt{4}$  $\frac{4}{3}$  $-\sqrt{1}$  $-\frac{3}{2}$  $\sqrt{0{,}09}$  $-\sqrt{\frac{1}{4}}$

**9** Gib die ersten fünf Schritte einer Intervallschachtelung für $\sqrt{500}$ an.

**10** Welche Zahl wird vermutlich eingeschachtelt?

a)
$2 < x < 3$
$2{,}4 < x < 2{,}5$
$2{,}44 < x < 2{,}45$
$2{,}449 < x < 2{,}450$
$2{,}4494 < x < 2{,}4495$

b)
$2 < x < 3$
$2{,}3 < x < 2{,}4$
$2{,}33 < x < 2{,}34$
$2{,}333 < x < 2{,}334$
$2{,}3333 < x < 2{,}3334$

**11** Verwandle ein Rechteck mithilfe des Heronverfahrens immer mehr in ein flächengleiches Quadrat. Führe jeweils fünf Schritte durch.
a) $x = 3$ cm und $y = 12$ cm,
b) $x = 4$ cm und $y = 10$ cm.
Welche Kantenlänge hat jeweils das entsprechende flächeninhaltsgleiche Quadrat?

**12** Bestimme $\sqrt{90}$ auf drei Stellen nach dem Komma genau.
a) Mit dem Heronverfahren,
b) mit dem Intervallhalbierungsverfahren.

**13** *Iterationen*
a) Führe die Iteration $x_{n+1} = \sqrt{x_n}$ für die Startwerte $x_0 = 5$; $10000$; $\frac{2}{5}$; $\frac{1}{6}$; $\frac{1}{1000}$ zehnmal mithilfe des Taschenrechners durch. Versuche deine Beobachtungen in Worten zu erklären.

**14** Führe jeweils fünf Iterationsschritte aus. Beobachte, was geschieht. Wie unterscheiden sich die beiden Iterationen?
a) $x_{n+1} = 3 \cdot x_n + 2$ Startwert: $x_0 = 2$
b) $x_{n+1} = 0{,}5 \cdot x_n + 2$ Startwert: $x_0 = 2$

**15** Mit der folgenden Iteration kann man eine bekannte Zahlenfolge, die Fibonaccifolge, erzeugen:
$x_{n+1} = x_n + x_{n-1}$ Startwerte: $x_0 = 1$, $x_1 = 1$
Fasse die Iterationsvorschrift in Worte ($x_{n-1}$ ist der Vorvorgänger) und führe dann acht Iterationsschritte aus.

**16** Beweise
a) direkt:
„Die Summe dreier aufeinander folgender Zahlen ist durch 3 teilbar." (Prüfe die Behauptung zuerst an einem Zahlenbeispiel nach.)
b) indirekt:
„Das Doppelte von $\sqrt{2}$ ist irrational."

**17** *Wahr oder falsch*
Begründe und beachte, dass zum Widerlegen einer Behauptung *ein* Gegenspiel genügt.
a) Alle natürlichen Zahlen sind rationale Zahlen.
b) Die Wurzel aus einer Zahl ist immer kleiner als die Zahl selbst.
c) Die Wurzel aus einer Zahl ist immer eine rationale Zahl.

**18** Vereinfache so weit wie möglich. Ziehe auch teilweise die Wurzel.
a) $7\sqrt{x} - 6\sqrt{y} + 3\sqrt{x} - 4\sqrt{y}$ b) $\sqrt{\frac{11}{60}} \cdot \sqrt{\frac{12}{55}}$
c) $\sqrt{5} + \sqrt{20} - 2\sqrt{75} + 3\sqrt{5}$ d) $\sqrt{0{,}1} \cdot \sqrt{0{,}121}$
e) $(a + \sqrt{b}) \cdot (a - \sqrt{b})$ f) $5 \cdot \sqrt{\frac{5}{8}}$

**19** Bestimme die Definitionsmenge und überprüfe deine Antwort durch Einsetzen.
a) $\sqrt{2 \cdot w}$ b) $\sqrt{x - 5}$ c) $\sqrt{s^2 + 1}$
d) $\sqrt{9 - x^2}$ e) $\sqrt{x^2 - 9}$ f) $\sqrt{6 - 3r}$

## CHECK-UP

**Näherungsverfahren und Wurzeln:**
Das **Heronverfahren** zur näherungsweisen Bestimmung von $\sqrt{a}$.
**Iteration:** $x_{n+1} = 0{,}5\left(x_n + \frac{a}{x_n}\right)$
Startwert: $x_0 = a$
Ein anderes Näherungsverfahren ist das **Intervallhalbierungsverfahren.**

**Iteration:**
Mit einer Iteration wird aus einem Startwert eine Folge von Zahlen mit immer demselben Rechenverfahren berechnet.

$x_1 = 2 \cdot x_0 + 1$
$x_2 = 2 \cdot x_1 + 1$
...
$x_{n+1} = 2 \cdot x_n + 1$
Nachfolger Vorgänger
Startwert: $x_0 = 0$

| n | 0 | 1 | 2 | 3 | 4 |
|---|---|---|---|---|---|
| $x_n$ | 0 | 1 | 3 | 7 | $2 \cdot 7 + 1$ |

**Beweise:**

| Direkter Beweis | Indirekter Beweis |
|---|---|
| Voraussetzung ↓ Logische Schlussfolgerung ↓ Behauptung | Annahme des Gegenteils der Behauptung ↓ Logische Schlussfolgerungen ↓ Widerspruch ↓ Behauptung ist richtig. |

**Rechnen mit Wurzeln:**
Summen und Wurzeln (Distributivgesetz)
$a\sqrt{x} + b\sqrt{x} = (a + b)\sqrt{x}$, $(x \geq 0)$
Produkte und Wurzeln
$\sqrt{x} \cdot \sqrt{y} = \sqrt{x \cdot y}$, $(x \geq 0, y \geq 0)$
Teilweises Wurzelziehen
$\sqrt{25 \cdot y} = 5 \cdot \sqrt{y}$, $(y \geq 0)$
Quotienten und Wurzeln
$\frac{\sqrt{x}}{\sqrt{y}} = \sqrt{\frac{x}{y}}$, $(x \geq 0, y > 0)$
Quadratwurzelmenge und Definitionsmenge
$\sqrt{4 - x}$, $D = \{x \mid x \leq 4\}$
Der **Radikand** darf nicht negativ sein.

# 2 Ähnlichkeit

## 2.1 Zentrische Streckungen entdecken und durchführen

### *Was dich erwartet*

*In unserer Wahrnehmung spielen Größenverhältnisse eine wichtige Rolle. Objekte, die weiter entfernt sind, wirken kleiner, auch wenn ihre Gestalt unverändert bleibt. Kann man das mathematisch erfassen? Wie lassen sich optimale Lösungen finden, wenn es um das Einbeschreiben geometrischer Figuren geht? Wie kann man Zoomfaktoren bestimmen?*

### *Aufgaben*

Die Konstruktion geht in beide Richtungen.

**1** In der Malerei spielt die Zentralperspektive eine große Rolle. Mit der folgenden Anleitung kann auch ein nicht so geschickter Künstler eine Reihe von Telefonmasten entlang einer Landstraße im richtigen Abstand konstruieren.

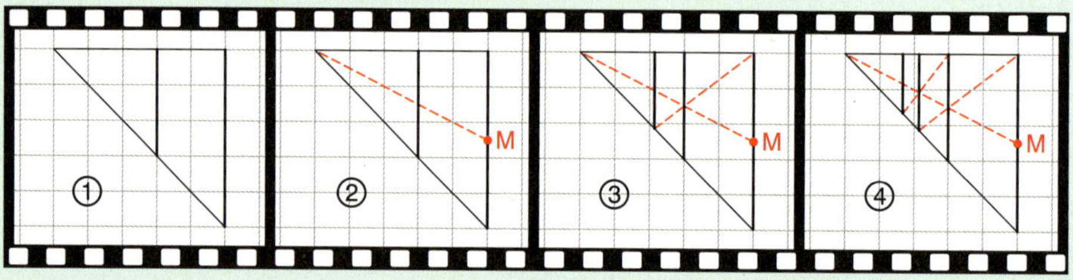


a) Übertrage Bild ① in dein Heft und verfahre wie in der Bilderfolge.
b) Beschreibe die Konstruktion und konstruiere noch weitere Telefonmasten.
c) Wie viele Masten kannst du bis zum Horizont einzeichnen?

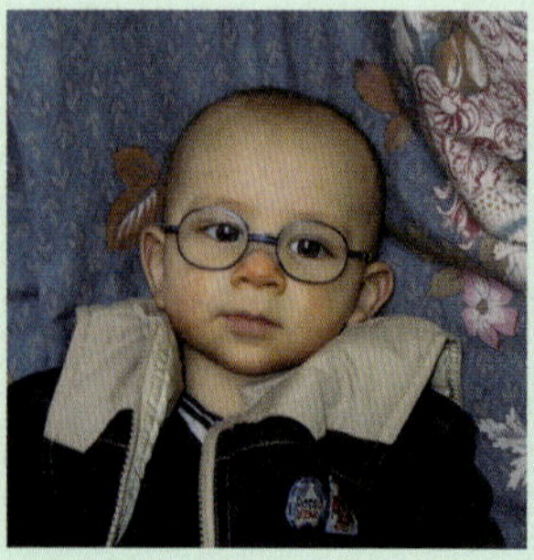

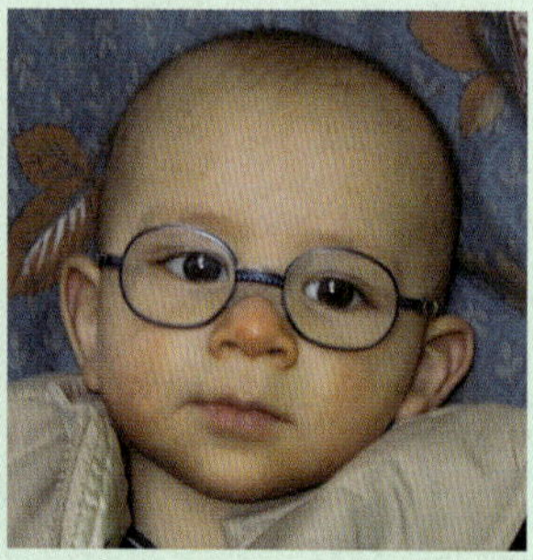

**2** *Ein Porträt hat es in sich*
a) Betrachte die beiden Fotos. Was hat sich verändert, was ist gleich geblieben?
b) Welche Möglichkeiten gibt es, Vergrößerungen oder Verkleinerungen anzugeben? Wie stark wurde hier vergrößert (verkleinert)?
c) Fertige eine vergrößerte oder verkleinerte Fotokopie dieser Seite an (Kopierereinstellung merken!) Können deine Mitschüler den „Zoomfaktor" herausfinden?

## Aufgaben

**3** *Würfelparade*
Schrägbilder liefern nicht nur verblüffend dreidimensionale Eindrücke, an ihnen lässt sich auch einiges über das Strecken von Körpern entdecken.

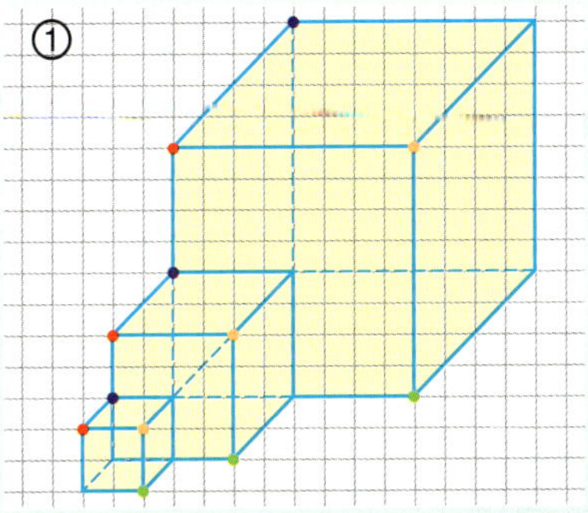


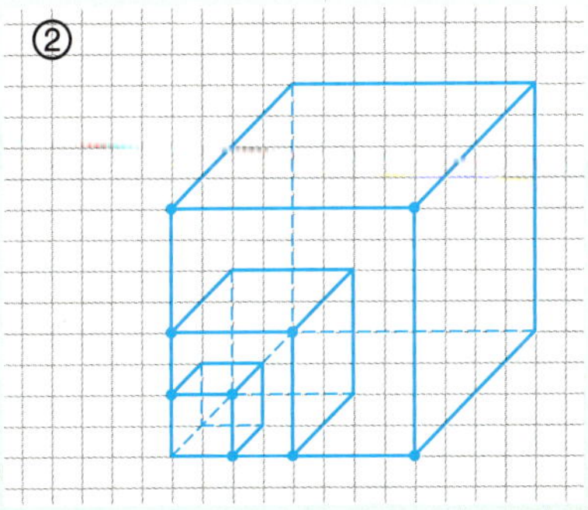


Beim Abzeichnen der Schrägbilder hilft das Abzählen der Kästchen auf dem Karopapier Fehler zu vermeiden.

a) Übertrage die beiden Schrägbilder der Würfel in dein Heft.
b) Wo treffen sich im ersten Bild die Geraden, die durch die gleichfarbig markierten Eckpunkte der Würfel verlaufen? Welche Abstände kannst du messen?
c) Gibt es auch beim zweiten Bild solche Geraden? Vergleiche mit b).

**4** *Die Hosengummi-Streckung*
Mithilfe eines elastischen Bandes könnt ihr an der Tafel vergrößerte Kopien von Figuren anfertigen. Und so geht es:

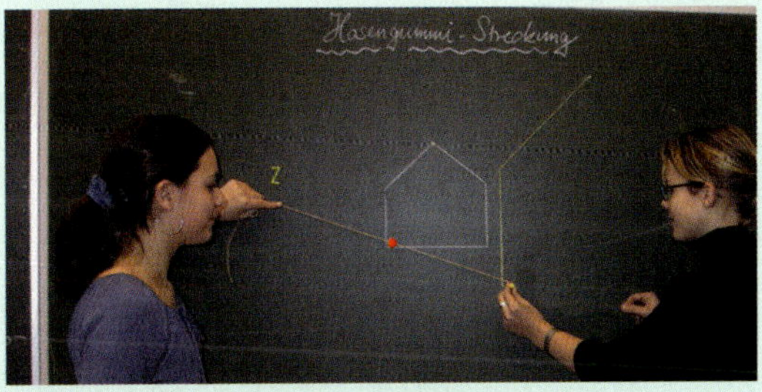


- Bringt eine Markierung (z. B. Klebepunkt) in der Mitte des Gummibandes an. Befestigt an einem Ende ein Stück Kreide durch Umwickeln.
- Geht vor wie auf dem Bild: Führt die befestigte Kreide so, dass die Markierung auf dem Gummiband der ursprünglichen Figur folgt (etwas knifflig).

a) Probiert die Hosengummi-Streckung selbst aus (auch mit eigenen Figuren).
b) Formuliert eine Konstruktionsbeschreibung und vergleicht Ausgangs- und Bildfigur miteinander. Legt dazu eine Tabelle an.
c) Was geschieht, wenn die Markierung auf dem Gummiband nicht in der Mitte angebracht wird? Vergleicht dafür ebenfalls Ausgangs- und Bildfigur.

**5** *Special Effects*
Mit großem technischen Aufwand werden für Filme riesige Monster zum Leben erweckt. Viel einfacher geht es z. B. mit einem Teelicht in einem abgedunkelten Raum. Schneide aus einem DIN A4-Blatt eine 20 cm große Figur aus.

a) Gib eine Schätzung ab und notiere: Wie müssen Teelicht und Papiergespenst platziert werden, damit an der Wand ein 1,80 m großes Gespenst „entsteht“?
b) Erzeuge an der Wand ein 1,80 m großes Schattenbild und notiere die Abstände. Die Tabelle hilft dabei:

| Schattengröße | Abstand Teelicht – Wand | Abstand Figur – Wand | Abstand Figur – Teelicht |
|---|---|---|---|
| 1,80 m | ■ | ■ | ■ |

c) Erstelle eine maßstabsgerechte Zeichnung in deinem Heft und erkläre.
d) Wie sind die Abmessungen für eine Schattengröße von 2 m (1,60 m) zu wählen? Setze dazu die Tabelle aus b) fort.

Material:
- Maßband
- Teelicht oder Glühlämpchen
- Streichhölzer
- Schere
- Raum, der abgedunkelt werden kann

## Basiswissen

Egal, ob beim Vergrößern oder Verkleinern in Bildbearbeitungsprogrammen, bei der Anfertigung maßstabsgerechter Modelle oder in der Kunst – hinter vielen Verfahren verbirgt sich die *zentrische Streckung*.

**Zentrische Streckung mit Streckfaktor k und Zentrum Z**

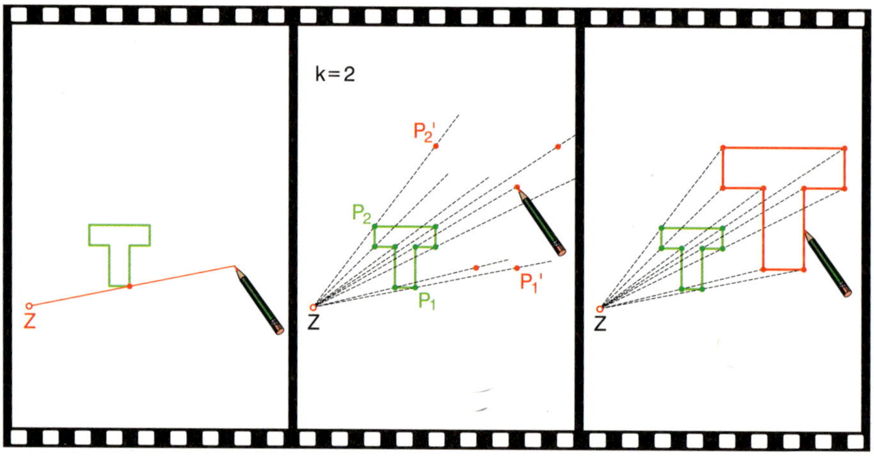


**Eigenschaften der zentrischen Streckung**

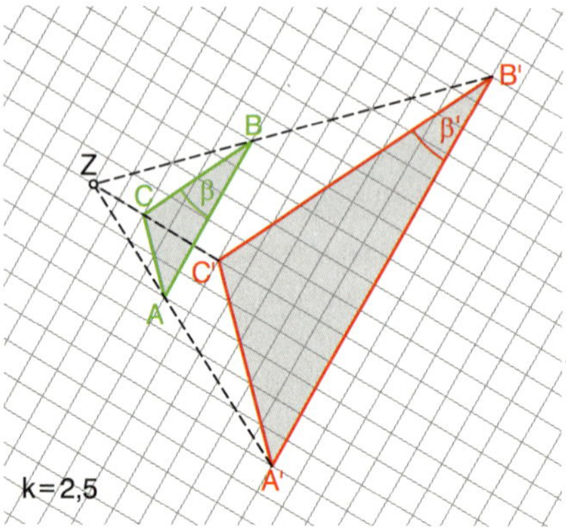


1. Entsprechende Winkel in Ausgangsfigur und Bildfigur sind gleich groß:
   $\alpha = \alpha'$   $\beta = \beta'$   $\gamma = \gamma'$
2. Ausgangsstrecke und zugehörige Bildstrecke sind parallel, z. B.:
   $\overline{BC} \parallel \overline{B'C'}$
3. Den Streckfaktor findet man in den Streckenlängen.
   $\overline{ZA'} = 2{,}5 \cdot \overline{ZA}$
   $\overline{A'B'} = 2{,}5 \cdot \overline{AB}$
   $\overline{B'C'} = 2{,}5 \cdot \overline{BC}$

## Beispiele

**A** Das Dreieck ABC soll an Z = A mit dem Streckfaktor k = 1,5 gestreckt werden.

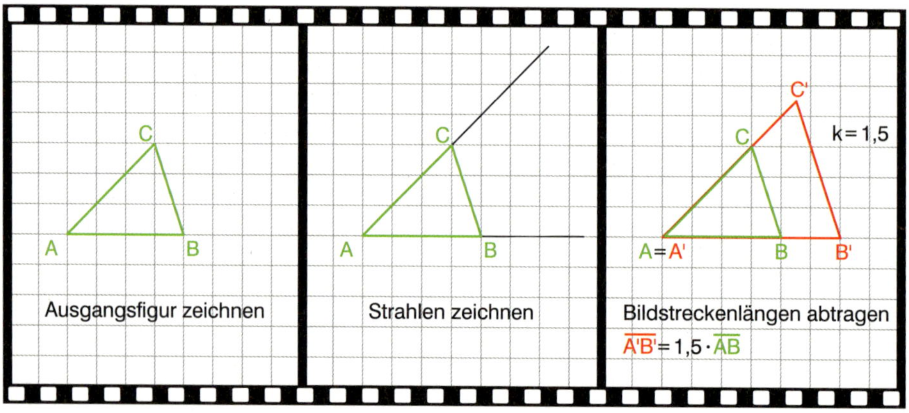

## Beispiele

**B** Ist die rote Figur durch zentrische Streckung aus der grünen entstanden? Falls ja, gib Streckfaktor und Streckzentrum an. Falls nein, begründe.

*Torbogen:* Ja. Zeichnet man die Strahlen durch die entsprechenden Punkte der Ausgangs- und Bildfigur, so schneiden sie sich in einem bestimmten Punkt, dem Streckzentrum Z. Sich entsprechende Strecken der Ausgangs- und Bildfigur sind parallel. Der Streckfaktor ist $k = 3$.

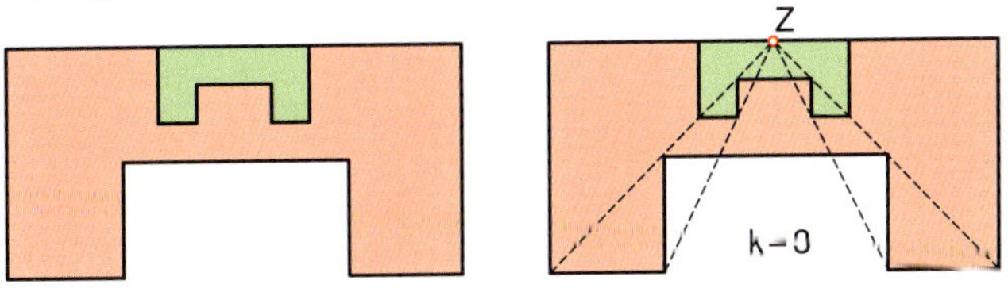


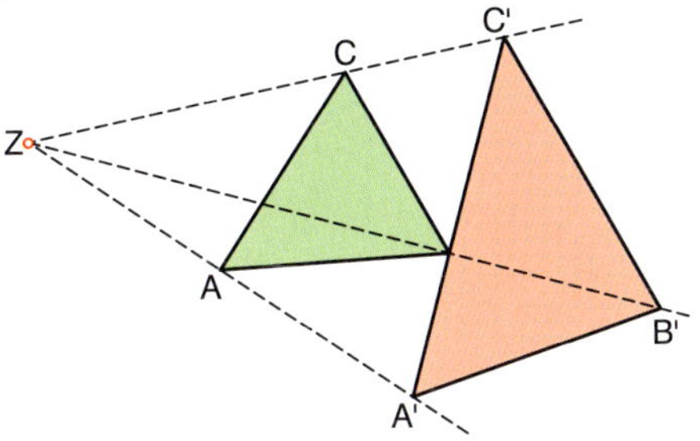


*Dreieck:* Nein. Die Strahlen treffen sich zwar alle in einem Punkt, doch die Strecken $\overline{AC}$ und $\overline{A'C'}$ sind nicht parallel zueinander. Es liegt keine zentrische Streckung vor.

## Übungen

Probiere auch Streckfiguren auf unliniertem Papier!

**6** *Buchstaben vergrößern*

a) Übertrage die begonnene Streckfigur in dein Heft und vervollständige sie. Welchen Streckfaktor hast du benutzt?

b) Entwirf auch für deine eigenen Initialen Streckfiguren mit verschiedenen Streckfaktoren.

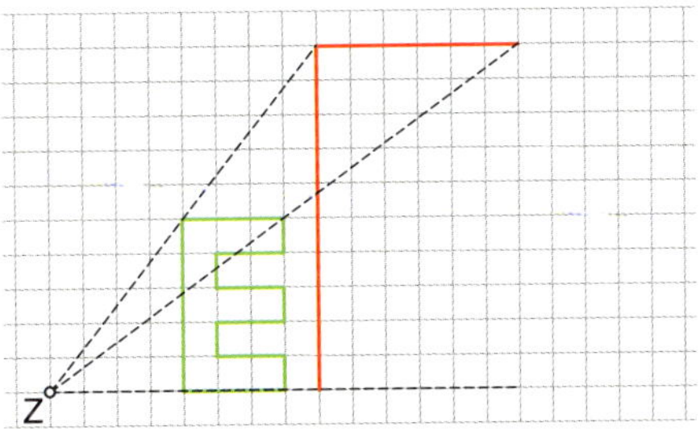


**7** Übertrage die Figuren in dein Heft und führe jeweils die zentrische Streckung durch.

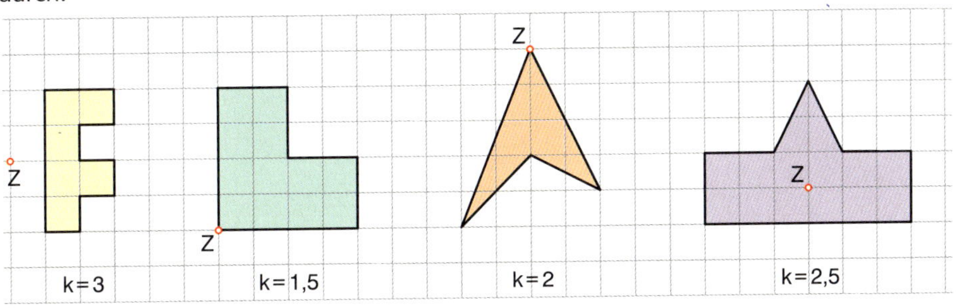


**8** *Streckzentren gesucht*

Die roten Figuren sind durch zentrische Streckung aus den grünen Figuren entstanden. Übertrage Ausgangsfigur und gestreckte Figur in dein Heft. Finde jeweils das passende Streckzentrum und den Streckfaktor, mit dem du die rote Figur erzeugen kannst.

**8** Die Summe der vier Streckfaktoren ist 10,5.

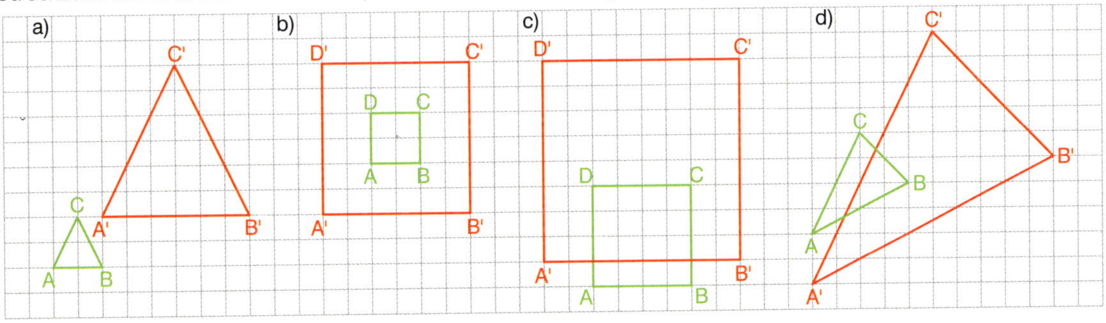

## Übungen

Zur vollständigen Beschreibung gehören Ausgangs- und Bildfigur mit Koordinaten, Streckzentrum Z mit Koordinaten und Streckfaktor k.

**9** *Fragmente*

In den Abbildungen sind nur Bruchstücke zentrischer Streckungen zu erkennen. Übertrage sie in dein Heft und rekonstruiere die vollständige Streckfigur.

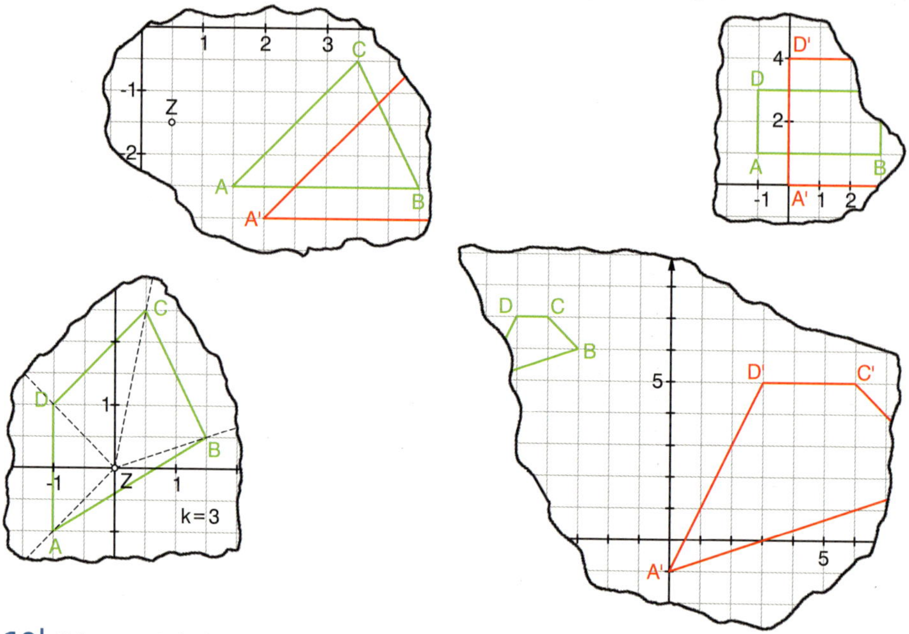


**10** *Schwarze Schafe*

Bei dieser Aufgabe sind zwar auch zentrische Streckungen im Spiel, doch Vorsicht! Nicht alle Figuren sind durch zentrische Streckung entstanden. Siehst du schon auf den ersten Blick, welche das sind?

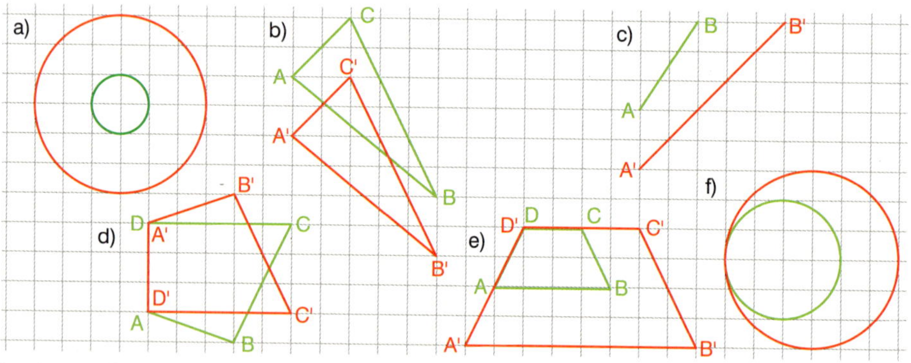


Bestimme, falls möglich das Streckzentrum. Konstruiere die Streckfiguren in deinem Heft nach. Begründe andernfalls, warum es keine zentrische Streckung sein kann.

Geeignet für die Trainingskartei

**11** *Lücken füllen*

Das Dreieck ABC wird viermal zentrisch gestreckt. Übertrage das Dreieck im Koordinatensystem in dein Heft. Kannst du die fehlenden Angaben in der Tabelle rekonstruieren?

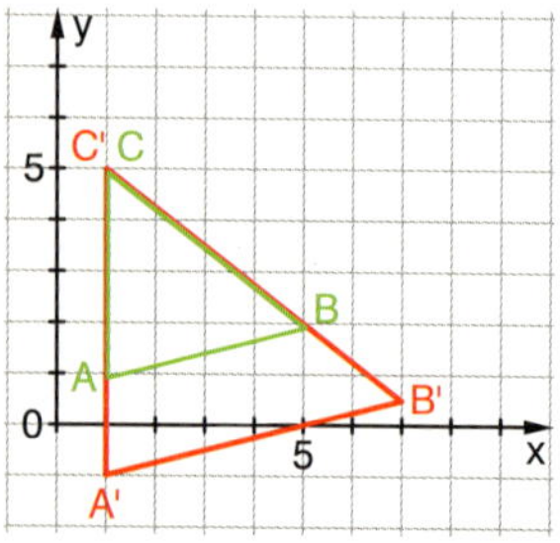


| Streckung | A (1\|1) | B (5\|2) | C (1\|5) | Streckzentrum Z | Streckfaktor k |
|---|---|---|---|---|---|
| | A′ | B′ | C′ | | |
| a) | (1\|−1) | (7\|0,5) | (1\|5) | ■ | ■ |
| b) | ■ | ■ | ■ | (1\|3) | 3 |
| c) | (−2\|−2) | ■ | ■ | (3\|3) | ■ |
| d) | ■ | (5\|2) | (3\|3,5) | ■ | ■ |

## Übungen

**12** Wie kommt das Quadrat in das gleichseitige Dreieck? Mit „einfach mal drauflos" ist es nicht getan, denn das Quadrat soll möglichst groß sein.
Die Lösungsidee ist recht einfach:

Problemlösen mit zentrischer Streckung

**Strategie**
1. Zeichne ein Quadrat ein, das schon einige Eigenschaften hat, die das Ergebnisquadrat auch besitzen soll.
2. Wähle ein passendes Streckzentrum aus und führe die zentrische Streckung durch.

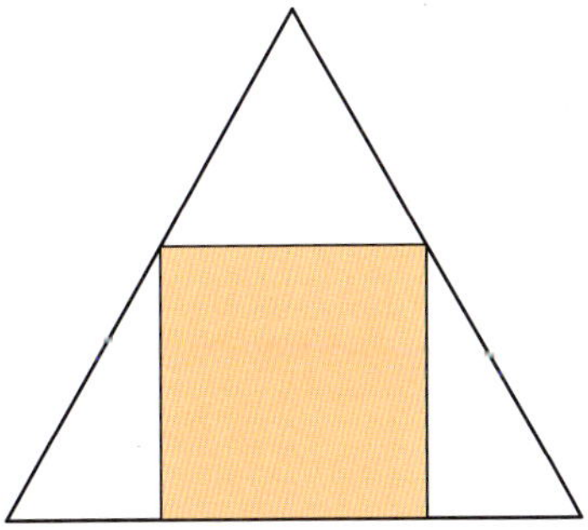

Einige Schülerinnen und Schüler haben versucht, diese Strategie umzusetzen. Hier ihre Ansätze:

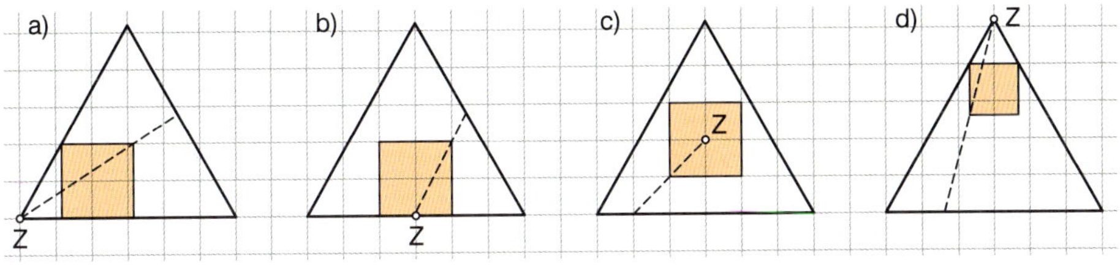


Ein Weg führt nicht zum Ziel.

Welche Wege führen zum Ziel? Führe den deiner Meinung nach besten Weg aus.

**13** Sucht euch eines der vier folgenden Probleme aus und bearbeitet es in Gruppen. Findet ein passendes Streckzentrum und achtet darauf, dass alle Bedingungen erfüllt sind. Beschreibt eure Vorgehensweise.

Quadrate, Rechtecke und Dreiecke in geometrische Figuren einbeschreiben

*Problem 1:*
In ein Dreieck ABC soll ein Quadrat so einbeschrieben werden, dass folgende Bedingungen erfüllt sind:
1. Eine Quadratseite soll auf $\overline{AB}$ liegen.
2. Je eine Quadratecke soll auf $\overline{AC}$ bzw. $\overline{BC}$ liegen.

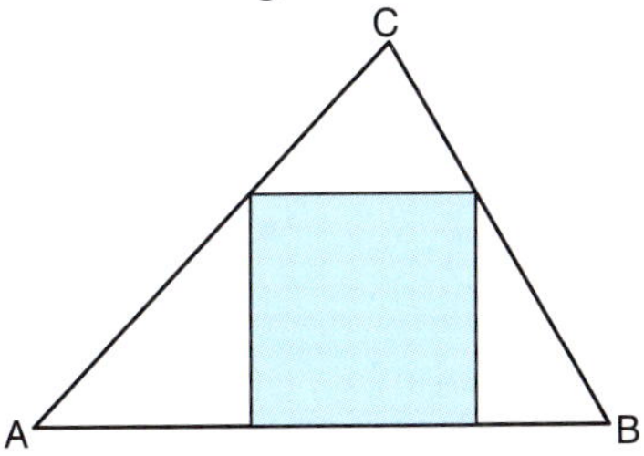


*Problem 2:*
In einem Park soll auf einer halbkreisförmigen Fläche (Durchmesser 15 m) ein rechteckiges Blumenbeet angelegt werden. Das Beet soll möglichst groß sein. Eine Seite soll auf dem Durchmesser liegen und zwei Ecken auf dem Kreis. Das Seitenverhältnis soll 1 : 3 betragen. Konstruiere dieses Beet.

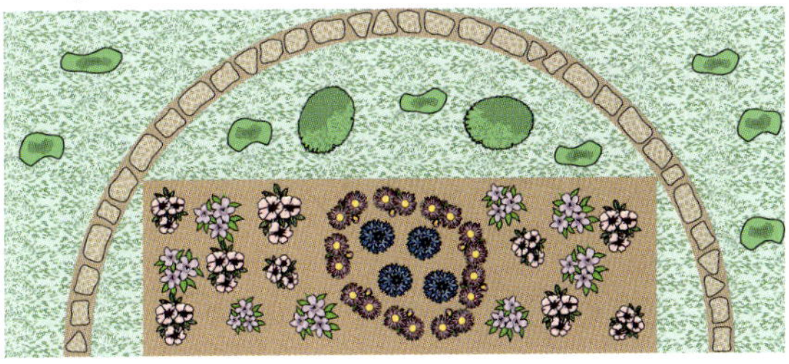

*Problem 3:*
Das alte Logo eines Konzerns drückt nach Aussage des Chefdesigners noch zu wenig Souveränität aus. Er schlägt nebenstehenden Entwurf vor.
Konstruiere das Logo.

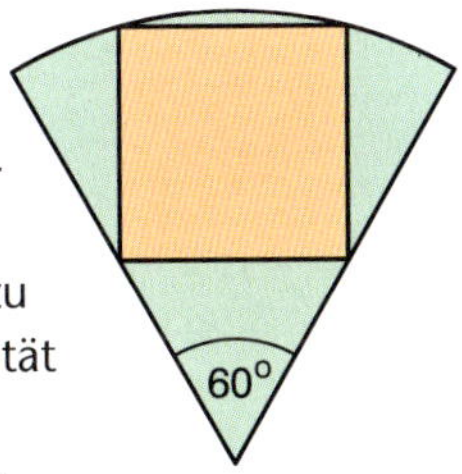


*Problem 4:*
Auf dem rechteckigen Gelände (75 m mal 40 m) soll ein Schwimmbad errichtet werden. Das rechteckige Becken soll doppelt so lang wie breit werden, möglichst groß sein und eine Seite mit der Grundstücksgrenze gemeinsam haben. Konstruiere das Schwimmbad.

## Übungen

**14** *Zentrisch gestreckt?*

Trage die Punkte und Bildpunkte in ein Koordinatensystem ein und entscheide, ob es sich bei der Abbildung um eine zentrische Streckung handelt. Bestimme, falls möglich, das Streckzentrum und den Streckfaktor. Begründe, wenn es sich nicht um eine zentrische Streckung handelt.

a) $A(-2|-3)$, $A'(-4|-6)$, $B(0|-2)$, $B'(0|-4)$, $C(2{,}5|3)$, $C'(5|6)$, $D(-1{,}5|3)$, $D'(-3|6)$

b) $A(0|0)$, $A'(-2|0)$, $B(2|0)$, $B'(2|0)$, $C(3{,}5|1{,}5)$, $C'(6|4)$, $D(2{,}5|1{,}5)$, $D'(2|4)$

c) $A(5|1)$, $A'(9|1)$, $B(6|2)$, $B'(10{,}5|2{,}5)$, $C(4|2)$, $C'(7{,}5|2{,}5)$

d) Findest du eine Strategie, wie man allein anhand der Koordinaten entscheiden kann, ob eine zentrische Streckung vorliegt oder nicht?
Vergleicht eure Ergebnisse.

Geeignet für die Trainingskartei

**15** *Wo steckt der Fehler?*

a) Beim Strecken können auch Fehler passieren. Entlarve und beschreibe sie in den Streckfiguren ①, ② und ③. Konstruiere dann eine richtige Streckfigur.

b) Formuliere drei wichtige Tipps, die helfen, solche Fehler zu vermeiden.

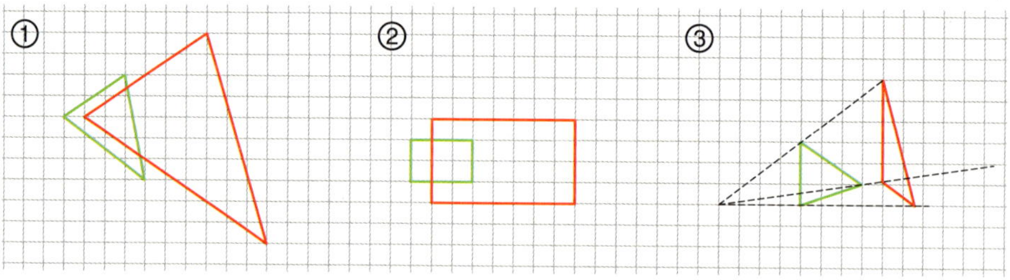


**16** *Viele Streckzentren*

a) Welche Bildpunkte erhältst du, wenn du A an $Z_1$, $Z_2$, $Z_3$ und $Z_4$ mit $k = 2$ ($k = 3$) streckst?

b) Beschreibe deine Entdeckung.

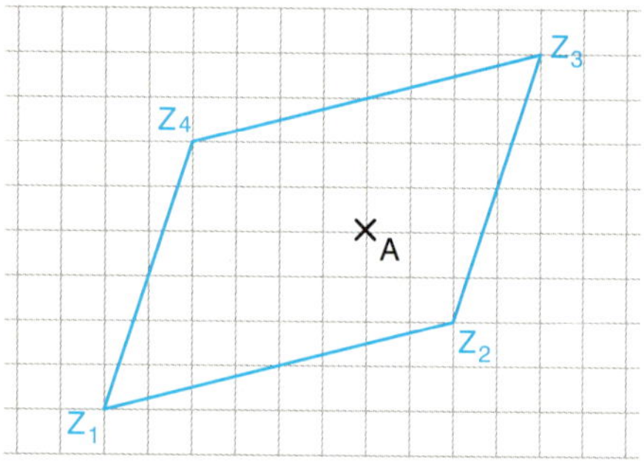


**17** Stimmt es, dass …

a) … eine Gerade bei einer zentrischen Streckung wieder zu einer Geraden wird?

b) … man durch geschickte Wahl des Streckzentrums aus jedem Rechteck durch zentrische Streckung ein Quadrat machen kann?

c) … sich bei einer zentrischen Streckung mit $k = 2$ der Flächeninhalt verdoppelt?

Verdeutliche dir jede Aussage mit einer Skizze. Begründe bei falschen Aussagen mit einem Gegenbeispiel.

## Projekt

Idee und Ziel

**18** *Wie kommen die Muster passend in die Kirchenfenster?*

Im Maßwerk gotischer Kirchenfenster finden sich vielfältige Formen und Muster. Diese für sich zu konstruieren, ist schon knifflig genug – dabei gleichzeitig auf die richtige Größe zu achten, macht die Sache richtig kompliziert. Mit der zentrischen Streckung gelingt es, einige dieser Schwierigkeiten zu meistern.

Schritt für Schritt zum Vierpass

In der Bilderfolge ist noch einmal zu sehen, wie man den Vierpass konstruieren kann.

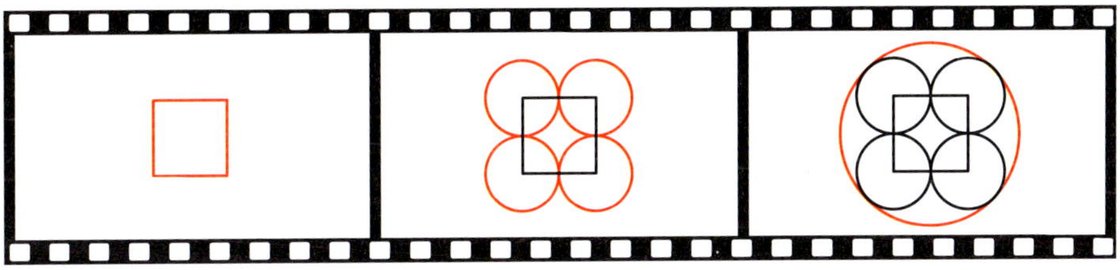

a) Konstruiere den Vierpass in deinem Heft nach.
Beachte: Das Ausgangsquadrat bestimmt die Größe der Endfigur.

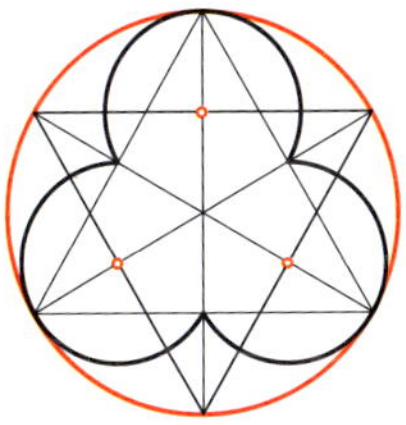

Dreipass

Fischblasen

b) Versuche auch die folgenden Formen selbst zu konstruieren. Die Größe der Endfigur spielt dabei noch keine Rolle. Die Konstruktionszeichnungen geben Hinweise, worauf du achten musst.

Durchführung

Nun sollen die Muster in einen kompletten Entwurf eines Kirchenfensters eingepasst werden. Anders als zuvor muss die Endfigur jedoch passend in das Fenster eingebunden werden. Die zentrische Streckung hilft dabei.

Strategie:

1. Es wird ein zu kleines Muster im oberen Kreis konstruiert.
2. Mit dem Mittelpunkt als Streckzentrum gelingt es dann, die Figur einzupassen.

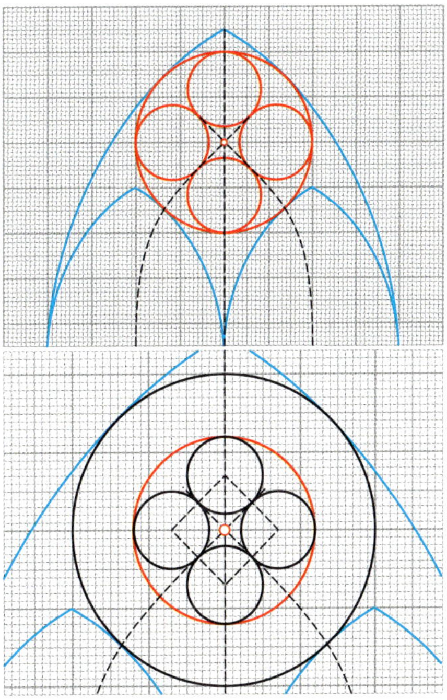

Mithilfe der Abbildung links könnt ihr eine vergrößerte äußere Form des Kirchenfensters nachkonstruieren.

Für die Konstruktionen eignet sich ein Zeichenblock sehr gut.

Hier noch ein paar Tipps:
Es lohnt sich, zwei Exemplare des Fensters herzustellen.
Das erste Exemplar gibt Einblick über eure Konstruktionsschritte und Vorgehensweise, es enthält also auch Strahlen, Hilfskreise und Bezeichnungen.
Das zweite Exemplar kann für die künstlerische Ausgestaltung eures Entwurfes genutzt werden. Probiert auch die anderen Muster im Fenster aus.
Die fertigen Entwürfe wirken besonders, wenn sie auf schwarzes Tonpapier aufgeklebt werden.
Plant eine Ausstellung, in der ihr eure Fenster anderen Klassen zeigt.

# 2.2 Zentrische Streckungen – Verkleinern und Vergrößern

**_Was dich erwartet_**

*In der Mathematik ist man immer daran interessiert, die gewonnenen Erkenntnisse so weit wie möglich zu verallgemeinern und auszubauen. Dabei lassen sich oft neue Erkenntnisse gewinnen und neue Anwendungsbereiche ausmachen. Bei der zentrischen Streckung hast du bisher nur vergrößert mit Streckfaktoren $k > 1$. Macht es auch Sinn, Streckfaktoren zu wählen, die kleiner 1 sind, oder sogar negativ?*

**_Aufgaben_**

Ausgangs- und Bildpunkte liegen immer auf Strahlen, die durch Z verlaufen.

**1** *Auch hier handelt es sich um zentrische Streckungen!*

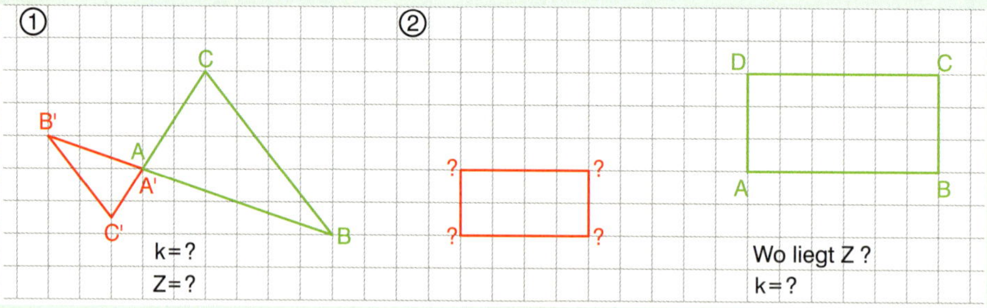


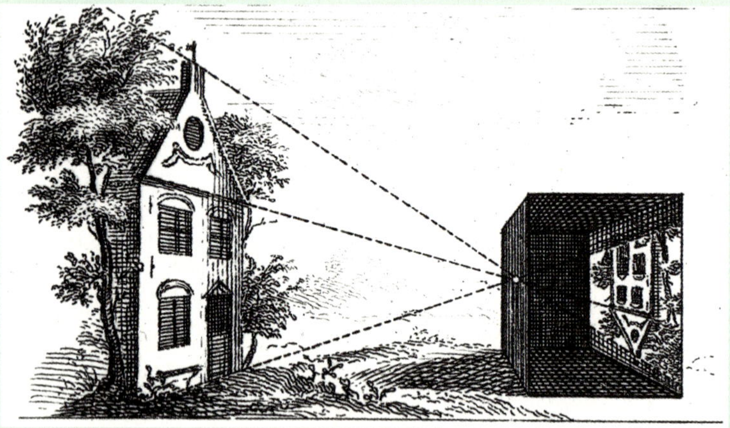

**2** *Landschaftsmalerei und zentrische Streckung*

a) Kannst du dir denken, warum seit dem 16. Jahrhundert die „Camera obscura“ (lateinisch: die dunkle Kammer) ein beliebtes Hilfsmittel der Landschaftsmaler war?

b) Hinter dieser Technik verbirgt sich ebenfalls eine zentrische Streckung. Kannst du das erklären? Wo lässt sich das Streckzentrum ausmachen, wie groß schätzt du den Streckfaktor k?

**3** *Die Lochblende als Streckzentrum*

In einem Physikbuch ist nebenstehender Aufbau für ein Experiment mit einer Lochblende zu finden.

a) Was hat der Versuch mit zentrischer Streckung zu tun, was könnte Ausgangs-, was Bildfigur sein?

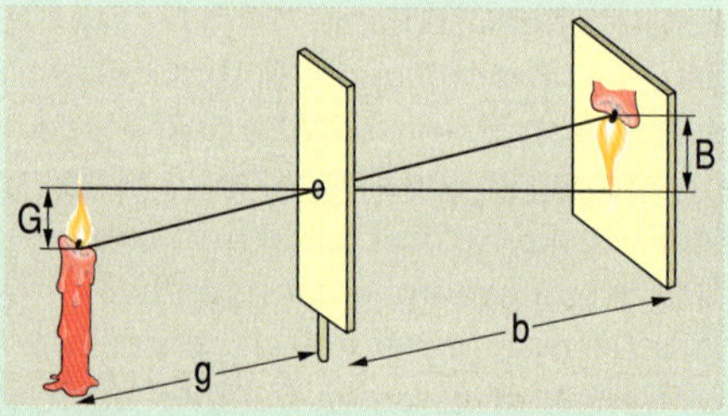


| g | b | B | $\frac{b}{g}$ | $\frac{B}{G}$ |
|---|---|---|---|---|
| 10 cm | 10 cm | 4 cm | 1 | 1 |
| 12 cm | 15 cm | ■ | 1,25 | ■ |
| 8 cm | 16 cm | 8 cm | ■ | ■ |
| 10 cm | 5 cm | ■ | ■ | ■ |

b) Mit den Buchstaben in der Abbildung werden die Größen Gegenstandsweite (g), Bildweite (b), Gegenstandsgröße (G) und Bildgröße (B) bezeichnet. In der Tabelle sind einige Messwerte bei einer festen Gegenstandsgröße $G = 4$ cm aufgeführt. Wo versteckt sich der Streckfaktor k? Ist er immer richtig angegeben?

c) Fülle die Lücken in der Tabelle.

## Basiswissen

Auch mit anderen Streckfaktoren als $k > 1$ lassen sich zentrische Streckungen ausführen.

**Positiver Streckfaktor $k < 1$**

Die Bildfigur ist eine Verkleinerung der Ausgangsfigur.

$k = \frac{3}{5} = 0{,}6$

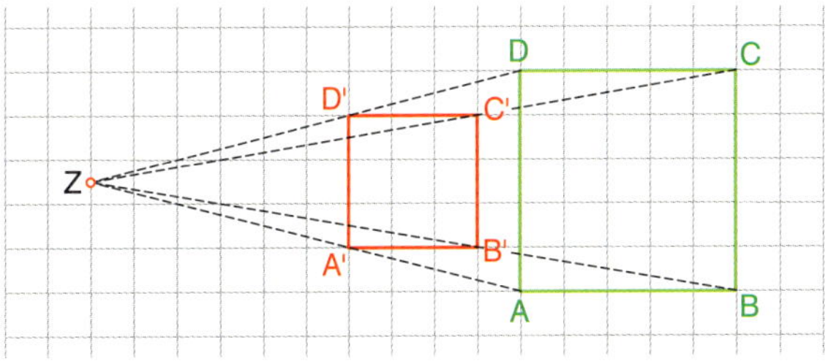


$k = \frac{2}{3}$

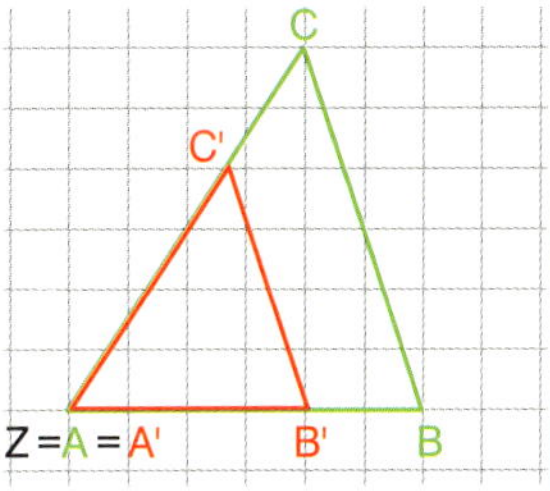


**Negativer Streckfaktor $k < 0$**

Bildfigur und Ausgangsfigur liegen auf unterschiedlichen Seiten des Streckzentrums. Die Bildfigur steht auf dem Kopf.

$k = -\frac{1}{4}, |k| < 1$

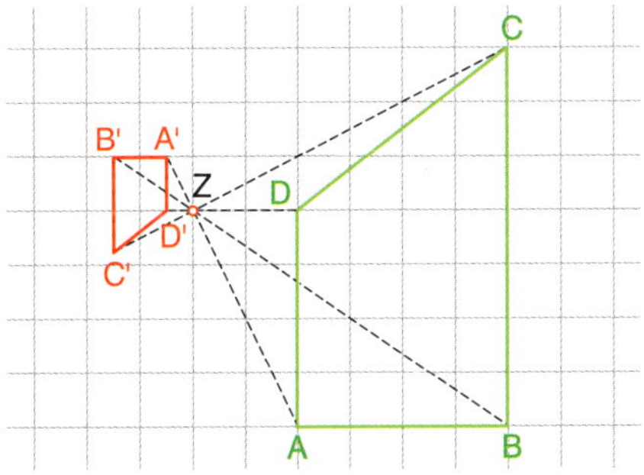


$k = -2, |k| > 1$

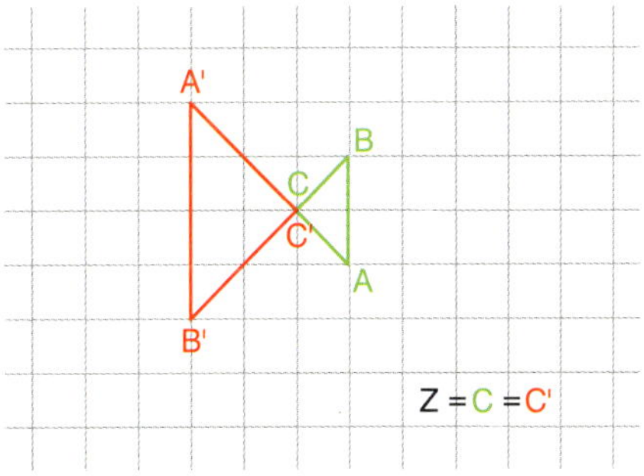


**Vereinbarung:**
Für die zentrische Streckung mit Streckzentrum Z und Streckfaktor k schreiben wir $S_{Z;\,k}$

## Beispiele

**A** Führe die zentrische Streckung $S_{B;\,-2}$ für das Viereck ABCD mit A(2|4), B(5|5), C(5|8) und D(1|6) durch.

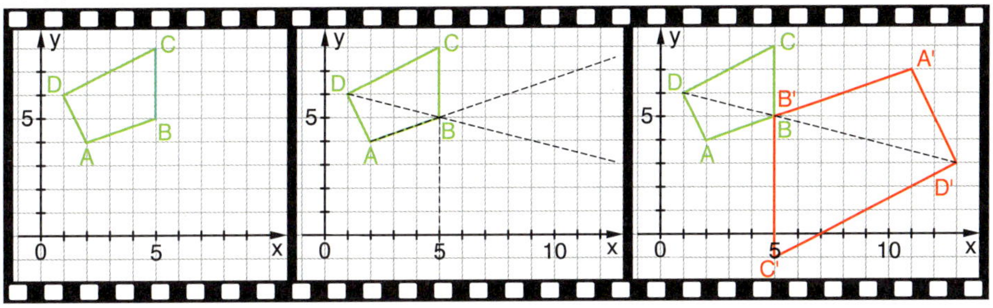


**B** Führe die zentrische Streckung $S_{Z;\,\frac{1}{2}}$ für das Viereck ABCD durch.

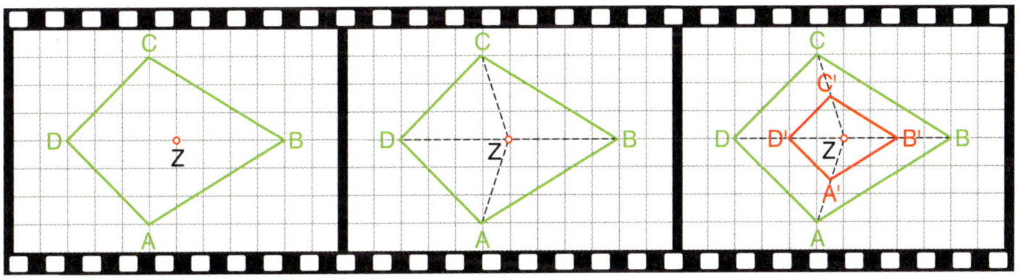

## *Beispiele*

**C** Die Punkte B′ und C′ sind durch zentrische Streckung aus den Punkten B und C des Dreiecks ABC entstanden. Vervollständige die Streckfigur. Wo liegt das Streckzentrum und wie groß ist k?

- Zeichne die Strecken $\overline{BB'}$ und $\overline{CC'}$. Der Schnittpunkt liefert Z.
- Miss die Länge von $\overline{BC}$ und $\overline{B'C'}$. Das Verhältnis liefert den Betrag des Streckfaktors $|k| = 1{,}5$.
- Weil Bild- und Ausgangsfigur auf verschiedenen Seiten von Z liegen, ist k negativ: $k = -1{,}5$.
- A′ kann man jetzt konstruieren.

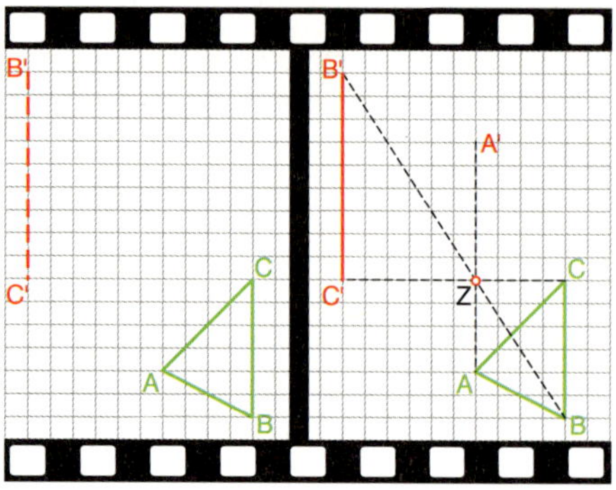


## *Übungen*

**4** Übertrage die Figuren in dein Heft. Die grüne Figur wurde zentrisch gestreckt. Konstruiere das Streckzentrum und bestimme den Streckfaktor.

**4** Streckfaktoren
$-2$ $\quad \frac{1}{2}$ $\quad -\frac{1}{2}$ $\quad -\frac{2}{3}$

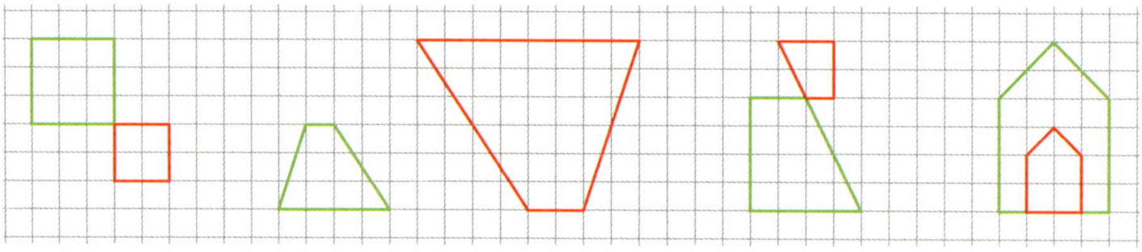

**5** Zeichne die Figuren ins Heft und führe die zentrischen Streckungen $S_{Z;\,k}$ durch.

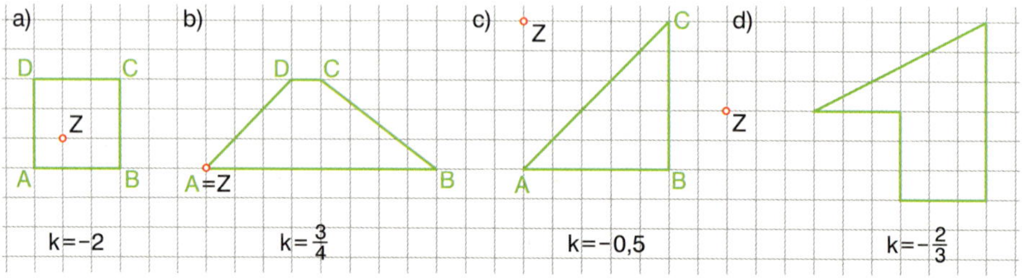


Training

**6** Führe die zentrischen Streckungen aus der Tabelle an den Dreiecken ABC aus.

| | Z | k | A | B | C |
|---|---|---|---|---|---|
| a) | (0\|0) | 2,5 | (−2\|0) | (4\|0) | (0\|2) |
| b) | (3\|3) | −2 | (1\|0) | (2\|0) | (0\|3) |
| c) | (4\|2) | −0,5 | (1\|0) | (3\|5) | (1\|4) |

**7** *Vorsicht: überlappende Figuren!*
Bei den nebenstehenden zentrischen Streckungen überdecken sich Ausgangs- und Bildfiguren teilweise.

| | Z | k | A | B | C |
|---|---|---|---|---|---|
| a) | (3\|3) | −0,5 | (2\|1) | (5\|4) | (1\|4) |
| b) | (1\|1) | 1,5 | (2\|2) | (5\|2) | (2\|7) |
| c) | (7\|7) | 0,8 | (6\|0) | (8\|3) | (2\|6) |

**8** *Lückenhafte Dokumentation*
Finde die fehlenden Angaben.

Das Dreieck ABC mit A(2|1), B(1|4) und C(3|3) wird an Z(1|2) mit $k = -2$ zentrisch gestreckt.
Die Koordinaten der Bildpunkte sind
A′ ■■ B′ ■■ C′ ■■

Das Viereck ABCD mit A(1|0), B(8|1), C(6|7) und D(2|5) wurde an Z ■■ mit k = ■■ gestreckt.
Die Bildpunkte sind
A′ ■■, B′(10|0), C′(7|9) und D′ ■■

Geeignet für die Trainingskartei

## Übungen

**9** *Rekonstruktion gefordert!*
In den drei Abbildungen fehlt einiges zu einer vollständigen Streckfigur mit Ausgangs- und Bilddreieck.

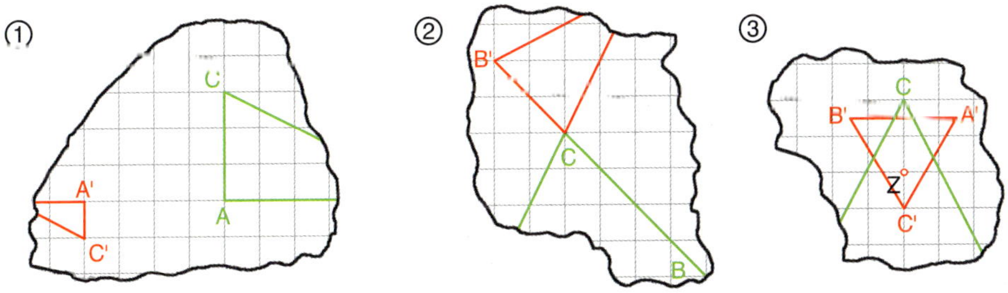


a) Übertrage die Fragmente in dein Heft und rekonstruiere die fehlenden Angaben.
b) Schreibe eine Anleitung, wie man in solchen Fällen vorgeht.

**10** *Mit Zirkelschlag zur zentrischen Streckung*
Bei ganzzahligen Streckfaktoren kannst du mit dem Zirkel die Bildfigur schnell konstruieren. Auf den Strahlen lassen sich die Abstände $\overline{ZA}$, $\overline{ZB}$ usw. rasch abtragen. Probiere es selbst am Viereck ABCD mit A(0|0), B(3|1), C(3|4), D(−1|2). Führe die zentrische Streckung $S_{Z;\,k}$ für $k = -3;\ -2;\ 2;\ 4$ und Z(2|2) mit dem Zirkel aus.

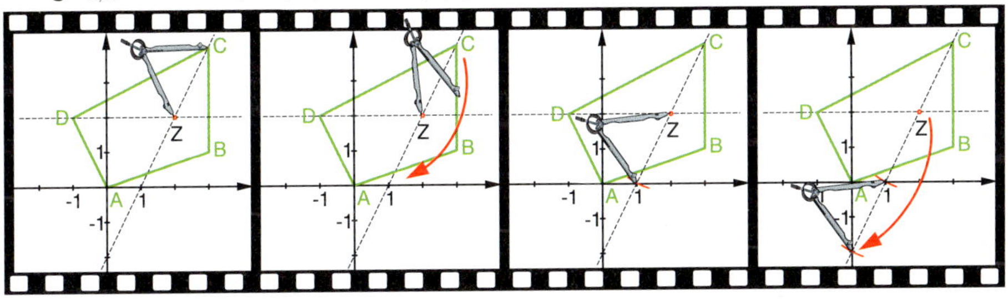


**11** *Unterschiedliche Interpretationen erwünscht*
Bild- und Ausgangsfigur sind hier nicht zu unterscheiden und das mit Absicht. Welche Streckfaktoren erhältst du, wenn die blaue (orangefarbene) Figur Ausgangsfigur ist? Vergleicht eure Ergebnisse und formuliert eine Regel.

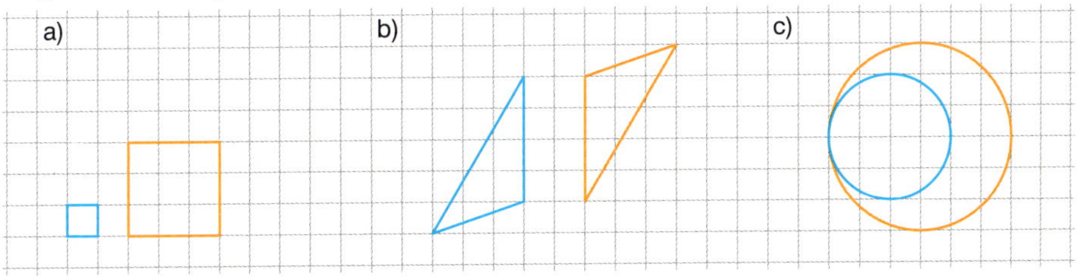


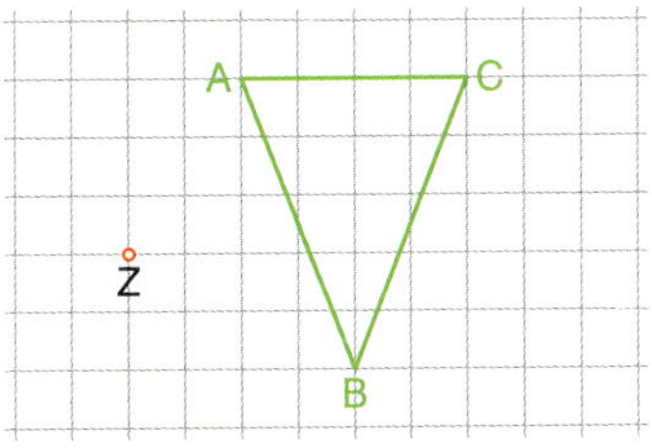


Forschungsaufgabe

**12** *Zwei zentrische Streckungen hintereinander*
a) Führe $S_{Z;\frac{1}{2}}$ am Dreieck ABC aus.
Strecke anschließend das Bilddreieck A'B'C' an Z mit $k = 4$. Du erhältst das Bild vom Bilddreieck. Findest du eine einzige zentrische Streckung, mit der du ohne Umweg direkt zur neuen Bildfigur kommst?

b) Führe $S_{Z;\,2}$ am Drachen ABCD aus. Die Bildfigur wird anschließend mit $S_{Z;\frac{1}{2}}$ gestreckt. Was stellst du fest?

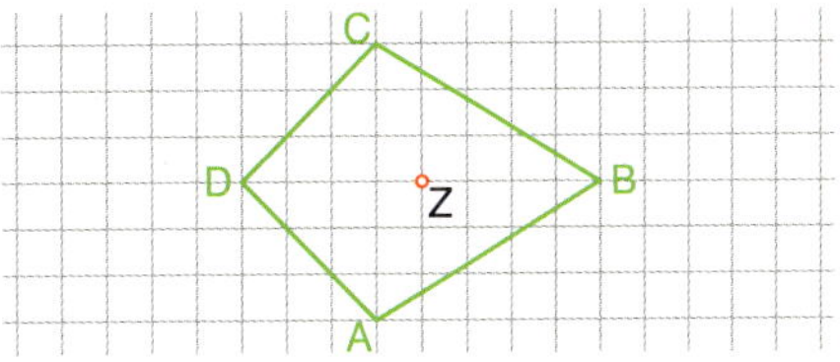


Welche Rolle spielen die Streckfaktoren?

## Aufgaben

*Zentrisch strecken mit Koordinaten*

**13** *Können Computer zentrisch strecken?*
In Programmen zur Bildbearbeitung kannst du Bilder vergrößern und verkleinern. Doch wie weiß der Computer anschließend, wo jedes Pixel seinen Platz hat?
Die neue Lage der Bildpunkte kann vom Computer nicht geometrisch bestimmt werden, er kann sie also nicht mit zentrischer Streckung konstruieren. Er kann jedoch rechnen, und das sehr schnell. Der Schlüssel für diese Berechnungen sind die Koordinaten der Ausgangsfigur.
Du kannst diese Methode an einfachen Figuren ausprobieren:

**13a**
aus x wird 4 x
$(x|y) \rightarrow (4x|4y)$
aus y wird 4 y

| aus A wird A' | |
|---|---|
| $(-1\|0)$ | $(-4\|0)$ |

a) Übertrage das Dreieck ABC in dein Heft und bestimme die Koordinaten der Eckpunkte.
Anschließend kannst du mit diesen Koordinaten rechnen.
Die Vorschrift lautet:
$(x|y) \rightarrow (4x|4y)$
Trage die Koordinaten der Bildpunkte in das Koordinatenkreuz ein.

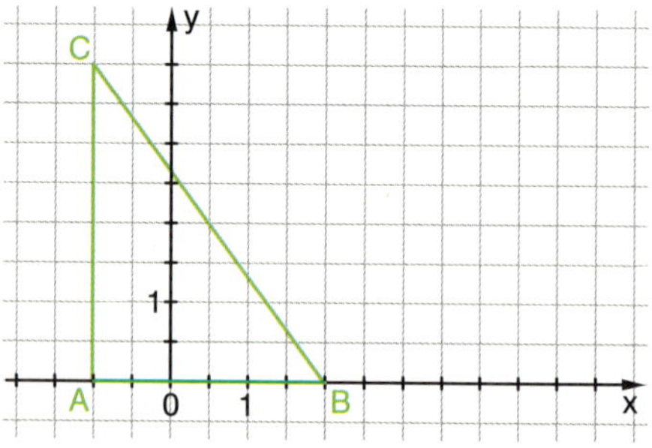


Erkennst du schon, welche zentrische Streckung du durchgeführt hast?

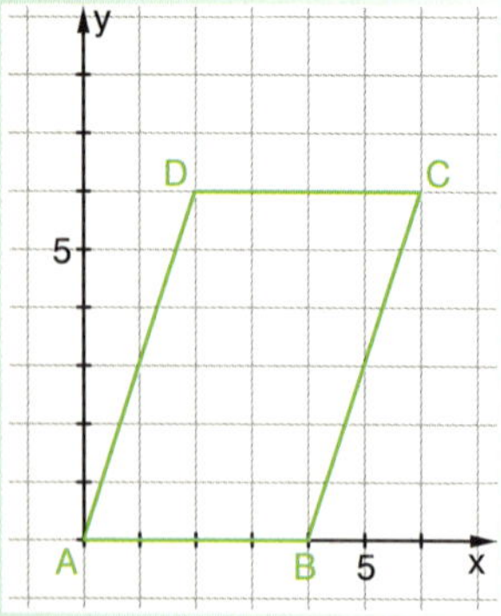


b) Mit der folgenden Abbildungsvorschrift wurden die Bildpunkte des Parallelogramms berechnet:
$(x|y) \rightarrow (2x-1|2y-1)$
Die Koordinaten der Bildpunkte sind:

$A'(-1|-1)$ $B'(7|-1)$
$C'(11|11)$ $D'(3|11)$

Überprüfe, ob richtig gerechnet wurde. Trage anschließend Ausgangs- und Bildfigur in ein Koordinatensystem ein.
Welche zentrische Streckung gehört zu der Abbildungsvorschrift?

Zu jeder zentrischen Streckung kann man eine passende Abbildungsvorschrift angeben:

*Zentrische Streckung:* $S_{(4|4);\,0,5}$

*Abbildungsvorschrift:*
$(x|y) \rightarrow (x'|y')$
$x' = 0,5x + 2$
$y' = 0,5y + 2$

c) Zu jeder Abbildungsvorschrift gehört eine zentrische Streckung. Finde die Paare.

$(x|y) \rightarrow (-2x|-2y)$ $S_{(-6|-2);\,2}$ $S_{(0|0);\,3}$

$(x|y) \rightarrow \left(\frac{1}{2}x+2\middle|\frac{1}{2}y+2\right)$

$S_{(4|4);\,\frac{1}{2}}$

$(x|y) \rightarrow (3x|3y)$ $(x|y) \rightarrow (2x+6|2y+2)$ $S_{(0|0);\,-2}$

**13c** Probiere an einem Dreieck im Koordinatensystem aus.

d) Finde selbst solche Paare.

# 2.3 Bestimmen von unzugänglichen Streckenlängen – Strahlensätze

**Was dich erwartet**

*Nicht alle Strecken im Gelände lassen sich ohne Probleme messen: Bäume sind zu hoch, Schluchten zu breit, Brücken und Gebäude sind oft schwer zugänglich. Unter Anwendung der Kongruenzsätze kann man aber solche unzugänglichen Streckenlängen mithilfe messbarer Strecken und Winkel konstruieren. Mit der zentrischen Streckung und den daraus abgeleiteten Strahlensätzen steht uns eine weitere Methode zur Bestimmung von Streckenlängen zur Verfügung. Mithilfe einfacher „Werkzeuge" und geschickter Verfahren lassen sich solche unzugänglichen Strecken sogar berechnen.*

**Aufgaben**

**1** *Auf unterschiedlichen Wegen zur Turmhöhe*

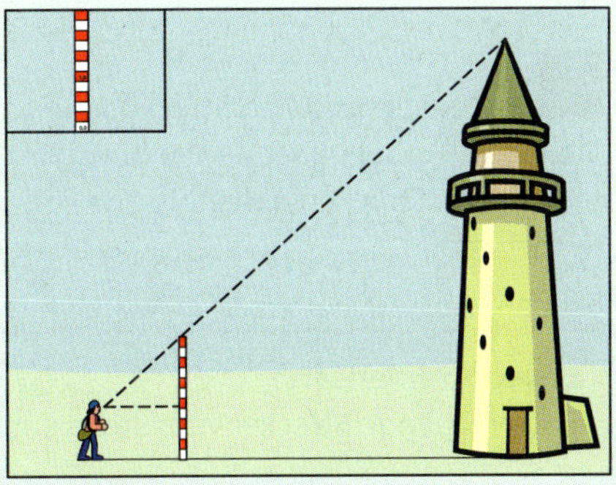

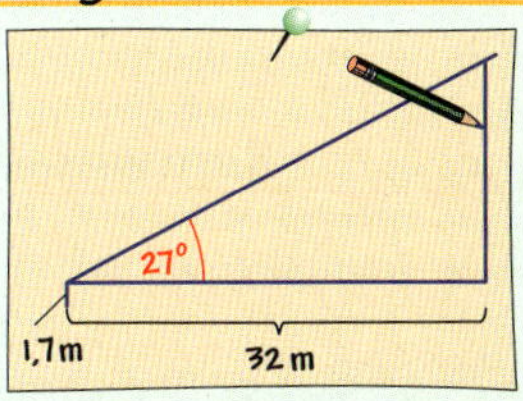


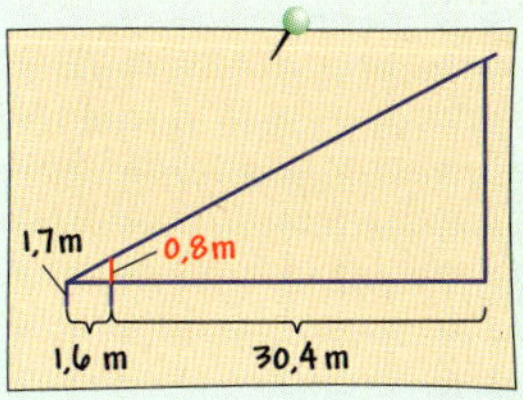


a) In den Planskizzen stecken genügend Informationen, um die Höhe des Turms herauszufinden. Einmal musst du konstruieren, einmal kannst du rechnen.
b) Vergleiche deine Ergebnisse bei beiden Methoden.

**2** *Aufgabe aus dem chinesischen Rechenbuch „Jiuzhang suanshu" (100 v. Chr.)*

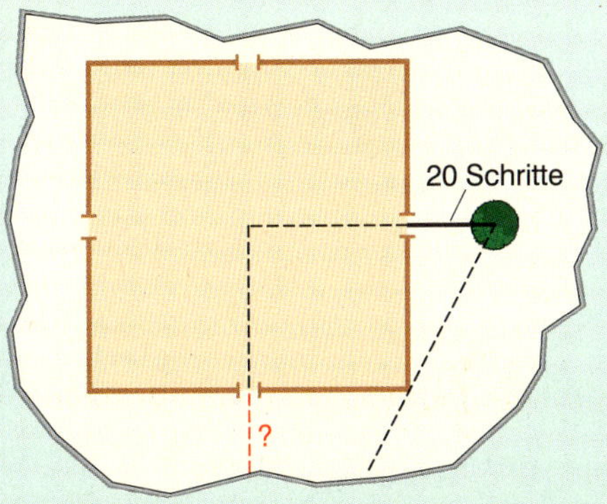


*„Jetzt hat man eine Stadt (mit quadratischem Grundriss), die Quadratseite 200 Schritte. In der Mitte jeder Seite ein offenes Tor. Geht man aus dem Osttor 20 Schritte heraus, hat man einen Baum. Wie viel Schritte aus dem Südtor musst du herausschreiten, um den Baum zu sehen?"*

a) Übertrage die Informationen aus dem Text in eine maßstabsgerechte Skizze in dein Heft.
b) Vervollständige die Skizze so, dass du die gesuchte Länge x ablesen kannst.
c) In der Zeichnung kannst du verschiedene Streckfiguren erkennen. In welcher steckt das Verhältnis $\frac{120}{100} = \frac{x+100}{x}$?
d) Berechne x mithilfe der Gleichung in c). Vergleiche mit b).

## Aufgaben

**3** Beim Vermessen lassen sich mithilfe der zentrischen Streckung auch Streckenlängen bestimmen, die mit dem Maßband nicht direkt zugänglich sind.

a) Beschreibe: Wo verbergen sich bei der Landschaftsmessung Streckfiguren? Wo steckt der Streckfaktor k?

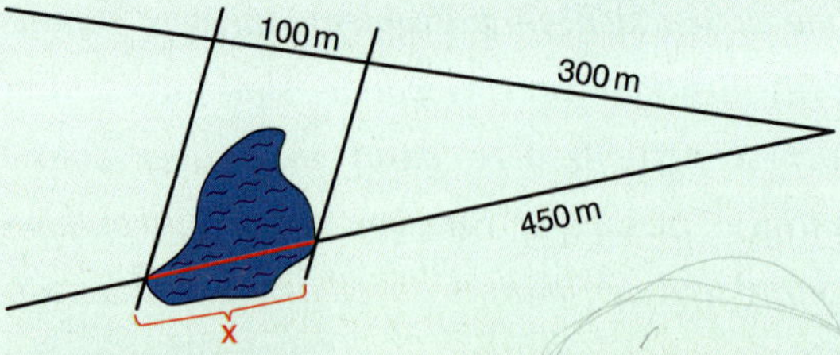


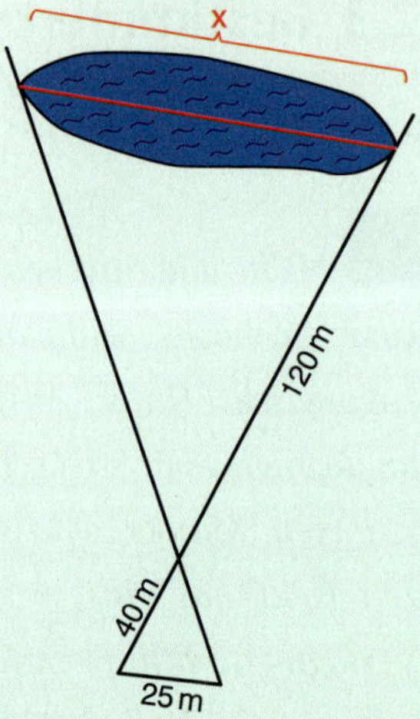


b) Der Vermesser notiert: $\frac{25}{40} = \frac{x}{120}$ $\frac{400}{300} = \frac{x+450}{450}$

Welche Notiz gehört zu welcher Skizze? Berechne, wie groß jeweils die Seebreite ist.

## Basiswissen

Bei der zentrischen Streckung wird eine Strecke $\overline{AB}$ stets auf eine dazu parallele Strecke $\overline{A'B'}$ abgebildet. In der Konstruktionsfigur findet sich der Streckfaktor k in verschiedenen Streckenverhältnissen wieder. Dies wird in den so genannten *Strahlensätzen* festgehalten.

**Erster Strahlensatz**

Entsprechende Streckenverhältnisse auf den „Strahlen" durch Z sind gleich.

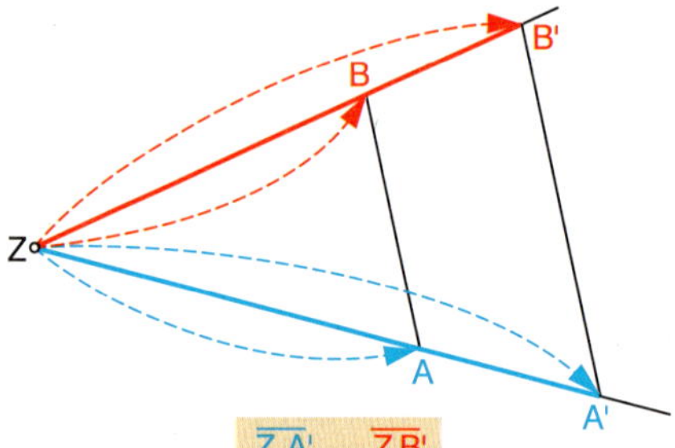


$\frac{\overline{ZA'}}{\overline{ZA}} = \frac{\overline{ZB'}}{\overline{ZB}} = k$

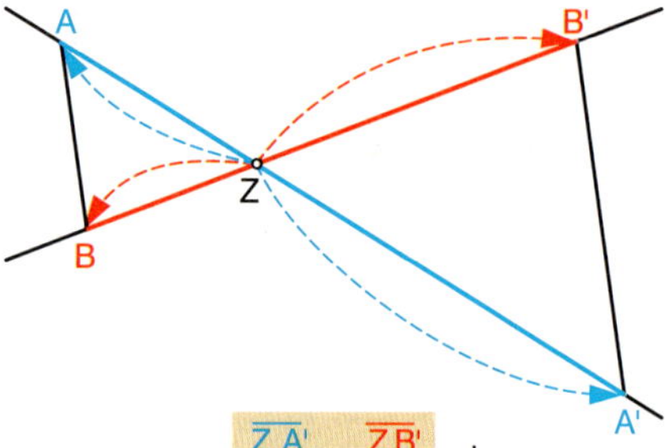


$\frac{\overline{ZA'}}{\overline{ZA}} = \frac{\overline{ZB'}}{\overline{ZB}} = k$

**Zweiter Strahlensatz**

Das Verhältnis zwischen Bild- und Ausgangsstrecke ist gleich den Streckenverhältnissen auf den Strahlen durch Z.

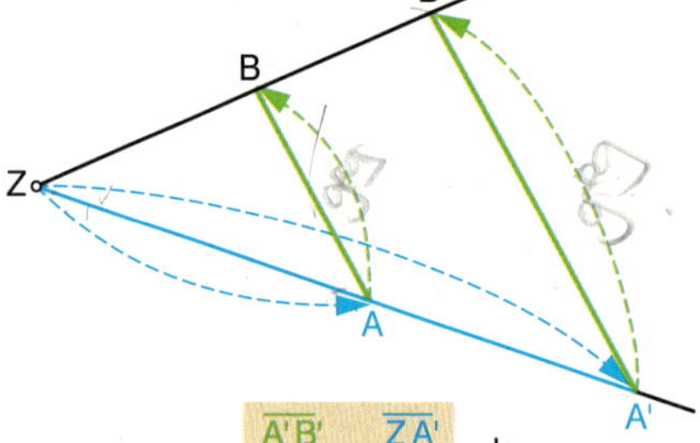


$\frac{\overline{A'B'}}{\overline{AB}} = \frac{\overline{ZA'}}{\overline{ZA}} = k$

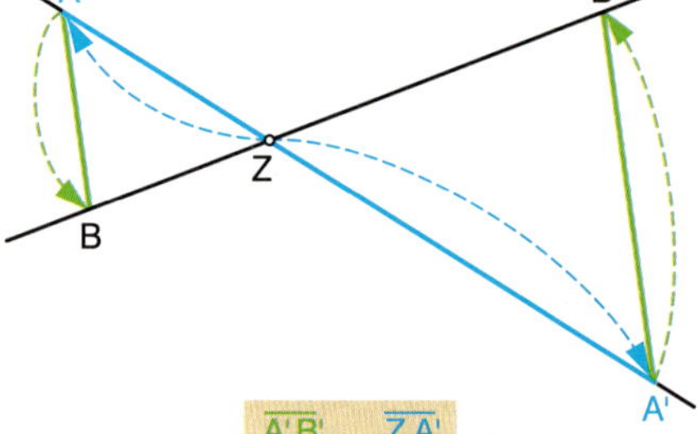


$\frac{\overline{A'B'}}{\overline{AB}} = \frac{\overline{ZA'}}{\overline{ZA}} = k$

## *Beispiele*

**A** Die Höhe eines großen Baums lässt sich über seine Schattenlänge bestimmen. Erkläre die Vorgehensweise anhand der Skizze.

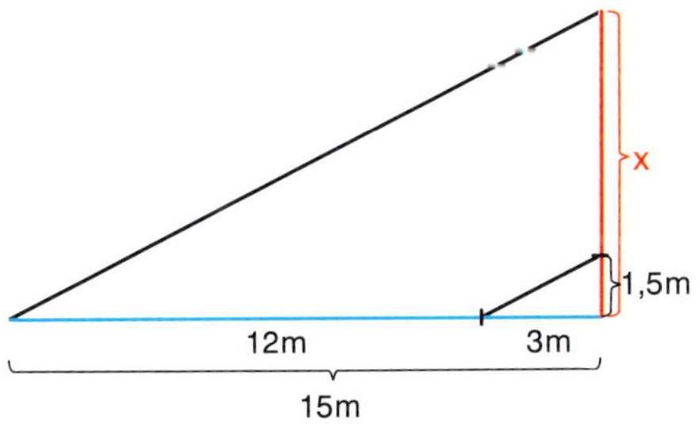


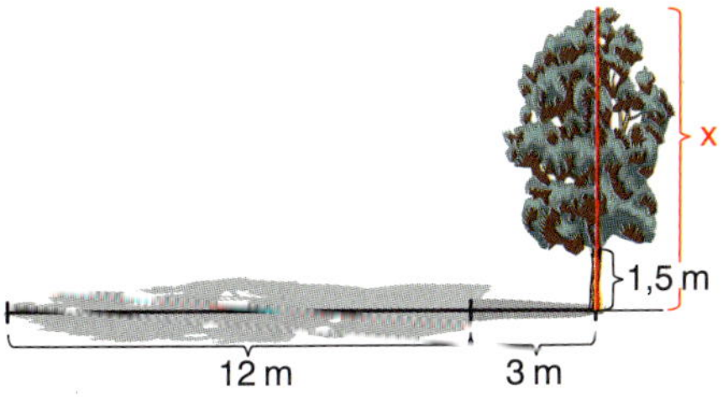


*Lösung:*
Wenn der Stamm halb so hoch ist wie sein Schatten lang, dann ist auch der Baum halb so hoch wie sein Schatten lang ist. Also ist der Baum 7,5 m hoch.

**B** Ist hier alles richtig gemacht worden?
Überprüfe in der Streckfigur die Verhältnisgleichungen A, ..., E.

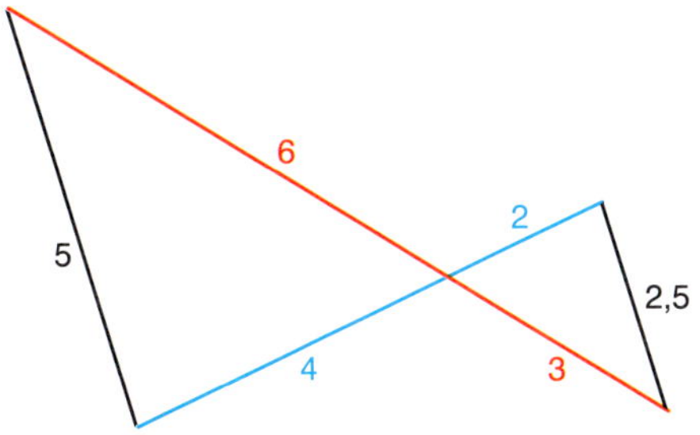


| | | |
|---|---|---|
| A | $\frac{2}{4} = \frac{3}{6}$ | Richtig; 1. Strahlensatz |
| B | $\frac{2,5}{5} = \frac{6}{3}$ | Falsch |
| C | $\frac{2,5}{5} = \frac{2}{4}$ | Richtig; 2. Strahlensatz |
| D | $\frac{4}{6} = \frac{8}{9}$ | Falsch |
| E | $\frac{2,5}{5} = \frac{3}{6}$ | Richtig; 2. Strahlensatz |

**C** Bestimme die fehlenden Längenangaben a und b.

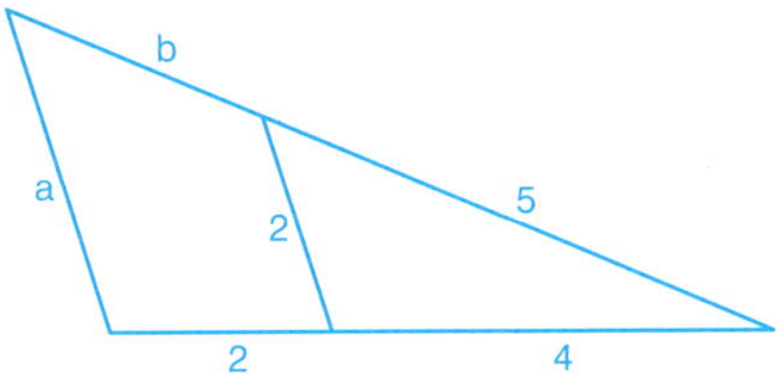


*Lösung:*

1. Strahlensatz
$\frac{a}{2} = \frac{6}{4} \Rightarrow a = 3$

2. Strahlensatz
$\frac{b+5}{5} = \frac{6}{4} \Rightarrow b + 5 = 7,5 \Rightarrow b = 2,5$

## *Übungen*

**4** Stelle jeweils mithilfe des geeigneten Strahlensatzes eine Verhältnisgleichung auf und bestimme die gesuchte Streckenlänge x.

a)

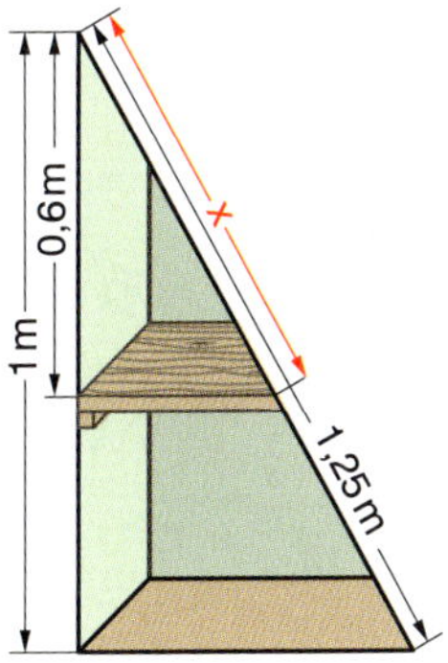


b)

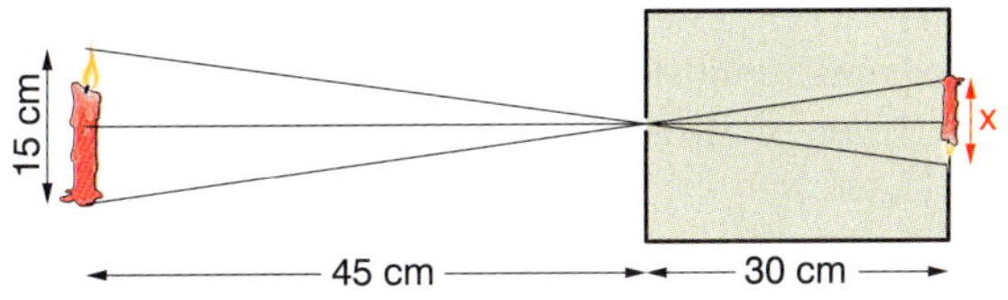


c)

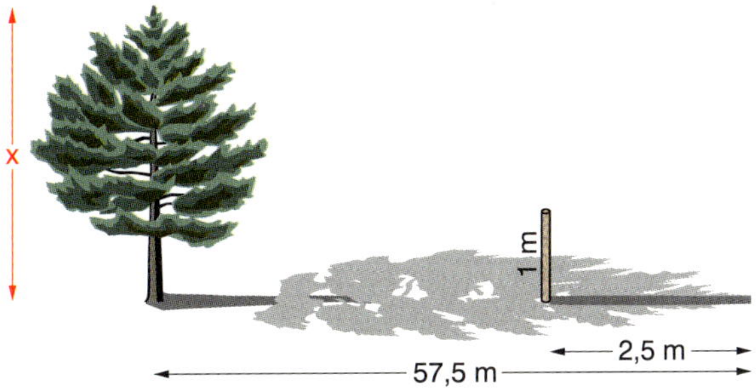

## *Übungen*

**5** Finde mithilfe von Verhältnisgleichungen die Unbekannten heraus.

a)

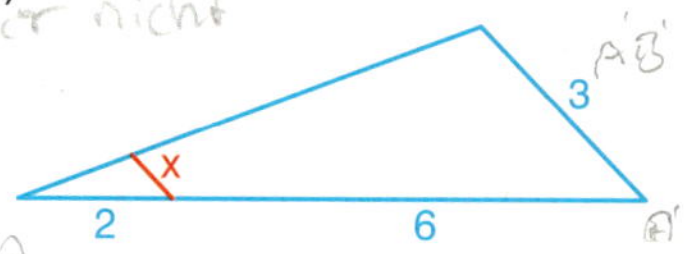


b)

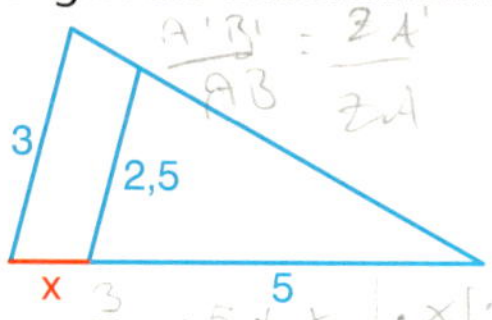


c)

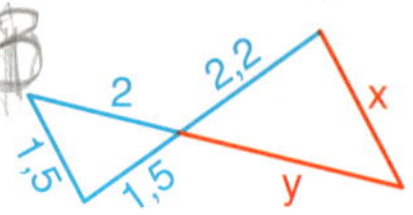


d)

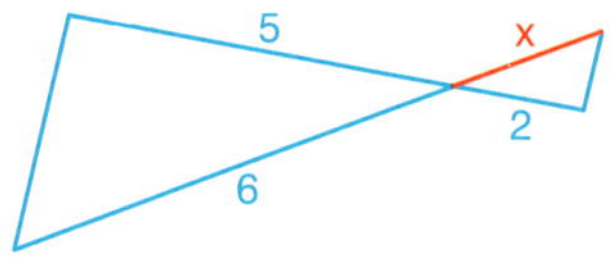


e)

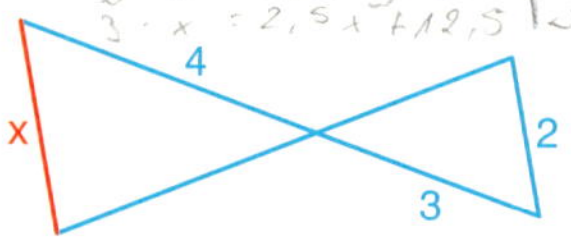


f)

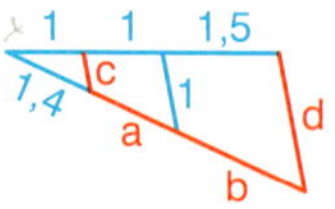


Training gewünscht

**6** 10; 10,5; $3,\overline{1}$; 24; 5

**6** Beim Anwenden von Strahlensätzen müssen Verhältnisgleichungen gelöst werden. Hier kannst du es üben.

a) $\frac{4}{9} = \frac{x}{54}$ b) $\frac{3}{x} = \frac{63}{210}$ c) $\frac{x}{7} = \frac{15}{21}$ d) $\frac{36}{x} = \frac{24}{7}$ e) $\frac{42}{54} = \frac{x}{4}$

**7** 1; 7; 9; 39,2; 5,5; 2,8

**7** Verhältnisse spielen auch bei Steigungen eine wichtige Rolle. Zeichne die beiden Verhältnisse jeweils in ein entsprechendes Steigungsdreieck und finde x heraus.

a) $\frac{3}{4} = \frac{x}{12}$ b) $\frac{5}{x} = \frac{4,5}{6,3}$ c) $\frac{7,2}{0,8} = \frac{9}{x}$

d) $\frac{7}{4,9} = \frac{4}{x}$ e) $\frac{x}{4,5} = \frac{11}{9}$ f) $\frac{14}{5} = \frac{x}{14}$

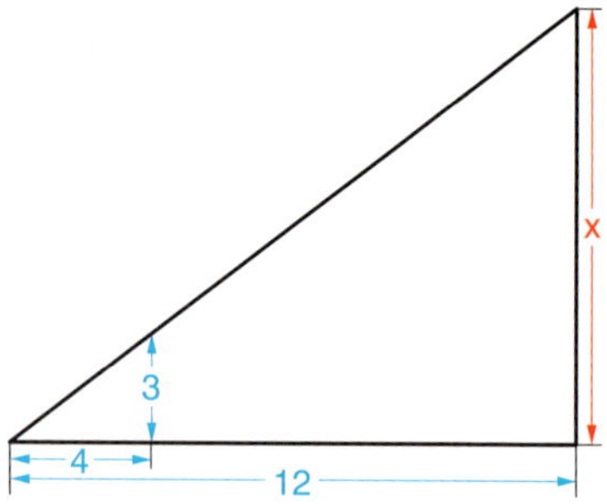


**8** Welche der Verhältnisgleichungen sind richtig, welche falsch? Entscheide mithilfe der Strahlensätze.

a)

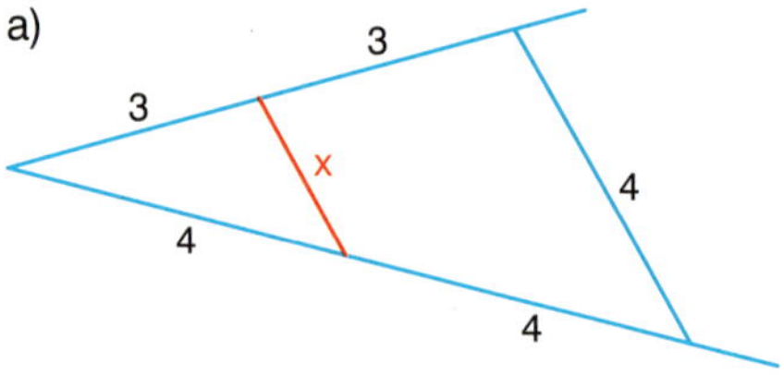


A: $\frac{8}{4} = \frac{4}{x}$ B: $\frac{4}{x} = \frac{3}{3}$ C: $\frac{6}{3} = \frac{4}{x}$

b)

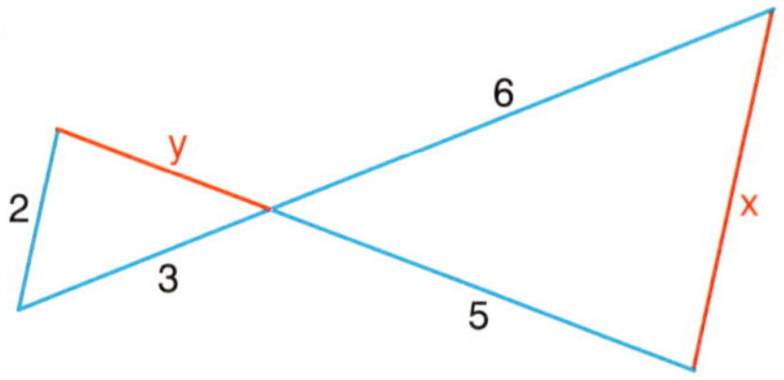


A: $\frac{x}{2} = \frac{6}{3}$ B: $\frac{y}{5} = \frac{6}{3}$ C: $\frac{2}{3} = \frac{x}{5}$

**9** Im Vermessungspraktikum hatten drei Messtrupps die Aufgabe, die Breite eines Sees zu bestimmen. Beschreibe anhand ihrer Skizzen, wie sie vorgegangen sind. Können alle Trupps die Aufgabe lösen? (Längenangaben in Metern)

Achtung: Skizzen nicht maßstabsgerecht

① 

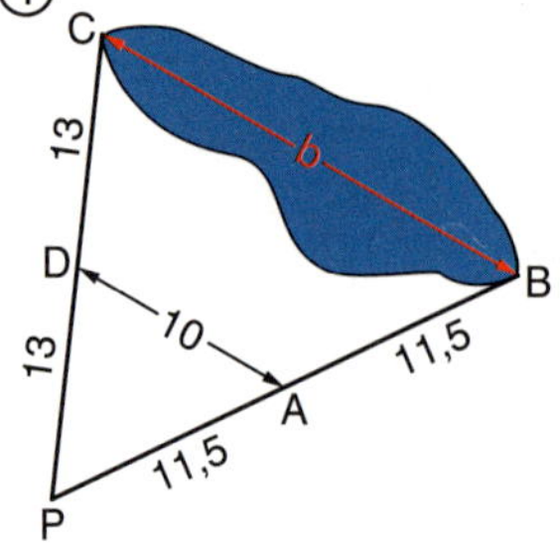


②

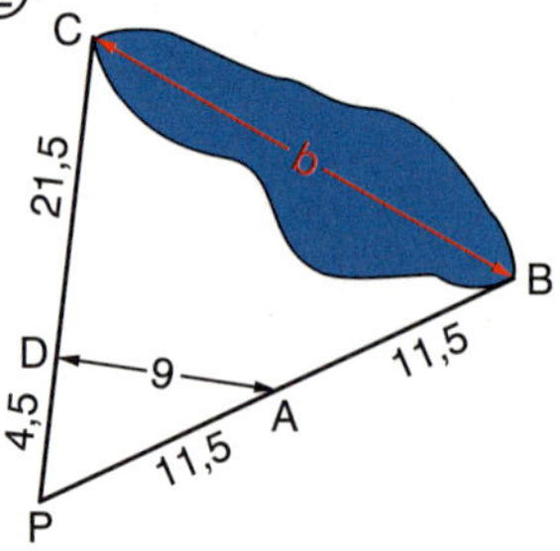


③

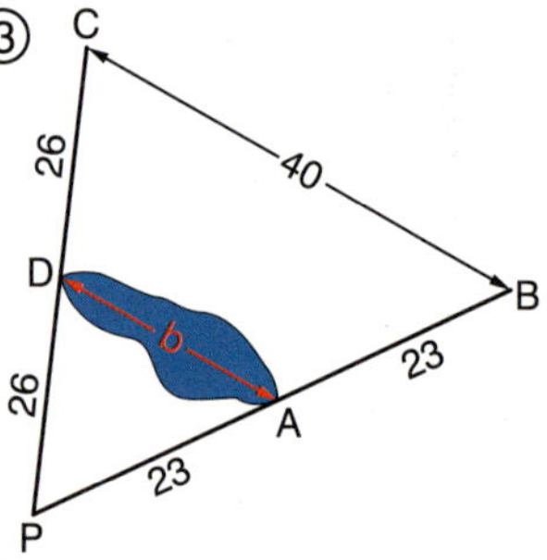

## Übungen

**10** a) Durch geeignete Messungen lassen sich die unzugänglichen Streckenlängen berechnen. Bestimme jeweils die gesuchte Streckenlänge x.

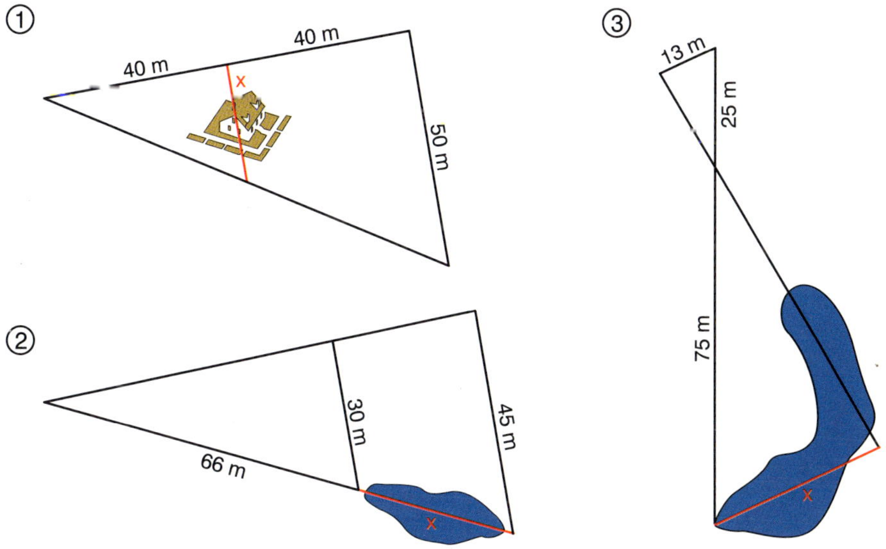


> Eine Überschlagsprobe kannst du aus den maßstäblichen Zeichnungen gewinnen.

b) Schreibe zu jeder Situation einen kleinen Sachbericht – z. B.: „Über einen kleinen See hinweg soll die Entfernung zwischen zwei Gaststätten an den gegenüberliegenden Ufern bestimmt werden. Dazu werden folgende Entfernungen gemessen: …"

**11** Durch Anpeilen und Messen lässt sich die Entfernung des Hauses aus dem Klassenraum heraus bestimmen. Die Schülerinnen und Schüler der 9c lassen sich zwei verschiedene Peilmöglichkeiten einfallen:

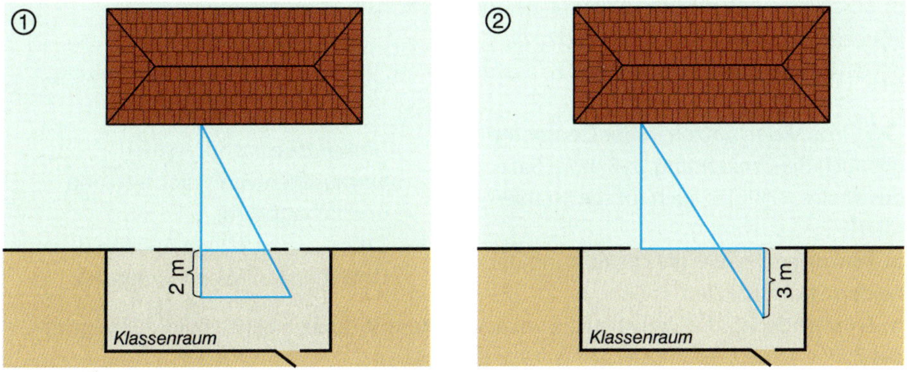


Welche Längen müssen sie noch messen, um die Entfernung des gegenüberliegenden Hauses bestimmen zu können? Bestimme selbst die Längen durch Ausmessen in der maßstabsgerechten Zeichnung und berechne die Entfernung des Hauses.

**12** In der Nische einer Dachschräge soll ein Regal angebracht werden. Die einzelnen Regalbretter bekommen jeweils einen Abstand von 30 cm. Lassen sich die vier Regalbretter aus den zwei noch vorhandenen Brettern zuschneiden?

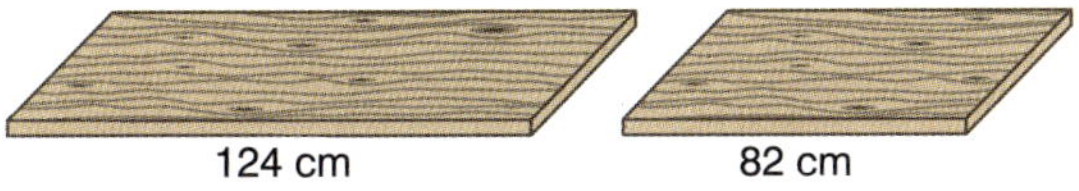


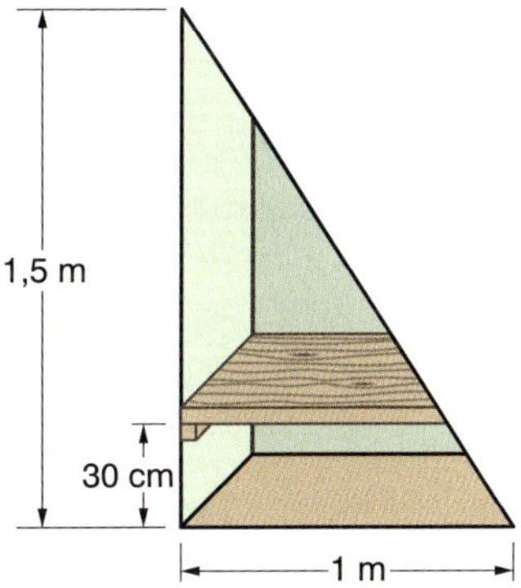

## Übungen

**13** Julian hat mit dem Strahlensatz die Streckenlänge x bestimmt:

$\frac{9}{3} = \frac{6}{x} \Rightarrow x = 2$

Beim genaueren Betrachten der Zeichnung zweifelt er an seinem Ergebnis. Wo steckt der Fehler?

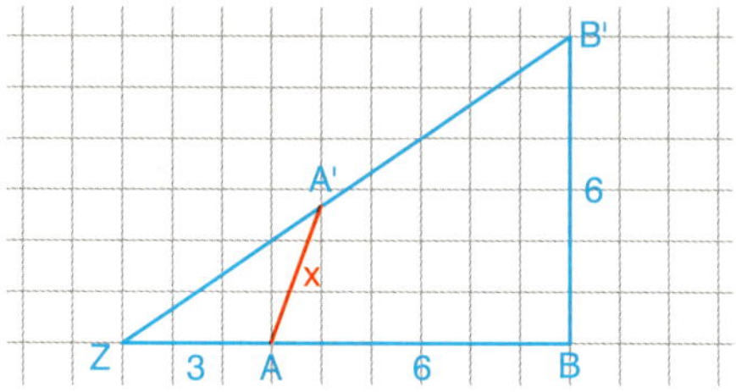


### Strahlensätze sind mathematische Sätze

Mathematische Sätze bestehen aus Voraussetzung und Behauptung. Im Kasten auf Seite 56 bei den Strahlensätzen sind jeweils nur die Behauptungen formuliert, die Voraussetzungen stecken in der jeweiligen Konstruktionsfigur der zugrunde liegenden zentrischen Streckung. Wenn wir diese Voraussetzung nun unabhängig von der zentrischen Streckung beschreiben wollen, dann müssen wir die jeweilige „Strahlensatzfigur" genauer beschreiben, z. B.:

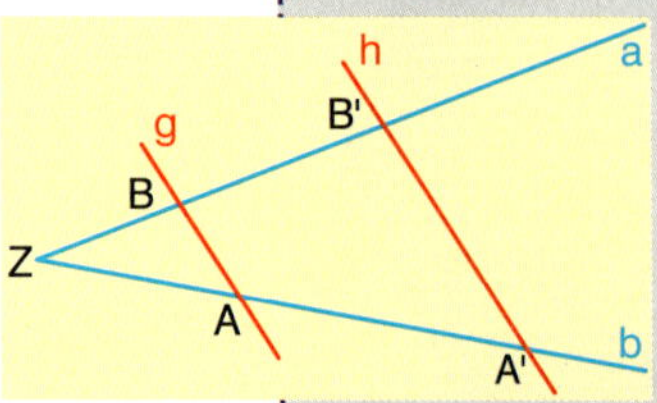


„Gegeben sind zwei Halbgeraden a und b mit einem gemeinsamen Anfangspunkt Z. Diese werden von zwei zueinander parallelen Geraden g und h in den Punkten A, B und A′, B′ geschnitten."

**14** a) Welche Konstruktionsfiguren in dem Kasten auf Seite 56 werden durch die oben genannte Beschreibung erfasst?

b) Beschreibe entsprechend genau die anderen Konstruktionsfiguren im Kasten: *„Gegeben sind zwei Geraden a und b, die …"*

c) Formuliere nun die Strahlensätze ausführlich mit Voraussetzung und Behauptung.

Satz und Umkehrung

**15** Von vielen Sätzen in der Geometrie gilt auch die Umkehrung, z. B. vom Satz des Thales. Gilt dies auch für die Strahlensätze?

a) Formuliere jeweils die Umkehrung der beiden Strahlensätze.

*Umkehren eines Satzes:*
Vertauschen von Voraussetzung und Behauptung
Satz: Wenn A, dann B.
Umkehrsatz: Wenn B, dann A.

b) Entscheide, ob die Umkehrsätze wahr sind. Kannst du deine Entscheidung begründen?

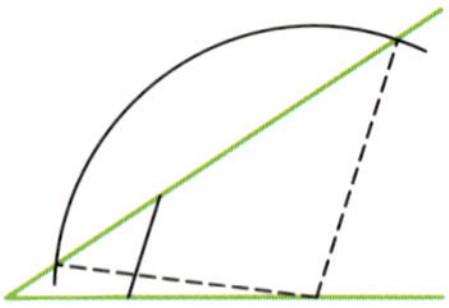

Zur Begründung, dass ein Satz falsch ist, genügt ein Gegenbeispiel.

**16** In manchen Büchern findet man unter den Voraussetzungen des 1. Strahlensatzes die Aussage:

$$\frac{\overline{AA'}}{\overline{ZA}} = \frac{\overline{BB'}}{\overline{ZB}}$$

a) Veranschauliche die Verhältnisgleichung an einem passenden Bild.

b) Ausgehend vom 1. Strahlensatz lässt sich diese Gleichung Schritt für Schritt herleiten. Fülle die Beweislücken.

1. $\frac{\overline{ZA'}}{\overline{ZA}} = \frac{\overline{ZB'}}{\overline{ZB}}$

2. $\frac{\overline{ZA} + \overline{AA'}}{\overline{ZA}} = \frac{■}{\overline{ZB}}$

3. $1 + ■ = ■ + ■$

4. $■ = \frac{\overline{BB'}}{\overline{ZB}}$

## Übungen

*„Unterhaltungsmathematik" – Freude am Denken*

In alten Rechenbüchern findet man viele Anwendungsaufgaben zur Mathematik. Dazu gesellt sich oft die einfache Freude am Denken und Problemlösen, die auch heute noch in der so genannten „Unterhaltungsmathematik" zum Ausdruck kommt.

**17** Aus einer anonymen Aufgabensammlung des 15. Jahrhunderts:

„Wenn du die Höhe eines Turmes finden willst, wie groß sie ist, so stecke ein Holz senkrecht und betrachte den von der Sonne geworfenen Schatten und miss ihn. Sprich nun: Das senkrechte Holz ist 6 Ellen, sein Schatten 9 Ellen; betrachte auch den Schatten des Turmes: 75 Ellen. Dann verfahre nach der Regeldetri und sprich: Wenn die 9 Ellen des Schattens mir eine Holzhöhe von 6 Ellen geben, welche Turmhöhe werden uns dann die 75 Ellen Turmschatten geben?

a) Kannst du die Aufgabe nach der gegebenen Anleitung lösen?
b) Fertige eine Skizze an und löse die Aufgabe mithilfe eines Strahlensatzes. Vergleiche mit dem vorgeschlagenen Lösungsweg.

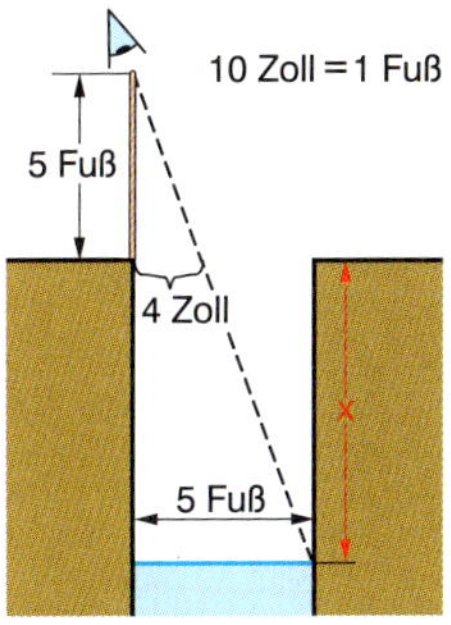


**18** Aus dem chinesischen Rechenbuch „Jiuzhang suanshu":

„Der Durchmesser eines Brunnens ist 5 Fuß; seine Tiefe kennt man nicht. Auf dem oberen Rand des Brunnens steht eine Stange von 5 Fuß. Der Blick von der Spitze der Stange zu dem Rand des Wassers reicht in den Durchmesser 4 Zoll hinein. Frage: Wie groß ist die Tiefe des Brunnens?"

### Alte Messgeräte auf der Grundlage der Strahlensätze

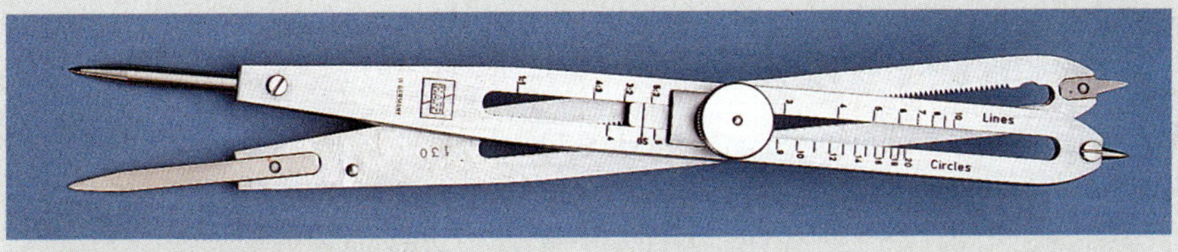

Mit dem **Proportionalzirkel** kann man Strecken in einem fest vorgegebenen Verhältnis vergrößern oder verkleinern. Durch Verschieben des Drehpunktes lassen sich verschiedene Verhältnisse einstellen.

Mit der **Messzange** kann man kleine Dicken messen.

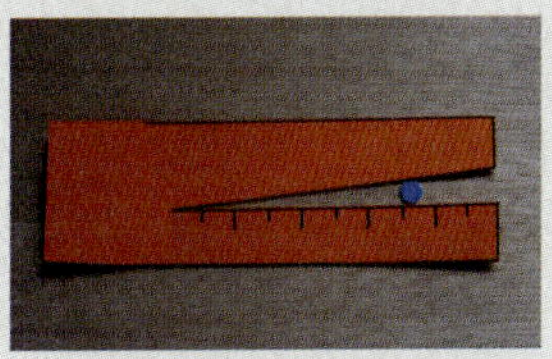

Mit der **Messlehre** kann man den Durchmesser dünner Drähte oder kleiner Kugeln messen.

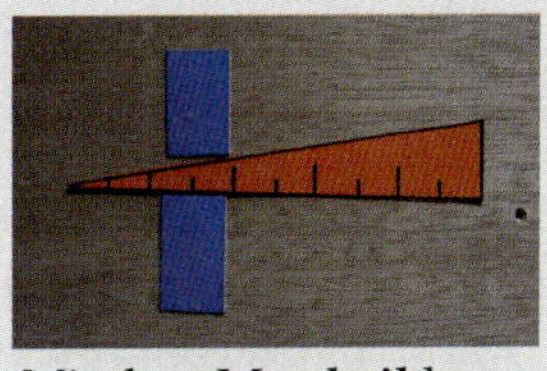

Mit dem **Messkeil** kann man die Weite kleiner Öffnungen messen.

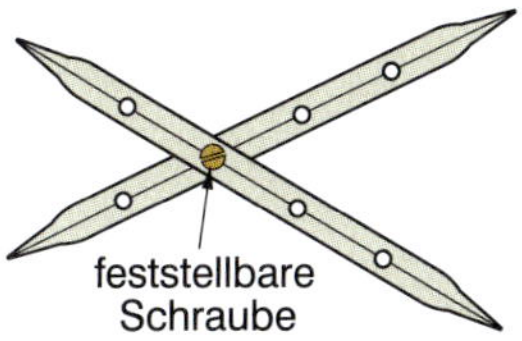


Skizze zum Selbstbau des Zirkels

**19** Fertige Pappmodelle der Instrumente an. Erkläre die Wirkungsweise der Geräte. Bei der Beschriftung der Skalen brauchst du die Strahlensätze. Führe mit deinen Pappmodellen einige Messungen aus und vergleiche die Ergebnisse mit denen anderer Gruppen.

Hier lohnt sich Gruppenarbeit

## Aufgaben

Streckenteilungen

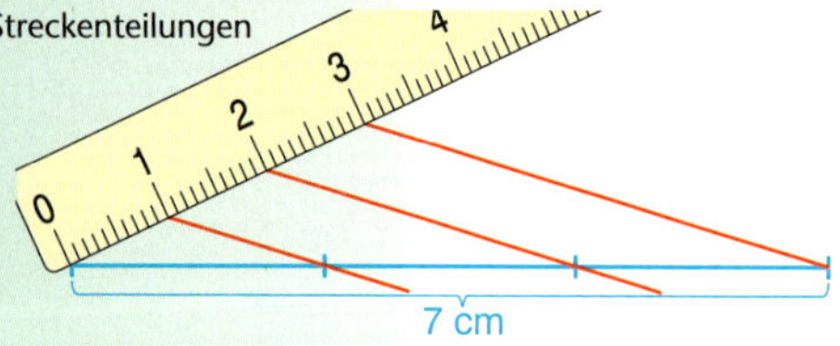


**20** *Teilung einer Strecke $\overline{AB}$ in gleich lange Abschnitte*

a) Wie lässt sich eine 7 cm lange Strecke ohne zu rechnen in drei gleich große Streckenabschnitte zerlegen?
Erkläre die abgebildete Methode mithilfe der Strahlensätze.

b) Wende die Methode an zur Teilung von:
① 11 cm in vier Teile
② 5 cm in sieben Teile

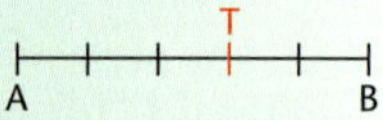


Die Strecke $\overline{AB}$ ist im Verhältnis 3 : 2 geteilt.

**21** *Teilung einer Strecke $\overline{AB}$ im Verhältnis p : q*

a) Eine 8 cm lange Strecke soll durch Konstruktion im Verhältnis 4 : 5 geteilt werden. Wie kannst du dies mit dem Verfahren aus Aufgabe 20 bewältigen? Konstruiere, beschreibe und begründe.

b) Verallgemeinere das Verfahren auf eine Strecke $\overline{AB}$, die im Verhältnis p : q geteilt werden soll. Beschreibe die Konstruktion. Wann treten Probleme auf?

c) Die folgenden beiden Bilder zeigen jeweils eine direkte Konstruktionsmethode. Erkläre und begründe mithilfe der Strahlensätze.

①

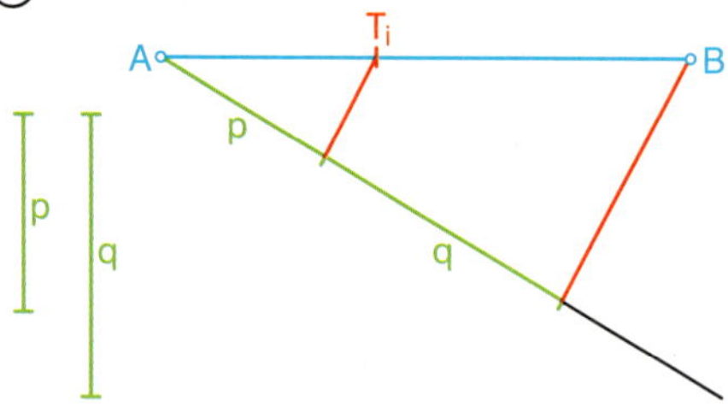


②

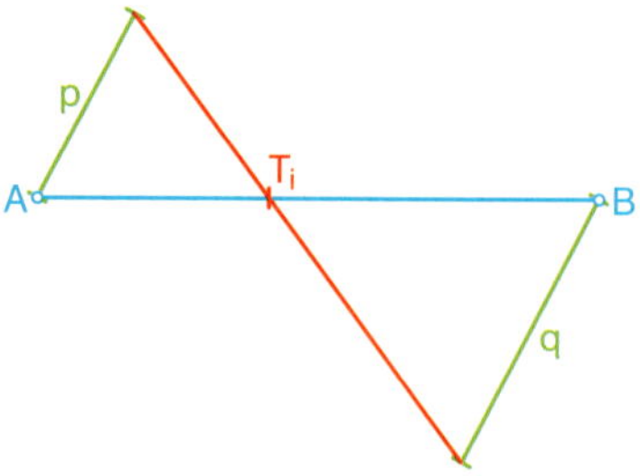


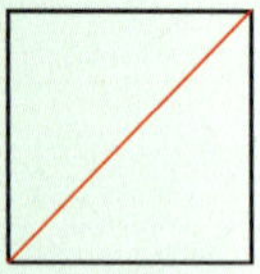

d) Teile eine Strecke von 10 Zentimetern im Verhältnis $1 : \sqrt{2}$. Ein Quadrat mit Diagonale hilft dir dabei.

**22** *Proportionale Zuordnungen und Strahlensätze*

450 g Käse kosten 5,40 €. Wie viel kosten 300 g der gleichen Käsesorte, wie viel g erhält man für 2 €?

a) Diese Aufgabe kannst du sicher leicht lösen. Beschreibe deinen Lösungsweg.

b) In dem nebenstehenden Bild ist ein grafischer Lösungsweg angegeben. Übertrage das Bild in dein Heft und erkläre das Vorgehen. Was hat dieser Lösungsweg mit dem Strahlensatz zu tun?

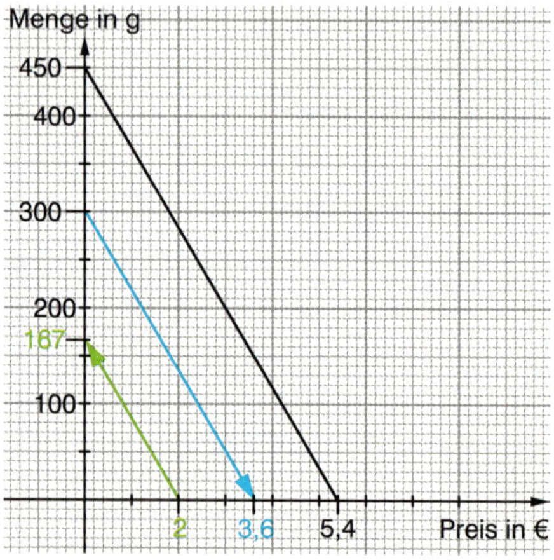


c) Geschwindigkeiten werden meist in km/h oder in m/s angegeben. 50 km/h entsprechen 13,89 m/s.
Zeichne zu dieser Zuordnung ein entsprechendes Diagramm wie in der Aufgabe b) und bestimme damit nach der grafischen Methode die passenden Werte zu 30 km/h und zu 28 m/s.
Rechne nach und vergleiche.

d) Erstelle eigene Nomogramme, z. B.
– zur Umrechnung von Kalorien in Joule (50 Kalorien = 210 Joule),
– zur Umrechnung von Zoll in cm (2 Zoll = 5,1 cm).

**Nomogramme:**
Nomogramme sind grafische Rechendiagramme. Sie wurden in Zeiten ohne Taschenrechner oft benutzt, um sich einen Überblick zu verschaffen und wenn es somit auf genaue Werte nicht ankam. Auch heute im Computer-Zeitalter werden Nomogramme in der Labor- und Ingenieurpraxis verwendet, z. B. zur Gewinnung von Näherungswerten, die für den Start von genaueren Iterationen benötigt werden.

**Projekt**

**23** *Messen im Gelände mit Maßband, allerlei Hilfsmitteln und den Strahlensätzen – Auf einer mathematischen Exkursion wird's praktisch!*

Ziel und Planung

Wie hoch ist der größte Baum auf dem Schulhof? Welche Höhe hat der Kirchturm oder der Flutlichtmast im Stadion? Wie breit ist der Ententeich im Park, welche Länge hat die Brücke über den Fluss? Wie weit ist die Uhr am Rathaus vom Betrachter auf der Mitte des Marktplatzes entfernt?

Hilfsmittel

Wenn die Sonne scheint, genügt für viele Höhenmessungen ein Maßband (noch besser: ein Laser-Entfernungsmesser) und ein Stab.
Ohne Sonne geht es auch mit vorhandenen oder selbstgebauten Hilfsmitteln.

*Daumenbreite*
Unser eigener Daumen kann auch helfen. Man peilt einen Gegenstand bei ausgestrecktem Arm über den Daumen an.
In der Entfernung e wird damit eine bestimmte Breite b abgedeckt. Das Verhältnis d : a lässt sich individuell bestimmen. Wenn man eine der Größen e oder b kennt, lässt sich die andere Größe mit dem Strahlensatz berechnen.

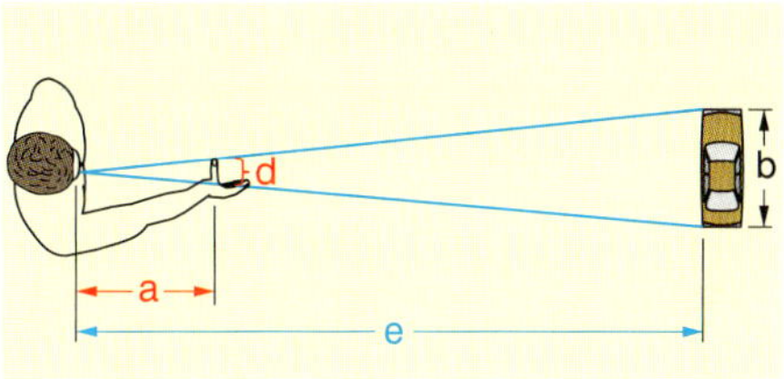

Flexible „Daumenbreiten" liefert ein Schraubenschlüsselsatz

Försterdreieck

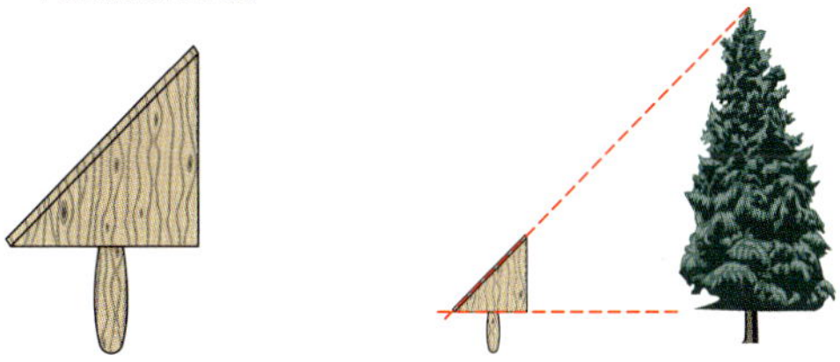

Jakobsstab

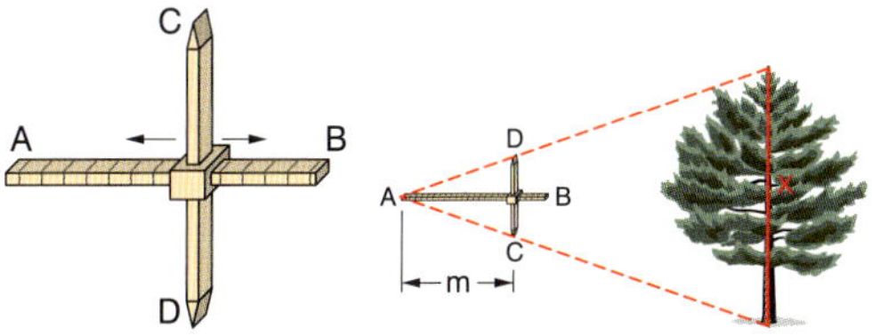


*Försterdreieck* und *Jakobsstab* sind historische Messgeräte. Das Försterdreieck diente dem Förster zum Abschätzen von Baumhöhen.
Der Jakobsstab wurde u. a. bis zum Anfang des 18. Jahrhunderts in der Seefahrt als Winkelmessgerät eingesetzt.
Im Internet findest du viele weitere Informationen dazu, u. a. auch Anleitungen zum Selbstbau der Geräte und präzise Angaben zu den Messmethoden.

Ausführung in Teams

In den Teams werden Verantwortliche für bestimmte Aufgaben gewählt: Organisation, Messtrupps, Dokumentation (Protokoll und Foto), Sicherheitsberater usw. Zum späteren Vergleich ist es günstig, wenn bestimmte Objekte von mehreren Teams bearbeitet werden.

Präsentation

*Präsentation auf der Schulhomepage*
Sie beinhaltet neben dem lebendigen und durch Fotos veranschaulichten Projektbericht auch eine genaue Beschreibung der angewandten Messverfahren („Mathematischer Hintergrund"). Für die selbstgebauten Messgeräte kann eine präzise Bauanleitung mit Skizzen und Fotos gegeben werden. „Physik-Experten" können vielleicht auch eine Erklärung des eingesetzten Laser-Entfernungsmessers beisteuern.

## 2.4 Ähnliche Figuren – Ähnlichkeitsabbildungen

**Was dich erwartet**

*Im täglichen Leben wird der Begriff „ähnlich“ in vielerlei Bedeutung verwendet: Geschwister sehen einander ähnlich, verschiedene Landschaften können ähnlich sein, das Modell eines Bauwerks oder die Reproduktion eines Gemäldes sind dem Original ähnlich. Dabei kann man sich oft trefflich über den „Grad“ der Ähnlichkeit streiten.*

*In der Mathematik wird der Begriff der Ähnlichkeit enger und präziser gefasst. Dabei kommt die zentrische Streckung mit ins Spiel und damit die Winkel und Längenverhältnisse bei ähnlichen Figuren. Mit ihrer Hilfe können exakte Definitionen gegeben und vielfältige Eigenschaften und Beziehungen ähnlicher Figuren untersucht und begründet werden.*

**Aufgaben**

**1** In Einstellungstests taucht häufig die Frage auf „Welches Bild passt nicht dazu?“

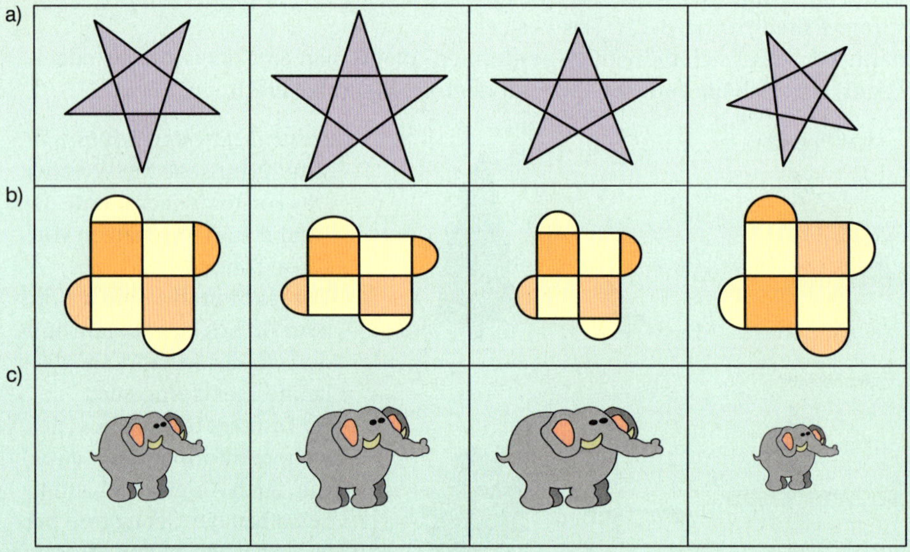


Wie entscheidest du? Begründe deine Entscheidung.

**2** a) Jeweils drei der rechts nebenstehenden Dreiecke haben die „gleiche Form“. Stelle die passenden Dreiecke in drei Gruppen zusammen. Beschreibe, wie du zu deiner Entscheidung gekommen bist. Vergleiche mit deinen Nachbarn.
b) Übertrage die Dreiecke auf Papier und schneide sie aus. Durch geschicktes Zusammenlegen der Dreiecke kannst du deine Ergebnisse überprüfen und begründen.

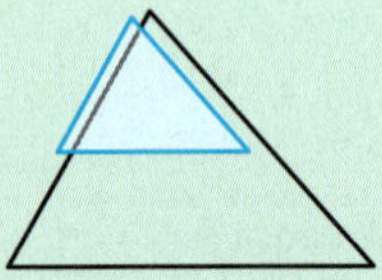

„formgleich“

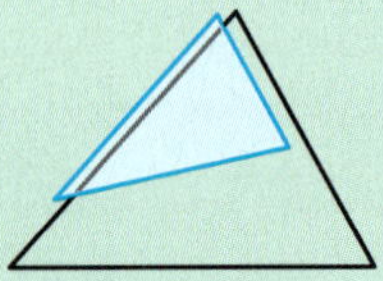

„nicht formgleich“

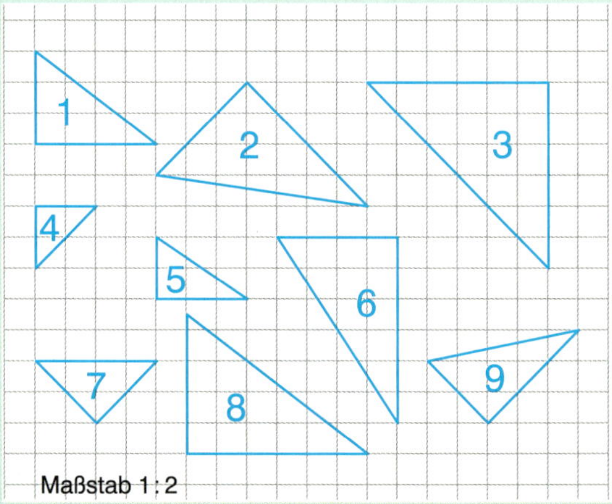

## Aufgaben

**3** Im Deutschen Museum ist ein Modell der Müngstener Brücke in der Bauphase ausgestellt. Auf dem Bild siehst du ein Foto dieses Modells. Was ist beim Modellbau alles zu beachten, damit der Betrachter nicht bemerkt, dass es sich um das Foto eines Modells handelt?

Die Müngstener Brücke ist mit 107 Metern auch heute noch die höchste Stahlgitterbrücke Deutschlands. Sie ist 465 Meter lang.

**4** In vielen Computerprogrammen lassen sich Bilder in ihrer Größe verändern, indem man den rechteckigen Grafikrahmen aktiviert und an einem der markierten Punkte zieht. Bild A zeigt das Original. Die Bilder B, C und D sind durch Ziehen an einem Eckpunkt oder an einer Seitenmitte entstanden.

Bild A (Original)

Bild B

Bild C

Bild D

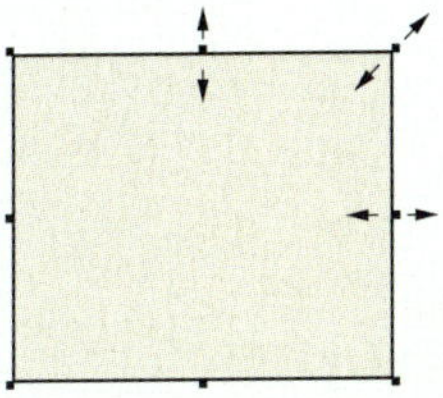

a) Beschreibe die Wirkungen. An welchem Punkt wurde bei den einzelnen Bildern jeweils der Rahmen „gezogen“?

b) Warum wird nur Bild D als „echte Vergrößerung“ anerkannt? Welche Eigenschaften muss die echte Vergrößerung im Vergleich zum Original aufweisen?

Probiere mit einem eigenen Bild am Computer aus.

## Basiswissen

Aus dem anschaulichen Begriff „deckungsgleich“ haben wir die mathematische Definition der kongruenten Figuren entwickelt. „Formgleiche“ Figuren müssen nicht kongruent sein. Den anschaulichen Begriff „formgleich“ präzisieren wir durch den mathematischen Begriff „ähnlich“.

**Ähnlichkeit**

Zwei Figuren heißen **ähnlich**, wenn entsprechende Winkel gleich groß sind und die Längen entsprechender Strecken in gleichem Verhältnis stehen.

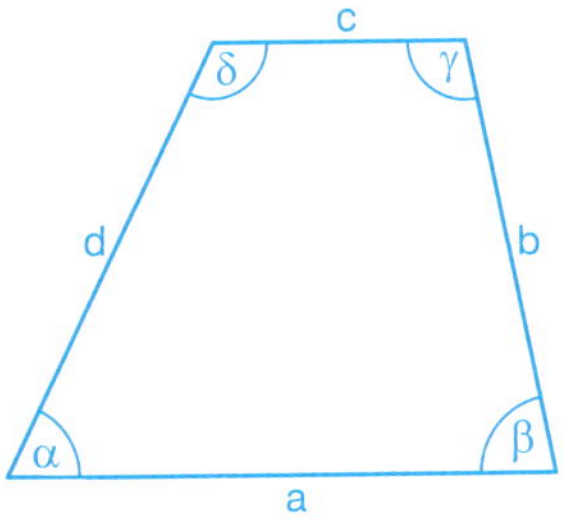


$\frac{a}{b} = \frac{a'}{b'}$ $\quad \alpha = \alpha'$

$\frac{a}{c} = \frac{a'}{c'}$ $\quad \beta = \beta'$

$\frac{b}{c} = \frac{b'}{c'}$ $\quad \gamma = \gamma'$

… $\quad$ …

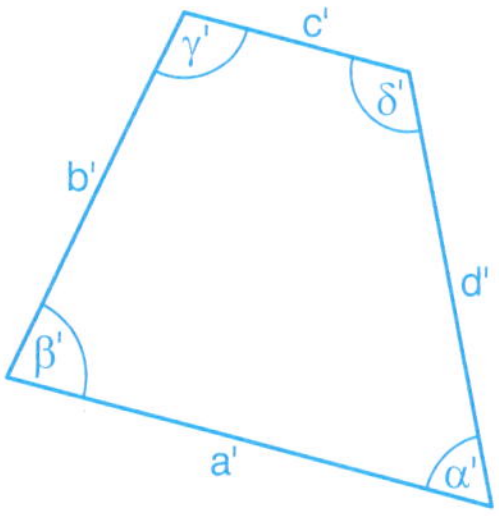

## *Beispiele*

**A** Aus einem Rechteck mit den Seitenlängen $a = 3$ cm und $b = 2$ cm entsteht eine neue Figur, indem man …

a) … jede Seite um 1 cm verlängert,

b) … die Seite a auf 4,5 cm und b auf 3 cm verlängert,

c) … aus dem „Gelenkviereck ABCD“ ein Parallelogramm mit $\alpha = 45°$ herstellt.

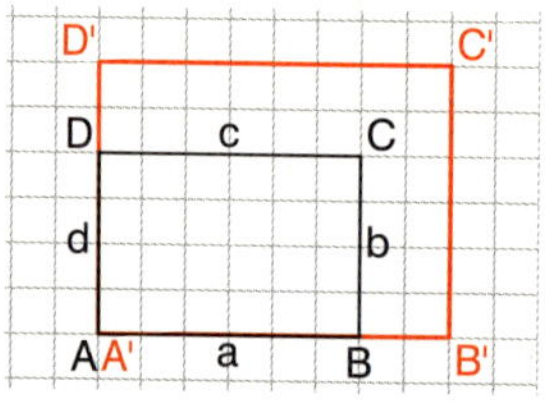


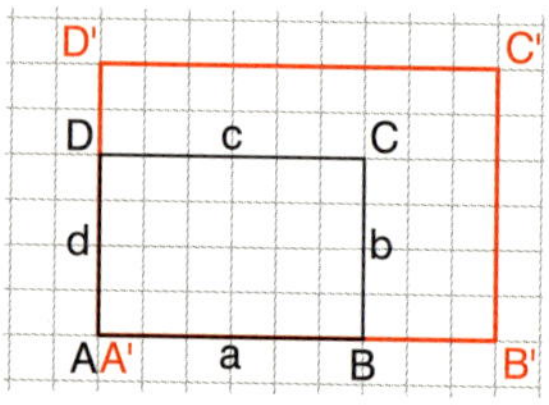


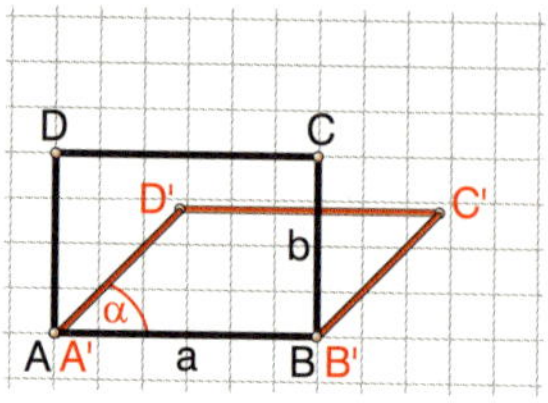


Welche der neuen Figuren sind ähnlich zum Originalrechteck?

*Lösung:* Nur im Fall b) entsteht eine ähnliche Figur.

a) Die entsprechenden Winkel sind gleich groß, *aber* die Seitenverhältnisse $a : b = 3 : 2$ und $a' : b' = 4 : 3$ stimmen nicht überein.

b) Die entsprechenden Winkel sind gleich groß *und* die Seitenverhältnisse $a : b = 3 : 2$ und $a' : b' = 4{,}5 : 3$ stimmen überein.

c) Die Seitenverhältnisse bleiben gleich, *aber* die Figuren haben nicht die gleichen Winkelmaße.

**B** Zeichne zu einem rechteckigen Grundstück mit den Seitenlängen $a = 15$ m und $b = 24$ m ein dazu ähnliches Grundstück, bei dem eine Seitenlänge 20 m ist.

*Lösung:* Das neue Grundstück muss auf jeden Fall wieder rechteckig sein, da entsprechende Winkel gleich groß sind. Dazu muss das Seitenverhältnis $a' : b' = a : b = 15 : 24$ sein.

Es gibt zwei Möglichkeiten:

Wenn a′ auf 20 m verlängert wird, muss wegen $20 : b' = 15 : 24$ die Seite b′ auf 32 m verlängert werden.

Wenn b′ auf 20 m verkürzt wird, muss wegen $a' : 20 = 15 : 24$ die Seite a′ auf 12,5 m verkürzt werden.

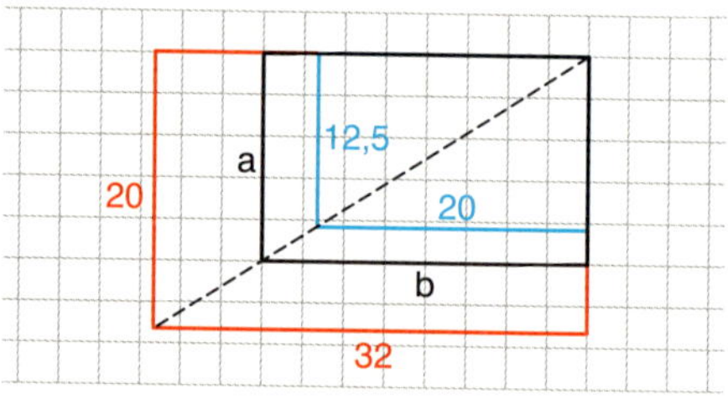


**B** $\frac{20}{b'} = \frac{15}{24}$

$b' = \frac{20 \cdot 24}{15} = 32$

## *Übungen*

**5** Welche der rechts stehenden Rechtecke sind ähnlich zueinander? Begründe deine Entscheidung.

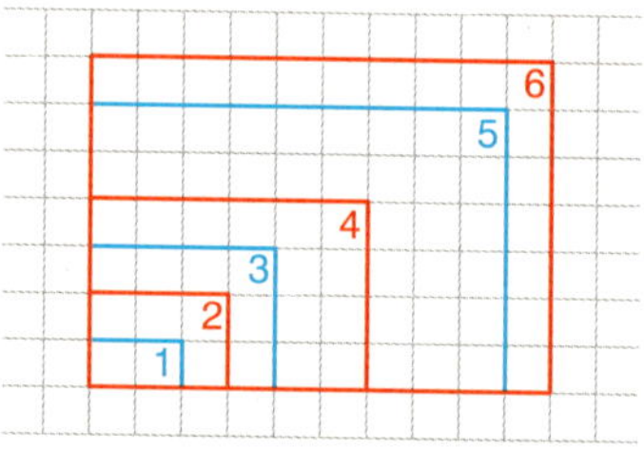


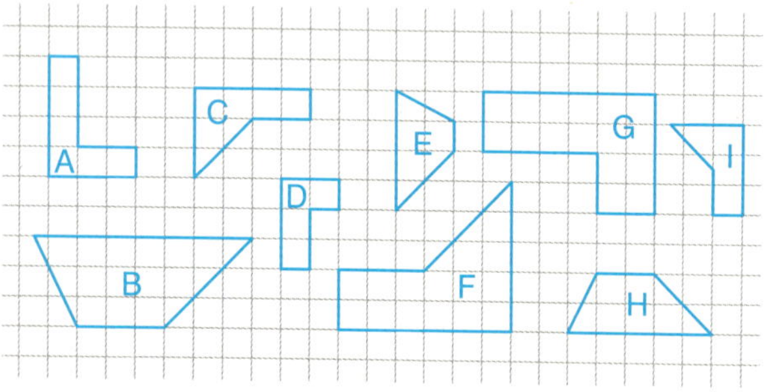


**6** Schätze, welche der links abgebildeten Figuren zueinander ähnlich sind. Übertrage die Figuren in dein Heft und kennzeichne dann jeweils die einander entsprechenden Winkel und Seiten in gleicher Farbe. Überprüfe damit deine Schätzung.

Welche Probleme entstehen beim Vergrößern auf nicht ähnliche Formate?

**7** Aus einem Kleinbildnegativ (24 mm × 36 mm) werden Fotoabzüge in verschiedenen Größen hergestellt. Weit verbreitet sind die Formate (Maße in cm):

a) 6 × 9 b) 7 × 10 c) 9 × 13 d) 13 × 18 e) 18 × 24 f) 20 × 30

Welche dieser Rechteckformate sind ähnlich zum Negativformat? Welche Formate sind untereinander ähnlich?

## Übungen

**8** Die Größe von Fernsehbildschirmen und Computermonitoren wird üblicherweise durch die Länge der Bildschirmdiagonalen angegeben. Die Normbildschirme sind alle ähnlich zueinander, Höhe und Breite stehen im Verhältnis 3 : 4.

a) Prüfe durch Messungen an einem Fernsehbildschirm zu Hause nach, ob dieser in etwa der Norm entspricht.
b) Die Größe von Computermonitoren wird oft durch die Diagonalenlänge in Zoll angegeben. Im Computerlabor der Schule stehen häufig 17″-Monitore. Bestimme mit einer Zeichnung Höhe und Breite eines 17″-Monitors.
c) Das Format der Kinoleinwand ist im Allgemeinen nicht ähnlich zu einem Fernsehbildschirm. Bei Kinofilmbildern ist das Verhältnis Höhe : Breite = 1 : 1,37, bei Breitwandfilmen sogar 1 : 2,55. Welche Probleme ergeben sich daraus? Hast du diese schon bei der Fernsehausstrahlung von Kinofilmen bemerkt?

1 Zoll (in Zeichen: 1″) entspricht 2,54 cm.

**9** In der Tabelle sind einige der üblichen genormten Papierformate angegeben.
a) Zeige, dass diese DIN-Formate ähnlich zueinander sind.
b) Zwei benachbarte DIN-Formate gehen durch „Halbieren“ oder „Verdoppeln“ auseinander hervor.
Zeige, dass das exakte Verhältnis der längeren Seite eines DIN-Rechtecks zur kürzeren Seite gerade $\sqrt{2} : 1$ ist.
c) Vervollständige die obige Tabelle durch Berechnen der Formatmaße von DIN A1 bis DIN A10. Gib auch jeweils ein Beispiel an.

| Format | Maße in mm | Beispiel |
|---|---|---|
| DIN A3 | 297 × 420 | Poster |
| DIN A4 | 210 × 297 | Druckerpapier |
| DIN A5 | 148 × 210 | Karteikarte |
| DIN A6 | 105 × 148 | Postkarte |

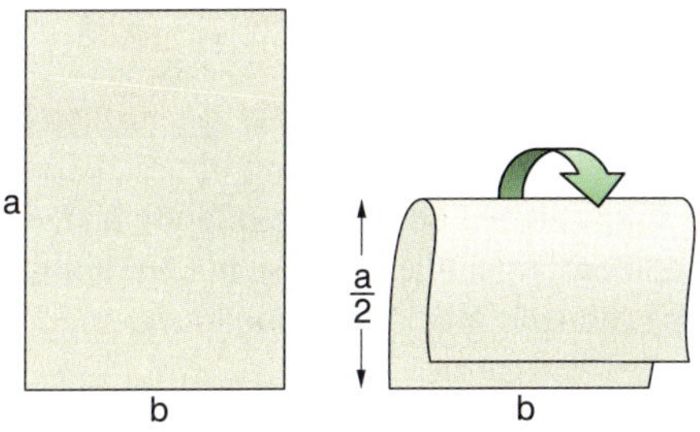


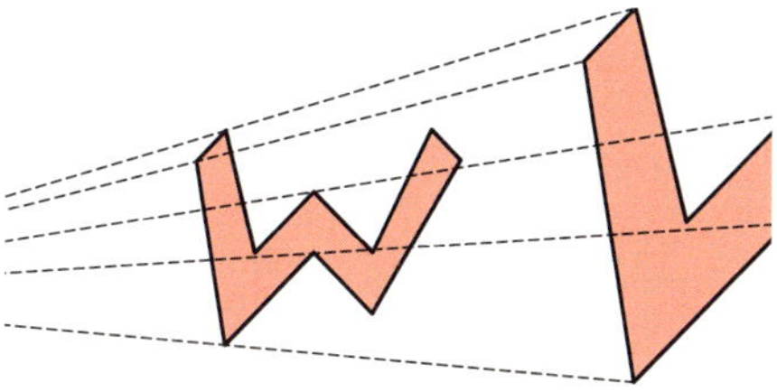

**10** a) Bilde den Buchstaben W durch eine zentrische Streckung deiner Wahl ab. Sind Bild und Urbild zueinander ähnlich? Vergleicht eure Ergebnisse.
b) Begründe allgemein: Bei jeder zentrischen Streckung sind Ausgangsfigur und Bildfigur zueinander ähnlich.

Zentrische Streckung und Ähnlichkeit

**10** Schau nochmals im Kasten auf Seite 44 unter „Eigenschaften der zentrischen Streckung“ nach.

**11** *Aus einem Mathematiklexikon:*
Das Hintereinanderausführen einer zentrischen Streckung und einer Kongruenzabbildung heißt „Ähnlichkeitsabbildung“.

Wie kommt man zu einer solchen Definition? Kannst du sie mit deinen Kenntnissen über ähnliche Figuren erklären? Vielleicht hilft dir das nebenstehende Bild dabei.

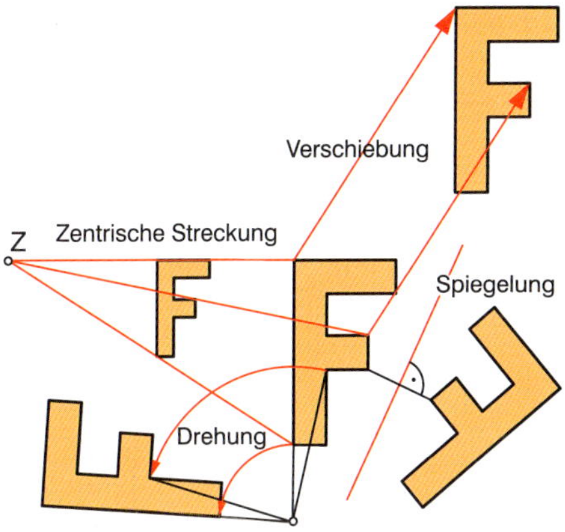


Ähnlichkeitsabbildung

Zur Erinnerung:
**Kongruenzabbildungen:**
Achsenspiegelung, Drehung, Verschiebung

## *Übungen*

**12** In manchen Büchern findet man die nebenstehende Definition für die Ähnlichkeit. Begründe mithilfe dieser Definition, dass die Figur 1 ähnlich ist zu der Figur 3. Findest du in dem Bild noch andere zueinander ähnliche Figuren?

Eine Figur F ist ähnlich zu einer Figur F′, wenn es eine zentrische Streckung gibt, die F auf eine zu F′ kongruente Figur abbildet.

Figur 1 lässt sich durch Hintereinanderausführen einer zentrischen Streckung und einer Verschiebung auf Figur 3 abbilden.

Ausschnitt aus einem Bild des niederländischen Künstlers M. C. Escher



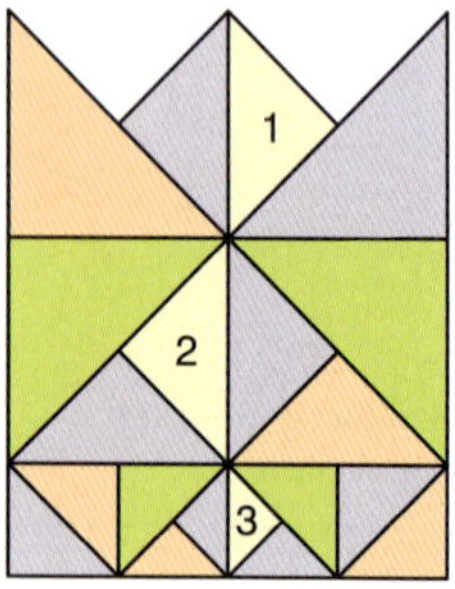


**13** Zeichne das nebenstehende Bild vergrößert in dein Heft.
a) Begründe: Alle Dreiecke in dem Bild sind zueinander ähnlich.
b) Gib eine Ähnlichkeitsabbildung an, die Dreieck 1 in Dreieck 3 abbildet.

**14** Begünde: Bei einer Ähnlichkeitsabbildung ist das Bild …
a) … eines Quadrates wieder ein Quadrat,
b) … einer Raute wieder eine Raute,
c) … eines regelmäßigen Sechsecks wieder ein regelmäßiges Sechseck,
d) … eines Kreises wieder ein Kreis.

vgl. Aufg. 9

**15** In der Bildsequenz ist eine Methode zur Konstruktion von DIN-Formaten dargestellt.

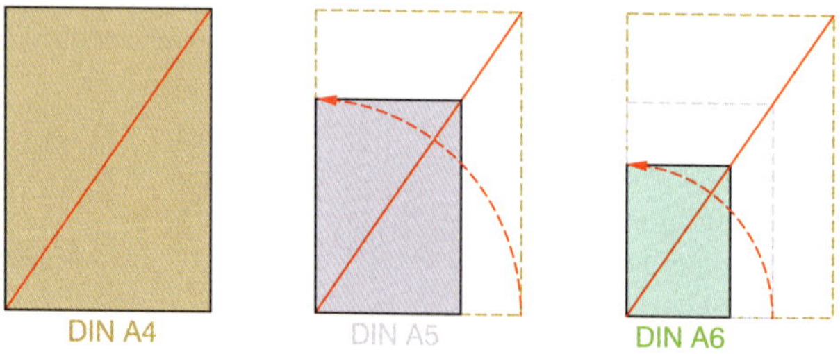


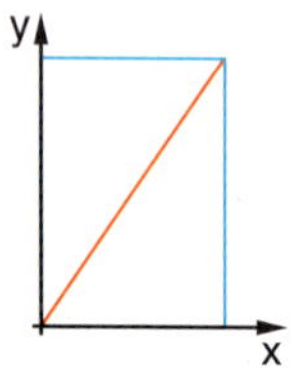


a) Führe die Konstruktionen selbst auf einem DIN A4-Blatt aus. Beschreibe die Konstruktionsschritte. Konstruiere in einem weiteren Schritt ein DIN A7-Rechteck.
b) Begründe, dass bei dieser Konstruktion die DIN A5- und DIN A6-Rechtecke durch zentrische Streckung aus dem DIN A4-Rechteck entstehen. Bestimme das Streckzentrum und die jeweiligen Streckfaktoren.
c) Lege ein DIN A5-Blatt in ein Koordinatensystem. Welche Steigung hat dann die Diagonale?

## Übungen

Satz und Umkehrung

**16** a) Begründe den Satz: „Wenn zwei Vierecke ähnlich sind, dann sind die einander entsprechenden Winkel gleich groß."
b) Zeige durch ein Gegenbeispiel, dass die Umkehrung des Satzes, „Wenn bei zwei Vierecken die einander entsprechenden Winkel gleich groß sind, dann sind die Vierecke ähnlich", nicht gilt.

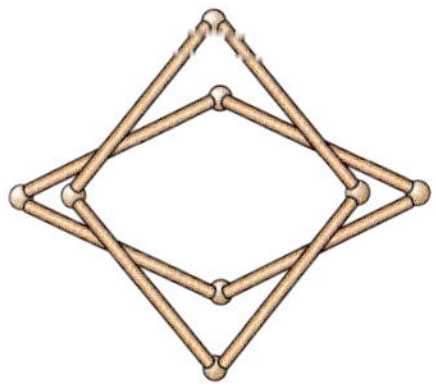

**17** Bilde von dem Satz, „Wenn zwei Vierecke ähnlich sind, dann stimmen sie in den Verhältnissen entsprechender Seiten überein", den Umkehrsatz.
Welcher der beiden Sätze ist wahr? Begründe.

**18** a) Zeichne zwei nicht kongruente Dreiecke mit den Winkeln $\alpha = 30°$ und $\beta = 60°$. Wie groß ist jeweils der Winkel $\gamma$? Sind diese beiden Dreiecke ähnlich zueinander?
b) Gibt es Dreiecke, die in allen drei Winkeln übereinstimmen, aber nicht ähnlich zueinander sind? Kannst du deine Antwort begründen?

**19** a) Schreibe den Kongruenzsatz SSS im Wortlaut auf.
b) Konstruiere drei Dreiecke $D_1$, $D_2$, $D_3$ mit den Seitenlängen $D_1$: a = 4 cm, b = 5 cm, c = 6 cm; $D_2$: d = 2 cm, e = 2,5 cm, f = 3 cm; $D_3$: g = 8 cm, h = 10 cm, i = 12 cm. Sind diese Dreiecke ähnlich zueinander? Woran könnte dies liegen?
c) Kannst du die Dreiecke $D_2$ und $D_3$ durch zentrische Streckung aus $D_1$ gewinnen? Zeichne und begründe.

## Basiswissen

Bei Dreiecken kann man die Ähnlichkeit leichter überprüfen als bei anderen Vielecken. Es genügt bereits eine der beiden in der Definition geforderten Eigenschaften.

**Ähnliche Dreiecke**

Zwei Dreiecke sind bereits ähnlich, wenn sie in
- den Längenverhältnissen entsprechender Seiten *oder*
- allen drei Winkelgrößen übereinstimmen.

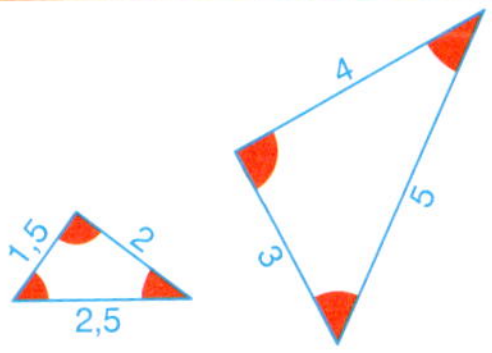


## Beispiele

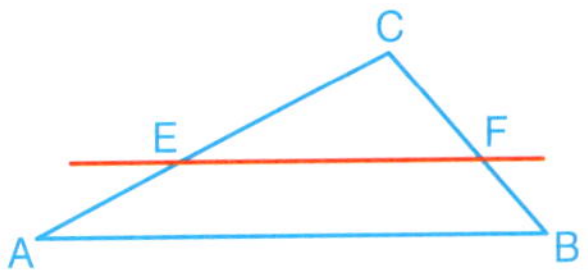


**C** Eine Parallele zu $\overline{AB}$ schneidet die beiden Seiten des Dreiecks ABC in den Punkten E und F. Zeige, dass die Dreiecke ABC und EFC ähnlich sind.

*1. Lösung über die Winkel*

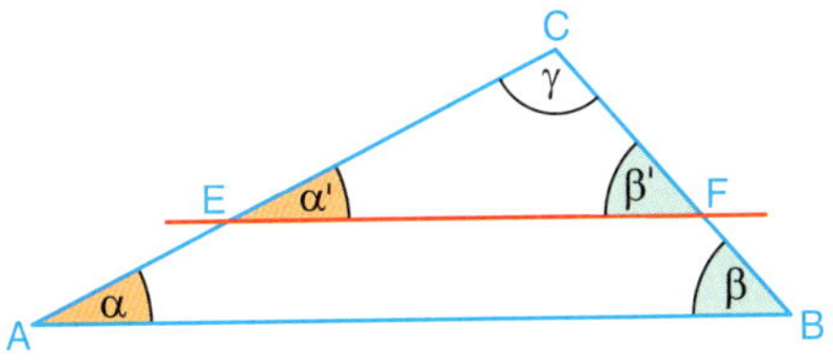


Beide Dreiecke haben den Winkel $\gamma$.
$\alpha = \alpha'$ und $\beta = \beta'$ (Stufenwinkel).
Die beiden Dreiecke stimmen in allen Winkelgrößen überein.

*2. Lösung über die Seitenverhältnisse*
Das Dreieck EFC geht durch zentrische Streckung (Zentrum C) aus dem Dreieck ABC hervor. Damit gilt:

$$\frac{\overline{CE}}{\overline{CF}} = \frac{k \cdot \overline{CA}}{k \cdot \overline{CB}} = \frac{\overline{CA}}{\overline{CB}}; \quad \frac{\overline{CE}}{\overline{EF}} = \frac{k \cdot \overline{CA}}{k \cdot \overline{AB}} = \frac{\overline{CA}}{\overline{AB}}; \quad \frac{\overline{CF}}{\overline{EF}} = \frac{k \cdot \overline{CB}}{k \cdot \overline{AB}} = \frac{\overline{CB}}{\overline{AB}}$$

Die Dreiecke stimmen in den Längenverhältnissen entsprechender Seiten überein.

**20** Begründe jeweils aufgrund der angegebenen Größen, ob die Dreiecke ABC und A'B'C' ähnlich zueinander sind:

Konstruiere in jedem Fall zwei mögliche Dreiecke und überzeuge dich von der Richtigkeit deiner Entscheidung.

a) $\alpha = 45°, \beta = 55°, c = 5$ cm; $\alpha' = 45°, \gamma' = 80°, c' = 6$ cm;
b) $a = 5$ cm, $b = 3$ cm, $c = 6$ cm; $a' = 3$ cm, $b' = 1{,}8$ cm, $c' = 3{,}6$ cm;
c) $\beta = 37°, \gamma = 55°, a = 3$ cm; $\alpha' = 80°, \gamma' = 55°, a' = 5$ cm

## *Übungen*

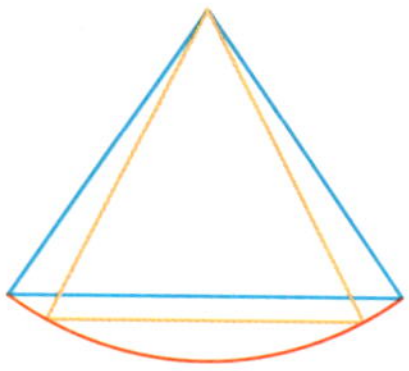

**21** Die Prüfung der Ähnlichkeit zweier Dreiecke lässt sich noch „sparsamer" durchführen: Es genügt, die Übereinstimmung von zwei Winkelgrößen festzustellen. Begründe.
b) Zeige anhand eines Gegenbeispiels, dass eine solche sparsame Prüfung mit nur zwei übereinstimmenden Seitenlängen nicht immer genügt.

**22** Zeichne in ein beliebiges Dreieck ABC das Mittendreieck $M_aM_bM_c$. Zeige, dass dieses Dreieck ähnlich ist zum Dreieck ABC.
Sind auch die vier Innendreiecke ähnlich zueinander?

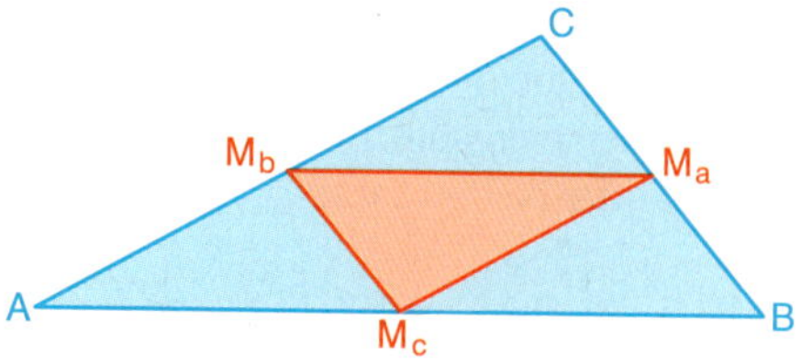


Steigungsdreiecke

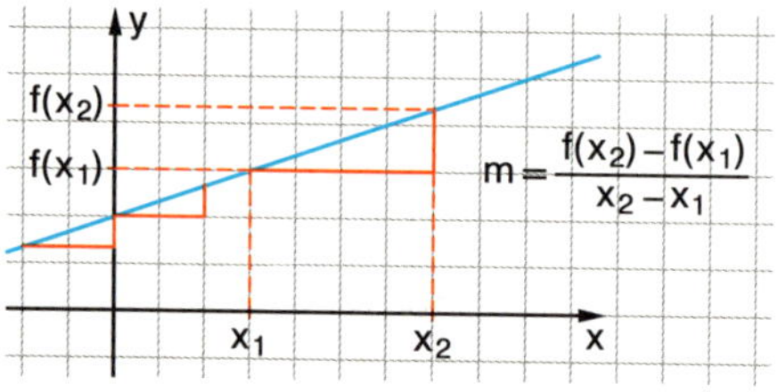


**23** Die Steigung m einer linearen Funktion mit $f(x) = mx + b$ kann mithilfe der Steigungsdreiecke am Graphen bestimmt werden. Zeige, dass alle Steigungsdreiecke einer vorgegebenen Geraden ähnlich zueinander sind.

**24** Die Höhe h teilt das rechtwinklige Dreieck ABC in zwei Teildreiecke.
a) Zeige, dass die Dreiecke ABC, AFC und FBC ähnlich zueinander sind.
b) Begründe mit der Ähnlichkeit der beiden Teildreiecke die Verhältnisgleichung $h : q = p : h$. Zeige damit, dass gilt:
$h^2 = p \cdot q$.

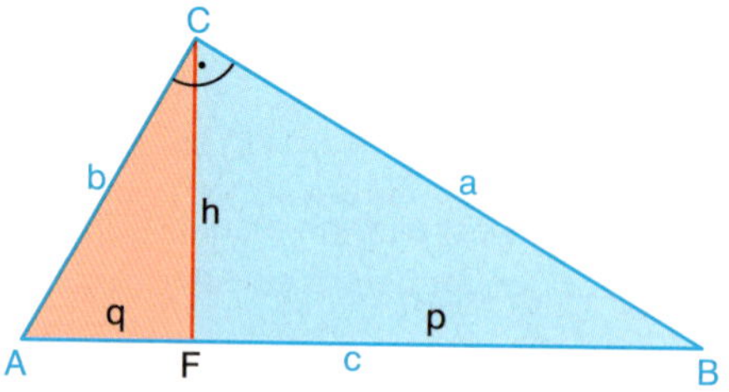


### Höhensatz des Euklid

Der Zusammenhang $h^2 = p \cdot q$ wurde schon von den Griechen entdeckt. Sie haben diese Gleichung wie immer geometrisch ausgedrückt:

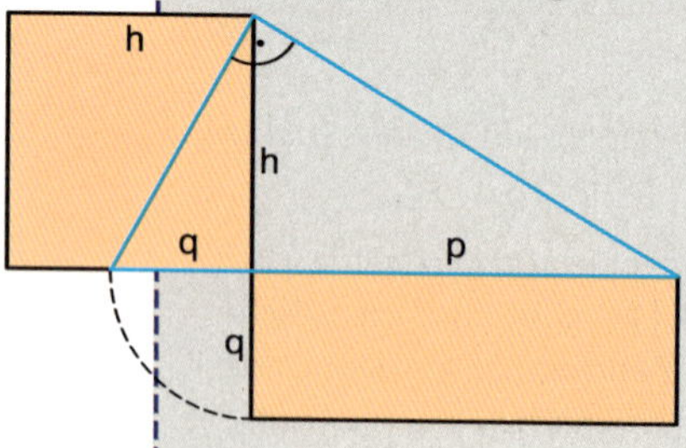


„Das Quadrat über der Höhe ist flächeninhaltsgleich zum Rechteck, das aus den beiden Hypotenusenabschnitten gebildet wird".
(Die Hypotenuse ist die dem rechten Winkel gegenüberliegende Seite, die am rechten Winkel anliegenden Seiten heißen Katheten.)
In Kapitel 5 werden wir diesen Zusammenhang wieder aufgreifen.

Ähnlichkeitssätze für Dreiecke

**25** Analog zum Kongruenzsatz SSS bei Dreiecken kann man auch einen Ähnlichkeitssatz S : S : S für Dreiecke formulieren:

**Kongruenzsatz SSS**
Zwei Dreiecke sind kongruent zueinander, wenn sie in den drei Seitenlängen übereinstimmen.

**Ähnlichkeitssatz S : S : S**
Zwei Dreiecke sind ähnlich zueinander, wenn sie in den entsprechenden Seitenverhältnissen übereinstimmen.

a) Anders als bei der Kongruenz gibt es für die Ähnlichkeit von Dreiecken einen Ähnlichkeitssatz W : W : W. Formuliere diesen Satz.
b) Gibt es auch entsprechende Ähnlichkeitssätze zu den Kongruenzsätzen WSW und SWS? Formuliere solche Ähnlichkeitssätze und überprüfe ihre Gültigkeit an Beispielen. Finde auch einen Beweis für einen dieser Sätze.

**25b** Beweisidee:
Zentrische Streckung oder Strahlensätze

*Entdecken und Beweisen von Ähnlichkeitssätzen am Kreis*

**Aufgaben**

**26** Die folgende Bildsequenz wurde mit einem dynamischen Geometriesystem (DGS) erstellt. Durch einen Punkt S im Innern des Kreises (r = 4,25 cm) sind zwei Sehnen $\overline{AA'}$ und $\overline{BB'}$ konstruiert. Durch Ziehen an den Punkten A oder B können die Sehnen durch S variiert werden, jedes Mal misst das System die Länge der angegebenen Teilstrecken.

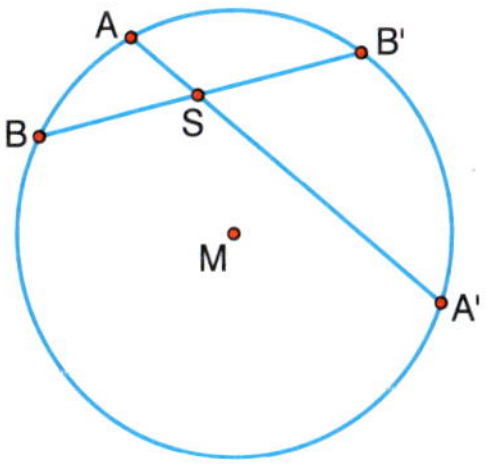


$\overline{AS} = 1{,}70$
$\overline{SA'} = 6{,}23$

$\overline{BS} = 3{,}19$
$\overline{SB'} = 3{,}32$

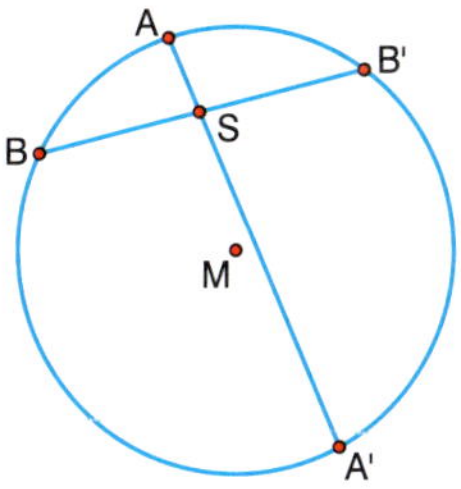


$\overline{AS} = 1{,}53$
$\overline{SA'} = 6{,}92$

$\overline{BS} = 3{,}19$
$\overline{SB'} = 3{,}32$

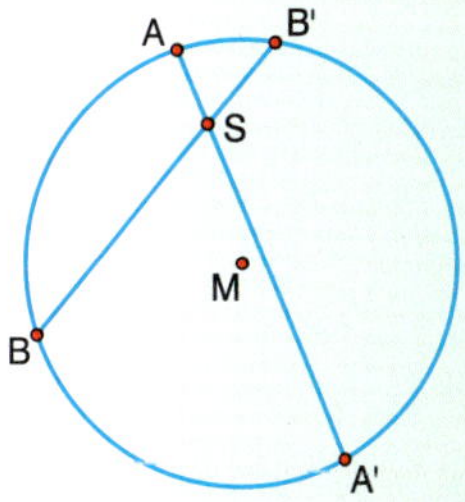


$\overline{AS} = 1{,}53$
$\overline{SA'} = 6{,}92$

$\overline{BS} = 5{,}24$
$\overline{SB'} = 2{,}02$

a) Bilde bei den einzelnen Bildern jeweils das Produkt der Längen der Sehnenabschnitte. Vermutest du einen Zusammenhang, der in allen drei Fällen zutrifft?
b) Formuliere deine Vermutung. Überprüfe sie an weiteren Variationen. Probiere es auch mit einem anderen Punkt S im Innern des Kreises. Gilt deine Vermutung auch dann noch?
c) Wenn deine Vermutung bei allen Prüfungen bestätigt wird, so hast du bestimmt den Sehnensatz entdeckt. Kannst du ihn durch Ausfüllen der Lücken formulieren?
„Schneiden sich zwei Sehnen in einem Punkt S im Kreisinnern, so gilt:
________ der Längen der Sehnenabschnitte der einen Sehne ist gleich ________ der Längen der Sehnenabschnitte der anderen Sehne.“

Wenn du kein DGS zur Verfügung hast, kannst du auch auf dem Papier zeichnen und messen.

Sehnensatz

**27** *Beweis des Sehnensatzes*
Ein Beweis kann über die Streckenverhältnisse bei ähnlichen Dreiecken geführt werden. Das nebenstehende Diagramm zeigt die Beweisstruktur. Die Sehnenabschnitte werden dabei als Seiten ähnlicher Dreiecke dargestellt. Versuche mithilfe des Diagramms den Beweis ausführlich aufzuschreiben.

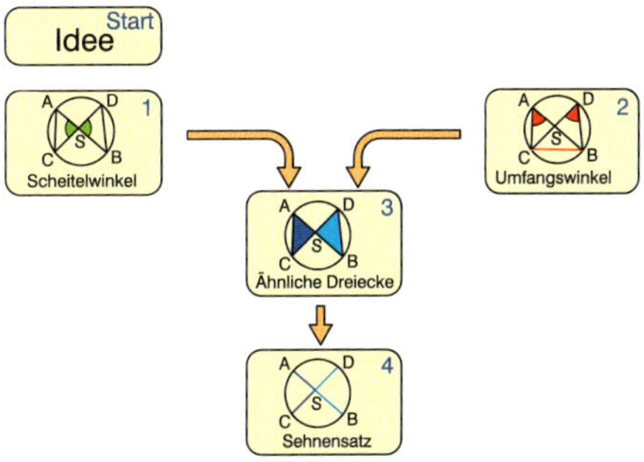


*Zur Erinnerung*

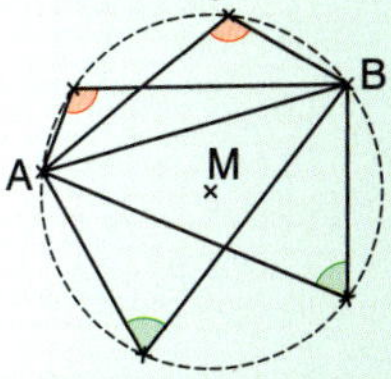


Die zu einer Kreissehne gehörigen Umfangswinkel auf derselben Seite der Sehne sind gleich groß.

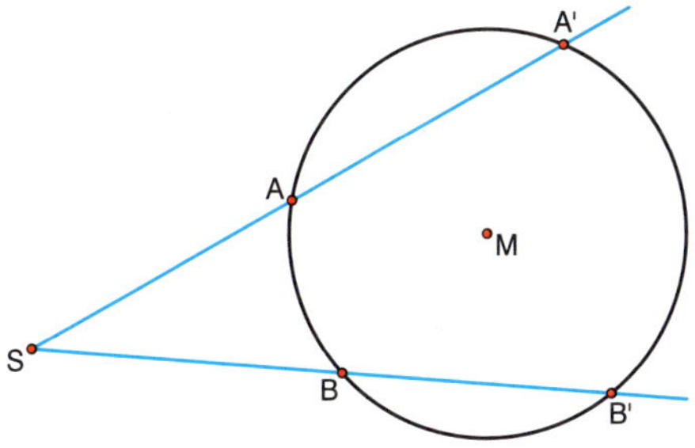


**28** Von einem Punkt S außerhalb eines Kreises werden zwei Sekanten gezeichnet.
a) Zeichne ein solches Beispiel. Miss die Längen der jeweiligen Teilstrecken der zwei Sekanten und bilde die Produkte $\overline{SA} \cdot \overline{SA'}$ und $\overline{SB} \cdot \overline{SB'}$.
Vergleiche mit den Ergebnissen der Nachbarn. Was stellst du fest?
b) Formuliere als Satz:
„Schneiden sich zwei Sekanten außerhalb des Kreises in einem Punkt S, so gilt: __________________ .“
c) Schau in einer Formelsammlung nach, was dort unter „Sekantensatz“ steht. Vergleiche mit deiner Formulierung in b).

Der Sekantensatz

**28** Für Mutige, die sich an den Beweis trauen:

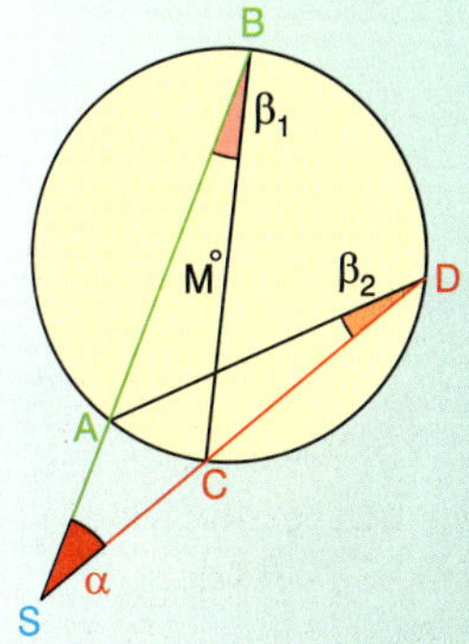

## Aufgaben

**29** Was passiert beim Sekantensatz, wenn eine Sekante zur Tangente entartet?
In diesem Falle „schrumpft" die Sehne $\overline{AA'}$ zu einem Punkt (P) zusammen.
a) Zeige durch Anwenden des Sekantensatzes, dass in diesem Spezialfall gilt:

Der Sekanten-Tangentensatz

$$\overline{SP}^2 = \overline{SA} \cdot \overline{SA'}.$$

Man spricht dann vom Sekanten-Tangentensatz.
b) Formuliere den Satz mit Voraussetzung und Behauptung.

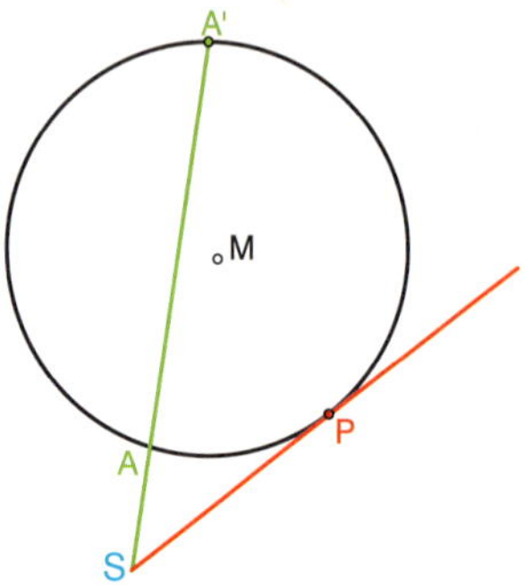


**30** Die Ähnlichkeitssätze am Kreis werden oft auch als Flächensätze am Kreis bezeichnet. Kannst du dies anhand der Bilder erklären? Formuliere die Sätze mithilfe von Flächeninhalten.

Der Sehnensatz | Der Sekantensatz | Der Sekanten- Tangentensatz

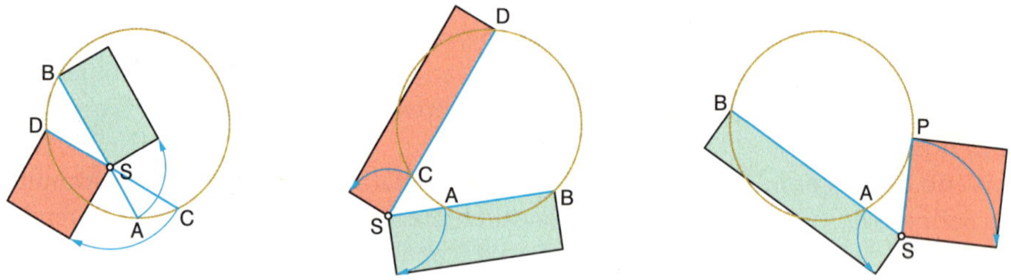


$\overline{SA} \cdot \overline{SB} = \overline{SC} \cdot \overline{SD}$ | $\overline{SA} \cdot \overline{SB} = \overline{SC} \cdot \overline{SD}$ | $\overline{SA} \cdot \overline{SB} = \overline{SP}^2$

**31** Bestimme jeweils die Radien der Kreise.

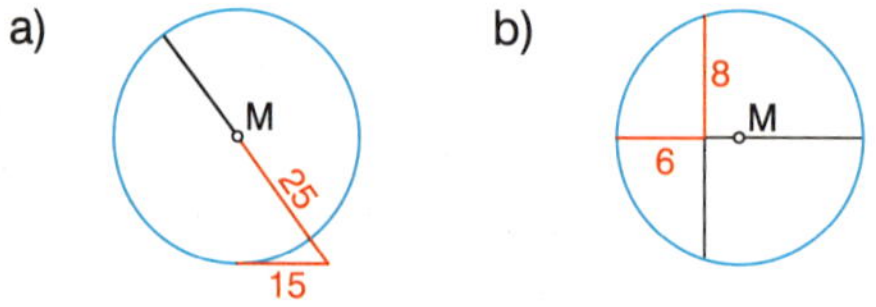


**32** Bestimme jeweils die Längen x und y.

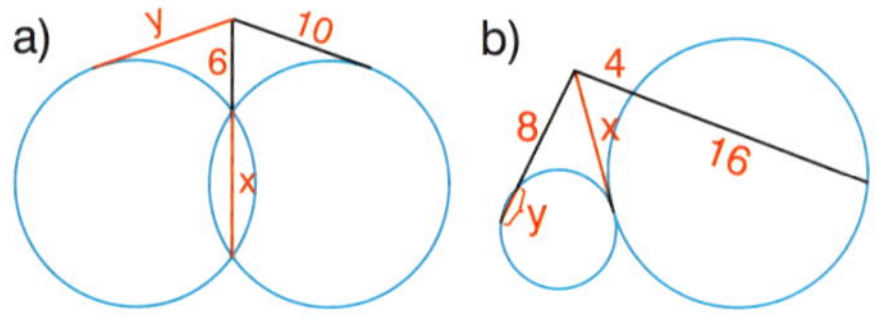


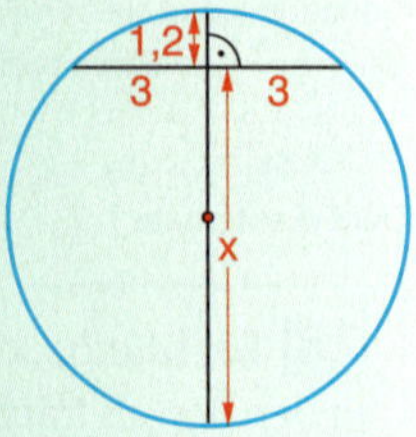


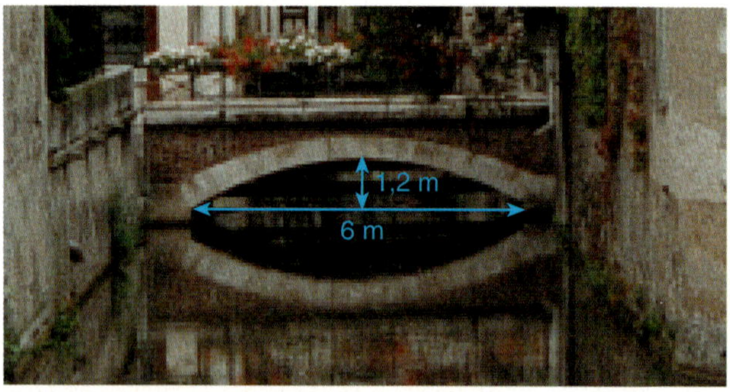


**33** Der Bogen der Fußgängerbrücke ist ein Kreisbogen.
a) Berechne aus den gegebenen Daten den Radius des Kreises.
b) Zeichne dann einen maßstäblichen Bauplan für die Brücke.

**34** Ein Wettersatellit fliegt auf einer Umlaufbahn in 36 000 km Höhe um die Erde und funkt seine Daten zur Erde. Wie lang ist die längste Funkstrecke t? (Erdradius: 6 370 km)

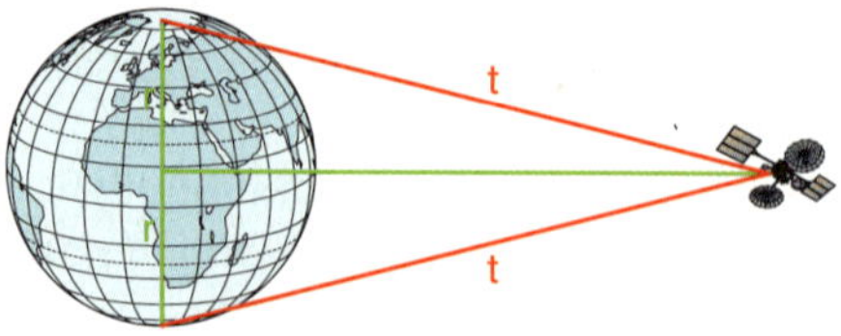

# 2.5 Flächen und Volumina bei ähnlichen Figuren

**Was dich erwartet**

*Ein Künstler belegt die Oberfläche einer Skulptur mit Blattgold. Wenn er das gleiche mit einer im Maßstab 2 : 1 vergrößerten Figur tut, wie viel mehr Goldauflage braucht er dann? Ein erwachsener Mensch ist ungefähr doppelt so groß wie ein Kind von drei Jahren. Ist er gleich proportioniert wie das Kind und damit ähnlich im geometrischen Sinn? 5 000 Mäuse wiegen so viel wie ein Mensch, ihr täglicher Nahrungsverbrauch ist aber etwa 17-mal so groß wie der eines Menschen. All dies hat etwas mit den Verhältnissen von Längen, Flächen und Volumina bei ähnlichen Figuren zu tun.*

**Aufgaben**

**1** Auf dem Foto ist eine Stute mit ihrem zwei Wochen alten Fohlen zu sehen. Kann man sagen, dass die Stute ein maßstäblich vergrößertes („ähnliches“) Fohlen ist?
Bestimme dazu ungefähr einige Größenverhältnisse, z. B. der Beinlängen, der Widerristhöhen, der Kopfgrößen, u. Ä. Auf dem Bild kannst du grobe Messwerte bestimmen. Warum brauchst du keine Angabe über den Maßstab?

**2** Was hältst du von diesen Angeboten?
Ist der Preis für das große Bild gegenüber dem kleineren gerechtfertigt?
Schreibe deine Argumente auf.

**Sonderangebot der Woche**
Großfoto vom Negativ 24 × 36 mm
20 × 30 cm 1,99 €
40 × 60 cm 7,99 €

**3** Die Orientierungsstufe einer Gesamtschule wächst von 150 Schülern auf 295 Schüler. Der Elternbeirat fordert, dass der bisher gerade passende Schulhof von 25 m · 30 m auf 50 m · 60 m vergrößert wird. Was würdest du dem Elternbeirat sagen, wenn er nach deiner Meinung fragt, ob die neue Fläche ausreichend ist?

**4** Das Modell eines Posttransporters ist im Maßstab 1 : 87 gebaut.
a) Bestimme Länge, Breite und Höhe eines Ladecontainers im Original.
b) Schätze, wievielmal größer das Volumen des Originals gegenüber dem Volumen des Modells ist. Rechne nach.
c) Wie groß schätzt du das Verhältnis der Oberfläche eines Containers im Original zu der im Modell?

Der Container der Zugmaschine hat im Modell die Maße: Länge 5,4 cm, Breite 2,9 cm, Höhe 2,8 cm

## Basiswissen

Bei der ähnlichen Vergrößerung von Körpern ändern sich die Längen, Flächen und Volumina mit unterschiedlichen Faktoren.

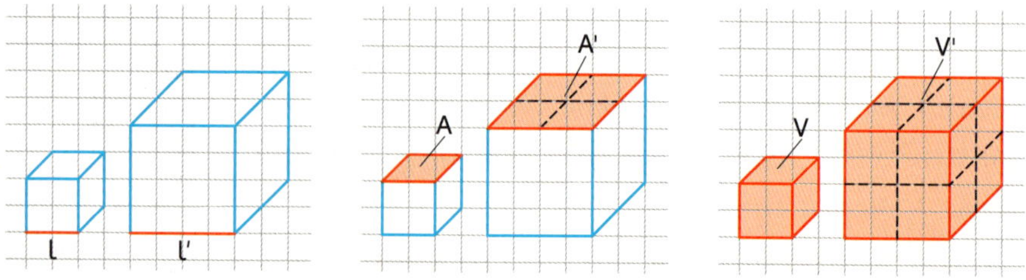


$\frac{l'}{l} = 2 = k$ $\frac{A'}{A} = 4 = k^2$ $\frac{V'}{V} = 8 = k^3$

## Beispiele

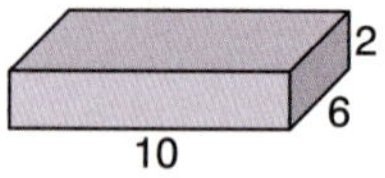


**A** Ein Quader soll maßstäblich vergrößert werden, sodass er den 9fachen Oberflächeninhalt hat. Berechne Länge, Breite und Höhe und das Volumen des vergrößerten Quaders.

Es gilt $\frac{O'}{O} = 9 = k^2$, also $k = 3$. Damit hat der vergrößerte Quader die Maße 30 cm × 18 cm × 6 cm. Das Volumen beträgt 3 240 cm³, das ist das 27fache des Volumens des kleinen Quaders.

**B** Das Dreieck PQR wird mit einer zentrischen Streckung ($k = 3$) auf das Dreieck P′Q′R′ abgebildet.
Begründe mithilfe der Flächenformel für das Dreieck: Der Flächeninhalt des Bilddreiecks ist neunmal so groß wie der des Originals.

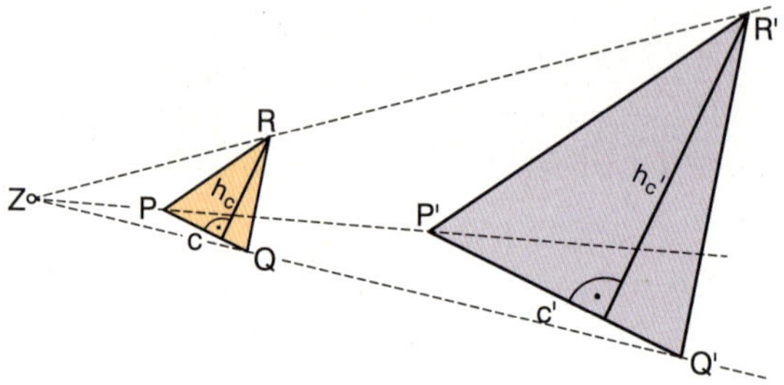


Es gilt: $A' = \frac{1}{2}c' \cdot h_{c'} = \frac{1}{2} \cdot (3c) \cdot (3h_c) = 9 \cdot \left(\frac{1}{2} \cdot c \cdot h_c\right) = 9 \cdot A$

**C** Eine Stahlkugel mit dem Durchmesser $d = 1$ cm wiegt etwa 5 g. Wie viele kleine Stahlkugeln mit $d = 0{,}2$ cm halten die Waage im Gleichgewicht?

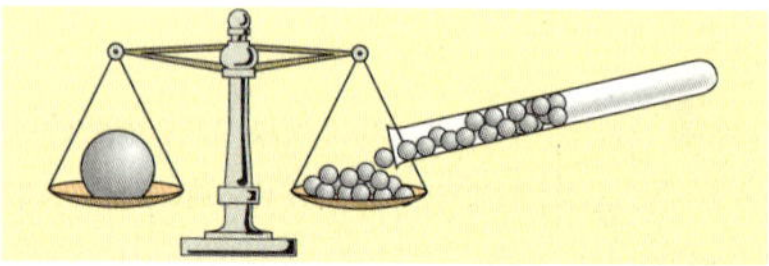

Die kleine Stahlkugel ist eine ähnliche Verkleinerung der großen Kugel mit dem Faktor $k = \frac{0{,}2}{1} = \frac{1}{5}$. Das Volumen der kleinen Kugel wird um den Faktor $\left(\frac{1}{5}\right)^3 = \frac{1}{125}$ kleiner, entsprechend auch das Gewicht. Man braucht also 125 kleine Kugeln.

## Übungen

**5** Die unten angegebenen Figuren werden durch eine zentrische Streckung mit dem Streckfaktor k abgebildet. Berechne jeweils die Flächeninhalte A und A′ von Original- und Bildfigur.

a) Dreieck: $a = 3$ cm, $h_a = 2{,}5$ cm, $k = 2{,}5$
b) Trapez: $a = 4$ cm, $c = 6$ cm, $h = 3$ cm, $k = -2$
c) Parallelogramm: $a = 8$ cm, $h_a = 6{,}4$ cm, $k = \frac{3}{4}$
d) Drachen: $e = 6$ cm, $f = 4$ cm, $k = -3$

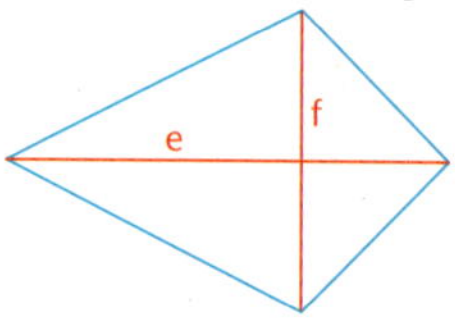

## Übungen

**6** *Pizzapreise*
Eine Salamipizza mit 20 cm Durchmesser kostet 5,50 €. Was ist deiner Meinung nach ein fairer Preis für eine Salamipizza mit 30 cm Durchmesser? Begründe deine Meinung.

**7** Zeichne zwei ähnliche Parallelogramme, bei denen das Verhältnis der Umfänge 3 : 4 beträgt. In welchem Verhältnis stehen die Höhen zueinander, in welchem Verhältnis die Flächeninhalte? Vergleiche deine Zeichnung und deine Berechnungen mit denen deiner Nachbarn.

**8** Du siehst hier das Modell eines Segelschiffs, das im Maßstab 1 : 100 gebaut ist.

Das Modell hat eine Mastenhöhe von 15 cm, eine Segelfläche von ca. 120 $cm^2$ und einen Innenraum von ca. 150 $cm^3$. Bestimme die entsprechenden Größen für das Originalschiff.

**9** Die Taschenlampe wiegt 300 g. Wie schwer ist das kleine Modell der Taschenlampe, wenn es aus dem gleichen Material hergestellt ist?
Begründe deine Schätzung.

**10** Die Grundflächen zweier Prismen sind ähnliche Dreiecke, deren Flächeninhalte im Verhältnis 9 : 4 stehen. Das größere Prisma hat eine Höhe von 18 cm, das kleinere von 12 cm.
Sind die beiden Prismen ähnlich? In welchem Verhältnis stehen die Volumina?

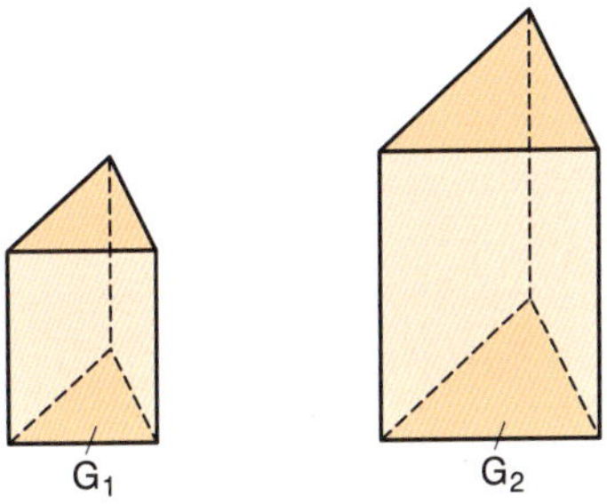

## *Übungen*

**11** a) Wie viele der kleinen Kartons braucht man, wenn man das gleiche Packvolumen wie bei dem großen erreichen will?
b) Vergleiche jeweils die benötigte Menge an Pappmaterial.

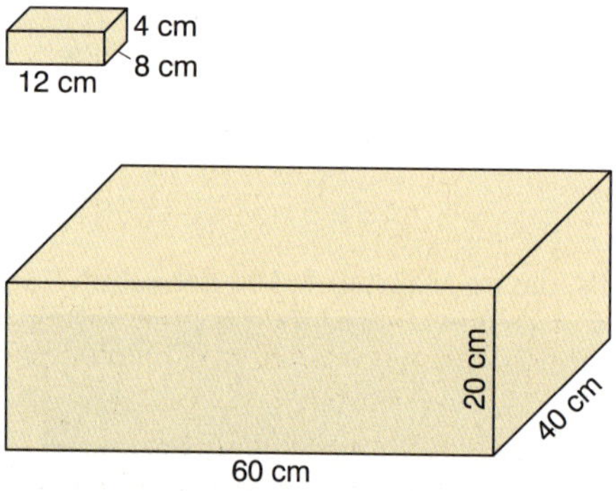


**12** a) Bestimme die Länge der Querschnittsseite a′ und den Inhalt der Querschnittsfläche A′ auf halber Höhe der Pyramide.
b) Auf welcher Höhe ist die Querschnittsfläche halb so groß wie die Grundfläche?

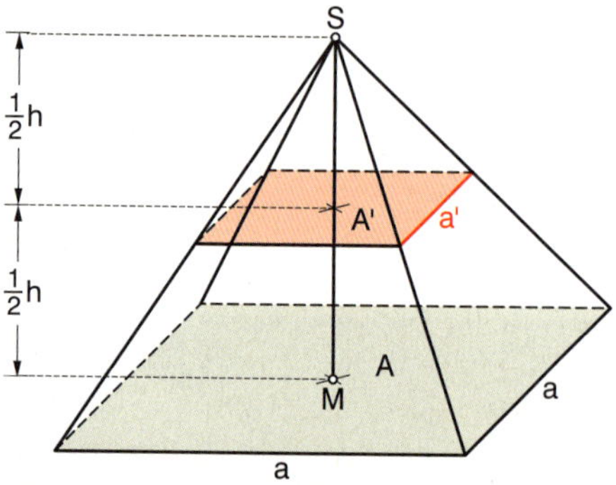


**13** Was schmilzt schneller in der Sonne: Ein würfelförmiger Eisblock von 1 kg oder 40 kleine Eiswürfel von jeweils 25 g? Begründe deine Antwort. Hat diese Aufgabe etwas mit dem Thema dieses Lernabschnitts zu tun?

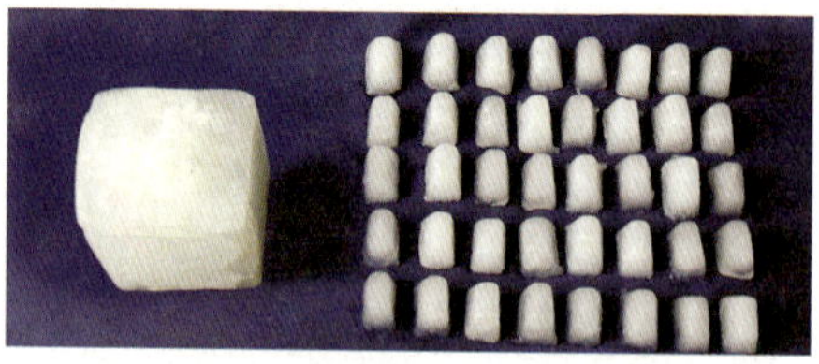

**14** Statistische Daten werden oft in Grafiken veranschaulicht. Vermitteln die folgenden grafischen Darstellungen einen richtigen Eindruck der jeweiligen Statistik oder nicht? Begründe deine Meinung.

a) Der Anteil der Ärzte mit einer Praxis für Allgemeinmedizin ist von 1964 bis 1990 von 27 % auf 12 % zurückgegangen.

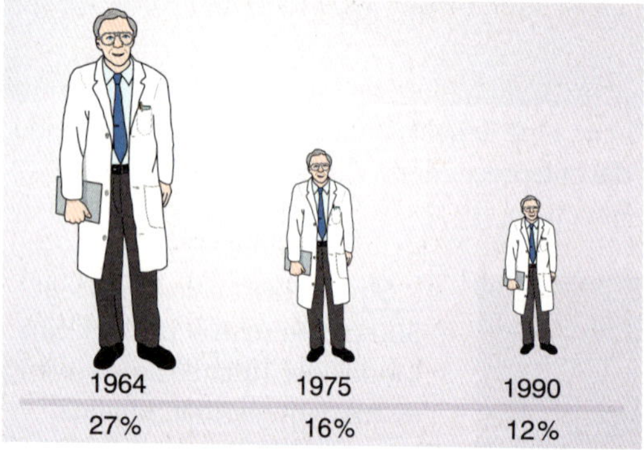


b) La Spezia hat im letzten Jahr doppelt so viel Eis wie Italia und dreimal so viel wie Adria verkauft.

Denke an das Flächenverhältnis ähnlicher Figuren

**15** Zeichne neun Kopien der links abgebildeten Figur auf Pappe und schneide sie aus.
a) Kannst du vier der Figuren zu einer größeren (ähnlichen) Figur zusammenfügen?
b) Kannst du auch alle neun Figuren so zusammenfügen, dass eine ähnliche größere Figur entsteht?

## Aufgaben

**16** Gulliver trifft in JONATHAN SWIFTS Satire *Gullivers Reisen* im Königreich Lilliput auf Lebewesen, die dem Menschen an Gestalt und Aussehen völlig ähnlich sind, die aber nur ein Zwölftel der Länge eines normalen Menschen erreichen.

a) Berechne die mittlere Länge und das Durchschnittsgewicht eines Lilliputaners.

b) Dreihundert Schneider wurden beauftragt, passende Kleider für Gulliver zu nähen. Wenn sie mit ihren eigenen Kleidern vergleichen, wievielmal mehr Stoff benötigen sie dann? Ist es sinnvoll, den gleichen Stoff zu verwenden?

c) Die Lilliputaner überlegen sich, wie sie Gulliver ernähren können: „Seiner Majestät Mathematiker hatten die Höhe meines Körpers aufgenommen, und da sie fanden, dass er die ihrigen im Verhältnis 12 : 1 überträfe, so hätten sie … geschlossen, dass mein Körper 1728 ihrer eigenen Nahrungsmengen verlangen würde.“ Wie kommen sie auf die Zahl 1728? Ist ihre Überlegung zutreffend?

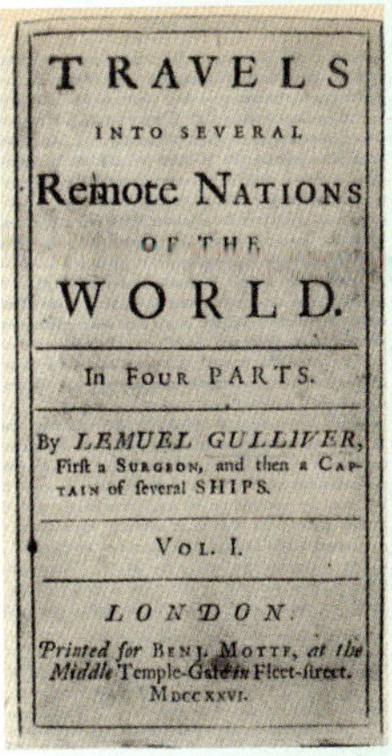
TRAVELS
INTO SEVERAL
Remote NATIONS
OF THE
WORLD.
In FOUR PARTS.
By LEMUEL GULLIVER, First a SURGEON, and then a CAPTAIN of several SHIPS.
VOL. I.
LONDON:
Printed for BENJ. MOTTE, at the Middle Temple-Gate in Fleet-street.
MDCCXXVI.

Titelseite der 1. Ausgabe von Gullivers Reisen

**16c** Lies den Exkurs.

## Sind Riesen lebensfähig?

Schon die bloße Beobachtung zeigt, dass die Lebewesen verschiedener Größen von ganz unterschiedlicher Gestalt sind. Ein Fohlen weist ganz andere Proportionen auf als ein ausgewachsenes Pferd. Wenn man einen Hund auf Elefantengröße „zoomt“, so gleicht er keinesfalls in der Gestalt einem Dickhäuter. Solche maßstäblichen Vergrößerungen kommen nur in Märchen und Science-Fiction-Filmen vor. In Wirklichkeit wären Riesen und Zwerge oder Monsteraffen wie King-Kong nicht lebensfähig.

*Die Knochenfestigkeit*

Die Knochen tragen die Masse eines Lebewesens. Die Tragfähigkeit des Knochens hängt wesentlich von seiner Querschnittsfläche ab. Bei der Verdreifachung der Größe verneunfacht sich diese Querschnittsfläche, die Masse wird auf das 27fache vergrößert. Riesen würden unter dieser Last zusammenbrechen.

*Atmen*

Der zum Leben notwendige Sauerstoff wird an der Lungenoberfläche von dem durchgepumpten Blut aufgenommen. Bei Verdopplung der Größe wird das Blutvolumen verachtfacht, die Lungenoberfläche aber nur vervierfacht. Auch hier sind die Probleme bei zunehmender Vergrößerung nicht mehr ohne weiteres zu bewältigen.

*Energiehaushalt*

Vögel und Säugetiere erzeugen ihre Körpertemperatur selbst im Innern des Körpers, wozu sie einen Großteil ihrer Nahrung benötigen. Die Körperoberfläche ist das „Fenster“, über das der Energieaustausch mit der Umgebung erfolgt, in der Regel eine Energieabgabe. Die Nahrungsmenge, die ein Tier zur Aufrechterhaltung seiner Körpertemperatur benötigt, ist abhängig von dem Verhältnis aus Körpervolumen und Körperoberfläche. Bei einer maßstäblichen Vergrößerung eines Tieres mit dem Faktor 10 wächst die Oberfläche nur um das 100fache, das Volumen aber um das 1 000fache. Das bedeutet, der Energieverlust bei größeren Tieren wird im Verhältnis zur Energieproduktion geringer. Bei einem Lilliputaner ist das Verhältnis der Hautoberfläche zum Volumen viel größer als beim Menschen, er würde deshalb mehr Energie verlieren und müsste pausenlos Nahrung aufnehmen. Bei Gulliver wäre es umgekehrt, er müsste verhältnismäßig weniger essen.

## Aufgaben

**17** *Wenn der Mensch ein vergrößerter Floh wäre …*

a) Ein Floh von 1 mm Größe kann 30 cm hoch springen, das entspricht dem 300fachen seiner Rumpfhöhe. Vergrößerte man ihn maßstäblich auf die Länge eines Menschen, könnte er dann den Eiffelturm überspringen?

b) Fülle die Tabelle vollständig aus.

| | Größe | Relative Sprunghöhe |
|---|---|---|
| Floh | 1 mm | 300fache Rumpfhöhe |
| Heuschrecke | 30 mm | 15fache Rumpfhöhe |
| Frosch | 70 mm | 7fache Rumpfhöhe |
| Pferd | ■ | ■ |
| Mensch | ■ | ■ |

Was stellst du fest? Findest du eine Erklärung?

**18** Bilde mit den Daten in der nebenstehenden Tabelle jeweils das Verhältnis von Körpermasse zu Skelettmasse. Kannst du dies erklären?

| Tier | Körpermasse | Skelettmasse |
|---|---|---|
| Maus | 0,03 kg | 0,0013 kg |
| Katze | 0,85 kg | 0,044 kg |
| Elefant | 6 600 kg | 1 782 kg |

**19** Im Biologiebuch findest du die Allen'sche und die Bergmann'sche Regel. Versuche sie mithilfe der Aussagen im Exkurs auf S. 77 zu erklären.

a) Allen'sche Regel: „Bei Tieren in kalten Klimaten bleiben Körperteile, die leicht auskühlen (z. B. Ohren), klein, während sie bei Verwandten in warmen Gegenden wesentlich größere Ausmaße erlangen".

Polarfuchs (arktische Zone)

Rotfuchs (gemäßigte Zone)

Wüstenfuchs (Fenek) (subtropische Zone)

b) Bergmann'sche Regel: „In kalten Regionen sind die Individuen einer Art oder nah verwandter Arten größer als in warmen Gebieten."
Finde die Klimazonen heraus, in denen die verschiedenen Pinguine leben.

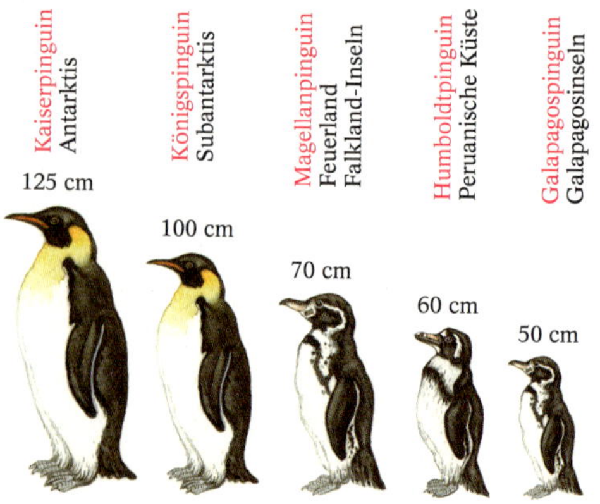

# 2.6 Fraktale – Selbstähnliche Muster durch Iterationen

## Was dich erwartet

*Die Natur bietet uns viele Gestalten und Muster, die sich nicht durch einfache geometrische Figuren wie Vielecke oder Kreise beschreiben lassen. Schau dir einmal die Wolken am Himmel, die Krone eines Baumes oder eine Schneeflocke an.*

*Viele dieser Formen enthalten ein Muster, in dem sich bestimmte Teile mit einer gewissen Ähnlichkeit in immer kleineren Maßstäben wiederholen, z. B. bei einem Blumenkohlkopf oder bei einem Farnblatt. In den letzten 30 Jahren hat sich ein neuer Zweig der Geometrie – die „Fraktale Geometrie" – entwickelt, die sich mit der Erzeugung solcher „selbstähnlicher" Muster beschäftigt. In diesem Lernabschnitt wirst du selbst interessante Muster mit geometrischen Iterationen erzeugen und dabei einige überraschende Eigenschaften von mathematischen „Fraktalen" entdecken.*

## Aufgaben

**1** *Die Koch-Schneeflocke*

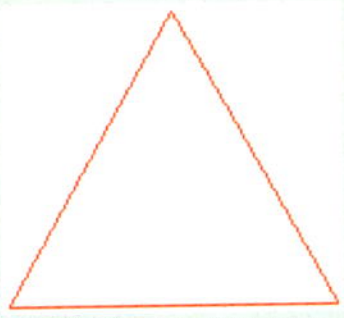

Stufe 0

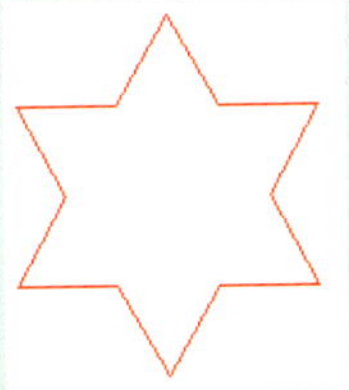

Stufe 1

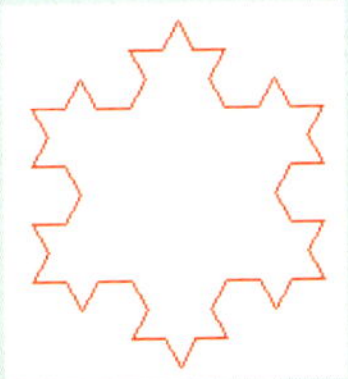

Stufe 2

Bereits 1904 „erfand" der schwedische Mathematiker HELGE VON KOCH eine seltsame Kurve, die er durch wiederholtes Anwenden einer einfachen Konstruktion erzeugte:
Starte mit einem gleichseitigen Dreieck (Stufe 0).

**Konstruktion**
- Teile jede Seite in drei gleich lange Strecken.
- Zeichne auf der mittleren Strecke ein gleichseitiges Dreieck.
- Entferne die Grundseite des kleineren Dreiecks.

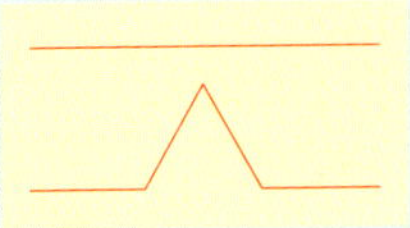

Es entsteht eine „Flocke" mit 12 gleich langen Seiten (Stufe 1).
Auf jede Seite der Stufe 1 wird nun wieder die Konstruktion angewendet, es entsteht eine Schneeflocke der Stufe 2 usw.

a) Zeichne auf isometrischem Papier (siehe Buchinnendeckel) eine Schneeflocke der Stufe 3 und 4. Beginne im Schritt 0 mit einer Seitenlänge von 27 Einheiten.

b) In Gedanken kannst du dir viele weitere Stufen vorstellen. Beschreibe die Entwicklung der Schneeflocke mit eigenen Worten.

c) Wie entwickeln sich nach deiner Schätzung Umfang und Flächeninhalt der Schneeflocke?

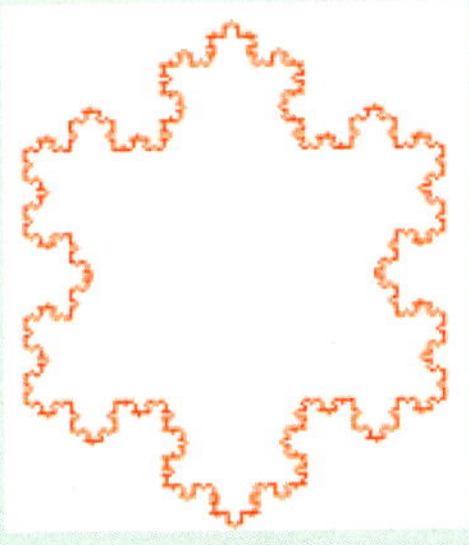

Stufe 5 (vergrößert)

## Aufgaben

**2** *Was versteht man unter „Selbstähnlichkeit"?*

Ein stark verzweigter Baum eignet sich zu einer ersten Erklärung: Wenn man einen Ast abbricht und in die Erde steckt, so sieht er wiederum aus wie der Baum (Stamm mit Abzweigungen), nur kleiner. Auch ein kleinerer Teil des Astes ähnelt wiederum dem ganzen Baum. Das Gleiche gilt z. B. auch beim Broccoli.

Ein im Computer erzeugter Baum

a) Auf isometrischem Papier kannst du einen mathematischen Baum wachsen lassen.
*Konstruktion:* Zeichne an das Ende jeden Astes (jeder Strecke) unter Winkeln von 120° zwei neue halb so lange Äste.
Wiederhole diese Konstruktion in mehreren Schritten.
b) In Wirklichkeit sind die Bäume sicher nicht so symmetrisch. Ändere die Konstruktionsvorschrift so ab, dass ein realistischeres Bild eines Baumes entsteht. Vergleiche mit den Versuchen deiner Nachbarn.

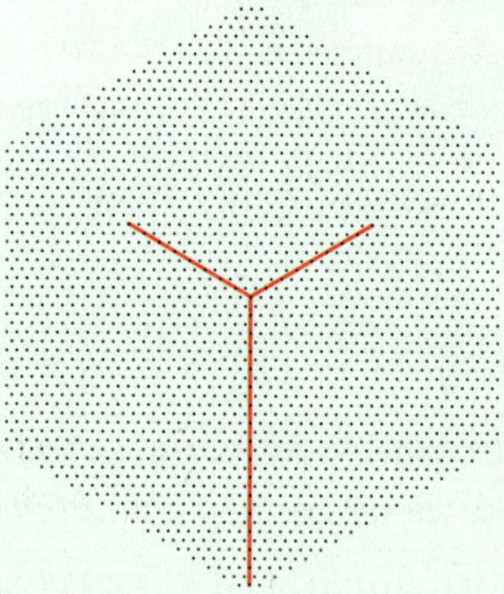

**3** *Das Sierpinski-Dreieck*

a) Zeichne ein gleichseitiges Dreieck (Stufe 0).
*Konstruktion:* Verbinde die Mittelpunkte der Dreieckseiten; es entstehen vier kleine gleichseitige Dreiecke.
„Entferne" das mittlere kleine Dreieck; es bleiben drei kleinere ähnliche Dreiecke.
Wiederhole die Konstruktion für jedes der verbleibenden kleinen Dreiecke.

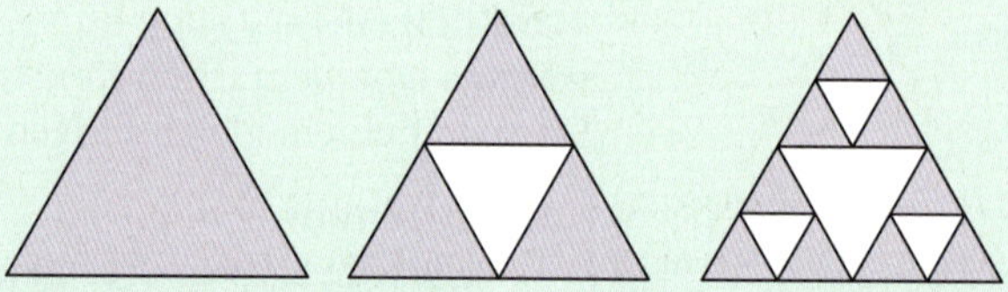

Stufe 0 Stufe 1 Stufe 2

Sabrina hat dieses Sierpinski-Dreieck auf DIN A3-Karton in vier Stunden gezeichnet und bunt eingefärbt. Welche Stufe hat sie erreicht?

b) Wie verändert sich die Anzahl der Dreiecke von Stufe zu Stufe?

| Stufe | 0 | 1 | 2 | 3 | 4 | 5 | 6 | n |
|---|---|---|---|---|---|---|---|---|
| Anzahl | 1 | 3 | ■ | ■ | 81 | ■ | ■ | ■ |

Kannst du zu der Tabelle eine Iterationsvorschrift angeben?
c) Wie entwickelt sich der Flächeninhalt des Sierpinski-Dreieckes von Stufe zu Stufe?

## Basiswissen

**Fraktale** haben drei wichtige Eigenschaften:

*Geometrische Iteration*
Du kannst sie durch fortgesetzte Wiederholung der gleichen Konstruktion erzeugen.

*Selbstähnlichkeit*
In jeder Stufe ist ein Teil der Figur eine verkleinerte Kopie der ganzen Figur der vorhergehenden Stufe.

*„Unendliche" Anzahl von Iterationen*
Du kannst die Iterationsschritte so lange wiederholen, bis sie zu klein werden zum Zeichnen. Dann kannst du den Prozess aber in Gedanken beliebig fortsetzen.

An diesen Fraktalen lassen sich viele interessante Beobachtungen machen, z. B. über die Entwicklung der Längen der fraktalen Kurven oder der Inhalte der von ihnen umschlossenen Flächen.

## Beispiele

**A** *Fraktaler Staub*

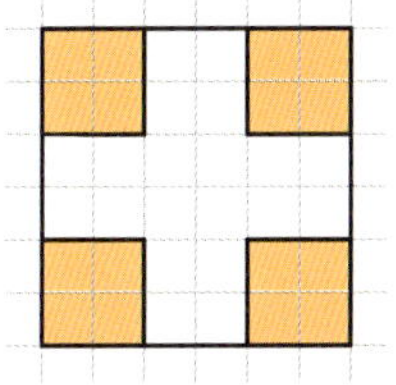

*Konstruktion:* Zerlege ein Quadrat (Stufe 0) in neun kongruente Teilquadrate und entferne die mittleren fünf Quadrate (sie bilden ein Kreuz). Wiederhole diese Konstruktion jeweils mit allen verbleibenden Quadraten.
Wie viele Staubteilchen (kleine Quadrate) liegen in der Stufe 5 vor und welchen Flächeninhalt haben diese zusammen?

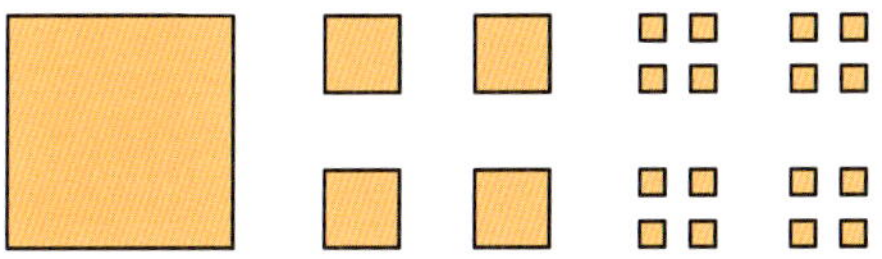

Stufe 0 Stufe 1 Stufe 2

Die Anzahl Z der Quadrate wächst von Stufe zu Stufe auf das 4fache:

$$Z_{n+1} = 4 \cdot Z_n$$

Der Flächeninhalt A der einzelnen Quadrate verringert sich von Stufe zu Stufe mit dem Faktor $\frac{1}{9}$:

$$A_{n+1} = \frac{1}{9} \cdot A_n$$

Iterationsformeln

In einer Tabelle halten wir die Entwicklung fest:

| Stufe | Anzahl Z der Quadrate | Flächeninhalt A eines einzelnen Quadrates | Flächeninhalt G aller Quadrate |
|---|---|---|---|
| 0 | 1 | 1 | 1 |
| 1 | 4 | $\frac{1}{9}$ | $4 \cdot \frac{1}{9} \approx 0{,}4444$ |
| 2 | 16 | $\frac{1}{81}$ | $16 \cdot \frac{1}{81} \approx 0{,}1975$ |
| 3 | 64 | $\frac{1}{729}$ | $64 \cdot \frac{1}{729} \approx 0{,}0878$ |
| 4 | 256 | $\frac{1}{6561}$ | $256 \cdot \frac{1}{6561} \approx 0{,}0390$ |
| 5 | 1024 | $\frac{1}{59049}$ | $1024 \cdot \frac{1}{59049} \approx 0{,}0173$ |

## Übungen

**4** Gib für Beispiel A die Iterationsformel $G_{n+1} = \blacksquare \cdot G_n$ an. Wie entwickelt sich deiner Meinung nach der Flächeninhalt des Fraktalstaubs für sehr große n?

## *Übungen*

Gib dem Fraktal einen passenden Namen.

**5** a) Gib die Konstruktionsvorschrift für das folgende Fraktal an.

Stufe 0 Stufe 1 Stufe 2 Stufe 3 Stufe 4

b) Welchen Gesamtflächeninhalt haben die Quadrate der Stufe 4? Lege dazu eine Tabelle wie in Beispiel A an.

**6** Das „Fünfeck-Fraktal“ entsteht aus einem Pentagramm. Diese Figur wurde schon im griechischen Altertum eingehend untersucht.

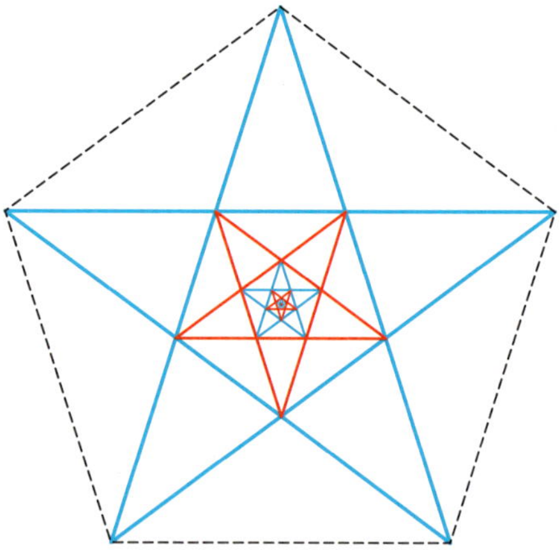

a) Zeichne auf einem DIN A4-Blatt nacheinander die ersten vier Stufen.

b) Formuliere eine Konstruktionsvorschrift. Vergleiche mit denen deiner Nachbarn.

c) Begründe, dass die im Kasten auf Seite 81 aufgeführten Eigenschaften eines Fraktals erfüllt sind.

d) Gestalte mit Farben eine „künstlerische Ausgabe“ des Fraktals.

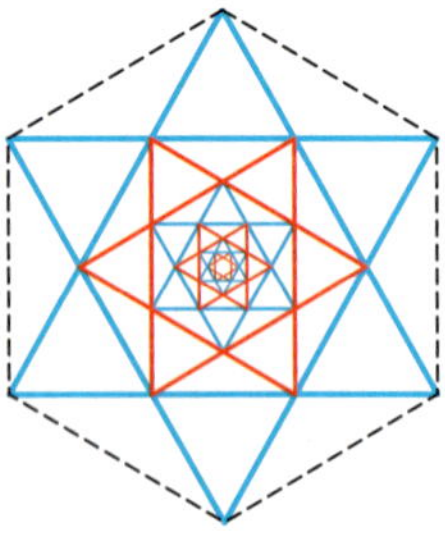

**7** Führe die Aufträge von Aufgabe 6 für das nebenstehende „Sechseck-Fraktal“ aus. Erfinde selbst ein Fraktal mit einer eigenen Konstruktion.

### Das Unendliche in der Kunst

Eine faszinierende Eigenschaft der Fraktale ist, dass man sie (in Gedanken) bis ins unendlich Kleine fortsetzen kann.

Der niederländische Künstler M. C. ESCHER hat solche Prozesse in vielen seiner Bilder auf originelle Weise dargestellt. Dabei bediente er sich auch verschiedener mathematischer Methoden. Viele Elemente dieser Darstellungen erinnern an die Selbstähnlichkeit bei Fraktalen.

„Quadratlimit“
Holzschnitt 1964

## Übungen

Ein Fraktal-Baum-Puzzle

**8** In dem folgenden Puzzle ist einiges durcheinander geraten. Es sind vier verschiedene Typen von fraktalen Bäumen jeweils in den ersten vier Iterationsstufen vorhanden. Kopiere die Karten und schneide sie aus.
Zeichne die zwei fehlenden Karten. Ordne die Karten der Stufe 3 dann so, dass in jeder Zeile die vier Stufen eines Typs in der richtigen Reihenfolge stehen.

**8** Stufe 1 und Stufe 4 passen in jeder Zeile zueinander. Bei Stufe 2 fehlen zwei Karten. Bei Stufe 3 sind die Karten durcheinander geraten.

Training für Fortgeschrittene: Mische die Karten neu und ordne sie dann ohne die Bildvorlage.

Ein Baum mit Iteration und Zufall

**9** Die Bäume in der Natur gleichen zwar unseren fraktalen Bäumen, sie gehorchen aber nicht einer strengen Iteration. Hier kann der Zufall helfen. Ein Baum wird iterativ nach zwei Konstruktionsmustern aufgebaut, die jeweils nach einem Münzwurf ausgewählt werden: W für Wappen, Z für Zahl.

a) Zeichne einen solchen Zufalls-Iterations-Baum für die Stufe 4. Die Winkel und die Längen musst du nur in etwa einhalten, das erhöht die Realitätsnähe. Vergleiche dein Ergebnis mit dem rechts abgebildeten Baum und dem deiner Nachbarn.

b) Erfinde deine eigene Zufallsiteration und zeichne.

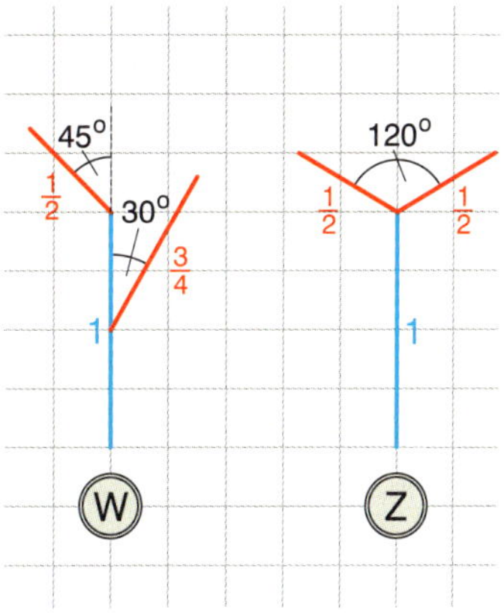


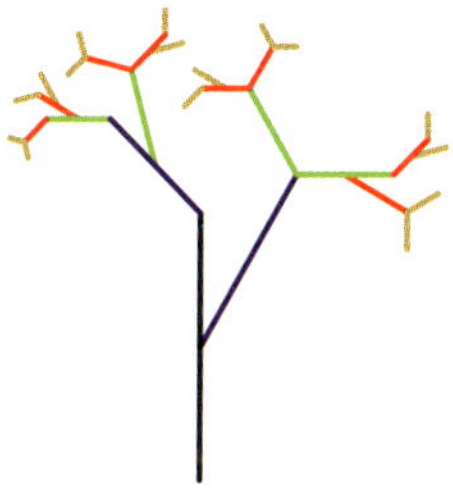

Zufallsbaum Stufe 4

## Fraktale Geometrie

Die fraktale Geometrie ist ein sehr junger Zweig der Mathematik. Zwar wurden die klassischen Fraktale schon zu Beginn des 20. Jahrhunderts untersucht. Der polnische Mathematiker WACLAW SIERPINSKI (1882–1969) stellte sein „gelöchertes Dreieck“ im Jahre 1916 vor, der schwedische Mathematiker HELGE VON KOCH „erfand“ die nach ihm benannte Kurve bereits im Jahre 1904.

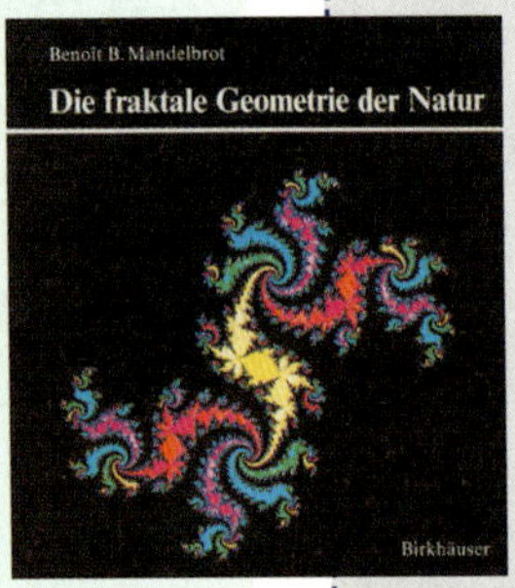


1977 erschien das berühmte Buch von BENOÎT B. MANDELBROT.

Die stürmische Entwicklung der Fraktale begann aber erst Ende der 70er Jahre unter verstärktem Einsatz des Computers. Damit konnten die fortgesetzten Iterationen auch grafisch schnell ausgeführt und damit in großem Umfang experimentell untersucht werden. Mit diesen Erfahrungen ließ sich dann auch die Theorie rasch ausbauen. In der Öffentlichkeit wurde dies vor allem unter dem Schlagwort „Chaos“ bekannt, die Fraktale stellen in gewissem Sinne die Geometrie des Chaos dar. Heute kannst du im Internet viele Programme herunterladen zum Experimentieren (Suchbegriff „Fraktale“ oder „Chaos“).

### Aufgaben

**10** Manche Fraktale kannst du recht einfach mit einem Computer-Zeichenprogramm erzeugen. Dazu erstellst du zuerst eine Grundfigur, z. B. ein Quadrat.

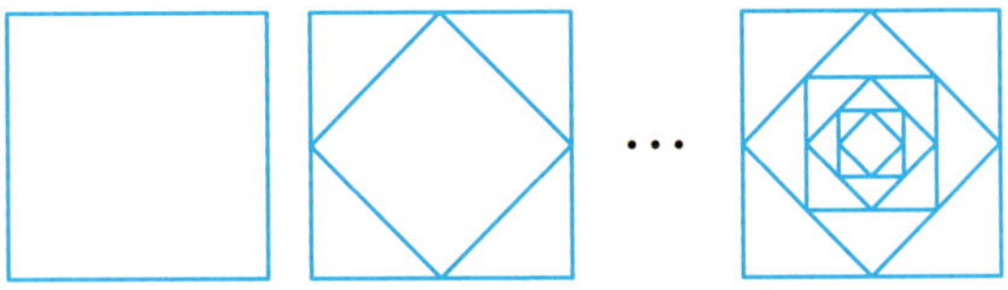


Stufe 0 Stufe 1 Stufe 5

Dieses Quadrat wird dann verkleinert kopiert (mit „skalieren/scale“) und gedreht („drehen/rotate“). Jetzt kannst du das neue Quadrat wieder verkleinert kopieren und drehen usw.

a) Erstelle das „Quadrat-Fraktal“. Überlege dabei zuerst, mit welchem Faktor die Quadrate jeweils verkleinert und um welchen Winkel sie gedreht werden müssen.

b) Erzeuge ein eigenes Fraktal, indem du von einer anderen Grundfigur ausgehst. Vorsicht, nicht bei allen Ausgangsfiguren lassen sich die Verkleinerungsfaktoren einfach berechnen, da hilft dann Ausprobieren.

Auch ein Computer kann nicht unendlich viele Stufen zeichnen.

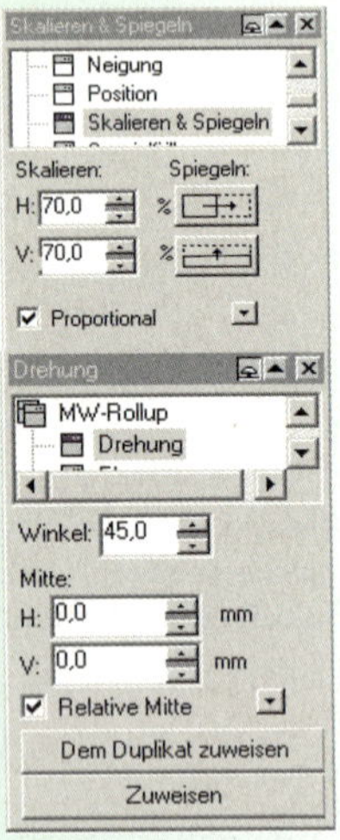


**11** *„Mehrfach-Verkleinerungs-Kopiermaschine“*

Auch das Sierpinski-Dreieck lässt sich mit Computerunterstützung herstellen. Dabei verwendet man den Computer als „Mehrfach-Verkleinerungs-Kopiermaschine“.

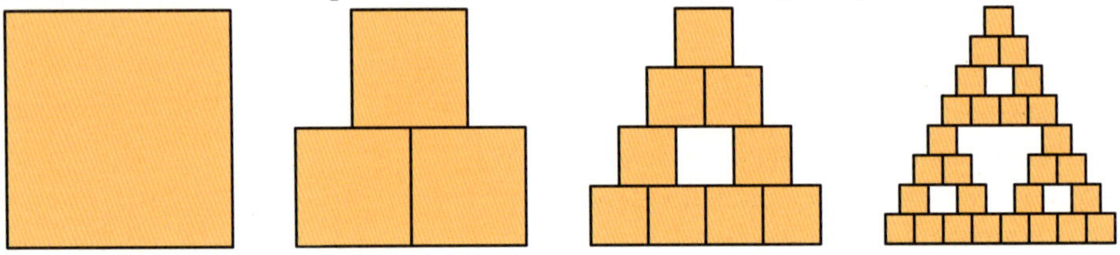

Stufe 0 Stufe 1 Stufe 2 Stufe 3

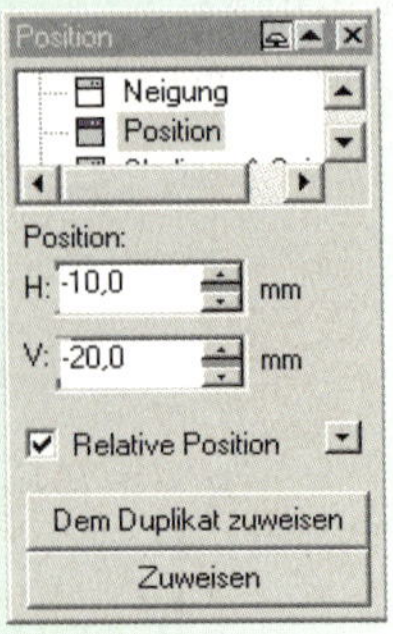


a) Wir gehen von einem Quadrat aus. Dieses wird auf 50 % verkleinert und dreimal kopiert. Diese Kopien werden dann wie im Bild (Stufe 1) zusammengesetzt. Mit der so entstandenen Figur verfährt man wieder genauso usw. Probiere es selbst aus.

Um die verkleinerten Kopien an die richtigen Stellen zu bekommen, helfen dir – je nach Programm – die Befehle „Position“ oder „move“.

b) Wie sieht die Figur aus, wenn du nicht mit einem Quadrat startest, sondern mit deinem Namen?

## Aufgaben

**12** *Ein „fraktaler Schwamm“*

Aus einem Würfel entsteht ein dreidimensionales Fraktal. Die obere Fläche des Würfels wird in neun Quadrate unterteilt, dann wird auf dem mittleren Quadrat ein „quadratischer Bohrer“ angesetzt und der Würfel bis unten durchbohrt. Das Gleiche geschieht mit der Vorder- und der Seitenfläche.

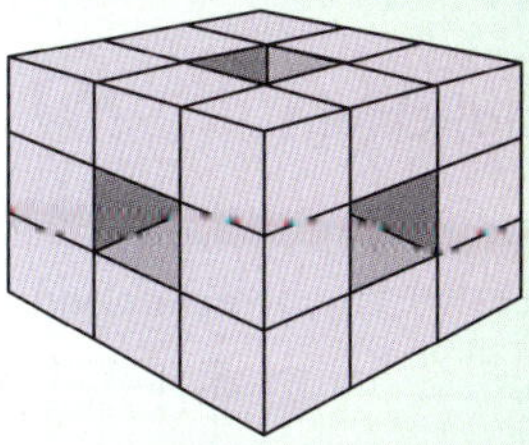

Stufe 1

a) Berechne das Volumen und die Oberfläche des Lochwürfels der Stufe 1.

b) Das Verfahren wird mit jedem der verbleibenden Würfel wiederholt. Welche Stufe zeigt das Bild rechts? Berechne dafür das Volumen. Wie entwickelt sich die Oberfläche?

c) Was hältst du von der folgenden Behauptung: „Bei fortgesetzter Iteration wird das Volumen beliebig klein und die Oberfläche beliebig groß.“?

## Projekt

**13** *Eigenbau einer Sierpinski-Pyramide*

Planung

Die Sierpinski-Pyramide ist die „räumliche Verwandte“ des Sierpinski-Dreiecks. Sie wird aus vielen kleinen Tetraedern zusammengebaut, das Muster ist aus dem Bild (Stufe 2) erkennbar.

Stufe 0

Stufe 1

Stufe 2

Ziel

Das Ziel ist ein Modell der Sierpinski-Pyramide der Stufe 4.

Die Bauphase

Zunächst ist zu klären: Wie viele Tetraeder müssen wir bauen?
Hier ist Teamarbeit angeraten. Jede Gruppe baut zunächst ein Modell der Stufe 2, diese werden dann zu Modellen der Stufe 3 zusammengefügt und diese schließlich zum Modell der Stufe 4.

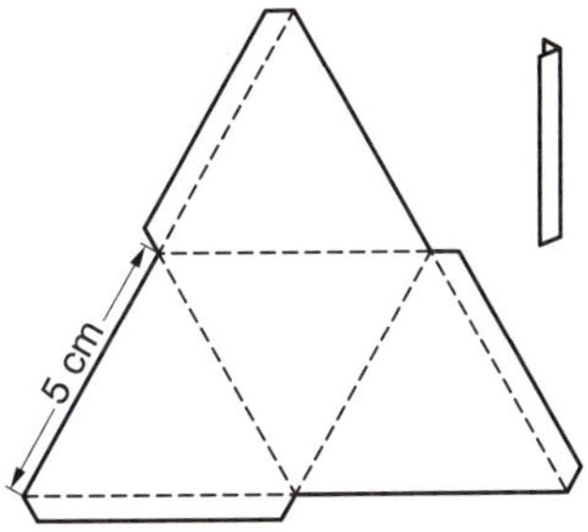


Damit die Pyramide stabil genug ist, wird das Netz des Tetraeders auf Fotokarton kopiert, ausgeschnitten und zum Tetraeder zusammengeklebt. Mit schmalen gefalzten Streifen werden die einzelnen Tetraeder miteinander verbunden.

Ein Computerbild aus dem Internet

Ausstellung

- Wo soll die Sierpinski-Pyramide ausgestellt werden?
- Wie viel Platz braucht man dafür?
- Welche Informationen werden dazu gegeben?
- Wird ein Fragebogen/Arbeitsbogen erstellt?

# CHECK-UP

## Ähnlichkeit

**Zentrische Streckungen $S_{Z;k}$:**

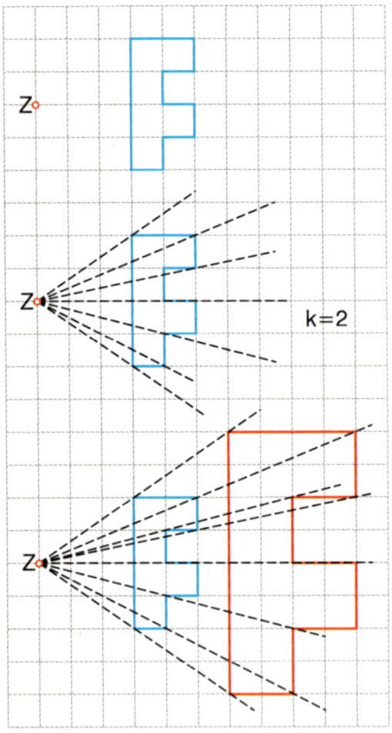


**Eigenschaften der zentrischen Streckung:**
- Ausgangs- und Bildfigur stimmen in allen Winkeln überein.
- Die Bildstrecke ist k-mal so lang wie die Ausgangsstrecke.
- Bild- und Ausgangsstrecken sind parallel.

**Wie beeinflusst der Streckfaktor k Größe und Lage der Bildfigur?**

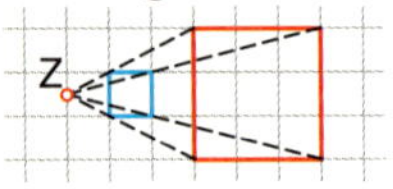


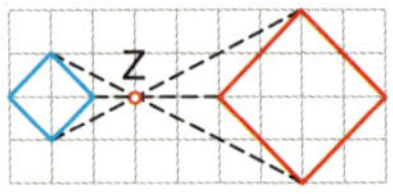


Bildfigur vergrößert

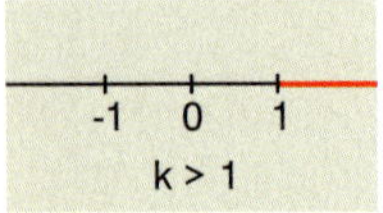


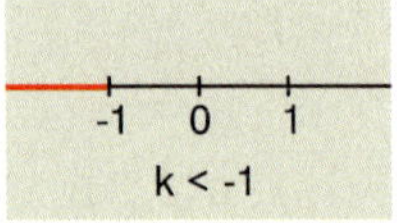


Bildfigur verkleinert

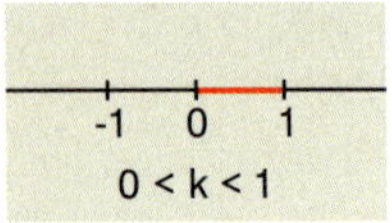


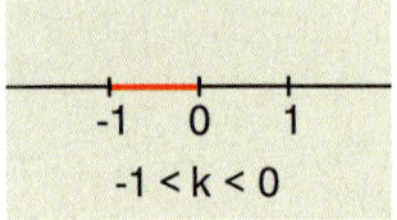


**1** a) Übertrage die Figur in dein Heft und beschreibe, was $S_{A;1,5}$ bedeutet.
b) Führe die folgenden zentrischen Streckungen durch.
(1) $S_{A;1,5}$ (2) $S_{B;\frac{1}{3}}$ (3) $S_{F;-\frac{2}{3}}$
(4) $S_{M;2}$ (5) $S_{M;-2}$ (6) $S_{D;\frac{1}{2}}$

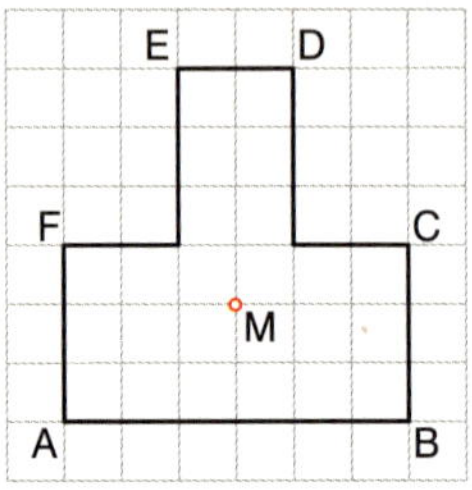


**2** *Zentrisch gestreckt?*
Übertrage Ausgangs- und Bildfigur in dein Heft. Bestimme falls möglich k und die Lage des Streckzentrums Z. Begründe, falls keine zentrische Streckung vorliegt.

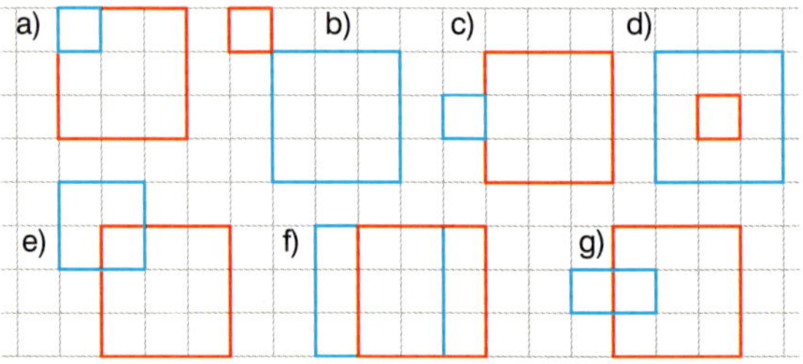


**3** Finde die zentrische Streckung. Bestimme k und Z. Gib andernfalls an, wie die Bildfigur aus der Ausgangsfigur entstanden ist.

| | Ausgangsfigur | Bildfigur |
|---|---|---|
| a) | A(0\|−1), B(4\|1), C(2\|5) | A′(0\|−2), B′(6\|1), C′(3\|7) |
| b) | A(−2\|2), B(2\|−1), C(3\|1), D(1\|3) | A′(4\|4), B′(0\|7), C′(−1\|5), D′(1\|3) |
| c) | Kreis um M(2\|1) mit Radius 3 cm | Kreis um M′(2\|0) mit Radius 2 cm |
| d) | A(−2\|0), B(0\|−2), C(1\|1) | A′(0\|−2), B′(2\|−4), C′(3\|−1) |

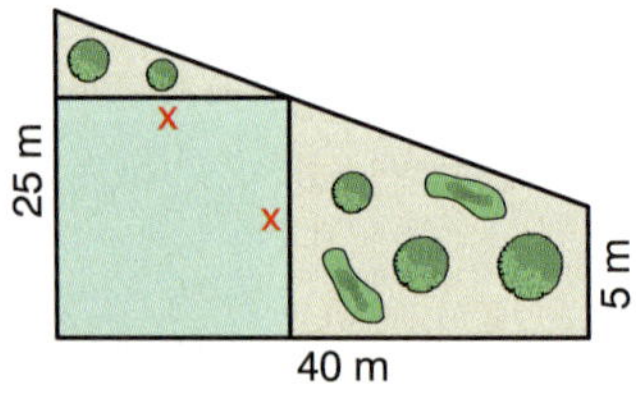


**4** Auf dem trapezförmigen Grundstück soll eine möglichst große quadratische Rasenfläche angelegt werden.
a) Übertrage das Trapez in einem günstigen Maßstab in dein Heft und konstruiere das Quadrat mit einem geeigneten Streckzentrum.
b) Gib die Seitenlänge des Quadrates an und berechne den Flächeninhalt.

**5** Welche Verhältnisgleichungen sind richtig, welche falsch?

a)

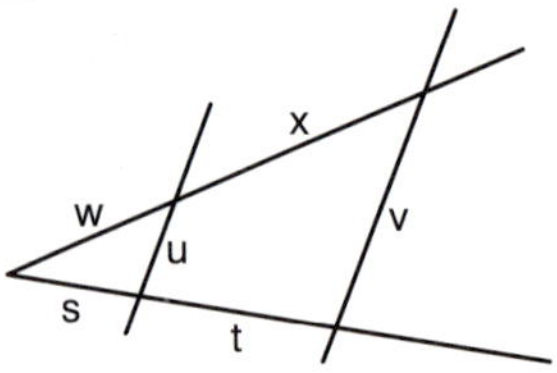


① $\frac{w+x}{x} = \frac{s+t}{t}$ ② $\frac{v}{x+w} = \frac{u}{w}$
③ $\frac{s}{u} = \frac{t}{v}$ ④ $\frac{s}{s+t} = \frac{w}{w+x}$

b)

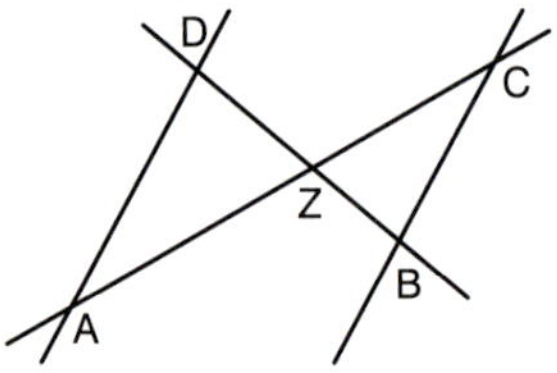


① $\frac{\overline{AZ}}{\overline{CZ}} = \frac{\overline{DZ}}{\overline{BZ}}$ ② $\frac{\overline{AD}}{\overline{BC}} = \frac{\overline{AZ}}{\overline{CZ}}$
③ $\frac{\overline{DZ}}{\overline{AD}} = \frac{\overline{BZ}}{\overline{BC}}$ ④ $\frac{\overline{AD}}{\overline{DZ}} = \frac{\overline{BC}}{\overline{CZ}}$

**6** Richtig oder falsch? Begründe oder gib ein Gegenbeispiel an.
a) Gleichschenklige Dreiecke sind immer ähnlich.
b) Ausgangs- und Bildfigur bei der zentrischen Streckung sind ähnlich.
c) Stimmen zwei Vierecke in den Verhältnissen entsprechender Seiten überein, so sind sie ähnlich.
d) Wird ein Körper mit k = 3 gestreckt, so verneunfacht sich sein Volumen.
e) Mithilfe einer zentrischen Streckung lässt sich eine 8 cm lange Strecke in sieben gleich große Abschnitte teilen.

**7** Berechne die rot gekennzeichneten Streckenlängen.

a)
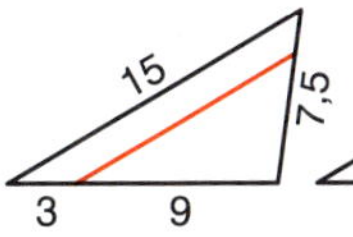


b)
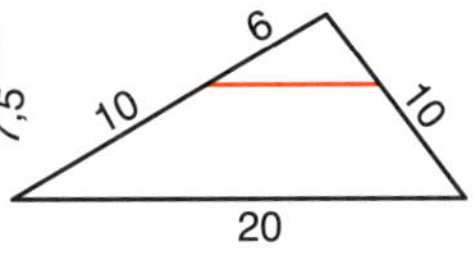


c)
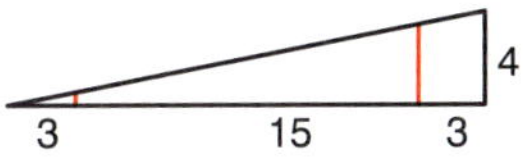


**8** Messen im Gelände. Berechne die rot gekennzeichneten Streckenlängen.

a)
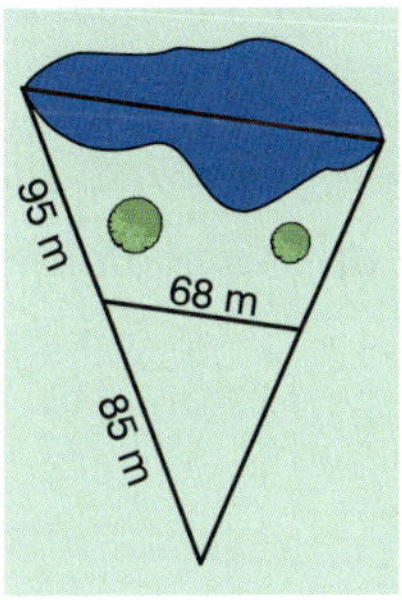


b)
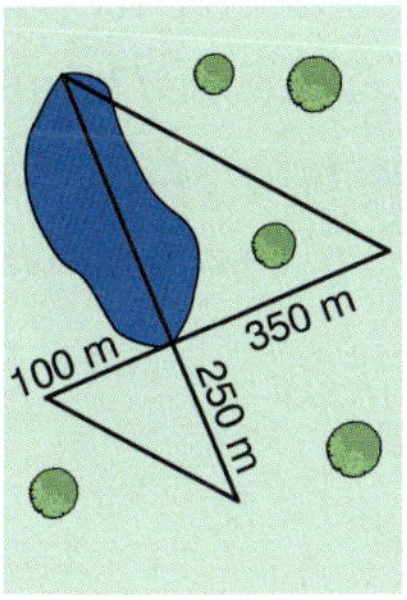


c)
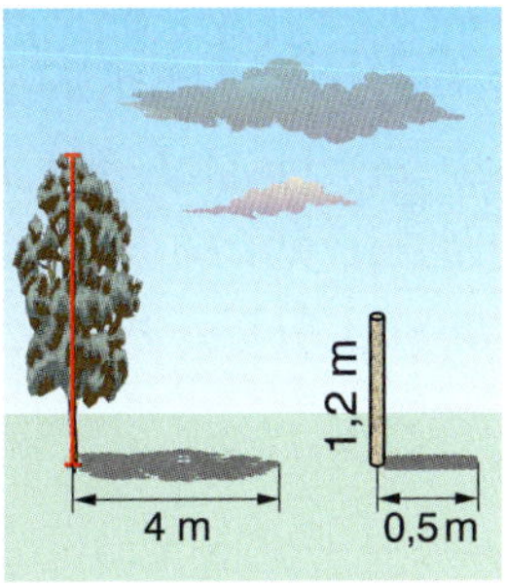


**9** Formuliere den Sekantensatz und den Sehnensatz. Verdeutliche die Aussagen an einer Skizze.

**10** Der Muldenwagen der Gartenbahn im Maßstab 1 : 25 fasst 120 g Sand.
a) Wie viel Gramm Sand passen in das Original?
b) Die Originallänge beträgt 8 m. Wie lang ist das Modell?

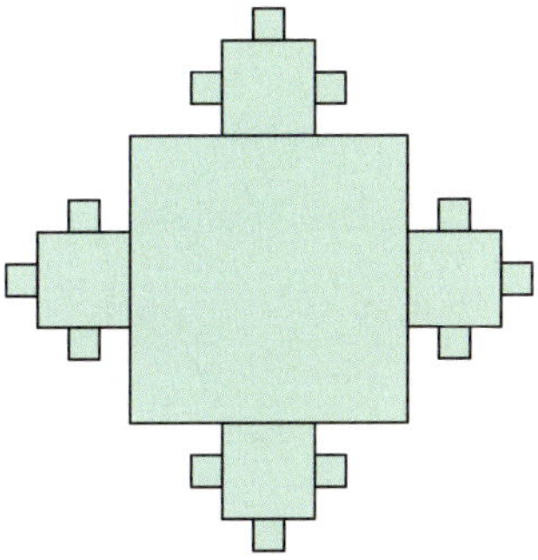
3. Stufe

**11** Die linke Figur ist aus einem Quadrat mit der Kantenlänge a = 27 cm entstanden. In jeder Stufe wird das Quadrat auf ein Drittel verkleinert und an jeder Seitenmitte aufgesetzt. Bestimme den Flächeninhalt der Figuren der 1., 2. und 3. Stufe.

# CHECK-UP

**Die Strahlensätze:**

$$\frac{\overline{ZA'}}{\overline{ZA}} = \frac{\overline{ZB'}}{\overline{ZB}} = \frac{\overline{A'B'}}{\overline{AB}} = |k|$$

1. Strahlensatz 2. Strahlensatz

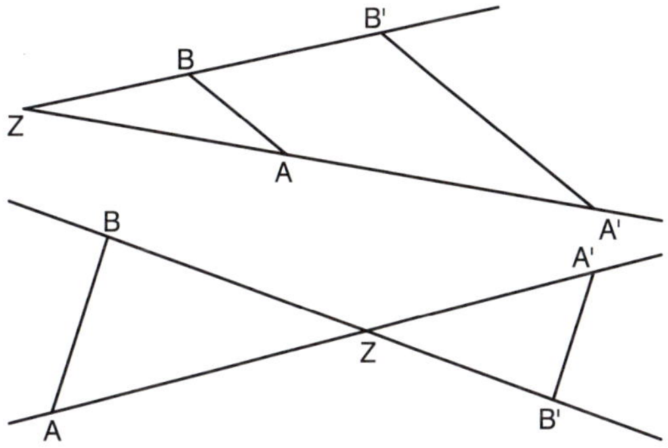


**Ähnliche Figuren:**
- Zwei Figuren heißen ähnlich, wenn sie in entsprechenden Winkeln und Seitenverhältnissen übereinstimmen.
- Mit der zentrischen Streckung werden ähnliche Figuren erzeugt.

**Volumen- und Flächeninhalte bei ähnlichen Figuren und Körpern:**
- Längenveränderung auf das k-fache
- Flächenveränderung auf das $k^2$-fache
- Volumenänderung auf das $k^3$-fache

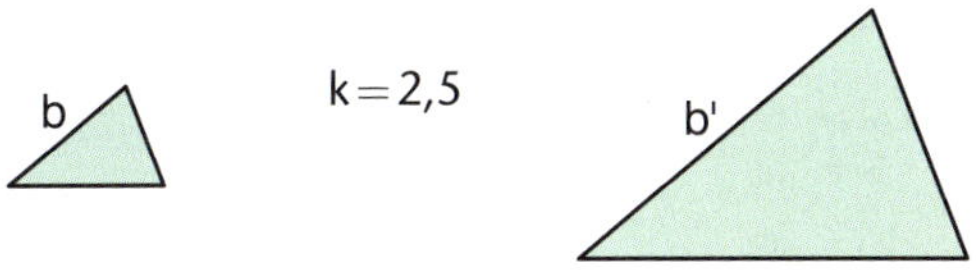


$b' = 2{,}5 \cdot b$ $A' = (2{,}5)^2 \cdot A = 6{,}25 \cdot A$

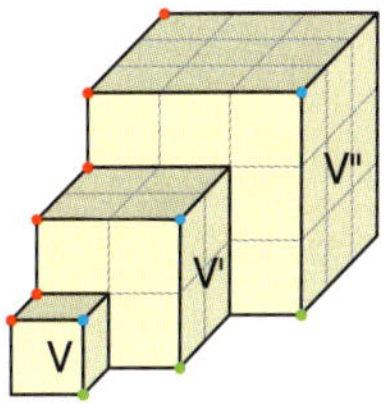


k = 2
$V' = 2^3 \cdot V = 8 \cdot V$

k = 4
$V'' = 4^3 \cdot V = 64 \cdot V$

# 3 Quadratische Funktionen und Gleichungen

## 3.1 Einführung in quadratische Funktionen

**Was dich erwartet**

*In vielen Situationen werden „quadratische" Funktionen benutzt, um Probleme in der Mathematik, den Naturwissenschaften und vielen anderen Gebieten zu modellieren. Nach den linearen Funktionen sind sie die am häufigsten verwendeten Funktionen.*

Hochgeschwindigkeitsfahrzeug mit Bremsfallschirm

*Quadratische Funktionen kann man benutzen um z. B. die Länge des Bremsweges, den Flug eines Balles oder den Wertverlust eines Autos zu modellieren.*

*Eines wirst du sicher bereits jetzt vermuten: Im Funktionsterm von quadratischen Funktionen kommt der Term $x^2$ vor. In diesem und den nächsten Lernabschnitten wirst du erleben, welche besonderen Eigenschaften diese Funktionen darüber hinaus haben.*

**Aufgaben**

**1** *Was macht den Unterschied?*

a) Zeichne die Graphen der Funktionen $y = 2x$ und $y = x^2$. Erstelle zunächst eine Wertetabelle mit $-3 \leq x \leq 3$, Schrittweite 0,5 und zeichne dann.

b) Vergleiche die beiden Graphen und Tabellen. Beschreibe den Graphen von $y = x^2$ möglichst genau.

**2** *Erkennst du ein Muster?*

a) Übertrage die Wertepaare der Tabellen jeweils in ein Koordinatensystem. Vergleiche.

b) Finde zu jeder Tabelle eine Funktionsgleichung $y = ■$ und überprüfe deine Vermutung.

(1)

| x | y |
|---|---|
| −2 | −2 |
| −1 | −1 |
| 0 | 0 |
| 1 | 1 |
| 2 | 2 |
| 3 | 3 |

(2)

| x | y |
|---|---|
| −2 | −4 |
| −1 | −2 |
| 0 | 0 |
| 1 | 2 |
| 2 | 4 |
| 3 | 6 |

(3)

| x | y |
|---|---|
| −2 | 1 |
| −1 | 2 |
| 0 | 3 |
| 1 | 4 |
| 2 | 5 |
| 3 | 6 |

(4)

| x | y |
|---|---|
| −2 | 4 |
| −1 | 1 |
| 0 | 0 |
| 1 | 1 |
| 2 | 4 |
| 3 | 9 |

(5)

| x | y |
|---|---|
| −2 | 1 |
| −1 | 0 |
| 0 | 1 |
| 1 | 4 |
| 2 | 9 |
| 3 | 16 |

(6)

| x | y |
|---|---|
| −2 | 8 |
| −1 | 2 |
| 0 | 0 |
| 1 | 2 |
| 2 | 8 |
| 3 | 18 |

## Aufgaben

**3** Die Länge des Bremsweges eines Autos ist von der Geschwindigkeit abhängig. Der Zusammenhang zwischen dem Bremsweg s in Metern und der Geschwindigkeit v in km/h kann bei trockener Straße mit der Funktion $s(v) = \frac{v^2}{100}$ modelliert werden.

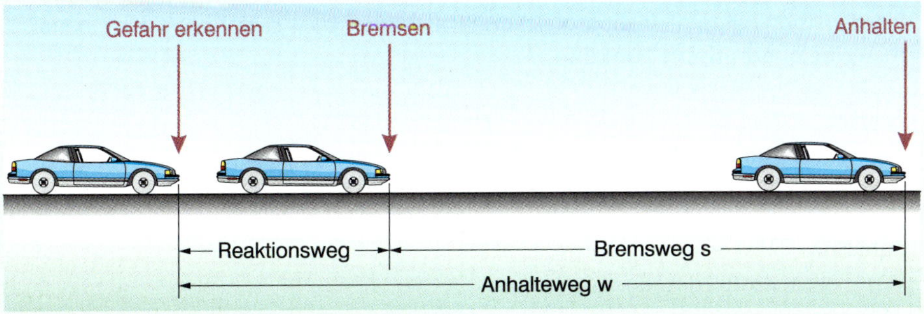


Bremsweg

a) Wie lang ist der Bremsweg s bei einer Geschwindigkeit von 30 km/h, wie lang bei der doppelten (dreifachen) Geschwindigkeit?
b) Ein Auto wird mit einer Vollbremsung zum Stand gebracht. Aus der Länge der Bremsspur von 32 m kann man die Geschwindigkeit des Autos abschätzen.
c) Der Anhalteweg eines Autos ist die zurückgelegte Strecke von dem Moment, an dem der Fahrer eine Gefahr bemerkt, bis zu dem Zeitpunkt, an dem das Auto steht.

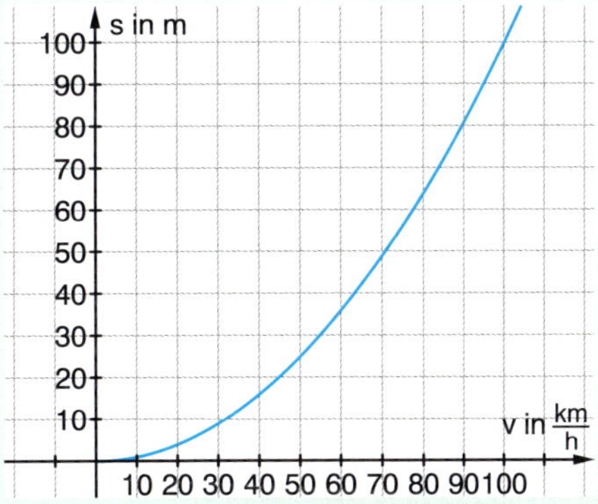


Du kannst die Fragen grafisch oder rechnerisch beantworten.

Anhalteweg

Der Anhalteweg w kann mit der Funktion $w(v) = \frac{v^2}{100} + \frac{3v}{10}$ berechnet werden.
Übertrage und ergänze die Tabelle, zeichne den Graphen der Funktion. Wie lang ist der Anhalteweg w bei einer Geschwindigkeit von 120 km/h?

| v (km/h) | w (m) |
|---|---|
| 0 | 0 |
| 50 | 40 |
| 100 | 130 |
| 150 | ■ |
| 200 | ■ |

**4** *Der Preis beeinflusst die Nachfrage – Wie macht man den größten Gewinn?*
Im vergangenen Jahr kosteten die Eintrittskarten für die Theateraufführung des Sebastian-Münster-Gymnasiums 5 €. Es kamen 300 Besucher.
In diesem Jahr möchte das Gymnasium einen größeren Gewinn erzielen und beabsichtigt die Eintrittspreise zu verändern. Man vermutet, dass bei einer Erhöhung des Preises um je 1 € ungefähr 30 Besucher weniger kommen, bei einer Preissenkung um je 1 € ungefähr 30 Besucher mehr.

| Preisänderung | Eintrittspreis | Besucherzahl | Einnahmen E(x) |
|---|---|---|---|
| −2 | ■ | ■ | ■ |
| −1 | ■ | ■ | ■ |
| 0 | 5 | 300 | 1 500 |
| 1 | 6 | 270 | 1 620 |
| 2 | 7 | 240 | ■ |
| 3 | 8 | ■ | ■ |
| 4 | ■ | ■ | ■ |
| x | $5+x$ | $300-30x$ | ■ |

a) Ergänze die Tabelle in deinem Heft.
b) In der letzten Zeile der Tabelle stehen die Terme, mit denen man zu jeder Preisänderung x den Eintrittspreis und die Besucherzahl berechnen kann. Es fehlt noch der Term zur Berechnung der Einnahmen.
c) Zeichne den Graphen der Funktion: $x \rightarrow$ Einnahmen E(x). Für welche Preisänderung x erhält man die größten Einnahmen?
d) Die Nachfrage nach Eintrittskarten hängt vom Preis ab. Warum gilt dies für eine Aufführung des Schultheaters nur bedingt?

## Basiswissen

In vielen Anwendungssituationen treten Funktionen auf, die man auf die Form $f(x) = ax^2 + bx + c$ bringen kann.

Eine Funktion mit der Funktionsgleichung $f(x) = ax^2 + bx + c$, wobei $a \neq 0$ ist, nennt man eine **quadratische Funktion**.

*Beispiel:*
Untersuchungen von Wissenschaftlern haben ergeben, dass man die „Flugbahn" einer Kugel beim Kugelstoßen mit einer quadratischen Funktion modellieren kann.

**Funktion**
*Weite x vom Abstoß der Kugel → Höhe h*

**Funktionsgleichung**

$$h(x) = -\frac{3}{128}x^2 + \frac{3}{8}x + 2$$

**Wertetabelle**

| x (in m) | h(x) (in m) |
|---|---|
| 0 | 2 |
| 4 | 3,125 |
| 8 | 3,5 |
| 12 | 3,125 |
| 16 | 2 |
| 20 | 0,125 |

**Graph**

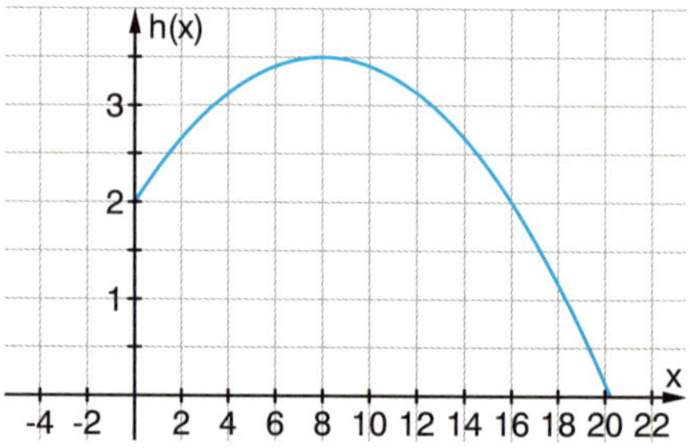


Einen Graphen wie in dem Schaubild nennt man eine **Parabel**. Parabeln sind typisch für quadratische Funktionen.

## Beispiele

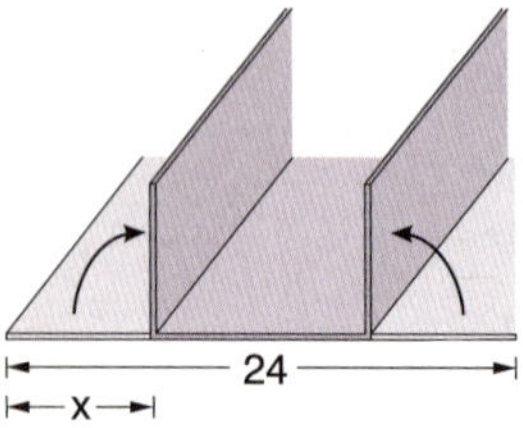


**A** Eine Abflussrinne mit rechteckigem Querschnitt soll aus einem 24 cm breiten Aluminiumblech hergestellt werden. Wichtig für die Menge Wasser, die durch die Rinne fließen kann, ist die Fläche des Querschnitts.

Formel für die Fläche des Querschnitts:
$A(x) = (24 - 2x) \cdot x = 24x - 2x^2$

| x | 1 | 2 | 4 | 6 | 8 | 10 |
|---|---|---|---|---|---|---|
| A(x) | 22 | 40 | 64 | 72 | 64 | 40 |

Die größte Fläche erhält man für $x = 6\,\text{cm}$.

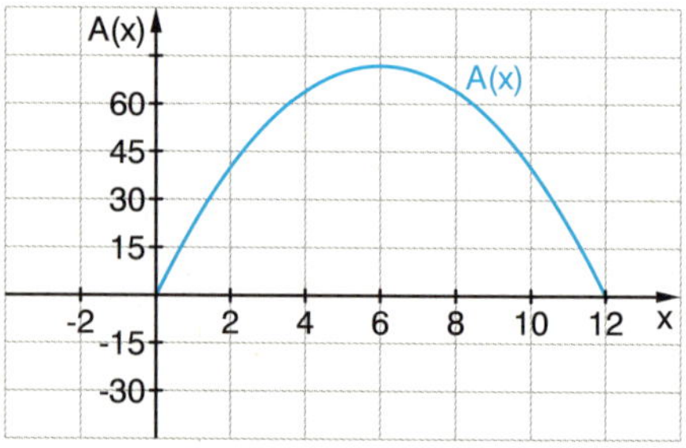


**B** Schau dir die Funktion $y(x) = (x-2)(x-1)$ an. Zeige, dass es sich dabei um eine quadratische Funktion handelt. Gib die Funktion in der Form $y(x) = ax^2 + bx + c$ an.

$$\begin{aligned} y(x) &= (x-2)(x-1) \\ &= x^2 - 2x - x + 2 \\ &= x^2 - 3x + 2 \end{aligned}$$
$a = 1,\ b = -3,\ c = 2$

**C** Entscheide grafisch, ob die Funktion mit $y(x) = \frac{1000}{x^2}$ eine quadratische Funktion ist.
Der Graph ist keine Parabel, sondern eine Hyperbel. Die Funktion ist keine quadratische Funktion.

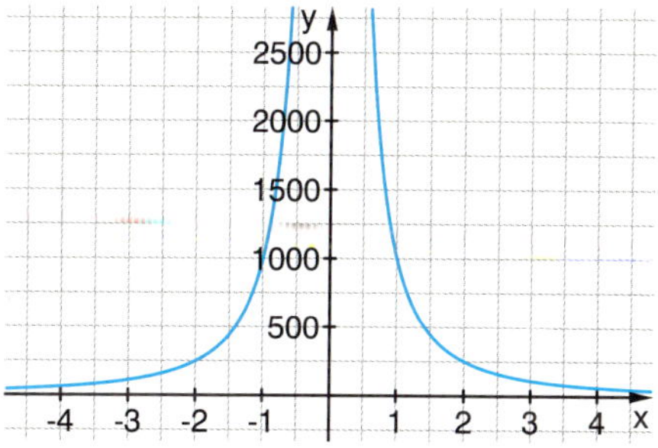


Die Funktion kann nicht in die Form $y = ax^2 + bx + c$ gebracht werden.

## Übungen

**5** Entscheide mithilfe der Funktionsgleichung, bei welcher der Funktionen es sich um eine quadratische, bei welcher um eine lineare Funktion handelt.

a) $y = 2x^2 - 3x + 5$   b) $y = 2x - 4$   c) $y = x$   d) $y = x^2$   e) $y = \frac{1}{x}$

f) $y = \frac{2}{3}x^2$   g) $y = -x + \frac{1}{4}$   h) $y = 3x^2 - 2x$   i) $y = \frac{1}{x^2} + 4$

Kennst du auch eine Bezeichnung für die anderen hier vorkommenden Funktionen?

**5** Vier quadratische Funktionen sind dabei.

**6** Zeige, dass jede der folgenden Funktionen eine quadratische Funktion ist, indem du sie in die Form $f(x) = ax^2 + bx + c$ bringst.

a) $f(x) = (x-3)(x+8)$   b) $f(x) = (x+3)(x-5)$   c) $f(x) = 2x(x-2)$
d) $f(x) = 3(x-1)(x+1)$   e) $f(x) = (x+2)(x+2)$   f) $f(x) = x(2x+5)$

Hilfe findest du bei Beispiel B.

**7** *Rechteckszahlen*

Die ersten drei Zahlen in der Folge der „Rechteckszahlen" sind dargestellt.

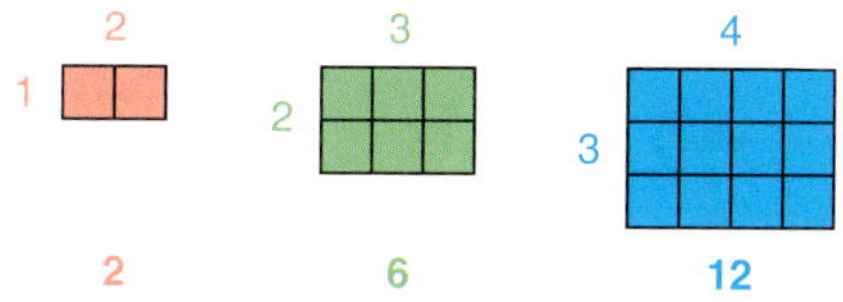


a) „Zeichne" die nächsten zwei Rechteckszahlen.
b) Erkennst du das Muster in den Zahlen? Schreibe die ersten zehn Rechteckszahlen auf.
c) Mit der Abbildung oben kannst du eine quadratische Funktion zur Berechnung der Rechteckszahlen finden.
d) Man kann die Rechteckszahlen auch anders aufzeichnen:

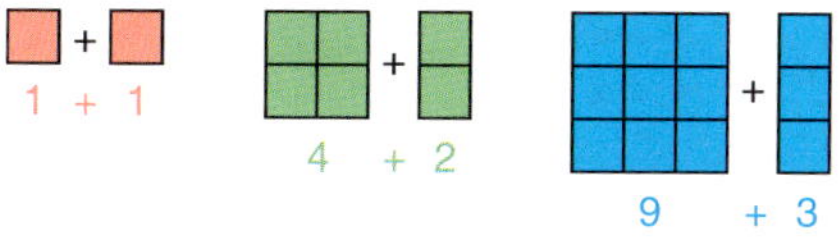


Verwende dieses Muster, um eine quadratische Funktion aufzustellen, mit der man ebenfalls die Rechteckszahlen berechnen kann. Durch Termumformung kannst du nachweisen, dass die beiden Funktionen identisch sind.

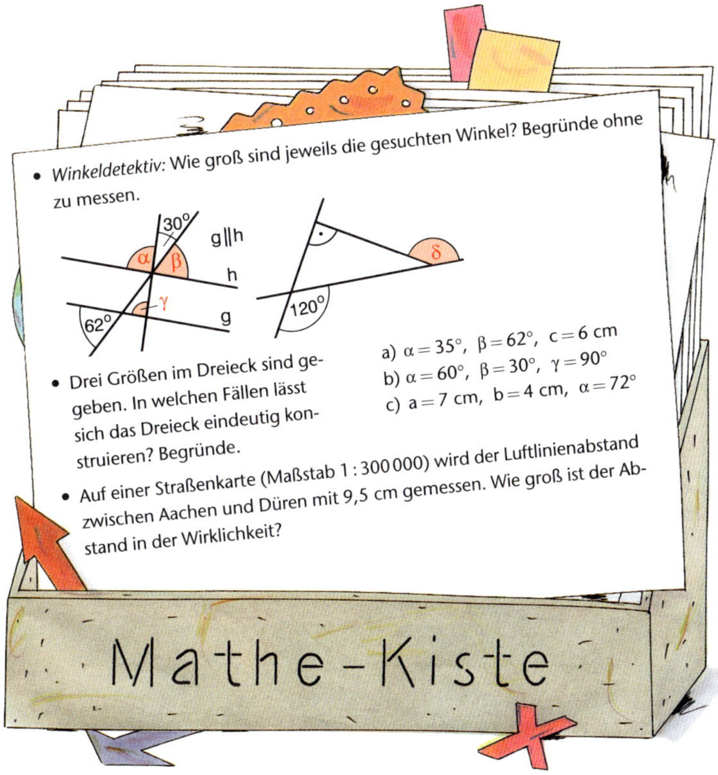

## Übungen

**8** Durch die Tabelle ist eine Funktion gegeben. Zeichne den zugehörigen Graphen und bestimme die Funktionsgleichung.

a)

| x | −2 | −1 | 0 | 1 | 2 | 3 | 4 |
|---|---|---|---|---|---|---|---|
| y | 8 | 2 | 0 | 2 | 8 | 18 | 32 |

b)

| x | −2 | −1 | 0 | 1 | 2 | 3 | 4 |
|---|---|---|---|---|---|---|---|
| y | 9 | 6 | 5 | 6 | 9 | 14 | 21 |

c)

| x | −2 | −1 | 0 | 1 | 2 | 3 | 4 |
|---|---|---|---|---|---|---|---|
| y | −4 | −1 | 0 | −1 | −4 | −9 | −16 |

d)

| x | −2 | −1 | 0 | 1 | 2 | 3 | 4 |
|---|---|---|---|---|---|---|---|
| y | 9 | 4 | 1 | 0 | 1 | 4 | 9 |

| x | $y = x^2$ |
|---|---|
| −3 | 9 |
| −2 | 4 |
| −1 | 1 |
| 0 | 0 |
| 1 | 1 |
| 2 | 4 |
| 3 | 9 |

Diese Tabelle kann dir helfen.

**9** Welcher Graph gehört zu welcher Gleichung?

a) $f(x) = -3x + 2$
b) $f(x) = x^2 + 1$
c) $f(x) = x^2 + 2$
d) $f(x) = -x^2 + 1$
e) $f(x) = 2x + 3$
f) $f(x) = 2x^2 - x$

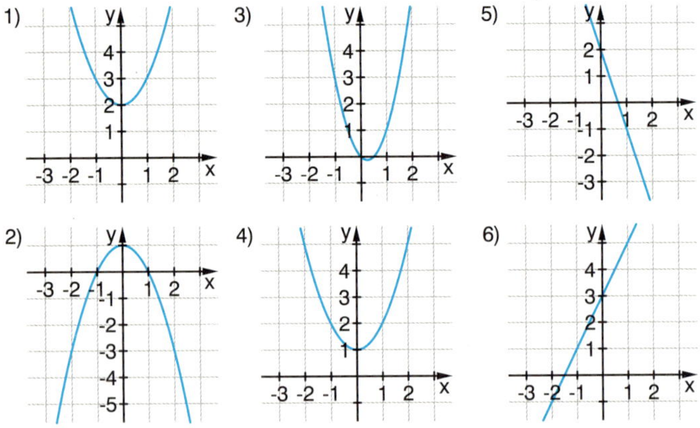


GTR

Kannst du dir denken, wie man aus linearen Funktionen eine quadratische Funktion „bauen“ kann?

**10** *Quadratische Funktionen „bauen“*

Gegeben sind die linearen Funktionen f und g.

| f | g | f·g |
|---|---|---|
| $x+2$ | $x-3$ | $(x+2)\cdot(x-3)$ |
| $2x-1$ | $0{,}5x+2$ | $(2x-1)\cdot(0{,}5x+2)$ |
| $2x$ | $x+2$ | $2x\cdot(x+2)$ |

a) Zeichne die Graphen der Funktionen f und g in ein Koordinatensystem. Zeichne dann den Graphen der Funktion f · g in dasselbe Koordinatensystem.
b) Wie unterscheidet sich der Graph von f · g von den Graphen von f und g? Benutze auch die Tabellen.
c) Wie hängen die x-Achsenschnittpunkte der Graphen von f und g mit den x-Achsenschnittpunkten des Graphen der Funktion f · g zusammen?

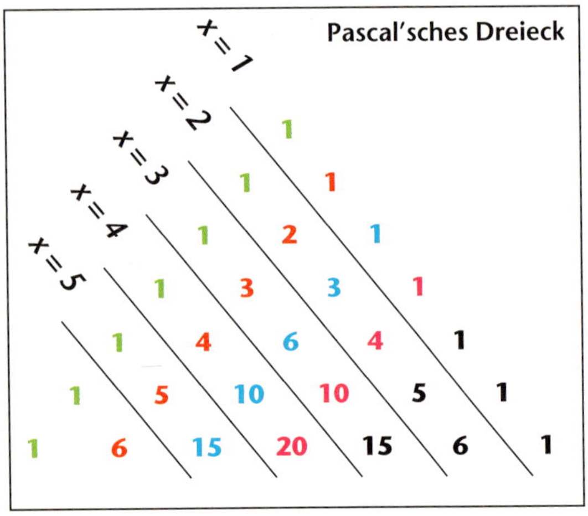


**11** In einem Mathematiklexikon steht, dass man die Zahlen im Pascal'schen Dreieck mit Formeln berechnen kann.
Für die „grüne“ Kolonne: $y = 1$,
für die „rote“ Kolonne: $y = x$,
für die „blaue“ Kolonne: $y = \frac{1}{2}x(x+1)$,
für die „pinkfarbene“ Kolonne: $y = \frac{1}{6}x(x+1)(x+2)$.

a) Sind die Formeln korrekt? Erstelle für jede der Funktionen eine Tabelle für $1 \leq x \leq 7$. Vergleiche mit den Zahlen im Pascal'schen Dreieck.
b) Welche der Funktionen ist eine quadratische Funktion?
c) Wie könnte eine Formel zur Berechnung der Zahlen in der nächsten Kolonne des Pascal'schen Dreiecks lauten? Überprüfe selbst.

## Übungen

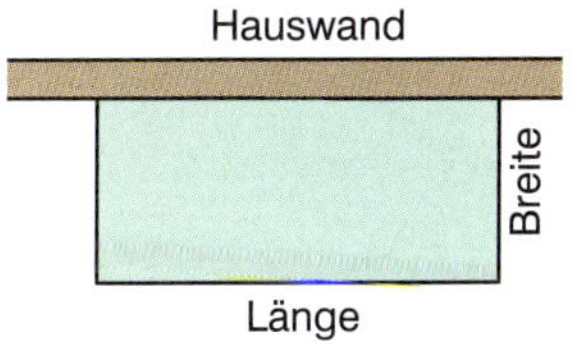


**12** Tom möchte für sein Kaninchen im Garten ein Gehege mit rechteckiger Grundfläche an eine Hauswand bauen. Im Keller hat er eine Rolle mit 20 m Maschendraht gefunden.

| Breite (m) | Länge (m) | Fläche ($m^2$) | Draht (m) |
|---|---|---|---|
| 1 | 18 | 18 | 20 |
| 2 | 16 | 32 | ■ |
| 3 | 14 | ■ | ■ |
| 4 | ■ | ■ | ■ |
| ... | ... | ... | ... |
| x | ■ | ■ | ■ |

a) Die Tabelle enthält verschiedene mögliche Breiten und Längen und daraus resultierende Rechteckflächen. Übertrage die Tabelle in dein Heft und ergänze.

b) Finde einen Funktionsterm $l(x)$, der den Zusammenhang zwischen Länge $l$ und Breite x beschreibt. Welche Werte kann man für x sinnvollerweise einsetzen?
c) Den Flächeninhalt $A(x)$ des Kaninchenstalls kann man aus der Breite x und der Länge $l(x)$ berechnen. Bestimme die entsprechende Funktionsgleichung.
d) Für welche Breite und Länge erhält man den größten Flächeninhalt?

**13** Die Firma *Sound GmbH* stellt CDs her. Sie möchte ihren Gewinn vergrößern. Daher wurde eine Unternehmensberatung mit einer Marktanalyse beauftragt. Es wurde u. a. festgestellt, dass sich der monatliche Gewinn G der aktuellen CD in Abhängigkeit vom Verkaufspreis p einer CD durch die Funktion

Gewinnfunktion

$G(p) = -300p^2 + 6000p - 20000$

modellieren lässt. Wenn G negativ ist, bedeutet das, dass die Firma einen Verlust macht.
a) Zeichne den Graphen der Gewinnfunktion G für p von 0 bis 30.
b) Welchen Gewinn erzielt die Firma bei einem Stückpreis von p = 14 € (p = 8 €)?
c) Zu welchem Preis sollte die Firma das Produkt verkaufen, um einen möglichst großen Gewinn zu erzielen? Wie groß ist der Gewinn dann?

Break-even-Punkt

d) Bei welchem Preis macht die Firma keinen Gewinn, aber auch keinen Verlust (sog. Break-even-Punkt)?

### Schwerelosigkeit und Parabeln

Ihr habt bestimmt schon einmal im Fernsehen gesehen, wie Astronauten schwerelos in der Weltraumstation ISS (International Space Station) schweben. Wie man sich dabei wohl fühlt? Ein bisschen Schwerelosigkeit habt ihr sicherlich schon bei einer Fahrt mit der Achterbahn erlebt. Wenn ihr in die Tiefe stürzt, dann seid ihr für einige Momente schwerelos.

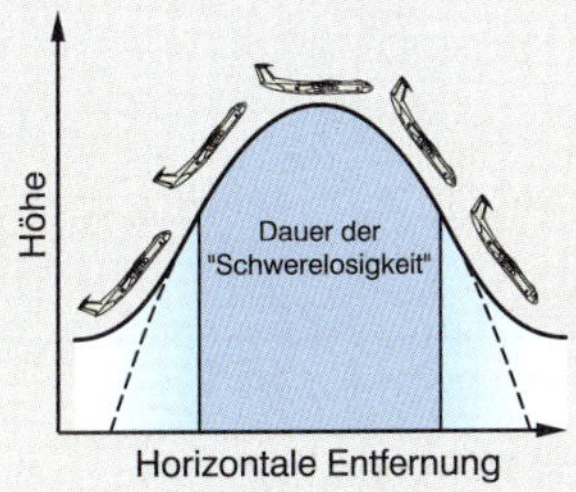


Astronauten können in einem Flugzeug die Schwerelosigkeit trainieren. Das Flugzeug mit den Astronauten fliegt mit großer Geschwindigkeit, zieht steil nach oben und fliegt dann im Sturzflug nach unten. Dabei folgt es einer parabelförmigen Bahn. Bei einem solchen Flug kann man eine Dauer der Schwerelosigkeit von 15 bis 20 Sekunden erreichen.

## Basiswissen

Typische Fragen beim Bearbeiten von Problemen mit quadratischen Funktionen sind unter anderem diese:

(1) Wo schneidet der Graph die x-Achse?
(2) Wo ist der höchste (niedrigste) Punkt des Graphen?
(3) Welchen y-Wert erhält man für einen bestimmten x-Wert?
(4) Für welchen x-Wert erhält man einen bestimmten y-Wert?

Nach dem Abschuss einer Rakete kann man jedem Zeitpunkt t die aktuelle Höhe h(t) der Rakete zuordnen. Man kann diese Zuordnung bei allen Raketen gut mit einer quadratischen Funktion modellieren.

**Funktion:** $t \to h(t)$

**Funktionsgleichung:** $h(t) = -5t^2 + 45t + 50$

Parabeln sind symmetrisch

**Tabelle**

| t (in s) | h(t) (in m) |
|---|---|
| 0 | 50 |
| 1 | 90 |
| 2 | 120 |
| 3 | 140 |
| 4 | 150 |
| 5 | 150 |
| 6 | 140 |
| 7 | 120 |
| 8 | 90 |
| 9 | 50 |
| 10 | 0 |

**Graph**

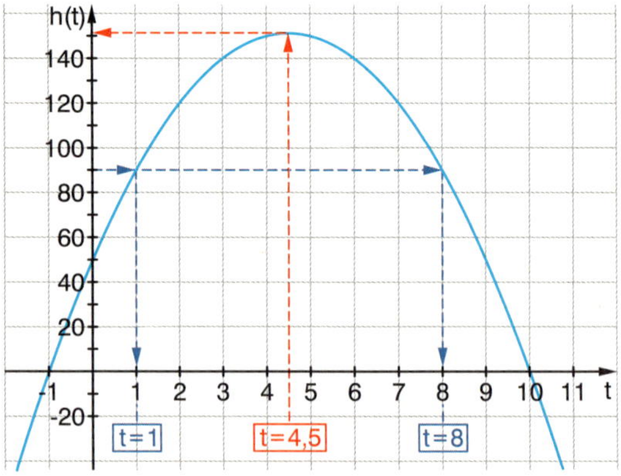


Welche größte Höhe erreicht die Rakete nach welcher Flugzeit? (siehe Frage (2) oben) — ca. 151 m nach 4,5 Sekunden

Wann trifft die Rakete auf dem Boden auf? (siehe Frage (1)) — nach 10 Sekunden

Nach welcher Zeit hat die Rakete eine Höhe von 90 m? (siehe Frage (4)) — nach 1 Sekunde und nach 8 Sekunden

## Beispiele

**D** *y-Wert gesucht*

Die Höhe einer Rakete in Abhängigkeit von der Zeit wird durch die Funktion $h(t) = -5t^2 + 30t + 27$ modelliert (h in m und t in s).

(1) Welche Höhe hat die Rakete nach 2 Sekunden erreicht?

(2) Zu welchem Zeitpunkt hat die Rakete eine Höhe von 52 m erreicht?

(1) *Berechnen durch Einsetzen.*

$h(2) = -5 \cdot 2^2 + 30 \cdot 2 + 27$

$= 67$

Nach 2 Sekunden hat die Rakete eine Höhe von 67 m erreicht.

*Grafische Lösung*

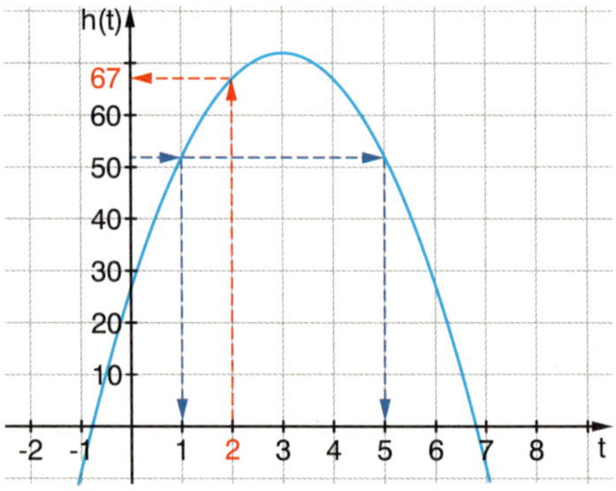


(2) Im Schaubild kann man ablesen:
$h(1) = h(5) = 52$ m.

## Beispiele

**E** Die größte Höhe, die die Rakete aus Beispiel D erreicht, kann man ablesen.

*Grafische Lösung*

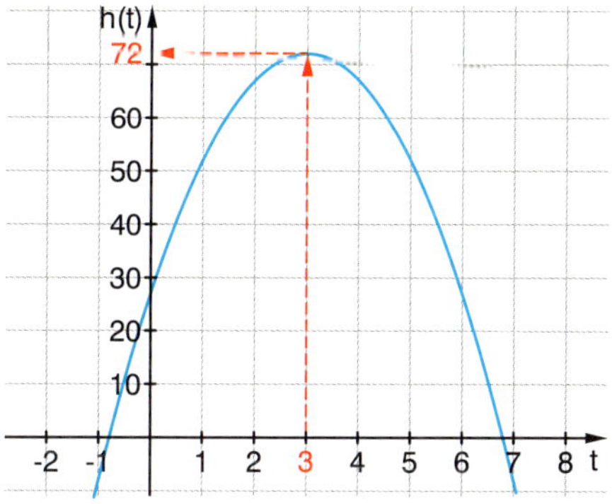


*Rechnerische Lösung*

Schaut man sich die Tabelle oder den Graphen der quadratischen Funktion an, so erkennt man, dass er symmetrisch zu $t = 3$ ist. Der höchste Punkt wird daher zum Zeitpunkt $t = 3\,s$ erreicht.

$h(3) = -5 \cdot 3^2 + 30 \cdot 3 + 27 = 72$

Die maximale Höhe beträgt 72 m.

**F** *x-Wert gesucht*

GTR

Es ist $f(x) = x^2 - 4x$. Für welchen x-Wert hat der Term $x^2 - 4x$ den Wert 5?

*Grafische Lösung*

Man zeichnet den Graphen der Funktion $f(x) = x^2 - 4x$ und eine Waagerechte bei $y = 5$. Die x-Koordinaten der Schnittpunkte der Parabel und der Waagerechten liefern die Lösung.

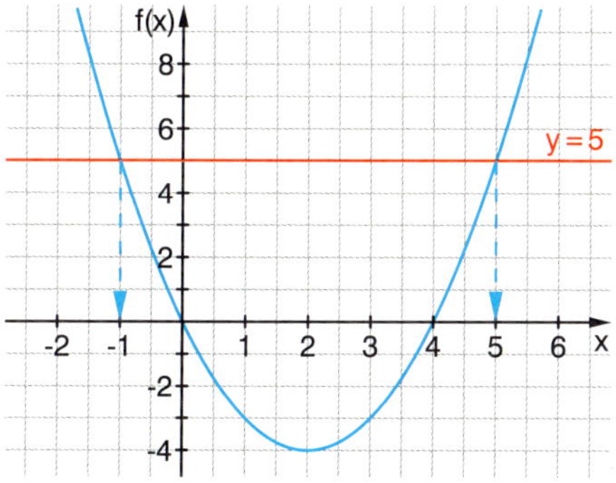


*Lösung mit Tabelle*

| x | f(x) |
|---|---|
| −2 | 12 |
| −1 | 5 |
| 0 | 0 |
| 1 | −3 |
| 2 | −4 |
| 3 | −3 |
| 4 | 0 |
| 5 | 5 |
| 6 | 12 |
| ... | ... |

$x_1 = -1$ oder $x_2 = 5$

**G** Sucht man die x-Werte, für die eine quadratische Funktion einen bestimmten y-Wert annimmt, so führt dies auf eine quadratische Gleichung. Einfache quadratische Gleichungen können wir bereits rechnerisch lösen:

Quadratische Gleichungen

$f(x) = 3x^2 - 15$

Gesucht ist der x-Wert, für den $f(x) = 0$ ist.

*Quadratische Gleichung*

$3x^2 - 15 = 0$

*Rechnerische Lösung*

$3x^2 - 15 = 0 \quad | +15$

$3x^2 = 15 \quad | :3$

$x^2 = 5$

$x_1 = \sqrt{5}; \; x_2 = -\sqrt{5}$

Es gibt **zwei** Lösungen.

## Übungen

**14** Bestimme die Lösungen der Gleichung durch Rechnung.

a) $x^2 - 9 = 0$ b) $-x^2 + 5 = 0$ c) $3x^2 - 6 = 0$ d) $x^2 + 1 = 0$

e) $4x^2 - 9 = 0$ f) $3x^2 + 2 = 0$ g) $x^2 - 8 = 0$ h) $6x^2 - 27 = 0$

**14** Lösungen:
$\{\}$ $\{-3; 3\}$
$\{-\sqrt{5}; \sqrt{5}\}$ $\{\}$
$\{-\sqrt{8}; \sqrt{8}\}$ $\{-\sqrt{2}; \sqrt{2}\}$
$\{-\frac{3}{\sqrt{2}}; \frac{3}{\sqrt{2}}\}$ $\{-\frac{3}{2}; \frac{3}{2}\}$

**15** Stelle eine Gleichung auf, die die angegebenen Lösungen hat.

a) $x_1 = 2; \; x_2 = -2$ b) $x_1 = \sqrt{7}; \; x_2 = -\sqrt{7}$ c) $x_1 = 6; \; x_2 = -6$

**16** Wasserfontänen lassen sich mit Parabeln beschreiben. Aus einer Wasserkanone soll Wasser 400 m weit und 40 m hoch spritzen. Überprüfe, ob diese Fontäne mit der Funktionsgleichung $h(x) = -0{,}001\,x^2 + 0{,}4\,x$ modelliert werden kann.

## Übungen

**17** *Grafische Lösungen von quadratischen Gleichungen*

Welche Gleichungen werden hier grafisch gelöst? Lies die Lösungen ab. Mache die Probe, indem du die Lösungen in die von dir aufgeschriebene Gleichung einsetzt.

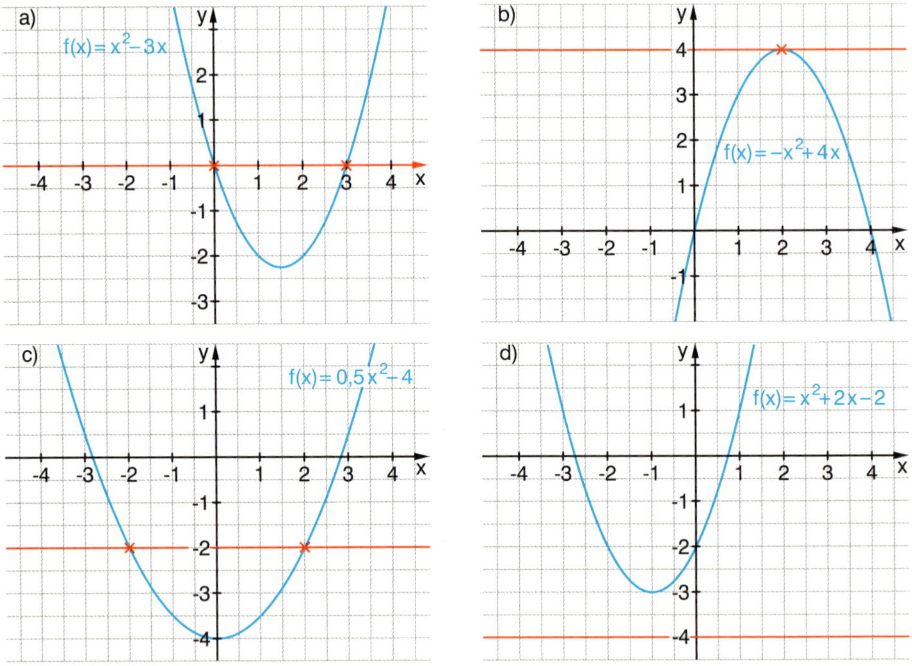


Man kann an den vier Aufgaben erkennen, wie viele Lösungen eine quadratische Gleichung haben kann. Was meinst du? Begründe deine Vermutung.

**18** An welcher Stelle x hat der Graph der quadratischen Funktion einen „Hochpunkt", bzw. „Tiefpunkt"?

Es gibt verschiedene Lösungsmöglichkeiten, z. B. mithilfe einer Wertetabelle oder mit

GTR dem Graphen der jeweiligen Funktion. Wende jedes der beiden Verfahren zumindest einmal an.

a) $y(x) = x^2 - 4x$ b) $y(x) = x^2 - 4x - 5$ c) $y(x) = -x^2 + 4$

**19** Nimm an, durch die Funktion $f(x) = -x^2 + 85x - 17$ wird der Gewinn eines Unternehmens in Abhängigkeit vom Verkaufspreis des Produktes dargestellt.

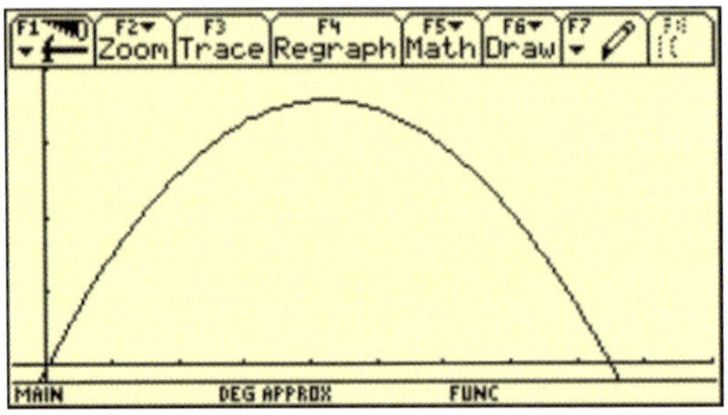


xmin=-5.1
xmax=100.
xscl=10.
ymin=-100.
ymax=2000.
yscl=500.
xres=2.

a) Formuliere Fragen, die sich mit dem Graphen der Funktion beantworten lassen.

b) Stell dir vor, du sollst die Geschäftsleitung beraten. Bereite einen entsprechenden Vortrag vor, den du mit der Grafik unterstützen möchtest. Denke dabei auch daran, dass du etwas zu dem „Grafikfenster" und zu den Variablen sagen musst, damit „Nichtmathematiker" verstehen, was dargestellt ist. Du kannst auch eigene Grafiken und Tabellen erstellen, in denen du die wichtigen Informationen besonders hervorhebst.

## Aufgaben

**20** *Die tollkühnen Klippenspringer von Acapulco*

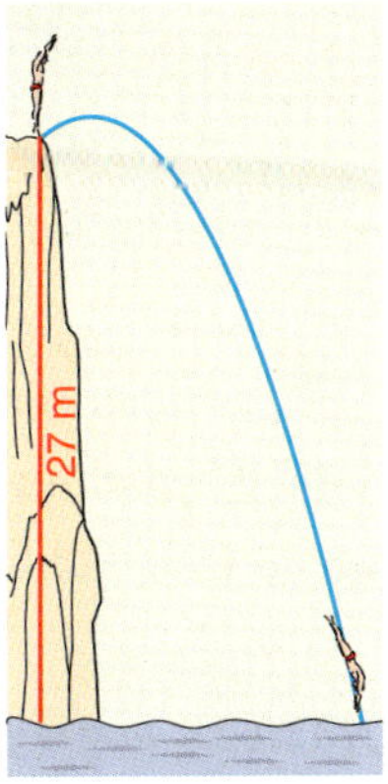


In Acapulco in Mexiko springen Wagemutige mit einem Kopfsprung von einem 27 m hohen Felsen. Dabei müssen sie darauf achten, dass sie genau eine ankommende Welle treffen, denn sonst ist das Wasser nicht tief genug. Die Flugbahn eines Springers wird durch die Funktionsgleichung $h(x) = -x^2 + 2x + 27$ modelliert. Dabei bezeichnet h die Höhe über dem Wasser und x die horizontale Entfernung vom Absprungpunkt, jeweils in Metern.

a) Wie hoch ist der Springer zunächst gesprungen?
b) Wie weit entfernt vom Fuß des Felsens trifft er auf dem Wasser auf?

**21** Die Höhe eines geschlagenen Golfballs über dem Grund in feet wird durch die Funktion $h(t) = -15t^2 + 90t$ gegeben. t ist die Zeit in Sekunden nach dem Abschlag.
a) Wie lange ist der Ball in der Luft?
b) Zu welchem Zeitpunkt hat der Ball die größte Höhe über dem Grund? Wie hoch ist der Ball dann?

In den USA wird noch immer in „feet" gemessen. Informiere dich über diese Maßeinheit.

**22** Greta steht im Schwimmbad auf dem 5 m-Brett. Sie überlegt, wie lange es vom Absprung bis zum Eintauchen ins Wasser dauert.
a) Durch die Funktion $h(t) = -5t^2 + 5$ (h in m, t in s) kann man Gretas Höhe in Abhängigkeit von der Zeit berechnen.
Wo befindet sie sich zum Zeitpunkt 0 Sekunden, wo nach 2 Zehntelsekunden?
Wie lange dauert es, bis sie ins Wasser eintaucht?
b) Bei einem Kopfsprung springen Könner vom Sprungbrett ab und „fliegen" auf einer zunächst kurz ansteigenden parabelförmigen Flugbahn ins Wasser. Wenn Greta zunächst vom Sprungbrett aus nach „oben" springt, lautet die Funktion $h(t) = -5t^2 + 5t + 5$.
Wie lange dauert der Sprung jetzt?
Wie hoch liegt der höchste Punkt ihrer „Flugbahn"?

**23** Gegeben ist ein Rechteck mit den Seitenlängen 8 cm und 5 cm. Die kürzere Seite soll um x cm verlängert und die längere Seite um x cm verkürzt werden.
a) Verändert sich der Flächeninhalt? Begründe deine Meinung. Bei welchem Wert für x bleibt der Flächeninhalt gleich?
b) Berechne für verschiedene Werte von x den Flächeninhalt A(x).
c) Finde die Funktionsvorschrift $x \rightarrow A(x)$. Bei welchem Wert von x ist der Flächeninhalt maximal?

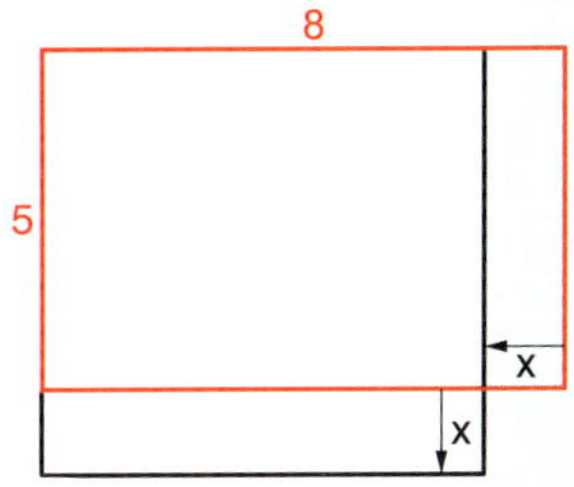

# 3.2 Entdeckungen an Graphen quadratischer Funktionen

## Was dich erwartet

*Mit quadratischen Funktionen kann man die Flugbahnen von Feuerwerksraketen recht gut modellieren.*
*Das Foto zeigt verschiedene parabelförmige Flugbahnen von Feuerwerksraketen. So unterschiedlich wie die Flugbahnen sind, so unterschiedlich sind auch die zugehörigen Funktionsgleichungen.*
*Worin unterscheiden sich die Funktionsgleichungen und die zugehörigen Graphen? Die Flugkurven und damit auch die Funktionsvorschriften haben aber auch einiges gemeinsam. Was sind diese Gemeinsamkeiten?*

## Aufgaben

Parabeln

Funktionsgleichungen:
$f(x) = x^2$
$g(x) = 2x^2$
$h(x) = -x^2$
$k(x) = (x-4)^2$
$l(x) = x^2 - 3$

**1** Alle Graphen gehören zu quadratischen Funktionen. Es sind Parabeln.
a) Was haben die Parabeln in dem Schaubild gemeinsam, worin unterscheiden sie sich?
b) Ordne die Funktionsgleichungen richtig zu.

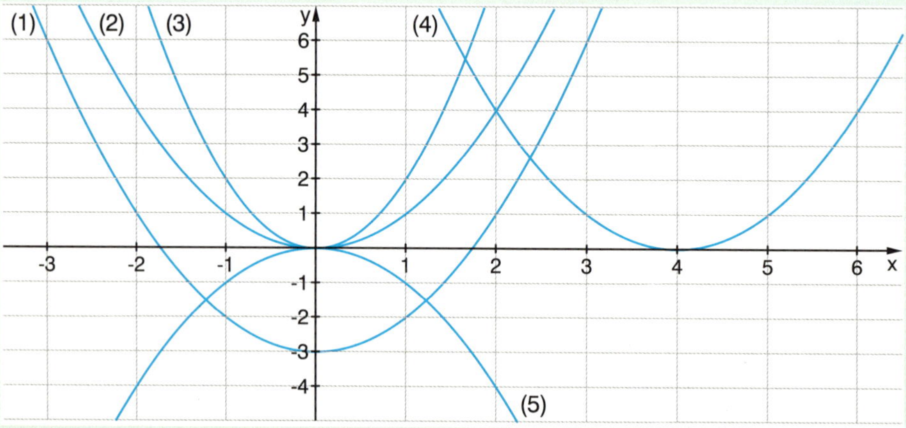


Vergleiche mit $f(x) = x^2$.

| x | $x^2$ |
|---|---|
| −4 | 16 |
| −3 | 9 |
| −2 | 4 |
| −1 | 1 |
| 0 | 0 |
| 1 | 1 |
| 2 | 4 |
| 3 | 9 |
| 4 | 16 |

**2** Erstelle zu den Graphen eine Tabelle. Wie lautet die zugehörige Funktionsgleichung?

a)

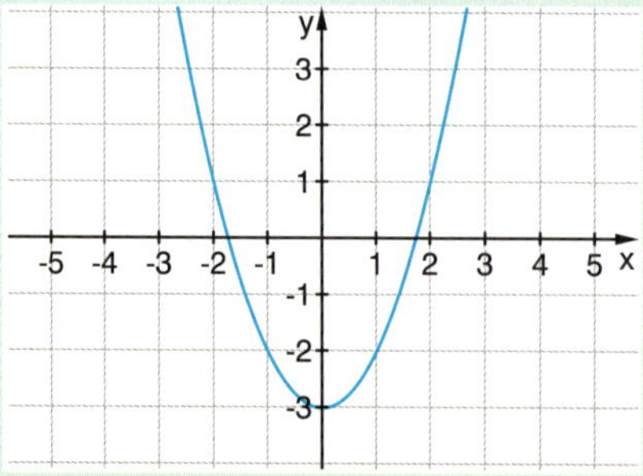


b)

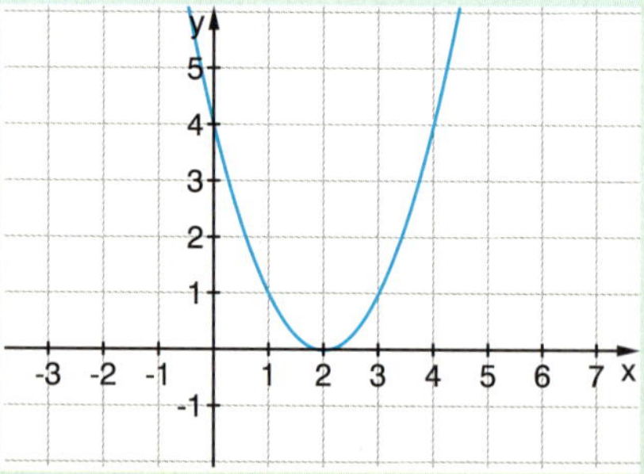

## Aufgaben

**3** Wenn man ganz genau hinschaut, kann man beim Basketball- oder Fußballspiel Parabeln sehen. Bälle, die man wirft, schießt oder wie beim Golf abschlägt, fliegen eine parabelförmige Flugbahn.
Angenommen, die Gleichung $y(x) = -0{,}1x^2 + x + 2$ (x und y in Meter) modelliert die Flugbahn eines Fußballs, den ein Spieler einwirft.

a) Beschreibe die Flugbahn des Balles möglichst genau. Gib dabei die maximale Höhe des Balles an und ermittle, wie weit er geflogen ist, wenn er den Boden berührt.

b) Ergänze die Tabelle. Was fällt dir auf? Kannst du mit der Tabelle exakt angeben, bei welcher Weite sich der höchste Punkt der Flugbahn des Balles befindet?

| Weite x | 0 | 1 | 2 | 4 | 6 | 8 | 10 | 11 |
|---|---|---|---|---|---|---|---|---|
| Höhe y | ■ | ■ | ■ | ■ | ■ | ■ | ■ | ■ |

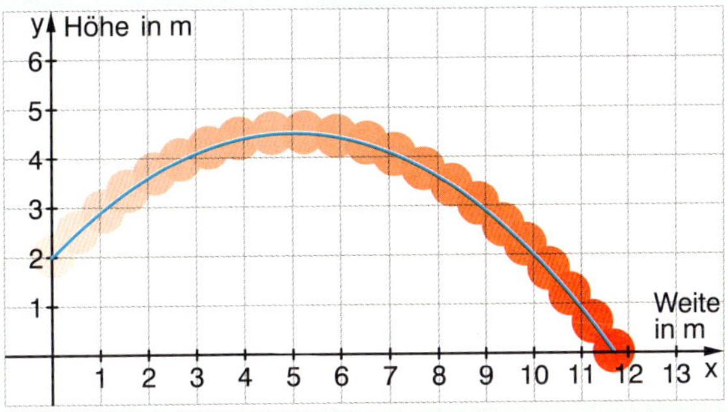


## Basiswissen

Den Graphen einer quadratischen Funktion nennt man Parabel.

- Es gibt nach **unten geöffnete** und nach **oben geöffnete** Parabeln.
- Parabeln besitzen eine **Symmetrieachse**.
- Der **Scheitelpunkt** einer Parabel ist entweder der höchste Punkt (**Maximum**) oder der tiefste Punkt (**Minimum**) des Graphen.
- Parabeln können Schnittpunkte mit der x-Achse besitzen. Deren x-Koordinaten nennt man **Nullstellen**.

Die Symmetrieachse geht durch den Scheitelpunkt der Parabel.

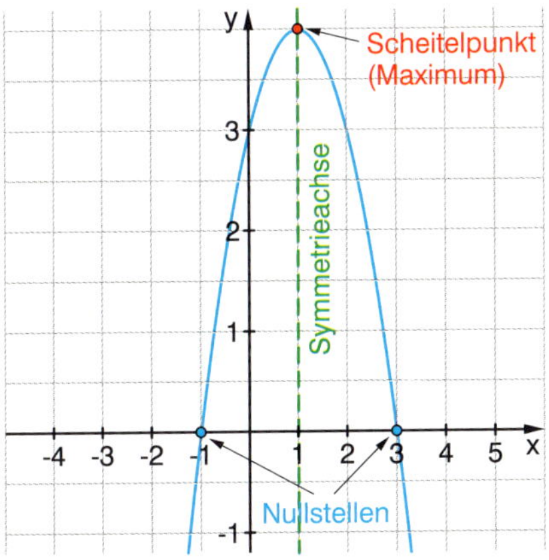


$f(x) = -x^2 + 2x + 3$

| x | −2 | −1 | 0 | 1 | 2 | 3 | 4 |
|---|---|---|---|---|---|---|---|
| f(x) | −5 | 0 | 3 | 4 | 3 | 0 | −5 |

↑ Maximum

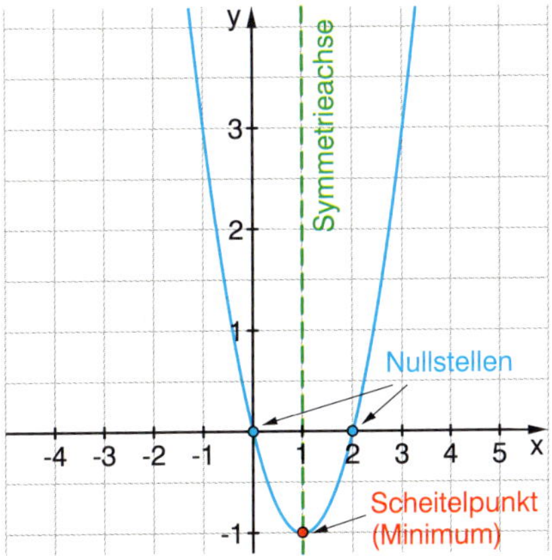


$g(x) = x^2 - 2x$

| x | −2 | −1 | 0 | 1 | 2 | 3 | 4 |
|---|---|---|---|---|---|---|---|
| g(x) | 8 | 3 | 0 | −1 | 0 | 3 | 8 |

↑ Minimum

## Beispiele

**A** *Mathematik mit Tabelle*
Wo hat die Funktion mit $f(x) = x^2 + 5$ ihren Scheitelpunkt?
Der Scheitelpunkt bei (0|5) ist ein Minimum.

| x | −3 | −2 | −1 | 0 | 1 | 2 | 3 |
|---|---|---|---|---|---|---|---|
| $x^2$ | 9 | 4 | 1 | 0 | 1 | 4 | 9 |
| $x^2+5$ | 14 | 9 | 6 | 5 | 6 | 9 | 14 |

## Beispiele

**B** Finde heraus, ob die quadratische Funktion mit $f(x) = x^2 - 4x + 3$ ein Maximum oder ein Minimum hat. Welche Koordinaten hat der Scheitelpunkt?

*Lösungsverfahren 1*

Am Graphen kann man ablesen, dass die Funktion ein Minimum hat.

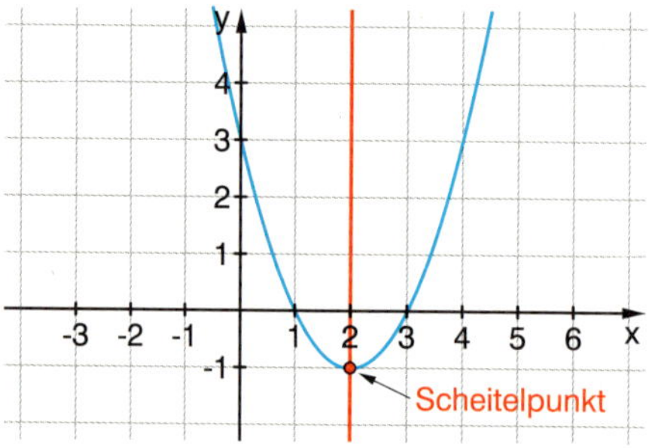


Die Koordinaten des Scheitelpunktes sind $(2|-1)$.

*Lösungsverfahren 2*

An der Tabelle kann man ablesen, dass die Funktion ein Minimum hat.

| x | f(x) | |
|---|---|---|
| 0 | 3 | |
| 1 | 0 | |
| 2 | −1 | Scheitelpunkt |
| 3 | 0 | |
| 4 | 3 | |

Die Symmetrieachse liegt bei $x = 2$. Die Symmetrieachse geht durch den Scheitelpunkt. Also liegt der Scheitel bei $x = 2$.
$y = f(2) = 2^2 - 4 \cdot 2 + 3 = -1$

**C** *„Kopfmathematik"*

Von einer quadratischen Funktion f ist bekannt, dass $f(2) = f(6)$ ist. Welche x-Koordinate hat der Scheitelpunkt der zugehörigen Parabel?

$x = 2$ und $x = 6$ wird derselbe y-Wert zugeordnet. Daher verläuft die Symmetrieachse genau in der Mitte zwischen $x = 2$ und $x = 6$, d. h. durch $x = 4$.
Der Scheitelpunkt hat also die x-Koordinate 4.

## Übungen

**4** $(2|10)$ $(0|-3)$ $(0|-5)$ $(2|-4)$ $(1|-4)$ $(-1|2{,}5)$

**4** Finde den Scheitelpunkt der Parabel und entscheide, ob es sich um ein Maximum oder ein Minimum handelt.

a) $f(x) = x^2 - 5$
b) $f(x) = x^2 - 2x - 3$
c) $f(x) = -x^2 + 4x + 6$
d) $f(x) = 2x^2 - 3$
e) $f(x) = x^2 - 4x$
f) $f(x) = -0{,}5x^2 - x + 2$

**5** *Graphenlaboratorium 1*

Kann man an der Funktionsgleichung erkennen, ob eine Parabel nach unten oder oben geöffnet ist?

GTR

a) Zeichne jeweils den Graphen der Funktion.
(1) $y(x) = x^2 - 4x + 1$ (2) $y(x) = x^2 - 4x - 1$
(3) $y(x) = x^2 + 4x + 1$ (4) $y(x) = -x^2 - 4x + 1$
Was wurde gegenüber Funktion (1) jeweils verändert?
Formuliere eine Vermutung, indem du den nebenstehenden Satz vollendest.

*Vermutung:*
Die Parabel zu einer quadratischen Funktion $f(x) = ax^2 + bx + c$ ist nach unten geöffnet, wenn …

Es geht auch mit einer Tabelle.

b) Überprüfe deine Vermutung an verschiedenen Beispielen.

**6** *„Kopfmathematik"*

a) Begründe: Besitzt eine Parabel zwei Nullstellen, dann liegt der Scheitelpunkt der Parabel genau in der Mitte zwischen den beiden Nullstellen.
b) Bestimme die x-Koordinate des Scheitelpunktes einer Parabel mit den Nullstellen $x_1 = 2$; $x_2 = 4$ ($x_1 = -5$; $x_2 = 7$).

**7** Ein Fußball fliegt bei einem Freistoß 60 m weit. Der höchste Punkt seiner parabelförmigen Flugbahn ist 6 m hoch.
a) Skizziere den Flug des Balles in einem Koordinatensystem und beschrifte die Skizze.
b) Welche Koordinaten hat der Scheitelpunkt der Flugbahn?

## Übungen

**8** *Modellieren*
Ein guter Golfspieler kann einen Golfball 200 m weit schlagen. Mit einer Videoaufzeichnung kann man nachweisen, dass die Flugbahn parabelförmig ist. Ein Physiker behauptet, dass man die Flugbahn mit der Funktion h: $w \rightarrow -\frac{1}{400}w(w-200)$ beschreiben kann. Du kannst herausfinden, ob dies stimmen kann, indem du die folgenden Fragen beantwortest.

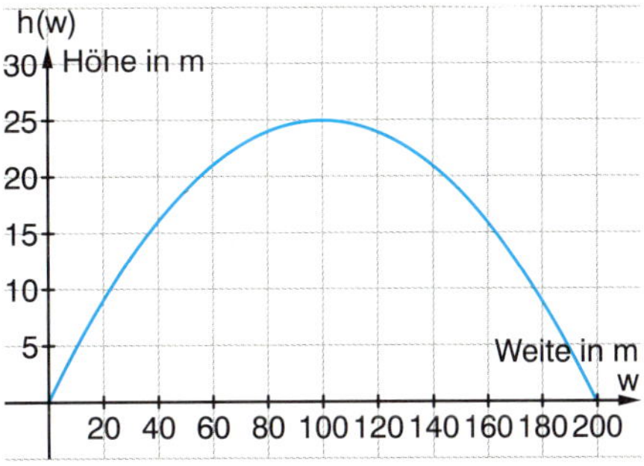


a) Handelt es sich um eine quadratische Funktion?
b) Welche Höhe h(w) wird den Werten $w = 0$ und $w = 200$ zugeordnet? Welche Bedeutung haben die zugehörigen Punkte für die Flugbahn?
c) An welcher Stelle hat die Funktion ihren Scheitelpunkt? Welche größte Höhe erreicht der Golfball? Frage einen Golfspieler, ob dein Ergebnis stimmen könnte.

**9** Verwende die Funktionen mit $f(x) = x^2 - 4x + 5$ und $g(x) = 2x - 1$ zur Beantwortung der folgenden Frage.
Wie unterscheiden sich die Graphen (Funktionsgleichungen, Tabellen) einer linearen Funktion und einer quadratischen Funktion?

**10** *Graphenlaboratorium 2*
Einfache Gleichungen für Parabeln haben die Form $f(x) = ax^2$. Welche Bedeutung hat der Parameter a?

a heißt Vorfaktor oder Parameter.

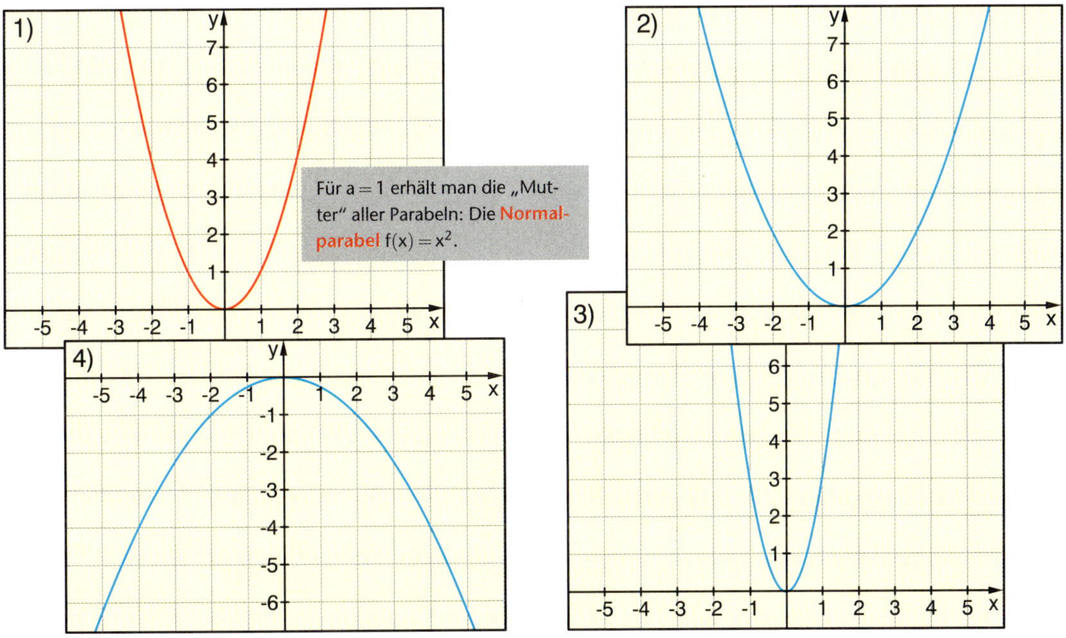


Für $a = 1$ erhält man die „Mutter" aller Parabeln: Die **Normalparabel** $f(x) = x^2$.

a) Finde mithilfe einer Wertetabelle zu jeder Parabel den Parameter a in der Funktionsgleichung $f(x) = ax^2$.
b) Wie verändert sich das Aussehen der Parabel, wenn man a variiert? Übertrage die Tabelle in dein Heft und ergänze sie.

| $f(x) = ax^2$ | Aussehen der Parabel |
|---|---|
| $a > 1$ | nach oben geöffnet und „schmaler" |
| $a = 1$ | Normalparabel |
| $0 < a < 1$ | … |
| $-1 < a < 0$ | … |
| $a < -1$ | … |

## Übungen

**11** *Graphenlaboratorium 3*

Aus der Funktionsgleichung für die Normalparabel $f(x) = x^2$ kann man neue Funktionsgleichungen „basteln“.

GTR

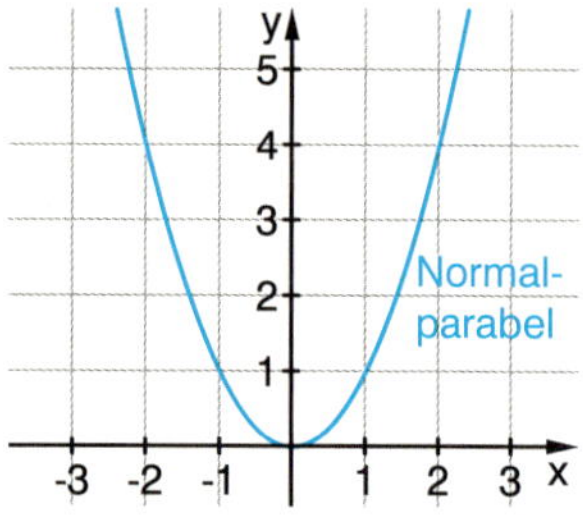


| $f(x) = x^2 + c$ | $g(x) = (x - b)^2$ |
|---|---|
| $f_1(x) = x^2$ | $g_1(x) = x^2$ |
| $f_2(x) = x^2 + 2$ | $g_2(x) = (x + 2)^2$ |
| $f_3(x) = x^2 - 1$ | $g_3(x) = (x - 1)^2$ |
| $f_4(x) = x^2 + 4$ | $g_4(x) = (x + 4)^2$ |
| $f_5(x) = x^2 - 2$ | $g_5(x) = (x - 2)^2$ |

a) Du kannst auf verschiedene Arten herausfinden, wie der Parameter c die Normalparabel verändert: durch Überlegen, mit Graphen oder mit Wertetabellen.
b) Welche Wirkung hat der Parameter b auf den Graphen?

## Basiswissen

Auch bei quadratischen Funktionen kann man wie bei den linearen Funktionen bereits aus der Funktionsgleichung viele Informationen über die Lage und Form des zugehörigen Graphen erhalten.

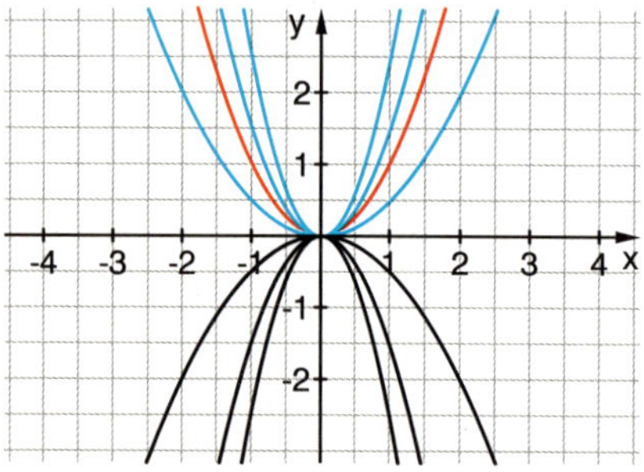

**$f(x) = ax^2$**
$a > 0$: Graph nach oben geöffnet,
$a < 0$: Graph nach unten geöffnet.

Durch den Parameter a wird die Normalparabel
„aufgebogen“ wenn $0 < |a| < 1$,
„zusammengebogen“ wenn $|a| > 1$.
a nennt man auch Streckfaktor.

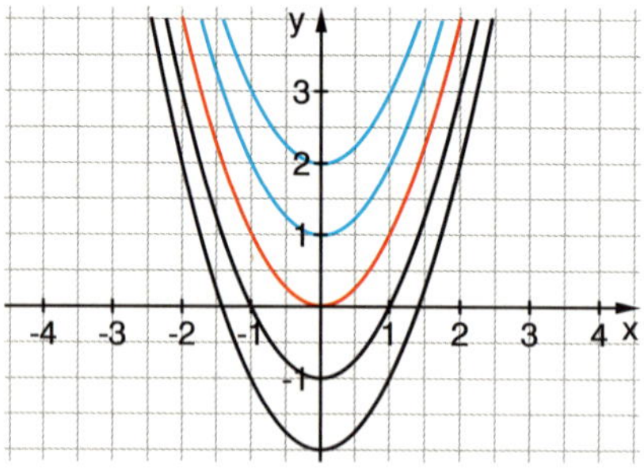

**$f(x) = x^2 + c$**
Der Graph wird um $|c|$ verschoben und zwar
nach oben für $c > 0$,
nach unten für $c < 0$.

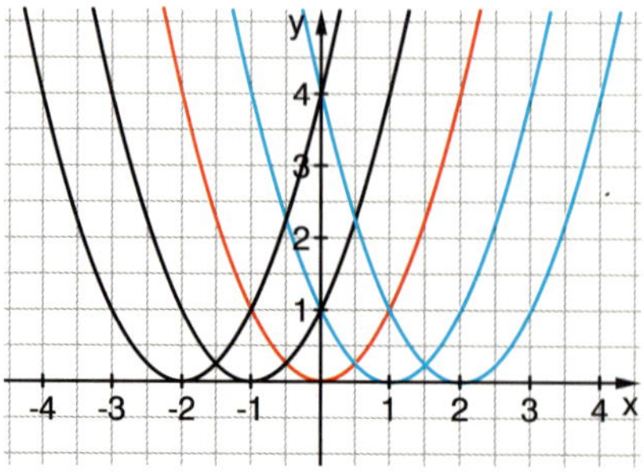

**$f(x) = (x - b)^2$**
Der Graph wird um $|b|$ verschoben und zwar
nach rechts für $b > 0$,
nach links für $b < 0$.
*Achtung:* $g(x) = (x + 2)^2 = (x - (-2))^2$
Normalparabel, die um 2 Einheiten nach links verschoben ist.

## *Beispiele*

**D** Aus den folgenden Funktionsgleichungen kann man die Lage und das Aussehen der zugehörigen Parabeln ablesen.

| | | |
|---|---|---|
| $f(x) = x^2 - 2$ | Um 2 Einheiten nach unten verschobene Normalparabel, der Scheitelpunkt liegt bei $(0 \mid -2)$. | 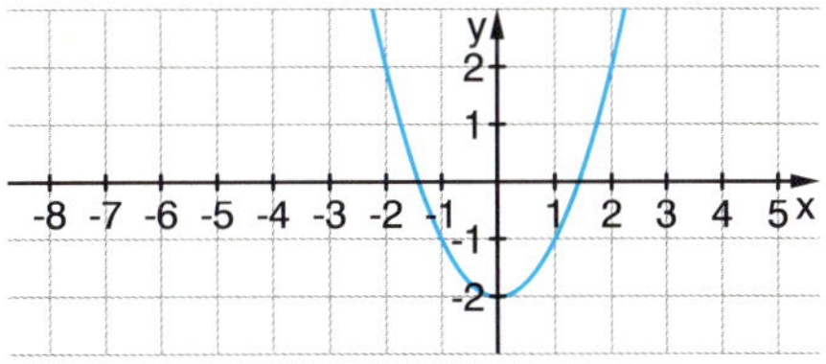 |
| $g(x) = (x+3)^2$<br>$= (x-(-3))^2$ | Um 3 Einheiten nach links verschobene Normalparabel, der Scheitelpunkt liegt bei $(-3 \mid 0)$. | 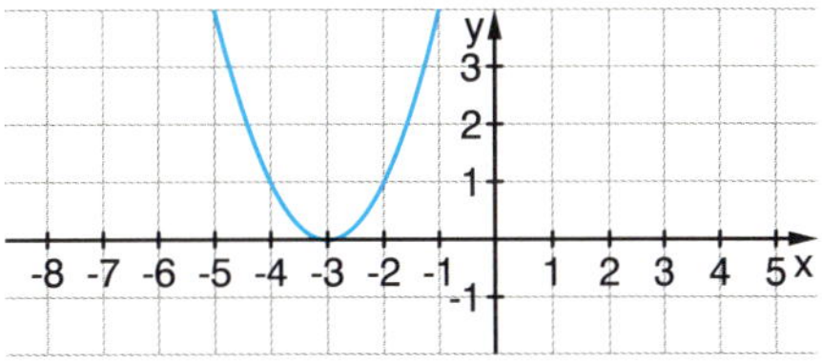 |
| $h(x) = -0{,}5\,x^2$ | „Gestauchte“, nach unten geöffnete Parabel, der Scheitelpunkt liegt bei $(0 \mid 0)$. | 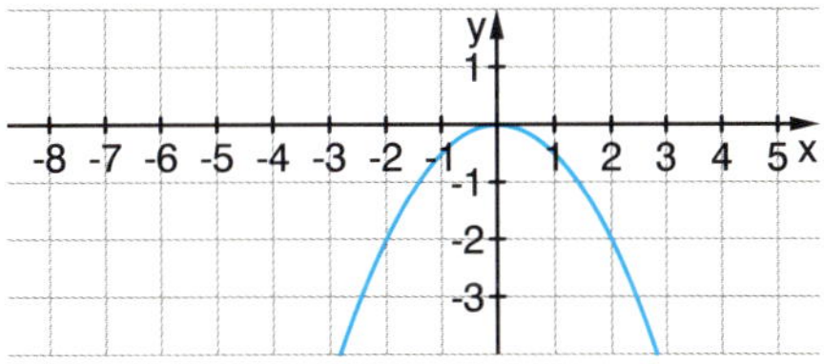 |

So sprechen die Mathematiker: Statt „aufgebogen“ sagt man auch „gestaucht“, statt „zusammengebogen“ auch „gestreckt“.

**E** Lies aus der Funktionsgleichung so viele Informationen wie möglich ab:
$f(x) = 2(x-1)^2 - 3$
Der Scheitelpunkt der Parabel liegt bei $(1 \mid -3)$; sie ist nach oben geöffnet und mit dem Faktor 2 gestreckt.

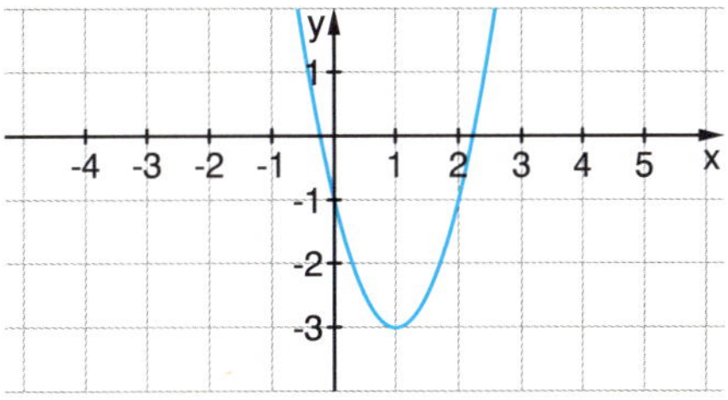


Die **Scheitelpunktform** $f(x) = a(x-b)^2 + c$ ist eine besonders praktische Darstellung einer quadratischen Funktion.

**F** Gib die Funktionsgleichung einer verschobenen Normalparabel an, deren Scheitelpunkt $S(-2 \mid -4)$ ist.
$f(x) = a(x-b)^2 + c$
$a = 1$ (Normalparabel)
$b = -2,\quad c = -4$
$f(x) = (x-(-2))^2 - 4 = (x+2)^2 - 4$

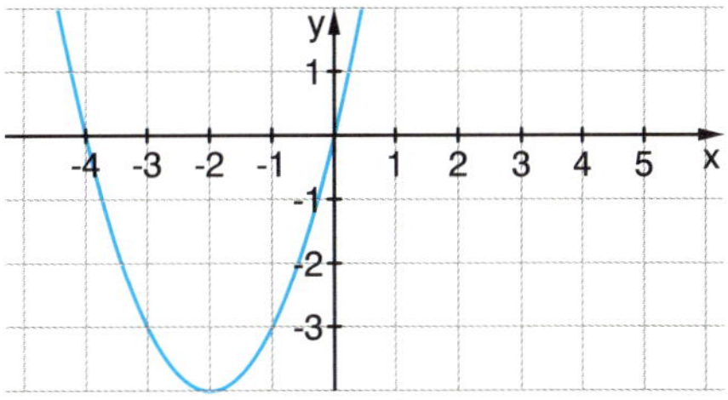


## *Übungen*

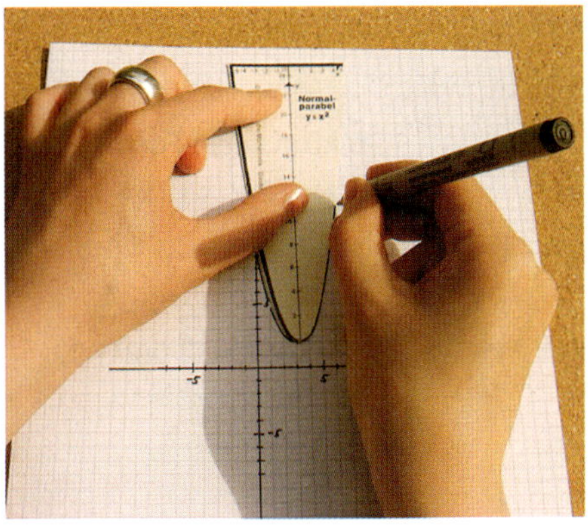

Mit einer **Schablone** kannst du die Aufgaben leicht ausführen.

**12** Zeichne die Parabeln zu den Funktionsgleichungen.

a) $f_1(x) = -(x-2)^2 + 1$
b) $f_2(x) = (x-2)^2 + 1$
c) $f_3(x) = -(x+4)^2 + 1$
d) $f_4(x) = (x+4)^2 - 3$

**13** Zeichne verschobene Normalparabeln, die ihren Scheitelpunkt bei S haben. Gib jeweils auch die zugehörige Funktionsgleichung an.

a) $S(2 \mid 4)$
b) $S(-2 \mid 1)$
c) $S(3 \mid -1)$
d) $S(-1 \mid -4)$

## Übungen

Fehler erkennen – Fehler vermeiden

**14** *Beliebte Fehler*

Häufig wird aus der Scheitelpunktform der Scheitel falsch abgelesen. Es gibt verschiedene Möglichkeiten zu überprüfen, ob der Scheitelpunkt richtig bestimmt wurde oder nicht.

a) $f(x) = (x+2)^2 - 6$. Ist der Scheitelpunkt $S(2|-6)$? Gib gegebenenfalls den richtigen Scheitelpunkt an.

- Überprüfe, ob der Punkt $(2|-6)$ auf dem Graphen liegt.
- Erstelle eine Wertetabelle für $-4 \leq x \leq 4$, Schrittweite 1.
- Zeichne den Graphen mit dem GTR.

b) Begründe mithilfe einer Tabelle, dass der Scheitelpunkt der Parabel $f(x) = (x+1)^2$ im Vergleich zur Normalparabel um eine Einheit nach links verschoben ist.

**15** Zeichne die Parabel zu $f(x) = (x-3)^2 + 1$.

a) Spiegele die Parabel an der x-Achse und gib die Funktionsgleichung an.

b) Spiegele die Parabel an der y-Achse und gib die Funktionsgleichung an.

c) Drehe die Parabel um 180° um den Ursprung.

d) „Kopfmathematik": Führe a) und b) mit allen Parabeln aus Aufgabe 12 und 13 durch. Sage vorab ohne Zeichnung, wie die Funktionsgleichungen jeweils lauten.

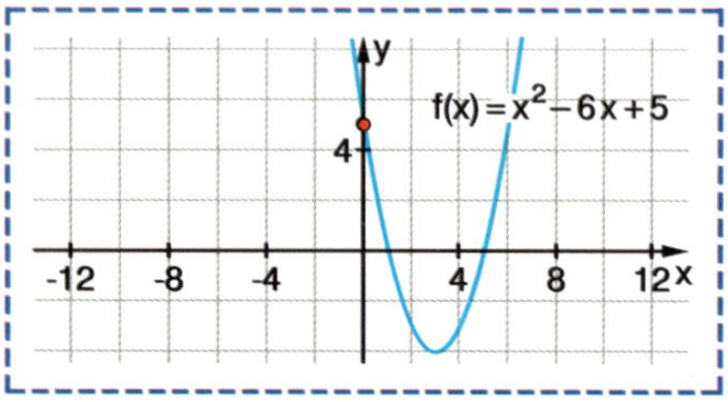


**16** *Schnittpunkt mit der y-Achse*

a) Alle Parabeln besitzen einen Schnittpunkt $(0|y)$ mit der y-Achse. Man kann ihn mit der Funktionsgleichung leicht bestimmen. Welche Schnittpunkte mit der y-Achse haben die Graphen der Funktionen mit $f(x) = x^2 - 5x + 2$ und mit $g(x) = x^2 + 6x - 1$?

b) Bestimme den Schnittpunkt des Graphen der Funktion mit $f(x) = ax^2 + bx + c$ mit der y-Achse.

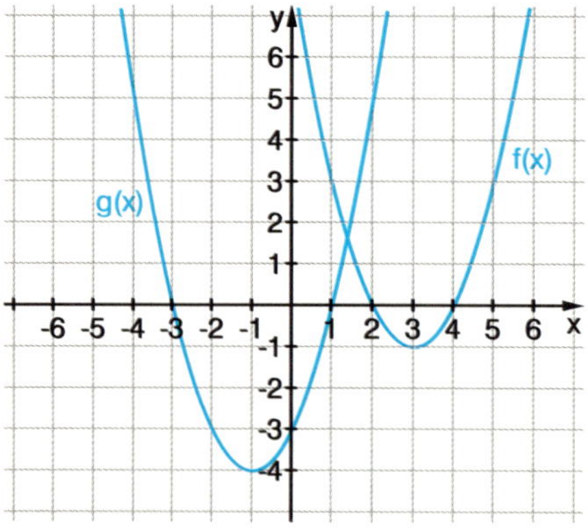


**17** *Verschobene Normalparabeln*

a) Gib zu den zwei Parabeln jeweils die Funktionsgleichung in Scheitelpunktform (Beispiel E, Seite 103) an.

b) Lars behauptet, dass man die Funktionsgleichungen auch wie folgt aufschreiben kann:
$f(x) = (x-4)(x-2)$ und
$g(x) = (x-1)(x+3)$.
Hat er Recht? Wie kann Lars ausgehend von den Graphen auf die Gleichungen gekommen sein?

## Basiswissen

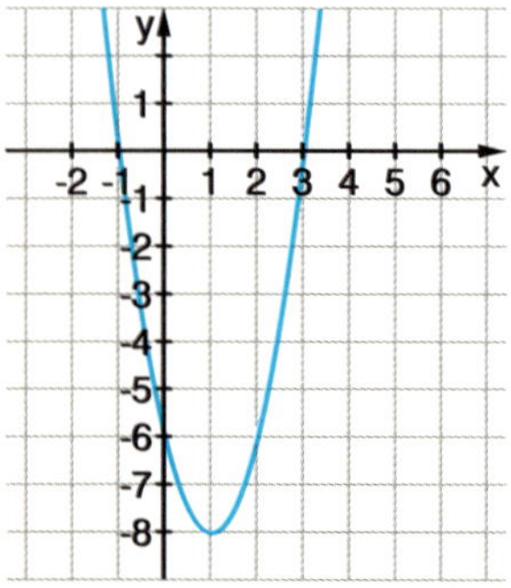


Eine Parabel – drei Darstellungen: Jede Darstellung hat ihre Vorteile.

| **Scheitelpunktform** | **Normalform** | **faktorisierte Form** |
|---|---|---|
| $y(x) = 2(x-1)^2 - 8$ | $y(x) = 2x^2 - 4x - 6$ | $y(x) = 2(x-3)(x+1)$ |
| | Direkt abzulesen: | |
| **Scheitelpunkt** $(1\|-8)$, **Streckfaktor** 2. | **Schnittpunkt mit y-Achse** $(0\|-6)$, **Streckfaktor** 2. | **Nullstellen:** 3 und $-1$, Scheitelpunkt bei $x = 1$, **Streckfaktor** 2. |

Hat eine Parabel zwei Nullstellen, dann liegt aus Symmetriegründen der Scheitelpunkt in der Mitte zwischen den beiden Nullstellen.

## Beispiele

**G** Bestimme die Nullstellen und den Scheitelpunkt der quadratischen Funktion mit $f(x) = 0{,}5(x-6)(x+2)$ und zeichne den Graphen.

Nullstellen: $f(x) = 0$

$0{,}5(x-6)(x+2) = 0$

$\Rightarrow x_1 = -2;\quad x_2 = 6$

Scheitelpunkt: $x_s = 2$ (Mitte von 6 und $-2$),

$y_s = f(2) = 0{,}5(2-6)(2+2) = -8$

$S(2|-8)$

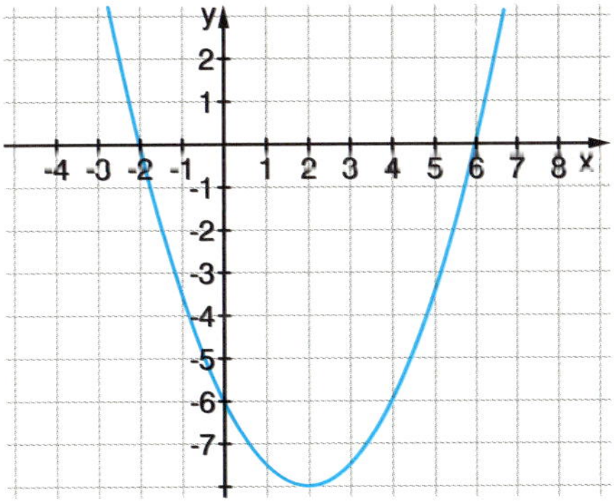


Denke daran:
Ein Produkt ist 0, wenn einer der Faktoren 0 ist.

## Übungen

**18** *Eine Parabel – drei Darstellungen*

| Scheitelpunktform | Normalform | faktorisierte Form |
|---|---|---|
| (1) $y(x) = (x-0{,}5)^2 - 2{,}25$ | $y(x) = x^2 - x - 2$ | $y(x) = (x-2)(x+1)$ |
| (2) $y(x) = -\left(x-\frac{1}{2}\right)^2 + 2{,}25$ | $y(x) = -x^2 + x + 2$ | $y(x) = -(x+1)(x-2)$ |
| (3) $y(x) = 2\cdot\left(x+\frac{3}{2}\right)^2 - \frac{9}{2}$ | $y(x) = 2x^2 + 6x$ | $y(x) = 2x(x+3)$ |

a) Weise durch Umformungen nach, dass es sich jeweils um dieselbe Funktion handelt.
b) Zeichne die Parabeln möglichst geschickt.
c) An welcher Darstellungsform kann man den Scheitelpunkt der Parabel am besten ablesen? Welche Form ist besonders praktisch, um die Nullstellen zu erkennen? Welche Information über die Parabel erhält man leicht mit der Normalform?

**19** *Faktorisierte Form und Symmetrie: ganz schön praktisch!*
Bestimme jeweils Nullstellen und Scheitelpunkt.
a) $y(x) = x(x-3)$ b) $y(x) = (x-2)(x+2)$ c) $y(x) = -2(x+1)(x+4)$
d) $y(x) = (x+3)^2$ e) $y(x) = -2(x-1)^2$ f) $y(x) = (2-x)^2$
g) Welche der Funktionen a) bis f) stellen verschobene Normalparabeln dar? Die Graphen dieser Funktionen kann man besonders einfach zeichnen.

Du kannst deine Ergebnisse überprüfen, indem du die Graphen mit dem GTR zeichnest.

**20** *Nullstellenbestimmung und quadratische Gleichungen*
Für einfache quadratische Funktionen kann man die Nullstellen rechnerisch bestimmen.
a) $f(x) = x^2 - 9$ b) $f(x) = 3x^2 - 6$
c) $f(x) = 2x^2$ d) $f(x) = x^2 + 4$
e) $f(x) = -3x^2 + 6$ f) $f(x) = 5x^2 + 12$

Nullstellen von
$f(x) = 4x^2 - 4$
$0 = 4x^2 - 4 \quad |+4$
$4 = 4x^2 \quad |:4$
$1 = x^2$
$x_1 = 1;\ x_2 = -1$

x nennt man Nullstelle einer Funktion, wenn $f(x) = 0$ ist.

Nullstellen von
$f(x) = x^2 - 3x$
$x^2 - 3x = 0$
Faktorisieren
$x(x-3) = 0$
$x_1 = 0;\ x_2 = 3$

**21** *Nullstellenberechnung durch Faktorzerlegung*
Wo liegen die Nullstellen der Parabel mit der Gleichung
a) $y(x) = x^2 + 2x$ b) $y(x) = -3x^2 + 6x$
c) $y(x) = 2x^2 - 8$ d) $y(x) = -x^2 - 10$
Berechne jeweils auch den Scheitelpunkt. Handelt es sich um ein Minimum oder ein Maximum?

Manchmal hilft eine binomische Formel.

**22** *Quadratische Funktionen – Binomische Formeln*
a) Bestimme den Scheitelpunkt und die Nullstellen der Funktion $f(x) = x^2 - 4x + 4$ mithilfe des Graphen.
b) Schreibe die Funktionsgleichung in Scheitelpunktform und in faktorisierter Form auf. Was stellst du fest?
c) Bestimme ohne Graphen die Nullstellen und den Scheitelpunkt der Parabeln von $g(x) = x^2 + 6x + 9$ und $h(x) = x^2 - 10x + 25$.

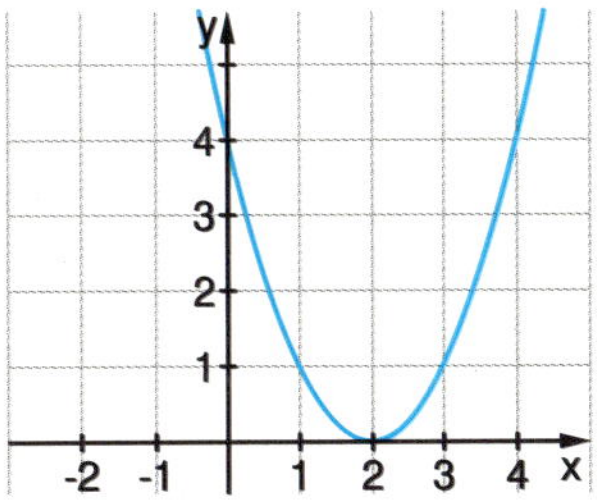

## Übungen

**23** *Mathe ohne Worte*

Saskia behauptet: „Wenn ich die Nullstellen einer Parabel kenne, kann ich nicht nur ihren Graphen zeichnen, sondern kenne auch ihren Scheitelpunkt und ihre Funktionsgleichung." Oliver legt ein Schaubild mit verschiedenen Parabeln wortlos vor. Was meinst du?

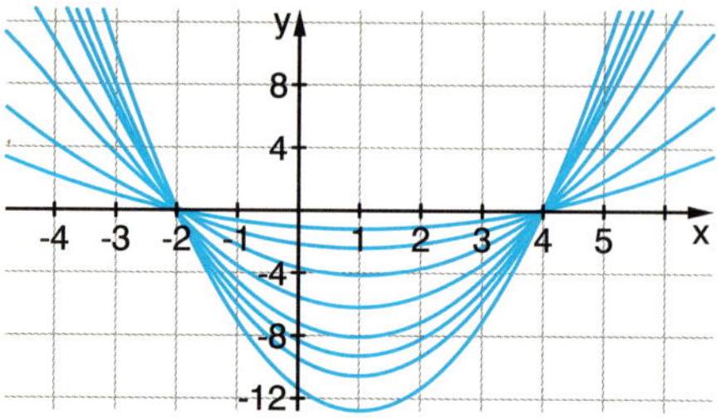


**24** Gib die Gleichung einer Parabel an, die folgende Nullstellen hat. Es gibt jeweils mehrere Lösungen.

a) $x_1 = 1$; $x_2 = 3$  b) $x_1 = -4$; $x_2 = 1{,}5$  c) $x_1 = -2{,}7$; $x_2 = \frac{1}{2}$  d) $x_1 = 2$

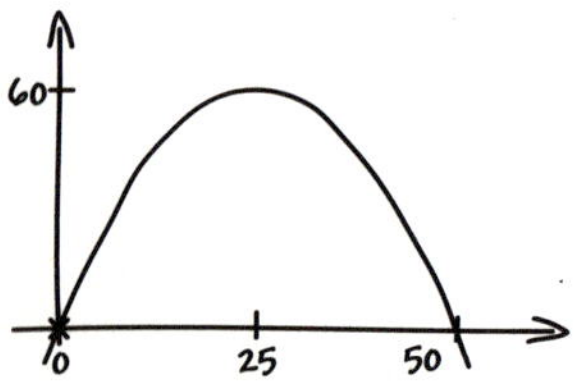


***Rakete X3***
$x_s = 25,\ f(x_s) = 60$
$f(x) = a\,x(x-50)$
$f(25) = 60 = a(25-50)\cdot 25$
$\Rightarrow \ldots$

**25** Ein Wissenschaftler untersucht den Flug von Feuerwerksraketen. Mit einer Videokamera nimmt er den Flug auf, fertigt eine Skizze an und rechnet. Erläutere die Skizze und die Rechnung. Rechne weiter.

## Aufgaben

quadratische Ergänzung: $x^2 + bx + \left(\frac{b}{2}\right)^2$

**26** *Von der Normalform zur Scheitelpunktform: Binomische Formeln – eine große Hilfe beim Parabelzeichnen*

Und so wird es gemacht:
$f(x) = x^2 - 6x + 3$
$= x^2 - 6x + 9 - 9 + 3$
quadratische Ergänzung
$= (x-3)^2 - 6$
Scheitelpunkt $S(3\,|\,-6)$

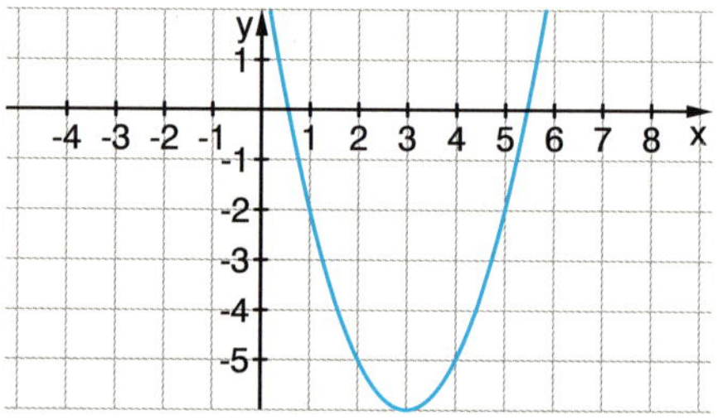


Forme in die Scheitelpunktform um. Bestimme die Koordinaten des Scheitelpunktes und zeichne den Graphen der Funktion.

a) $f(x) = x^2 - 10x + 15$  b) $f(x) = x^2 + 2x - 3$  c) $f(x) = x^2 + 3x - 2$
d) $f(x) = x^2 - 9$  e) $f(x) = x^2 - 4x + 16$  f) $f(x) = x^2 - 7x$

**27** *Von der Normalform zur Scheitelpunktform – wenn es schwieriger wird*

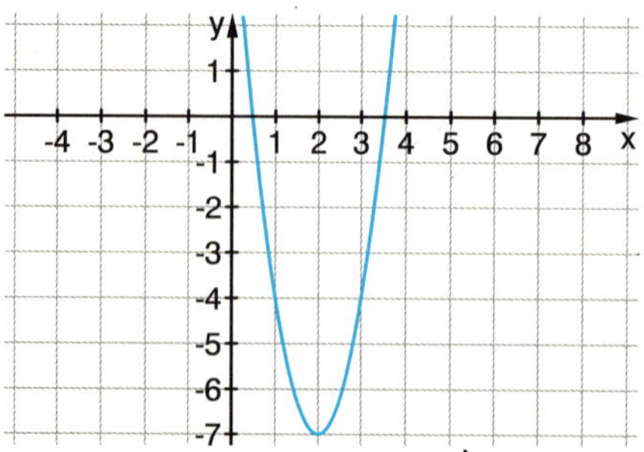


$f(x) = 3x^2 - 12x + 5$
ausklammern
$= 3(x^2 - 4x) + 5$
quadratische Ergänzung
$= 3(x^2 - 4x + 4 - 4) + 5$
$= 3(x^2 - 4x + 4) - 3\cdot 4 + 5$
$= 3(x-2)^2 - 7$
Scheitelpunkt $S(2\,|\,-7)$,
gestreckte Parabel, Streckfaktor 3

Forme um in die Scheitelpunktform. Bestimme die Koordinaten des Scheitelpunktes und zeichne den Graphen der Funktion.

a) $f(x) = 2x^2 + 12x - 10$  b) $f(x) = -3x^2 - 12x + 12$  c) $f(x) = -x^2 - 6x + 2$
d) $f(x) = x^2 - x + 1$  e) $f(x) = 0{,}5x^2 - 3x + 1$  f) $f(x) = -2x^2 - 4x$

## Aufgaben

**28** Ingenieure planen eine Hängebrücke, die an dicken Drahtseilen aufgehängt ist. Den Brückenbogen kann man näherungsweise mit einer quadratischen Funktion modellieren. Angenommen:
$f(x) = \frac{1}{450}x^2 - \frac{2}{3}x + 60$.
Bestimme den Scheitel der Parabel. Wie hoch liegt er über der Fahrbahn?

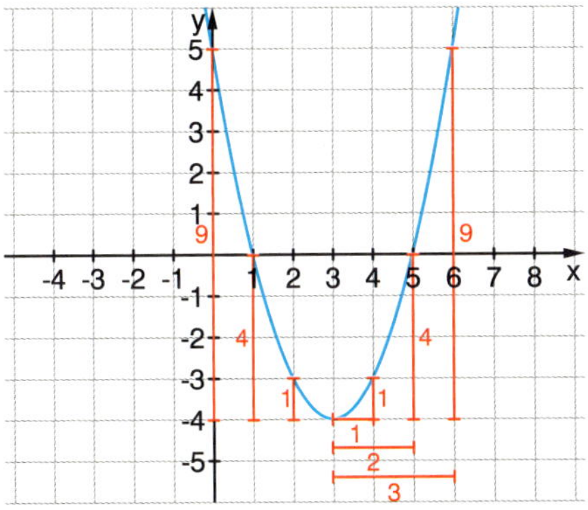


**29** *Zeichnen einer Parabel mithilfe der Quadratzahlen*
Schau das Bild genau an. Du kannst erkennen, wie die Parabel mithilfe von Quadratzahlen gezeichnet wurde.
Zeichne genauso den Graphen von
a) $f(x) = (x-2)^2 + 1$
b) $g(x) = -(x+2)^2 + 3$
c) $h(x) = 0{,}5(x+4)^2$
d) $i(x) = -2(x-1)^2 + 1$

**30** *Wanted – Teil 1:* Von einer Parabel sind bekannt:

1) Der Scheitelpunkt $(1|3)$ und eine Nullstelle bei 4. Wo ist die zweite Nullstelle?

2) Der Scheitelpunkt $(-2|4)$ und der Punkt $(1|1)$. Bestimme einen weiteren Punkt der Parabel.

3) Der Scheitelpunkt $(-3|-2)$ und der Faktor vor dem quadratischen Term $a = -0{,}5$. Was weiß man?

4) Die Nullstellen 4 und 8. Wo ist der Scheitel?

Stelle zu jeder Parabel eine zugehörige Gleichung auf. Mache dann die „Probe" mit dem GTR.

**31** *Wanted – Teil 2*
Gesucht ist die Gleichung einer Parabel
a) mit dem Scheitelpunkt $(4|-2)$ und dem Streckfaktor $a = -1$,
b) mit dem Scheitelpunkt $(-1|1)$ und einer Nullstelle bei $x = 0$,
c) mit dem Scheitelpunkt $(2|-1)$ und dem y-Achsenabschnitt 3,
d) mit den Nullstellen $x_1 = 1$; $x_2 = -5$ und dem Streckfaktor 1.

Teste deine Gleichung, in dem du die zugehörige Parabel zeichnest. Das geht flott, wenn du einen GTR benutzt.

**32** *Zum Nachdenken*
a) Von einer Parabel ist bekannt, dass sie nur eine Nullstelle besitzt. Was kann man dann über den Scheitel, die Scheitelpunktform und die faktorisierte Form der zugehörigen Funktionsgleichung sagen?
b) Wie viele Schnittpunkte können zwei Parabeln besitzen? Fertige für jeden der Fälle eine Skizze an.
c) Martina stellt fest: „An dieser Tabelle kann ich sofort ablesen, wie die zugehörige Funktionsgleichung lautet".

| x | −4 | −3 | −2 | −1 | 0 | 1 | 2 | 3 | 4 |
|---|---|---|---|---|---|---|---|---|---|
| y(x) | 4 | 1 | 0 | 1 | 4 | 9 | 16 | 25 | 36 |

## 3.3 Quadratische Gleichungen

**Was dich erwartet**

*In vielen Anwendungssituationen werden quadratische Funktionen verwendet. Wenn Lisa beim Volleyball einen Aufschlag macht, dann kann man den Flug des Volleyballs mit einer quadratischen Funktion modellieren.*

*Man kann mit der Funktion viele interessante Fragen beantworten:*

- *Wie hoch fliegt der Ball? (Achtung, die Hallendecke ist niedriger als du denkst.)*
- *Kommt der Ball über das Netz?*
- *Landet der Ball im gegnerischen Feld?*
- *Wo fliegt der Ball niedriger als 0,5 m? (Dann ist die Annahme des Balles fast unmöglich.)*

*Häufig stößt man beim Lösen von Problemen im Zusammenhang mit quadratischen Funktionen auf quadratische Gleichungen. Quadratische Gleichungen kann man zeichnerisch mithilfe eines Graphen lösen. Einfache quadratische Gleichungen kannst du bereits rechnerisch lösen. Für schwierigere gibt es verschiedene Lösungsstrategien, u. a. auch Lösungsformeln.*

**Aufgaben**

**1** Ein Rettungshubschrauber schwebt 25 m über einem gekenterten Boot und wirft ein Rettungsfloß ab. Die Höhe h(t) des Floßes über dem Wasser kann modelliert werden mit $h(t) = 25 - 5t^2$ (t: Zeit in s).
Nach wie vielen Sekunden trifft das Floß auf der Wasseroberfläche auf? Beantworte die Frage zeichnerisch mithilfe des Graphen. Überprüfe das Ergebnis rechnerisch.

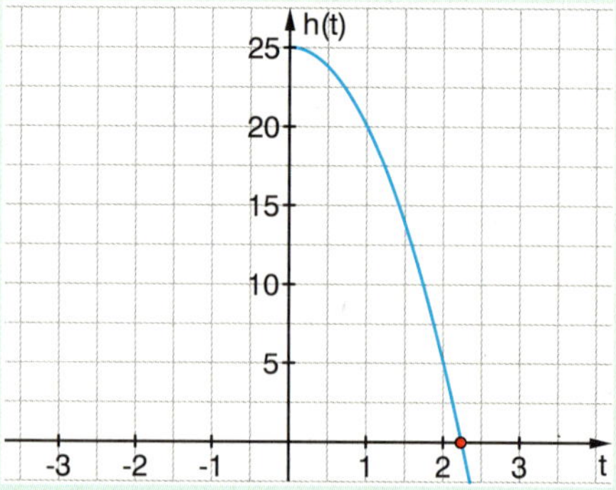


**2** In den Lernabschnitten 3.1 und 3.2 hast du gelernt, wie man einfache quadratische Gleichungen rechnerisch löst. Löse die folgenden Gleichungen mit den dort vorgestellten Verfahren.

a) Löse durch Wurzelziehen.
(1) $x^2 = 49$
(2) $2x^2 = 8$
(3) $x^2 = 30$
(4) $4x^2 + 25 = 205$
(5) $100 - 5x^2 = 0$
(6) $x^2 = -16$
(7) $3x^2 + 2x - 4 = 2x$

b) Löse durch Faktorisieren.
(1) $x^2 - 2x = 0$
(2) $2x^2 - 10x = 0$
(3) $4x - 3x^2 = 0$

c) Verwende Binomische Formeln.
(1) $x^2 - 2x + 1 = 0$
(2) $x^2 + 6x + 9 = 0$

## Aufgaben

**3** Für die folgende Aufgabe benötigst du Papier zum Zeichnen oder einen grafischen Taschenrechner (GTR).

GTR

a) Übertrage die Tabelle in dein Heft und ergänze die 2. und 3. Spalte.

| Gleichung | Lösungen | Anzahl der Lösungen | Zugehörige Funktion | Anzahl der Nullstellen |
|---|---|---|---|---|
| $x^2 - 5 = 0$ | $x_1 = \sqrt{5}$<br>$x_2 = -\sqrt{5}$ | 2 | $f(x) = x^2 - 5$ | 2 |
| $x^2 - 16 = 0$ | | | | |
| $x^2 = 0$ | | | | |
| $-x^2 + 16 = 0$ | | | | |
| $x^2 + 5 = 0$ | | | | |
| $-x^2 = 0$ | | | | |

b) Zeichne jeweils die zugehörige quadratische Funktion und vervollständige die Tabelle.

c) Welcher Zusammenhang besteht zwischen der Anzahl der Lösungen einer quadratischen Gleichung und der Anzahl der Nullstellen der zugehörigen quadratischen Funktion?

**4** Rechts siehst du eine quadratische Gleichung, die durch Wurzelziehen gelöst wurde.
Löse die folgenden Gleichungen mit dem dargestellten Verfahren.

a) $(x-5)^2 = 9$
b) $(x+3)^2 = 10$
c) $4(x-1)^2 = 64$

$2(x-3)^2 = 10$ durch 2 dividieren
$(x-3)^2 = 5$ Wurzelziehen
$x - 3 = \sqrt{5}$ oder $x - 3 = -\sqrt{5}$
Lösungen:
$x_1 = 3 + \sqrt{5}$; $x_2 = 3 - \sqrt{5}$
Schreibweise mit Lösungsmenge
$L = \{3 + \sqrt{5};\ 3 - \sqrt{5}\}$

## Basiswissen

Zum Lösen von quadratischen Gleichungen gibt es verschiedene Verfahren.

Lösen von quadratischen Gleichungen durch **Wurzelziehen**

### Quadratische Gleichungen der Form $x^2 - a = 0$

$x^2 - a = 0$
$x^2 = a$ Wurzelziehen
$x = \sqrt{a}$ oder $x = -\sqrt{a}$
$x_1 = \sqrt{a}$ $x_2 = -\sqrt{a}$

$L = \{\sqrt{a};\ -\sqrt{a}\}$

Quadratische Gleichungen der Form $x^2 - a = 0$ haben für $a > 0$ die Lösungen:
$x_1 = \sqrt{a}$; $x_2 = -\sqrt{a}$

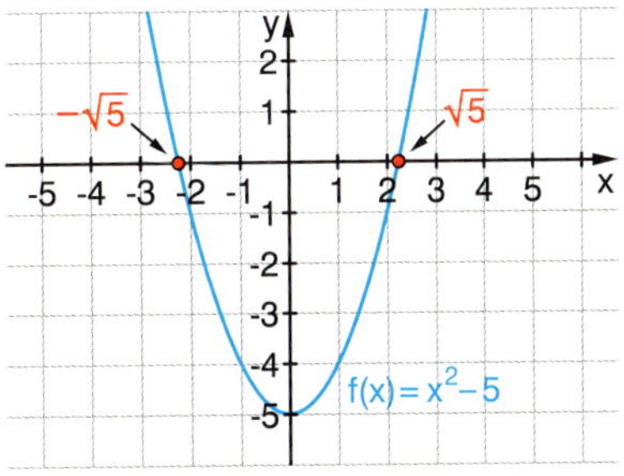


$(x-b)^2 - c = 0$
$(x-b)^2 = c$ Wurzelziehen
$x - b = \sqrt{c}$ oder $x - b = -\sqrt{c}$
$x_1 = b + \sqrt{c}$ $x_2 = b - \sqrt{c}$

$L = \{b + \sqrt{c};\ b - \sqrt{c}\}$

## Basiswissen

Einige quadratische Gleichungen kann man durch Ausklammern lösen.

Lösen von quadratischen Gleichungen durch **Ausklammern (Faktorisieren)**

**Quadratische Gleichungen der Form $x^2 - bx = 0$**

$x^2 - bx = 0$

$x(x - b) = 0$ Ausklammern

Ein Produkt ist 0, wenn einer der Faktoren 0 ist.

$x = 0$ oder $x - b = 0$

$x_1 = 0$ $x_2 = b$

Schreibweise mit Lösungsmenge:
$L = \{0; b\}$

Quadratische Gleichungen der Form $x^2 - bx = 0$ haben für $b \neq 0$ immer zwei Lösungen.

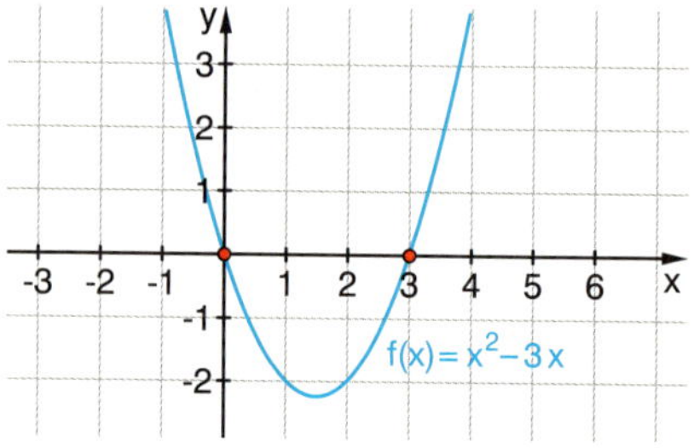


## Beispiele

**A** Löse die Gleichung $3x^2 - 10x = 0$.
Entscheide zunächst, nach welchem Verfahren du die Gleichung lösen willst.
Die quadratische Gleichung kann man durch Ausklammern lösen.

$L = \left\{0, \frac{10}{3}\right\}$

$3x^2 - 10x = 0$

$x(3x - 10) = 0$

$x = 0$ oder $3x - 10 = 0$

$3x = 10$

$x = \frac{10}{3}$

$x_1 = 0;\ x_2 = \frac{10}{3}$

**B** Begründe, warum die Gleichung $x^2 + 5 = 3$ keine Lösung hat.

*Rechnerische Lösung:*

$L = \{\}$
leere Menge

$x^2 + 5 = 3 \quad |-5$

$x^2 = -2$

Es gibt keine reelle Zahl, die quadriert eine negative Zahl ergibt.

*Zeichnerische Lösung:*

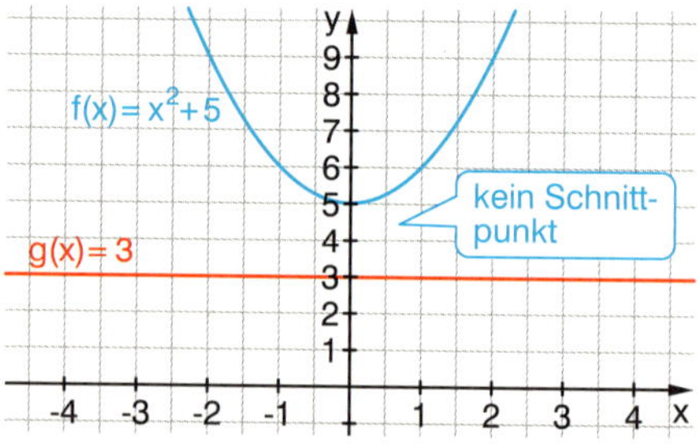


## Übungen

Löse die Gleichungen. Runde die Ergebnisse, wenn nötig, auf eine Stelle nach dem Komma. Übrigens, bei den Aufgaben 5, 6 und 7 passen verschiedene Lösungsverfahren.

**5** $\{-\sqrt{30}; \sqrt{30}\}$ $\{-2; 2\}$ $\{-\sqrt{2}; \sqrt{2}\}$ $\{-4; 4\}$ $\{\}$ $\left\{-\frac{2}{5}; \frac{2}{5}\right\}$ $\{-11; 11\}$ $\left\{-\frac{7}{3}; \frac{7}{3}\right\}$

**5** a) $x^2 = 16$ b) $x^2 = 121$ c) $x^2 = 30$ d) $5x^2 = 10$
e) $2x^2 = -40$ f) $9x^2 = 49$ g) $x^2 = \frac{4}{25}$ h) $-x^2 = -4$

**6** a) $(x - 3)^2 = 16$ b) $(y + 5)^2 = 10$ c) $4\left(z - \frac{1}{2}\right)^2 = 9$
d) $(x + 7)^2 = -36$ e) $9(x + 4)^2 = 36$ f) $8(r + 4)^2 = 40$

**7** a) $x^2 - 6x = 0$ b) $10x - x^2 = 0$ c) $x^2 + 4x = 6x$
d) $4x^2 + 8x = 0$ e) $9x^2 - 5x = 3x^2 - 10x$ f) $5x - 10x^2 = 5x$

**8** *Zum Nachdenken: „Manche quadratische Gleichungen haben keine Lösungen."*
a) Erkläre, warum die Gleichung $x^2 + 100 = 0$ keine Lösung hat.
b) Für welche Werte von a hat die Gleichung $x^2 - a = 0$ keine Lösung?
c) Begründe, warum die Gleichung $x^2 - bx = 0$ immer Lösungen hat.

## Übungen

**9** Berechne die Nullstellen der Funktion.

a) $f(x) = x^2 - 10$  b) $f(x) = 2x^2 - 8$  c) $f(x) = x^2 - 3x$
d) $f(x) = 2x^2 - 11x$  e) $f(x) = -x^2 + 2$  f) $f(x) = (x-1)(x+3)$

**10** *Strömende Flüssigkeiten*

Physiker haben herausgefunden, dass Flüssigkeiten, die durch ein Rohr strömen, in der Mitte des Rohres schneller fließen als am Rand. D. h. die Strömungsgeschwindigkeit v hängt auch von der Entfernung x von der Mitte des Rohres ab.
Angenommen, die Geschwindigkeit v in m/s kann man aus x in cm nach der Formel $v(x) = 16 - x^2$ berechnen.

a) Ermittle die größte und die kleinste Strömungsgeschwindigkeit.
b) An welcher Stelle des Rohres beträgt die Geschwindigkeit 7 m/s?

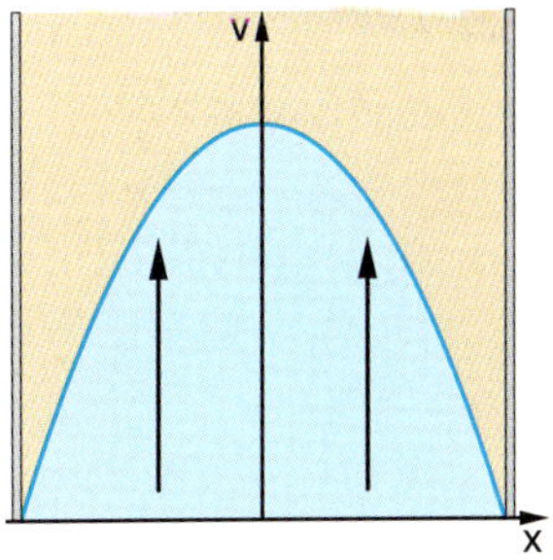


**11** *Flug einer Feuerwerksrakete*

Den Flug einer Feuerwerksrakete kann man mit einer quadratischen Funktion mit $h(x) = 15x - 0{,}5x^2$ modellieren. Dabei ist x die Entfernung vom Abschussort in Meter und h(x) die Höhe der Rakete in Meter.

a) Berechne, in welcher Entfernung von der Abschussstelle die Rakete landet.
b) Berechne mit dem Ergebnis aus Aufgabe a) den höchsten Punkt der Flugbahn.
c) Skizziere die Flugbahn der Rakete in einem Schaubild.

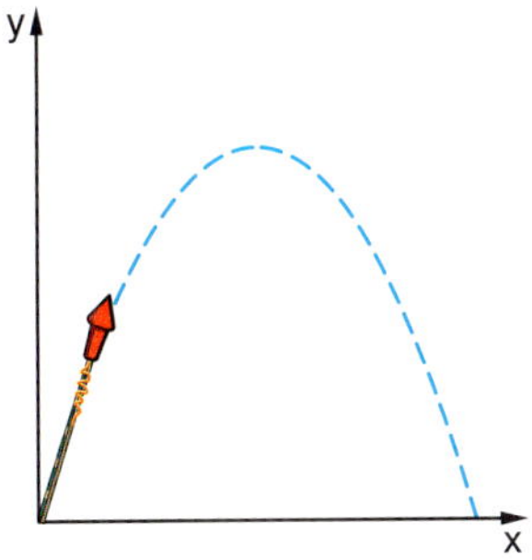


**12** *Grafische Lösung von quadratischen Gleichungen*

Die folgenden drei Schaubilder stellen die Lösung von verschiedenen Typen quadratischer Gleichungen dar. Dargestellt sind die Gleichungen

a) $(x-2)^2 = 4$  b) $0{,}5x^2 = 2$  c) $x^2 - 5x = 0$

Ordne die Schaubilder richtig zu und begründe deine Entscheidung.

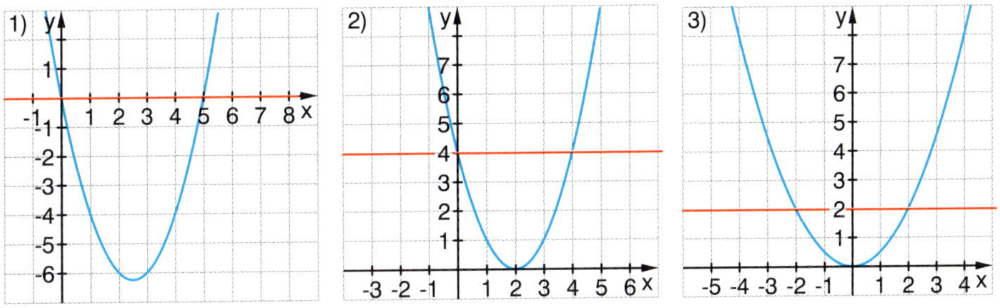


"Produkt = 0"-Regel
Wenn $a \cdot b = 0$,
dann $a = 0$ oder $b = 0$.

**13** *Lösen einer quadratischen Gleichung mit der „Produkt = 0"-Regel*

Berechne die Lösungen der Gleichungen.

Handelt es sich wirklich um quadratische Gleichungen? Begründe.

a) $(x-2)(x+3) = 0$  b) $(2x+4)(5x+20) = 0$  c) $x(x-2) = 0$
d) $(x+4)(x-9) = 0$  e) $2(x+1)(x+1) = 0$  f) $5x(x-2{,}5) = 0$

**14** *Quadratische Gleichungen und binomische Formeln*

Manche Terme kann man mithilfe der binomischen Formeln umformen und damit schnell eine quadratische Gleichung lösen. Aber nicht immer passt eine binomische Formel.

a) $x^2 + 4x + 4 = 1$  b) $x^2 - 6x + 9 = 4$  c) $x^2 + 8x + 16 = 0$
d) $x^2 + 5x + 6{,}25 = 9$  e) $3x^2 + 30x - 75 = 0$  f) $x^2 - 2x + 2 = 0$
g) $x^2 - 121 = 0$  h) $x^2 - 14x - 49 = 0$  i) $x^2 = 0{,}8x - 0{,}16$

$2x^2 + 18 = 12x \quad | -12x$
$2x^2 - 12x + 18 = 0 \quad | :2$
$x^2 - 6x + 9 = 0$
$(x-3)^2 = 0$
Lösung
$x = 3 \qquad L = \{3\}$

## Übungen

**15** *Entdeckung eines allgemeinen Verfahrens zum Lösen von quadratischen Gleichungen*
Die folgenden Aufgaben sind in Paaren aufgebaut. Eine der Aufgaben kannst du jeweils mithilfe der binomischen Formeln sofort lösen, die andere nicht. Durch geschicktes Addieren oder Subtrahieren kannst du jedoch die Gleichung so ergänzen, dass du sie lösen kannst.

a) $x^2+6x+9=3$
b) $x^2+6x+8=15$

c) $x^2-4x+4=6$
d) $x^2-4x+10=22$

e) $x^2+10x+25=0$
f) $x^2+10x+20=0$

**16** *Mathe ohne Worte*

$x^2+8x=20$ — Addiere $4^2$
$x^2+8x+4^2=20+4^2$
$(x+4)^2=36$ — Ziehe die Wurzel
$x+4=\sqrt{36}$ oder $x+4=-\sqrt{36}$
$x+4=6$ oder $x+4=-6$
$x_1=2$ $\quad$ $x_2=-10$

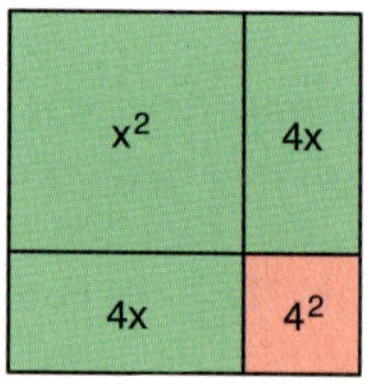


Löse die Gleichungen nach dem gleichen Verfahren. Unterstütze deine Rechnung durch eine Zeichnung (siehe oben).
a) $x^2+10x=39$ b) $x^2-12x=-11$ c) $x^2-8x=4$ d) $x^2+4x=-5$

## Basiswissen

Das Lösungsverfahren, das zwar nicht immer das bequemste Verfahren ist, das aber immer funktioniert, verwendet die „quadratische Ergänzung".

**Lösen von quadratischen Gleichungen durch quadratisches Ergänzen**

$x^2+10x+5^2$

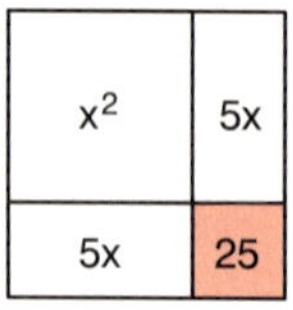


**Quadratische Gleichungen der Form $x^2+bx+c=0$**

$x^2+10x+16=0 \quad |-16$
$x^2+10x=-16 \quad |+25$

**Quadratische Ergänzung:**
Halbiere den Koeffizienten von x und quadriere das Ergebnis: $\left(\frac{10}{2}\right)^2=25$

$x^2+10x+25=-16+25$ — Addiere auf beiden Seiten 25
$(x+5)^2=9$ — Binomische Formel
$x+5=3$ oder $x+5=-3$ — Wurzelziehen
$x_1=-2$ $\quad$ $x_2=-8$
$L=\{-2;\ -8\}$

## Beispiele

**C** Löse die Gleichung $x^2-4x-2=0$.
Gib nötigenfalls das Ergebnis auf eine Stelle nach dem Komma genau an.

*Rechnerische Lösung*
$x^2-4x-2=0 \quad |+2$
$x^2-4x=2 \quad |+2^2$ — quadratische Ergänzung
$x^2-4x+4=2+4$
$(x-2)^2=6$
$x-2=\sqrt{6}$ oder $x-2=-\sqrt{6}$
$x_1=2+\sqrt{6}$ $\quad$ $x_2=2-\sqrt{6}$
$x_1\approx 4{,}4$ $\quad$ $x_2\approx -0{,}4$

*Grafische Lösung*
Finde die Nullstellen der Funktion:
$f(x)=x^2-4x-2$

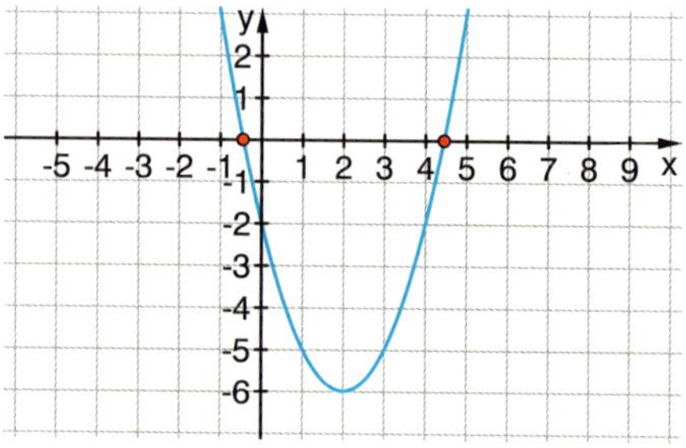

**Beispiele**

**D** Löse die Gleichung $2x^2 + 6x - 8 = 0$.

$2x^2 + 6x - 8 = 0$ Dividiere durch 2

$x^2 + 3x - 4 = 0$ Die Gleichung ist auf „Normalform" $x^2 + px + q = 0$

$x^2 + 3x \quad = 4$ Addiere auf beiden Seiten $\left(\frac{3}{2}\right)^2$

$x^2 + 3x + \left(\frac{3}{2}\right)^2 = 4 + \left(\frac{3}{2}\right)^2$

$\left(x + \frac{3}{2}\right)^2 \quad = 4 + \frac{9}{4}$

$x + \frac{3}{2} \quad = \pm\sqrt{\frac{25}{4}}$ Kurzschreibweise statt zwei Gleichungen

$x_1 = -\frac{3}{2} + \frac{5}{2} = 1 \quad x_2 = -\frac{3}{2} - \frac{5}{2} = -4 \quad L = \{-4; 1\}$

**Übungen**

Löse die Gleichungen durch quadratisches Ergänzen. Bringe die Gleichungen, wenn nötig, zunächst auf die Form $x^2 + px + q = 0$ (siehe Beispiel D).

**17** a) $x^2 - 6x = 9$ b) $x^2 = 40 - 16x$ c) $x^2 - 20 = 8x$
d) $x^2 + 7x = 26$ e) $4 - x^2 = 10$ f) $2x^2 - 12 = 3x$

**18** a) $4x^2 - 8x = 12x$ b) $5x^2 - 2x = 7 + 4x$ c) $3x(x + 2) = 12$
d) $(x - 1)(x + 1) = 2x$ e) $(x - 3)(x - 5) = 4$ f) $(x - 1)^2 + (x - 2)^2 = 0$

**19** Löse mit dem Verfahren aus dem Buch von Al-Chwarizmi.
a) $x^2 + 8x = 9$ b) $x^2 + 20x = 125$ c) $x^2 + 28x = 60$ d) $x^2 + 4x = 0$

## Al-Chwarizmi

Der arabische Mathematiker Al-Chwarizmi schrieb im 9. Jahrhundert ein Mathematikbuch. In diesem Buch beschäftigte er sich auch mit dem Lösen von quadratischen Gleichungen. Um die quadratische Ergänzung für die Gleichung $x^2 + 8x = 65$ zu finden, bedient er sich des folgenden Verfahrens:

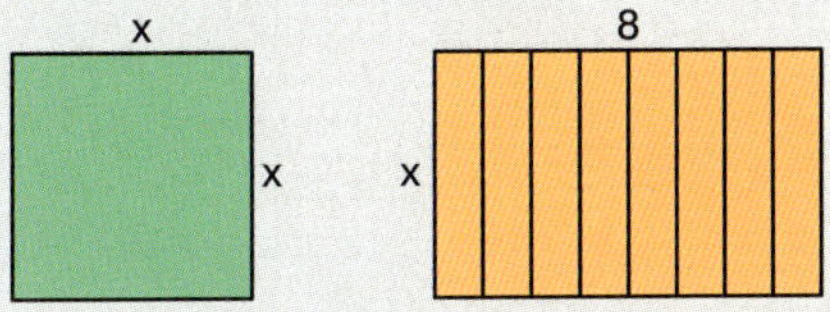


(1) Al Chwarizmi beginnt mit einem Quadrat mit der Seitenlänge x cm und 8 Rechtecken mit der Länge x cm und der Breite 1 cm.

(2) Er teilt die 8 Rechtecke in Gruppen zu je 2 Rechtecken auf und fügt sie jeder Seite des Quadrates an. Die Fläche dieser Figur beträgt 65 $cm^2$ (siehe Gleichung).

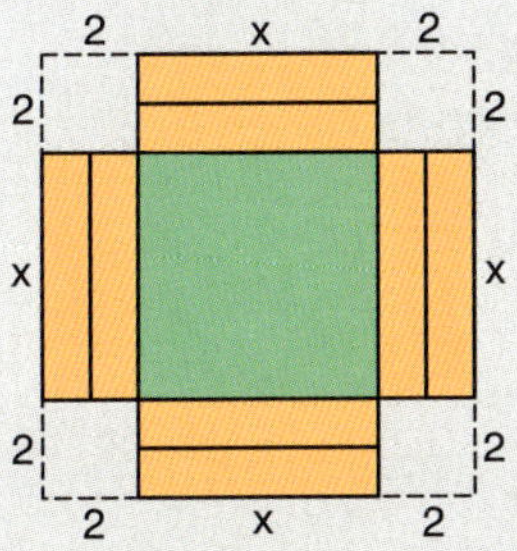


(3) Um zu einem Quadrat zu ergänzen, muss er an allen vier Ecken ein Quadrat mit dem Flächeninhalt von 4 $cm^2$ anfügen.

(4) Der Flächeninhalt des großen Quadrates beträgt $65\,cm^2 + 4 \cdot 4\,cm^2 = 81\,cm^2$. Die Seitenlänge des großen Quadrates ist daher 9 cm.

(5) Für die Seitenlänge des großen Quadrates gilt: $2 + x + 2 = 9$. Damit kann die Länge von x berechnet werden. Al Chwarizmi erhält $x = 5$.

Auf diese Weise wird immer nur eine Lösung gefunden.

## *Basiswissen*

Mithilfe der quadratischen Ergänzung kann man eine Formel entwickeln, mit der man jede quadratische Gleichung in „Normalform" lösen kann.
Quadratische Gleichung in der **Normalform**: $\mathbf{x^2+px+q=0}$

**pq-Formel**
Die quadratische Gleichung $x^2+px+q=0$ hat die Lösungen
$x_1=-\frac{p}{2}+\sqrt{\frac{p^2}{4}-q}$; $x_2=-\frac{p}{2}-\sqrt{\frac{p^2}{4}-q}$

Entwickeln der **pq-Formel** durch quadratische Ergänzung.

| | | |
|---|---|---|
| $x^2+px+q$ | $=0$ | Subtrahiere q |
| $x^2+px$ | $=-q$ | quadratische Ergänzung |
| $x^2+px+\left(\frac{p}{2}\right)^2$ | $=\left(\frac{p}{2}\right)^2-q$ | Vereinfache |
| $(x+\frac{p}{2})^2$ | $=\left(\frac{p}{2}\right)^2-q$ | Wurzelziehen |
| $x+\frac{p}{2}=\sqrt{\left(\frac{p}{2}\right)^2-q}$ | oder $x+\frac{p}{2}=-\sqrt{\left(\frac{p}{2}\right)^2-q}$ | Subtrahiere $\frac{p}{2}$ |
| $x=-\frac{p}{2}+\sqrt{\frac{p^2}{4}-q}$ | oder $x=-\frac{p}{2}-\sqrt{\frac{p^2}{4}-q}$ | |

Kurzschreibweise: $x_{1,2}=-\frac{p}{2}\pm\sqrt{\frac{p^2}{4}-q}$ bzw. $x_{1,2}=-\frac{p}{2}\pm\sqrt{\left(\frac{p}{2}\right)^2-q}$

$L=\left\{-\frac{p}{2}+\sqrt{\frac{p^2}{4}-q};\ -\frac{p}{2}-\sqrt{\frac{p^2}{4}-q}\right\}$

$x_1=-\frac{p}{2}+\sqrt{\frac{p^2}{4}-q}$
$x_2=-\frac{p}{2}-\sqrt{\frac{p^2}{4}-q}$

Mit einer Umformung kann man dann auch alle quadratischen Gleichungen in „Standardform" lösen.
Quadratische Gleichung in der Standardform $ax^2+bx+c=0$; $a\neq 0$:

$ax^2+bx+c=0$ Dividiere durch a.
$x^2+\frac{b}{a}x+\frac{c}{a}=0$
Mit $p=\frac{b}{a}$ und $q=\frac{c}{a}$ kann dann die pq-Formel angewendet werden.

## *Beispiele*

**E** Löse die quadratische Gleichung $x^2-8x=-7$.

$x^2-8x=-7$ Addiere 7
$x^2-8x+7=0$ $p=-8; q=7$
$x_1=-\frac{-8}{2}+\sqrt{\frac{(-8)^2}{4}-7}$; $x_2=-\frac{-8}{2}-\sqrt{\frac{(-8)^2}{4}-7}$
$x_1=\frac{8}{2}+\sqrt{\frac{64}{4}-7}$; $x_2=\frac{8}{2}-\sqrt{\frac{64}{4}-7}$
$x_1=4+\sqrt{16-7}$; $x_2=4-\sqrt{16-7}$
$x_1=4+\sqrt{9}$; $x_2=4-\sqrt{9}$
$x_1=7$; $x_2=1$ $L=\{1;7\}$

**F** Löse die quadratische Gleichung $2x^2-4x-8=0$.

$2x^2-4x-8=0$ Dividiere durch 2 (auf Normalform bringen).
$x^2-2x-4=0$ $p=-2; q=-4$
$x_1=-\frac{-2}{2}+\sqrt{\frac{(-2)^2}{4}-(-4)}$; $x_2=-\frac{-2}{2}-\sqrt{\frac{(-2)^2}{4}-(-4)}$
$x_1=1+\sqrt{1+4}$; $x_2=1-\sqrt{1+4}$
$x_1=1+\sqrt{5}$; $x_2=1-\sqrt{5}$ $L=\{1+\sqrt{5};\ 1-\sqrt{5}\}$

**Übungen**

**20** und **21**
$\{-2; 4\}$ $\{-8; 1\}$
$\{-2; -0{,}5\}$ $\{-4; 3\}$
$\{2-\sqrt{11}; 2+\sqrt{11}\}$ $\{-5; 2\}$

**20** *Löse mit der pq-Formel*
a) $x^2+3x-10=0$  b) $x^2+7x-8=0$  c) $2x^2+5x+2=0$

**21** *Vereinfache zunächst durch Ausmultiplizieren oder Zusammenfassen.*
a) $(x+1)(x-3)=5$  b) $(x-4)(x+5)=-8$  c) $3(x+1)(x-5)=6$

**22** a) $4x^2=-8x-3$  b) $-6x^2+3x+19=0$  c) $6x^2-3x-3=x^2-x$

**23** *Mit der „Produkt = 0"-Regel schnell zur Lösung (siehe Seite 111)*
a) $(x-4)(x+5)=0$  b) $(2x+6)(7-x)=0$  c) $(10x-15)x=0$
d) $(x^2-9)(x-3)=0$  e) $(x^2-4x)(2x+2)=0$  f) $(x-8)(x^2-4x-5)=0$

**24** *Welches Verfahren ist das günstigste?*
In der Tabelle sind verschiedene Verfahren zum Lösen einer quadratischen Gleichung zusammengefasst.

| | |
|---|---|
| Wurzelziehen | $4x^2=20$ |
| Wurzelziehen | $(x+4)^2=15$ |
| Ausklammern (Faktorisieren) | $3x^2-15x=0$ „Produkt = 0"-Regel |
| Quadratisches Ergänzen | $x^2-12x+10=0$ |
| pq-Formel | $3x^2-8x-15=0$ |

a) Löse die Gleichungen in der Tabelle nach dem jeweiligen Verfahren.
b) Die pq-Formel kann man immer anwenden. Löse die Gleichung in der ersten Zeile der Tabelle mit der pq-Formel. Was geht schneller, das Lösen durch Wurzelziehen oder mit der pq-Formel?
c) Löse die quadratischen Gleichungen. Entscheide zunächst, nach welchem Verfahren du rechnen willst.
(1) $3x^2-4x-4=0$  (2) $(x+7)^2=5$  (3) $15x^2=5x$  (4) $8x^2-16=0$
(5) $x^2+14x+49=0$  (6) $x^2+20x=0$  (7) $(x+3)^2=36$  (8) $(x+6)(x-4)=0$

**25** a) Mithilfe der pq-Formel kannst du begründen: Eine quadratische Gleichung $x^2+px+q=0$ (Normalform) hat
- zwei reelle Lösungen, wenn der Wert der Diskriminante positiv,
- genau eine reelle Lösung, wenn der Wert der Diskriminante 0,
- keine reelle Lösung, wenn der Wert der Diskriminante negativ ist.

**Die Diskriminante**
Für die quadratische Gleichung $x^2+px+q=0$ ist die Diskriminante der Term $\frac{p^2}{4}-q$.

b) Warum hat die quadratische Gleichung in Standardform $ax^2+bx+c=0$ dieselbe Anzahl an Lösungen wie die zugehörige Normalform $x^2+\frac{b}{a}x+\frac{c}{a}=0$?
c) Finde die Anzahl der Lösungen der quadratischen Gleichungen mithilfe der Diskriminante.
(1) $2x^2-12x+18=0$  (2) $4x^2-5x+2=0$  (3) $x^2+4x-8=0$

**26** Florian behauptet: „Ich kann die Anzahl der Nullstellen an der Scheitelpunktform $f(x)=a(x-m)^2+n$ einer Parabel erkennen."
Lena: „Und was hat das mit den Lösungen einer quadratischen Gleichung zu tun?"
a) Wie macht Florian das?
b) Beantworte die Frage von Lena.

**27** *Anzahl der Lösungen finden – eine Fallunterscheidung wird benötigt.*
Wie muss man a wählen, damit die Gleichung eine, zwei oder keine Lösung hat?
a) $x^2+4x+a=0$  b) $x^2+a\cdot x+9=0$

## *Übungen*

$(x-5)\cdot(x-2)=0$ ist eine Lösung zu a), $x^2+x-7=x+6$ ist eine Lösung zu d).

**28** Stelle jeweils zwei möglichst verschiedene quadratische Gleichungen mit den angegebenen Lösungen auf. Es dürfen auch komplizierte sein. Überprüfe dann, ob deine Gleichungen auch die angegebenen Lösungen haben.

a) $x_1=2;\ x_2=5$ b) $x_1=7$ c) $x_1=-5;\ x_2=0$
d) $x_1=\sqrt{13};\ x_2=-\sqrt{13}$ e) $x_1=-3;\ x_2=6$

**29** Ein GTR mit CAS (Computer-Algebra-System) kann auch algebraische Umformungen durchführen. Lisa löst zunächst die Gleichung $x^2-3x+1=0$ und lässt das CAS dann die pq-Formel bestimmen.

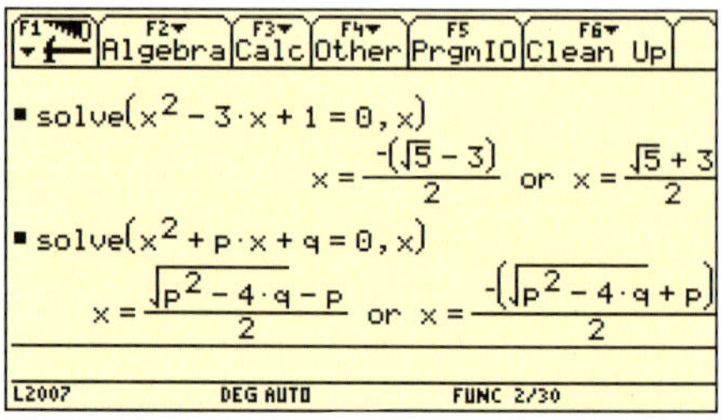


a) Löse die Gleichung ohne GTR und zeige, dass deine Lösung mit der Lösung des CAS übereinstimmt.
b) Zeige die Gleichwertigkeit (Äquivalenz) der pq-Formel des CAS mit der aus dem Basiswissen.

**30** Zu der quadratischen Gleichung in Normalform gehört die Normalparabel in der Form $y=x^2+p\cdot x+q$.

Schau dir die pq-Fornel an.

a) Begründe, dass die x-Koordinate des Scheitelpunktes dieser Normalparabel $x=-\frac{p}{2}$ ist. Zeige dann, dass $SP\left(-\frac{p}{2}\middle|-\frac{p^2}{4}+q\right)$ der Scheitelpunkt ist.

CAS

b) Übertrage die Grafik in dein Heft und beschrifte sie ($D=\frac{p^2}{4}-q$). Schreibe einen Bericht über den Zusammenhang der pq-Formel mit besonderen Punkten der Parabel.

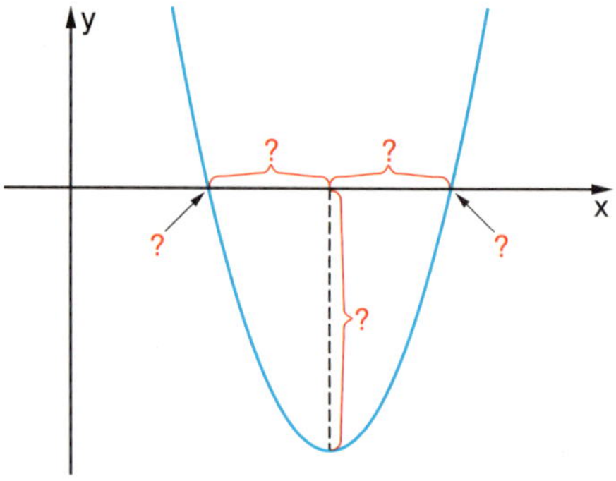


**31** Die Standardform $ax^2+bx+c=0$ kann zu $x^2+\frac{b}{a}x+\frac{c}{a}=0$ umgeformt werden. Führe eine quadratische Ergänzung mit dieser Form durch und ermittle eine abc-Formel zum Lösen quadratischer Gleichungen in Standardform.

**32** Vereinfache die Gleichungen zunächst durch Ausmultiplizieren oder Zusammenfassen und löse sie anschließend.

a) $2(x+1)(2x+3)=8x^2-44$ b) $(x-2)^2=2(x+3)^2$ c) $5x(2-x)=-3(x-1)$
d) $2(x+2)-3(x+1)(x-5)=0$ e) $(x-9)(x+9)=19$ f) $(x+1)^2-(x-1)^2=x^2$

**33** Lehrer Lampe denkt sich eine besonders schwierige Hausaufgabe aus. Es soll die Gleichung $x^3-6x^2+5x=0$ algebraisch gelöst werden. Dabei wurde im Unterricht nur das Lösen von quadratischen Gleichungen behandelt. Am nächsten Tag präsentieren Anna und Katrin ihre Lösungen, eine davon ist richtig:

Anna:
$x^3-6x^2+5x=0 \quad |:x$
$x^2-6x+5 \quad =0$
$x_{1,2} \quad =3\pm\sqrt{9-5}$
$x_1=5;\quad x_2=1$
$L=\{1;\,5\}$

Katrin:
$x^3-6x^2+5x=0$
$x\cdot(x^2-6x+5)=0$
$x=0$ oder $x^2-6x+5=0$
$x=0$ oder $x=5$ oder $x=1$
$L=\{0;\,1;\,5\}$

Entscheide mit Begründung, welche Lösung richtig ist, und finde den Fehler in der anderen Lösung.

## Aufgaben

**34** *Forschungsaufträge*

Was haben die Lösungen $x_1$ und $x_2$ einer quadratischen Gleichung $x^2 + px + q = 0$ mit den Koeffizienten p und q zu tun?

*Auftrag 1:* Löse die Gleichungen und vergleiche die Lösungen $x_1$ und $x_2$ mit den Koeffizienten p und q in der Gleichung $x^2 + px + q = 0$. Was stellst du fest?

a) $x^2 - 8x + 15 = 0$ b) $x^2 + 9x + 14 = 0$ c) $x^2 - 5x - 14 = 0$

*Auftrag 2:* Die Gleichung $(x - 3)(x - 5) = 0$ hat die Lösungen 3 und 5. Durch Ausmultiplizieren kann man die Gleichung auf die Form $x^2 + px + q = 0$ bringen. Welcher Zusammenhang besteht zwischen den Lösungen 3 und 5 und den Koeffizienten p und q?

*Auftrag 3:* Die Erkenntnisse aus Auftrag 2 lassen sich verallgemeinern. Bestimme die Lösungen der Gleichung $(x - x_1)(x - x_2) = 0$. Bringe die Gleichung durch Ausmultiplizieren in die Form $x^2 + px + q = 0$. Welcher Zusammenhang besteht zwischen p und q und den Lösungen $x_1$ und $x_2$?

**35** *Beweis des Satzes von Vieta*

Bestätige mithilfe der pq-Formel die Behauptung:
$x_1 \cdot x_2 = q$ und $x_1 + x_2 = -p$.

**Satz von Vieta**
Wenn eine quadratische Gleichung $x^2 + px + q = 0$ die Lösungen $x_1$ und $x_2$ hat, dann gilt: $x_1 \cdot x_2 = q$ und $x_1 + x_2 = -p$
Mit dem Satz von Vieta kann man schnell Lösungen finden, wenn diese ganzzahlig sind. Auch die Probe lässt sich damit schnell durchführen.

### Francois Vieta

FRANCOIS VIETE, genannt VIETA, lebte und arbeitete im 16. Jahrhundert in Frankreich. VIETA kann man zu Recht den Wegbereiter der Algebra nennen, denn er führte das Rechnen mit Platzhaltern ein. Auch die Benutzung der uns heute vertrauten Rechenzeichen „+“ und „−“ anstelle der bis dahin gebräuchlichen Wörter geht auf Vieta zurück.
VIETAS Leistungen als Mathematiker sind umso erstaunlicher, als er von Hause aus Jurist war und u. a. für die französischen Könige HEINRICH III. und HEINRICH IV. arbeitete. Er betrieb Mathematik als Hobby in seiner Freizeit. Berühmt wurde er vor allem dadurch, dass er verschlüsselte Nachrichten der Spanier für den französischen König entschlüsselte. Seine Fähigkeiten auf diesem Gebiet waren so außerordentlich, dass die Spanier ihn beim Papst beschuldigten, er sei mit dem Teufel im Bunde.
Neben vielen Entdeckungen in der Mathematik (siehe Satz von Vieta) erregte er besonderes Aufsehen dadurch, dass er die Gleichung
$45x - 3795x^3 - 94734x^5 \ldots + 945x^{41} - 45x^{43} + x^{45} = 0$ löste.

FRANCOIS VIETA
1540–1603

$x^2 - 4x + 3 = 0$
$x_1 \cdot x_2 = 3$ Satz von Vieta
$x_1 + x_2 = -(-4) = 4$
Probiere einfache Lösungen aus.
$x_1 = 1,\ x_2 = 3$ passt.

**36** Löse die quadratischen Gleichungen mit dem Satz von Vieta.

a) $x^2 + 7x + 12 = 0$ b) $x^2 + 9x + 18 = 0$
c) $x^2 - 4x + 4 = 0$ d) $x^2 - 6x + 8 = 0$
e) $x^2 - 13x + 30 = 0$ f) $x^2 + 2x - 80 = 0$

## 3.4 Problemlösen mit quadratischen Funktionen und Gleichungen

**Was dich erwartet**

*Mit quadratischen Funktionen und Gleichungen kann man viele Probleme des Alltags und innermathematische Probleme gut modellieren.*
*Quadratische Funktionen und Gleichungen sind darüber hinaus beliebt, da man*
- *quadratische Funktionsgleichungen leicht aufstellen kann,*
- *die Graphen zu quadratischen Funktionen anhand weniger Merkmale beschreiben und skizzieren kann,*
- *für alle quadratischen Gleichungen Lösungsverfahren kennt.*

*Typisch für das Modellieren ist, dass häufig die in einem Sachzusammenhang verwendete quadratische Funktion das Problem nicht genau beschreibt. In der Regel stellt das mathematische Modell eine Vereinfachung des realen Problems dar, oder das mathematische Modell trifft nur für einen bestimmten Bereich zu. So gilt z.B. das Fallgesetz $s(t) = 5t^2$ angenähert nur für kleine Zeitspannen, da der „Luftwiderstand" nicht berücksichtigt wird. Für längere Fallzeiten wird die Fallgeschwindigkeit so groß, dass die Luftreibung den Fall merklich bremst. Bei allen Aufgaben, bei denen man ein mathematisches Modell verwendet, muss man eine „Problemprobe" machen, d.h. man muss überprüfen, ob die mathematische Lösung ein sinnvolles Ergebnis für das Problem darstellt.*

**Aufgaben**

**1** *Finde das richtige Maß*
Du benötigst: Papier, Lineal, Schere.
Eine Kiste mit quadratischer Grundfläche ohne Deckel soll aus einem quadratischen Stück Papier hergestellt werden, indem man an jeder Ecke ein Quadrat der Kantenlänge 3 cm abschneidet und die Ränder des verbleibenden Papierstücks hochfaltet. Das Volumen der Kiste soll 75 $cm^3$ betragen. Wie groß muss das ursprüngliche quadratische Stück Papier sein?

a) *Lösung durch Ausprobieren:*
(1) Beginne mit einem quadratischen Stück Papier der Kantenlänge 15 cm. Schneide an jeder Ecke ein Quadrat der Kantenlänge 3 cm ab.
(2) Falte das Papier zu einer offenen Kiste. Miss Länge, Breite und Höhe und berechne das Volumen. Ist das Volumen größer oder kleiner als 75 $cm^3$?
(3) Finde die Lösung, indem du systematisch ausprobierst.
b) *Lösung durch Rechnen:*
(1) x sei die gesuchte Länge des quadratischen Stück Papiers. Erkläre, warum $x - 6$ die Breite und Länge der Kiste und 3 die Höhe ist.
(2) Schreibe einen Term für das Volumen $V(x)$ der Kiste auf.
(3) Berechne mithilfe einer Gleichung die gesuchte Länge x des Papiers. Du erhältst zwei Ergebnisse. Welches Ergebnis ist die Lösung des Problems?

## Aufgaben

„Ich bemerkte den Stau sehr spät, da er sich hinter einer Kurve befand. Ich schätze, dass das Fahrzeug, auf das ich dann auffuhr, ca. 150 m entfernt war, als ich die Gefahr bemerkte. Ich fuhr nicht schneller als die erlaubte Höchstgeschwindigkeit von 80 km/h und konnte dennoch nicht mehr rechtzeitig bremsen.“

**2** *Aus dem Protokoll einer Gerichtsverhandlung anlässlich eines Unfalls auf der Autobahn*

Der Sachverständige nahm Stellung: *„Den Anhalteweg w eines Autos kann man mit der Formel* $w(v) = \frac{v^2}{100} + \frac{3v}{10}$ *berechnen. Dabei muss man die Geschwindigkeit v in km/h eingeben, und erhält den Anhalteweg in Metern. …“*

a) Was wird der Sachverständige weiter ausgeführt haben?

b) Berechne, mit welcher Geschwindigkeit das Auto mindestens gefahren sein muss.

c) Kannst du dir vorstellen, was der Sachverständige außer der Anwendung der Formel noch alles berücksichtigen muss?

Näheres zum Anhalteweg eines Fahrzeugs auf Seite 89

## Basiswissen

Will man ein Problem mithilfe der Mathematik lösen, dann muss man herausfinden, welcher Zusammenhang zwischen den Variablen besteht.

**Problem**
*Was willst du herausfinden?*
Um wie viel m wird das Grundstück länger und breiter?

**Daten und Variable**

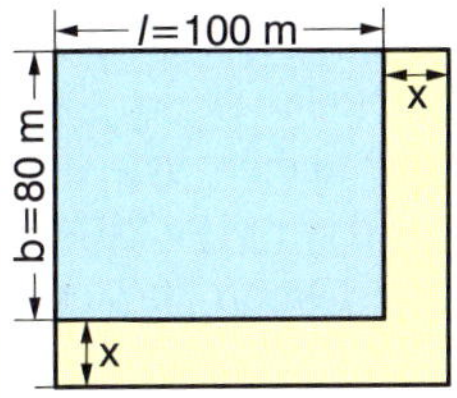


**Zusammenhänge**
Fläche des „blauen“ Rechtecks im $m^2$: $80 \cdot 100 = 8000$
Fläche des großen Rechtecks: $(100 + x)(80 + x) = 8000 + 4000$

**Rechnerische Lösung**

$(100 + x)(80 + x) = 12000$

$x^2 + 180x + 8000 = 12000 \quad |-12000$

$x^2 + 180x - 4000 = 0$

$x_1 = -90 + \sqrt{90^2 + 4000} = -90 + 110 = 20$

$x_2 = -90 - \sqrt{90^2 + 4000} = -90 - 110 = -200$

**Problemprobe**
Berechnung der „gelben“ Fläche
$20\,m \cdot 120\,m + 20\,m \cdot 80\,m =$
$2400\,m^2 + 1600\,m^2 =$
$4000\,m^2$ ✓
($x_2 = -200$ ergibt im Bezug auf das Problem keinen Sinn.)

Ergebnis: Der Acker wird um 20 m breiter und länger.

*Aufgabe:*
Ein rechteckiger Acker ist 100 m lang und 80 m breit.
Bei einer Flurbereinigung wird er in Länge und Breite um die gleiche Strecke größer.
Die Fläche vergrößert sich dabei um $4000\,m^2$.
Um wie viel Meter wird das Grundstück breiter und länger?

## *Beispiele*

**A** Der Flug eines Balles kann mit der Funktionsgleichung $h(x) = -0{,}02x^2 + 0{,}8x + 1{,}8$ beschrieben werden. Dabei ist x die Entfernung von der Abwurfstelle in Metern und h die zugehörige Höhe in Metern. Erreicht der Ball die Höhe von 9,0 m (9,8 m; 10,5 m)?

GTR

*Grafische Lösung*
Fenster $0 \le x \le 50$
$0 \le y \le 12$

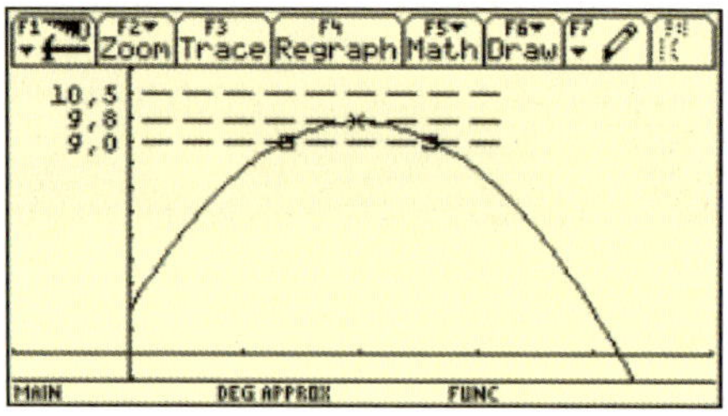


*Ausschnittsvergrößerung*
Fenster $15 \le x \le 25$
$8 \le y \le 11$

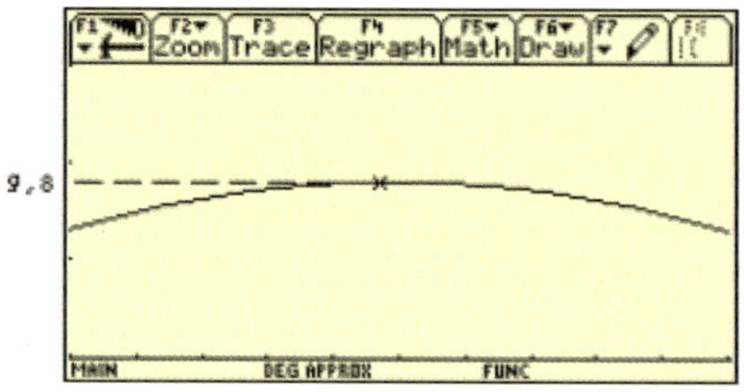


*Rechnerische Lösung*

| Höhe | Gleichung | Diskriminante $b^2 - 4ac$ | Anzahl der Lösungen | Lösung |
|---|---|---|---|---|
| 10,5 | $-0{,}02x^2 + 0{,}8x + 1{,}8 = 10{,}5$<br>$-0{,}02x^2 + 0{,}8x - 8{,}7 = 0$ | negativ | keine | |
| 9,8 | $-0{,}02x^2 + 0{,}8x + 1{,}8 = 9{,}8$<br>$-0{,}02x^2 + 0{,}8x - 8{,}0 = 0$ | null | eine | $x = ■$ |
| 9,0 | $-0{,}02x^2 + 0{,}8x + 1{,}8 = 9{,}0$<br>$-0{,}02x^2 + 0{,}8x - 7{,}2 = 0$ | positiv | zwei | $x_1 = ■$<br>$x_2 = ■$ |

Die Höhe von 10,5 m wird nicht erreicht, 9,8 m ist die maximale Höhe und die Höhe von 9,0 m wird zweimal erreicht.

## *Übungen*

**3** Berechne zu Beispiel A: Wie weit entfernt von der Abwurfstelle wird die Höhe 9,8 m (9,0 m) erreicht?

**4** Die Sitze in einem Theater sind in einem Rechteck angeordnet. Die Anzahl der Sitze in einer Reihe ist um 12 kleiner als die Anzahl der Reihen. Wie viele Sitze in jeder Reihe und wie viele Reihen gibt es in dem Theater, wenn die Gesamtzahl der Sitze 1 260 beträgt?

**5** *Rechteck gesucht*
a) Die Länge eines Rechtecks ist um 4 cm größer als die Breite. Wie lang und wie breit ist das Rechteck, wenn es eine Fläche von $117\,\text{cm}^2$ hat? Skizziere zunächst ein Rechteck in deinem Heft und beschrifte es. Stelle dann eine Gleichung auf.
b) Der Umfang eines Rechtecks beträgt 40 m, die Fläche $36\,\text{m}^2$. Berechne Länge und Breite des Rechtecks.

**6** Schreibe die Zahl 123 als Summe von zwei positiven Zahlen. Das kann auf sehr viele Arten geschehen. Berechne jeweils das Produkt der beiden Summanden.
Finde die Zerlegung, bei der das Produkt den größten möglichen Wert annimmt.

## Übungen

**7** Ein rechteckiges Grundstück stößt mit zwei Seiten an eine Straße. Zur Verbreiterung der Straßen wird jeweils ein gleich breiter Streifen des Grundstückes abgegeben. Wie breit sind die Streifen, wenn insgesamt $156\,m^2$ abgegeben werden?

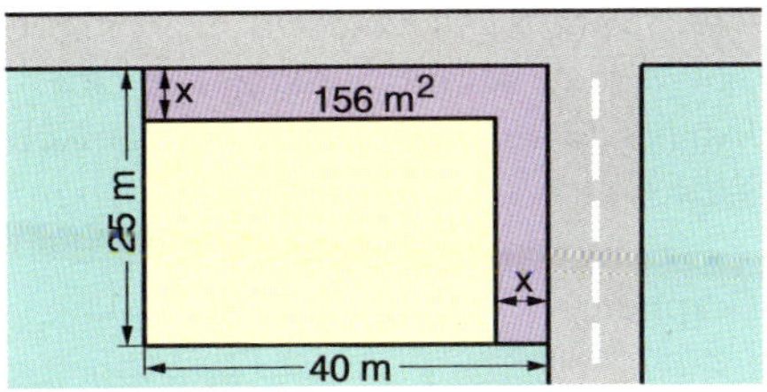


**8** Ein Swimmingpool der Länge 30 m und der Breite 20 m soll von einem Weg der Breite x m umgeben werden.
a) Fertige eine beschriftete Skizze an und stelle einen Term auf, mit dem man die Fläche des Weges berechnen kann.
b) Wie breit ist der Weg, wenn dessen Fläche $360\ m^2$ beträgt?

**9** Ein Stein wird von einem Turm mit der Geschwindigkeit von 10 m/s senkrecht nach unten geworfen. Mit der Funktionsgleichung

$$h(t) = 40 - 10t - 5t^2$$

(1) → 40, (2) → 10t, (3) → $5t^2$

kann man berechnen, in welcher Höhe sich der Stein nach t Sekunden befindet.
a) Die markierten Terme passen zu: freier Fall, Wurf nach unten, Höhe des Turmes. Ordne richtig zu.
b) Wie lange dauert es, bis der Stein auf dem Boden auftrifft?
c) Wie müsstest du die Funktionsgleichung abändern, wenn der Stein senkrecht nach oben geworfen würde? Berechne, wie lange es jetzt dauert, bis er den Boden erreicht.

**10** *Innermathematische Anwendungen*
a) Wie viele Lösungen hat die quadratische Gleichung $5x^2 + 5x + 5 = 0$?
b) Wie viele Lösungen hat die Gleichung $nx^2 + nx + n = 0,\ n \neq 0$?
Du kannst die Frage ohne Rechnung begründet beantworten.
c) Wie viele Lösungen hat die Gleichung $-nx^2 + 2nx + 3n = 0,\ n \neq 0$?
d) Erfinde eine ähnliche Aufgabe und lasse sie durch deinen Partner lösen.

**11** Ein Versicherungsmathematiker modelliert den Zusammenhang zwischen dem Alter des Fahrers und dem Unfallrisiko mit der quadratischen Funktion mit $y(x) = 0{,}4x^2 - 36x + 1000$, wobei x das Alter in Jahren bezeichnet und y die Unfälle pro 50 Mio. Fahrkilometer.
a) Passen die Daten aus der Tabelle zu dem Modell?

| x | y |
|---|---|
| 20 | 440 |
| 40 | 200 |
| 60 | 280 |

b) In welchem Alter werden nach dem Modell die wenigsten Unfälle verursacht?

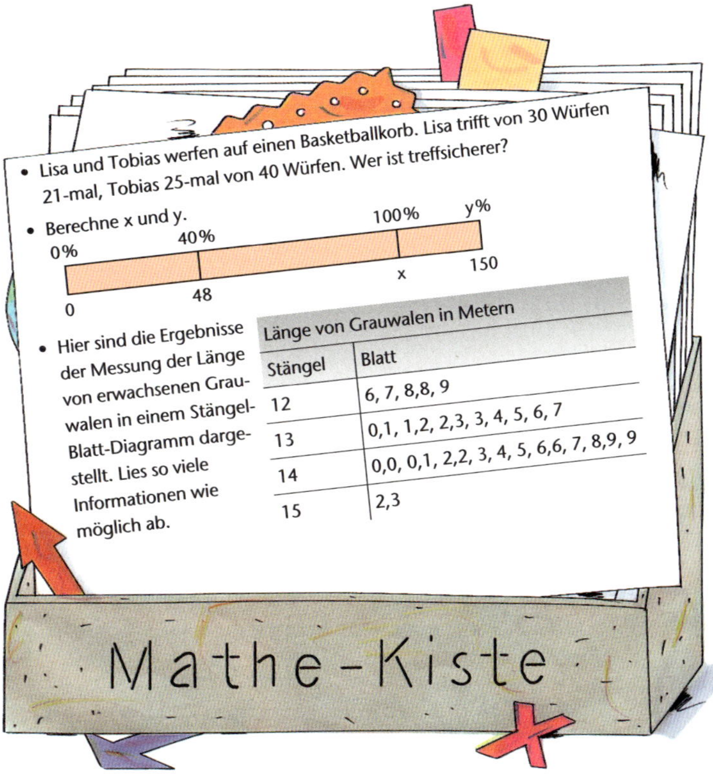

## Aufgaben

**12** *Geraden und Parabeln*

a) Wie viele Schnittpunkte kann eine Parabel mit einer Geraden besitzen? Du kannst dich am Bild rechts orientieren.

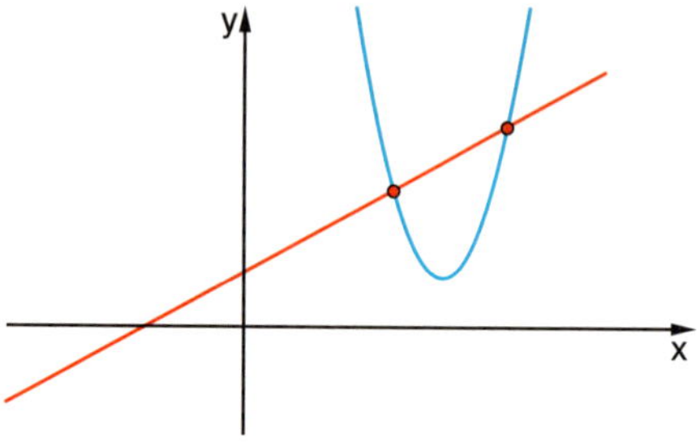


b) Berechne die Schnittpunkte der Parabel $f(x) = x^2$ mit den Geraden $g(x) = 2x + 1$, $h(x) = 2x$ und $l(x) = 2x - 1$.

> **Schnittpunktberechnung der Graphen zweier Funktionen:**
> *Ermittlung der x-Koordinate:*
> Setze die Funktionsterme gleich und löse die entstehende Gleichung.
> *Berechnung der y-Koordinate:*
> Setze die errechnete x-Koordinate in eine der beiden Funktionsgleichungen ein.

**13** *Tangenten und Parabeln*

Geraden, die eine Parabel nur in einem Punkt berühren, nennt man Tangenten.

a) Überprüfe mithilfe der Graphen, ob die Gerade mit $g(x) = 2x - 1$ Tangente an den Graphen der Funktion mit $f(x) = x^2 - 2x + 3$ sein kann.

b) Du kannst auch rechnerisch herausfinden, ob g Tangente ist. Erkläre. Berechne den Berührpunkt.

**14** *Berechnung der Tangentengleichung*

Will man die Gleichung der Tangente an eine Parabel in einem bestimmten Parabelpunkt ermitteln, dann muss man zwei Dinge berücksichtigen:

(1) Man muss die Koordinaten des Parabelpunktes kennen, in dem man die Tangente bestimmen will.

(2) Man muss die Steigung einer Geraden durch diesen Punkt so bestimmen, dass die Gerade mit der Parabel nur einen Schnittpunkt hat.

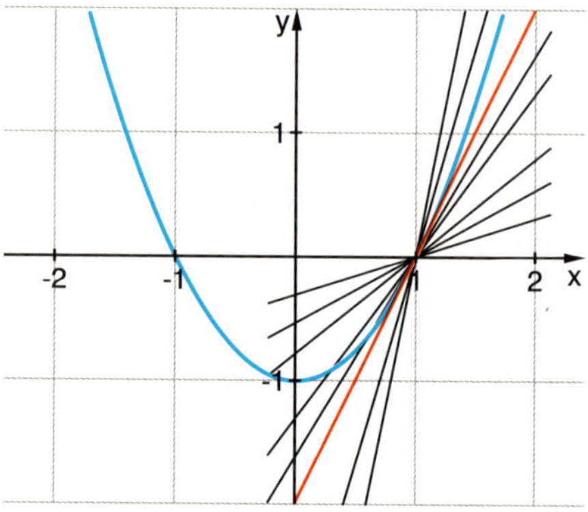


Tangentenberechnung

> Bestimmte die Tangente an die Funktion mit $f(x) = x^2 - 1$ im Punkt $(1|0)$.
>
> - Alle Geraden durch den Punkt $(1|0)$, die keine Senkrechten sind, haben die Funktionsgleichung
>   $y(x) = m(x - 1) + 0$
>   $\quad = m(x - 1)$
>   Gesucht ist m.
>
> 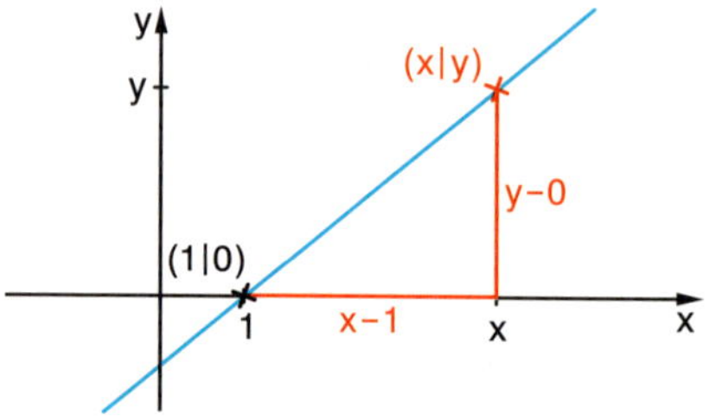
> 
>
> $m = \frac{y-0}{x-1} = m \Rightarrow y = m(x-1)$
>
> - Berechne den Schnittpunkt der Parabel mit einer beliebigen Geraden durch $(1|0)$.
>   $x^2 - 1 = m(x - 1)$
>   $x^2 - 1 = mx - m$
>   $x^2 - mx + m - 1 = 0$ $\qquad p = -m,\ q = m - 1$
>   Die Gleichung soll nur eine Lösung haben.
>   **Diskriminante:** $D = \frac{m^2}{4} - m + 1 = 0 \Rightarrow m = 2$
>   **Tangente:** $y(x) = 2(x - 1) = 2x - 2$

$x^2 + px + q = 0$
Die Anzahl der Lösungen kann man mithilfe der Diskriminante D herausfinden.
**Diskriminante:**
$D = \frac{p^2}{4} - q$

a) Überprüfe durch Zeichnung und Rechnung, dass die Parabel mit $f(x) = x^2 - 1$ und die Gerade mit $y(x) = 2x - 2$ nur einen Schnittpunkt besitzen.

b) Berechne mit dem dargestellten Verfahren die Tangente im Punkt $(2|3)$.

## Aufgaben

**15** Im Jahre 2002 trugen nach Schätzungen nur $\frac{1}{3}$ der Erwachsenen und $\frac{2}{3}$ der Kinder beim Radfahren einen Sturzhelm. Es soll untersucht werden, was geschieht, wenn man ohne Helm stürzt.

a) Der Kopf eines Radfahrers befindet sich beim Fahren ungefähr 1,80 m über dem Boden. Angenommen, das Fahrrad bewegt sich nicht und der Fahrer stürzt zu Boden. Mit der Funktionsvorschrift für den freien Fall $s(t) = 5t^2$ kann man aus der Fallzeit t in Sekunden die Fallstrecke s(t) in Meter abschätzen. Wie lange dauert es etwa, bis der Kopf des Radfahrers auf dem Boden aufschlägt?

b) Mit der Funktionsvorschrift $v(t) = 10t$ kann man aus der Fallzeit t in Sekunden die Geschwindigkeit v(t) in m/s berechnen, die ein Körper nach t Sekunden erreicht hat. Mit welcher Geschwindigkeit schlägt der Kopf des Radfahrers auf den Boden?

c) Mediziner sagen, dass man sich schwere Hirnschäden zuzieht, wenn der Kopf ohne Helm mit einer Geschwindigkeit von mehr als 5,5 m/s aufprallt. Urteile selbst.

Übrigens: $1\,\frac{m}{s} = 3{,}6\,\frac{km}{h}$

**16** Eine Firma, die Ski herstellt, hat untersucht, wie die Herstellungskosten K und die Einnahmen E von der produzierten und verkauften Stückzahl x abhängen.

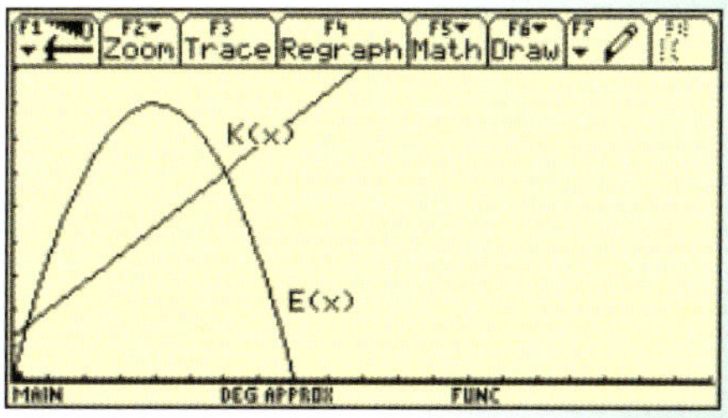


Modell: Die Firma nimmt der Einfachheit halber an, dass alle produzierten Ski verkauft werden.
Die **Kosten K** kann man errechnen mit der Funktionsgleichung $K(x) = 80x + 60000$
und die **Einnahmen E** durch $E(x) = 0{,}1x(4000 - x)$.
Der **Gewinn G** wird beschrieben durch $\mathbf{G(x)} = E(x) - K(x)$.

Benutze die Graphen zur Beantwortung der Fragen.

a) Um Gewinn zu machen, müssen die Einnahmen E größer als die Kosten K sein. Wie viele Ski müssen mindestens und wie viele dürfen höchstens verkauft werden, damit die Firma „in der Gewinnzone“ bleibt?

b) Für welche Anzahl verkaufter Ski sind die Einnahmen maximal?

c) Zeichne den Graphen der Gewinnfunktion in dein Heft (GTR oder Tabelle, $0 \leq x \leq 4000$, $-400000 \leq y \leq 300000$). Für welche Anzahl verkaufter Ski ist der Gewinn maximal?

**17** Ein Unternehmen hat ein dreieckiges Grundstück in der Innenstadt erworben und möchte es bebauen. Den Zuschlag erhielt ein Bauentwurf, der für das neue Gebäude einen rechteckigen Grundriss vorsieht. Welche Grundfläche kann das Gebäude maximal haben?

Einige Tipps zu Lösung:

- Übertrage die Zeichnung in dein Heft und zeichne ein geeignetes Koordinatensystem ein. Beschreibe die Grundstücksgrenzen durch eine Gleichung.
- Wie groß ist die Fläche, wenn das Gebäude 9 m (15 m, 20 m) lang ist?
- Stelle einen Term A(x) auf, mit dem man zu jeder Länge x die Größe der Grundrissfläche berechnen kann.

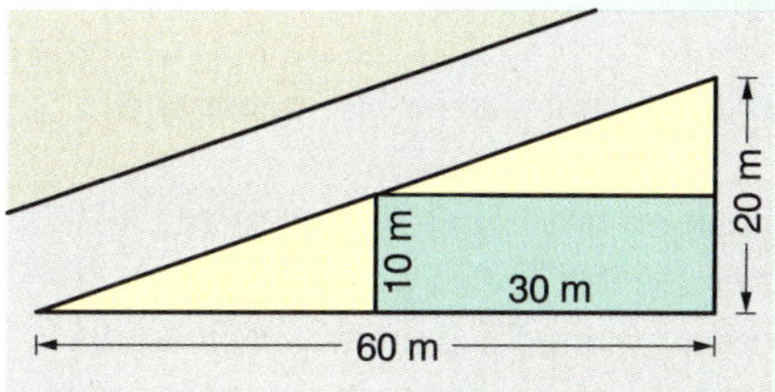

# CHECK-UP

## Quadratische Funktionen und Gleichungen

**Quadratische Funktionen**
**Normalform: $f(x) = ax^2 + bx + c$**

*Beispiel:* $f(x) = x^2 - 2x - 3$

| x | f(x) |
|---|---|
| −2 | 5 |
| −1 | 0 |
| 0 | −3 |
| 1 | −4 |
| 2 | −3 |
| 3 | 0 |
| 4 | 5 |

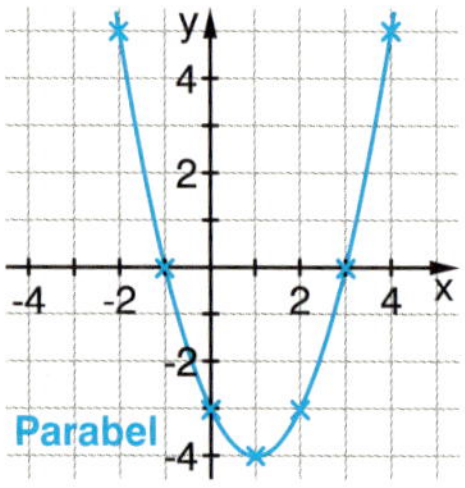


**„Kennzeichen" einer Parabel**
$f(x) = -0{,}5x^2 - x + 1{,}5$

| x | f(x) |
|---|---|
| −4 | −2,5 |
| −3 | 0 |
| −2 | 1,5 |
| −1 | 2 |
| 0 | 1,5 |
| 1 | 0 |
| 2 | −2,5 |

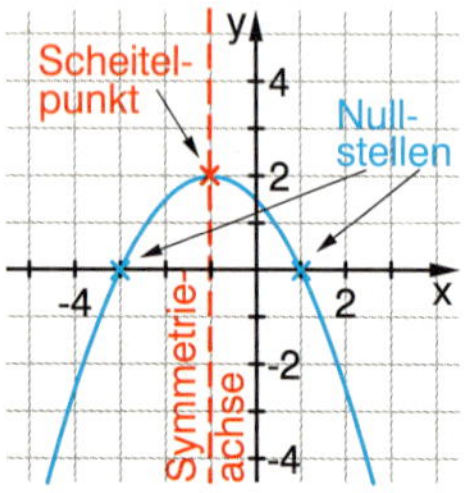


**Scheitelpunktform: $f(x) = a(x - b)^2 + c$**
Scheitelpunkt $(b|c)$
*Beispiel:* $f(x) = 0{,}5(x - 1)^2 - 4{,}5$

$a = 0{,}5$
$b = 1$
$c = 4{,}5$

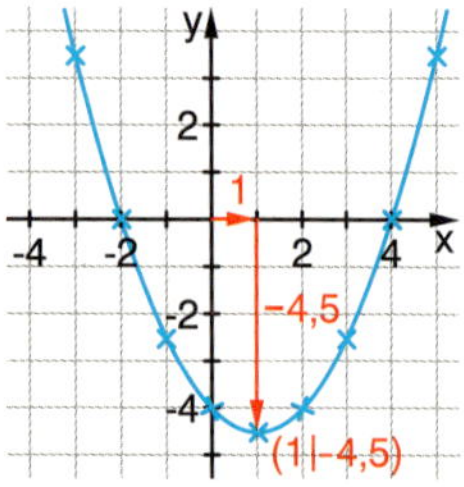


Die Parabel entsteht aus der Normalparabel durch:
- Verschiebung um 1 Einheit nach rechts,
- Stauchen (Faktor $a = 0{,}5$),
- Verschiebung um 4,5 Einheiten nach unten.

**1** Jede Wertetabelle beschreibt eine Funktion.
a) Zeichne die zugehörigen Graphen.
b) Welche Funktion ist eine quadratische, lineare oder antiproportionale Funktion?
c) Bestimme jeweils die Funktionsgleichung.

| x | y |
|---|---|
| −3 | 7 |
| −2 | 2 |
| −1 | −1 |
| 0 | −2 |
| 1 | −1 |
| 2 | 2 |
| 3 | 7 |

| x | y |
|---|---|
| −3 | 7 |
| −2 | 4 |
| −1 | 1 |
| 0 | −2 |
| 1 | −5 |
| 2 | −8 |
| 3 | −11 |

| x | y |
|---|---|
| −3 | 16 |
| −2 | 9 |
| −1 | 4 |
| 0 | 1 |
| 1 | 0 |
| 2 | 1 |
| 3 | 4 |

| x | y |
|---|---|
| −3 | −4 |
| −2 | −6 |
| −1 | −12 |
| 0 | |
| 1 | 12 |
| 2 | 6 |
| 3 | 4 |

**2** Lineare Funktionen und quadratische Funktionen unterscheiden sich in vielen Punkten.
a) Beschreibe die Unterschiede zwischen den Graphen einer linearen und einer quadratischen Funktion.
b) Erläutere den Unterschied zwischen den Funktionsgleichungen.
c) Erstelle für die Funktionen mit $f(x) = 2x - 1$ und $g(x) = (x - 2)^2 - 4$ eine Wertetabelle im Bereich $-4 < x < 4$, Schrittweite 1. Wie ändert sich der Funktionswert in beiden Funktionen, wenn du x um 1 erhöhst?

**3** *Parabeln auf einen Blick*
Lies aus den Funktionsgleichungen so viele Informationen wie möglich ab (Scheitelpunkt, Nullstellen, nach oben/unten geöffnet, gestreckt/gestaucht, Schnittpunkt mit der y-Achse).
a) $f(x) = (x - 2)(x + 3)$ b) $f(x) = (x + 2)^2 - 4$ c) $f(x) = x^2 + 3$
d) $f(x) = -x^2 + 2x + 5$ e) $f(x) = 3x(x - 1)$ f) $f(x) = -0{,}5x^2$

**4** Ermittle den Scheitelpunkt der Parabel. Handelt es sich um ein Maximum oder ein Minimum?
a) $f(x) = -x^2 + 5$ b) $f(x) = 2(x - 7)^2$ c) $f(x) = (x + 2)^2 - 5$

**5** Bestimme die Funktionsgleichung einer Parabel mit dem Scheitelpunkt S, die weder gestaucht noch gestreckt ist.
a) $S(4|0)$ nach unten geöffnet
b) $S(-5|-2)$ nach oben geöffnet
c) $S(0|2)$ nach unten geöffnet

**6** Das Kabel einer Hängebrücke kann mithilfe einer quadratischen Funktion modelliert werden. Bestimme die Funktionsgleichung mit den Daten aus der Zeichnung.

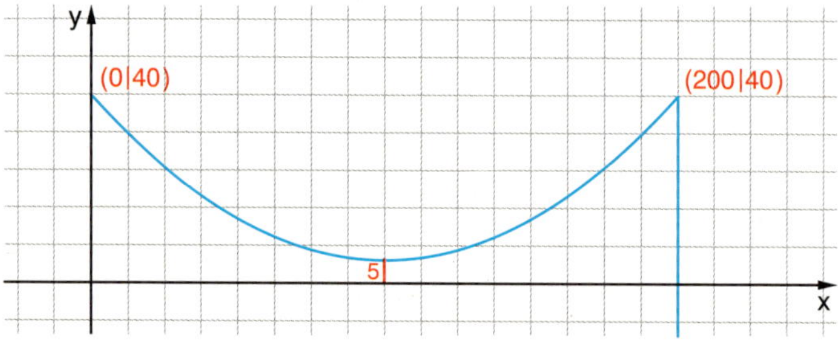

# CHECK-UP

**7** Beschreibe – ohne zu zeichnen – die folgenden Parabeln im Vergleich zur Normalparabel.

a) $f(x) = 4x^2$ b) $f(x) = 0{,}2x^2$ c) $f(x) = -2x^2$

d) $f(x) = x^2 - 3$ e) $f(x) = -3x^2 + 1$ f) $f(x) = \frac{1}{4}x^2$

**8** Wie findest du den Scheitelpunkt der Parabel? Rechne.

a) $f(x) = x^2 + 4x - 2$ b) $f(x) = x^2 - 4$ c) $f(x) = x^2 - 5x - 6$

d) $f(x) = (x+2)(x-6)$ e) $f(x) = -0{,}2x(x-10)$ f) $f(x) = x^2$

**9** Ein Wasserstrahl aus einer Wasserkanone spritzt 100 m weit und erreicht eine Höhe von 30 m. Mit welcher quadratischen Funktion kann man den Wasserstrahl modellieren?

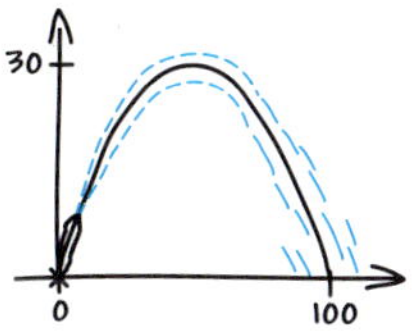


**10** a) Berechne den Scheitelpunkt der Parabel $f(x) = a(x - x_1)(x - x_2)$ (faktorisierte Form).
Du erhältst eine „allgemeine Formel" für den Scheitelpunkt.
b) Warum kann man nicht jede quadratische Funktion in faktorisierter Form darstellen, aber jede in Scheitelpunkform?

**11** Löse die quadratische Gleichung rechnerisch und mache die Probe zeichnerisch.

a) $0{,}5x^2 + 2x - 6 = 0$ b) $-(x-3)^2 = -4$ c) $x^2 - 4x + 4 = -9$

**12** Löse die quadratische Gleichung. Entscheide zunächst, welches Lösungsverfahren du anwenden willst.

a) $x^2 + 2x - 8 = 0$ b) $4x^2 - 8 = 20$ c) $3x^2 = x$

d) $5x^2 - 5x = 0$ e) $9x^2 + 16x = -12$ f) $3x^2 = 2x^2 - 1$

**13** Zeichne je zwei passende Parabeln, die sich

a) in zwei Punkten schneiden. b) in einem Punkt schneiden. c) nicht schneiden.

**14** Ermittle die Schnittpunkte der Parabeln mit den Funktionsgleichungen $f(x) = 40x - 2x^2$ und $g(x) = x^2 - 5x + 150$.

**15** Der Flug eines Speeres beim Speerwurf wird durch die folgende quadratische Funktion modelliert:

$h(w) = -\frac{1}{200}(w - 40)^2 + 10$

Dabei ist h die Flughöhe und w die Weite vom Abwurfpunkt in Metern. Formuliere alle in der Skizze angedeuteten Fragen und beantworte sie.

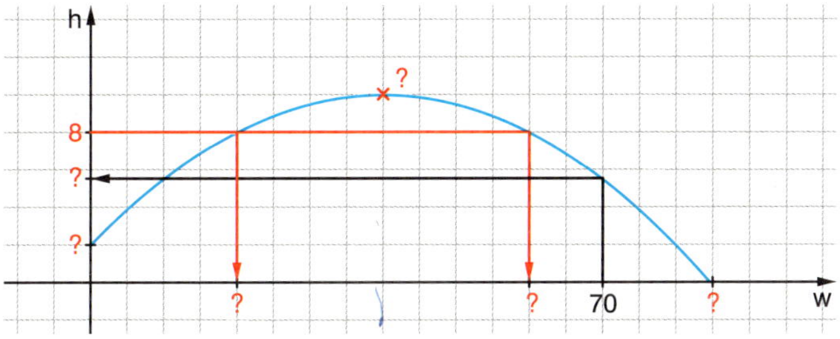


**Scheitelpunkt berechnen**

$f(x) = x^2 - 8x + 10$

*quadratische Ergänzung*

$= x^2 - 8x + 16 - 16 + 10$

$= (x-4)^2 - 6$

Scheitelpunkt $S(4|-6)$

**Faktorisierte Form: $f(x) = a(x - x_1)(x - x_2)$**

Nullstellen (Schnittstellen des Graphen mit der x-Achse) sind $x_1$ und $x_2$

*Beispiel:* $f(x) = -(x-1)(x-5)$

$a = -1$

Nullstellen:

$x_1 = 1$

$x_2 = 5$

Scheitelpunkt:

$x_S = 3$

$f(x_S) = 4$

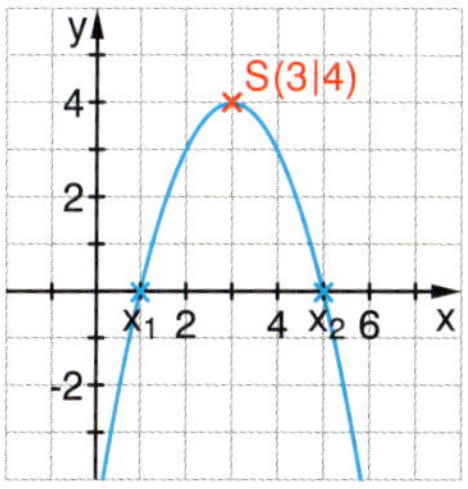


**Lösungen der quadratischen Gleichung**

$ax^2 + bx + c = 0$ entsprechen den Nullstellen der zugehörigen quadratischen Funktion.

**Anzahl der Lösungen:** Eine quadratische Gleichung hat zwei, eine oder keine Lösung.

**Quadratische Gleichungen lösen**

- **Wurzel ziehen**

  $5x^2 = 40 \quad |:5$

  $x^2 = 8 \qquad L = \{-\sqrt{8}; \sqrt{8}\}$

- **Ausklammern**

  $6x - 4x^2 = 0$ — Ausklammern

  $x(6 - 4x) = 0$ — „Produkt = 0-Gesetz"

  $x = 0$ oder $6 - 4x = 0$

  $x_1 = 0 \quad x_2 = \frac{3}{2} \qquad L = \left\{0; \frac{3}{2}\right\}$

- **pq-Formel** $(x^2 + px + q = 0)$

  $L = \left\{-\frac{p}{2} + \sqrt{\frac{p^2}{4} - q};\ -\frac{p}{2} - \sqrt{\frac{p^2}{4} - q}\right\}$

- $ax^2 + bx + c = 0$: Dividiere durch a (auf Normalform bringen) und wende dann die pq-Formel an.

# 4 Vielfältige Darstellungen von Parabeln

## 4.1 Wurzelfunktionen und Wurzelgleichungen

### *Was dich erwartet*

Die Zeit, die ein Pendel für eine volle Schwingung benötigt nennt man **Schwingungsdauer.**

*Wurzelfunktionen werden benutzt, um viele Situationen des Alltags zu modellieren und entsprechende Probleme zu lösen. So kann z. B. der Zusammenhang zwischen der Länge x eines Pendels und der Zeit T, die das Pendel für eine volle Schwingung benötigt, durch eine Wurzelfunktion mit der Gleichung* $T(x) = 6{,}28\sqrt{\frac{x}{9{,}8}}$ *(T in s, x in m) beschrieben werden. Wurzelziehen ist die Umkehrung des Quadrierens. Wurzelfunktionen und Wurzelgleichungen haben sehr viel mit quadratischen Funktionen und quadratischen Gleichungen zu tun. Daher werden wir unsere Erfahrungen mit quadratischen Funktionen und quadratischen Gleichungen gut gebrauchen können.*

### *Aufgaben*

**1** *Das Besondere an Wurzelfunktionen*

Erstelle für die Funktion f: $x \to \sqrt{x}$ eine Wertetabelle und zeichne den Graphen.

- Achte auf die Definitionsmenge (welche Werte darf man für x einsetzen?).
- Vergleiche die Wertetabelle und den Graphen mit der Tabelle und dem Graphen der Funktion g: $x \to x^2$

GTR

Notiere deine Beobachtungen.

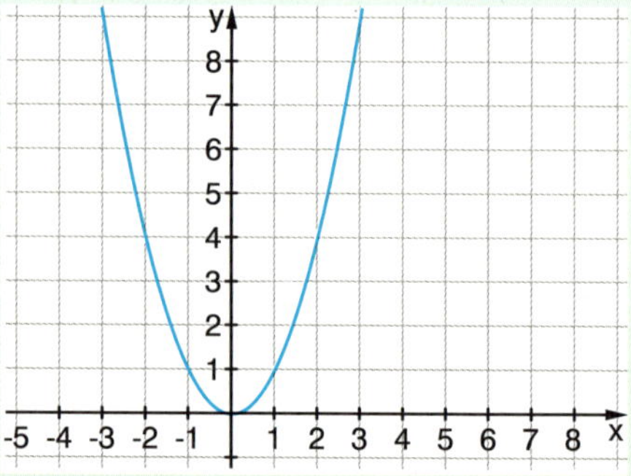


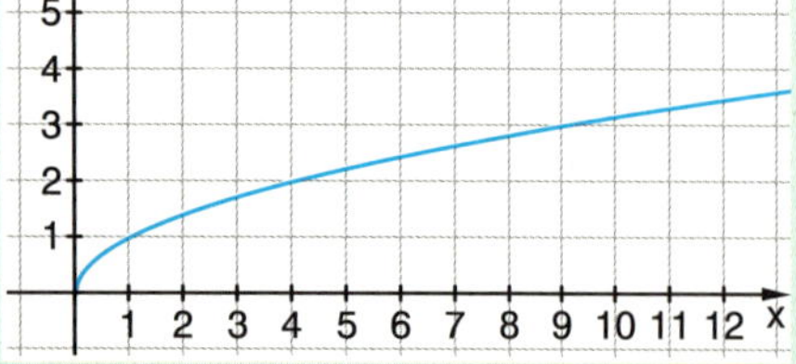


Wurzelfunktion: f: $x \to \sqrt{x}$

**2** *Funktionenlaboratorium*

Untersuche jeweils die Bedeutung von a, b, c für den Graphen der Funktion f. Setze jeweils für c, b und a die Werte 2, 3 und −1 ein und vergleiche den jeweiligen Graphen mit der „Mutter" aller Wurzelfunktionen ($f(x) = \sqrt{x}$).

Gib jeweils auch die Definitionsmenge an. Überprüfe deine Schaubilder mit dem GTR.

a) $f(x) = \sqrt{x} + c$ b) $f(x) = \sqrt{x - b}$ c) $f(x) = a\sqrt{x}$

d) Sage ohne Wertetabelle vorher, wie der Graph der Funktion mit $f(x) = \sqrt{x+2} - 3$ aussieht. Überprüfe deine Vermutung mit dem GTR (oder mit einer Wertetabelle).

## Aufgaben

**3** *Tsunamis* sind Ozeanwellen, die über eine außerordentlich große Zerstörungskraft verfügen. Diese Wellen, die z. B. von Erdbeben verursacht werden können, breiten sich mit großen Geschwindigkeiten aus. Da sie dabei wenig an Energie verlieren, behalten sie ihre zerstörerische Kraft über tausende von Kilometern bei.
Die Ausbreitungsgeschwindigkeit v einer *Tsunami* hängt von der Wassertiefe w ab. Mit der Faustregel $v(w) = \sqrt{9{,}8\,w}$ erhält man die Geschwindigkeit v in m/s, wenn man die Wassertiefe w in Meter einsetzt.

Tsunami: (japanisch) Hafenwelle
Eine Tsunami wird um so höher, je geringer die Geschwindigkeit wird. Tsunamis können bis zu 35 m hoch werden.

Die Ozeantiefe bei den Aleuten beträgt 7800 m. Von den Aleuten zu den japanischen Inseln nimmt die Wassertiefe schnell ab. Angenommen, ein Erdbeben bei den Aleuten löst eine *Tsunami* aus.
a) Übertrage die Tabelle in dein Heft und ergänze. Runde die Daten in der Tabelle auf eine Nachkommastelle.
b) Vergleiche die Geschwindigkeit bei einer Wassertiefe von 50 m mit der bei einer 100-mal größeren Tiefe. Was stellst du fest? Begründe.

| Wassertiefe in m | Geschwindigkeit m/s | km/h |
|---|---|---|
| 50 | 22,1 | 79,7 |
| 75 | ■ | ■ |
| 100 | 31,3 | 112,7 |
| 500 | ■ | ■ |
| 1000 | ■ | ■ |
| 2000 | ■ | ■ |
| 5000 | ■ | ■ |
| 7500 | ■ | ■ |

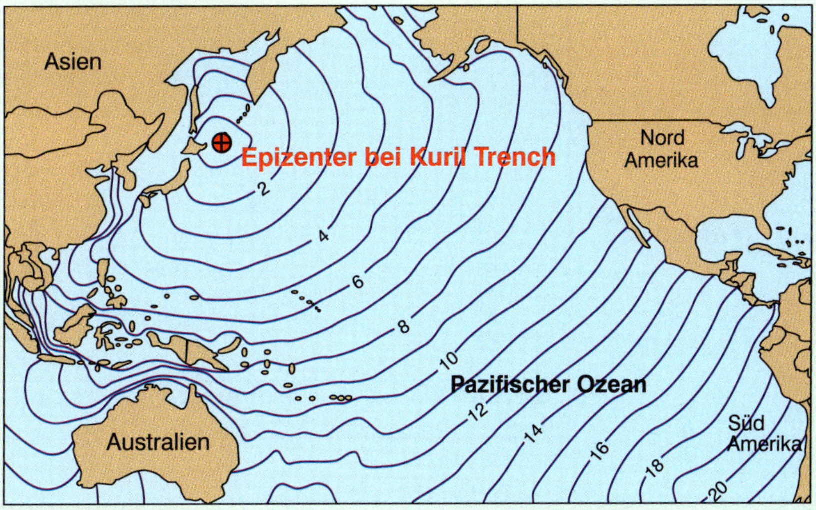


c) Wie tief ist der Ozean, wenn die Geschwindigkeit der *Tsunami* 540 km/h beträgt? Du kannst das Problem sowohl zeichnerisch als auch rechnerisch lösen.

*Zeichnerische Lösung*
Zeichne den Graphen zur Funktion v mit $v(w) = \sqrt{9{,}8\,w}$ und suche zu $v = 540\ km/h = 150\ m/s$ die Wassertiefe w.

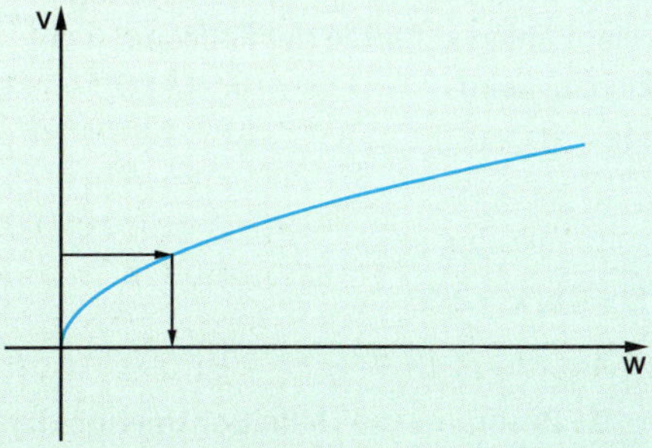


*Rechnerische Lösung*
$150 = \sqrt{9{,}8\,w}$
Quadriere beide Seiten der Gleichung und löse nach w auf.

## *Basiswissen*

### Wurzelfunktionen

Wurzelfunktionen haben einen Funktionsterm mit zumindest einer Wurzel. Im Radikanden der Wurzel steht die Variable.

$f(x) = 2\sqrt{x+3} + 1$

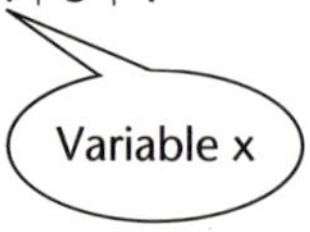


Da der Radikand nicht negativ sein darf, kann man für x nicht jeden Wert einsetzen.

$x + 3 \geq 0$

$x \geq -3$

Definitionsmenge $D = \{x \mid x \geq -3\}$

Wie erhält man aus dem Graphen der Funktion $g(x) = \sqrt{x}$ den **Graphen der Wurzelfunktion** $f(x) = a\sqrt{x-b} + c$?

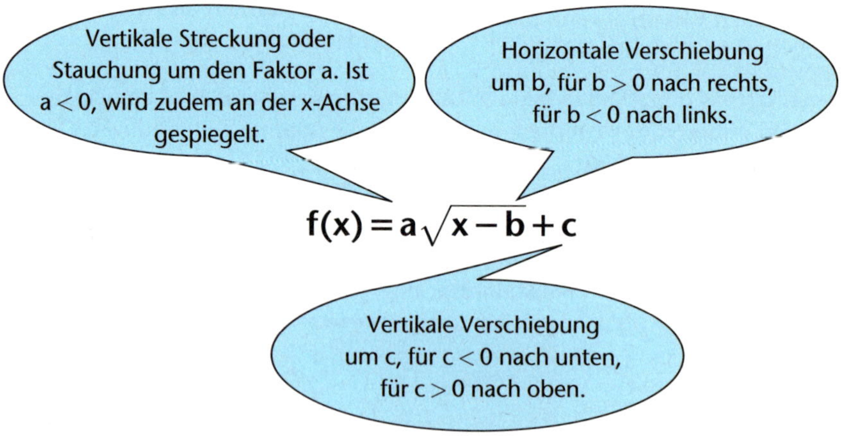


$f(x) = \sqrt{x}$

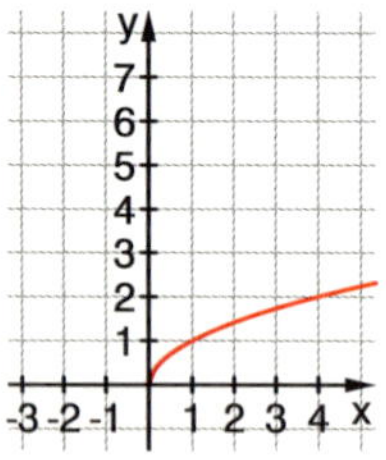

$f(x) = \sqrt{x+3}$

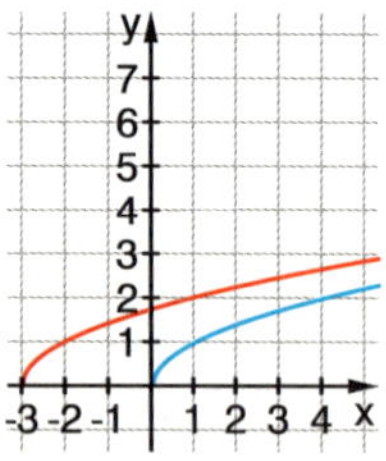

$f(x) = 2\sqrt{x+3}$

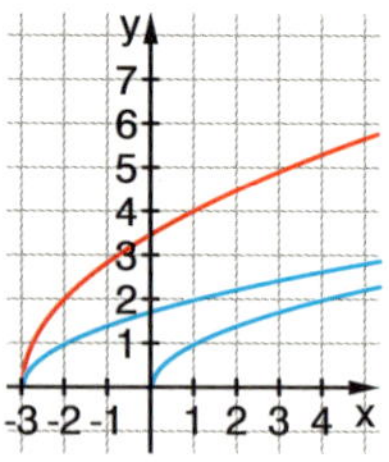

$f(x) = 2\sqrt{x+3} + 1$

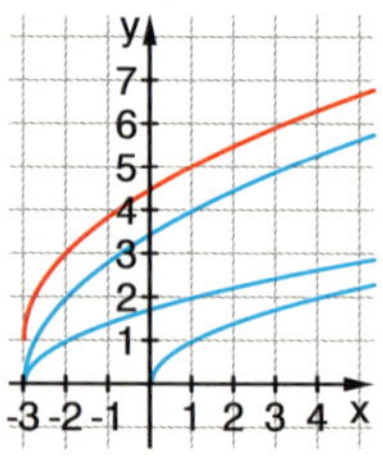

## *Beispiele*

**A** Bestimme die Definitionsmenge der Funktion mit der Gleichung $f(x) = \sqrt{4x - 10}$.

Die Definitionsmenge D ist die Menge aller Zahlen x, für die der Radikand nicht negativ wird.

$4x - 10 \geq 0$

$4x \geq 10$

$x \geq 2{,}5$

$D = \{x \mid x \geq 2{,}5\}$

„Probe" mit dem Graphen der Funktion:

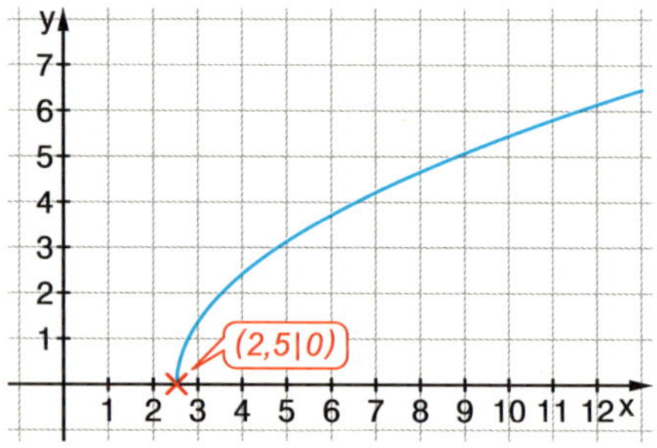


Probe mit dem GTR

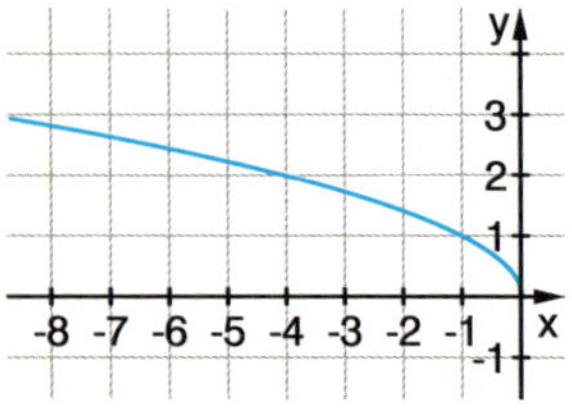

**B** Bestimme die Definitionsmenge der Funktion mit $f(x) = \sqrt{-x}$. Zeichne den Graphen mithilfe einer Wertetabelle.

| x | −9 | −4 | −1 | 0 | 1 | 4 | 9 |
|---|---|---|---|---|---|---|---|
| $\sqrt{-x}$ | 3 | 2 | 1 | 0 | nd*) | nd*) | nd*) |

$D = \{x \mid x \leq 0\}$; *) nd = nicht definiert

## Beispiele

**C** Bestimme, mit welchen Transformationen der Graph der Funktion mit $f(x)=\sqrt{9x+18}$ aus dem Graphen der Funktion mit $g(x)=\sqrt{x}$ gewonnen werden kann.

$f(x)=\sqrt{9x+18}$
$=\sqrt{9(x+2)}$
$=3\sqrt{x+2}$
$=3\sqrt{x-(-2)}$

Horizontale Verschiebung nach links

Streckfaktor

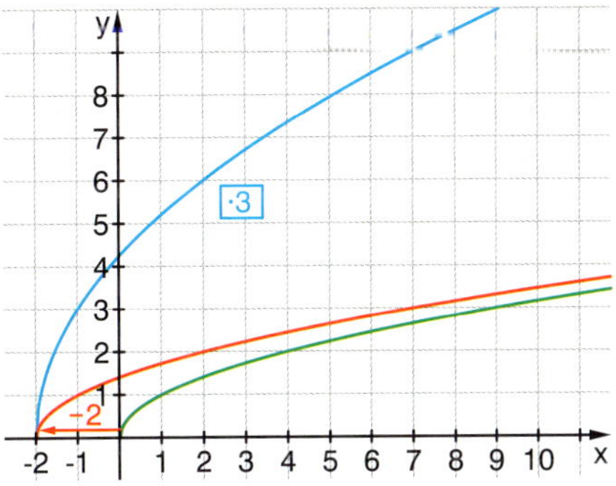


## Übungen

**4** Bestimme die Definitionsmenge der Wurzelfunktionen. Mit einem GTR kannst du in allen Fällen mit dem Funktionsgraphen die Probe machen.

GTR

a) $f(x)=\sqrt{2x}$   b) $f(x)=\sqrt{3x+6}$   c) $f(x)=0{,}5\sqrt{5x-2}$
d) $f(x)=3\sqrt{x+5}-1$   e) $f(x)=\sqrt{x^2+1}$   f) $f(x)=\sqrt{9-x^2}$

**5** Beschreibe, wie man den Graphen von f aus dem Graphen von g mit $g(x)=\sqrt{x}$ erhält. Ordne dann die Graphen richtig zu.

a) $f(x)=\sqrt{x}-2$   b) $f(x)=\sqrt{x-2}$   c) $f(x)=2\sqrt{x}$
d) $f(x)=3\sqrt{x-3}-1$   e) $f(x)=\sqrt{9x}$   f) $f(x)=-2\sqrt{x-4}$

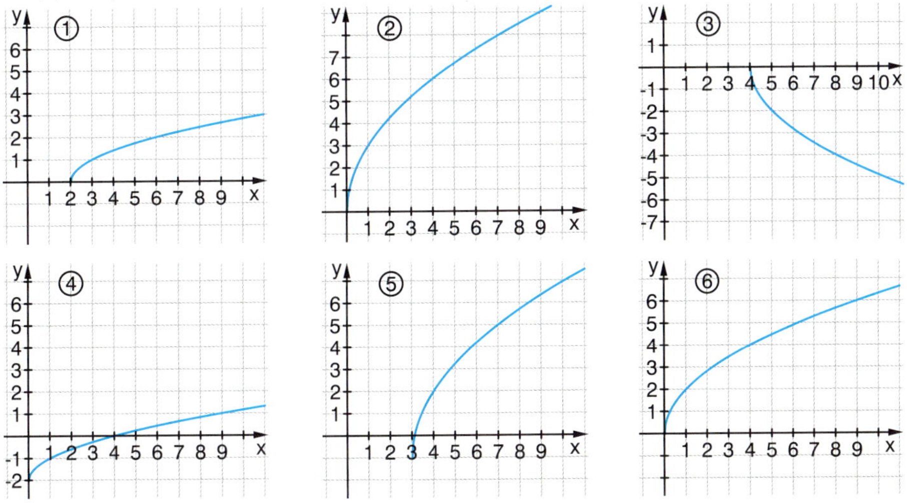


**6** Wurzelfunktionen kann man mit einigen Wertepaaren leicht skizzieren.

$f(x)=2\sqrt{x-1}+3$

| x | f(x) |
|---|---|
| 1 | 3 |
| 2 | 5 |
| 5 | 7 |
| 10 | 9 |

Kannst du dir denken, warum gerade diese x-Werte verwendet wurden?

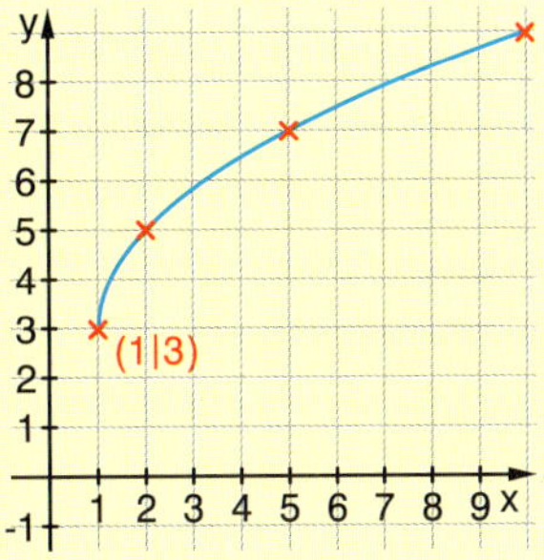


Suche geschickt Wertepaare aus und skizziere den jeweiligen Graphen.

a) $0{,}5\sqrt{x+2}$   b) $f(x)=-\sqrt{x+1}+3$   c) $f(x)=2\sqrt{x}+4$

## *Übungen*

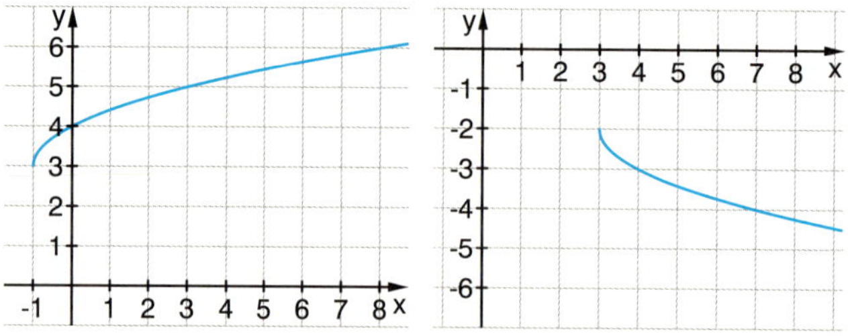


**7** *Wurzelfunktion gesucht*
Man kann mit wenigen Informationen die zu den Graphen passenden Wurzelfunktionen bestimmen. Überlege zunächst, welche Informationen aus dem Schaubild beim Finden des Funktionsterms behilflich sein können.

**8** *Quadratische Funktionen und Wurzelfunktionen*
Erstelle zu den Funktionen f und g jeweils eine Wertetabelle mit den angegebenen Werten und zeichne die beiden Graphen. Verwende für beide Achsen den gleichen Maßstab. Zeichne als Hilfslinie den Graphen von h: $x \to x$ ein.

Ein Forschungsauftrag

Vergleiche die Tabellen und Graphen von f und g. Was beobachtest du?

a) $f(x) = x^2$
$x = 0, 1, 2, 3$
$g(x) = \sqrt{x}$
$x = 0, 1, 4, 9$

b) $f(x) = (x+1)^2$
$x = -1, 0, 1, 2$
$g(x) = \sqrt{x} - 1$
$x = 0, 1, 4, 9$

c) $f(x) = x^2 - 2$
$x = 0, 1, 2, 3$
$g(x) = \sqrt{x+2}$
$x = -2, -1, 2, 7$

d) $f(x) = (x+1)^2 - 2$
$x = -1, 0, 1, 2$
$g(x) = \sqrt{x+2} - 1$
$x = -2, -1, 2, 7$

Wenn du Gemeinsamkeiten entdeckt hast, kannst du weitere Paare von Funktionen angeben, die dieselben Eigenschaften haben wie die Paare in Aufgabe a) bis d).

### Was ist die Umkehrung einer Funktion?

Eine **Funktion** ist eine Zuordnung, bei der jedem x-Wert genau ein y-Wert zugeordnet wird. Ist die Funktion durch eine Gleichung gegeben, dann kann man leicht eine Tabelle aufstellen und den Graphen zeichnen.

**Funktion**
$f(x) = x^2$
*Ordne jeder Zahl x ihr Quadrat zu.*

| x | y = f(x) |
|---|---|
| −3 | 9 |
| −2 | 4 |
| −1 | 1 |
| 0 | 0 |
| 1 | 1 |
| 2 | 4 |
| 3 | 9 |

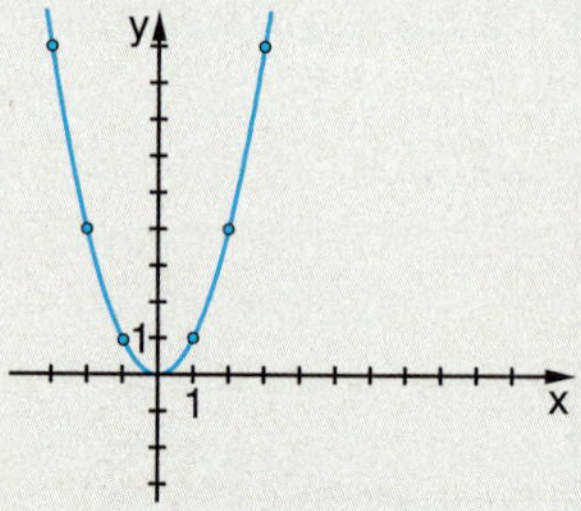


Will man zu einem y-Wert den zugehörigen x-Wert finden, dann muss man die Funktion „umkehren". Man kann die zu der „Umkehrung" gehörige Tabelle und den Graphen leicht finden:

**Umkehrzuordnung**
*Ordne jeder Zahl x die Zahl zu, deren Quadrat x ergibt.*

| x | y = f(x) |
|---|---|
| 9 | −3 |
| 4 | −2 |
| 1 | −1 |
| 0 | 0 |
| 1 | 1 |
| 4 | 2 |
| 9 | 3 |

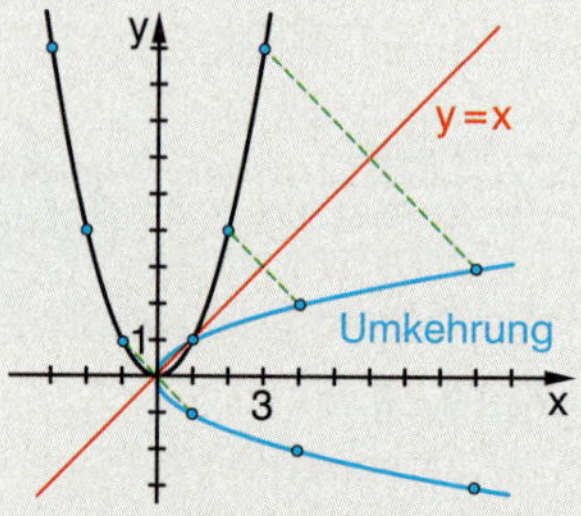


Die **Tabelle** erhält man, indem man die beiden Spalten der Tabelle der Funktion vertauscht.

**Den Graphen** erhält man aus dem Graphen der Funktion durch Spiegelung an der Geraden $y = x$.

Die Gerade $y = x$ nennt man die *1. Winkelhalbierende*. Was wird wohl die *2. Winkelhalbierende* sein?

## Umkehrfunktion

Ist die Umkehrung einer Funktion eindeutig, dann ist die Umkehrzuordnung eine Funktion. Wir sagen:
Die **Umkehrfunktion** $\bar{f}(x)$ existiert.

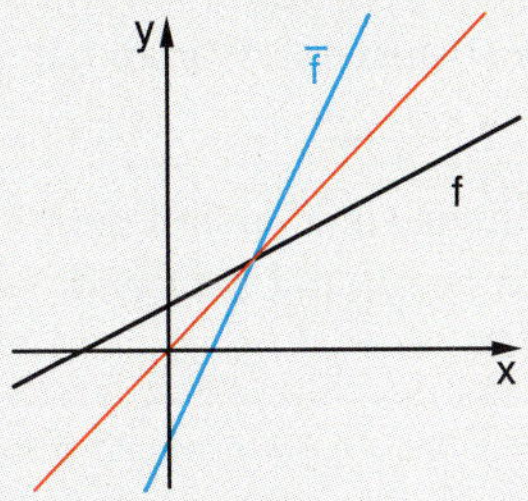


Die Umkehrung der Funktion mit $f(x) = 0{,}5x + 1$ ist eindeutig.

$\bar{f}(x)$ existiert.

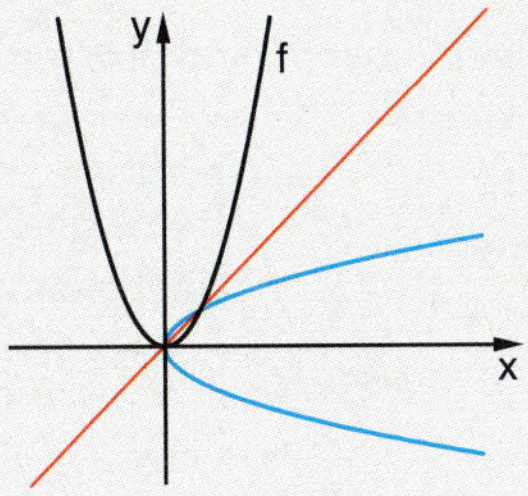


Die Umkehrung der Funktion mit $f(x) = x^2$ ist **nicht** eindeutig.

$\bar{f}(x)$ existiert **nicht**.

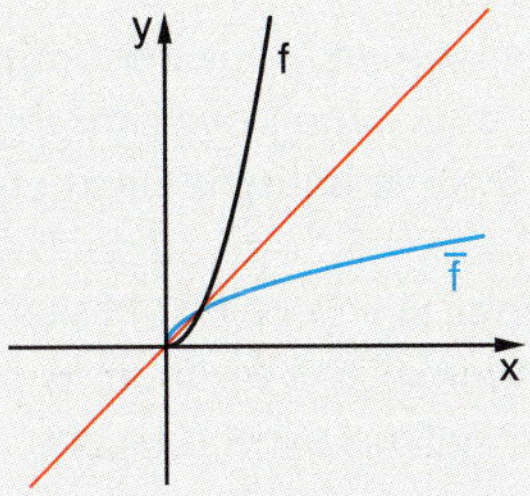


Schränkt man die Definitionsmenge der Funktion mit $f(x) = x^2$ auf die Zahlen $x \geq 0$ ein, dann ist die Umkehrung eindeutig.
$\bar{f}(x)$ existiert.

Wann ist die Zuordnung eine Funktion?
Der „**Senkrechten-Test**"

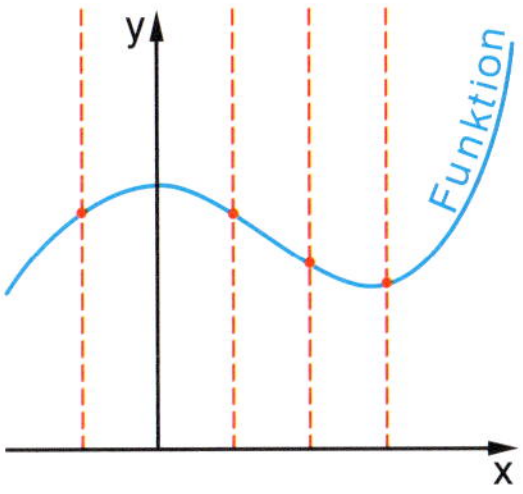


## *Übungen*

Umkehrfunktion

**9** Kopiere den Funktionsgraphen in dein Heft und zeichne den Graphen der Umkehrzuordnung ein. Entscheide, ob die Umkehrung eindeutig ist, d. h. die Umkehrfunktion existiert.

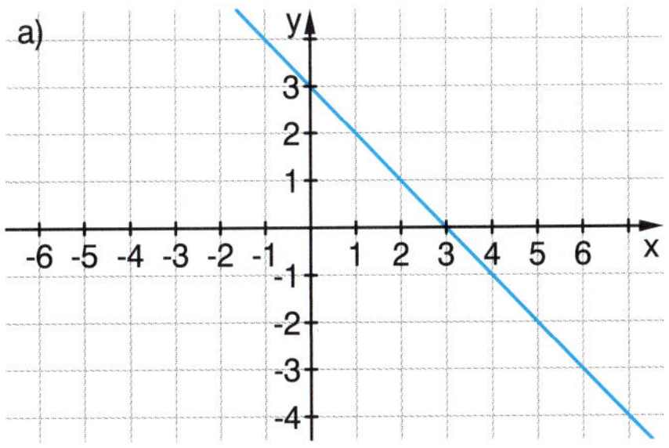


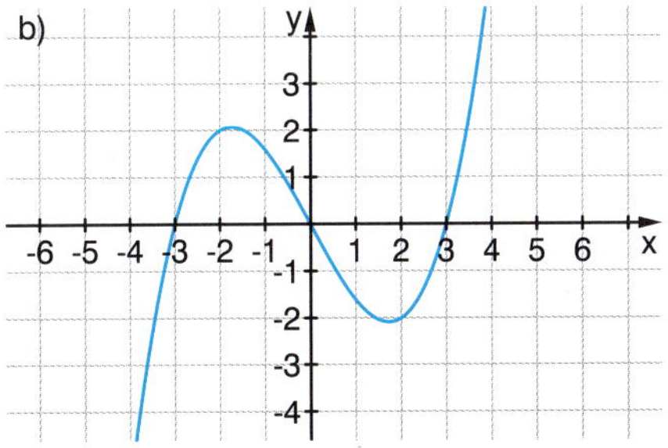


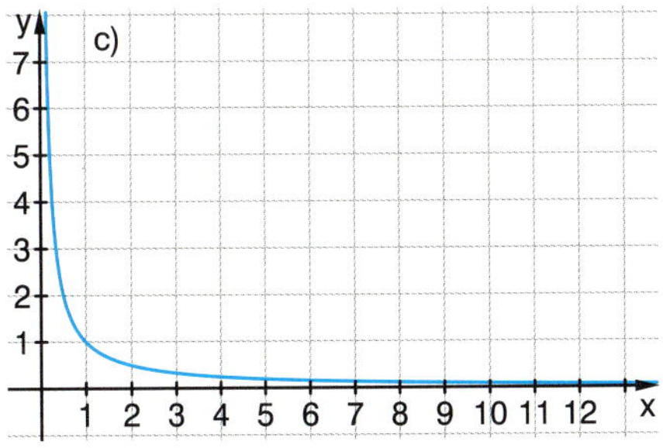


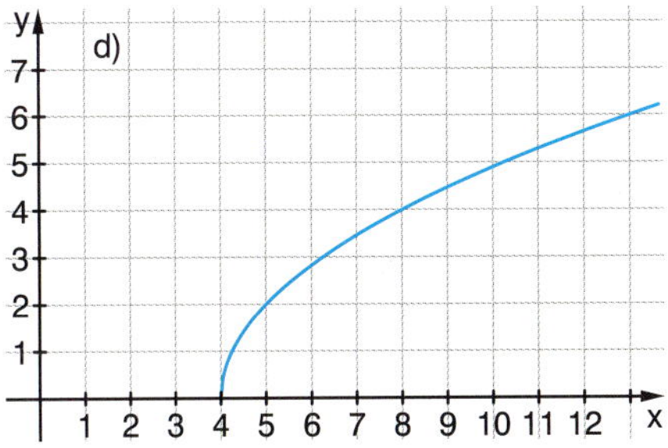


**10** *Zum Nachdenken*
Begründe: Schneidet jede Horizontale den Graphen einer Funktion f nur in einem Punkt, dann besitzt f eine Umkehrfunktion.

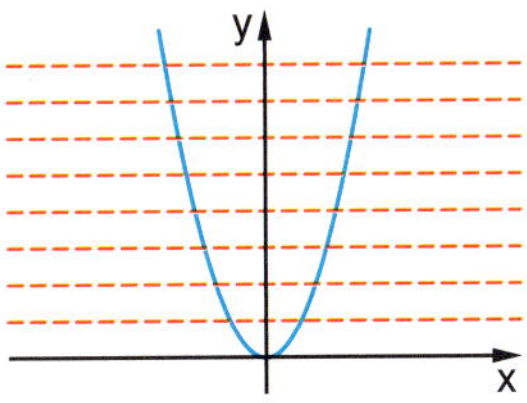

Umkehrfunktion existiert nicht

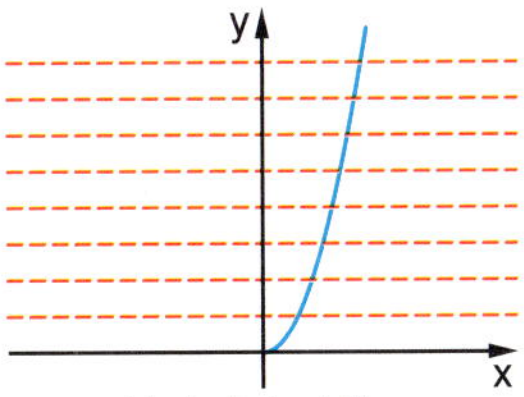

Umkehrfunktion existiert

Der „**Horizontalen-Test**"

## *Übungen*

Umkehrfunktion

**11** *Noch mehr zum Nachdenken*

a) Welche der Funktionen besitzt eine Umkehrfunktion? Begründe. Zeichne zur Unterstützung deiner Argumentation die Funktionsgraphen.

$f(x) = 2x - 3 \qquad g(x) = 3$

b) Warum besitzen alle linearen Funktionen mit $f(x) = mx + b$ für $m \neq 0$ eine Umkehrfunktion?

Überlege auch, wie der Graph einer linearen Funktion mit $m = 0$ aussieht. Warum hat diese Funktion keine Umkehrfunktion?

c) Die quadratische Funktion mit $f(x) = (x-3)^2 + 2$ und der Definitionsmenge $D = \{x \mid x \geq 3\}$ besitzt eine Umkehrfunktion. Begründe. Verallgemeinere. Den Anfang siehst du rechts.

> Eine quadratische Funktion mit dem Scheitelpunkt $(x_s \mid y_s)$ mit der Definitionsmenge D…

**12** *Berechnung der Funktionsgleichung der Umkehrfunktion*

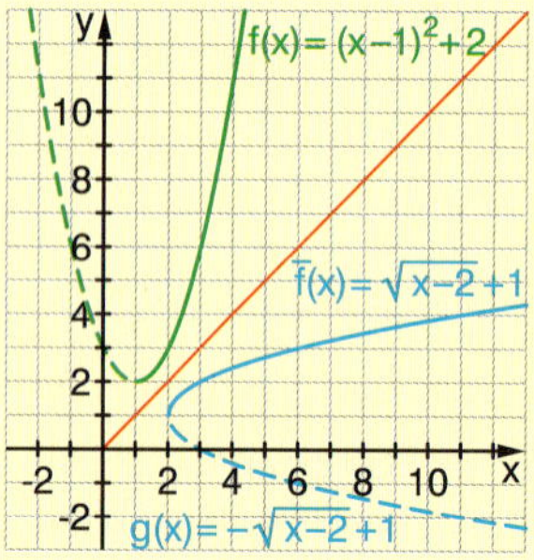


$f(x) = (x-1)^2 + 2$

Definitionsmenge $x \geq 1$

Umkehrfunktion existiert (Horizontalen-Test)

$\bar{f}(x) = \sqrt{x-2} + 1$

Ersetze f(x) durch y

$y = (x-1)^2 + 2$

Vertausche x und y

$x = (y-1)^2 + 2$

Löse nach y auf

$(y-1)^2 = x - 2$

$y - 1 = \sqrt{x-2}$ oder $y - 1 = -\sqrt{x-2}$

$y = \sqrt{x-2} + 1$ oder $y = -\sqrt{x-2} + 1$

Berechne die Gleichung der Umkehrfunktion. Zeichne jeweils den Graphen der Funktion und der Umkehrfunktion.

a) $f(x) = 2x$

b) $f(x) = x - 3$

c) $f(x) = \frac{4}{5}x - 1$

d) $f(x) = (x+3)^2$, $D = \{x \mid x \geq -3\}$

e) $f(x) = 2(x-1)^2$, $D = \{x \mid x \geq 1\}$

f) $f(x) = -x^2 + 9$, $D = \{x \mid x \geq 0\}$

**13** *Die Länge eines Sekundenpendels*

Die Zeit T, die ein Pendel für eine volle Schwingung benötigt, hängt von der Pendellänge x ab. Die Funktionsgleichung lautet: $T(x) = 6{,}28\sqrt{\frac{x}{9{,}8}}$

(T in Sekunden, x in Metern).

a) Erstelle eine Tabelle für die Schwingungsdauer für $0\,\text{cm} \leq x \leq 50\,\text{cm}$, Schrittweite 5 cm und trage die Wertepaare aus der Tabelle in ein Schaubild ein.

b) Ermittle mit dem Schaubild, wie lang ein Pendel sein muss, dessen Schwingungsdauer 1 Sekunde betragen soll. Überprüfe dein Ergebnis experimentell.

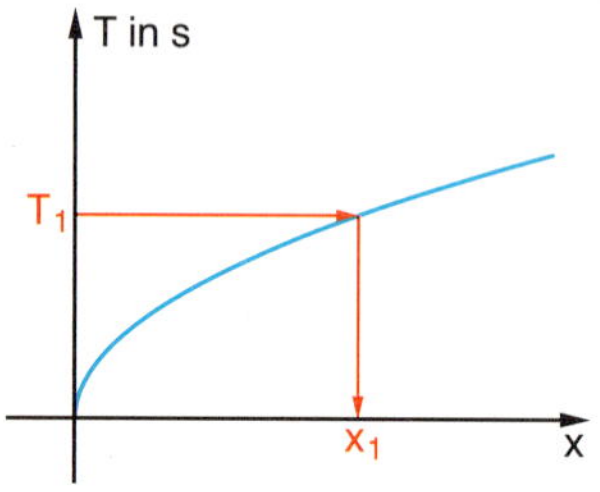


c) Um die Pendellänge eines Sekundenpendels zu berechnen, muss man die Gleichung $1 = 6{,}28\sqrt{\frac{x}{9{,}8}}$ lösen.

Diese Art von Gleichung nennt man Wurzelgleichung. Quadriere die Gleichung und rechne dann weiter. Vergleiche das rechnerische Ergebnis mit dem aus Aufgabe b).

## Basiswissen

### Wurzelgleichungen

sind Gleichungen, die zumindest **eine** Wurzel mit einer Variablen im Radikanden enthalten.

$2\sqrt{x+6}-3=x$

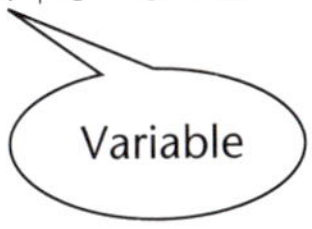


**Lösen von Wurzelgleichungen** durch
- Isolieren der Wurzel auf einer Seite der Gleichung und
- Quadrieren beider Seiten der Gleichung.

$2\sqrt{x+6}-3=x \quad |+3$

$2\sqrt{x+6}=x+3$

Isolieren der Wurzel. Der Faktor 2 kann bleiben.

$4(x+6)=(x+3)^2$

Quadrieren, an die binomischen Formeln denken.

$4x+24=x^2+6x+9$

Gleichung in Normalform bringen.

$x^2+2x-15=0$

$p=2,\ q=-15$

Lösen der quadratischen Gleichung: z. B. mit der pq-Formel

$x=-1+\sqrt{1+15}$ oder $x=-1-\sqrt{1+15}$

$x=-1+4$ oder $x=-1-4$

$x_1=3$ $\quad x_2=-5$

**Die Probe ist unverzichtbar**

Da Quadrieren keine Äquivalenzumformung ist, können die Lösungen der Gleichung nach dem Quadrieren u. U. keine Lösungen der ursprünglichen Gleichung sein.

*Rechnerische Probe*

$x_1=3$

$2\sqrt{3+6}-3=3$?

$2\sqrt{9}-3=3$ wahr

$x_2=-5$

$2\sqrt{-5+6}-3=-5$?

$2\sqrt{1}-3=-5$ falsch

Die Lösung ist $x=3$.

$L=\{3\}$

*Grafische Probe*

Mit dem GTR zeichnet man die Graphen der Funktionen mit $f(x)=2\sqrt{x+6}-3$ und $g(x)=x$

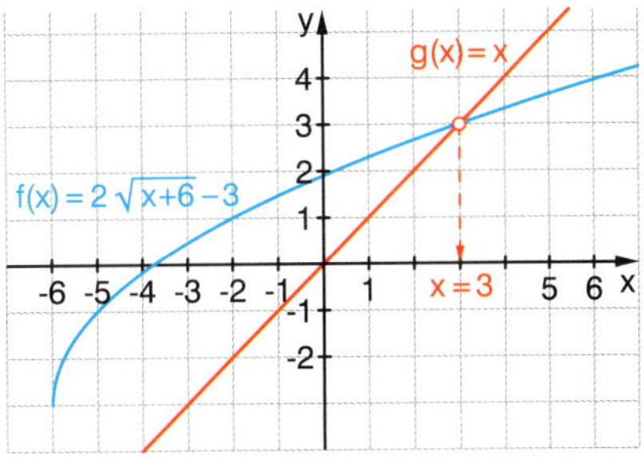


## Beispiele

**D** Löse die Wurzelgleichung $x=\sqrt{2-x}$.

$x=\sqrt{2-x}$ — Wurzel ist isoliert

$x^2=2-x$ — quadrieren

$x^2+x-2=0$ — z. B. Satz von Vieta anwenden

$(x+2)(x-1)=0$

$x=-2$ oder $x=1$

*Rechnerische Probe*

$x=-2$

$-2=\sqrt{2-(-2)}$ falsch

$x=1$

$1=\sqrt{2-1}$ wahr

Die Lösung ist $x=1$

## Beispiele

*Grafische Probe*

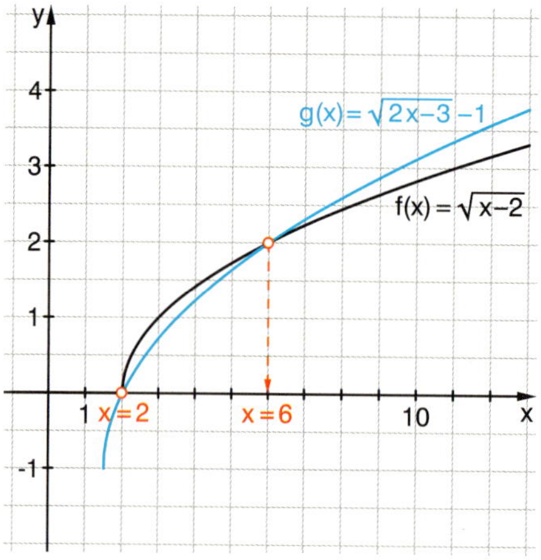


**E** *Was tun, wenn mehr als eine Wurzel in der Gleichung vorkommt?*

$\sqrt{x-2} = \sqrt{2x-3} - 1$ — Eine Wurzel ist bereits isoliert

$x - 2 \quad = \left(\sqrt{2x-3} - 1\right)^2$ — Quadrieren, binomische Formel anwenden

$x - 2 \quad = 2x - 3 - 2\sqrt{2x-3} + 1$

$2\sqrt{2x-3} \quad = x$ — Wurzel isolieren

$4(2x-3) \quad = x^2$ — Quadrieren

$x^2 - 8x + 12 = 0$

$x = 4 + \sqrt{16-12}$ oder $x = 4 - \sqrt{16-12}$

$x = 4 + \sqrt{4}$ oder $x = 4 - \sqrt{4}$

$x_1 = 6$ $\qquad$ $x_2 = 2$

*Lösungsmenge* $L = \{2; 6\}$

## Übungen

Löse die Wurzelgleichungen algebraisch. Mache die Probe mit dem GTR oder zeichnerisch.

**14** $\{0; \frac{1}{4}\}$ $\{\}$ $\{5\}$ $\{\frac{3}{4}\}$ $\{\}$ $\{81\}$

**14** a) $\sqrt{x} = 9$ b) $\sqrt{x} = 2x$ c) $-3\sqrt{x} = 12$
d) $2\sqrt{x-4} = 2$ e) $\sqrt{3-x} = 2x$ f) $\sqrt{x^2+4} = x - 2$

**15** a) $\sqrt{x+5} = x + 3$ b) $\sqrt{4x-4} = x - 1$ c) $-2\sqrt{x-3} - 1 = x$
d) $\sqrt{2x} = \sqrt{5-x}$ e) $\sqrt{x^2+9} - 2 = x$ f) $\sqrt{x+1} + 4 = 2x$

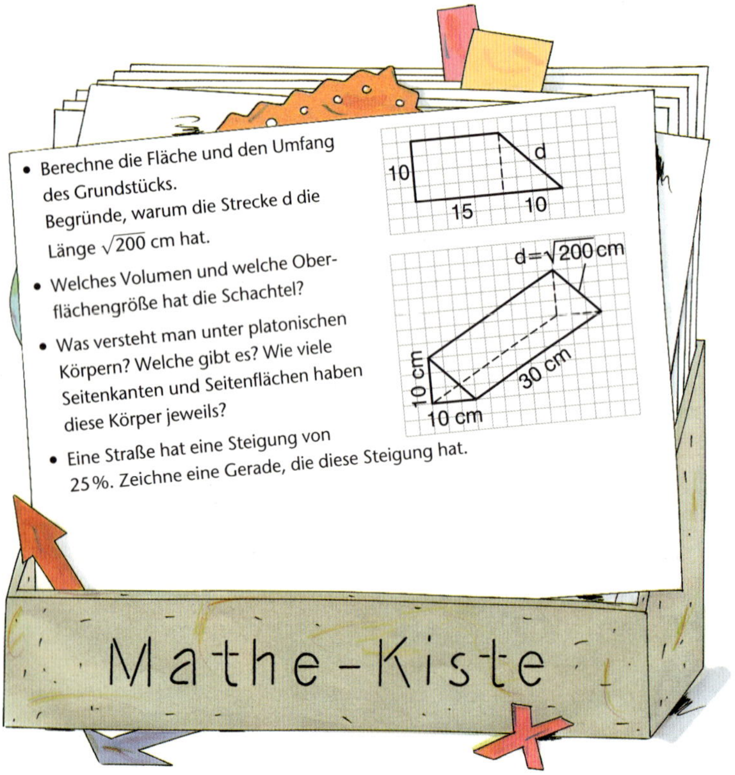


**16** Isoliere erst eine Wurzel und quadriere. Isoliere dann die verbleibende Wurzel und quadriere erneut.

a) $\sqrt{x+3} + 1 = \sqrt{3x-2}$
b) $\sqrt{x-6} + \sqrt{x} = 3$
c) $\sqrt{x} - 1 = 3 + \sqrt{x}$
d) $3\sqrt{2x+1} = \sqrt{4x+3} + 3$
e) $\sqrt{x-6} = 3 + \sqrt{x}$
f) $\sqrt{x} + \sqrt{2x} = \sqrt{3x+12}$

**17** *Zum Nachdenken*
Äquivalente Gleichungen haben exakt dieselben Lösungen. Begründe mithilfe des Beispiels, dass Quadrieren keine Äquivalenzumformung ist.

$x = 2$
$x^2 = 4$ Quadrieren

## Aufgaben

**18** Finde einen Wert für a, so dass die Gleichung $\sqrt{x+a} = \sqrt{2x-a}$
a) keine Lösung, b) eine Lösung hat.
Überprüfe deine Ergebnisse grafisch.

**19** *Bahnradrennen*

Fahrradrennen werden auf der Straße, im Gelände oder auf einer Bahn ausgetragen. Bahnrennfahrer fahren bis zu 70 km/h schnell. In engen Kurven können sie leicht aus der Bahn getragen werden. Daher sind die Kurven bei Bahnrennen „überhöht“. Dies sorgt dafür, dass die Rennräder senkrecht zu der Bahn sind und verhindert somit das Schleudern. Die Geschwindigkeit, bei der das Rad genau senkrecht zur Bahn ist, nennen wir die optimale Geschwindigkeit v. Die optimale Geschwindigkeit hängt von dem Neigungswinkel α und dem Kurvenradius r ab.

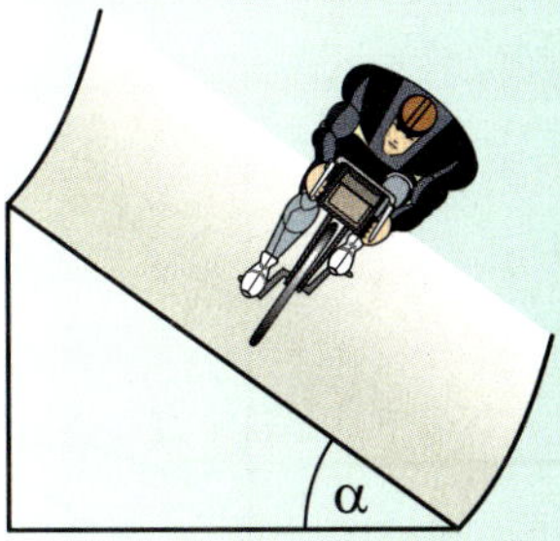


$v = \sqrt{0{,}171\,r\alpha}$
v Geschwindigkeit in m/s
r Radius der Kurve in m
α Neigungswinkel der Kurve

Mit der angegebenen Formel kann man für Neigungswinkel bis 30° die optimale Geschwindigkeit v näherungsweise berechnen.
a) Angenommen, du sollst eine Radrennbahn mit einem Kurvenradius von 80 m bauen. Die Geschwindigkeit der Rennfahrer soll ca. 54 km/h (15 m/s) betragen. Welchen Neigungswinkel muss die Kurve haben?
b) Du entscheidest dich beim Bau der Bahn für einen Neigungswinkel von 10°. Wie groß müsstest du den Kurvenradius planen, wenn du von einer Geschwindigkeit von 45 km/h ausgehst?

Ein Forschungsauftrag

**20** Die Wurzelfunktion mit $f(x) = \sqrt{16 - x^2}$ hat bemerkenswerte Eigenschaften.
a) Ermittle die Definitionsmenge. Erstelle eine Wertetabelle mit $-4 \leq x \leq 4$, Schrittweite 0,5. Zeichne den Graphen. Verwende dabei auf der x- und y-Achse als Einheit 1 cm.
b) Miss für verschiedene Punkte auf dem Graphen die Entfernung zum Ursprung. Was beobachtest du?

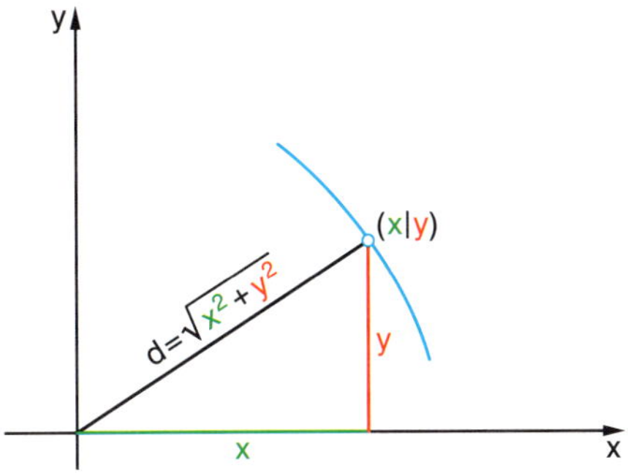


c) Du kannst für verschiedene Punkte, deren Koordinaten du aus der Tabelle entnimmst, die Entfernung vom Ursprung berechnen. Vergleiche mit deinen Messungen. Alle Punkte auf dem Graphen der Funktion haben die Koordinaten $(x \mid \sqrt{16 - x^2})$. Berechne die Entfernung vom Ursprung allgemein.
d) Umkehrung der Funktion $f(x) = \sqrt{16 - x^2}$.
Existiert die Umkehrfunktion? Begründe. Berechne die Funktionsgleichung der Umkehrfunktion. Fällt dir etwas auf? Es gibt noch andere Funktionen mit dieser besonderen Eigenschaft. Überprüfe f: $x \to \frac{1}{x}$.

# 4.2 Geometrie der Parabel

## Was dich erwartet

*Du hast Parabeln als Graphen von quadratischen Funktionen kennen gelernt. Alle diese Graphen sind symmetrisch zu einer zur y-Achse parallelen Achse durch den Scheitelpunkt.*

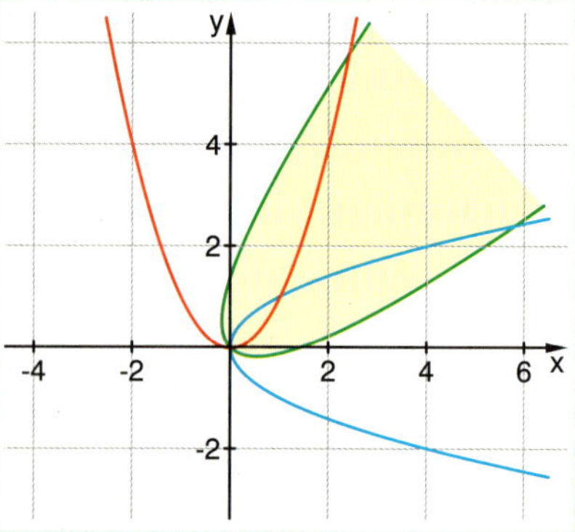


*Die typische Form einer Parabelkurve bleibt natürlich erhalten, wenn wir die Parabelschablone im Koordinatensystem drehen; in diesem Falle ist die Kurve allerdings nicht mehr der Graph einer quadratischen Funktion. Bei Drehung der Normalparabel um den Scheitelpunkt um 270° können wir die beiden Äste noch als Graphen der beiden Funktionen $y = \sqrt{x}$ und $y = -\sqrt{x}$ erhalten, in den meisten anderen Fällen ist dies aber nicht mehr so einfach. Mithilfe geometrischer Eigenschaften der Parabel lassen sich viele Methoden zum Konstruieren und Erzeugen von Parabeln entwickeln.*

## Aufgaben

Kreis
Winkelhalbierende
Parallelen
Mittelparallele
Mittelsenkrechte

**1** *Zur Auffrischung geometrischer Kenntnisse*

Bei vielen geometrischen Anwendungen werden so genannte „Ortslinien" konstruiert.

a) Wo liegen alle Punkte, die

1) von zwei Punkten A und B gleich weit entfernt sind?

2) von einem Punkt M den Abstand r haben?

3) zu einer Geraden g den Abstand d haben?

4) gleichen Abstand zu zwei Geraden g und h haben?

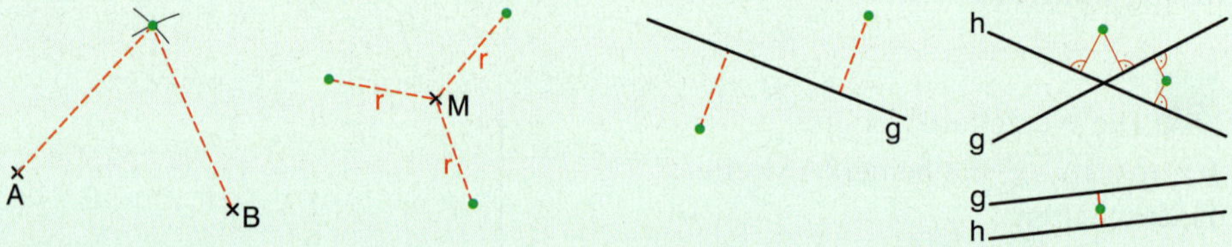


b) Konstruiere jeweils die passenden Ortslinien. Nicht in allen Fällen gibt es eine eindeutige Lösung.

**2** *Eine bekannte Kurve als Ortslinie*

a) Wo liegen alle Punkte, die von einem Punkt F und einer Geraden h den gleichen Abstand haben? Zeichne ab und konstruiere. Erkläre dein Vorgehen.

b) Verbinde die konstruierten Punkte durch eine passende Kurve. Kommt dir die Kurve bekannt vor? Finde eine Methode, mit der du deine Vermutung begründen kannst.

c) Konstruiere entsprechende Ortskurven für andere Abstände von F zu h (1 cm, 3 cm, 0,5 cm). Beschreibe, wie sich dieser Abstand auf die Gestalt der Kurve auswirkt.

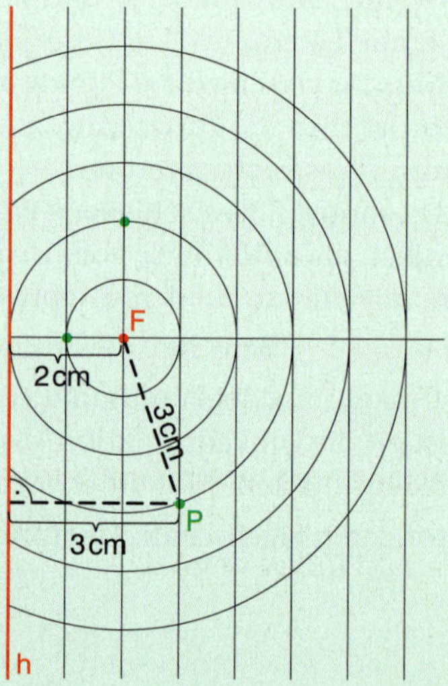

## Aufgaben

**3** Die Schüler der Klasse 9a stellen sich auf dem Schulhof auf. Jeder sucht eine Position, von der der Abstand zur Mauer und zu dem roten Punkt jeweils gleich ist. Es sieht so aus, als würden sie auf einer Parabel stehen. Erfüllen die Punkte auf dem Graphen einer quadratischen Funktion auch diese Abstandsbedingung?

*„Schülerparabel" auf dem Schulhof*

a) Zeichne den Graphen der Funktion $y = \frac{1}{4}x^2$ in ein Koordinatensystem. (1 Einheit ≙ 1 cm). Zeichne auch den Graphen zu $y = -1$ (Gerade g) und den Punkt F(0|1). Überprüfe nun für verschiedene Parabelpunkte, ob diese jeweils den gleichen Abstand zu g und F aufweisen.

b) Findest du auch für den Graphen der Funktion $y = \frac{1}{2}x^2$ $\left(y = \frac{1}{8}x^2\right)$ eine entsprechende Gerade g und einen Punkt F? Wie sieht es bei der Normalparabel aus?

c) Kannst du eine Beziehung zwischen der y-Koordinate des Punktes F und dem Faktor a in der jeweiligen Funktionsgleichung $y = ax^2$ finden?

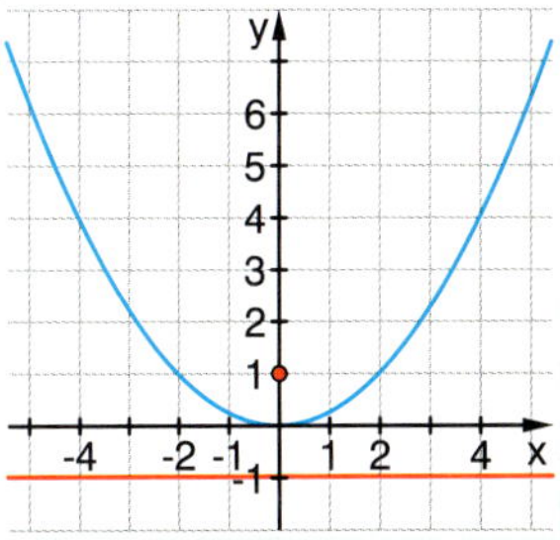


Für drei Parabelpunkte kannst du es direkt aus den Koordinaten ablesen, für die anderen Punkte kannst du nachmessen.

**4** *Konstruktion einer Ortskurve mit DGS*

Die blaue Kurve ist eine Parabel. Sie ist als Ortskurve des Punktes P entstanden, wenn der Punkt L sich auf der Geraden h bewegt.

*Konstruktionsschritte:*
1. Zeichne Gerade h und Punkt F.
2. Punkt L auf h.
3. Mittelsenkrechte ($g_1$) zur Strecke $\overline{FL}$.
4. Senkrechte ($g_2$) zu h in L.
5. Schnittpunkt von $g_1$ mit $g_2$: Punkt P.
6. Ortskurve von P bei Bewegung von L auf h.

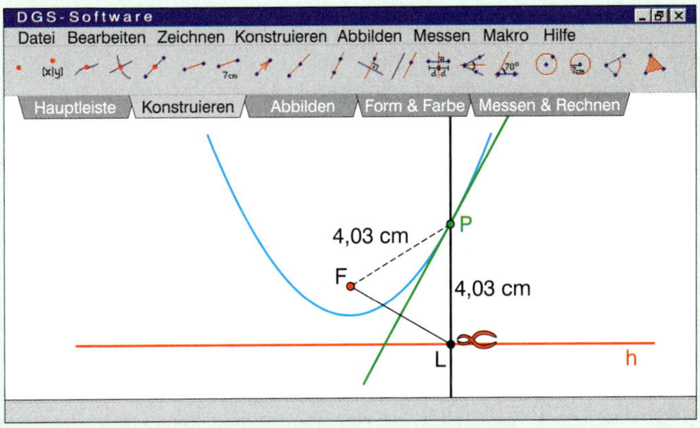


DGS

a) Führe die Konstruktion mit dem DGS selbst aus. Wähle als Abstand von F zu h zunächst 2 cm. Hast du eine Idee, wie du mit deinen bisherigen Kenntnissen bestätigen kannst, dass die Ortskurve tatsächlich eine Parabel ist?

b) Was passiert, wenn du einen anderen Abstand von F zu h wählst? Experimentiere mit verschiedenen Abständen. Behalten die Ortskurven die Form einer Parabel? Beschreibe möglichst genau, wie sich die Parabel in Abhängigkeit vom Abstand ändert.

c) Begründe mithilfe der Konstruktion: Für jeden Punkt P auf der Ortskurve gilt: $\overline{PF} = \overline{PL}$.

d) Mit der Konstruktion hast du eine geometrische Definition für die Parabel gefunden: *Die Parabel ist die Ortslinie aller Punkte, die …*
Vervollständige den Satz.

Der Graph einer Funktion $y = ax^2$ ist eine Parabel.

## *Basiswissen*

Alle Punkte, die von einem gegebenen Punkt F und einer gegebenen Geraden h den gleichen Abstand haben, bilden eine Parabel.

**Die Parabel als geometrische Ortslinie**

Zu jeder Parabel gibt es einen Punkt F und eine Gerade h, so dass jeder Parabelpunkt von F und h den gleichen Abstand hat.
F heißt Brennpunkt der Parabel,
h heißt Leitgerade.

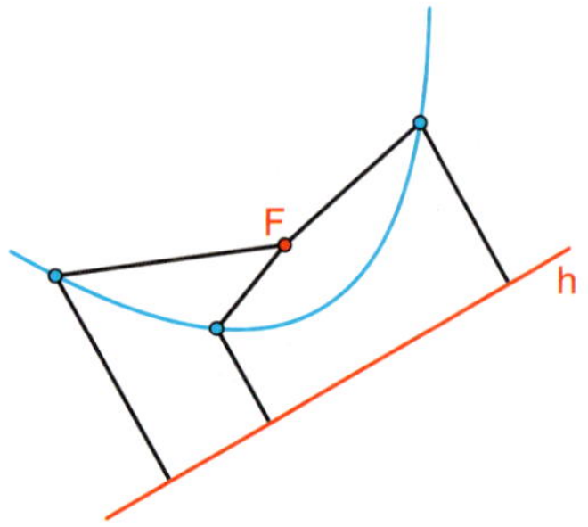


Der Graph der Funktion $y = ax^2$ ist eine Parabel. Der zugehörige Brennpunkt F hat die Koordinaten $\left(0 \middle| \frac{1}{4a}\right)$, die Leitgerade h hat die Gleichung $y = -\frac{1}{4a}$.

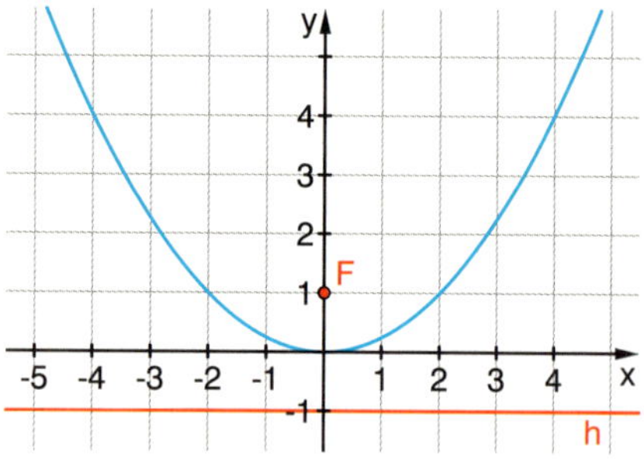


## *Beispiele*

**A** Konstruiere die Parabel mit der Leitgeraden $y = x + 1$ und dem Brennpunkt $F(-1|2)$.
(1) Zeichne Leitgerade und Brennpunkt.
(2) Zeichne Parallelen zur Leitgeraden in verschiedenen Abständen.
(3) Zeichne Kreise um F, deren Radien so groß sind wie die Abstände der Parallelen zur Leitgerade. Markiere die passenden Schnittpunkte.
(4) Verbinde die Schnittpunkte durch eine möglichst glatte Kurve.

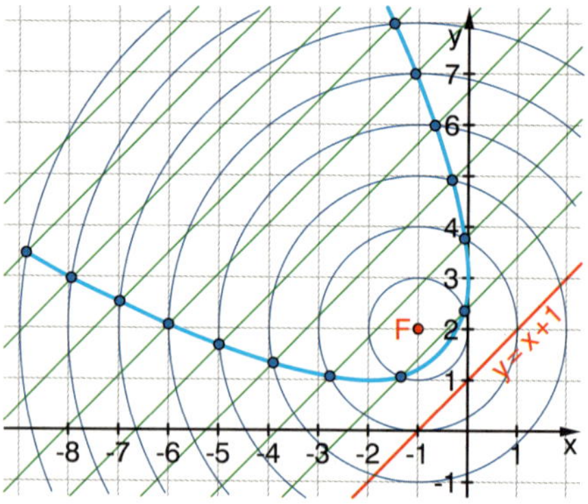


**B** Bestimme die Gleichung der Parabel mit der Leitgeraden $y = -2$ und dem Brennpunkt $F(0|2)$.
Aus der Lage von Leitgerade und Brennpunkt ergibt sich, dass die gesuchte Parabel den Scheitel in $(0|0)$ und die y-Achse als Symmetrieachse hat. Damit hat die Gleichung die Form $y = ax^2$. Da $-\frac{1}{4a} = -2$, folglich $a = \frac{1}{8}$, ist $y = \frac{1}{8}x^2$ die gesuchte Gleichung.

## *Übungen*

**6** $(2|1{,}5)$ $(0|1)$ $(0|0{,}75)$ $(0|-1)$

**5** Konstruiere die Parabel mithilfe von Brennpunkt und Leitgerade. Falls möglich, gib auch eine Funktionsgleichung für die Parabel an.
a) $F(0|1)$, h: $y = -1$ b) $F(0|3)$, h: $y = -3$ c) $F(0|0{,}5)$, h: $y = -0{,}5$ d) $F(0|0)$, h: $x = 2$

**6** Bestimme jeweils den Scheitelpunkt der Parabel.
a) $F(0|2)$, h: $y = 0$ b) $F(0|1)$, h: $y = 0{,}5$ c) $F(2|3)$, h: $y = 0$ d) $F(0|-4)$, h: $y = 2$
Welche dieser Parabeln ist am weitesten geöffnet; welche ist die schmalste?

## Übungen

**7** a) Bestimme für die folgenden Parabeln jeweils eine passende Funktionsgleichung.

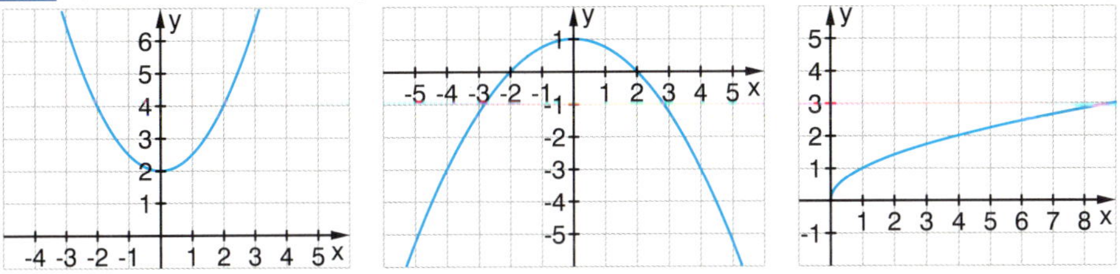

b) Übertrage die gezeichneten Parabeln in dein Heft. Konstruiere in jedem Fall den Brennpunkt und die Leitgerade nach dem beschriebenen Verfahren. Überprüfe dann für jeweils einige Punkte die Bedingung für die Ortslinie.

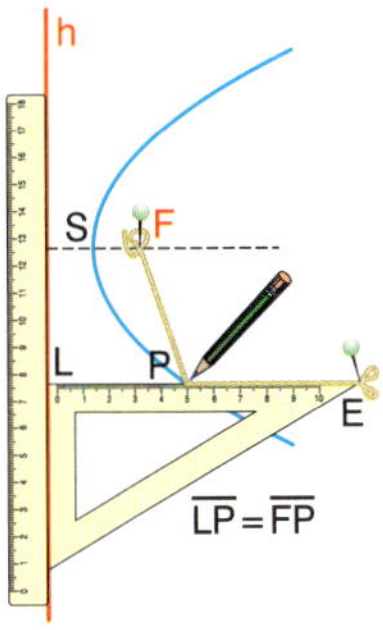


**8** *Fadenkonstruktion einer Parabel*

Du kannst mithilfe eines Lineals, eines rechtwinkligen Dreiecks und einem Faden eine Parabel konstruieren. Der Faden ist gerade so lang wie der Schenkel des Dreiecks, er ist im Punkt F und der Ecke E des Dreiecks befestigt. Während das Dreieck auf dem Führungslineal verschoben wird, wird mit einem Bleistift entlang des Schenkels gezeichnet, der Faden muss dabei stets gespannt bleiben.

a) Führe die Konstruktion selbst aus. Wie verändert sich die Form der Parabel, wenn man den Punkt F näher oder weiter entfernt zum Führungslineal anbringt?

b) Begründe diese Fadenkonstruktion. Warum muss das Dreieck rechtwinklig sein?

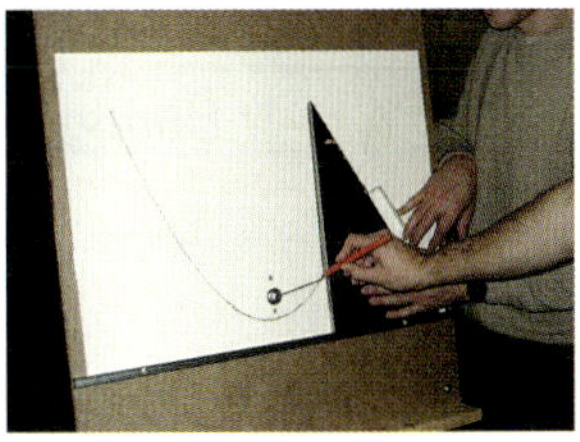

Die exakte Ausführung ist nicht ganz einfach. Ein geschickter Versuchsaufbau kann helfen.

**9** *Rechteckmethode zur Konstruktion einer Parabel*

Wenn man die Symmetrieachse AB mit dem Scheitel A und einen Punkt C der Parabel kennt, so kann man die Parabel konstruieren: Zeichne ein Rechteck CEFD, unterteile $\overline{CB}$ und $\overline{CE}$ in die gleiche Anzahl gleich langer Teile und nummeriere diese von C aus. Verbinde A mit den Punkten 1, 2 und 3 auf der Strecke $\overline{CE}$. Ziehe dann Parallelen zu AB durch die Punkte 1, 2 und 3 auf der Strecke $\overline{BC}$. Die Schnittpunkte der gleich nummerierten Linien können dann zu dem rechten Parabelast verbunden werden. Auf die gleiche Weise kann dann der linke Parabelast konstruiert werden.

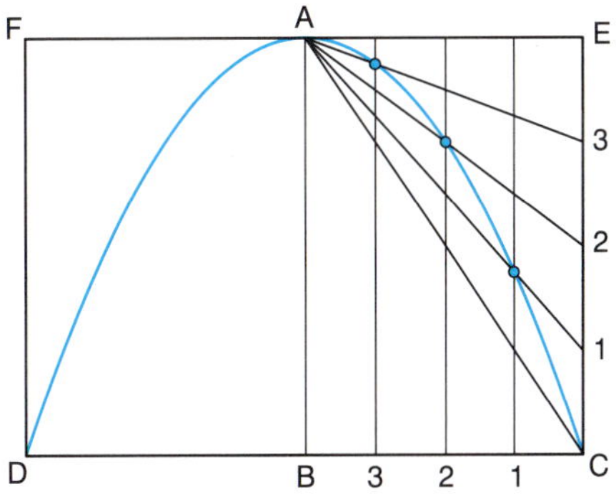


a) Konstruiere auf diese Weise die Parabel mit dem Scheitelpunkt $A(0|4)$ und dem Parabelpunkt $C(4|0)$.

b) Berechne die Koordinaten der konstruierten Parabelpunkte als Schnittpunkte der passenden Geraden. Zeige, dass diese die Gleichung $y = -0{,}25\,x^2 + 4$ erfüllen.

**10** *Parabelbrücke*

In einem Projekt haben Schüler eine eigene Stahlparabelbrücke entworfen und gebaut. Die Parabelbögen wurden in einer Holzschablone aus Bandeisen geformt.

Konstruiere die Parabelschablone mithilfe der Rechteckmethode aus Aufgabe 9.

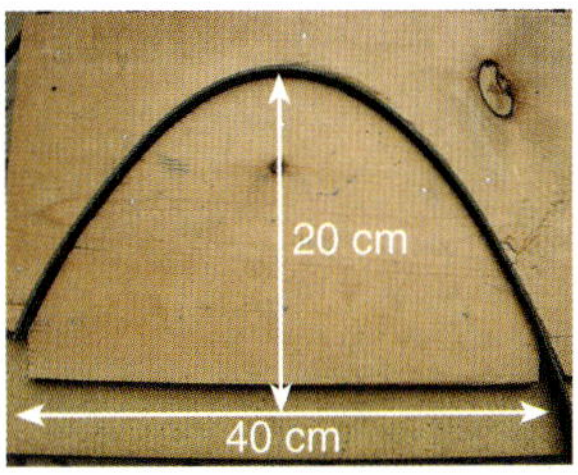

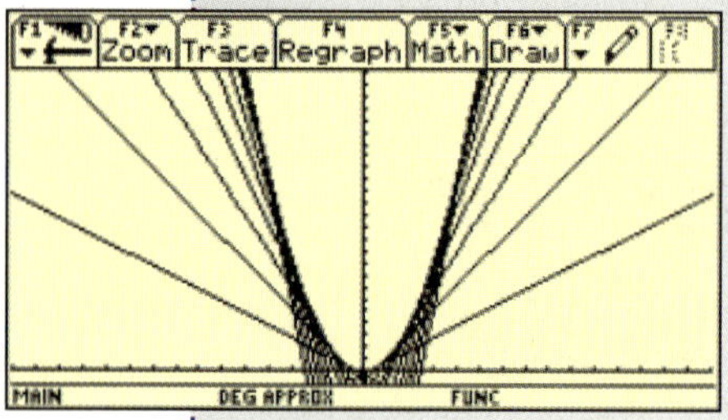


## Parabel als Hüllkurven

Parabelformen können auch mithilfe einer großen Anzahl von Geraden entstehen. Diese Geraden berühren die Parabel jeweils in einem Punkt; sie sind Tangenten an die Parabel. Je mehr dieser Tangenten man zeichnet, umso deutlicher wird die Parabel als „Hüllkurve“ sichtbar. Im Bild sind 20 Tangenten der Normalparabel auf dem grafischen Taschenrechner gezeichnet. Es gibt auch viele geometrische Methoden, mit denen man Parabeln als Hüllkurven erzeugen kann.

## Übungen

**11** *Die „Knickparabel“*

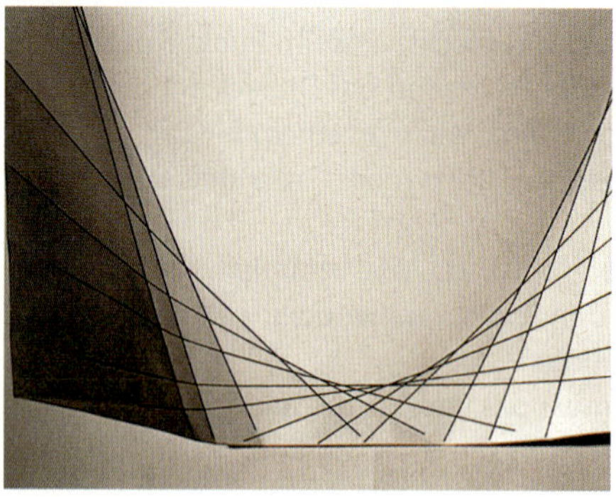

Zeichne auf ein Blatt Papier einen Punkt F und markiere eine Seite.

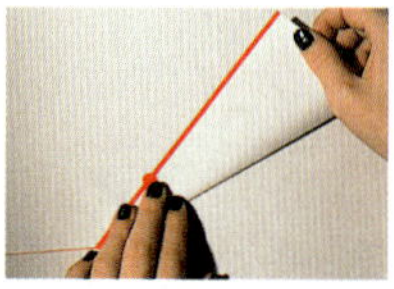

Knicke eine Ecke so um, dass die markierte Seite durch den Punkt verläuft.

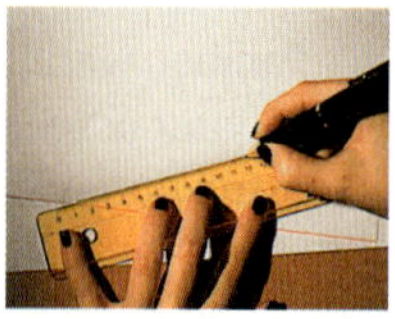

Falte das Papier wieder auf und zeichne die Knicklinie nach.

Erzeuge auf diese Weise viele Knicklinien.

Führe das Verfahren selbst durch. Experimentiere mit verschiedenen Lagen des Punktes F.

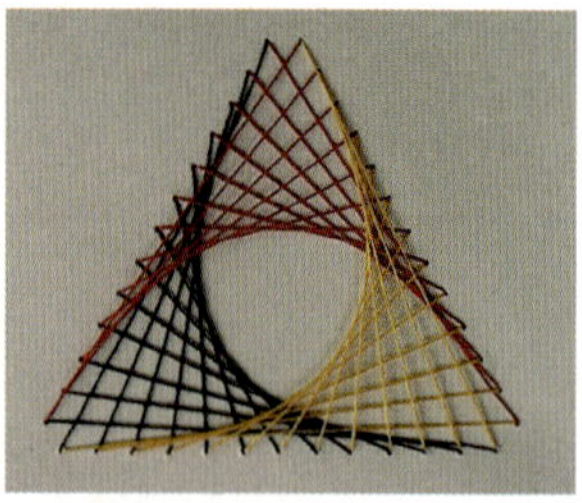

Dieses Fadenbild ist mithilfe einer Pappe, Löchern und bunten Fäden entstanden. Kannst du selbst solche „Kunstwerke“ herstellen?

**12** *Parabel im Winkelfeld*

Zeichne zwei gleich lange Strecken $\overline{AB}$ und $\overline{AC}$ als Schenkel eines Winkels. Markiere auf den Strecken die gleiche Anzahl von Punkten in gleichen Abständen. Nummeriere diese Punkte wie auf dem Bild in umgekehrter Reihenfolge. Verbinde dann jeweils die Punkte mit gleicher Nummer durch eine Strecke. Es entsteht eine Parabel.

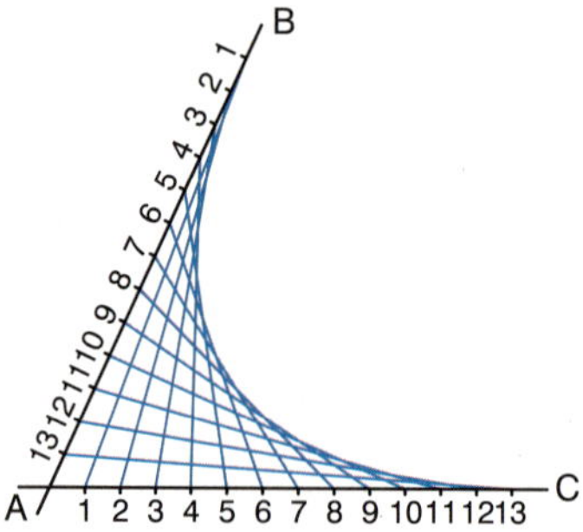


a) Führe die Konstruktion selbst durch. Experimentiere mit verschiedenen Winkeln.
b) Konstruiere jeweils die Symmetrieachse und den Scheitelpunkt der Parabel.

**13** *Das wandernde Geodreieck*

Zeichne eine Gerade und einen Punkt F im Abstand von 2 cm. Lege dein Geodreieck dann so mit der Ecke des rechten Winkels auf die Gerade g, dass ein Schenkel durch den Punkt F geht Zeichne den anderen Schenkel mit dem Bleistift nach. Führe dies mehrmals durch, wobei die Spitze des Geodreiecks auf der Geraden g entlang gleitet. Es entsteht eine Hüllparabel.

a) Führe das Verfahren für verschiedene Abstände von F zu g aus.
b) Überprüfe, ob F jeweils der Brennpunkt der Hüllparabel ist.

Es gibt verschiedene Methoden.

## Aufgaben

**14** *Wie kommt der Brennpunkt zu seinem Namen?*

Das olympische Feuer wird mit einem Parabolspiegel, der im Querschnitt parabelförmig ist, entzündet. Das Sonnenlicht wird in den Brennpunkt reflektiert. Dort wird es so heiß, dass die Fackel zu brennen beginnt.

Auch die so genannten „Satellitenschüsseln" haben im Querschnitt die Form einer Parabel. Dort wird nicht das Licht, sondern die Strahlung in den Brennpunkt des Satelliten reflektiert. Im Brennpunkt befindet sich der Empfänger.

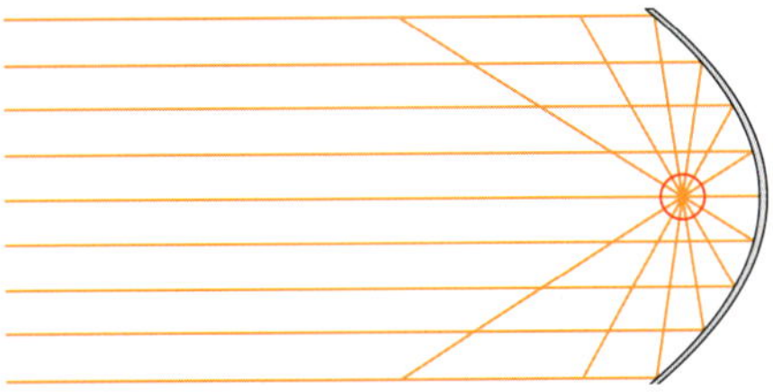

Informiere dich im Physikbuch oder im Internet über das Reflexionsgesetz und insbesondere über die Reflexion am Parabolspiegel. Suche nach weiteren Anwendungen des Parabolspiegels. Schreibe einen kurzen Bericht und präsentiere deine Ergebnisse in der Klasse.

**15** *Parabeln als Kegelschnitte*

Schon den griechischen Mathematikern war bekannt, dass man Parabeln auch noch auf eine ganz andere Art erzeugen kann: als Schnittfläche am Kegel.

Das wird benötigt: Kegel, Holzbrett, zwei Holzleisten, Nägel, Hammer, scharfes Messer

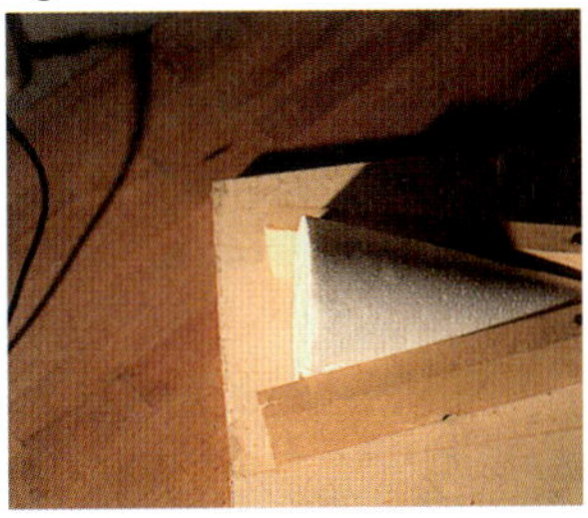

Nagle die Leisten so auf das Holzbrett, dass der Kegel genau dazwischen passt.

Lege den Kegel zwischen die Leisten und schneide mit dem Messer, indem du die Klinge über die Leisten schiebst.

Kegel aus Styropor oder aus Blumensteckmasse kannst du in einem Bastelgeschäft kaufen.

a) Begründe, dass mit der obigen Methode der Schnitt parallel zur Mantellinie des Kegels erfolgt.

b) Zeichne die Umrisslinie der Schnittfläche auf mm-Papier. Weise mit einer geeigneten Methode nach, dass es sich um eine Parabel handelt. Vergleiche deine Methode mit denen deiner Mitschüler.

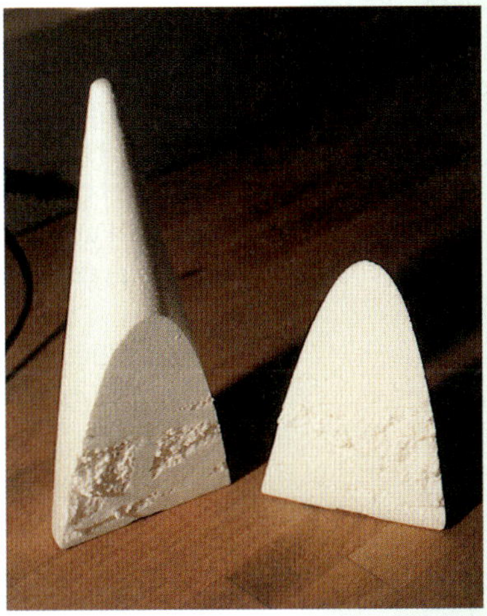

c) Wenn der Schnitt nicht parallel zur Mantellinie des Kegels geführt wird, so entstehen Kreise, Ellipsen oder Hyperbeln als Umrisslinien der Schnittflächen. Bei welchen Schnitten entstehen welche Kurven?

## 4.3 Anpassen eines quadratischen Modells an Daten

**Was dich erwartet**

*Ein neuer Regenreifen soll getestet werden. In einem Test wird die Abhängigkeit des Bremsweges von der Geschwindigkeit bei nasser Fahrbahn untersucht.*

| Geschwindigkeit (km/h) | Bremsweglänge (m) |
|---|---|
| 20 | 5,5 |
| 40 | 19 |
| 60 | 47 |
| 80 | 91 |
| 100 | 133 |
| 120 | 210 |

*Für eine trockene Fahrbahn hast du bereits ein quadratisches Modell kennen gelernt ($b(v) = 0{,}01v^2$). Vermutlich kann man auch zu dieser Tabelle ein solches finden. Dazu zeichnet man ein so genanntes Streudiagramm. Dann passt man in dieses Streudiagramm eine Parabel „optimal" ein.*

- *Wie kann man eine Parabel optimal anpassen?*
- *Wie kann man mit dem GTR eine Parabel anpassen?*
- *In welchen Fällen kann man die Daten mit einer quadratischen Funktion exakt modellieren?*

*Wir werden versuchen, diese Fragen zu beantworten.*

**Aufgaben**

Informiere dich über die verschiedenen Darstellungsformen von quadratischen Funktionen (Seite 104)

**1** Die Funktionsgleichung einer quadratischen Funktion kann man mit wenigen Informationen bestimmen. Dazu sollte man jeweils die Darstellungsform für quadratische Funktionen verwenden, die am besten passt.

| Scheitelpunktsform | Standardform | Faktorisierte Form |
|---|---|---|
| $f(x) = a(x - x_s)^2 + y_s$ | $f(x) = ax^2 + bx + c$ | $f(x) = a(x - x_1)(x - x_2)$ |
| Streckfaktor a | Streckfaktor a | Streckfaktor a |
| Scheitelpunkt $S(x_s \mid y_s)$ | Schnitt mit y-Achse $S_y(0 \mid c)$ | Nullstellen $x_1$, $x_2$ |

a) Alle Parabeln mit dem Scheitelpunkt $S(2 \mid -1)$ besitzen die Funktionsgleichung $f(x) = a(x-2)^2 - 1$. Angenommen, der Punkt $A(4 \mid 1)$ liegt ebenfalls auf der Parabel. Berechne den Streckfaktor a.

b) Bestimme die Funktionsgleichung der Parabel mit den Nullstellen $x_1 = 2$ und $x_2 = 4$, die durch den Punkt $B(0 \mid -2)$ geht.

c) Begründe, warum folgende Aufgabe nicht lösbar ist: „Bestimme die Gleichung einer Parabel durch $A(0 \mid 0)$, $B(1 \mid 1)$ und $C(2 \mid 2)$."

$A(4 \mid 1)$ liegt auf der Parabel, d. h.
$1 = a(4-2)^2 - 1$

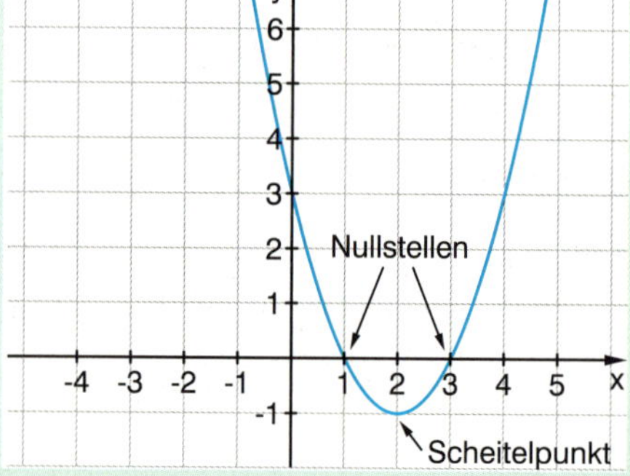

**Aufgaben**

**2** *Mustererkennung*

Aus kleinen grünen Würfeln werden große Würfel gebaut. Die Oberfläche jedes großen Würfels wird rot eingefärbt.

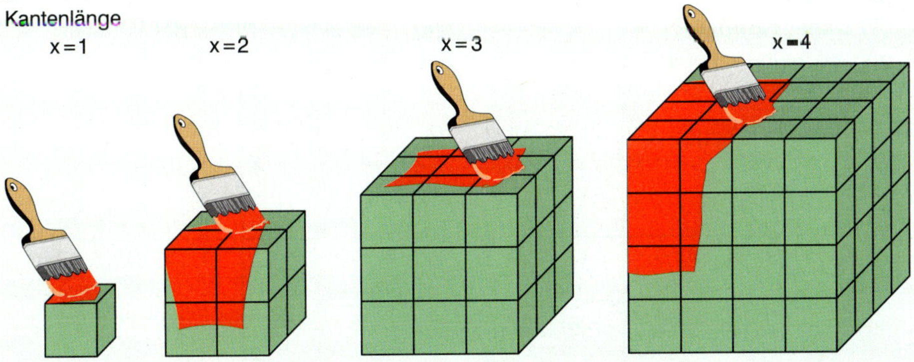


a) Übertrage die Tabelle in dein Heft und ergänze.

| Kantenlänge x | Anzahl der Würfel mit genau drei roten Flächen | Anzahl der Würfel mit genau zwei roten Flächen | Anzahl der Würfel mit genau einer roten Fläche |
|---|---|---|---|
| 2 | 8 | 0 | 0 |
| 3 | 8 | 12 | 6 |
| 4 | ■ | ■ | ■ |
| 5 | ■ | ■ | ■ |
| 6 | ■ | ■ | ■ |

b) Finde zu jeder Spalte eine Funktionsgleichung, mit der man zu der Kantenlänge x des großen Würfels die entsprechenden Anzahlen der kleinen Würfel berechnen kann.

c) Ergänze in der Tabelle weitere Zeilen für x = 7, 8, 10 und 20.

**3** *Snowboarding*

Snowboarding ist eine beliebte Sportart. Könner beherrschen spektakuläre Sprünge.

Bei einem Sprung wird die Höhe h(x) mithilfe einer Videokamera in Abhängigkeit von der Entfernung x vom Absprungpunkt gemessen.

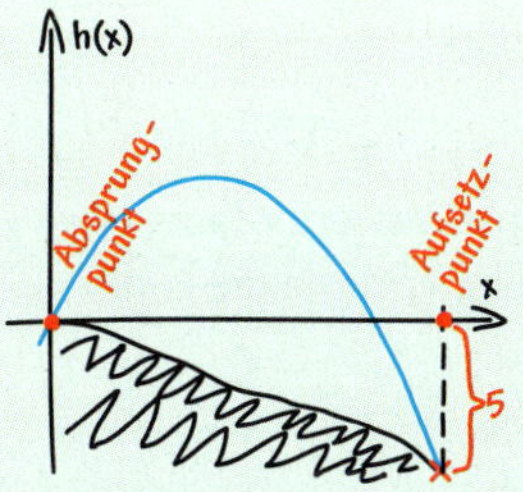


*Messwerte:*

| x | h(x) |
|---|---|
| 0 | 0 |
| 2 | 1,4 |
| 4 | 2,6 |
| 6 | 3,4 |
| 8 | 3,8 |
| 10 | 4,1 |
| 12 | 3,9 |

Ein quadratisches Modell wurde entwickelt, indem eine Parabel den Messpunkten möglichst gut angepasst wurde.

*Quadratisches Modell*
$h(x) = -0{,}04x^2 + 0{,}8x$

a) Vergleiche die gemessenen Daten mit denen, die man mit dem Modell errechnen kann. Was stellst du fest?

b) Wie weit entfernt vom Absprungpunkt landet der Snowboarder bei dem um 5 m tiefer liegenden Aufsetzpunkt? Rechne mit dem Modell.

## *Basiswissen*

Mithilfe von markanten Punkten einer Parabel können wir die zugehörige Funktionsgleichung bestimmen:

**(1) Scheitelpunkt**
und ein weiterer Punkt P

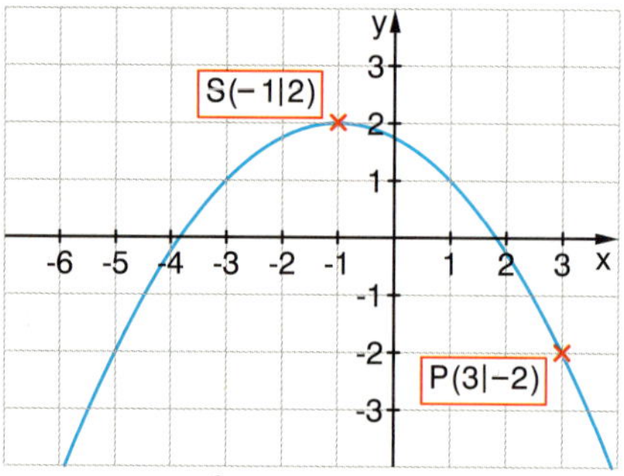


$f(x) = a(x+1)^2+2$

$f(3) = a(3+1)^2+2 = -2$

$16a+2 = -2$

$16a = -4$

$a = -\frac{1}{4}$

$f(x) = -\frac{1}{4}(x+1)^2+2$

**(2) Schnittpunkte mit der x-Achse**
und ein weiterer Punkt P

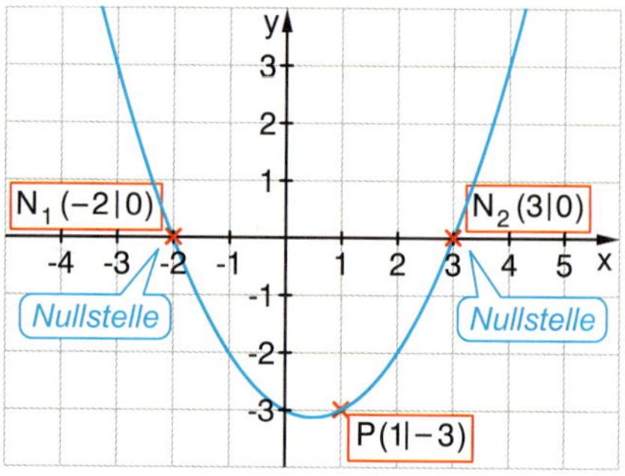


$f(x) = a(x-3)(x+2)$

$f(1) = a(1-3)(1+2) = -3$

$a(-2)(3) = -3$

$-6a = -3$

$a = \frac{1}{2}$

$f(x) = \frac{1}{2}(x-3)(x+2)$

**(3) Drei Punkte, die nicht auf einer Geraden liegen**

A(1|2), B(3|10), C(0|4)

$f(x) = ax^2+bx+c$

Mit den drei Punkten kann man ein Gleichungssystem zur Bestimmung von a, b und c aufstellen.

Man erhält als Lösung des Gleichungssystems $a = 2$, $b = -4$ und $c = 4$. Die gesuchte Funktionsgleichung ist $f(x) = 2x^2-4x+4$.

| Punkt | Einsetzen | Gleichung |
|---|---|---|
| A(1\|2) | $a\cdot(1)^2+b\cdot1+c = 2$ | $a + b + c = 2$ |
| B(3\|10) | $a\cdot(3)^2+b\cdot3+c = 10$ | $9a+3b+c = 10$ |
| C(0\|4) | $a\cdot(0)^2+b\cdot0+c = 4$ | $c = 4$ |

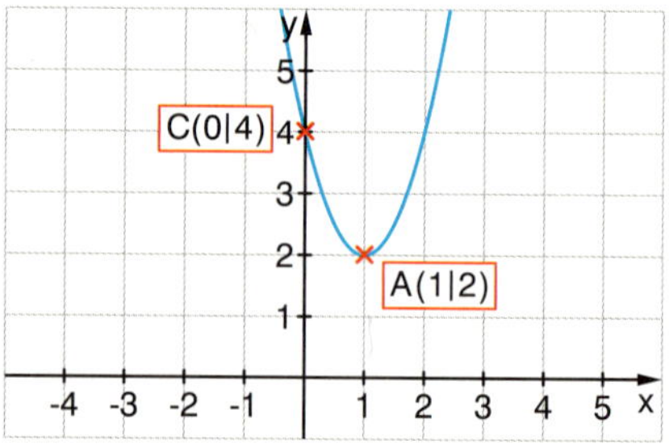


## *Beispiele*

**A** Ein Gartenbauarchitekt plant einen Springbrunnen mit einer Wasserfontäne, die 10 m hoch und 5 m weit sprüht. Wasserfontänen ähneln Parabeln. Ermittle die Funktionsgleichung einer entsprechenden Parabel.

Nullstellen: $x_1 = 0$, $x_2 = 5$

Scheitelpunkt: S(2,5|10)

$f(x) = a\cdot(x-0)\cdot(x-5)$

$f(x) = a\cdot x\cdot(x-5)$

$10 = a\cdot2{,}5\cdot(2{,}5-5)$

$10 = -6{,}25a$

$a = -1{,}6$

$f(x) = -1{,}6x(x-5)$

$= -1{,}6x^2+8x$

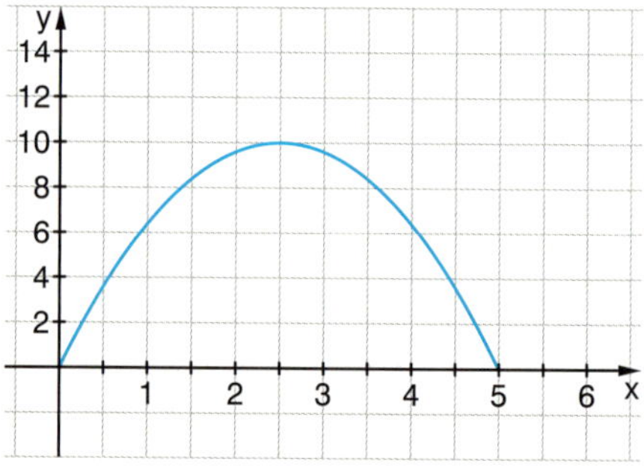

## Übungen

**4** Bestimme mit einer geeigneten Methode die Gleichung der Parabel. Gegeben sind:
a) Scheitelpunkt $S(-2|3)$, Parabelpunkt $P(1|5)$
b) Parabelpunkte $P(-2|3)$, $Q(0|0)$, $R(1|1)$
c) Parabelpunkte $P(-2|0)$, $Q(1|4)$, $R(3|0)$
d) Nullstellen $x_1 = -4$, $x_2 = 5$, kleinster Funktionswert $-10$

**5** Gegeben ist eine Parabel mit dem Scheitelpunkt $S(1|1)$, die durch den Punkt $P(2|0)$ verläuft.
a) Liegt der Punkt $Q(3|-2)$ auf der Parabel?
b) Bestimme $y_1$ und $y_2$ so, dass $R(4|y_1)$ und $S(-3|y_2)$ auf der Parabel liegen.
c) Bestimme $x_1$ und $x_2$ so, dass $T(x_1|-2)$ und $U(x_2|2)$ auf der Parabel liegen.

**6** Die Bewegung der Sportler wird durch die eingezeichneten Parabeln beschrieben. Schätze jeweils den Scheitelpunkt und eine Nullstelle der Parabel und stelle die Funktionsgleichungen auf.

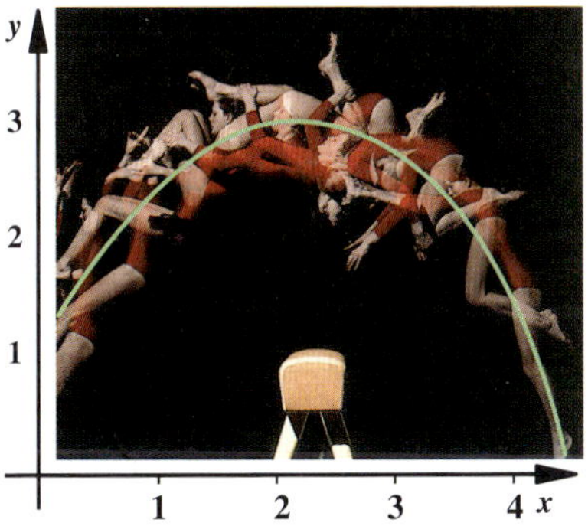

**7** Ein Feuerlöschboot im Hafen spritzt mit seiner Wasserkanone „Spalier" für die Segelyacht, die die Regatta gewonnen hat. Unter dem parabelförmigen Wasserstrahl soll die Segelyacht hindurchfahren können. Daher muss die „Wasserparabel" 15 m hoch und 30 m breit sein. Modelliere den Wasserstrahl mit einer quadratischen Funktion.

### Wasserstrahlen

Bei der Planung von Brunnen und Wasserfontänen einer gewünschten Höhe und Weite muss der Gartenarchitekt die Geschwindigkeit berücksichtigen, mit der das Wasser aus der Düse fließt, den Winkel der Sprühdüse zur Horizontalen und natürlich den Luftwiderstand.

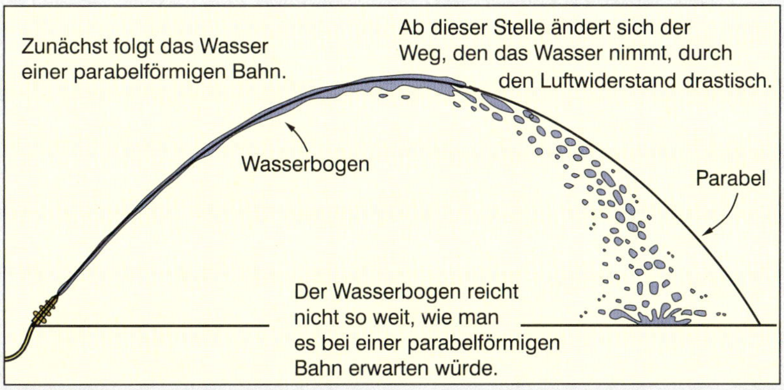

*Modellieren mit einer Parabel*
Für Höhen bis zu 20 m und einer Wassergeschwindigkeit von 2 m/s bis 35 m/s ist die Parabel ein gutes Modell für einen Wasserstrahl, denn dann spielt der Luftwiderstand fast keine Rolle.

## Übungen

**8** *„Brücken und Parabeln"*
Ein Wahrzeichen der Stadt Sydney ist die berühmte „Harbour Bridge". Die Brückenbögen haben die Form einer Parabel. Die Spannweite der Brücke und die Höhe der Bögen kann man durch drei Messpunkte berechnen. Vom linken Ufer aus wurde für den unteren Bogen in Meter gemessen:
$P(0|0)$, $Q(10|10{,}58)$, $R(20|20{,}73)$.
a) Bestimme die Gleichung der Parabel, die den unteren Bogen beschreibt, mithilfe der drei Punkte P, Q, R.
b) Berechne die Spannweite der Brücke und den höchsten Punkt des Brückenbogens.

**9** *Ein quadratisches Modell finden*
a) Zeichne zu der Tabelle ein Streudiagramm. Überzeuge dich davon, dass die Punkte in etwa auf einer Parabel liegen.
b) Berechne ein quadratisches Modell: Wähle dazu drei beliebige Punkte des Streudiagramms. Berechne mit diesen drei Punkten die Gleichung der Parabel, die durch diese Punkte geht.
GTR c) Mit dem GTR kann man eine Parabel besonders gut an die Punkte des Streudiagramms anpassen. Vergleiche mit der per Hand berechneten Parabel.

| x | y |
|---|---|
| −3 | 30 |
| −2 | 10 |
| 0 | −10 |
| 1,5 | 20 |
| 2 | 34 |
| 3 | 65 |

Gib die Tabelle in den GTR ein. Wähle dazu das entsprechende **Statistikprogramm.**

Zeichne das Streudiagramm und zeichne die errechnete Ausgleichsparabel ein.

Berechne ein quadratisches Modell. Wähle die **quadratische Regression.**

## Basiswissen

Den Zusammenhang zwischen zwei Größen kann man mit Messungen oder Datenerhebungen untersuchen. Wenn die Wertepaare im Streudiagramm in etwa auf einer Parabel liegen, macht es Sinn, nach einem entsprechenden **quadratischen Modell** zu suchen.

Es gibt zwei Wege, ein quadratisches Modell zu finden:
(1) Man sucht Punkte des **Streudiagramms** heraus und bestimmt eine quadratische Funktion mit $y = ax^2 + bx + c$ so, dass die Punkte auf dem Graphen liegen. Da drei Unbekannte a, b und c zu bestimmen sind, benötigt man drei Punkte.
(2) In der Regel liegen die Punkte im Streudiagramm nicht genau auf einer Parabel. In diesem Fall kann man mit einem GTR oder einem Computer die quadratische Funktion berechnen lassen, die am besten „passt". Dieses Verfahren nennt man **„quadratische Regression"**.

**Quadratische Regression:** Eine Parabel wird so an Daten angepasst, dass die Summe der „Abweichungsquadrate" möglichst klein ist.

Bei diesen Streudiagrammen kann man folgende Zusammenhänge zwischen x und y vermuten:

**kein erkennbarer Zusammenhang**

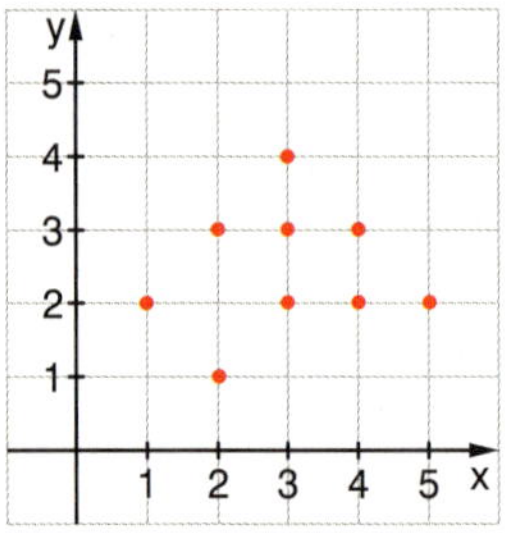


**linearer Zusammenhang**

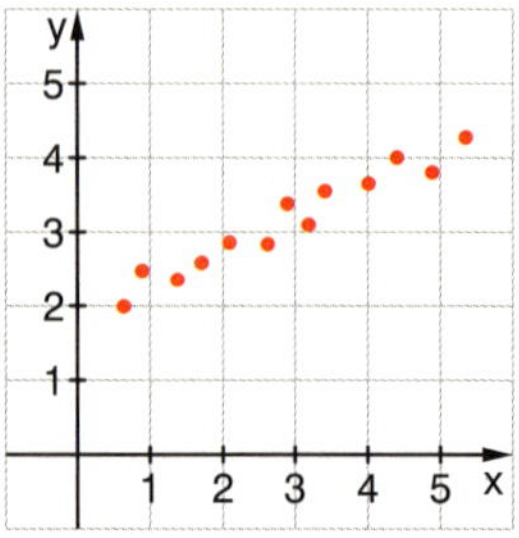


**quadratischer Zusammenhang**

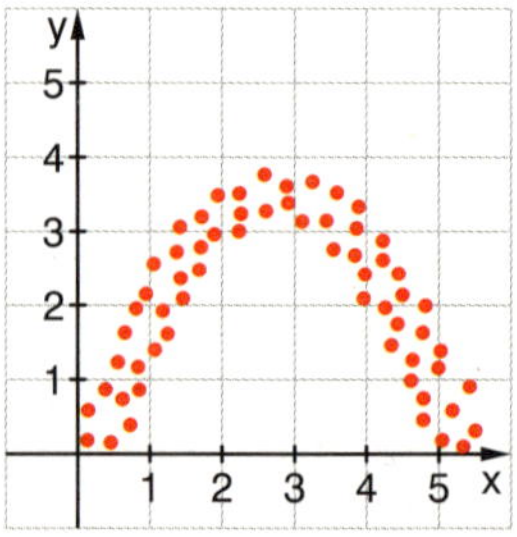

## Übungen

**10** Mithilfe von Messgeräten wurden die folgenden Daten für den Flug eines Hammers beim Hammerwerfen aufgezeichnet:

| x(m) | 0 | 10 | 20 | 30 | 40 | 50 | 60 | 70 |
|---|---|---|---|---|---|---|---|---|
| h(x)(m) | 0 | 5,1 | 9,3 | 10,5 | 11 | 8,7 | 5,4 | 0 |

a) Übertrage die Werte aus der Tabelle in den GTR und berechne ein quadratisches Modell.
b) Zum Vergleich: Wähle drei Punkte aus und berechne „per Hand" die Gleichung der Parabel durch diese drei Punkte. Begründe, warum das Ergebnis nicht mit dem aus Aufgabenteil a) übereinstimmen muss.

**11** Man kann Wasser mit einem stromdurchflossenen Draht erwärmen. Schülerinnen und Schüler untersuchen, wie die Erwärmung von der angelegten Spannung abhängig ist. Dazu wird der Draht in Leitungswasser getaucht, die jeweilige Spannung eingestellt, und der Temperaturanstieg nach 50 Sekunden ermittelt.
a) Zeichne ein Streudiagramm.
b) Zeichne in das Streudiagramm eine Ausgleichsparabel.
c) Berechne die Ausgleichsparabel mit dem GTR.

| Spannung in V | Temperaturerhöhung in °C |
|---|---|
| 1,5 | 4 |
| 2 | 8 |
| 3 | 19 |
| 4 | 34 |
| 4,5 | 38 |
| 5 | 47 |
| 5,5 | 62 |

## Aufgaben

**12** Ein Tierarzt, der für einen großen Schweinemastbetrieb arbeitet, untersucht den Einfluss von Futterzusätzen auf die Gewichtszunahme der Tiere.

Experiment: 36 Schweine werden zufällig ausgewählt. Gruppen von je vier Schweinen erhalten jeweils dieselbe Menge von Futterzusatz. Die durchschnittliche Gewichtszunahme der Schweine in jeder Gruppe wird festgestellt.

| Futterzusatz in Einheiten | 0 | 1 | 2 | 3 | 4 | 5 | 6 | 7 | 8 |
|---|---|---|---|---|---|---|---|---|---|
| Gewichtszunahme in % | 10 | 13 | 22 | 23 | 21 | 19 | 17 | 13 | 10 |

a) Zeichne zu den Daten in der Tabelle ein Streudiagramm.
b) Ermittle mit dem GTR ein quadratisches Modell.
c) Finde mit dem quadratischen Modell heraus, bei welcher Menge von Futterzusatz die größte Gewichtszunahme erzielt wird.

### Modelle, die nicht von einer Theorie gestützt werden

Das oben beschriebene Modell basiert auf keiner Theorie.
Niemand kann theoretisch begründen, warum der Zusammenhang zwischen der Menge des Futterzusatzes und der prozentualen Gewichtszunahme von einer quadratischen Funktion beschrieben wird. Lediglich das Streudiagramm legt nahe, dass man ein quadratisches Modell verwenden kann.

## Aufgaben

**13** Segelflugzeuge verlieren an Höhe, wenn sie nicht von Aufwinden erfasst werden. Fliegen Segelflugzeuge einen Kreis, dann hängt der Verlust an Höhe von der Querlage des Flugzeuges ab. Die Querlage wird mit dem Winkel angegeben, den das Flugzeug zur Horizontalen einnimmt.

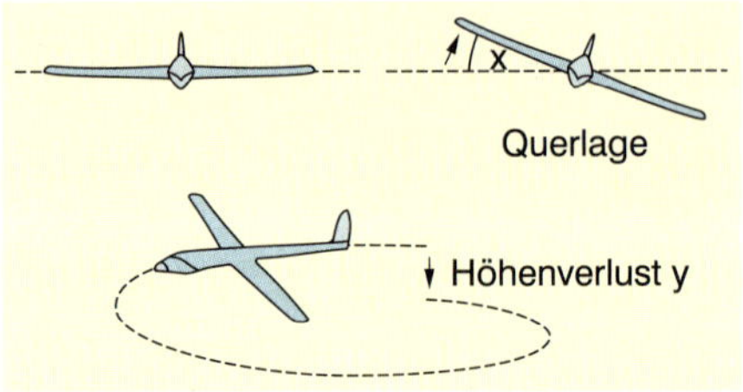


| Querlage x (Winkel in °) | 20 | 25 | 30 | 35 | 40 | 45 | 50 |
|---|---|---|---|---|---|---|---|
| Höhenverlust y (in m bei einem Vollkreis) | 36,0 | 30,3 | 27,0 | 24,6 | 23,6 | 23,3 | 23,6 |

*Die folgenden Aufträge lassen sich besonders gut arbeitsteilig bearbeiten:*

**Gruppe 1**
**Ausgleichsgerade**

| x | y aus Tabelle | y aus Modell | Abweichung d | $d^2$ |
|---|---|---|---|---|
| 20 | 36,0 | 32,80 | −3,20 | 10,24 |
| 25 | 30,3 | 30,85 | 0,55 | 0,3025 |
| 30 | 27,0 | ■ | ■ | ■ |
| 35 | 24,6 | ■ | ■ | ■ |
| 40 | 23,6 | ■ | ■ | ■ |
| 45 | 23,3 | ■ | ■ | ■ |
| 50 | 23,6 | ■ | ■ | ■ |

Mit dem GTR wurde die „beste" **Ausgleichsgerade** berechnet. Die Gleichung lautet:
$y(x) = -0{,}39\,x + 40{,}6$ **(lineares Modell)**

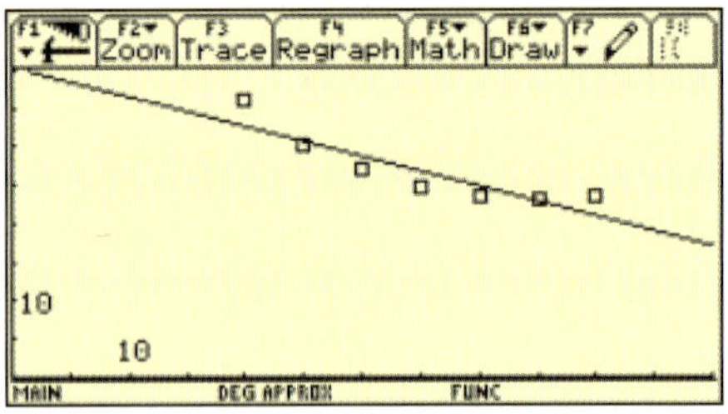


a) Überprüft mit dem GTR die Ausgleichsgerade. Stimmt euer Modell mit der angegebenen Funktion überein?

b) Zeichnet das Streudiagramm und die Ausgleichsgerade in euer Heft.

c) Die Ausgleichsgerade wird vom GTR so berechnet, dass die Summe der Abweichungsquadrate möglichst klein ist. Übertragt auch die Tabelle in euer Heft, ergänzt sie und ermittelt die Summe aller Werte für $d^2$.

**Gruppe 2**
**Ausgleichsparabel**

| x | y aus Tabelle | y aus Modell | Abweichung d | $d^2$ |
|---|---|---|---|---|
| 20 | 36,0 | 35,20 | −0,8 | 0,64 |
| 25 | 30,3 | 30,375 | 0,075 | 0,0056 |
| 30 | 27,0 | ■ | ■ | ■ |
| 35 | 24,6 | ■ | ■ | ■ |
| 40 | 23,6 | ■ | ■ | ■ |
| 45 | 23,3 | ■ | ■ | ■ |
| 50 | 23,6 | ■ | ■ | ■ |

Mit dem GTR kann man nach der Methode der kleinsten quadratischen Abweichungen die „beste" **Ausgleichparabel** berechnen. Die Gleichung lautet:
$y(x) = 0{,}023\,x^2 - 2x + 66$ **(quadratisches Modell)**

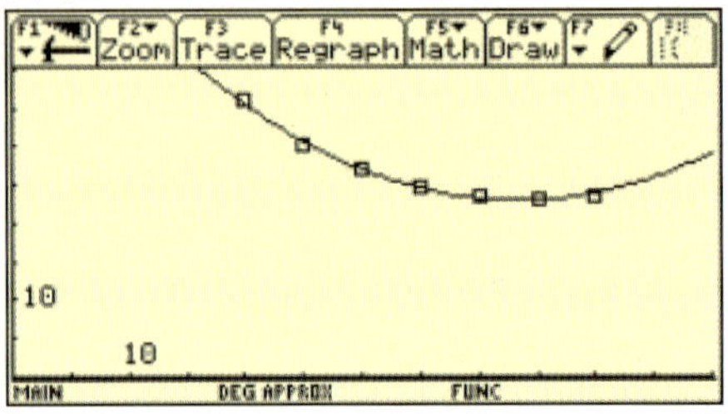


d) Überprüft mit dem GTR die Ausgleichsparabel. Stimmt euer Modell mit der angegebenen Funktion überein?

e) Zeichnet das Streudiagramm und die Ausgleichsparabel in euer Heft.

f) Die Ausgleichsparabel wird vom GTR so berechnet, dass die Summe der Abweichungsquadrate möglichst klein ist. Übertragt auch die Tabelle in euer Heft, ergänzt sie und ermittelt die Summe aller Werte für $d^2$.

Bewertet die beiden Modelle mithilfe der Grafik (mithilfe der Summe der quadratischen Abweichungen).

# 4.4 Parabeln in Parameterform

**Was dich erwartet**

*Mit Funktionen in Parameterform kann man viele reale Situationen modellieren, insbesondere Bewegungen. Dabei wird häufig ein wichtiges physikalisches Prinzip angewendet, das so genannte Unabhängigkeitsprinzip: „Wird ein Körper zu zwei Bewegungen veranlasst, so überlagern sich beide Bewegungen, ohne sich gegenseitig zu stören."*

*So kann man z. B. den Sprung eines Skispringers, der horizontal abspringt, modellieren, indem man annimmt, dass er waagerecht weiterfliegt und gleichzeitig durch die Erdanziehungskraft nach unten fällt. Kennt man die Bewegungsgleichungen $x = x(t)$ und $y = y(t)$, so kann man die Kurve berechnen, auf der der Skispringer in etwa fliegt. Mit den Bewegungsgleichungen kann man auch begründen, warum die Flugbahn wie eine Parabel aussieht. Bei den Aufgaben und Problemen in diesem Kapitel ist ein grafischer Taschenrechner (GTR) hilfreich, aber nicht zwingend. Alle Probleme können auch „per Hand" mit einem herkömmlichen Taschenrechner bearbeitet werden.*

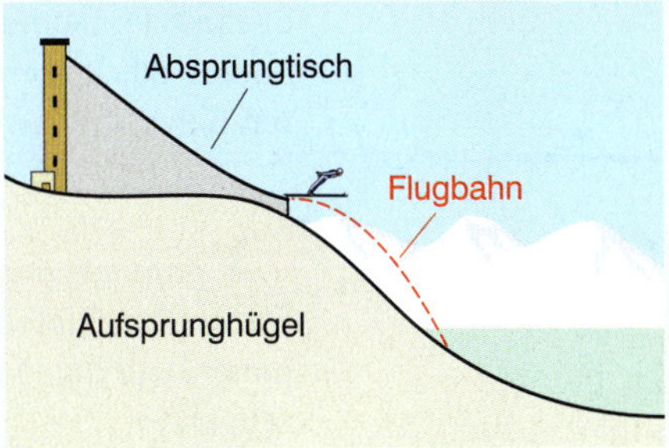


**Aufgaben**

**1** Die Bewegung eines Balles, der mit einer Geschwindigkeit von 8 m/s senkrecht nach oben geworfen wird, wird modelliert:

**Freier Fall**
Wir berechnen die Fallstrecke s in Meter aus der Fallzeit t in Sekunden nach der „Faustformel" $\mathbf{s(t) = 5\,t^2}$.
Die Formel darf man nur anwenden, wenn man den Luftwiderstand vernachlässigt (Modell).

$x(t) = 1$ „Ort" an dem der Ball abgeworfen wird
$y(t) = 8t - 5t^2$ ← freier Fall
↑ Bewegung nach oben

senkrechter Wurf

a) Übertrage die (t, x, y)-Tabelle und das Schaubild in dein Heft und ergänze.

| t | x(t) | $y(t) = 8t - 5t^2$ |
|---|---|---|
| 0 | 1 | $0 - 0 = 0$ |
| 0,1 | 1 | $0{,}8 - 0{,}05 = 0{,}75$ |
| 0,2 | 1 | $1{,}6 - 0{,}20 = 1{,}40$ |
| 0,3 | 1 | $2{,}4 - 0{,}45 = 1{,}95$ |
| ■ | ■ | ■ |

t in Sekunden
x(t) in Meter
y(t) in Meter

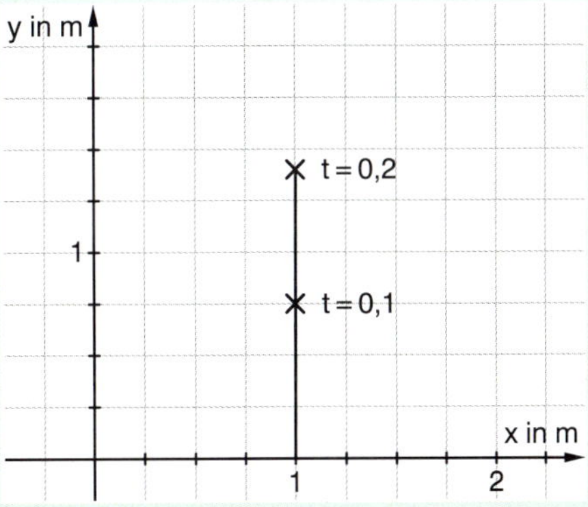


Trage auch Zeitangaben in das Schaubild ein. So kann man den Flug „animieren", d. h. erkennbar machen.

b) Wenn du die Tabelle und die Grafik genau anschaust, fallen dir einige Besonderheiten auf:
Woran erkennt man, dass ein senkrechter Wurf modelliert wird?
Woran erkennt man, dass sich zwei Bewegungen überlagern?

## Aufgaben

**2** Zwei verschiedene Bewegungen $B_1$ und $B_2$ sind durch Bewegungsgleichungen modelliert.

$B_1$ $x(t) = 0{,}5 + 4t$, $y(t) = 0{,}2$

$B_2$ $x(t) = 0{,}5 + 4t$, $y(t) = 8t - 5t^2$

a) Erstelle zu $B_1$ und $B_2$ eine Tabelle für $0 \le t \le 1{,}6$ mit der Schrittweite 0,1. Zeichne jeweils ein Schaubild $(0 \le x \le 10,\ -1 \le y \le 4)$

GTR

b) Stelle $B_1$ und $B_2$ auf dem GTR dar. Du kannst die Bewegung gut verfolgen, wenn du für die Schrittweite von t einen sehr kleinen Wert, z. B. 0,001 eingibst. Die Bewegung wird dann in Zeitlupe gezeichnet. Du kannst die Bewegungen aber auch mit der TRACE-Funktion verfolgen.

c) Eine der beiden modellierten Bewegungen stellt einen „schiefen Wurf" dar, die andere das Rollen eines Balles mit konstanter Geschwindigkeit auf einer waagerechten Bahn. Ordne die Gleichungen richtig zu und begründe.

**3** *Parabeln in Parameterform*

Die beiden Gleichungen stellen eine Parabel in Parameterform dar. Man kann sich leicht davon überzeugen.

$x(t) = 2t$
$y(t) = t^2 - 4t$

| t | x(t) | y(t) |
|---|---|---|
| 0 | 0 | 0 |
| 0,5 | 1 | −1,75 |
| 1 | ■ | ■ |

Zeichne auch mit dem GTR.

a) Erstelle eine (t, x, y)-Tabelle für $0 \le t \le 6$, Schrittweite 0,5. Zeichne mit den Daten aus der Tabelle ein Schaubild.

b) In Aufgabenteil a) wurde t verwendet, um x und y zu berechnen. Man kann y in Abhängigkeit von x ausdrücken, indem man z. B. die erste Gleichung nach t auflöst und dann in der 2. Gleichung t ersetzt. Welche Art von Gleichung entsteht? Zeichne den Graphen der entstandenen Funktion. Vergleiche mit dem Graphen aus a). Was stellst du fest?

## Basiswissen

Mit den zwei Parametergleichungen $x = x(t)$ und $y = y(t)$ kann man zu jedem Wert des Parameters t ein Wertepaar $(x|y)$ berechnen. Trägt man die Wertepaare in ein Koordinatensystem ein, so erhält man eine Kurve.

**Parabeln in Parameterform**

$x(t) = 2 + t$
$y(t) = t^2 - 2t - 3$

| t | x(t) | y(t) | |
|---|---|---|---|
| −3 | −1 | 12 | |
| −2 | 0 | 5 | |
| −1 | 1 | 0 | Nullstelle |
| 0 | 2 | −3 | |
| 1 | 3 | −4 | Scheitelpunkt |
| 2 | 4 | −3 | |
| 3 | 5 | 0 | Nullstelle |
| 4 | 6 | 5 | |

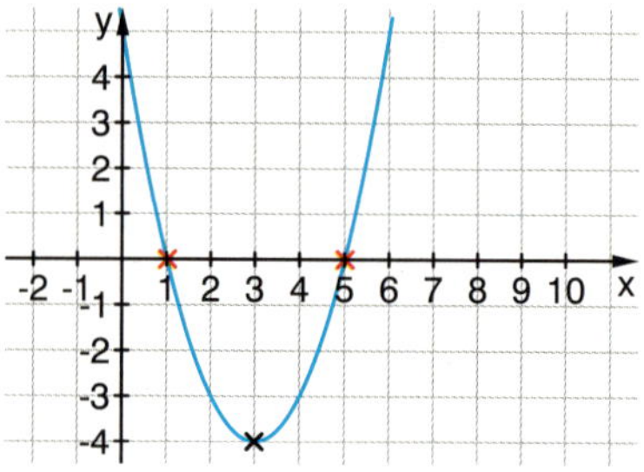


Man kann t aus den Gleichungen eliminieren.

$x = 2 + t \Rightarrow t = x - 2$

$y = (x-2)^2 - 2(x-2) - 3$

$y = x^2 - 6x + 5$

Die Wertepaare $(x|y)$ liegen auf einer Parabel. Die Parabelgleichung $y = f(x)$ kann man berechnen, indem man t eliminiert.

## Beispiele

**A** Zeichne die zugehörigen Graphen für $-3 \leq t \leq 3$. Erstelle zunächst eine Wertetabelle mit der Schrittweite 1.

(1) $x(t) = 2t$
$y(t) = t^2 - 1$

| t | x(t) | y(t) | |
|---|---|---|---|
| −3 | −6 | 8 | |
| −2 | −4 | 3 | |
| −1 | −2 | 0 | Nullstelle |
| 0 | 0 | −1 | Scheitelpunkt |
| 1 | 2 | 0 | Nullstelle |
| 2 | 4 | 3 | |
| 3 | 6 | 8 | |

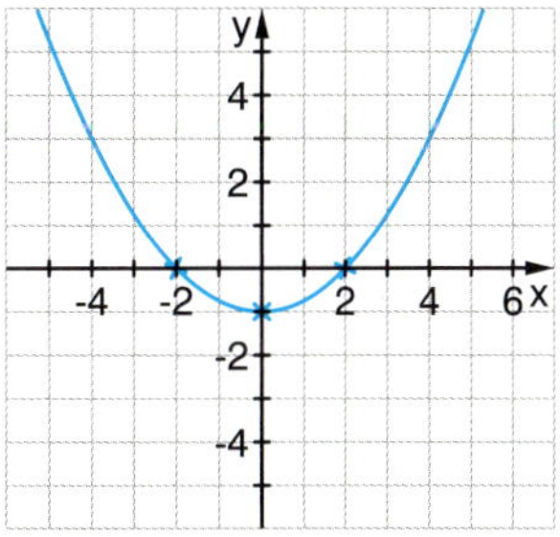


(2) $x(t) = t^2 - 1$
$y(t) = 2t$

| t | x(t) | y(t) | |
|---|---|---|---|
| −3 | 8 | −6 | |
| −2 | 3 | −4 | |
| −1 | 0 | −2 | |
| 0 | −1 | 0 | Scheitelpunkt und Nullstelle |
| 1 | 0 | 2 | |
| 2 | 3 | 4 | |
| 3 | 8 | 8 | |

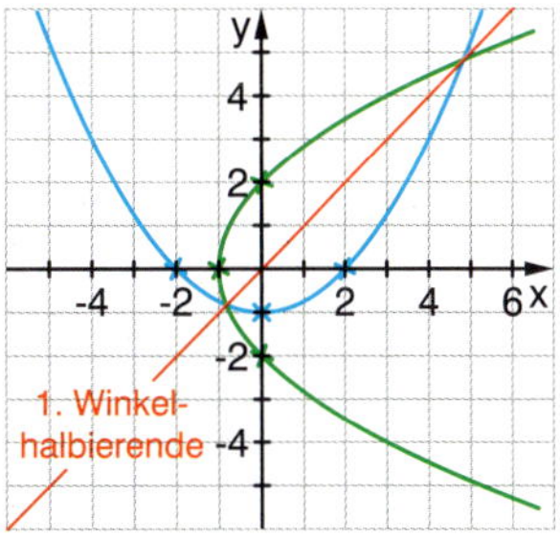


Kleine Ursache – große Wirkung: Die beiden Gleichungen wurden vertauscht.
$\Rightarrow$ Die Parabel wird an der 1. Winkelhalbierenden gespiegelt.

**B** Die Flugbahn einer Rakete wird durch Parametergleichungen modelliert:

$x(t) = 20t$
$y(t) = 40t - 5t^2$

Wie lautet die Gleichung der Flugparabel?

(1) $x(t) = 20t \Rightarrow t = \frac{x}{20}$

(2) $y(x) = 40\left(\frac{x}{20}\right) - 5\left(\frac{x}{20}\right)^2$

$y(x) = 2x - \frac{x^2}{80}$

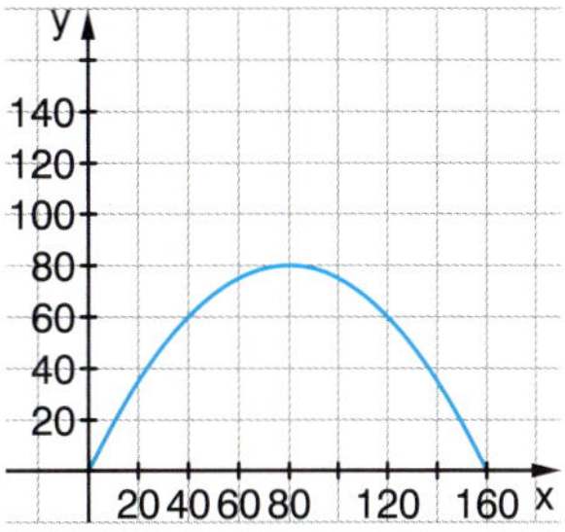


## Übungen

**4** Jede Parabel ist in Parameterdarstellung gegeben. Zeichne den Graphen jeweils im angegebenen Intervall mit dem GTR oder mithilfe einer (t, x, y)-Tabelle.

a) $x(t) = 2t + 3$
$y(t) = t^2$
$-3 \leq t \leq 3$

b) $x(t) = 2t + 3$
$y(t) = 2t^2 - 4t$
$-3 \leq t \leq 3$

c) $x(t) = t^2$
$y(t) = 2t + 1$
$-4 \leq t \leq 4$

d) $x(t) = t^2 + 4$
$y(t) = 2t + 1$
$-5 \leq t \leq 3$

**5** Errechne zu jeder Parabel in Parameterform die Gleichung $y = f(x)$ durch Eliminieren des Parameters t.

a) $x(t) = \frac{1}{4}t$
$y(t) = t^2$

b) $x(t) = 0{,}5t$
$y(t) = t^2 - 4t$

c) $x(t) = t^2$
$y(t) = 2t$

d) $x(t) = 3t + 3$
$y(t) = 2 - 6t^2$

Zeichne bei Aufgabe c) zunächst die Parabel.

**6** Beim Aufschlag steht die Volleyballspielerin 9 m von dem ca. 2,20 m hohen Netz entfernt. Der Aufschlag wird mit Parametergleichungen modelliert.

$x(t) = 8{,}5t$
$y(t) = 2 + 5{,}7t - 5t^2$

a) Wo befindet sich der Ball beim Aufschlag $(t = 0)$?
b) Wie lange benötigt der Ball bis zum Netz $(x(t) = 9)$? Wie hoch überquert er das Netz?

## Übungen

**7** Ein Flugzeug fliegt in 80 m Höhe mit einer Geschwindigkeit von 35 m/s (126 km/h) und wirft eine Kiste mit Hilfsgütern ab. Die Flugbahn der Kiste kann modelliert werden mit:

$x(t) = 35t$
$y(t) = 80 - 5t^2$

a) Erläutere die beiden Gleichungen.
b) Erstelle eine (t, x, y)-Tabelle und zeichne den Graphen der Flugbahn der Kiste. Wie weit von der Abwurfstelle entfernt trifft die Kiste auf den Boden?
Rechne, vergleiche das Ergebnis mit der „Nullstelle" der Flugbahn im Graphen.

### Das Unabhängigkeitsprinzip

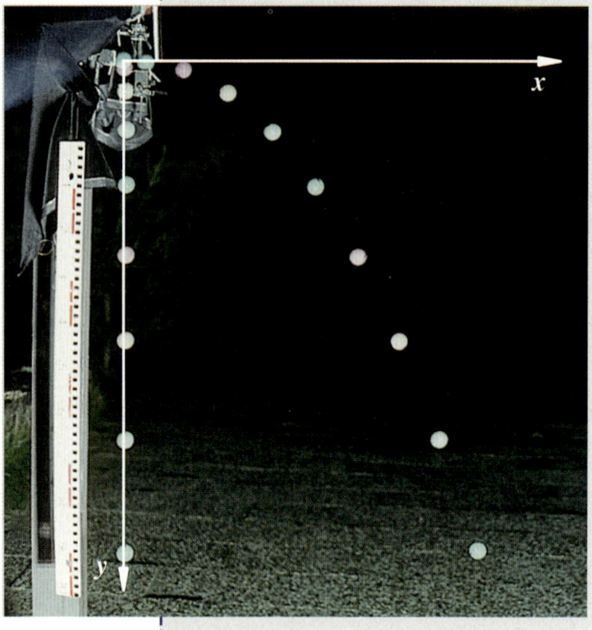


Viele Phänomene in der Physik erschließen sich erst beim genaueren Hinsehen, wie z. B. das Unabhängigkeitsprinzip.
Es besagt: *Wird ein Körper zu mehreren Bewegungen veranlasst, so überlagern sich die Bewegungen, ohne sich gegenseitig zu stören.*

**Experiment**
Auf dem Foto sieht man zwei auf den Boden fallende Bälle. Der rechte Ball besitzt eine Anfangsgeschwindigkeit von 2 m/s in horizontaler Richtung.
*Etwas zum Nachdenken*
- Vergleiche die horizontale Bewegung der beiden Bälle.
- Vergleiche die vertikale Bewegung der beiden Bälle.
- Beeinflusst die horizontale Bewegung des rechten Balles dessen vertikale Bewegung?

**8** Welche Gleichungen passen?
$x(t) = 70t$
$x(t) = 15t$
$x(t) = 5 - 5t^2$
$x(t) = 5t$
$y(t) = 5 + 5t^2$
$y(t) = 5t$
$y(t) = 1000 - 5t^2$
$y(t) = 5t - 5t^2$
$y(t) = 70t$
$y(t) = 5 - 5t^2$
$y(t) = 1000 - 5t$

**8** Bei diesen beiden Bewegungen wird das Unabhängigkeitsprinzip angewendet.

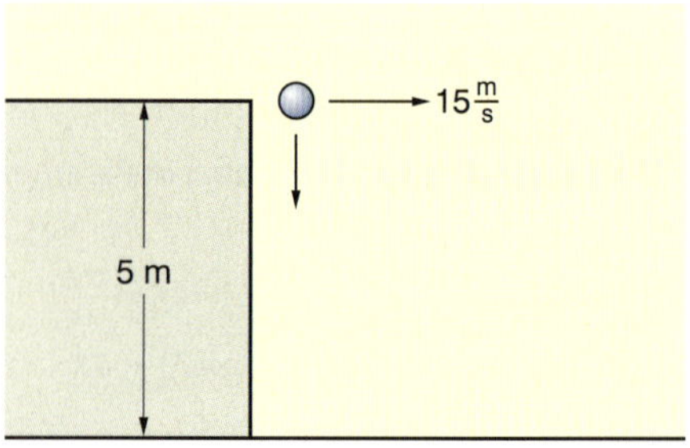


a) Welche beiden Bewegungen führt das Flugzeug bzw. der Ball aus?
b) Wie lauten die Bewegungsgleichungen?
c) Stelle den Landeanflug (den Flug des Balles) mit dem GTR dar.

## Aufgaben

**9** Bei einem Experiment rollt eine Kugel eine Anlaufbahn hinab. Mit einer Anfangsgeschwindigkeit von 3 m/s fliegt sie aus einer Höhe von 2 m waagerecht ab.

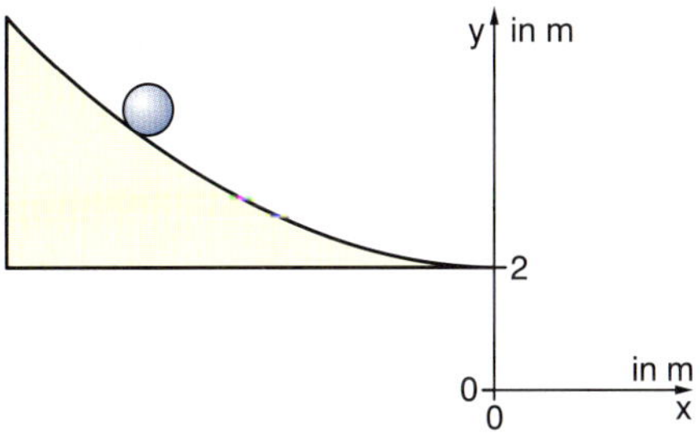


**Das Fallgesetz** $s = \frac{g}{2}t^2$
Dabei ist s die Fallstrecke in Metern, t die Fallzeit in Sekunden und g die Erdbeschleunigung 9,81 m/s².
Wir rechnen stets mit der „Faustformel" $s = 5t^2$.

| Zeit t in Sekunden | Position Koordinaten in Meter |
|---|---|
| 0,1 | (0,3 \| 2) |
| 0,2 | (0,6 \| 2) |
| 0,3 | (0,9 \| 2) |
| 0,4 | (1,2 \| 2) |

Waagerechter Wurf

a) Ohne Reibung und ohne die Erdanziehungskraft würde die Kugel waagerecht ungebremst weiterfliegen. In der Tabelle ist angegeben, wo sich die Kugel unter diesen Annahmen zu den angegebenen Zeiten befindet. Wie lauten die Parametergleichungen x(t) und y(t), die diese Bewegung beschreiben?

b) Wenn eine Kugel aus 2 Meter Höhe im freien Fall zu Boden fällt, dann kann man die Höhe y mit der Parametergleichung $y(t) = 2 - 5t^2$ berechnen. Wendet man das Unabhängigkeitsprinzip an, dann überlagern sich die horizontale Bewegung und der freie Fall, ohne sich gegenseitig zu stören. Man erhält somit die Bewegungsgleichungen für den waagerechten Wurf:

$x(t) = 3t$
$y(t) = 2 - 5t^2$

Simuliere den waagerechten Wurf mit dem GTR.

Bewegungsgleichungen

c) Wie weit in x-Richtung vom Abflugpunkt entfernt landet die Kugel auf dem Boden?

**10** *Skispringen*
Mithilfe von Parametergleichungen kann man den Sprung eines Skispringers modellieren. Dabei muss man vereinfachen:

*Modellannahmen*
- Der Absprungtisch ist horizontal, der Springer springt horizontal ab.
- Die Absprunggeschwindigkeit ist bekannt.
- Die Höhe des Absprungpunktes ist bekannt.
- Der Luftwiderstand wird vernachlässigt.

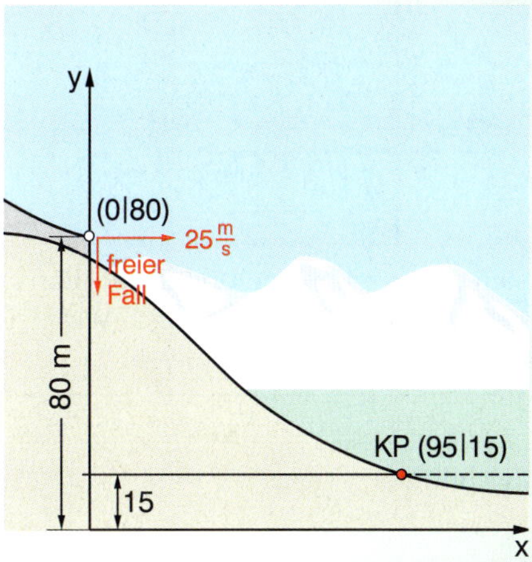


a) Mit welchen Parametergleichungen kann man den Sprung des Skispringers modellieren? Entnimm alle wichtigen Informationen der nebenstehenden Zeichnung.

b) Der „kritische Punkt" des Aufsprunghügels liegt bei (95 | 15) (in m). Bei welcher Weite x würde der Skispringer die Höhe y = 15 m erreichen? Landet er damit vor oder nach dem kritischen Punkt?

c) Wie ist die Situation, wenn sich die Absprunggeschwindigkeit (z. B. durch eine glattere Anlaufspur) auf 26 m/s bzw. 27 m/s erhöht?

d) Was muss der Springer beim Absprung beachten, wenn er eine größere Weite erreichen will?

e) Überprüfe im Internet, ob der Absprungtisch der großen Sprungschanze in Garmisch-Partenkirchen waagerecht ist. Informiere dich über den k-Punkt und schau dir einmal an, wie der Aufsprunghügel geformt ist.

# CHECK-UP

## Vielfältige Darstellungen von Parabeln

**Wurzelfunktion: $f(x) = a\sqrt{x-b}+c$**

*Beispiel:* $f(x) = 2\sqrt{x+3}+1$

Definitionsmenge $D = \{x \mid x \geq -3\}$

| x | y |
|---|---|
| −4 | nd |
| −3 | 1 |
| −2 | 3 |
| 0 | ≈4,3 |
| 1 | 5 |
| 6 | 7 |

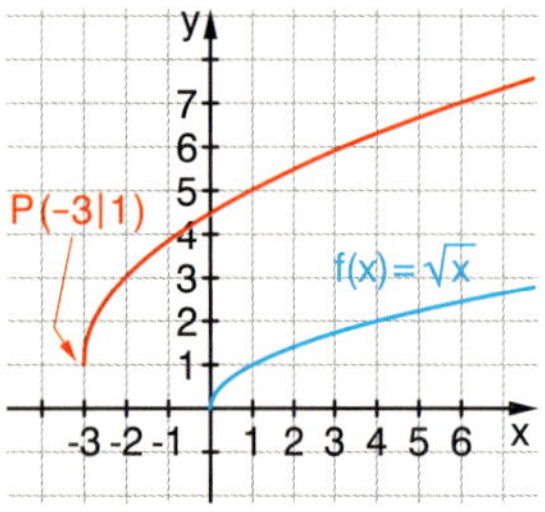


Der Graph der Funktion ist gegenüber $f(x) = \sqrt{x}$ um 3 nach links verschoben, mit dem Faktor 2 gestreckt und um 1 nach oben verschoben.

Vertauscht man die beiden Spalten der Tabelle einer Funktion, so erhält man die Tabelle der **Umkehrzuordnung**. Ist die Umkehrung eindeutig, so besitzt die Funktion eine **Umkehrfunktion**.

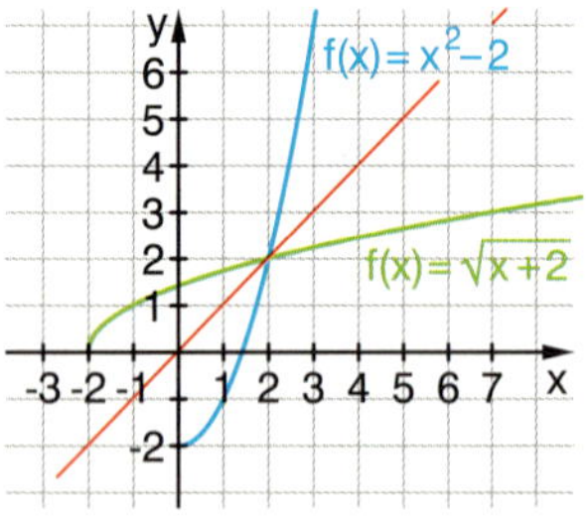


Die Graphen von Funktion und Umkehrfunktion sind spiegelsymmetrisch bezüglich der 1. Winkelhalbierenden.

**Wurzelgleichungen**

*Beispiel:*

$x + \sqrt{x} = 2$ — Wurzel isolieren

$\sqrt{x} = 2 - x$ — quadrieren

$x = 4 - 4x + x^2$

$x^2 - 5x + 4 = 0$ — quadratische Gleichung lösen

$x_1 = 1;\ x_2 = 4$

Probe: $1 + \sqrt{1} = 2$ richtig

$4 + \sqrt{4} = 2$ falsch

$L = \{1\}$

**1** Bestimme die Definitionsmenge der Wurzelfunktionen.

a) $f(x) = \sqrt{3-x}$ b) $f(x) = \sqrt{8x+24}$ c) $f(x) = \sqrt{3x-5}$

d) $f(x) = \sqrt{x-4}$ e) $f(x) = \sqrt{x^2+1}$ f) $f(x) = \sqrt{x^2-1}$

**2** Gib für jede Funktion an, mit welchen „Transformationen“ man den Funktionsgraphen aus dem Graphen von $f(x) = \sqrt{x}$ erhält. Zeichne den Graphen.

a) $f(x) = \sqrt{x}+3$ b) $f(x) = \sqrt{x+3}$ c) $f(x) = 3\sqrt{x}$

d) $f(x) = \sqrt{x-1}-4$ e) $f(x) = -2\sqrt{x}$ f) $f(x) = 2\sqrt{x+4}$

**3** Mithilfe der Kenntnisse der Graphen von Funktionen kann man vorhersagen, ob eine Gleichung eine Lösung hat oder nicht. Welche der folgenden Gleichungen hat keine Lösung? Begründe.

a) $\sqrt{x+2} = \sqrt{x}$ b) $\sqrt{x}+3 = \sqrt{x}$ c) $2\sqrt{x} = \sqrt{x-2}$

Überprüfe deine Antworten mit dem GTR.

**4** *Umkehrfunktion, einige Fragen zur Theorie*

a) Wann besitzt eine Funktion eine Umkehrfunktion?

b) Es gibt einen Test, mit dem man feststellen kann, ob eine Funktion eine Umkehrfunktion besitzt. Erläutere.

c) Wie muss man die Definitionsmenge einer quadratischen Funktion einschränken, damit eine Umkehrfunktion existiert?

**5** *Umkehrfunktion gesucht*

Zeichne jeweils den Graphen der quadratischen Funktion. Dabei ist die Definitionsmenge $D = \{x \mid x \geq x_s\}$. Zeichne dann den Graphen der Umkehrfunktion, indem du den Funktionsgraphen an der 1. Winkelhalbierenden spiegelst. Berechne schließlich die Funktionsgleichung der Umkehrfunktion.

a) $f(x) = 4 - x^2$ b) $f(x) = (x-2)^2+3$ c) $f(x) = x^2 - 3x - 4$

**6** *Umkehrfunktion einer Wurzelfunktion*

a) Bestimme die Funktionsgleichung der Wurzelfunktion.

b) Übertrage das Schaubild in dein Heft und konstruiere durch Spiegeln den Graphen der Umkehrfunktion.

c) Ermittle die Funktionsgleichung der Umkehrfunktion.

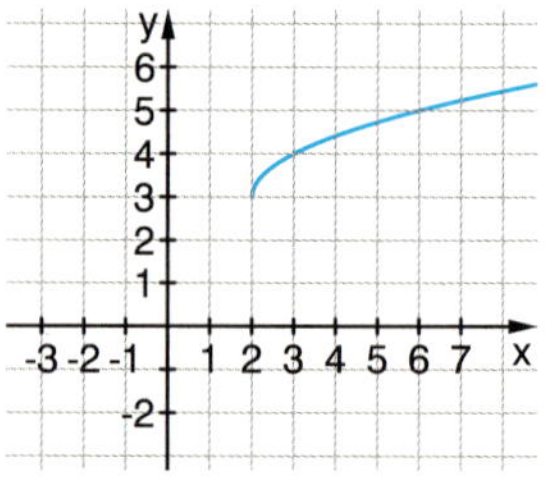

**7** Welche Wurzelgleichung wird hier graphisch gelöst? Lies die Lösung aus dem Schaubild ab. Rechne und vergleiche.

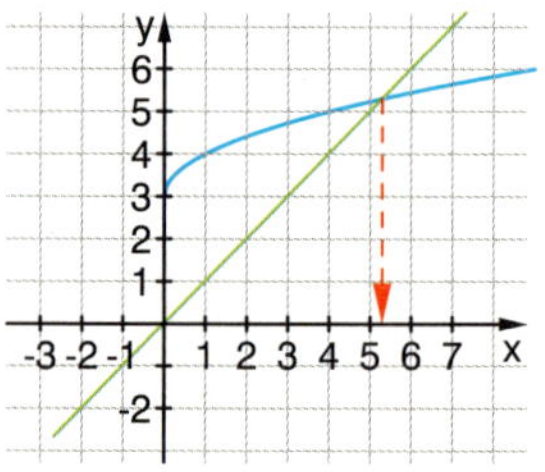

**8** *Löse die Wurzelgleichungen*

a) $4 = \sqrt{x-9}$ b) $\sqrt{x} = 3x$

c) $\sqrt{3x-2} = 5$ d) $5 + \sqrt{3x-11} = x$

e) $2x + \sqrt{x+5} = 3x - 1$

**9** *Wurzelgleichungen mit zwei Wurzeln*

a) $\sqrt{x-3} + \sqrt{x+5} = 4$ b) $\sqrt{x} = \sqrt{x-3}+2$

**10** a) Erkläre die nebenstehende Konstruktion einer Parabel mit Hilfe der konzentrischen Kreise um F und den Parallelen zur Geraden h.
b) Konstruiere eine Parabel, bei der die 1. Winkelhalbierende die Leitgerade h ist und der Brennpunkt F von der Leitgeraden 4 cm entfernt ist.

**11** a) Konstruiere die Parabel mit der Leitgeraden $y = -4$ und dem Brennpunkt $F(0|4)$.
b) Bestimme die Gleichung der Parabel aus Aufgabenteil a). In Kapitel 4.2 findest du eine Formel. Du kannst aber auch wie folgt vorgehen:
- Wie lautet der Scheitelpunkt der Parabel?
- Finde einen Parabelpunkt, der von F und von h den Abstand 5 hat (siehe Aufgabe a).

Jetzt kannst du die Parabelgleichung ermitteln.

**12**

| | a) Scheitelpunkt | b) Nullstellen | c) drei Punkte |
|---|---|---|---|
| *Parabel* | $S(-2\|2)$ | $x_1 = 2;\ x_2 = 8$ | $P(-2\|-4)$; $Q(4\|14)$; |
| *gesucht* | Punkt $P(8\|4)$ | Punkt $P(4\|6)$ | $R(0\|-3)$ |

**13** *Etwas für den grafischen Taschenrechner*
Stelle die Daten der Tabelle grafisch dar. Modelliere den Zusammenhang zwischen Benzinverbrauch und Geschwindigkeit mit einer quadratischen Funktion. Finde die Funktionsgleichung mit dem GTR mittels „quadratischer Regression".

| Geschwindigkeit v in m/s | 50 | 70 | 90 | 110 | 130 | 150 |
|---|---|---|---|---|---|---|
| Verbrauch b in Liter | 6 | 6,5 | 7,2 | 8,1 | 9,4 | 11,1 |

**14** Fische werden in einem großen Fischteich gezüchtet. Die Menge m an Fischen in Kilogramm, die man im Laufe eines Jahres entnehmen kann, hängt vom Fischbestand x in Kilogramm zu Beginn des Jahres ab.

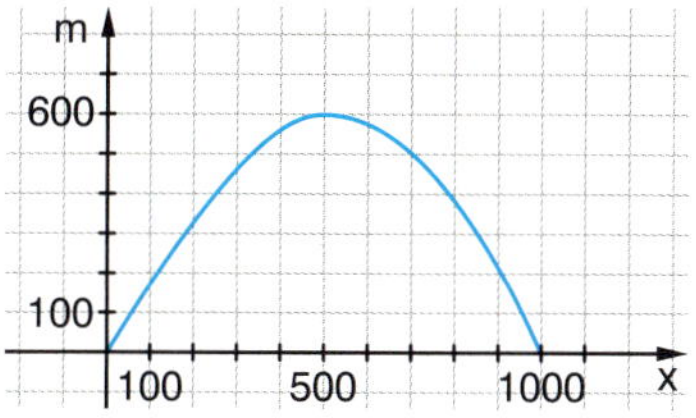


a) Erläutere das Schaubild. Überlege unter anderem, was passiert, wenn in dem Teich immer mehr Fische sind.
b) Modelliere mit den Daten aus dem Schaubild die Funktion m.

**15** Der Flug eines Golfballes wird beschrieben durch die Parametergleichungen.

$x(t) = 30t$
$y(t) = 20t - 5t^2$

a) Erstelle eine Tabelle für $0 \le t \le 4$, Schrittweite 1 und zeichne den zugehörigen Graphen.
b) Ermittle die „Bahnkurve" $y(x)$ und berechne die Flugweite.
c) Auf dem Mars beträgt die Gravitationskraft nur das 0,38fache der Gravitationskraft zur Erde. Vergleiche den Flug eines Golfballes auf dem Mars mit dem Flug auf der Erde.

$x(t) = 30t$
$y(t) = 20t - 0{,}38 \cdot 5t^2$

# CHECK-UP

**Parabel als Ortskurve**
Alle Punkte, die von einem Punkt F (**Brennpunkt**) und einer Geraden h (**Leitgerade**) gleichen Abstand haben, bilden eine Parabel.

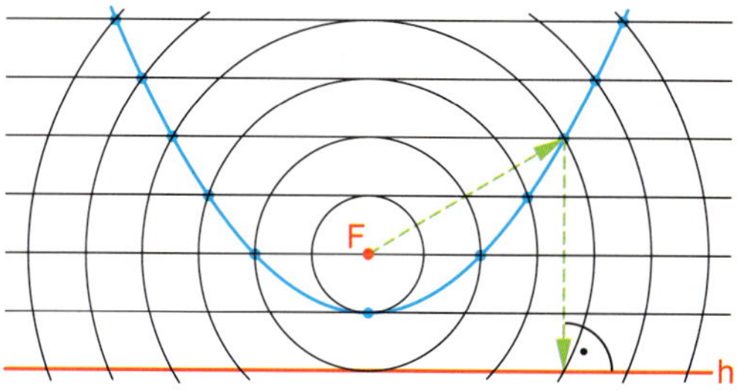


**Modellieren mit quadratischen Funktionen**
Mit den folgenden Angaben ist eine Parabel eindeutig bestimmbar:
- Scheitelpunkt und ein weiterer Punkt,
- Nullstellen und ein weiterer Punkt,
- drei Punkte, die nicht auf einer Geraden liegen.

**Quadratische Regression**
Liegen mehrere Wertepaare in etwa auf einer Parabel, dann macht es Sinn, eine gut angepasste Parabel zu diesen Punkten zu bestimmen.

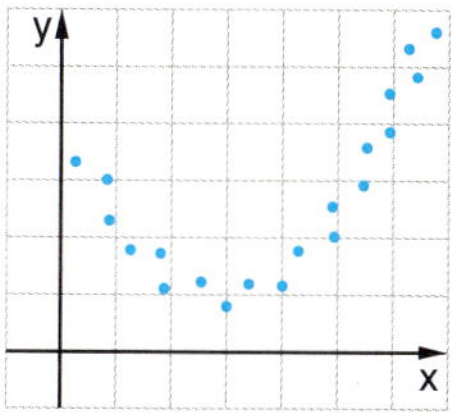


**Kurven in Parameterform**
*Beispiel:*
Modell eines Wasserstrahls,

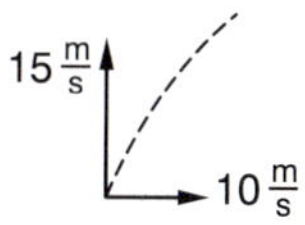


Bahnkurve: t wird eliminiert

$x(t) = 10t$ $\qquad t = \frac{x}{10}$

$y(t) = 15t - 5t^2$ $\qquad y = 15\left(\frac{x}{10}\right) - 5\left(\frac{x}{10}\right)^2$

$= \frac{3}{2}x - \frac{1}{20}x^2$

| t | 0 | 0,5 | 1 | 1,5 | 2 | 2,5 | 3 |
|---|---|---|---|---|---|---|---|
| x | 0 | 5 | 10 | 15 | 20 | 25 | 30 |
| y | 0 | 6,25 | 10 | 11,25 | 10 | 6,25 | 0 |

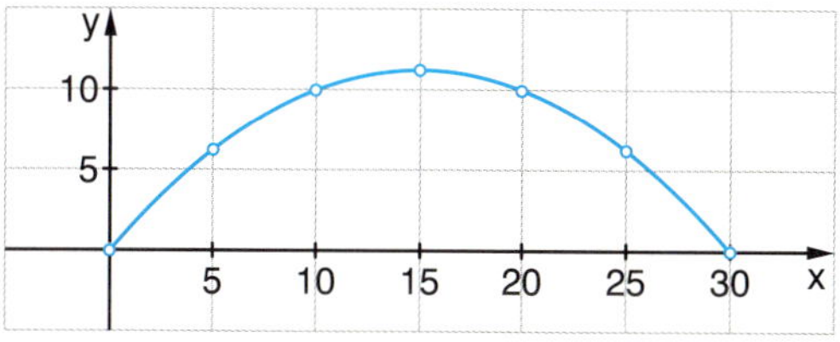

# 5 Der Satz des Pythagoras und verwandte Sätze

## 5.1 Phänomene rund um den Satz des Pythagoras

***Was dich erwartet***

*Einer der wichtigsten und bekanntesten Sätze der Mathematik ist mit dem Namen des griechischen Philosophen Pythagoras von Samos (ca. 570–500 v. Chr.) verbunden: Der Satz des Pythagoras. Wann und wo dieser Satz entdeckt wurde, weiß niemand genau. Lange vor Pythagoras' Zeit hat man ihn z. B. in der Megalithkultur und im alten Ägypten benutzt.*
*Der Satz des Pythagoras erfüllt alle Ansprüche an einen großen mathematischen Satz: Er ist schön, denn seine Aussage ist erstaunlich und einfach zugleich – sie verbindet Geometrie und Algebra. Er ist ausgesprochen brauchbar, denn mit seiner Hilfe kann man z. B. Entfernungen berechnen und rechte Winkel konstruieren. Und er lässt sich auf viele, zum Teil sehr einfallsreiche Arten beweisen.*

***Aufgaben***

**1** *Ein geometrisches Puzzle*

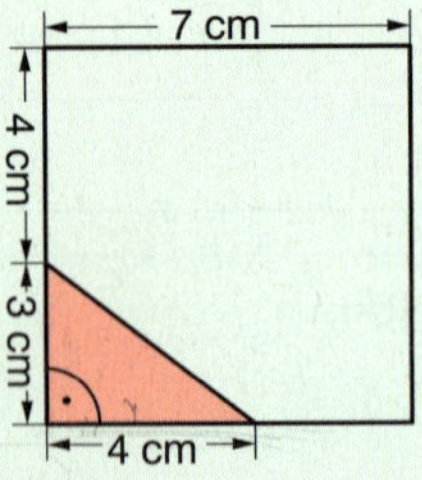


a) Mit vier der roten Dreiecke werden die Muster rechts in das Ausgangsquadrat (7 cm Seitenlänge) gelegt. Offensichtlich haben die gelben Restflächen in den Figuren 1 bis 5 jeweils den gleichen Flächeninhalt. Wie groß ist dieser?

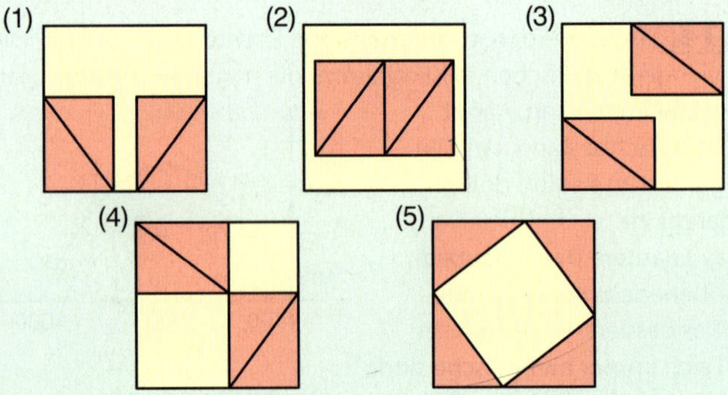


Beschreibe jeweils die Form der gelben Flächen.
b) Wie lang ist die längste Seite des roten Dreiecks? Mithilfe von Figur 5 kannst du sie leicht bestimmen.
c) Baue das Puzzle mit passenden Maßen nach.
d) Jeder der folgenden Terme gehört zum Inhalt einer gelben Fläche aus den Figuren 1 bis 5. Ordne die Terme richtig zu und vereinfache sie so weit wie möglich. Kannst du an den Termen erkennen, dass die Flächeninhalte gleich sind?

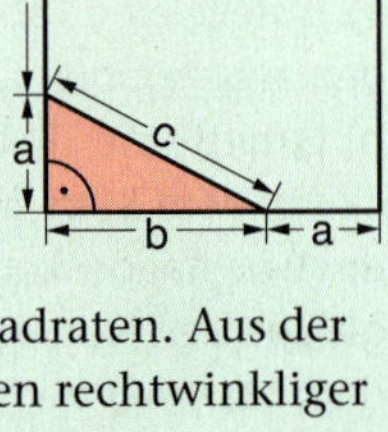


(I) $2 \cdot k \cdot \frac{k-b}{2} + 2 \cdot b \cdot \frac{k-2a}{2}$ (II) $b^2 + a^2$ (III) $c^2$
(IV) $2 \cdot a^2 + k \cdot (k - 2a)$ (V) $(k - 2a) \cdot b + (k - b) \cdot k$

e) Die gelben Flächen in den Figuren 4 und 5 bestehen nur aus Quadraten. Aus der Flächeninhaltsgleichheit kann man eine Entdeckung über die Seiten rechtwinkliger Dreiecke ablesen. Formuliere in Worten und als Formel mit a, b und c.

**Aufgaben**

**2** *Archäologie und Mathematik*

Anhand von Grabbeigaben hat man herausgefunden, dass manche ägyptische Gelehrte lange Seile bei sich trugen, die durch Knoten in gleich lange Strecken unterteilt waren. Einige Historiker glauben, dass diese Seile wie in der Abbildung zum Erzeugen rechter Winkel benutzt wurden. Schließlich musste nach jedem Nilhochwasser das Land neu verteilt werden.

Markiere mindestens 30 gleich lange Abschnitte auf einer Paketschnur. Wie muss man die Abschnitte auf die Dreiecksseiten verteilen, damit ein rechter Winkel entsteht? Probiere es auf dem Schulhof oder auf einem PIN-Board aus.

Zeichne die Lösung(en) auf und gib jeweils die Seitenlängen (in Knotenabständen) an. Fällt dir dabei etwas auf?

**3** *Quadrat-Figuren: von Hand oder per Mausklick*

In einem Geometrieprojekt untersuchen Nora und Miriam Figuren, bei denen drei Quadrate ein Dreieck einschließen. Nora hat die Quadrate von Hand ausgeschnitten und beschriftet; Winkel misst sie mit dem Geodreieck. Miriam arbeitet mit einem Geometrieprogramm. So kann sie die Figur per Mausklick verändern und Längen und Winkel automatisch anzeigen lassen.

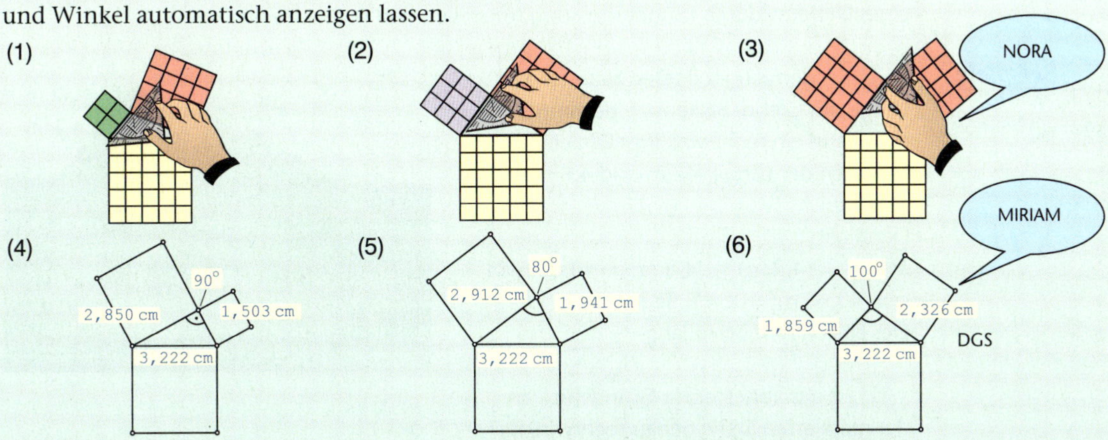


a) Vergleiche bei jeder Figur die Flächeninhalte der drei Quadrate. Fällt dir etwas auf? Formuliere eine Hypothese.

b) Überprüfe deine Hypothese mit weiteren Beispielen. (Bastler fertigen zunächst alle Quadrate mit Seitenlängen von 2 cm bis 15 cm). Schreibe in einer Tabelle auf.

| Seitenlängen | Flächeninhalte | größter Winkel |
|---|---|---|
| 5 6 7 | 25 36 49 | ca. 78°, spitz |
| 6 8 10 | 36 64 100 | 90° |
| 4 5 9 | 16 25 81 | |
| … | | |

## Basiswissen

Am rechtwinkligen Dreieck gelten besondere Beziehungen zwischen den Seitenlängen, diese werden im **Satz des Pythagoras** ausgedrückt.

**Rechtwinklige Dreiecke** und **Pythagoreische Tripel**

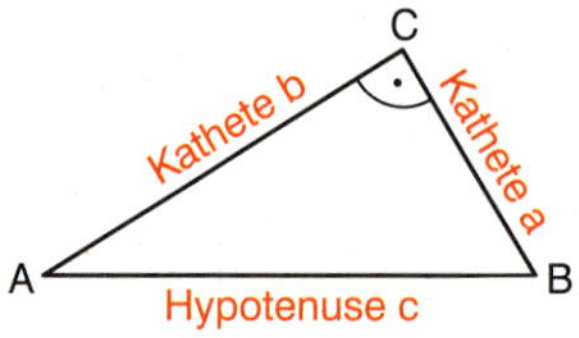


$(3|4|5)$, denn $3^2+4^2=5^2$
$9+16=25$

$(5|12|13)$, denn $5^2+12^2=13^2$
$25+144=169$

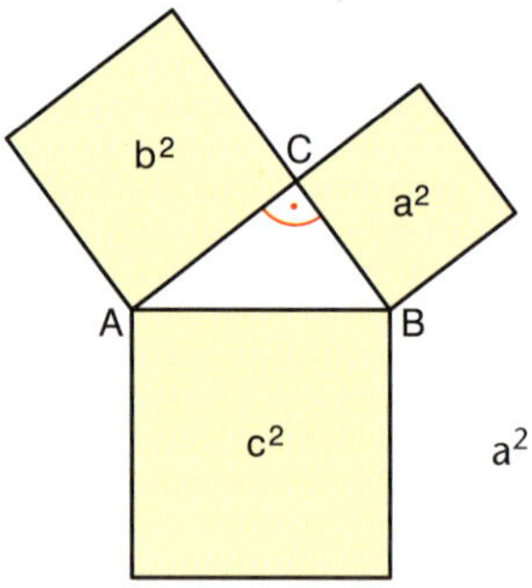


$a^2+b^2=c^2$

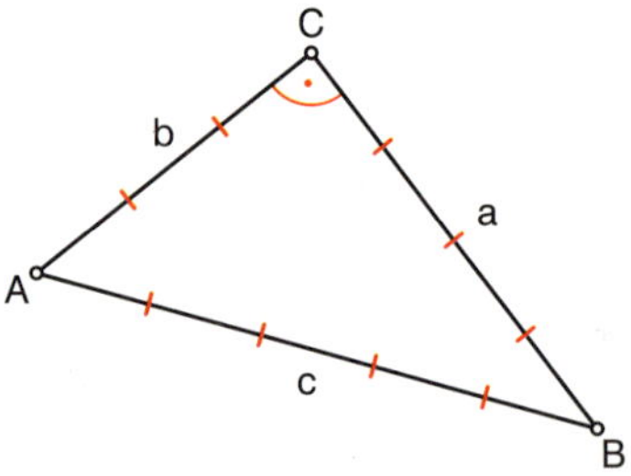


Bei einem rechtwinkligen Dreieck haben die Quadrate über den Katheten zusammen denselben Flächeninhalt wie das Quadrat über der Hypotenuse.

Ein Dreieck, dessen Seitenlängen ein pythagoreisches Tripel bilden, ist rechtwinklig.

Im Kasten steht links der **Satz des Pythagoras**, der Satz rechts ist die **Umkehrung des Satzes von Pythagoras**. Beide Sätze sind gültig, sie sind in vielen Anwendungen von Bedeutung.
Mit dem Satz des Pythagoras kann man an rechtwinkligen Dreiecken aus zwei Seitenlängen die dritte berechnen. Mit der Umkehrung des Satzes kann man die Rechtwinkligkeit eines Dreiecks durch Längenmessung feststellen und rechte Winkel konstruieren.

## Beispiele

**A** Bei dem abgebildeten Haus ist die Länge des Giebel-Balkens zu bestimmen:
Man kann ein rechtwinkliges Dreieck mit Katheten der Länge 4,2 m und 4,8 m einzeichnen.
Dann gilt:
$a^2+b^2=(4{,}2\text{ m})^2+(4{,}8\text{ m})^2=40{,}68\text{ m}^2$
$c^2=40{,}68\text{ m}^2 \Rightarrow c\approx 6{,}38\text{ m}$.
Der Balken ist 6,38 m lang.

**B** Ist das abgesteckte Grundstück an der markierten Stelle genau rechtwinklig?
Flächeninhalt der Kathetenquadrate:
$(28\text{ m})^2+(60\text{ m})^2=4\,384\text{ m}^2$
Flächeninhalt des Hypotenusenquadrats:
$(67\text{ m})^2=4\,489\text{ m}^2$
Der Winkel ist etwas größer als 90°, weil die Kathetenquadrate zusammen kleiner sind als das Hypotenusenquadrat.

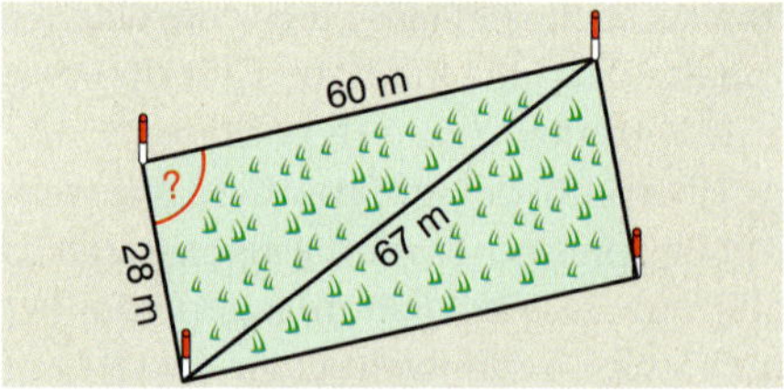

## Übungen

**4** Für ein Giebelzelt sind die abgebildeten Maße angegeben. Können diese Maße exakt sein? Prüfe rechnerisch.

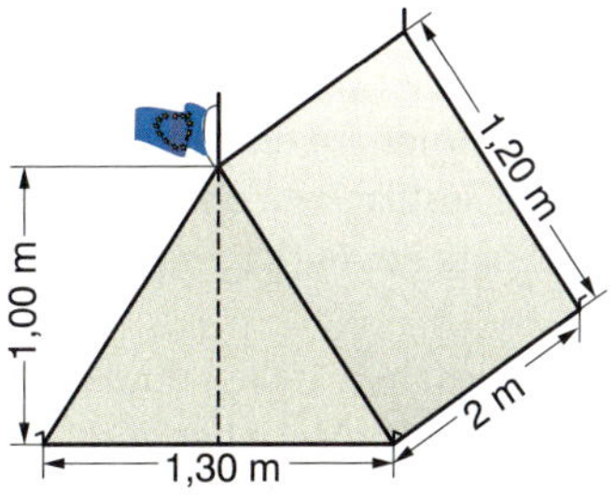


**5** Wie groß sind der Umfang und der Flächeninhalt des U-Bahn-Schildes in Berlin?

**6** Für einige Segel des Schoners sind die Maße angegeben. Welche sind rechtwinklig?

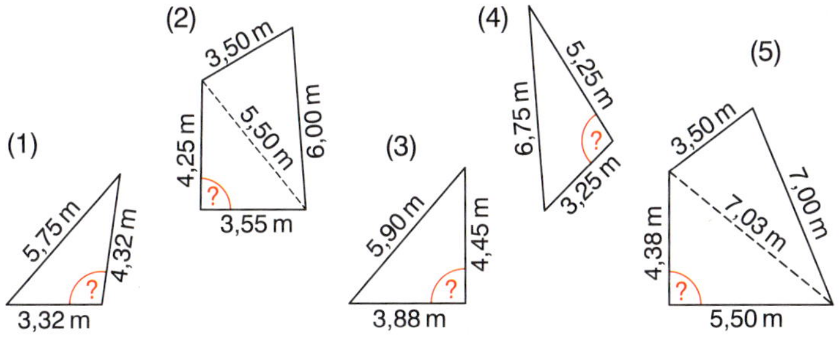

**7** Berechne die Länge der rot eingezeichneten Strecke:

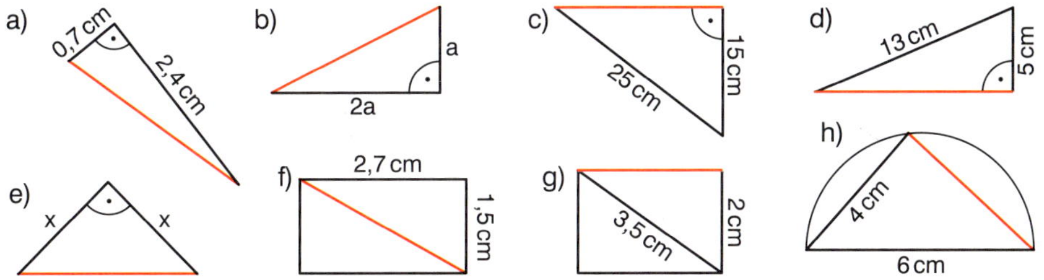


**7** Die richtigen Lösungen sind dabei:
≈ 2,9 $\sqrt{5}\,a$
12 ≈ 4,5
$\sqrt{2}\,x$ $\sqrt{3}\,x$
2,5
20 ≈ 3,1
$\sqrt{7}\,a$ ≈ 4,2

**8** a) Mit welchen Schnüren lässt sich ein rechtwinkliges Dreieck aufspannen?

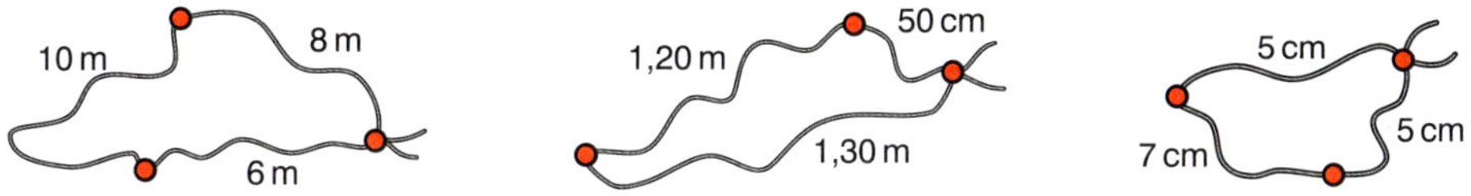


b) Konstruiere die Dreiecke mit den Seitenlängen (a | b | c):
(8 | 15 | 17), (11 | 12 | 16), (2,5 | 6 | 6,5), (14 | 14 | 20).
Welche Dreiecke sind rechtwinklig? Überprüfe rechnerisch.

c) Ergänze jeweils zu einem pythagoreischen Tripel:
(6 | 8 | ■), (12 | ■ | 13), (■ | 24 | 25), (12 | ■ | 37), (10 | 24 | ■), (3a | 4a | ■).

**9** Berechne für die rechtwinkligen Dreiecke jeweils die fehlenden Einträge.

| | | | | | | |
|---|---|---|---|---|---|---|
| Kathete a | 5 cm | 6 cm | ■ | 15 cm | 7 cm | ■ |
| Kathete b | 12 cm | ■ | 3,6 cm | 8 cm | ■ | 12 cm |
| Hypotenuse c | ■ | 10 cm | 3,9 cm | ■ | ■ | ■ |
| Flächeninhalt A | ■ | ■ | ■ | ■ | $84\,cm^2$ | $96\,cm^2$ |

Wie könnte eine zeichnerische Probe aussehen?

**10** Im Kasten auf Seite 158 sind der Satz des Pythagoras und seine Umkehrung formuliert. Verdeutliche dies, indem du beide Sätze jeweils mit Voraussetzung und Behauptung in der „Wenn – dann"-Form formulierst.

## *Übungen*

**11** *Ein Zerlegungsbeweis für den Satz des Pythagoras*

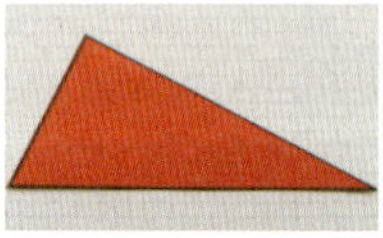

Schneide aus Pappe vier gleiche rechtwinklige Dreiecke mit den Katheten a und b aus. Zeichne in dein Heft ein Quadrat mit der Seitenlänge $a+b$.

a) Puzzelt man die vier Dreiecke in den quadratischen Rahmen, so entstehen zwei unterschiedliche Restflächen. Erkläre, wie sich daraus der Satz des Pythagoras ergibt.

b) Überlege, an welchen Stellen du die Rechtwinkligkeit der Dreiecke benötigt hast.

**12** *Falten – Schneiden – Puzzeln*

Zeichne auf Karton ein rechtwinkliges Dreieck mit den drei Seitenquadraten. Schneide die „Pythagorasfigur" aus und schraffiere die Kathetenquadrate von beiden Seiten. Klappe das Hypotenusenquadrat nach hinten und das kleinere Kathetenquadrat nach vorne um. Schneide die drei überstehenden Dreiecke ab.

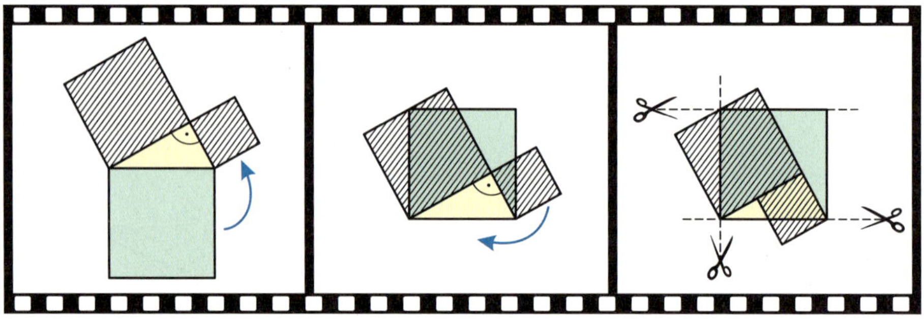

Kannst du so einen Zerlegungsbeweis für den Satz des Pythagoras finden?
Was geht schief, wenn das Dreieck nicht rechtwinklig ist?

**13** *Ein Beweis für die Umkehrung*

Wir müssen zeigen: Erfüllen die drei Seiten eines Dreiecks die Beziehung $a^2+b^2=c^2$, so ist das Dreieck rechtwinklig.
Mithilfe der nebenstehenden Skizzen können wir argumentieren:
Angenommen, der Winkel bei C ist ein spitzer Winkel. Dann können wir über $\overline{AB}$ mithilfe des Thaleskreises ein rechtwinkliges Dreieck ABC′ konstruieren, welches in dem gegebenen Dreieck ABC enthalten ist.

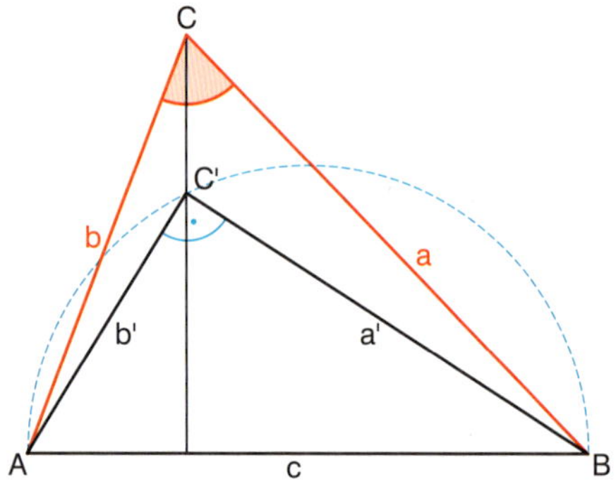


Widerspruchsbeweis: „Nimm das Gegenteil dessen an, was du beweisen möchtest. Zeige, dass dies zu einem Widerspruch führt." (Siehe Basiswissen S. 27.)

Dann gilt: $b' < b$ und $a' < a$.
Daher ist $a^2+b^2 > (a')^2+(b')^2=c^2$.
Dies ist ein Widerspruch zur gegebenen Voraussetzung, also kann der Winkel bei C kein spitzer Winkel sein.

Führe eine entsprechende Argumentation für die Annahme, dass der Winkel bei C ein stumpfer Winkel ist.

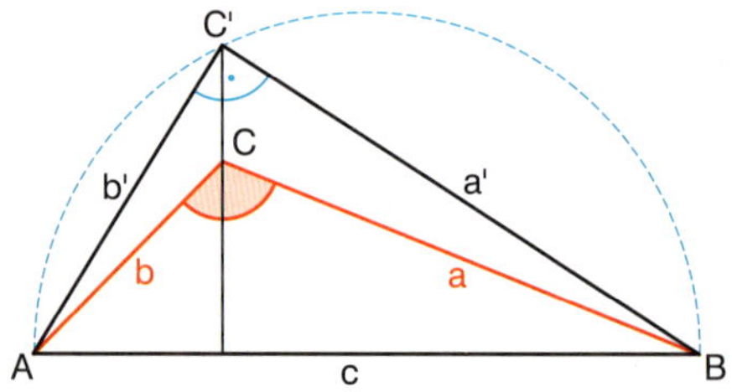

## Seilspanner

Die Konstruktion rechter Winkel war für die Menschen in den alten Kulturen sehr wichtig. Dabei wurde offensichtlich schon mit der Umkehrung des Satzes von Pythagoras gearbeitet, ohne dass ein solcher Satz bereits niedergeschrieben gewesen wäre. Aus Ägypten ist im Papyrus Kahûn (1800 v. Chr.) eine Tabelle mit pythagoreischen Tripeln überliefert, die aus der schrittweisen Verdopplung und Halbierung des Grundtripels 3,4 und 5 entstehen. Der Grieche Herodot (490–425 v. Chr.) berichtet, dass die ägyptischen Feldmesser (Harpedonapten, Seilspanner) mithilfe von Knotenseilen rechte Winkel konstruierten.

Landvermesser beim Vermessen eines Kornfeldes in Gegenwart des Besitzers und seiner Frau.

Auch aus dem indischen Kulturkreis sind solche Konstruktionen überliefert. Die altindischen Sulbasütras (sanskr. sulba Schnur und sütra Lehre) lehrten unter anderem die Konstruktion von quadratischen und trapezförmigen Altären mithilfe von Schnüren (Seilen). Über Jahrtausende hinweg wurden sie mündlich, später schriftlich überliefert.

### Aufgaben

**14** Im altindischen Text *Apastamba-Sulbasütra* (ca. 500–300 v. Chr.) sind „Schnurregeln“ niedergelegt, die den Erbauer eines trapezförmigen Opferaltars anweisen, wie die Figur des Grundrisses abzustecken ist.
Das Verfahren arbeitet mit einer festgelegten Länge der Schnur und dem Dreieck 15 : 36 : 39.
a) Zeige, dass es sich bei dem Zahlentripel um ein pythagoreisches Tripel handelt, und suche das passende Dreieck im Grundriss.
b) In der Skizze des Grundrisses sind noch weitere vier pythagoreische Tripel versteckt. Suche die passenden Dreiecke und schreibe die Tripel auf.

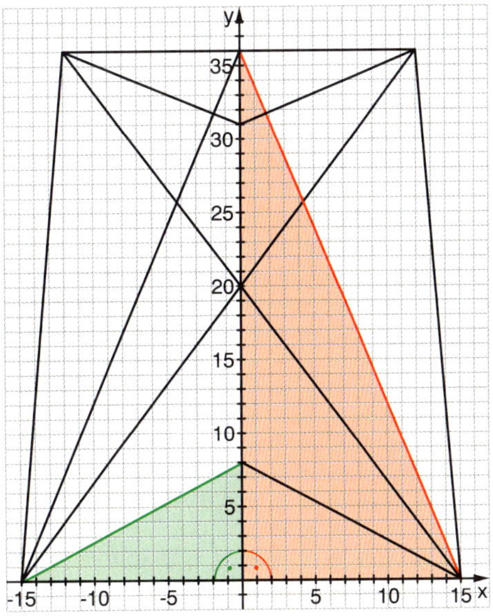


Zeichne eine Planfigur.
1 Einheit ≙ 0,5 cm.

**15** Die Aufgaben kannst du mithilfe pythagoreischer Zahlentripel im Kopf lösen.

a)
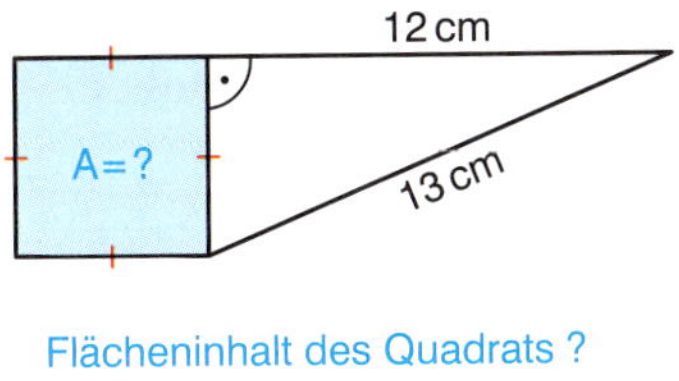


b)
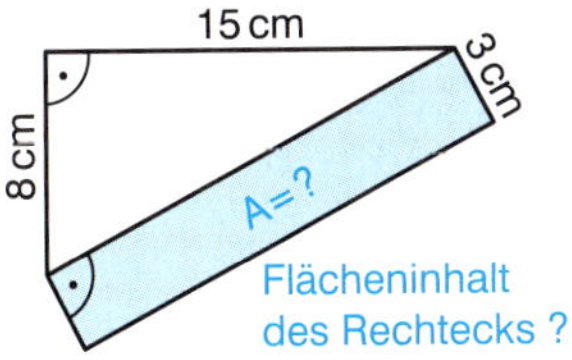


c)
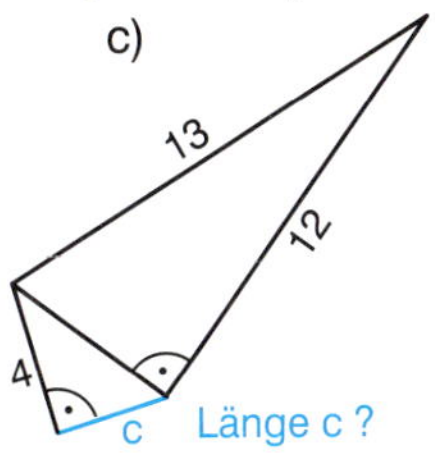


d)
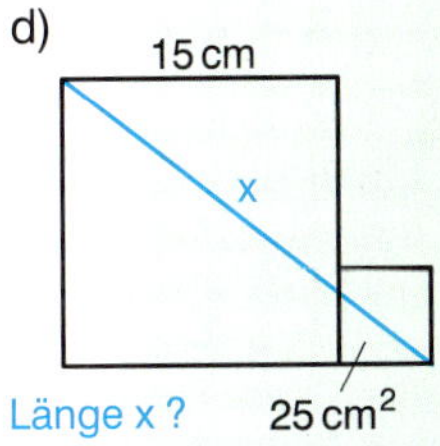

## Aufgaben

1 4 9 16 25 36 …
3 5 7 9 11

$(n+1)^2 - n^2 = \ldots$

$n^2 + (2n+1) = (n+1)^2$

Was ist ein pythagoreisches Grundtripel? Schau im Mathe-Lexikon oder im Internet nach.

**16** *Pythagoreische Tripel finden*

a) Schreibe die Reihe der ersten 10 Quadratzahlen auf und bilde die Differenzen je zweier aufeinander folgender Quadratzahlen. Was fällt dir auf? Formuliere eine Hypothese und überprüfe sie für weitere aufeinander folgende Quadratzahlen.

b) Stelle eine Formel für die Differenz zweier aufeinander folgender Quadratzahlen $n^2$ und $(n+1)^2$ auf. Begründe damit deine Hypothese.

c) Die Griechen haben diesen Zusammenhang geometrisch gefunden:
Wenn man die Seitenlänge n eines Quadrates um eine Einheit verlängert, so erhält man ein Quadrat der Seitenlänge $n+1$. Dieses ist um $2n+1$ Flächeneinheiten größer als das ursprüngliche Quadrat.
Mit dieser Erkenntnis lassen sich unendlich viele pythagoreische Grundtripel finden: Man muss nur unter den ungeraden Zahlen $2n+1$ die Quadratzahlen herausfinden. Die erste ist 9 (für $n = 4$), damit erhält man $16 + 9 = 25$ und damit das Tripel (3, 4, 5), die nächste ist 25 …
Suche mit dieser Strategie die nächsten fünf pythagoreischen Tripel. Welche davon sind dir bereits in den vorherigen Aufgaben begegnet?

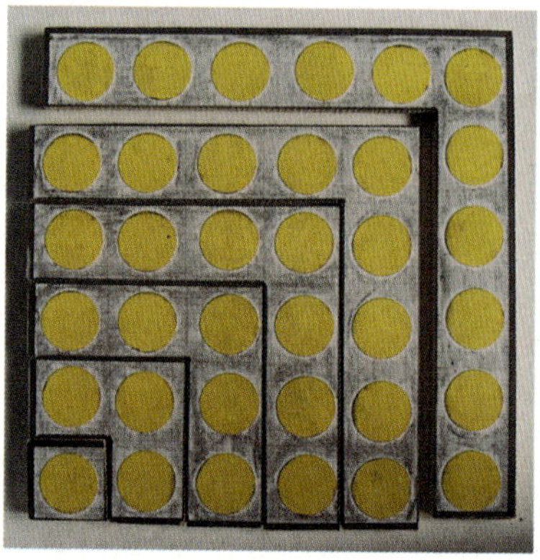

**17**

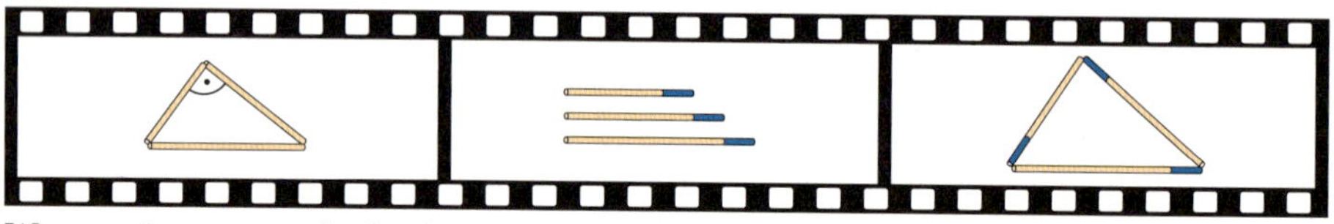

Was passiert, wenn du die Seiten eines rechtwinkligen Dreiecks jeweils um die gleiche Länge vergrößerst? Ist das neue Dreieck dann wieder rechtwinklig?

a) Probiere es mit den Dreiecken (3, 4, 5) und (5, 12, 13) und der Verlängerung der Seiten um jeweils 2 cm aus.

b) Kannst du deine Erkenntnis auf ein beliebiges pythagoreisches Dreieck (a, b, c) übertragen, bei dem jede Seite um die gleiche Länge d vergrößert wird? Begründe!

c) Was passiert, wenn du die drei Seiten eines rechtwinkligen Dreiecks jeweils verdoppelst (verdreifachst)? Verallgemeinere!

| Grundtripel | Verdoppeln | Verdreifachen |
|---|---|---|
| (3, 4, 5) | (6, 8, 10) | ■ |
| (5, 12, 13) | ■ | (15, 36, 39) |
| (8, 15, 17) | ■ | ■ |
| (7, 24, 25) | ■ | ■ |

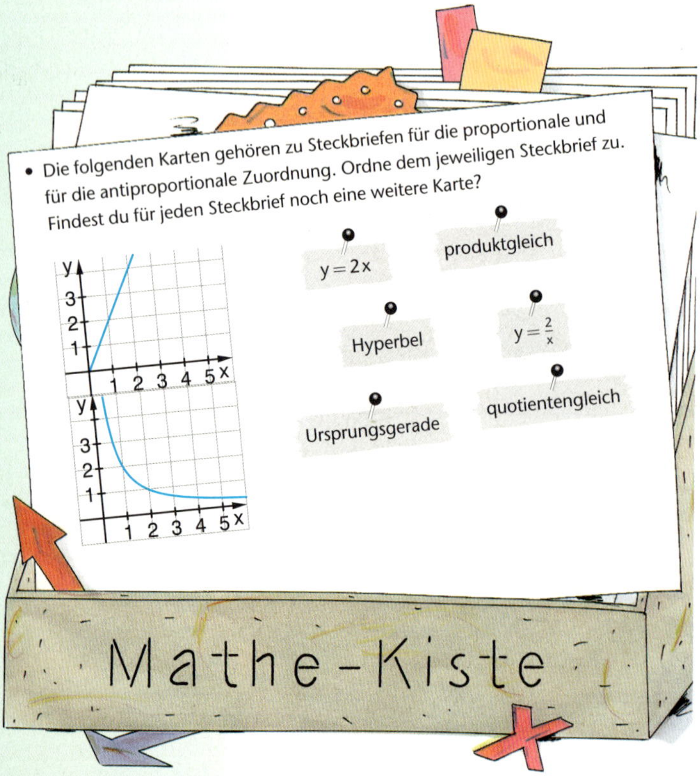


**18** a) Mit der Aufgabe 17c) kannst du leicht begründen, dass es unendlich viele pythagoreische Tripel gibt.

b) Gibt es auch unendlich viele pythagoreische Grundtripel? (*Tipp*: Schau dir nochmals Aufgabe 16 an!)

## Pythagoras und die Pythagoreer

Über PYTHAGORAS gibt es wenig gesichertes Wissen und viele Legenden. Er wurde um 570 v. Chr. auf der griechischen Insel Samos geboren und gilt als Gründer einer Art Geheimbund, der nach ihm benannten pythagoreischen Schule. Die Pythagoreer hatten ein Motto („Alles ist Zahl"), ein Wahrzeichen (das Pentagramm) und strenge Verhaltensregeln (Geheimhaltung, Vegetarismus, Verbot Bohnen zu essen). Man vermutet, dass PYTHAGORAS „seinen" Lehrsatz auf Reisen nach Ägypten und Babylonien kennen lernte.

Die Pythagoreer entdeckten mathematische Gesetzmäßigkeiten in vielen Naturphänomenen, z. B. in der Musik bei den Harmonien von Tonintervallen. Sie kamen so zur Überzeugung, alles ließe sich auf einfache Beziehungen zwischen natürlichen Zahlen zurückführen.

Damit lagen die Pythagoreer nicht ganz richtig, sogar in ihrem eigenen Wahrzeichen ist das Gegenteil versteckt. Die Diagonalen im regelmäßigen Fünfstern werden im goldenen Schnitt geteilt, d. h. das Teilungsverhältnis ist irrational (siehe Lernabschnitt 1.3).

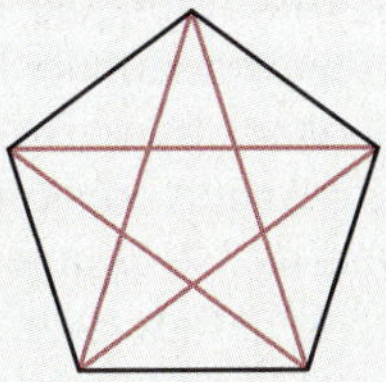

In diesem Pythagoras-Denkmal auf der Insel Samos ist ein rechtwinkliges Dreieck versteckt.

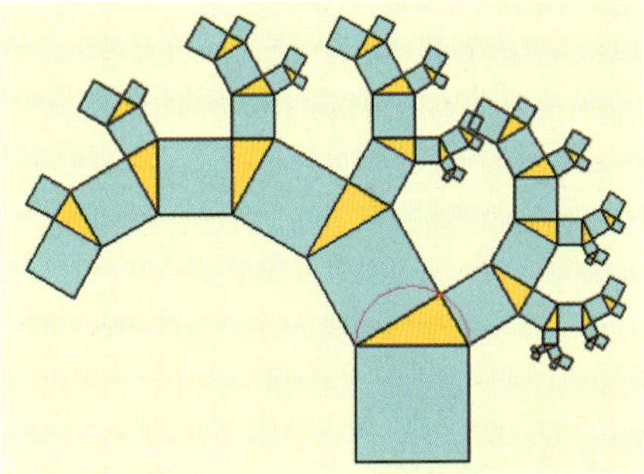

**19** *Pythagoras-Baum*

a) Zeichne die ersten Stufen eines Pythagoras-Baumes in dein Heft. Erläutere, wie du dabei vorgegangen bist.

b) Suche im Internet nach Programmen und Applets zum Erzeugen von Pythagoras-Bäumen.

Beginn eines Pythagoras-Baumes

Ein Pythagoras-Fraktal

## 5.2 Abstände und Kreise im Koordinatensystem

***Was dich erwartet***

*Wie weit ist Köln von Mainz entfernt? Im Autoatlas findest du dazu Entfernungsangaben, die sich auf bestimmte Straßenverbindungen beziehen; sie sind meist deutlich größer als der (Luftlinien-)Abstand zwischen den Städten. Wird die Landkarte mit einem Quadratgitternetz überzogen, so kann die Position der Städte durch Koordinaten beschrieben und der Abstand berechnet werden. Die notwendige Formel gewinnt man mit dem Satz des Pythagoras. Dieser spielt auch bei der algebraischen Beschreibung eines Kreises im kartesischen Koordinatensystem eine Rolle.*

***Aufgaben***

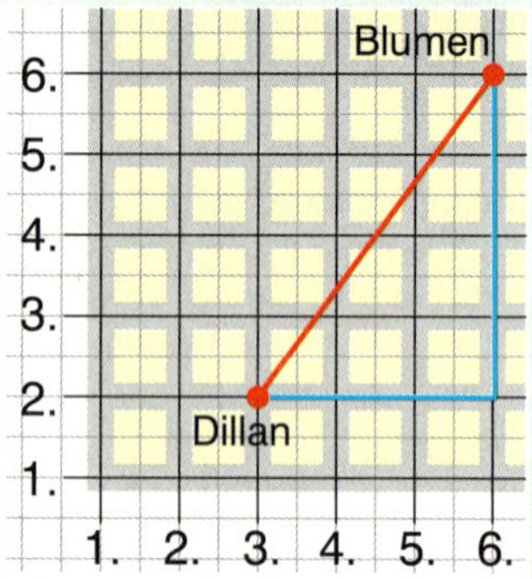


**1** Dillan wohnt im Stadtteil Manhattan in New York auf der Ecke Third Avenue – Second Street. Für seine Verabredung am Abend braucht er noch Blumen. Der nächste Blumenladen ist auf der Ecke 6th Avenue – 6th Street.

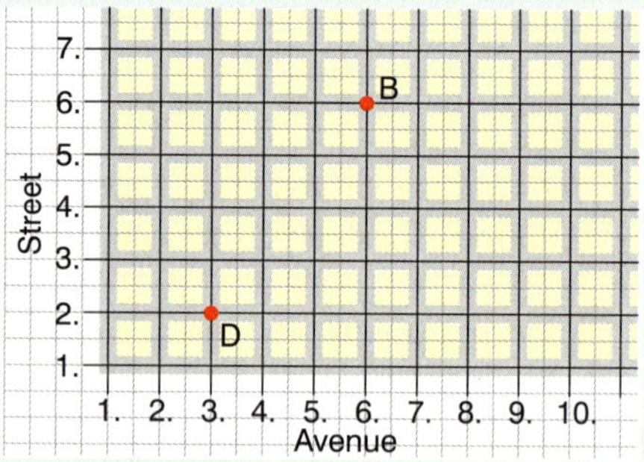


a) Wie lang ist der kürzeste Fußweg, wenn jeder Block ca. 50 m lang und 50 m breit ist? Gibt es mehrere solcher kürzesten Wege? Wie viele? Zeichne den Plan in dein Heft und markiere solche Wege. Wie hast du die Länge berechnet?

b) Vergleiche die Länge eines kürzesten Weges mit dem Luftlinienabstand (maßstäbliche Zeichnung 50 m ≙ 1 cm) zwischen den beiden Positionen.

**2** *Schätzen und Begründen*

Ist das rote Dreieck ABC gleichschenklig und rechtwinklig?

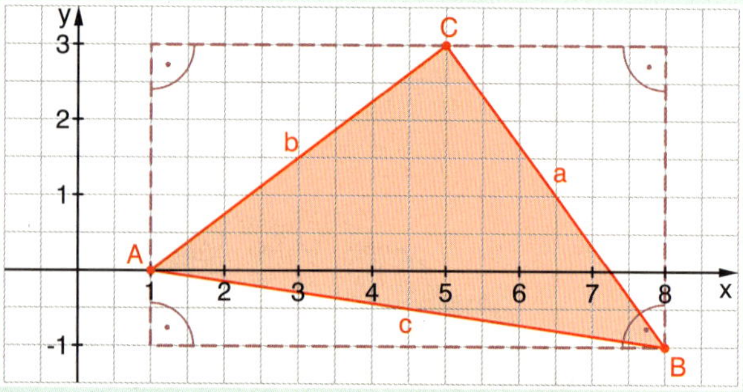


a) Überprüfe rechnerisch, indem du die Längen a, b und c mithilfe der eingezeichneten rechtwinkligen Dreiecke berechnest.

b) Findest du auch eine geometrische Begründung mithilfe der Kongruenzsätze?

Forschungsaufgabe

**3** *„Kreise im Koordinatensystem"*

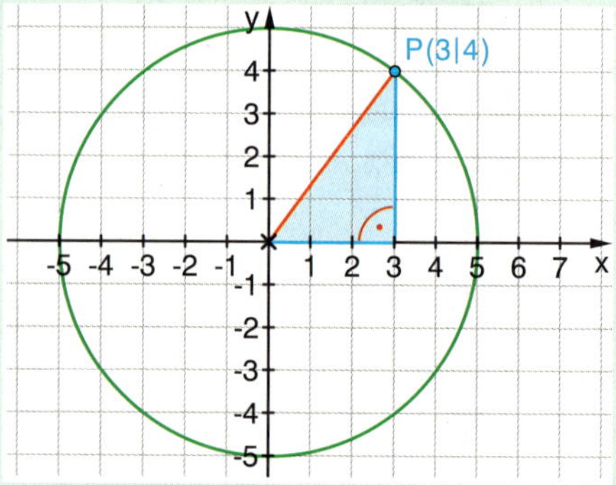


a) Zeichne im Koordinatensystem einen Kreis um M(0|0) durch den Punkt P(3|4). Welchen Radius hat dieser Kreis? Kannst du den Radius mithilfe der Koordinaten von P exakt berechnen?

b) Findest du weitere Gitterpunkte, die auf dem Kreis liegen? Berechne für diese Punkte jeweils die Summe $x^2 + y^2$. Was stellst du fest?

c) Berechne jeweils die fehlende Koordinate für die Kreispunkte R(1|y), S(x|2) und T(−2|y) und überprüfe dein Ergebnis in der Zeichnung.

d) Schreibe einen zusammenfassenden Bericht über deine Forschungsergebnisse.

Zur Erinnerung:
Der Kreis K(M; r) ist die Ortslinie aller Punkte, die von einem Punkt M den Abstand r haben.

## Basiswissen

Mithilfe des Satzes von Pythagoras lassen sich Längen und Abstände im Koordinatensystem berechnen.

### Abstand zweier Punkte im Koordinatensystem

(1) Zeichne das rechtwinklige Dreieck PRQ mit $\overline{PQ}$ als Hypotenuse.

(2) Bestimme die Länge der Katheten als Differenzen der Koordinaten:

$\overline{PR} = (x_Q - x_P) \quad \overline{QR} = (y_Q - y_P)$

(3) Nach dem Satz des Pythagoras gilt:

$\overline{PQ}^2 = \overline{QR}^2 + \overline{PR}^2$

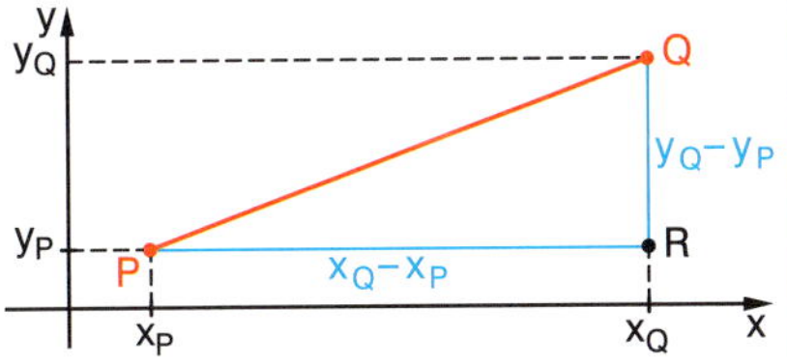


Formel: $\overline{PQ} = d(P, Q) = \sqrt{(x_Q - x_P)^2 + (y_Q - y_P)^2}$

d steht für „distance"

## Beispiele

**A** Welchen Abstand haben die Punke A(7|15) und B(−3|2) voneinander?

Einsetzen in die Formel $d(A, B) = \sqrt{((-3) - 7)^2 + (2 - 15)^2}$ LE $= \sqrt{100 + 169}$ LE $\approx 16{,}4$ LE

(LE ≙ Längeneinheit im Koordinatensystem).

**B** Ist das Dreieck ABC mit A(−2|−1,5), B(3|−1) und C(0|3) gleichseitig oder gleichschenklig?

*Lösungsweg über rechtwinklige Dreiecke:*

$\overline{AB}^2 = 5^2 + 0{,}5^2 = 25{,}25 \quad \overline{AB} \approx 5{,}02$ LE

$\overline{AC}^2 = 2^2 + 4{,}5^2 = 24{,}25 \quad \overline{AC} \approx 4{,}92$ LE

$\overline{BC}^2 = 4^2 + 3^2 = 25 \quad \overline{BC} = 5$ LE

Die Dreiecksseiten sind alle verschieden lang. Das Dreieck ist weder gleichseitig noch gleichschenklig.

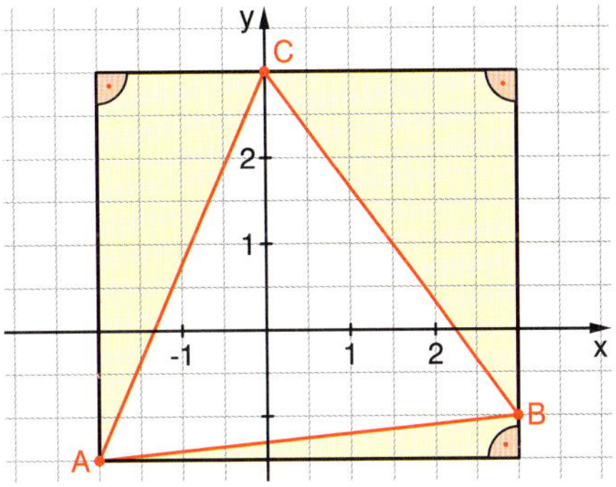


*Lösungsweg über die Abstandsformel:* $d(A, B) = \sqrt{(3 - (-2))^2 + ((-1) - (-1{,}5))^2} \approx 5{,}02$

$d(A, C) = \sqrt{(0 - (-2))^2 + (3 - (-1{,}5))^2} \approx 4{,}92 \qquad d(B, C) = \sqrt{(0 - 3)^2 + (3 - (-1))^2} = 5$

## Übungen

**4** Bestimme den Abstand zwischen den Punkten:

a) A(10|20); B(13|16) b) C(8|15); D(−7|23) c) E(−5|−8); F(3|7)

**5** Berechne die Länge der Strecken. Welche Strecken sind gleich lang? Welche Strecken sind parallel zueinander? (Steigungsdreieck)

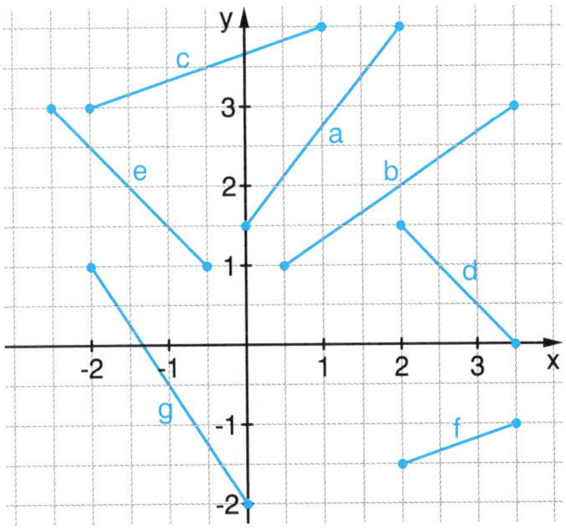


**6** Berechne den Umfang des Dreiecks ABC mit A(2|4), B(8|12) und C(24|0).

**7** Entscheide ohne zu zeichnen, ob das Dreieck PQR mit P(2|6), Q(18|2) und R(12|12) gleichschenklig, rechtwinklig, gleichschenklig rechtwinklig oder gleichseitig ist.

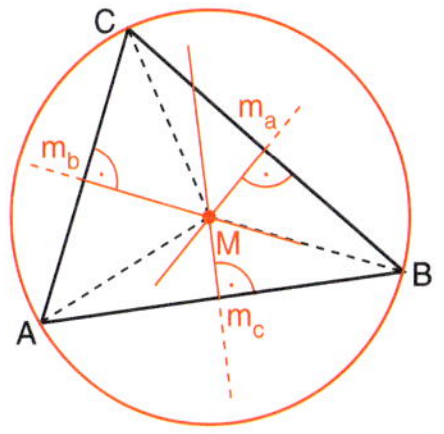


Umkreis eines Dreiecks

**8** Zeige ohne zu zeichnen:

a) Das Dreieck ABC mit A(6|−3), B(−4|2) und C(2|−6) ist rechtwinklig.

b) Der Punkt D(1|−0,5) ist Mittelpunkt des Umkreises des Dreiecks ABC.

## Übungen

Zeichne ein günstiges Koordinatensystem in den Plan

**9** Die Orte A und B sollen einen gemeinsamen Anschluss an die Schnellstraße s erhalten. Die Zufahrtsstraßen können geradlinig gebaut werden. Zur Diskussion stehen die beiden Anschlussstellen $S_1$ und $S_2$.

a) Berechne für beide Fälle die Gesamtlänge der Zufahrtsstraßen. Vergleiche.

b) Gibt es eine andere Anschlussstelle, für die die Gesamtlänge möglichst klein ist? Vergleiche diese minimale Länge mit den in a) berechneten Längen.

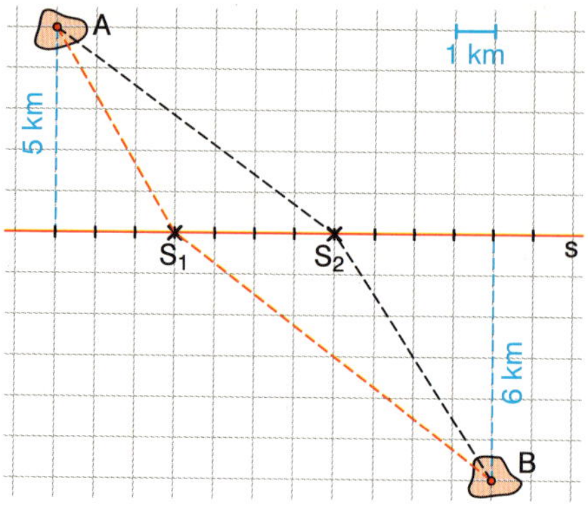


**10** Gegeben ist der Punkt M(2|3).

a) Berechne den Abstand aller Punkte von M. Was fällt dir auf?

P(7|−9); Q(−10|8); R(15|3); S(5,2|15,6); T(−8,4|−4,8);

U(−1,64|15,48); $V\left(\frac{13}{17}\middle|-9\frac{16}{17}\right)$; W(9,8|13,4); X(−3|−9)

b) Zeichne die Punkte M und P bis X in ein gemeinsames Koordinatensystem.

## Basiswissen

Alle Punkte eines Kreises haben vom Mittelpunkt M den gleichen Abstand r. Der Satz des Pythagoras macht es möglich, Kreise im Koordinatensystem durch eine Gleichung zu beschreiben.

**Kreise im Koordinatensystem**

Für die Koordinaten (x|y) jedes Punktes auf dem Kreis mit dem Mittelpunkt M(0|0) und dem Radius r gilt:

$$x^2 + y^2 = r^2$$

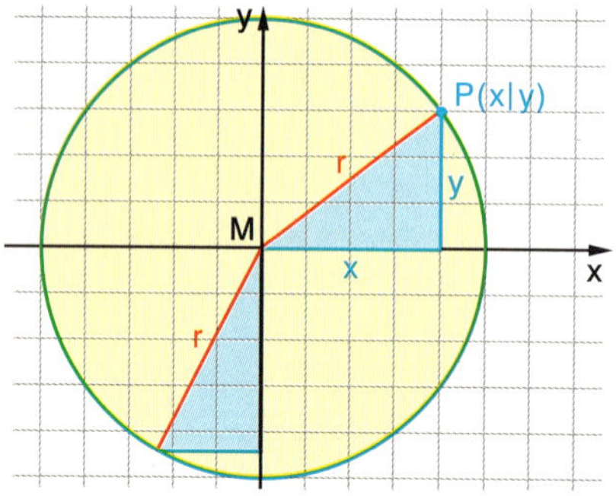


Für die Koordinaten (x|y) jedes Punktes auf dem Kreis mit dem Mittelpunkt $M(x_M|y_M)$ und dem Radius r gilt:

$$(x - x_M)^2 + (y - y_M)^2 = r^2$$

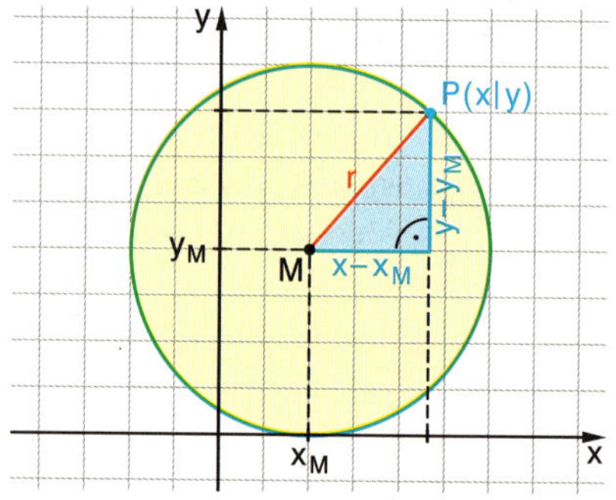


## Beispiele

**C** Welche Gleichung erfüllen alle Punkte P(x, y), die von M(5|4) den Abstand 7 haben?

Es gilt $d(P, M) = \sqrt{(x-5)^2 + (y-4)^2} = 7$.

Durch Quadrieren erhält man $(x-5)^2 + (y-4)^2 = 7^2$.

Dies ist die Gleichung des Kreises mit dem Mittelpunkt M(5|4) und dem Radius 7.

Achtung bei negativen Koordinaten des Mittelpunktes!

**D** Gib die Gleichungen der folgenden Kreise an:

a) M(0|0); r = 2
$x^2 + y^2 = 4$

b) M(1|2); r = 2,5
$(x-1)^2 + (y-2)^2 = 6{,}25$

c) M(−1|1); $r = \sqrt{3}$
$(x-(-1))^2 + (y-1)^2 = 3$
$(x+1)^2 + (y-1)^2 = 3$

## Beispiele

**E** Der Punkt $P(2|y)$ liegt auf dem Kreis um $M(0|0)$ mit $r = 3$.
Bestimme den y-Wert des Punktes P.
Der Kreis hat die Gleichung $x^2 + y^2 = 9$.
Also gilt $2^2 + y^2 = 9$
d. h. $y^2 = 5$.
Es gibt zwei Lösungen: $y = \sqrt{5}$ oder $y = -\sqrt{5}$.

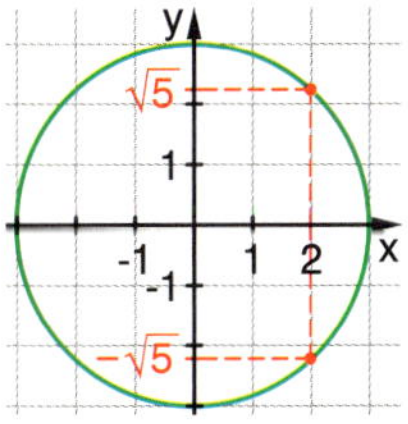


## Übungen

**11** Zeichne die Kreise in ein Koordinatensystem.
a) $x^2 + y^2 = 16$
b) $x^2 + (y-2)^2 = 3^2$
c) $(x-1)^2 + y^2 = 9$
d) $(x-2)^2 + (y-3)^2 = 3{,}5^2$
e) $(x-1)^2 + (y+1{,}5)^2 = 2{,}25$
f) $(x+2)^2 + (y+2)^2 = 8$

**12** Gib die Gleichungen für die Kreise an.

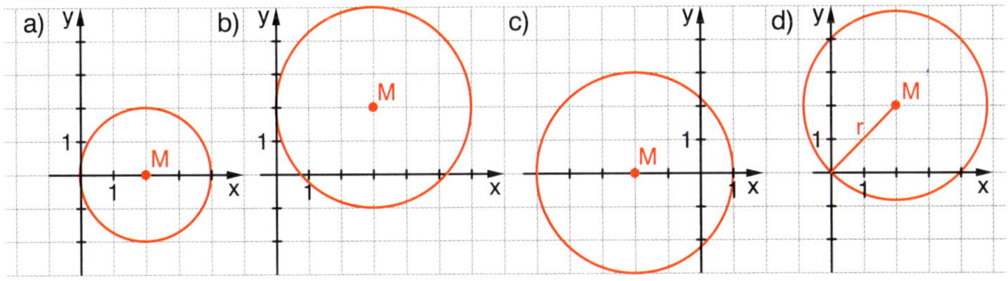


**12**
$(x+2)^2 + y^2 = 9$
$(x-2)^2 + (y-2)^2 = 8$
$(x-2)^2 + y^2 = 4$
$(x-3)^2 + (y-2)^2 = 9$

**13** Gib die Gleichungen für die Kreise an.
a) Der Kreis hat den Mittelpunkt $M(0|0)$ und geht durch den Punkt $P(0|4)$.
b) Der Kreis hat den Mittelpunkt $M(3|3)$ und geht durch den Punkt $P(0|-1)$.
c) Der Kreis geht durch die Punkte $P(3|4)$, $Q(4|3)$ und $R(-3|-4)$.

**14** Die Punkte P, Q, R und S liegen auf dem Kreis K mit $M(0|0)$ und $r = 13$.
a) $P(5|■)$ b) $Q(12|■)$ c) $R(■|\sqrt{48})$ d) $S(\sqrt{69}|■)$
Bestimme die fehlenden Koordinaten.

**15** In dem Bild sind die fünf olympischen Ringe in ein Koordinatensystem gezeichnet.
a) Gib die Gleichungen der Kreise an.
b) Die Mittelpunkte der drei inneren Kreise bilden ein Dreieck. Berechne die Seitenlängen.

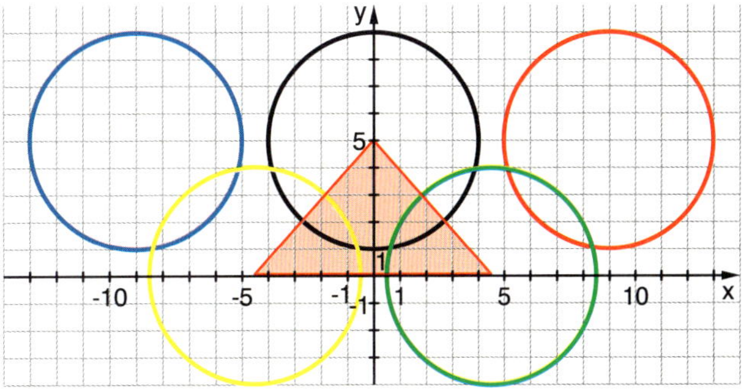


### Die Olympischen Ringe

Die Olympischen Ringe gehen zurück auf die Idee des Begründers der Olympischen Bewegung, Pierre de Coubertin, der in den fünf Ringen den Zusammenschluss der fünf Kontinente und damit den sportlichen Internationalismus durch die Olympischen Spiele ausdrücken wollte. Von den Farben gelb, blau, schwarz, grün und rot ist zumindest eine in jeder Länderfahne enthalten; zudem steht jeder Ring für einen Erdteil. Die Ringe umschließen damit alle Völker.
Die Olympische Fahne wurde erstmals 1920 in Antwerpen aufgezogen. Seit damals wird eine besondere Fahne, die vom Belgischen Olympischen Komitee gestiftet wurde, bei der Schlussfeier der Spiele an den Bürgermeister der nächsten gastgebenden Olympiastadt zur Aufbewahrung übergeben.

## Übungen

Der Abstand der Mittelpunkte gibt Aufschluss über die Lagebeziehung.

**16** *Lagebeziehung von zwei Kreisen*

a) Wie viele Schnittpunkte können zwei verschiedene Kreise miteinander haben? Es gibt drei verschiedene Fälle. Zeichne!

b) Schneiden sich die Kreise $K_1$: $x^2 + y^2 = 25$ und $K_2$: $(x-8)^2 + (y-4)^2 = 16$?

c) Welcher der beiden Kreise $K_3$ und $K_4$ berührt den Kreis $K_1$?

$K_3$: $(x-6)^2 + (y-5)^2 = 8$ $\quad$ $K_4$: $(x+7)^2 + (y+6)^2 = 18$

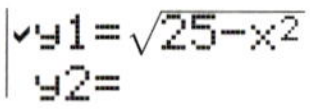


**17** *Kreise auf dem grafischen Taschenrechner*

a) Cynthia hat in den grafischen Taschenrechner die Gleichung links eingegeben und erhält als Bild einen Halbkreis um 0 mit dem Radius 5 (Bild 1). Kannst du dies erklären?

b) Welche Gleichung muss sie zusätzlich eingeben, um den passenden unteren Halbkreis zu erhalten (Bild 2)? Probiere es aus.

c) Ingemar hat die gleichen Gleichungen wie Cynthia eingegeben und erhält Bild 3. Woran könnte das liegen?

GTR

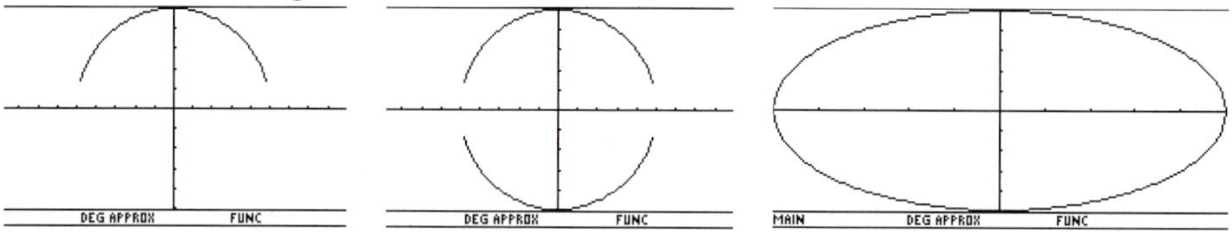


Für Fortgeschrittene: Zeichne die fünf olympischen Ringe auf dem GTR.

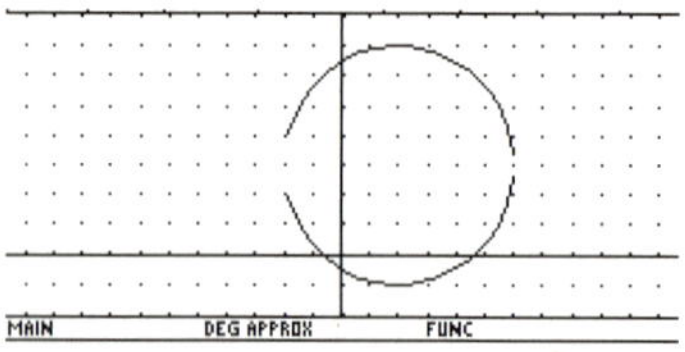


**18** Zeichne auf dem grafischen Taschenrechner einen Kreis mit dem Mittelpunkt $M(2|3)$ und dem Radius 4. Stelle dazu die passende Kreisgleichung auf und löse nach y auf.

**19** So wie man rationale Zahlen von irrationalen unterscheidet, spricht man auch von „rationalen Punkten" im Koordinatensystem: *Ein Punkt $P(x|y)$ in der Ebene heißt rational, wenn seine beiden Koordinaten rationale Zahlen sind.*

Die Punkte $(1|-1)$, $\left(\frac{3}{4}\middle|\frac{2}{3}\right)$ sind rational, die Punkte $\left(\sqrt{2}\middle|\frac{2}{3}\right)$, $\left(-\sqrt{5}\middle|\sqrt{\frac{3}{4}}\right)$ irrational.

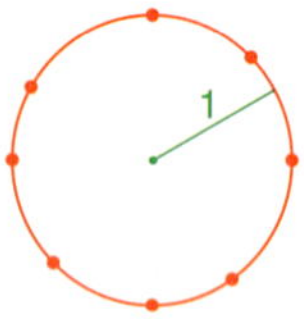


a) Alle folgenden Punkte sollen auf dem Einheitskreis (Ursprungskreis mit Radius 1) liegen. Berechne jeweils die fehlende Koordinate.

$\left(\frac{3}{4}\middle|\blacksquare\right)$ $\left(\frac{4}{5}\middle|\blacksquare\right)$ $\left(\blacksquare\middle|\frac{5}{13}\right)$ $\left(\frac{1}{2}\middle|\blacksquare\right)$ $\left(\blacksquare\middle|\frac{8}{17}\right)$ $\left(\frac{2}{3}\middle|\blacksquare\right)$ $\left(\blacksquare\middle|\frac{12}{37}\right)$ $(0{,}7|\blacksquare)$ $(\blacksquare|0{,}28)$

b) Fünf der Punkte aus a) sind rational. Hinter jedem von ihnen verbirgt sich ein pythagoreisches Tripel. Benenne alle entsprechenden Tripel.

$\left(\frac{4}{5}\right)^2 + \left(\frac{3}{5}\right)^2 = 1$,
weil $4^2 + 3^2 = 5^2$ (Tripel $(3|4|5)$).

Punkte, die von einer Geraden g und einem Punkt B den gleichen Abstand haben, liegen auf einer **Parabel**.

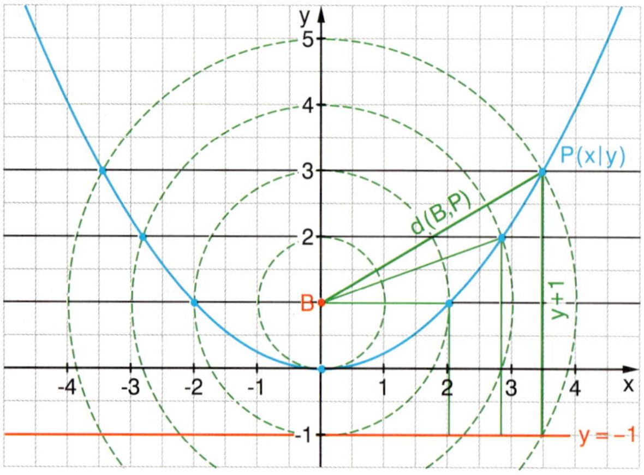


**20** a) Wo liegen alle Punkte $P(x|y)$, die von der Geraden g: $y = -1$ und dem Punkt $B(0|1)$ den gleichen Abstand haben? Konstruiere möglichst viele solcher Punkte und verbinde sie durch eine passende Kurve.

b) Der Abstand eines Punktes P von B lässt sich mit der Formel $d(B, P)$ ausdrücken, der Abstand von P zur Geraden $y = -1$ ist $y + 1$.

Schreibe die Gleichung $d(B, P) = y + 1$ mithilfe der Abstandsformel und löse nach y auf. Du erhältst eine bekannte Funktionsgleichung, zu der du den Graphen zeichnen kannst.

## 21 *Schiffskollision*

**Aufgaben**

*7:00 Uhr: MS Bertha befindet sich nördlich von Borkum (Position B) mit Kurs 7 Seemeilen (sm) pro Stunde Ost und 7 sm pro Stunde Nord.*
*MS Henrietta hat zu diesem Zeitpunkt Helgoland passiert (Position H) und fährt mit Kurs 7,5 sm pro Stunde West und 3 sm pro Stunde Süd. H liegt bezüglich B 40 sm östlich und 27 sm nördlich.*
*Im dichten Nebel halten beide Kurs und Geschwindigkeit stur ein.*
*Kommt es zum Zusammenstoß?*

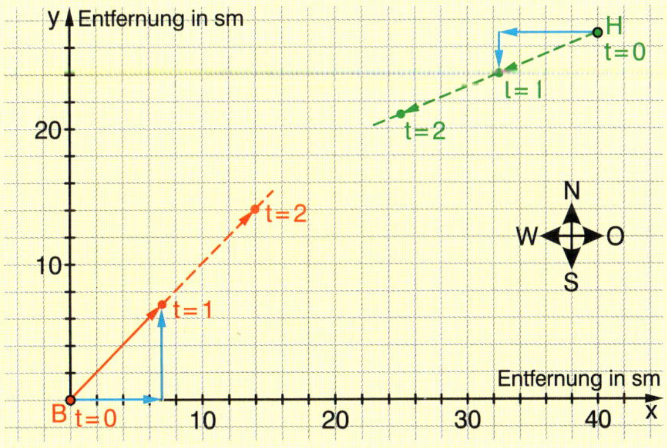


Die Positionen $(x(t) \mid y(t))$ der beiden Schiffe können wir in ein kartesisches Koordinatensystem einzeichnen. Die Position von *MS Bertha* zum Zeitpunkt 7:00 Uhr $(t = 0)$ legen wir zur Vereinfachung in den Koordinatenursprung $(0 \mid 0)$.

Im Gegensatz zu der in der Seefahrt üblichen Ortsangabe benutzen wir hier kartesische Koordinaten, dies ist innerhalb eines kleinen Kartenausschnitts zulässig.

a) Übertrage die Tabelle in dein Heft und fülle sie aus. Zeichne die Kurse der beiden Schiffe in das Koordinatensystem.

| Zeit t in h | Position B $(x_1(t) \mid y_1(t))$ | Position H $(x_2(t) \mid y_2(t))$ | Abstand (B, H) in sm |
|---|---|---|---|
| 0 | $(0 \mid 0)$ | (40,27) | 48,26 |
| 0,5 | | | |
| 1,0 | | | |
| 1,5 | | | |
| 2,0 | | | |
| 2,5 | | | |
| 3,0 | | | |
| 3,5 | | | |
| 4,0 | | | |

b) Kannst du entscheiden, ob die beiden Schiffe auf Kollisionskurs sind? Hilft die Tabelle weiter?
c) Zeichne einen Graphen der Funktion *Zeit → Abstand (B, H)*. Kannst du damit deine Aussage aus b) bestätigen?
d) Bestimme mithilfe des Graphen den minimalen Abstand der beiden Schiffe und den zugehörigen Zeitpunkt.
e) Mit welchen Geschwindigkeiten fahren die beiden Schiffe auf ihrem Kurs?

## 22 *Simulation auf dem grafischen Taschenrechner*

Der grafische Taschenrechner ist das ideale Werkzeug zur Bearbeitung der vorherigen Aufgabe. Dazu muss man die Funktionsdarstellung „**Parameter**" wählen und die passenden Parametergleichungen eingeben.

```
PLOTS
  xt1=
  yt1=■
✓xt2=40-7.5·t
✓yt2=27-3·t
```

a) Begründe, dass die nebenstehenden Parametergleichungen xt2 und yt2 den Kurs von *MS Henrietta* beschreiben. Gib auch die Parametergleichungen für *MS Bertha* ein und zeichne die Graphen auf dem Display („**Graph**").

b) Zusätzlich lässt sich die Bewegung der beiden Schiffe im Zeitablauf simulieren. Dazu muss die Option „**simultan**" eingestellt werden, die Geraden werden damit gleichzeitig und nicht nacheinander gezeichnet.
Versuche die Simulation auf deinem grafischen Taschenrechner.

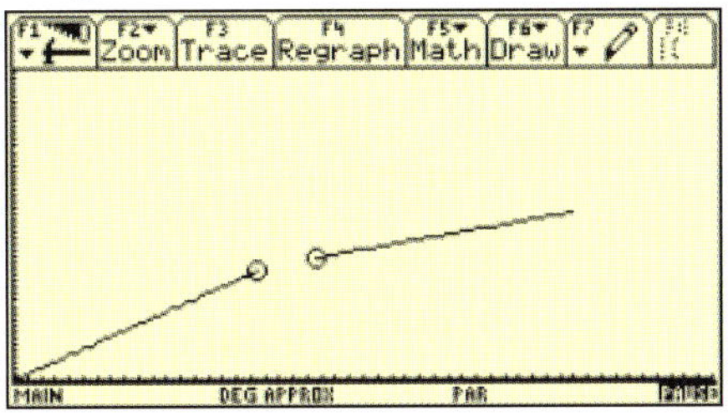


Vorschlag für „Window"

```
tmin=0.
tmax=5.
tstep=.05
xmin=0.
xmax=50.
xscl=1.
ymin=0.
ymax=50.
yscl=1.
```

Experimentiere mit anderen Kursen, indem du die Parameter veränderst.
Findest du Parameter, die zu einer Kollision führen?
Vergleiche mit deinem Nachbarn.

## Computeralgebra-Bausteine (CAS-Bausteine)

Bei der Arbeit mit einem Computeralgebrasystem kann man mit so genannten „Bausteinen" arbeiten, die der Rechner schon vorgefertigt zur Verfügung stellt. So hast du z. B. sicher schon mehrfach den Befehl SOLVE benutzt.

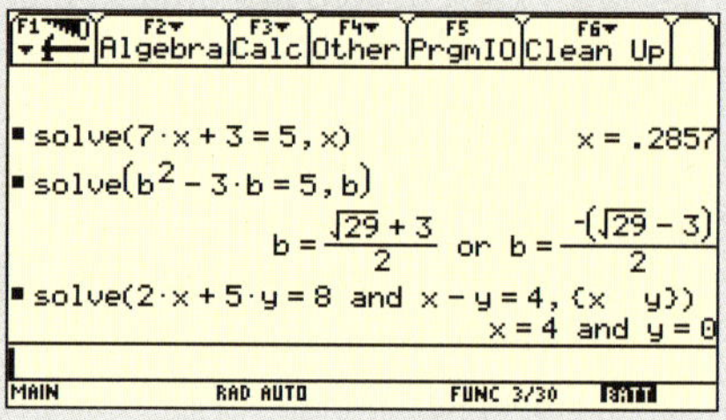


Die Abbildung rechts zeigt, dass SOLVE zwei Einsetzungen erfordert, die Gleichung und die Unbekannte, nach der aufgelöst werden soll. Andere Beispiele sind:

Vordefinierte Bausteine

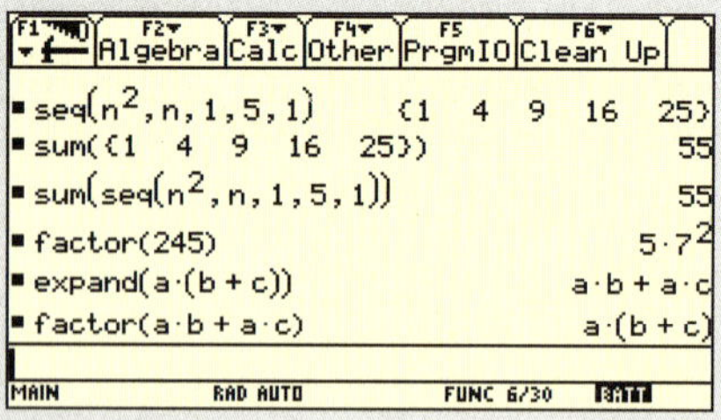


Versuche eine Deutung der Eingaben und Ausgaben. Kannst du die Eingaben mit deinem Rechner nachmachen?

Bausteine selbst definieren

Man kann aber auch selbst Bausteine definieren und damit den Befehlsvorrat des Programms beliebig erweitern! Diese besondere Möglichkeit soll nun für die oben hergeleitete Formel für den Abstand zweier Punkte angewendet werden.

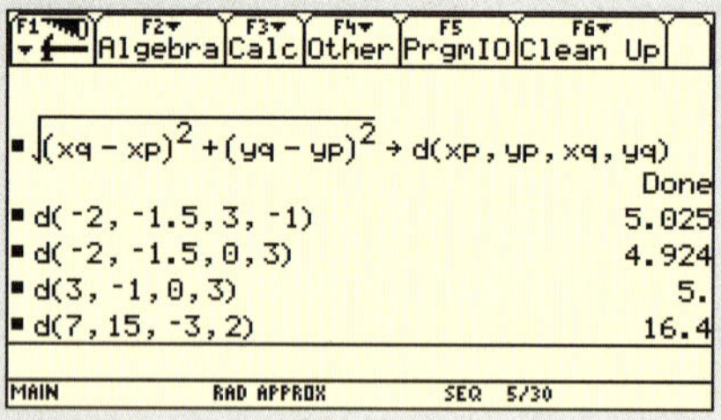


*Ist das Dreieck ABC mit A(−2|−1,5), B(3|−1), und C(0|3) gleichseitig oder gleichschenklig?* Diese Aufgabe wurde weiter oben auch schon in Beispiel B auf Seite 165 bearbeitet. Wir lösen sie nun noch einmal mit einem Taschencomputer. Mit diesem kann man einen Baustein zur Berechnung von Punktabständen definieren.

Das Taschencomputerbild zeigt eine solche Definition und die entsprechenden Rechnungen für die Beispiele A und B auf Seite 165.
In der ersten Zeile wird der Abstandsbaustein d(xP,yP,xQ,yQ) gemäß der Abstandsformel für zwei Punkte definiert. Danach wird der Baustein „aufgerufen", indem man die jeweiligen Punktkoordinaten einsetzt.

### *Aufgaben*

**23** Vergleiche mit den Handrechenergebnissen der Beispiele A und B auf Seite 165. Welche Vorteile bietet hier der Einsatz des Bausteins?

Die Verwendung von Bausteinen ist immer dann sinnvoll, wenn man mehrmals die gleiche Aufgabe zu bearbeiten hat, wenn Terme zu lang werden, wenn man eine Formel mehrfach anwenden oder entwickeln möchte. Auch experimentelles Arbeiten wird mit einem passenden Baustein oft einfacher.

## Aufgaben

**24** Löse noch einmal die Übungen 7, 8, 9 und 10, nun aber mit Hilfe des Abstandsbausteins. Vergleiche die Ergebnisse mit den Handrechnungen.

**25** Definiere auf dem Taschencomputer einen Baustein $\text{hkreis}(x,r) = \sqrt{r^2 - x^2}$.
Die Abbildung veranschaulicht u. a. den Bausteinaufruf *hkreis(x,4)*.

a) Erläutere das Bild.
b) Zeichne das Bild mit deinem Taschencomputer nach.
c) Ergänze dein Bild zu vollständigen Kreisen.

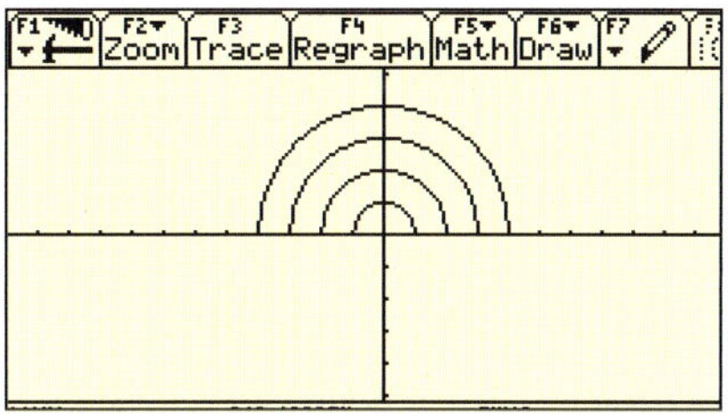


**26** In den vorhergehenden Buchkapiteln sind mehrfach Formeln benutzt worden. Diese können in der Regel auch als CAS-Bausteine definiert werden. Erläutere die einzelnen Zeilen der Tabelle.

| Bausteindefinitionen | Bausteinaufrufe | Ergebnisse |
|---|---|---|
| $\frac{a+b}{2} \rightarrow$ mitte(a,b) | mitte(3/4)<br>mitte(2.4/–6) | 3.5<br>–1.8 |
| $mx + b \rightarrow$ gerade(x,m,b) | gerade(x,3,5)<br>gerade(7,3,5) | $3x + 5$<br>26 |
| $ax^2 + bx + 6 \rightarrow$ parabel(x,a,b,c) | parabel(1,2,3,4)<br>parabel(x,0,5,–3)<br>parabel(x,1,2,3) | 9<br>$5x - 3$<br>$x^2 + 2x + 3$ |
| $a^2 + b^2 = c^2 \rightarrow$ pyth(a,b,c) | pyth(3,4,5)<br>pyth(2,3,4) | true<br>false |

Beachte bei den Einsetzungen die gewählte Reihenfolge der Parameter in den Bausteinen.

Alle hier neu definierten Bausteine enthalten in den Klammern Parameter. Beim Bausteinaufruf werden dann für diese Parameter passende Werte eingesetzt. So enthält z. B. der Baustein pyth(a,b,c) die Parameter a, b und c. Die Einsetzung pyth(1,2,3) liefert dann das Ergebnis false, weil die Aussage $1 + 4 = 9$ falsch ist.

**27** In der Tabelle sind einige Lücken. Diese Lücken sollen ausgefüllt werden.

| Bausteinaufrufe (durch Einsetzen von Werten für die Parameter) | Ergebnisse |
|---|---|
| sum({1,2,3,4,5,6}) | ■ |
| seq(a^3,a,2,5,1) | ■ |
| ■ | $x = 6$ oder $x = 7$ (Lösungen einer quadratischen Gleichung) |
| factor( ) | $2 \cdot 3 \cdot 5 \cdot 11$ |
| expand( (a + b + c)^2 ) | ■ |

CAS haben viele eigene Bausteine!

Es muss immer zwischen *Bausteindefinition* und *Bausteinaufruf* unterschieden werden!

Die Baustein-Strategie kann bei Computerbenutzung häufig mit Vorteil verwendet werden und kann auch bei vielen anderen Themen in diesem Buch sinnvoll angewendet werden.

## 5.3 Verwandte Sätze

**Was dich erwartet**

*Der Satz des Pythagoras steht nicht alleine. Er gehört zusammen mit dem Höhensatz und den beiden Kathetensätzen zur Familie der „Flächensätze am rechtwinkligen Dreieck". Mit ihnen hat sich bereits vor mehr als 2000 Jahren der bedeutende griechische Mathematiker Euklid befasst.*

**Aufgaben**

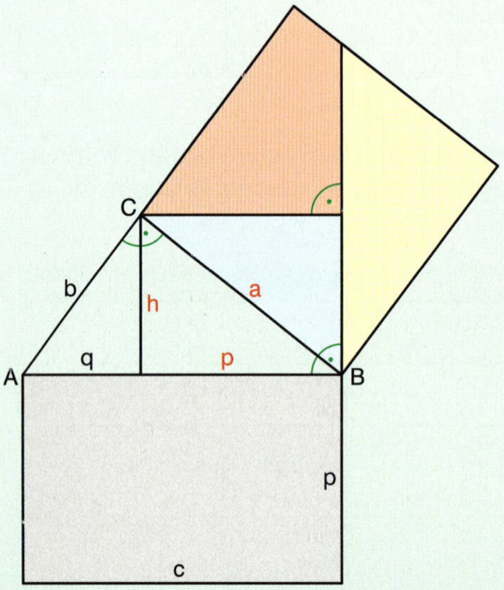


**1** *Ein Puzzle zum Kathetensatz*
Beim Kathetensatz wird die Fläche eines Quadrates über einer Kathete mit der Fläche eines Rechtecks über der Hypotenuse verglichen.
a) Wie könnte der Kathetensatz lauten? Formuliere mithilfe der Bezeichnungen am rechtwinkligen Dreieck links.
b) Zeichne die nebenstehende Figur mit $a = 10$ cm, $h = 6$ cm und $p = 8$ cm. Zerschneide das Quadrat über der Kathete a in der angegebenen Weise. Kannst du es zu dem Rechteck mit den Seiten p und c zusammenlegen?
c) Experimentiere mit anderen Dreiecken (rechtwinklig und nicht rechtwinklig). Wann gilt die Behauptung?

Der Thaleskreis hilft hier

**2** Im rechtwinkligen Dreieck teilt die Höhe auf der Hypotenuse diese in zwei Hypotenusenabschnitte.
a) Zeichne die Strecke $\overline{AB} = 13$ cm und errichte über ihr ein rechtwinkliges Dreieck mit $q = 2$ cm (4 cm; 6 cm; 8 cm; 10 cm; 12 cm). Miss jeweils p und h und stelle die Werte in einer Tabelle zusammen. Findest du einen Zusammenhang zwischen p, q und h?
b) Findest du eine Formel, mit der man h direkt aus p und q berechnen kann?

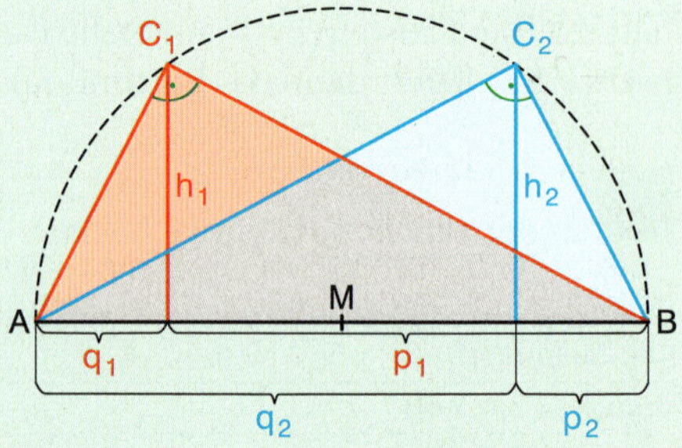


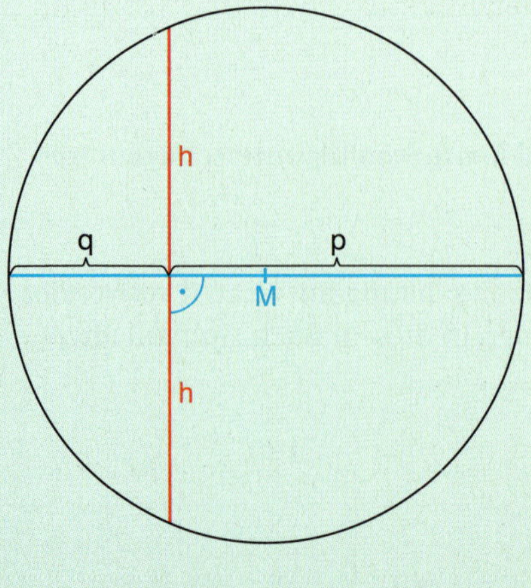


**Sehnensatz**
Schneiden sich zwei Sehnen in einem Punkt im Kreisinnern, so ist das Produkt der Längen der Sehnenabschnitte auf der einen Sehne gleich dem Produkt der Längenabschnitte auf der anderen Sehne.

**3** Der Höhensatz ist in Kapitel 2 schon erwähnt (vgl. S. 70).

Im rechtwinkligen Dreieck ist das Quadrat über der Höhe flächeninhaltsgleich mit dem Rechteck, dessen Seiten so lang sind, wie die beiden Hypotenusenabschnitte.

Als Spezialfall des Sehnensatzes lässt sich der Höhensatz ganz leicht beweisen. Erkläre an dem Bild. Welche speziellen Eigenschaften weisen hier die beiden Sehnen auf?

## Basiswissen

Wie der griechische Mathematiker EUKLID schon im 4. Jh. v. Chr. gezeigt hat, besitzen rechtwinklige Dreiecke noch weitere Flächenbeziehungen.

Sätze des Euklid

**Höhensatz:**
$h^2 = p \cdot q$

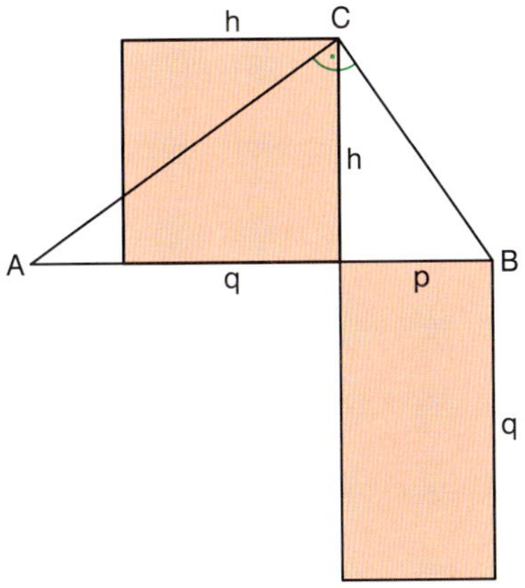


Im rechtwinkligen Dreieck ist das Quadrat über der Höhe flächeninhaltsgleich mit dem Rechteck, dessen Seiten so lang sind wie die beiden Hypotenusenabschnitte.

**Kathetensatz:**
$a^2 = p \cdot c$ und $b^2 = q \cdot c$

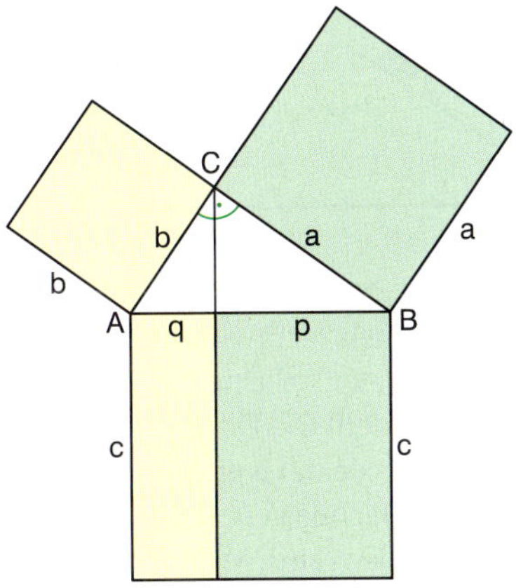


Im rechtwinkligen Dreieck ist das Quadrat über einer Kathete flächeninhaltsgleich mit dem Rechteck, dessen Seiten so lang sind wie die Hypotenuse und der anliegende Hypotenusenabschnitt.

## Beispiele

**A** Bestimme die fehlenden Stücke a, b und h des Dreiecks ABC.

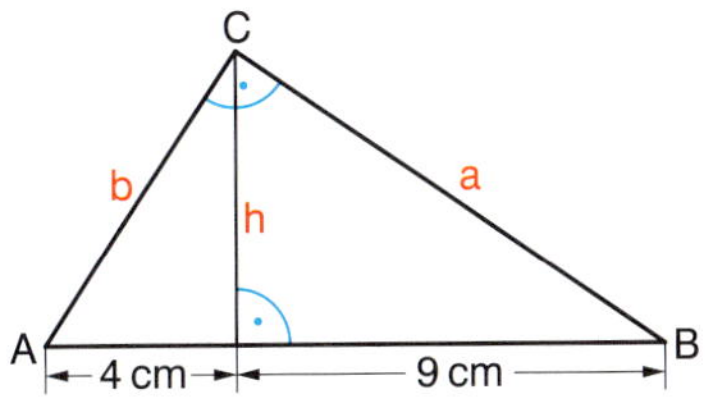


Nach dem Höhensatz gilt: $h^2 = p \cdot q$

$p = 9\text{ cm},\ q = 4\text{ cm}$

$h^2 = 4 \cdot 9 = 36 \Rightarrow h = 6\text{ cm}$

Nach dem Kathetensatz gilt: $a^2 = p \cdot c$ und $b^2 = q \cdot c$

$c = p + q = 4 + 9 = 13$

$a^2 = 9 \cdot 13 = 117 \Rightarrow a = \sqrt{117}\text{ cm} \approx 10{,}8\text{ cm}$

$b^2 = 4 \cdot 13 = 52 \Rightarrow b = \sqrt{52}\text{ cm} \approx 7{,}2\text{ cm}$

## Übungen

**4** Nicht immer sind die Seiten und Abschnitte im rechtwinkligen Dreieck mit den gleichen Buchstaben benannt. Vor allem in Anwendungen benutzt man oft andere Bezeichnungen.

a) Schreibe jeweils unter Verwendung der angegebenen Benennungen den Höhensatz, die Kathetensätze und den Satz des Pythagoras auf.

(1)

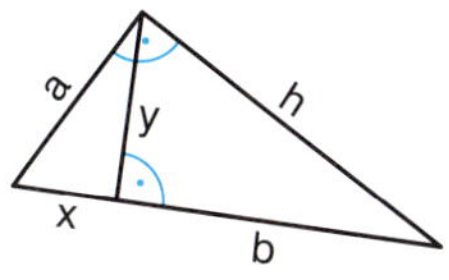


(2)

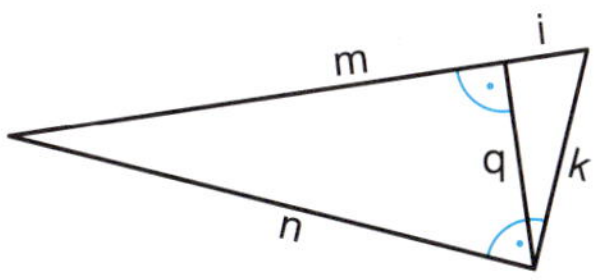


(3)

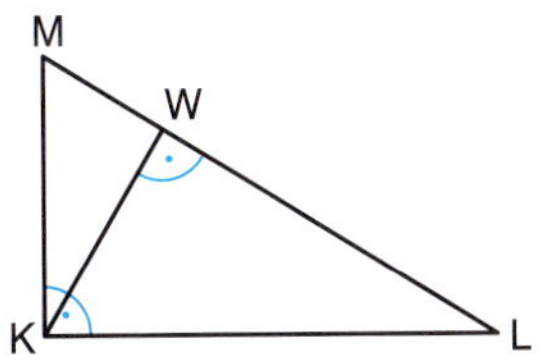


b) Berechne für die Dreiecke die fehlenden Stücke.

(1) $x = 3\text{ cm};\ b = 6\text{ cm}$ (2) $q = 7\text{ cm};\ n = 2{,}5\text{ cm}$ (3) $\overline{ML} = 13\text{ cm};\ \overline{KL} = 12\text{ cm}$

## Übungen

**5** Wie lang sind die Seiten des Rechtecks? (Tipp: Bestimme zuerst x)

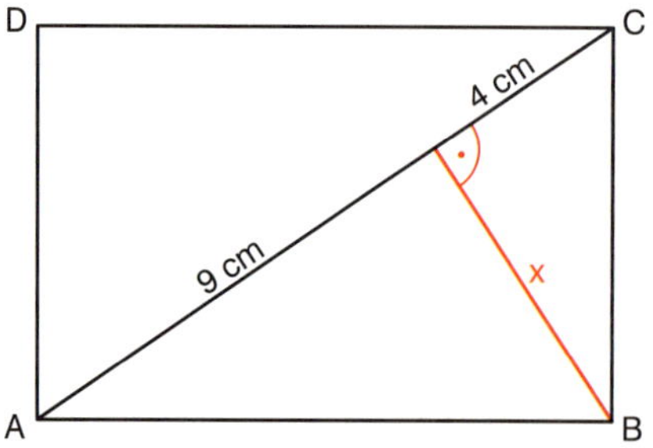


**6** Wie groß ist der Abstand der Kreispunkte A bis D vom Durchmesser?

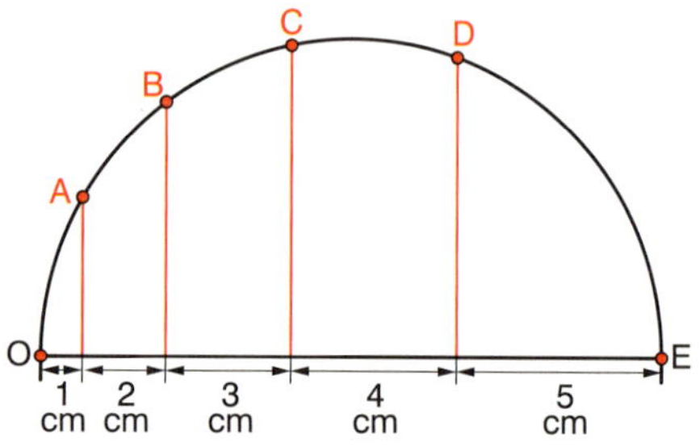

**7** Unterhalb des rechtwinkligen Dachgiebels eines Hauses soll eine Trennwand eingezogen werden. Die Decke soll mit Holzpaneelen verkleidet werden, die parallel zu den Dachbalken verlaufen. Wie hoch wird die Wand? Wie lang müssen die Paneelen in den beiden Räumen sein?

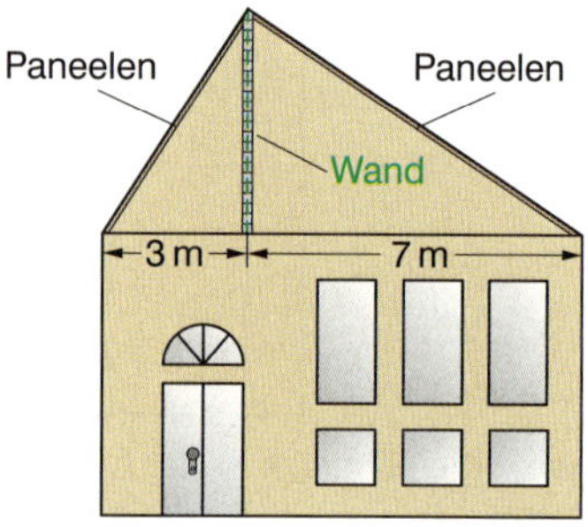


**7 - 9**
Die Lösungen sind dabei:
≈ 8,4 m ≈ 83 cm
≈ 69,8 cm
≈ 4,6 m ≈ 3,5 m
≈ 5,5 m

**8** Ein halbkreisförmiger Tunnel besitzt auf beiden Seiten einen 1 m breiten, nicht befahrbaren Seitenstreifen und drei 3 m breite Fahrbahnen, von denen die mittlere je nach Bedarf für beide Fahrtrichtungen freigegeben werden kann.

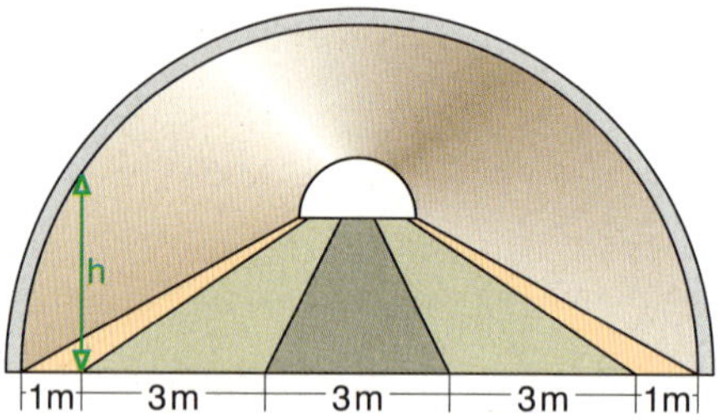


a) Welche maximale Höhe darf ein Lastwagen haben, der auf der rechten Fahrbahn den Tunnel passieren will? (Beachte auch einen notwendigen Sicherheitsabstand zur Tunneldecke).

b) Für einen Sondertransporter wird der mittlere Fahrstreifen freigehalten. Welche Höhe darf er haben?

**9** Welche Höhe haben die beiden Zwischenstreben eines halbkreisförmigen Fensters?
Der Durchmesser beträgt innen 1,50 m, die drei Fenster haben jeweils die gleiche untere Breite von 40 cm.

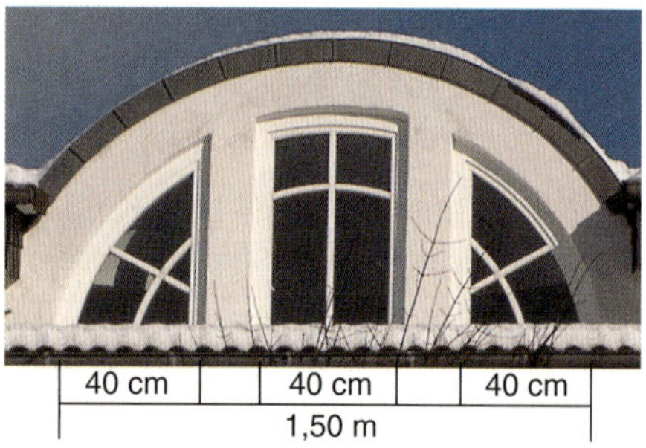


**10** Hier wird der Höhensatz mithilfe des Satzes von Thales bewiesen. Kannst du die einzelnen Beweisschritte begründen? Welche Vorkenntnisse werden dabei verwendet?

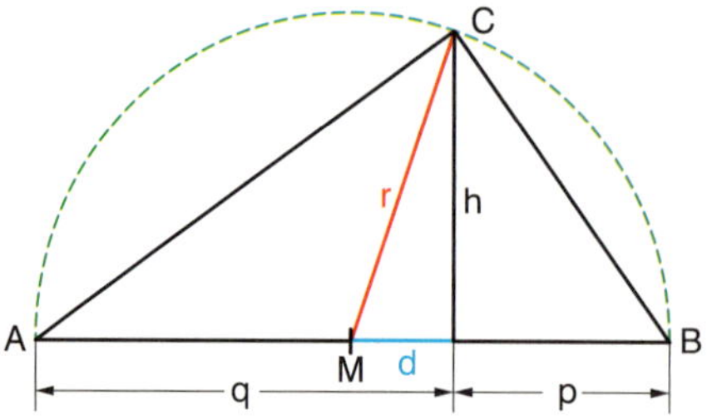


(1) $h^2 = r^2 - d^2$

(2) $r^2 - d^2 = (r + d) \cdot (r - d)$

(3) $(r + d) \cdot (r - d) = p \cdot q$

Also: $h^2 = p \cdot q$

## Übungen

**11** Die Aufteilung des Hypotenusenquadrates in die dargestellten Flächen ermöglicht einen Beweis des Kathetensatzes.

a) Der Beweis des Kathetensatzes $b^2 = q \cdot c$ ist durcheinander geraten. Bringe die einzelnen Beweisschritte in deinem Heft in die richtige Reihenfolge.

b) Beweise analog den Kathetensatz für die Kathete a.

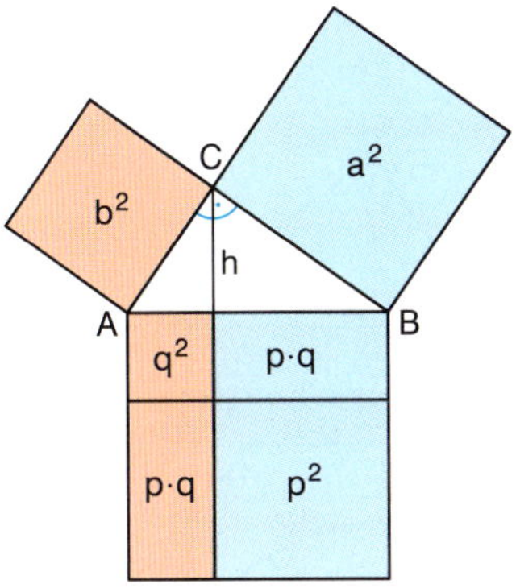


Ersetze $(p+q)$ durch c

$b^2 = q \cdot (q+p)$

Nach Pythagoras gilt: $b^2 = h^2 + q^2$

$b^2 = (p \cdot q) + q^2$

$b^2 = q \cdot c$

Ersetze $h^2$ durch $p \cdot q$ (Höhensatz)

Flächenverwandlung und Wurzelbestimmung

### Der Nil – Lebensnerv Ägyptens

„Entweder der Nil oder das Nichts", so sagt ein altes ägyptisches Sprichwort. Es charakterisiert die Bedeutung des Nils für eine der ältesten Zivilisationen der Welt. Durch regelmäßig wiederkehrende Hochwasser war die 5–20 km breite Ebene um den Nil herum (man nennt sie auch Schwemmlandebene) äußerst fruchtbar. Je höher das Hochwasser, umso besser war die anschließend zu erwartende Ernte. 16 Ellen über Niedrigwasser bedeuteten Rekordernten, bei nur 12 Ellen drohten Hunger und Not. Aus diesem Grund richtete sich die Steuer, die die Bauern zu bezahlen hatten, nach der Höhe des vorangegangenen Hochwassers. Sie wurde mit sogenannten Nilometern (siehe Abbildung) gemessen.

Ein Problem nach den alljährlichen Hochwassern war die im Anschluss notwendige Neuvermessung des Landes, um jedem Bauer das ihm zustehende Land zu sichern. Aus diesem Grund beschäftigten sich die Ägypter schon früh mit Problemen der Flächenumwandlung, z. B. mit der Verwandlung eines Quadrats in ein flächeninhaltsgleiches Rechteck. Die Kenntnis von Höhen- und Kathetensatz war hierbei von großem Nutzen.

1 Elle ≈ 52,5 cm

**12** Die Ägypter waren in der Lage, mithilfe von Zirkel und Lineal zu einem gegebenen Quadrat ein flächengleiches Rechteck zu konstruieren und umgekehrt. Die Abbildungen zeigen dir ein Beispiel für ihre Vorgehensweise.

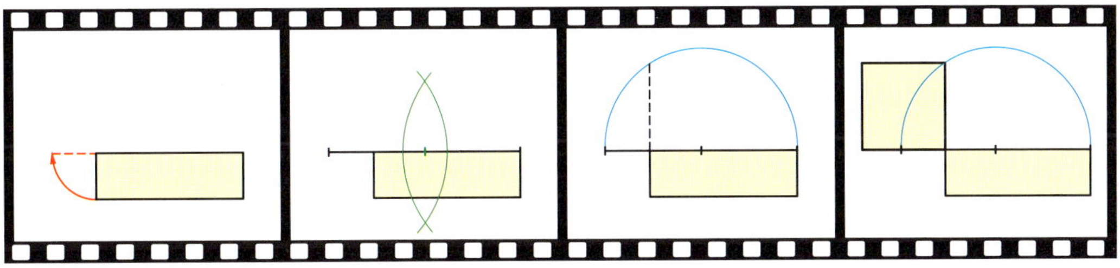

a) Zeichne ein Rechteck und konstruiere wie in der Bildfolge ein flächeninhaltsgleiches Quadrat.

b) Die Flächeninhaltsgleichheit von Quadrat und Rechteck ergibt sich hier durch den Höhensatz. Finde die Höhensatzfigur und zeichne sie in deine Konstruktion ein.

c) Konstruiere auf die gleiche Weise ein 18 $cm^2$ großes Quadrat.

## *Übungen*

**13** Ein Bauer besaß vor der Nilüberschwemmung einen quadratischen Acker von 1600 Quadratellen. Bei der Neuvermessung steht nur noch ein Grundstück von 23 Ellen Breite zur Verfügung. Konstruiere die Verwandlung des quadratischen Ackers in einen flächeninhaltsgleichen rechteckigen Acker in deinem Heft. Wähle einen sinnvollen Maßstab.

Die alten Griechen haben sich ausführlich mit solchen Problemen der Flächenumwandlung beschäftigt. Im Vordergrund stand dabei das theoretische Interesse an solchen Fragestellungen.

**14** Auch mithilfe der Kathetensatzfigur lässt sich jedes Quadrat in ein flächeninhaltsgleiches Rechteck umwandeln. Man kann sogar eine Seitenlänge des Rechtecks vorgeben. Findest du ein Verfahren? Beschreibe die einzelnen Schritte.
Tipp: Beginne mit der Konstruktion des Dreiecks AHB.

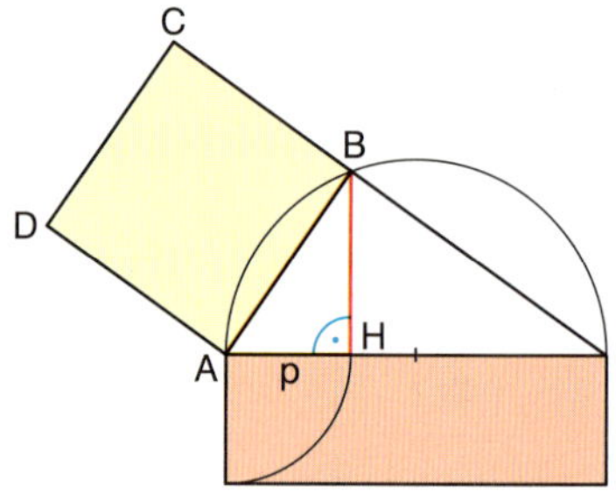


Wurzeln konstruieren

**15** a) In der Abbildung ist die Konstruktion von $h_c = \sqrt{6}$ dargestellt.
Beschreibe die Konstruktion. Was hat sie mit dem Höhensatz zu tun? Warum hat man einen Halbkreis mit dem Durchmesser 5 gezeichnet?
b) Konstruiere auf die gleiche Weise mit geeigneten Halbkreisen $\sqrt{12}$ und $\sqrt{11}$. Findest du verschiedene Möglichkeiten?
c) In der Abbildung sind auch Strecken der Länge $\sqrt{10}$ und $\sqrt{15}$ versteckt. Du findest sie mithilfe der Kathetensätze. Eine Übertragung der Figur in dein Heft kann hilfreich sein.

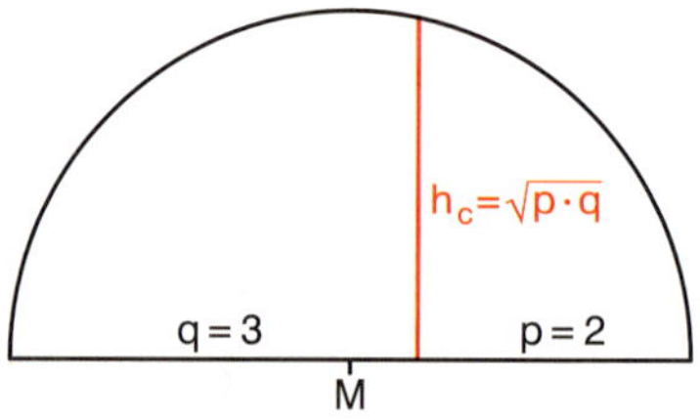


**16** Schreibe eine Anleitung, wie man eine Strecke der Länge $\sqrt{n}$ konstruieren kann. Zeichne dazu eine Bildfolge und begründe das Verfahren.

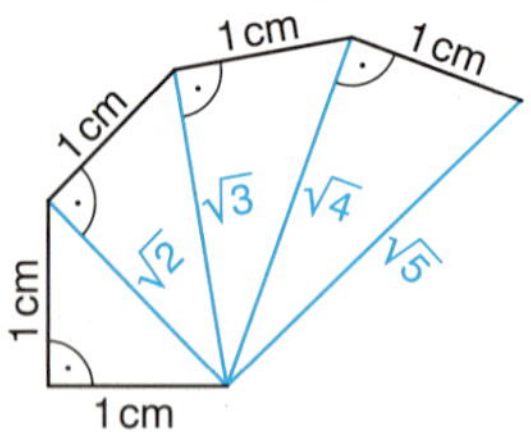


**17** *Wurzelspirale*
a) Die Wurzelspirale kannst du ganz leicht selbst zeichnen. Den Anfang siehst du links. Übertrage in dein Heft und setze die Spirale fort.
b) Mit der Wurzelspirale lassen sich (theoretisch) die Quadratwurzeln aller natürlichen Zahlen zeichnerisch darstellen. Begründe mit dem Satz des Pythagoras.
c) Bestimme durch Messen in der Wurzelspirale einen Wert für $\sqrt{14}$. Vergleiche mit dem Wert des Taschenrechners. Wie genau hast du gezeichnet?

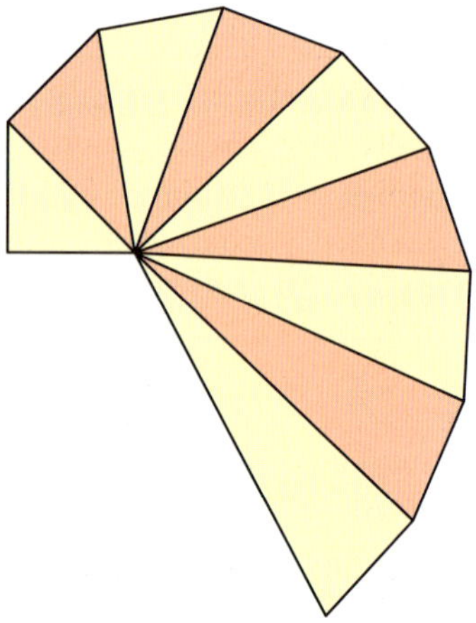

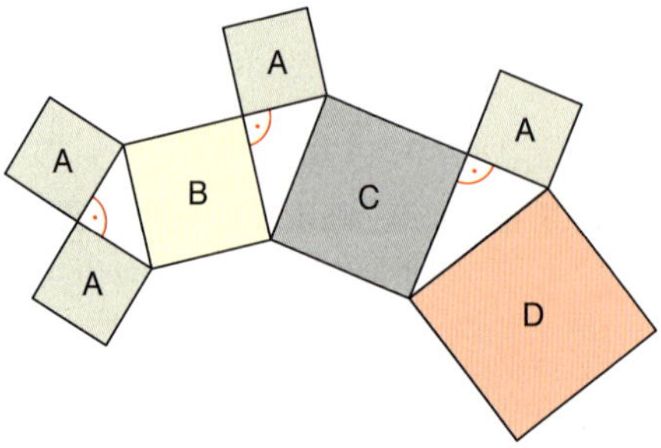


**18** *Noch eine Spirale*
a) Vergleiche die Flächeninhalte der Quadrate miteinander. Wie groß ist D im Vergleich zu A? Begründe.
b) Konstruiere auf die gleiche Weise zu einem Quadrat ein zweites Quadrat, das den fünffachen Flächeninhalt hat.

## Aufgaben

**19** *Der Beweis des Euklid zum Nachmachen*

Die Abbildungen zeigen die Beweisfigur, mit der Euklid den Kathetensatz beweist. Mit ihr hat er gezeigt, dass die halbe Fläche des Kathetenquadrats (hier ACE) den gleichen Flächeninhalt hat, wie das halbe Hypotenusenrechteck (hier AFH).

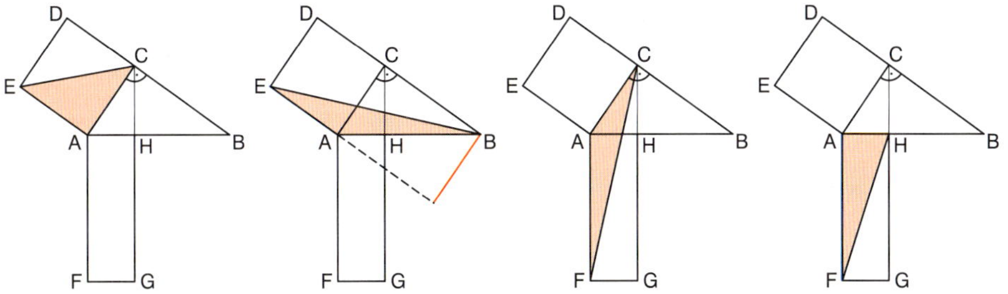


(1) Ausgangsfigur

(2) ABE hat mit ACE die Grundseite $\overline{AE}$ und die Höhe $\overline{AC}$ gemeinsam.

(3) ABE und AFC sind kongruent.

(4) AFH hat mit AFC die Grundseite $\overline{AF}$ und die Höhe $\overline{AH}$ gemeinsam.

Begründe die Beweisschritte (2)–(4). Übertrage dazu die Beweisfigur in dein Heft und zeichne die Höhen der Dreiecke ABE und ACF ein.

### Euklid von Alexandria

EUKLID VON ALEXANDRIA (365–300 v. Chr.) war bis ins 19. Jahrhundert die maßgebliche Autorität der Mathematik. Das bekannteste seiner mathematischen Werke ist das dreizehnbändige Werk „Elemente“. 18 Jahrhunderte lang lernte fast die ganze Welt Mathematik aus diesem Werk. Es entstand eine regelrechte Euklid-Tradition, die sich bis in die heutige Schulmathematik hineinzieht. Dieser Tatsache verdankt es das Werk, dass es bis heute vollständig erhalten geblieben ist. EUKLID beschäftigte sich viel mit Geometrie. Unter anderem stammen von ihm je ein Beweis des Höhen- und des Kathetensatzes. Vom Leben EUKLIDS ist nur wenig bekannt. Er studierte in Athen und wurde später Leiter der Bibliothek von Alexandria. Auf König PTOLEMÄUS’ Frage, wie man ohne große Anstrengung Geometrie erlernen könne, soll er geantwortet haben: „Es führt kein Königsweg zur Mathematik“.

EUKLID und PYTHAGORAS

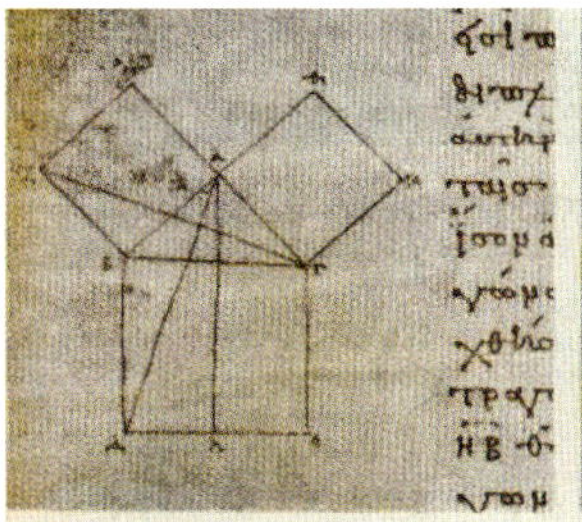

Griechisch, ca. 800

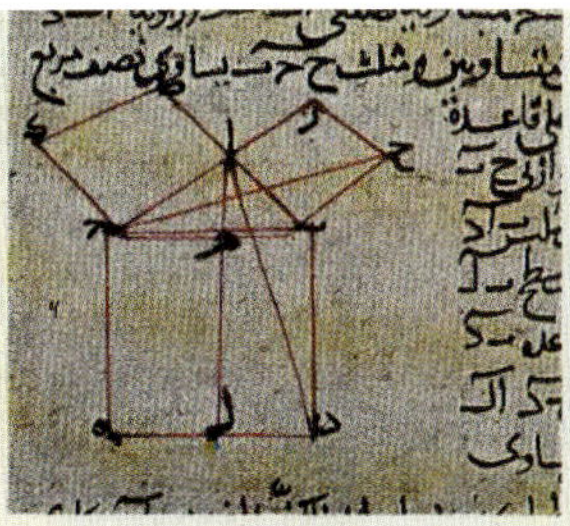

Arabisch, ca. 1250

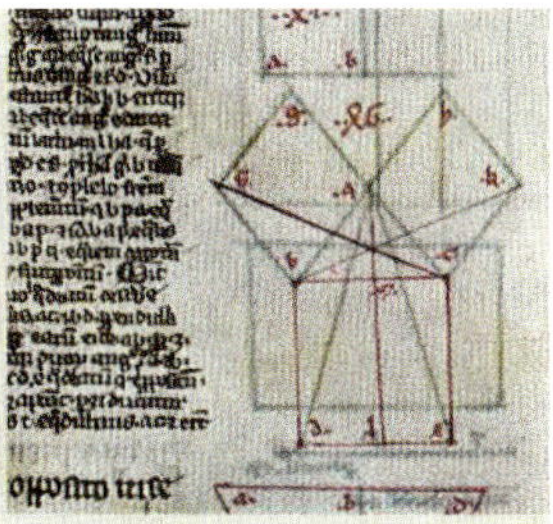

Lateinisch, 1120

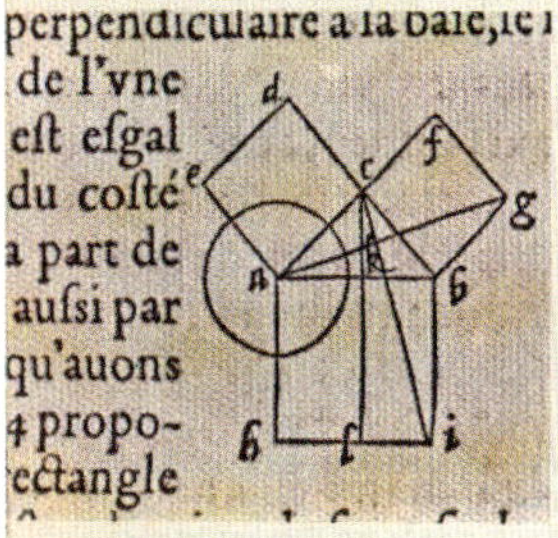

Französisch, 1564

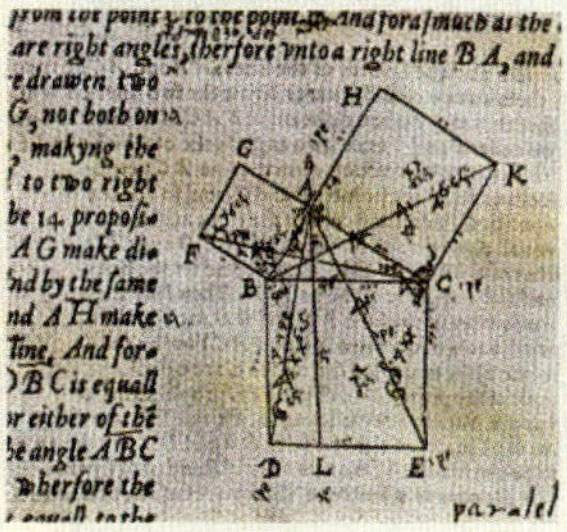

Englisch, 1570

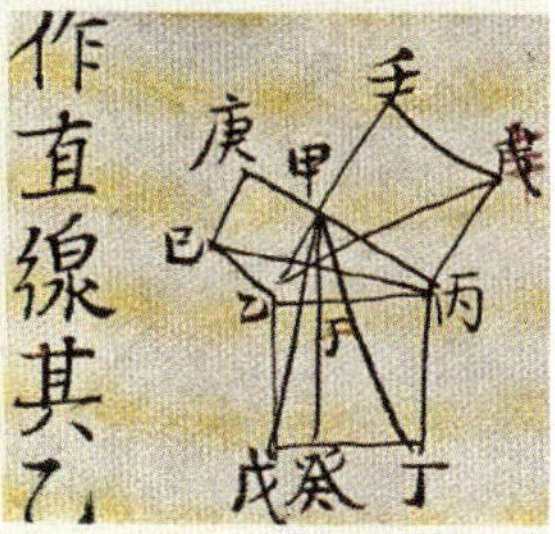

Chinesisch, 1607

Der Beweis nach Euklid in verschiedenen Übersetzungen über die Jahrhunderte.

## 5.4 Probleme lösen mit dem Satz des Pythagoras

**Was dich erwartet**

*„Die Lösung eines großen Problems stellt eine große Entdeckung dar, doch in der Lösung jeden Problems steckt etwas von einer Entdeckung. Deine Aufgabe mag noch so bescheiden sein; wenn sie jedoch dein Interesse weckt, wenn deine Erfindungsgabe angeregt wird und du die Aufgabe aus dir selbst heraus löst, so wirst du die Spannung und den Triumph des Entdeckers erfahren.“*
*Das Zitat stammt von Georg Polyá (1887–1985), der lange an der Universität Zürich als Professor für Mathematik tätig war. Bei dieser Arbeit beschäftigte er sich vor allem mit Problemlösestrategien, das heißt wie man möglichst geschickt an mathematische Probleme herangehen kann. Oft spielt dabei der Satz des Pythagoras eine Rolle. Aber auch die anderen Flächensätze können manchmal helfen.*

**Aufgaben**

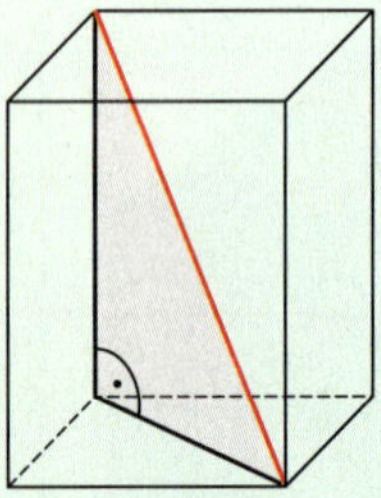

**1** *Die Sache mit dem Strohhalm*

a) Ist es dir auch schon einmal passiert, dass der Strohhalm in die Getränkepackung gerutscht ist? Woran liegt das?

b) Wenn man den Strohhalm länger macht, kann er nicht mehr hineinrutschen. Mithilfe des Satzes von Pythagoras kannst du berechnen, wie lang er mindestens sein muss. Welche Probleme bekommt man bei der Befestigung eines längeren Strohhalms an der Packung?

**2** *Bei manchen Problemen gelangt man nur über Umwege zur Lösung*

$h^2 + 4^2 = 6^2 \quad \Rightarrow h = \sqrt{20}$
$20 = p \cdot 4 \quad \Rightarrow p = 5$
$5^2 + (\sqrt{20})^2 = x^2 \quad \Rightarrow x = \sqrt{45}$
$x \approx 6{,}7$

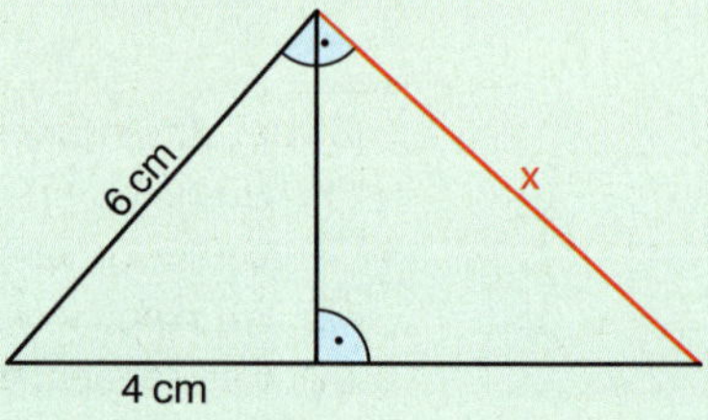


a) Marion hat die Länge von x berechnet. Wie ist sie vorgegangen? Welche Hilfsgrößen hat sie verwendet? Welche Sätze haben ihr geholfen?

(1)

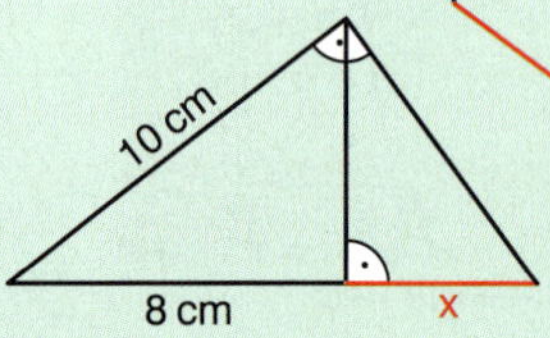


(2)

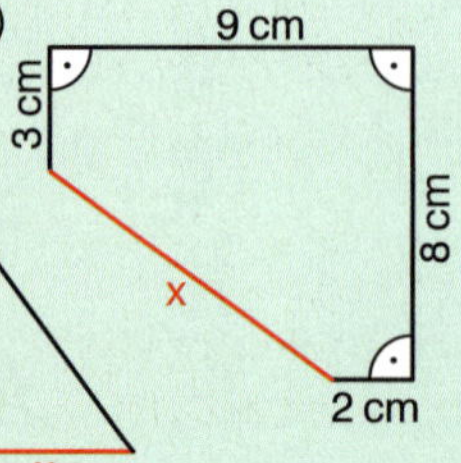


b) Nun kannst du deine Fähigkeiten überprüfen:
Findest du die Längen der roten Strecken heraus?
Dokumentiere deine Lösungswege.
Vergleiche mit denen deiner Nachbarn.

*Basiswissen*

Viele Probleme lassen sich mithilfe der Sätze am rechtwinkligen Dreieck lösen. Häufig muss man aber erst einmal rechtwinklige Dreiecke finden, die helfen können. Außerdem muss man oft Zwischenstücke berechnen, die dann auf die gesuchte Größe führen.

**Problem**
Karla steht in Paris auf dem Platz vor dem Louvre und hört ein Referat über die dort aufgestellten Glaspyramiden. Der Referent gibt eine Höhe von 8,4 m für die kleine Glaspyramide an. Karla erscheint das zu viel. Sie misst. Der quadratische Boden hat eine Seitenlänge von 7,6 m. Die Glasrauten haben 1,8 m lange Seiten.

**Planskizze**
Welche Größen sind gegeben, welche Größen sind gesucht? Zeichne rechtwinklige Dreiecke ein, in denen diese Größen vorkommen.

Gegebene Größen:
$a = 7{,}6\,m$;
$s = 4 \cdot 1{,}8\,m = 7{,}2\,m$

gesuchte Größe: h

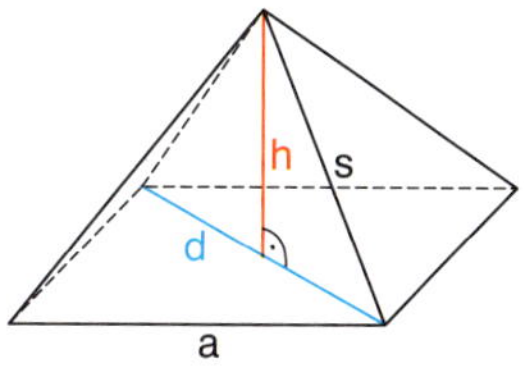


## STRATEGIE

**Beziehungen zwischen den Größen**
(1) Finde ich ein rechtwinkliges Dreieck in dem die gesuchte Größe vorkommt?
(2) Sind die beiden anderen Seiten dieses Dreiecks bekannt?
(3) Gegebenenfalls muss ich andere rechtwinklige Dreiecke suchen, mit denen ich die fehlende Größe berechnen kann. (In der Planskizze ergänzen)
(4) Die Diagonale d der Bodenfläche ist hilfreich; d bildet mit zwei Seiten des Pyramidenbodens ein rechtwinkliges Dreieck; h bildet mit s und der Hälfte von d ein rechtwinkliges Dreieck.

**Lösung**
Pythagoras: $d^2 = a^2 + a^2$
$\Rightarrow d = \sqrt{115{,}52}$
Pythagoras: $\left(\frac{d}{2}\right)^2 + h^2 = s^2$
$\Rightarrow h^2 = 7{,}2^2 - 28{,}88$
$\Rightarrow h \approx \sqrt{22{,}96}$
Ergebnis sinnvoll runden:
$h \approx 4{,}8\,m$

**Problemprobe**
Passt die Lösung zum Problem? Nach dem Bild kann es stimmen. Die Höhe h muss deutlich kleiner sein als die Kante s. Das Ergebnis passt also besser als 8,4 m.

Je nach Aufgabenstellung müssen nicht alle Schritte gemacht werden. Oft liegt zum Beispiel die Planskizze schon vor. Und nicht immer braucht man Hilfsgrößen. Mit etwas Übung wirst du schnell merken, wie du vorgehen musst.

## *Beispiele*

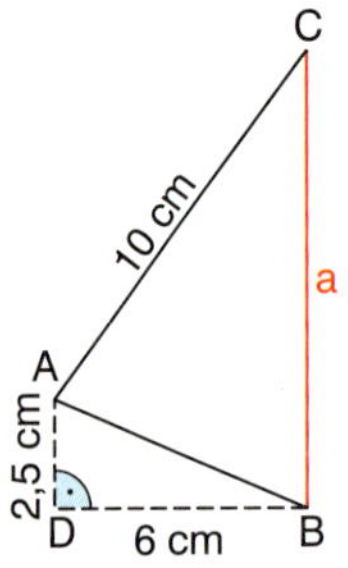


**A** Bestimme die Länge der Seite a.

**1. Versuch:** Dreieck ADB ist rechtwinklig; Berechnung von Zwischengröße $\overline{AB}$ mit Satz von Pythagoras; $\overline{AB} = \sqrt{42{,}25}$; Weg führt nicht weiter, denn Dreieck ABC ist nicht rechtwinklig; Strecke $\overline{AB}$ ist als Zwischengröße nutzlos.

**2. Versuch:**
Beziehungen: Höhe h könnte hilfreich sein; Dreiecke AHC und ABH rechtwinklig; Teilstrecken l und k könnten hilfreich sein.

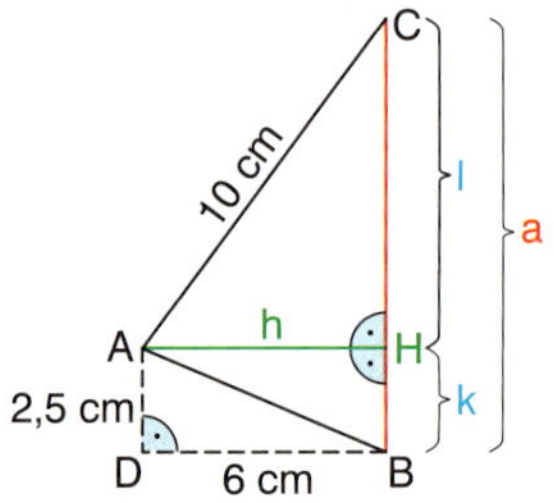


Nach Planskizze gilt: $k = 2{,}5\,\text{cm}$; $h = 6\,\text{cm}$
Nach Satz des Pythagoras gilt: $l^2 + h^2 = \overline{AC}^2$
h und $\overline{AC}$ einsetzen: $l^2 = 10^2 - 6^2 = 64$
also $l = 8$; $a = k + l = 10{,}5$; a ist 10,5 cm lang
Problemprobe: Das Dreieck ABC sieht ungefähr gleichschenklig aus. Das Ergebnis kann also stimmen.

**B** Wie lang ist die Raumdiagonale d im Quader mit den Seitenlängen a, b und c?
d ist die Hypotenuse des rechtwinkligen Dreiecks BHD.
Die Kathete $\overline{DH}$ ist bekannt (Kante c), die andere Kathete ist die Flächendiagonale f.
f kann mit dem rechtwinkligen Dreieck ABD berechnet werden, in dem die beiden Katheten bekannt sind (Seitenkanten a und b).

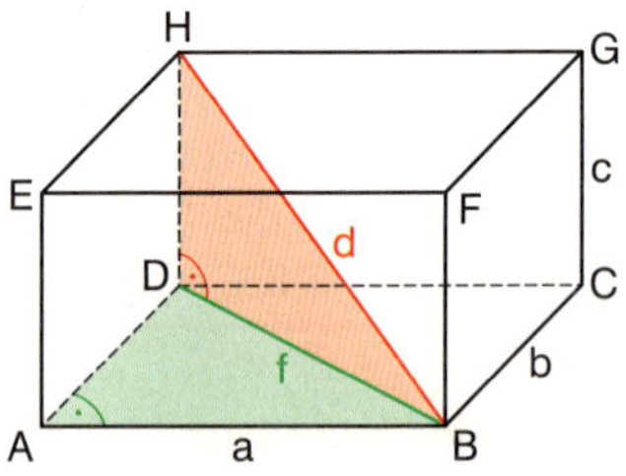


$d^2 = f^2 + c^2 \qquad f^2 = a^2 + b^2 \qquad d^2 = a^2 + b^2 + c^2 \qquad d = \sqrt{a^2 + b^2 + c^2}$

## *Übungen*

**3** Bei den abgebildeten Gebäuden sollen die Dachbalken jeweils 50 cm überstehen. Berechne für jedes Haus die Länge der Dachsparren.

a)

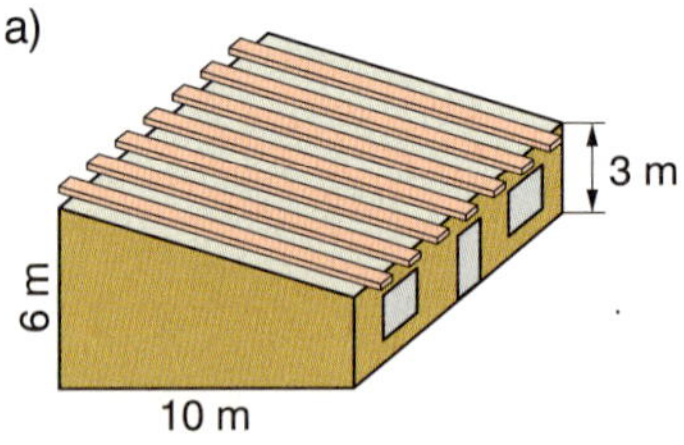


b)

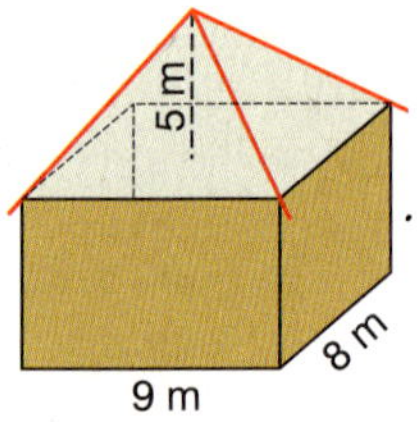


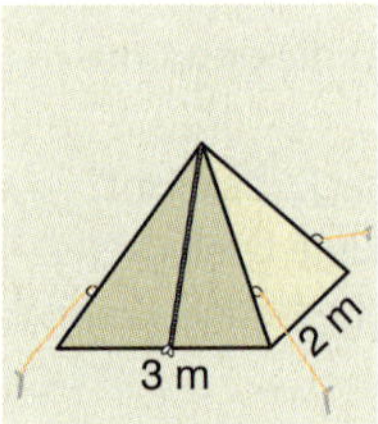


**4** Das 2 m hohe Zelt soll einen neuen Reißverschluss bekommen und imprägniert werden.
a) Es gibt Reißverschlüsse folgender Länge zu kaufen: 2,00 m; 2,10 m; 2,20 m; 2,30 m; Welcher eignet sich für das Zelt?
b) Eine Dose Imprägnierspray reicht für 4 m² Zeltstoff. Wie viele Dosen werden benötigt?

**5** Bei dieser Aufgabe musst du etwas über gleichschenklige Trapeze wissen. Kannst du x berechnen?

a)

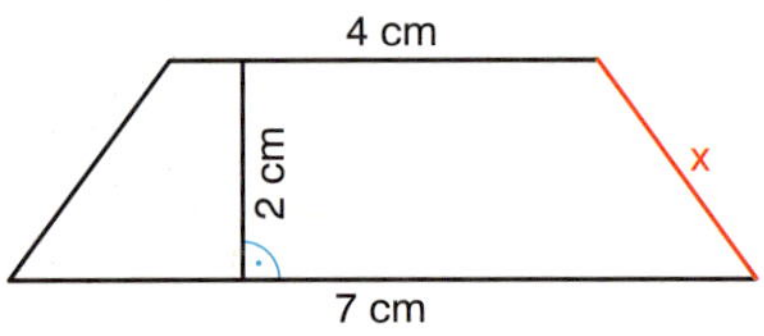


b)

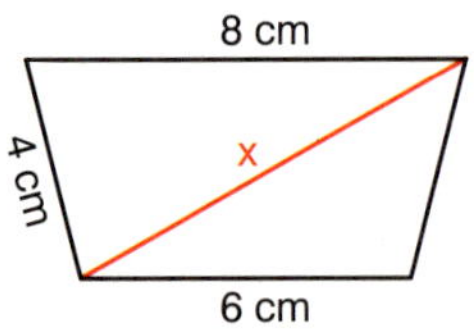

## Übungen

> Tangenten stehen senkrecht auf dem Kreisradius

**6** Von Q aus werden Tangenten an den Kreis gelegt. Wie groß ist die Entfernung von Q zu den Berührpunkten $B_1$ und $B_2$ der Tangenten mit dem Kreis?

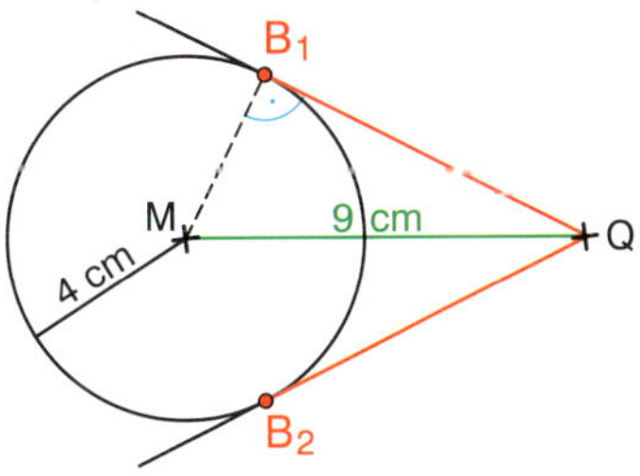


**7** Einem Kreis mit dem Radius 6 cm ist ein Quadrat einbeschrieben, dessen Eckpunkte auf dem Kreisrand liegen. Findest du die Seitenlänge des Quadrates heraus?

**8** *Zum Üben*
Bestimme Seitenlängen und Flächeninhalte aller Tangramteile eines Spiels, bei dem das kleine Quadrat den Flächeninhalt 4 $cm^2$ hat.

**9** Desert prospector Sagebrush Sally hops onto her dirt bike and, with a full tank of gas leaves camp travelling at 60 km/hr east. After 2 hr she stops and does a little prospecting – with no luck. So she hops back onto her bike and heads north for 2 hr at 45 km/hr. She stops again, does a little more prospecting, and this time hits pay dirt. Because the greatest distance Sagebrush Sally has ever travelled on one tank of gas is 350 km, she assumes, that that is the maximum distance she will be able to travel on this trip. Does she have enough fuel to get back to camp? If not, what is the closest she can come to camp? What should she do?

Aus einem amerikanischen Schulbuch

**10** The blades of a helicopter meet at right angles and are all the same length. The distance between the tips of two consecutive blades is 36 ft. How long is each blade? Round your answer to the nearest tenth.

1 ft ≈ 30,48 cm

**11** *Ferndiagnose*
Phillippa möchte ihrer Freundin ihre alten Reitsachen schicken, ein paar Reitstiefel, eine Hose, eine Kappe und die 65 cm lange Gerte. Im Keller findet sie drei Kartons:
(1) 47 cm × 47 cm × 8 cm
(2) 39 cm × 28 cm × 29 cm
(3) 48 cm × 38 cm × 28 cm
In welchen Karton soll sie die Sachen packen? Begründe deine Auswahl.

## Übungen

Fledermäuse wenden übrigens ein ähnliches Verfahren an um ihre Beute zu orten.

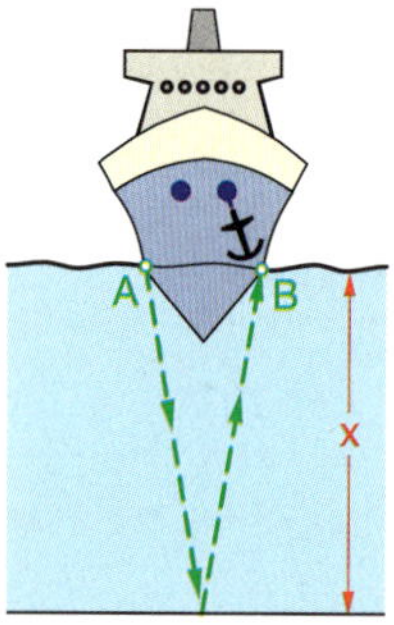


**12** *Wie funktioniert das Echolot?*
Bei der Schifffahrt benutzt man das Echolot um die Meerestiefe zu bestimmen. Dazu sendet man vom Punkt A des Schiffes ein Schallsignal aus. Der Schall wird am Meeresboden reflektiert und auf den Punkt B des Schiffes zurückgeworfen. Aus der Zeit, die der Schall von A nach B benötigt (Schalldifferenz) und der Breite des Schiffes kann man die Meerestiefe berechnen. Der Schall legt im Wasser in einer Sekunde 1510 m zurück.
Ein 18 m breites Schiff misst an einem Punkt eine Schalldifferenz von 0,5 Sekunden. Wie tief ist das Meer an dieser Stelle?

4 % Steigung bedeutet 4 m Höhenunterschied auf 100 m horizontalen Abstand

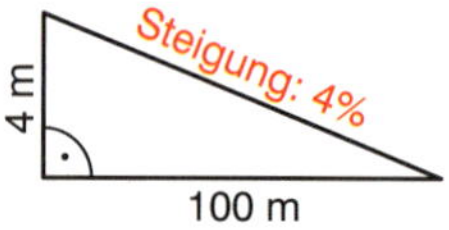


**13** Behindertenrampen dürfen höchstens eine Steigung von 8 % aufweisen, da sie sonst von einem Rollstuhlfahrer nur schwer bewältigt werden können.
a) Entspricht die abgebildete Rampe dieser Vorschrift?

b) Wie lang muss eine Rampe mindestens sein, um einen Höhenunterschied von 1,20 m zu überwinden?
c) Findest du einen Term, mit dem man die Mindestlänge in Abhängigkeit vom Höhenunterschied h ausdrücken kann?
d) Ist deine Schule rollstuhlgerecht? Gibt es Stellen mit besonders langer Rampe?

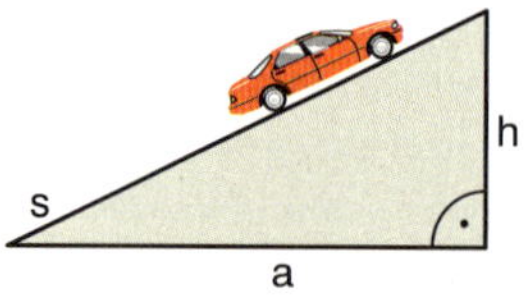


**14** *Straßensteigungen*
a) Auf einem Straßenschild ist die Länge s der Straße mit 7 km und die Steigung m mit 9 % angegeben. Wie groß sind der Höhenunterschied h und die horizontale Entfernung a?
b) Wie lang ist eine Straße, die bei einer Steigung von 6 % eine horizontale Entfernung a von 12 km überwindet?

**15** Das Hinweisschild steht an der Kreuzung der B 399 mit der L 160 auf einer Höhe von 475 m über NN. Über die ausgeschilderte Straße gelangt man auch nach Simonskall im Kalltal.
a) Wie lang wäre eine geradlinige Straße von der Kreuzung bis nach Simonskall (345 m über NN) mit der angegebenen Steigung?
b) Schlage den wirklichen Straßenverlauf in einem Autoatlas nach. Wie interpretierst du nun die Steigungsangabe?

**16** Die Abbildung zeigt einen Ausschnitt aus einer Allgäuer Wanderkarte im Maßstab 1:30 000. Bestimme die durchschnittliche Steigung und die ungefähre Länge des blauen Weges. Erkundige dich dazu nach der Bedeutung der Höhenlinien.

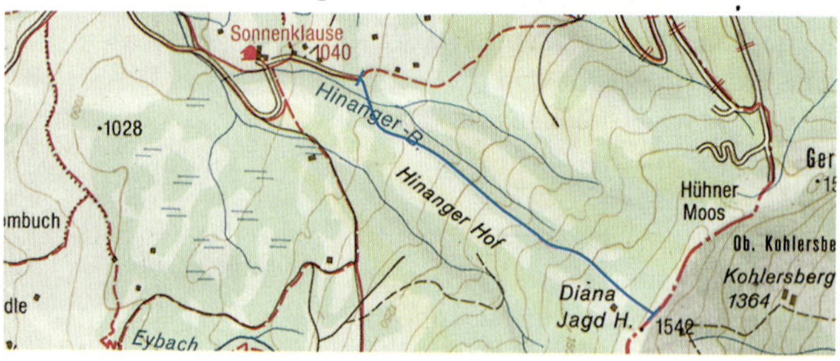

## Übungen

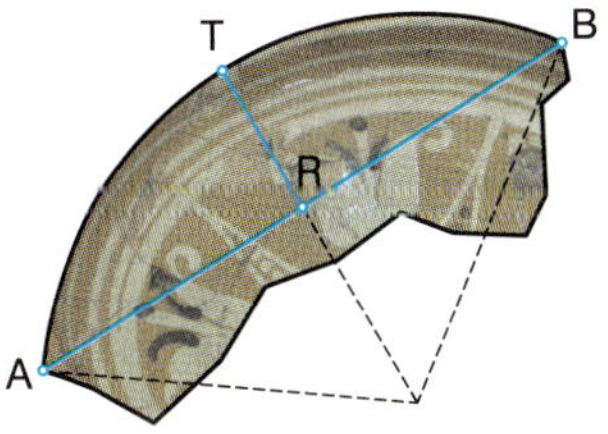


**17** Archäologen müssen bei ihren Forschungen oft aus Bruchstücken von Funden die ursprüngliche Form rekonstruieren. Bei dem Bruchstück eines runden Tellers konnten die Strecken $\overline{AB} = 12$ cm und $\overline{RT} = 2$ cm gemessen werden.

a) Berechne den Radius des Tellers.

b) Der Mathematiker im Forschungsteam hat für solche Fälle die nebenstehende Formel angegeben, mit der man aus der Länge der Sehne s und der Höhe h des Kreisabschnitts den Radius r berechnen kann.
Überprüfe die Formel durch Einsetzen deiner Werte aus a).
Kannst du die Formel mit dem Satz des Pythagoras selbst herleiten?

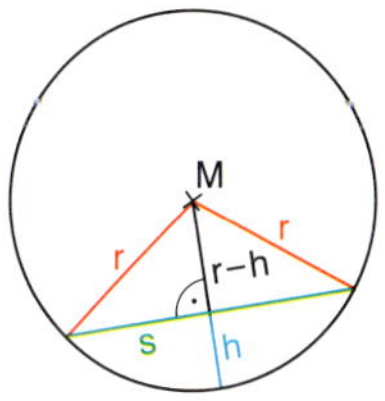


$r = \frac{h}{2} + \frac{s^2}{8h}$

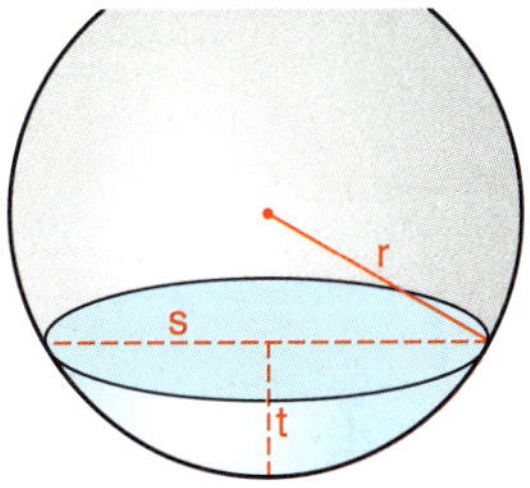


**18** a) In einem Kugeltank mit dem Radius $r = 1{,}5$ m hat der Flüssigkeitsspiegel den Durchmesser $s = 60$ cm. Wie groß ist die Flüssigkeitstiefe t?

b) Wie groß ist s bei einer Tiefe von $\frac{r}{2}$?

**19** Für eine Ausstellung werden Kantenmodelle von Pyramiden aus Draht gebastelt. Die Pyramiden sollen alle dieselbe quadratische Grundfläche von 49 $cm^2$ haben, aber unterschiedliche Höhen. Wie viel Draht benötigt man für eine 4 cm (20 cm) hohe Pyramide? Finde einen Term für die Drahtlänge in Abhängigkeit von der Pyramidenhöhe h.

Hier ist eine Planskizze besonders wichtig.

**20** Aus einem Ballon in 120 m Höhe hat man einen wunderschönen Blick auf die Landschaft. Leider kann man selbst bei klarstem Wetter und mit Fernglas wegen der Erdkrümmung ($r = 6\,370$ km) nur bis zum Horizont sehen. Dieser rückt allerdings umso weiter weg, je höher man steigt.

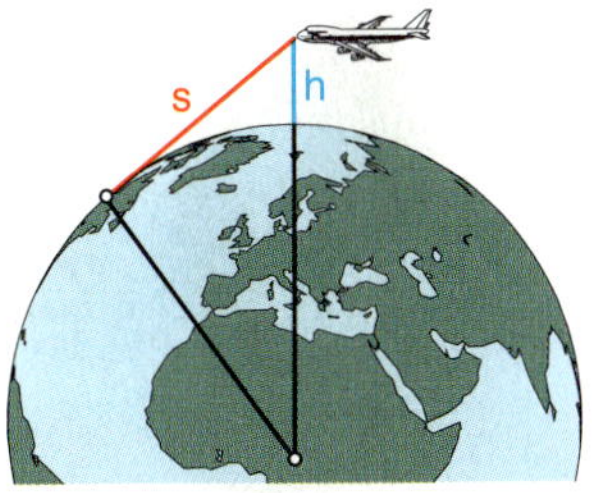


a) Es gibt eine Faustformel, mit der man die Sichtweite s in Abhängigkeit von der Höhe h berechnen kann:
$s = \sqrt{12\,740 \cdot h}$ (alle Größen in km).
Stelle mit dieser Formel eine Tabelle für die Sichtweite aus verschiedenen Höhen auf (Augenhöhe, Burgturm, Fernsehturm, Ballon, Flugzeug, Satellit, …).

b) Die genaue Formel lautet: $s = \sqrt{h^2 + 12\,740 \cdot h}$. Leite die Formel selbst her. Vergleiche die Werte der Tabelle aus a) mit den Werten dieser Formel. Bis zu welcher Höhe kann die Faustformel ohne Bedenken benutzt werden?

c) Was hältst du von der Behauptung des Jungen auf dem Turm? Begründe.

**21** Beim Bau von Leuchttürmen stellt sich die Frage, wie hoch man sie bauen muss, damit sie aus ausreichender Entfernung gesehen werden können.

a) Im Altertum wurde eine Leuchtweite von 22,5 km als ideal angesehen. Wie hoch müsste demnach ein „idealer" Leuchtturm mindestens sein?

b) Informiere dich über Höhen moderner Leuchttürme. Berechne ihre Leuchtweite.

## *Übungen*

Berechnungen von Größen in geometrischen Figuren

**22** Berechne jeweils die rot gezeichneten Größen:

a)

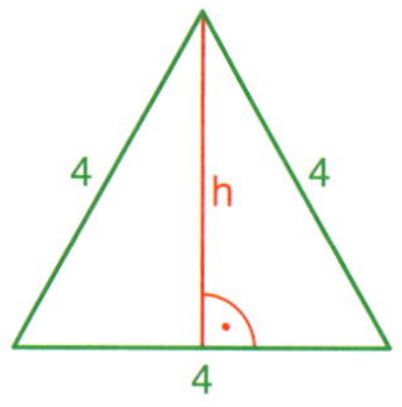


b)

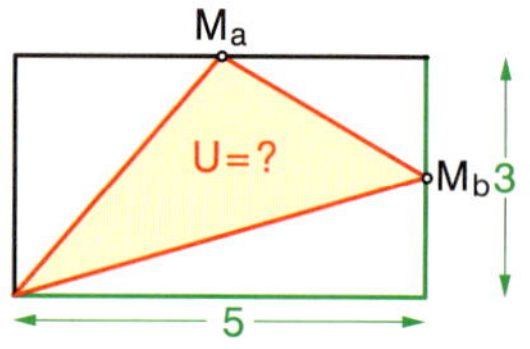


c)

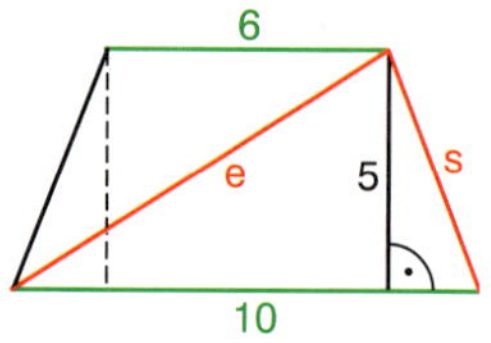


d)

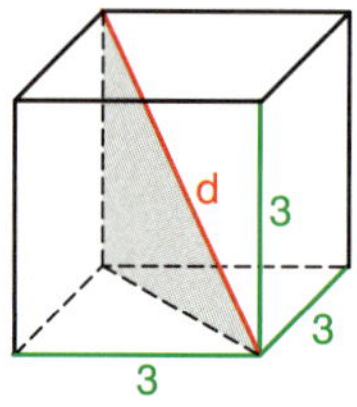


e)

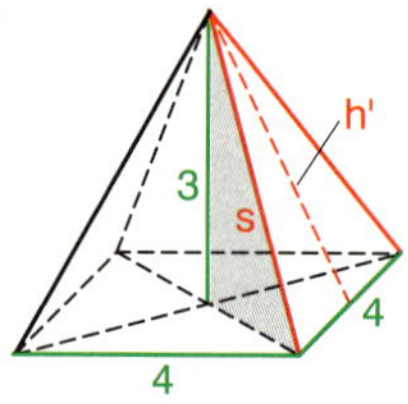


f)

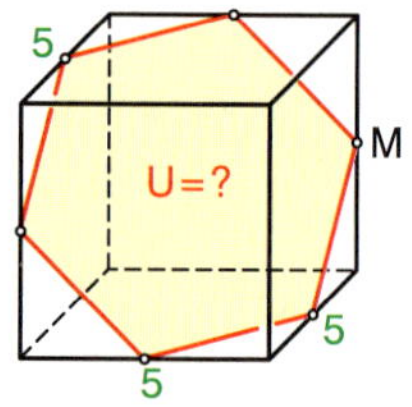


**23** *Nützliche Formeln*

In der Formelsammlung findest du nützliche Formeln. Nicht immer ist klar, wie man auf die Formeln kommt.
Viele Formeln lassen sich aber mithilfe des Satzes von Pythagoras herleiten, z. B. die Höhe im gleichseitigen Dreieck. Auf Karteikarten kannst du dir eine Formelsammlung einiger wichtiger Formeln anlegen.

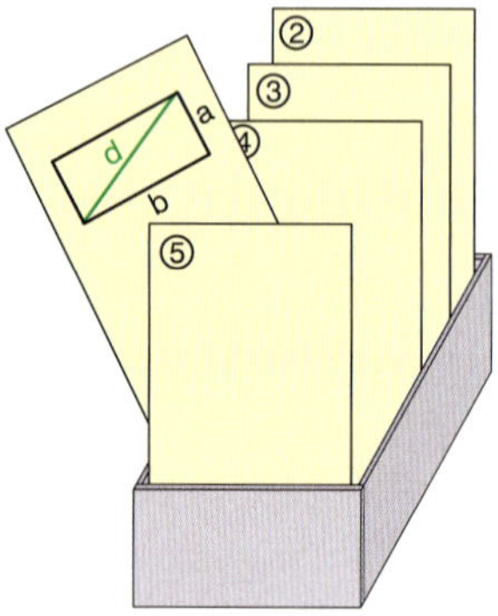


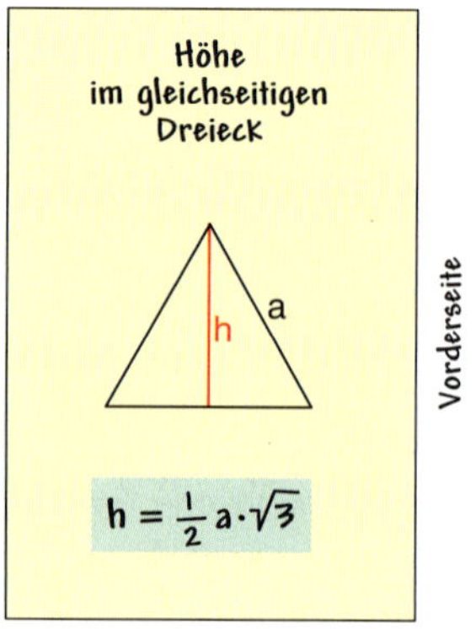


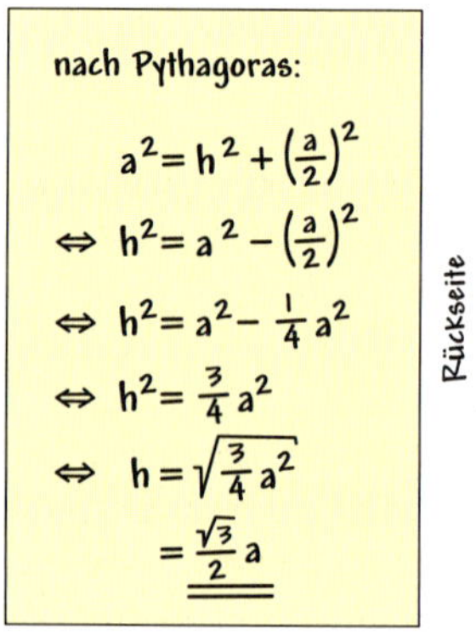


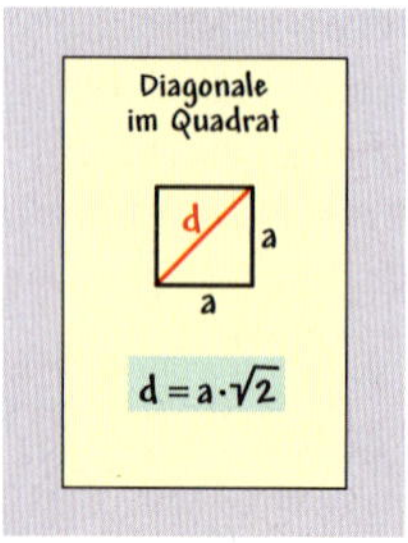


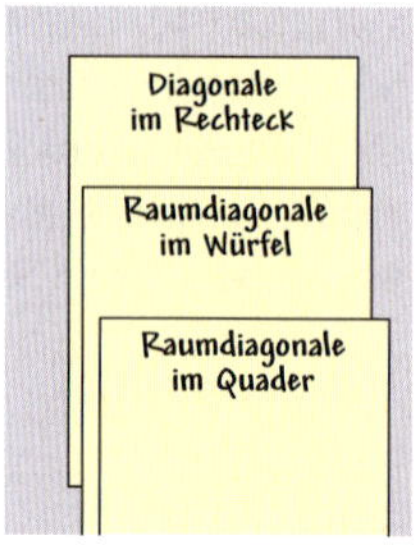


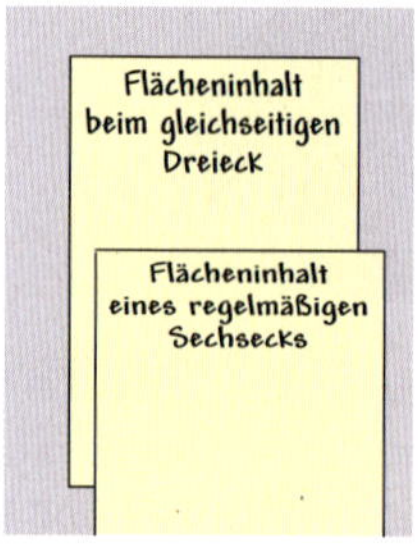


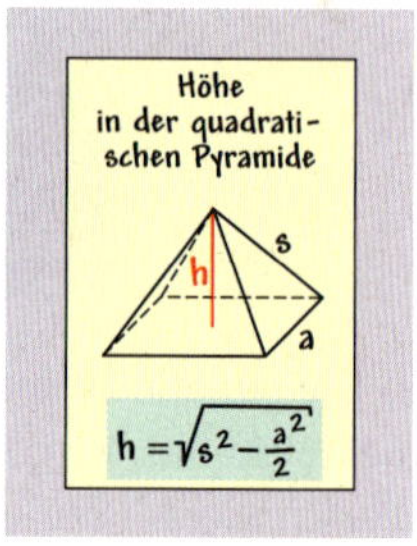


Erstelle nun selbst solche Karten. Übertrage dazu die angefangenen Karten und ergänze sie entsprechend. Vielleicht findet du auch noch andere Formeln, für die du gerne Karteikarten anlegen möchtest.

**24** Noch zwei Ideen für Karteikarten als besondere Herausforderung:

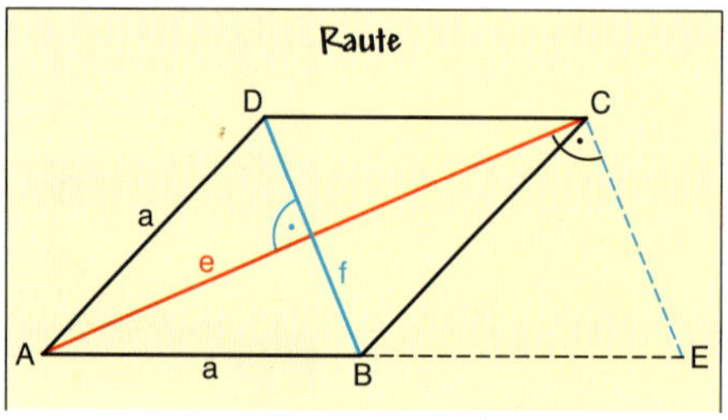


$e^2 + f^2 = 4a^2$

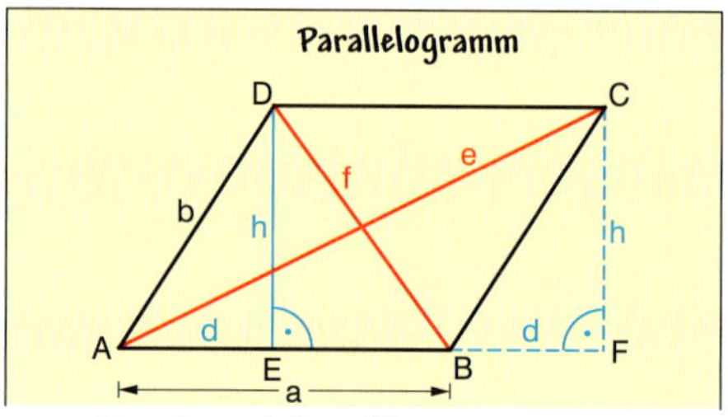


$e^2 + f^2 = 2(a^2 + b^2)$

Tipp zum Parallelogramm: Berechne zuerst $h^2$, $e^2$ und $f^2$ als Hypotenusenquadrate und addiere dann $e^2$ und $f^2$

**25** Der Oktaeder gehört zu den fünf Platonischen Körpern. Er zeichnet sich durch besondere Regelmäßigkeit aus.
a) Beschreibe den Oktaeder.
b) Ein Oktaeder lässt sich leicht zeichnen, indem man die Seitenmitten eines Würfels verbindet. Zeichne das Schrägbild eines Würfels und konstruiere darin das Schrägbild eines Oktaeders.
c) Berechne die Kantenlänge des abgebildeten Oktaeders.
d) Wie viele Raumdiagonalen besitzt ein Oktaeder? Begründe anhand der Abbildung und durch Berechnung, dass sie alle gleich lang sind.

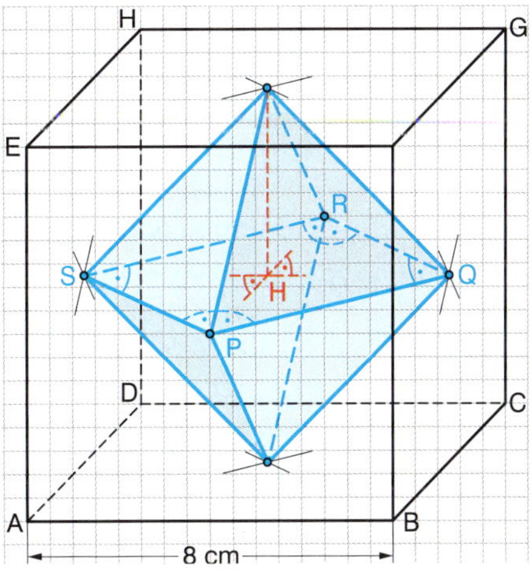


e) Für Formelfreunde: Ein Oktaeder hat die Kantenlänge p. Findest du je eine Formel für die Länge der Raumdiagonalen und die Seitenlänge des umgebenden Würfels?

## Aufgaben

Mithilfe von Pappecken und Kantenstreifen kannst du ein Modell eines Oktaeders bauen.

Baue auch den passenden umbeschriebenen Würfel dazu.

**26** *Schraubenlinien – gar nicht schwer!*

Experiment

Wie lang ist die Linie auf einer Schraube? Auf den ersten Blick scheint diese Frage recht schwierig zu beantworten. Aber mit dem Satz des Pythagoras lässt es sich ganz schnell ausrechnen.

a) Markiere auf einer Toilettenpapierrolle eine senkrechte Mantellinie. Wickle dann möglichst regelmäßig eine Schnur genau einmal um die Rolle und fixiere sie mit einigen Klebstreifen. Schneide die Rolle entlang der Mantellinie auf. Was stellst du fest?

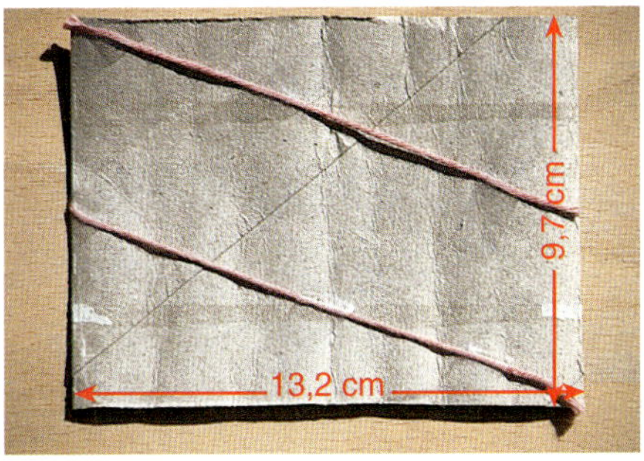


Das gleiche Experiment kannst du auch durchführen, indem du eine Schnur mehrfach regelmäßig um die Toilettenpapierrolle wickelst. Wichtig ist, dass Anfangs- und Endpunkt auf derselben Mantellinie liegen. Auf dem Foto siehst du eine aufgeschnittene Rolle, um die zweimal eine Schnur gewickelt wurde. Berechne ihre Länge.

b) Experiment verstanden? Dann kannst du jetzt die Länge der Schraubenlinie der abgebildeten Schraube berechnen. Mit ihr kann man Wasser nach oben „schrauben". Sie ist 3,70 m lang und hat einen Außendurchmesser von 32 cm.

Den Umfang U eines Kreises mit dem Durchmesser d kannst du mit der Formel $U \approx 3{,}14 \cdot d$ berechnen.

## Konstruktion und Berechnung im Maßwerk von Kirchenfenstern

Die Kirchenfenster gotischer und romanischer Kirchen sind in ihren oberen Teilen durch das sogenannte Maßwerk gegliedert. Dies dient nicht nur der Verzierung, sondern ist auch für die Festigkeit von Bedeutung. Die Formen der Maßwerke sind vor allem in den gotischen Fenstern von unerschöpflicher Vielfalt, obwohl fast ausschließlich Kreise verwendet werden. Ohne Zweifel verfügten die alten Baumeister über ein ausführliches geometrisches Wissen, das oft als gut gehütetes Geheimnis von Generation zu Generation weitergegeben wurde. Bei manchen Konstruktionen hilft der Satz des Pythagoras.

### *Aufgaben*

**27** Bei dem obigen Fenster ist ein Kreis in den Spitzbogen einbeschrieben. Der Spitzbogen ist leicht zu konstruieren: Auf der Strecke $\overline{AB}$ der Länge a werden um A und B die Kreisbögen mit dem Radius a geschlagen.

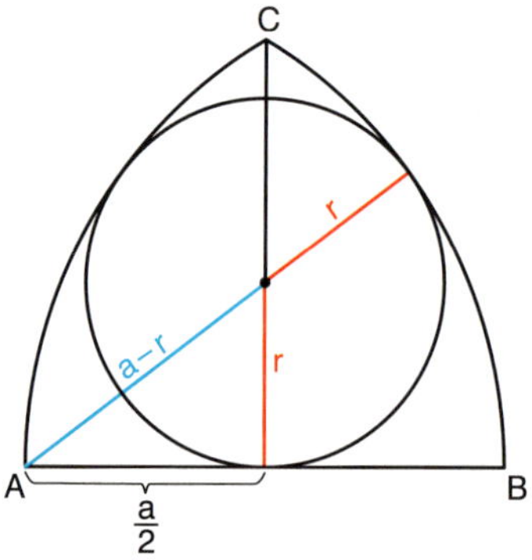


a) Wie findet man den Mittelpunkt und den Radius des Kreises?
Begründe mithilfe der in der Planskizze eingezeichneten Hilfslinien die Gleichung
$(a-r)^2 = r^2 + \left(\frac{a}{2}\right)^2$.
Mit dieser Gleichung kannst du r berechnen.
b) Konstruiere mit dem Ergebnis aus a) das Maßwerk für a = 8 cm.

**28** Berechne mithilfe der Planskizzen jeweils den markierten Radius x des Kreises. Konstruiere dann für a = 8 cm.

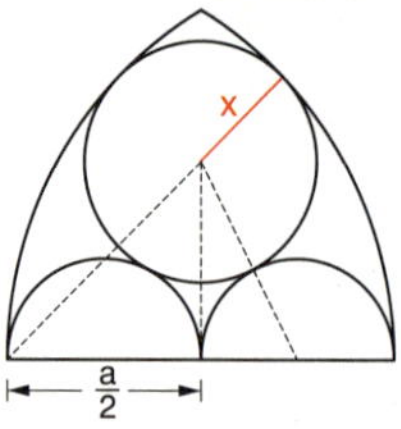


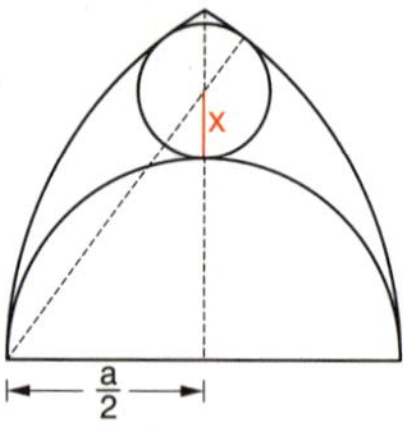


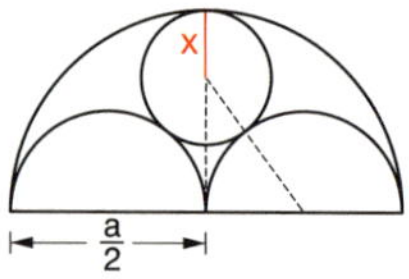


Weitere Anregungen und Hilfen findest du auch im Internet.

**29** Konstruiere selbst einige Maßwerke. Sicher findest du neben den hier abgebildeten Fenstern in deiner Umgebung weitere interessante Muster, bei denen du eventuell auf ähnliche Weise die Radien von Kreisen berechnen musst. Es lohnt sich, in die Grundmuster auch die inneren „Ausschmückungen“ einzuzeichnen.

# 5.5 Variationen mit Pythagoras

**Was dich erwartet**

*„Thema mit Variationen“ – dies ist dir vielleicht in der Musik schon begegnet. Ein solch freies und kreatives Umgehen mit einem Thema führt häufig zu neuen Erkenntnissen und vertieften Einsichten, auch in der Mathematik. Hier sind Gedankenexperimente der Form, „Was passiert, wenn …“ Auslöser für Variationen.*

- *Was passiert, wenn man beim Satz des Pythagoras die Voraussetzung „rechtwinkliges Dreieck“ fallen lässt?*
- *Gibt es neben den pythagoreischen Zahlentripeln auch Tripel mit der Eigenschaft $a^3 + b^3 = c^3$?*
- *Wie sieht ein Beweis des Satzes von Pythagoras aus, wenn der Kathetensatz und der Höhensatz bereits bekannt sind?*
- *Gibt es auch eine einfache Formel für den Abstand zweier Punkte im Raum?*

*Nicht immer kommt man zu einer einfachen Antwort, aber auf jeden Fall kann man die eigenen Problemlösefähigkeiten weiterentwickeln.*

**Aufgaben**

**1** *Pythagoras mit Dreiecksflächen*

Was passiert, wenn man die Quadrate über den Katheten und der Hypotenuse eines rechtwinkligen Dreiecks durch Dreiecke ersetzt? Ist auch dann noch die Summe der Dreiecksflächen über den Katheten gleich der Fläche des Hypotenusendreiecks?

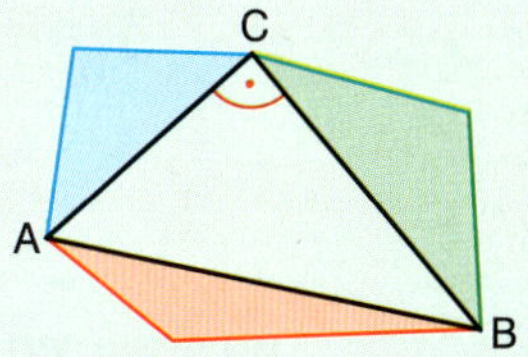


a) Probiere für gleichseitige Dreiecke am Standarddreieck (3, 4, 5). Kannst du dein Ergebnis für beliebige rechtwinklige Dreiecke (a, b, c) beweisen?

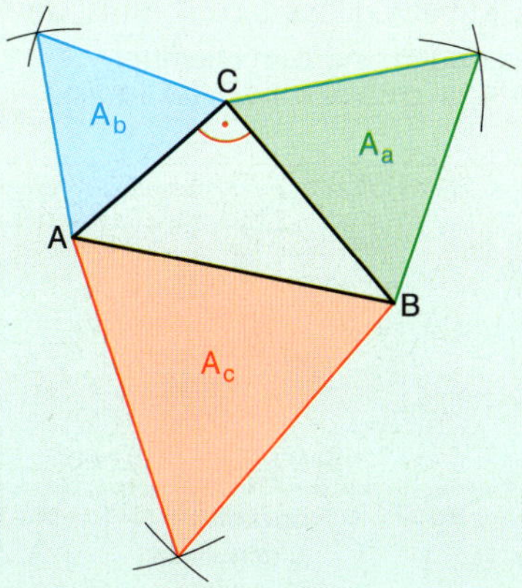


b) Wie sieht es aus, wenn du gleichschenklig rechtwinklige Dreiecke über den Katheten und der Hypotenuse konstruierst?

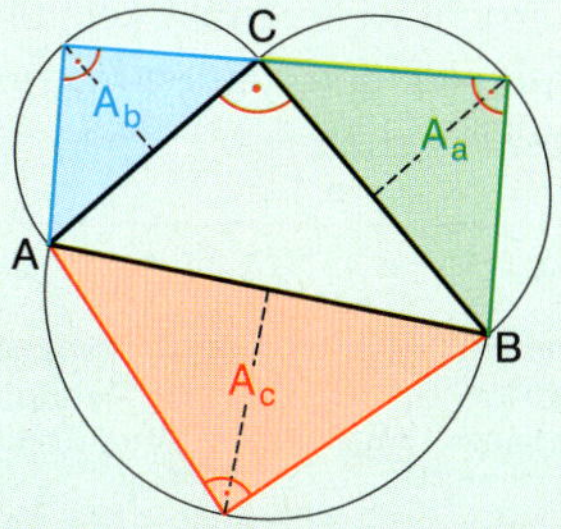


c) Probiere noch andere Dreiecksformen aus und schreibe deine Ergebnisse auf.

**2** *Variationen bei pythagoreischen Zahlentripeln*

Die pythagoreischen Zahlentripel werden üblicherweise nur für natürliche Zahlen definiert. Wir haben aber bereits festgestellt, dass es auch rationale Zahlen mit der Eigenschaft $a^2 + b^2 = c^2$ gibt, z. B. bei den rationalen Punkten am Einheitskreis.

a) Was passiert, wenn man an Stelle der Tripel nun vier Zahlen a, b, c, d mit der Eigenschaft $a^2 + b^2 + c^2 = d^2$ oder $a^2 + b^2 = c^2 + d^2$ sucht? Findest du solche „Quadrupel“ bei den natürlichen, rationalen oder den reellen Zahlen?

b) Kannst du diese Gleichungen auch als Vergleich von Quadratflächen in einer geometrischen Figur interpretieren? Zeichne entsprechende Bilder.

siehe Aufgabe 19, S. 168.

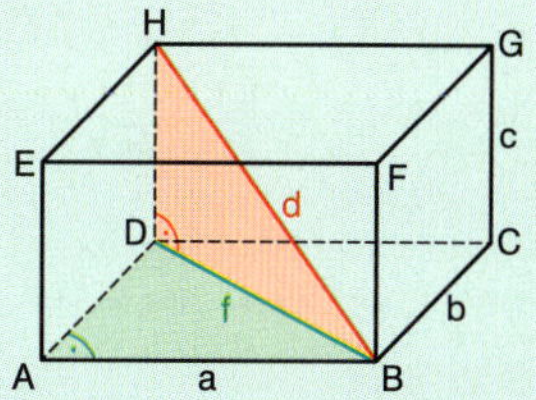

## Aufgaben

**3** *Variation bei Beweisen*

Für den Satz des Pythagoras und die verwandten Sätze gibt es sehr viele unterschiedliche Beweise. Sie unterscheiden sich u. a. durch die Kenntnisse und Sätze, die man beim Beweis verwendet. So kann man z. B. auch unter Verwendung von Algebra den Satz von Pythagoras mithilfe der Kathetensätze beweisen oder den Kathetensatz mithilfe des Satzes von Pythagoras.

Vom Satz des Pythagoras zum Kathetensatz

a) Wir wenden den Satz des Pythagoras auf die rechtwinkligen Teildreiecke an und gelangen zum Kathetensatz.

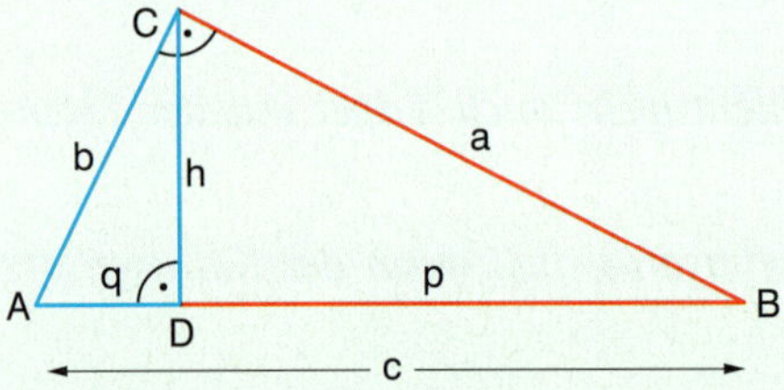


Es gilt:

(1) $b^2 = q^2 + h^2$

(2) $a^2 = p^2 + h^2$

(3) $a^2 - b^2 = p^2 - q^2 = (p+q)(p-q)$

(4) $a^2 + b^2 = c^2 = (p+q)^2$

(5) $2a^2 = (p+q)(p-q) + (p+q)^2$
$= (p+q)[(p-q)+(p+q)]$
$= 2pc$

Also $a^2 = pc$

Schreibe in eine weitere Spalte jeweils neben die einzelnen Schritte des Beweises die Begründung. (Zweispaltenbeweis).
Beweise entsprechend auch den anderen Kathetensatz $b^2 = qc$.

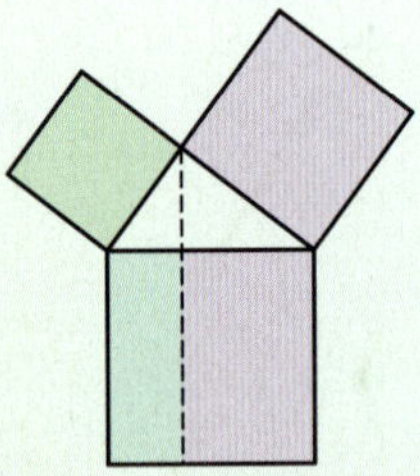

Vom Kathetensatz zum Satz des Pythagoras

b) Zeichne die nebenstehende Skizze in dein Heft und verdeutliche darin
(1) $a^2 = pc$ und (2) $b^2 = qc$.
Durch Addition der beiden Gleichungen gelangst du zum Satz des Pythagoras. Schreibe die Beweisschritte mit Begründung auf.

## Basiswissen

Mit der Variation von Aufgaben kannst du deine Problemlösefähigkeiten im Mathematikunterricht weiterentwickeln und trainieren. Mit etwas Phantasie kommst du zu eigenen Fragestellungen, zu überraschenden Entdeckungen und zum Erkennen interessanter Zusammenhänge.

## Beispiele

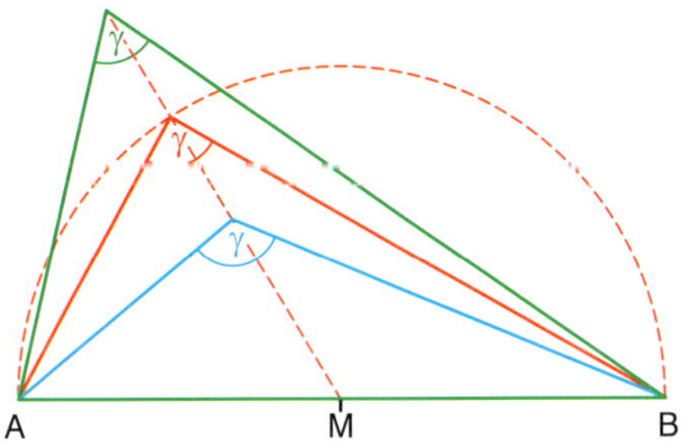


**A** *Verallgemeinern*
*(Weglassen einer Bedingung)*
Was passiert, wenn man beim Satz des Pythagoras die Bedingung „rechtwinkliges Dreieck" weglässt?
Wenn $\gamma > 90°$, so gilt $a^2 + b^2 < c^2$
Wenn $\gamma < 90°$, so gilt $a^2 + b^2 > c^2$

**B** *Spezialisieren*
*(Hinzufügen einer Bedingung)*
Wie verändert sich die Aussage beim Satz des Pythagoras, wenn man ein gleichschenklig rechtwinkliges Dreieck voraussetzt?
Die Aussage wird einfacher. Da beide Katheten die gleiche Länge a haben, gilt $c^2 = a^2 + a^2 = 2a^2$.
Der Beweis ist für diesen Spezialfall ganz offensichtlich.

zu **B**

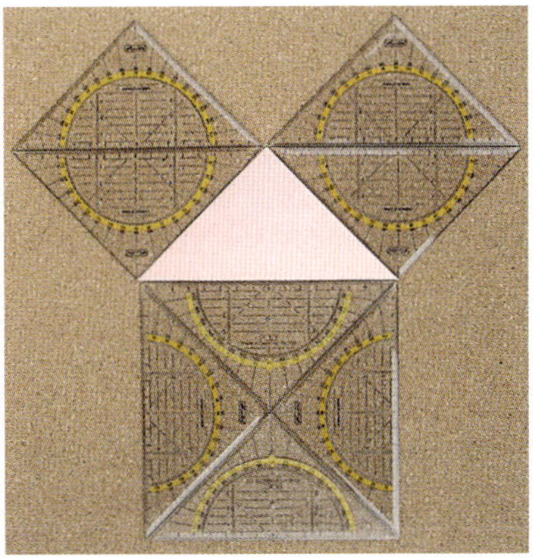

**C** *Übertragen auf räumliche Figuren*
Drei Flächen einer Dreieckspyramide bestehen aus kongruenten gleichschenklig rechtwinkligen Dreiecken, die mit ihren rechten Winkeln an einer gemeinsamen Ecke zusammenstoßen.
Dann ist die Summe der Quadrate dieser drei Dreiecksflächen gleich dem Quadrat der vierten Dreiecksfläche der Pyramide: $A_1^2 + A_2^2 + A_3^2 = A_4^2$

zu **C**

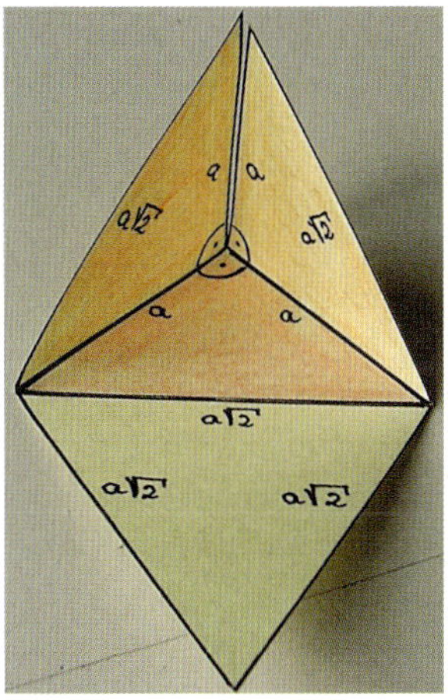

## Übungen

**4** Schreibe den Beweis für die Aussage in Beispiel B ausführlich auf.

**5** Führe den Beweis für die Aussage in Beispiel C. Stelle dafür ein Netz der Pyramide her. Die Seitenlängen und die Höhe der vierten Dreiecksfläche (gleichseitiges Dreieck) kannst du mithilfe des Satzes von Pythagoras berechnen.

**6** *Der Satz des Pythagoras mit Rechtecken*
Was passiert, wenn man über den Seiten eines rechtwinkligen Dreiecks an Stelle der Quadrate Rechtecke errichtet? Probiere es an Beispielen aus.
a) Verwende dazu Rechtecke mit den folgenden Eigenschaften:
- Eine zweite Seite des Rechtecks ist jeweils doppelt so lang (halb so lang) wie die andere.
- Eine zweite Seite des Rechtecks ist jeweils um 2 cm länger (um 2 Zentimeter kürzer) als die andere.
- Bei Rechtecken nach dem DIN-Format stehen die Seitenlängen im Verhältnis $1 : \sqrt{2}$. Berechne die Flächeninhalte für solche Rechtecke über den Katheten und der Hypotenuse.

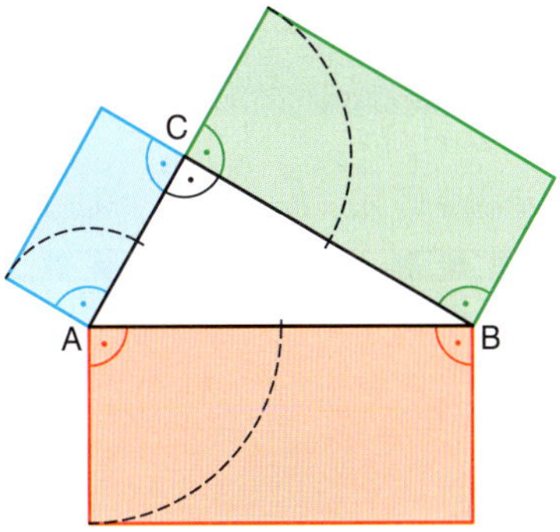


b) Pia vermutet: „Der Satz des Pythagoras ist immer dann auf Rechtecke übertragbar, wenn die Rechtecke zueinander ähnlich sind." Hat sie recht? Überprüfe an den Beispielen aus a). Formuliere die Vermutung als Satz und beweise.

## Variationen zu Beweisen rund um Pythagoras

Es gibt neben dem Satz des Pythagoras keinen anderen Satz, zu dem so viele Beweise bekannt sind. Zu Beginn des 20. Jahrhunderts veröffentlichte Professor ELISHA SCOTT LOOMIS ein Buch mit einer Sammlung von 367 Beweisen zum Lehrsatz des Pythagoras. Bis zum heutigen Tag knobeln viele Hobbymathematiker noch sehr gerne an solchen Beweisen, wobei sich die sogenannten Puzzle-Beweise besonderer Beliebtheit erfreuen. Unter dem Suchwort „Pythagoras" findest du im Internet hierzu eine reiche Auswahl mit vielen bewegten Bilder („Animationen") und Anregungen zum eigenen Ausprobieren.

### *Übungen*

**7** Wie viele Beweise des Satzes von Pythagoras findest du in Aufgaben oder Beispielen dieses Kapitels 5? Worin unterscheiden sich diese Beweise (Beweisidee, zugrundeliegende Voraussetzungen und Sätze, algebraische und geometrische Schlussfolgerungen, …)? Welchen Beweis findest du am einfachsten, am elegantesten, am schönsten?

Tipps

**8** Vergleiche den Flächeninhalt des Hypotenusenquadrats mit der Summe der Teilflächen und vereinfache die Gleichung.

**9** Vergleiche den Flächeninhalt des Trapezes mit der Summe der Teilflächen und vereinfache die Gleichung.

**8** Benutze das oben abgebildete Puzzle und die Skizze zum Beweis des Satzes von Pythagoras.

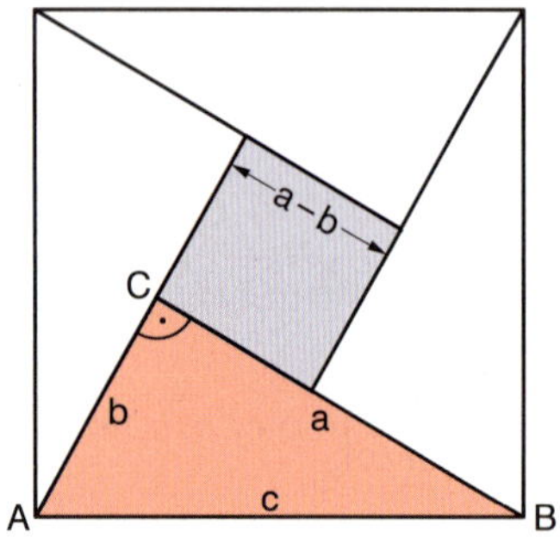


**9** Der spätere amerikanische Präsident Garfield (1831–1881) entdeckte als Student einen Beweis mit dieser Figur.

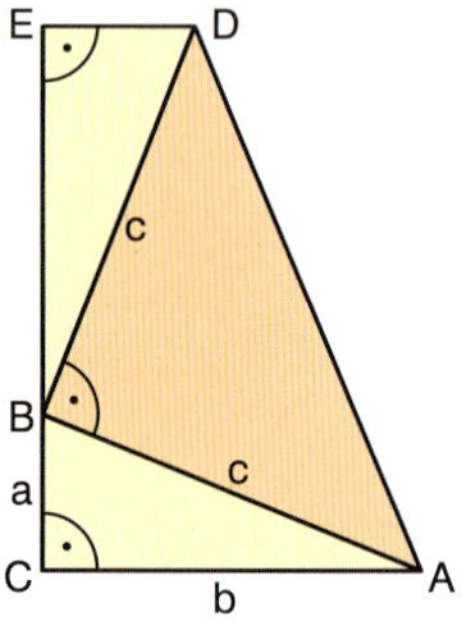


**10** *Bildsequenz zum Beweis über ein Gelenkpuzzle:* Erstelle ein entsprechendes Puzzle mit drei Teilen aus Pappe und schreibe die passenden Worte dazu.

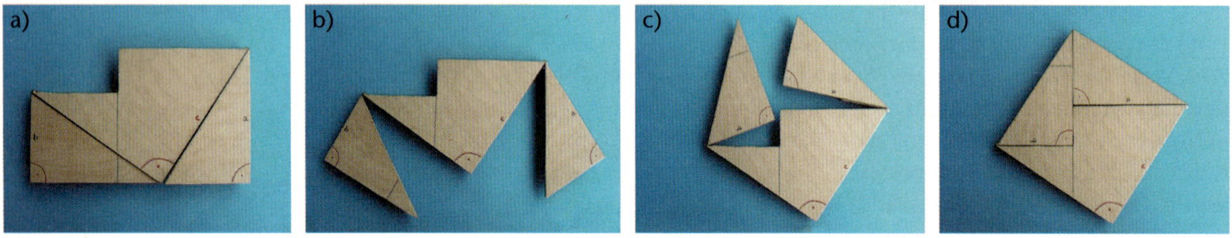


**11** *Bildsequenz zum Beweis mit Kreis und Höhensatz:* Schreibe die Beweisschritte auf.

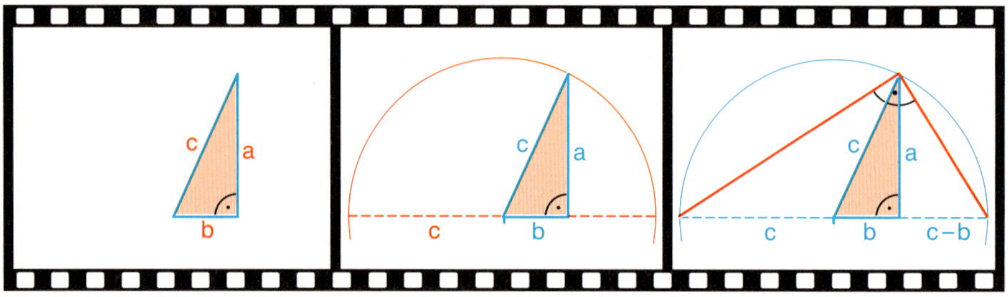

## Übungen

Abstände im Raum

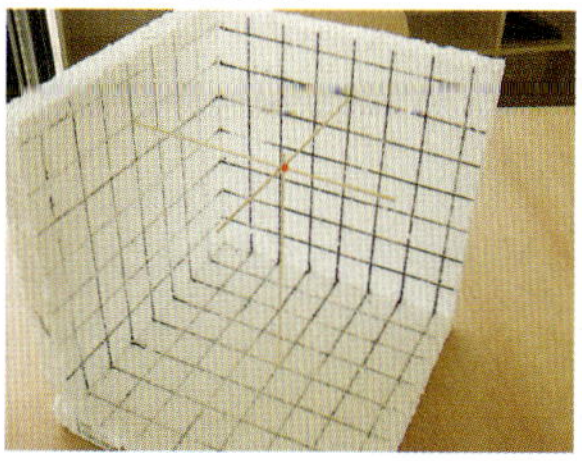

**12** In Abschnitt 5.2 haben wir mithilfe des Satzes von Pythagoras eine Formel für den Abstand zweier Punkte im Koordinatensystem gefunden.
Dabei ging es um Punkte in der Ebene. Punkte im Raum lassen sich in einem dreidimensionalen Koordinatensystem mithilfe eines Tripels (x, y, z) beschreiben. Auch hier stehen die Koordinatenachsen jeweils senkrecht aufeinander, der Ursprung hat die Koordinaten $(0|0|0)$.

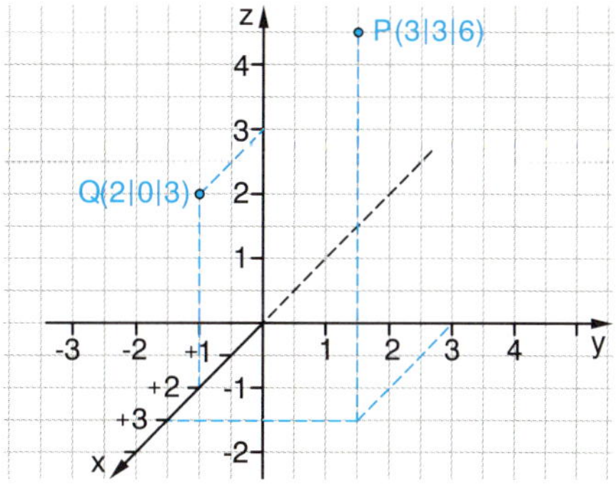


Zeichne ein dreidimensionales Koordinatensystem wie in der Abbildung in dein Heft und kennzeichne darin die Punkte $A(1|2|3)$, $B(2|7|5)$ und $C(-3|4|7)$.

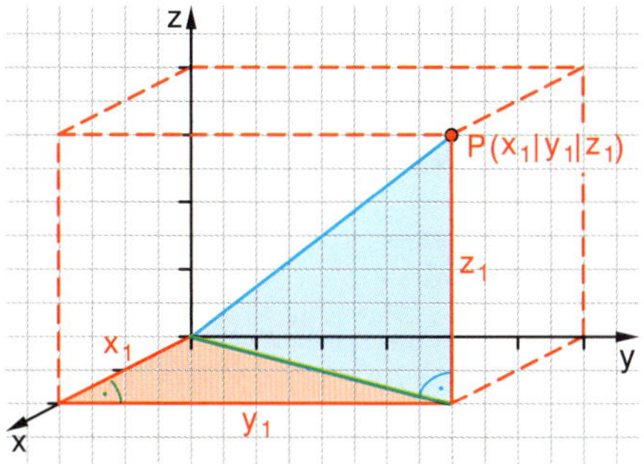


**13** a) Begründe mithilfe der Abbildung die Formel für den Abstand eines Punktes $P(x_1|y_1|z_1)$ vom Ursprung:

$$d = \sqrt{x_1^2 + y_1^2 + z_1^2}$$

b) Welcher der Punkte A, B und C aus Aufgabe 12 ist am weitesten vom Ursprung entfernt?

c) Zeichne den Punkt $E(-1|-1|-1)$ in ein Koordinatensystem und berechne den Abstand des Punktes vom Ursprung.

d) Welche räumliche Figur wird durch die Gleichung $x^2 + y^2 + z^2 = 25$ im dreidimensionalen Koordinatensystem beschrieben? Begründe.

**14** Mithilfe der nächsten Skizze kannst du auch die Formel für den Abstand zweier Punkte $P(x_1|y_1|z_1)$ und $Q(x_2|y_2|z_2)$ herleiten.

a) Stelle die Formel auf und begründe. Formuliere die Formel auch in Worten.

Vergleiche mit der Formel für den Abstand zweier Punkte in der Ebene

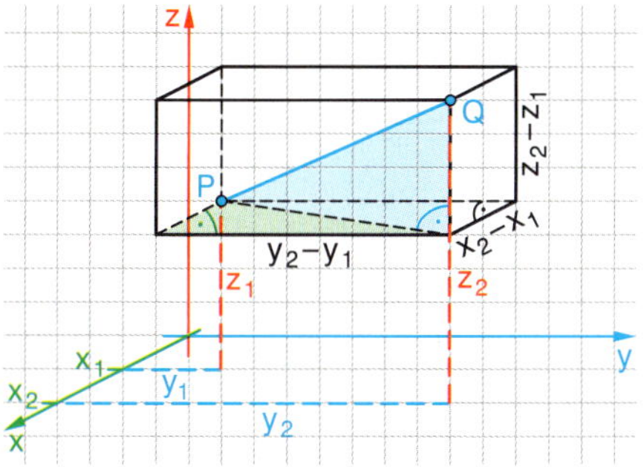


b) Berechne die Seitenlängen des Dreiecks ABC im Raum für die in Aufgabe 12 angegebenen Punkte.

c) Bestimme die Kantenlängen und die Höhe der Pyramide mit der Grundfläche ABCD und Spitze E mit $A(3|-3|0)$, $B(3|3|0)$, $C(-3|3|0)$, $D(-3|-3|0)$ und $E(0|0|5)$. Zeichne auch eine Skizze.

## *Aufgaben*

Pythagoras funktional

**15** Der Satz des Pythagoras stellt eine Beziehung zwischen den drei Seiten eines rechtwinkligen Dreiecks her. Wenn man die Längen zweier Seiten kennt, so kann man die dritte Seitenlänge berechnen. Kurz ausgedrückt: Jede Seite ist eine Funktion der beiden anderen Seiten. Wir erhalten damit allerdings nicht die gewohnten Funktionen, sondern Funktionen von zwei Variablen. Die Funktionsgleichung für die Hypotenuse lautet dann zum Beispiel: $c(a, b) = \sqrt{a^2 + b^2}$

a) Gib jeweils die Funktionsgleichungen $b(a, c)$ und $a(b, c)$ für die beiden Katheten an.

b) Wir vereinfachen das Problem: Wir geben einer Seite einen festen Wert und untersuchen dann, wie sich eine zweite Seite in Abhängigkeit von der dritten ändert.

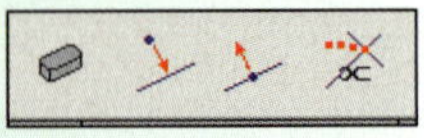

Hier lohnt sich der Einsatz eines DGS-Systems

**Kathete b fest** (4 cm), B bewegt sich auf dem freien Schenkel des rechten Winkels.

*Fall 1:* $c = f_1(a)$: Wie ändert sich die Hypotenuse c, wenn sich Kathete a verändert?

*Fall 2:* $a = f_2(c)$: Wie ändert sich die Kathete a, wenn sich die Hypotenuse c verändert?

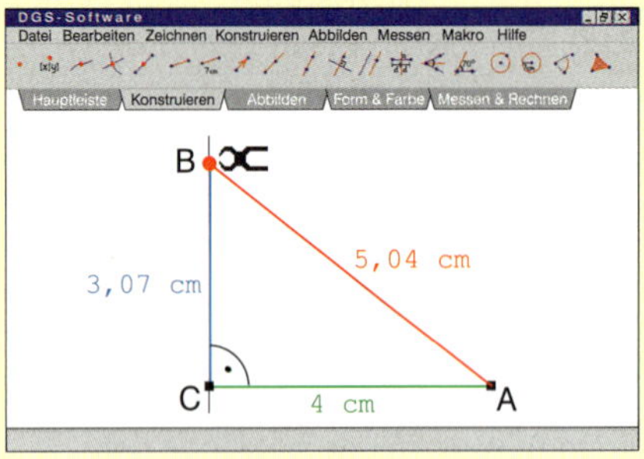


**Hypotenuse c fest** (5 cm), C bewegt sich auf dem Halbkreis über $\overline{AB}$.

*Fall 3:* $a = f_3(b)$: Wie ändert sich die Kathete a, wenn sich die Kathete b verändert?

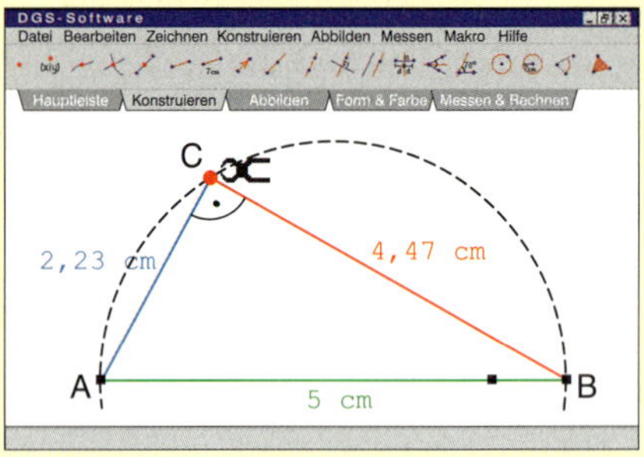


Beschreibe jeden der drei Fälle. Erfasse dabei auch die Randlagen (Extremfälle).

c) Rechts sind die Graphen der Funktionen $f_1$, $f_2$ und $f_3$ in verschiedenen Farben dargestellt. Welcher Graph gehört zu welcher Funktion? Gib die entsprechenden Funktionsgleichungen an. In welcher Beziehung stehen der blaue und der grüne Graph zueinander?

d) Zeichne auch die drei Graphen für andere feste Werte der Kathete b (z. B. b = 3 cm) und der Hypotenuse c (z. B. c = 10 cm).

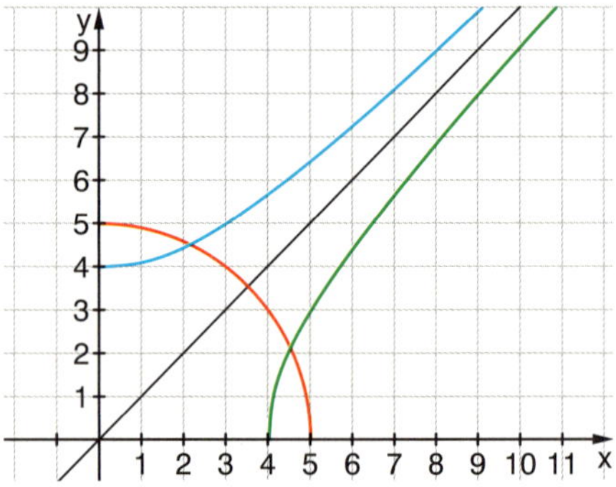


$y1=\sqrt{x^2+16}|x>0$

GTR gefragt!

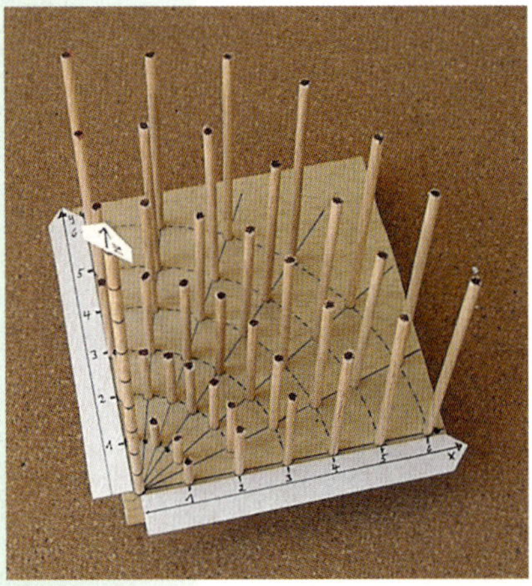

**16** Das Foto zeigt die Darstellung der Funktion mit $z = \sqrt{x^2 + y^2}$ im dreidimensionalen Koordinatensystem. In den Punkten $(x|y)$ der x-y-Ebene sind Stäbe der jeweils zugehörigen Länge z errichtet.

a) Stellt ein solches Modell mit einer Styroporplatte und bunten Strohhalmen selbst her.

b) Jedem Punkt $(x|y)$ des Ebenenquadranten wird durch die Spitze des Strohhalmes ein Punkt P senkrecht über ihm zugeordnet. Alle diese Punkte bilden eine Fläche, die wir als Graph der Funktion $z = \sqrt{x^2 + y^2}$ ansehen können. Beschreibe diese Fläche möglichst genau.

c) In der Geographie werden Landschaftsprofile oft mithilfe von Höhenlinien (Linien gleicher Höhe) beschrieben. Wie sehen solche Linien bei unserer Fläche aus? Begründe.

## Aufgaben

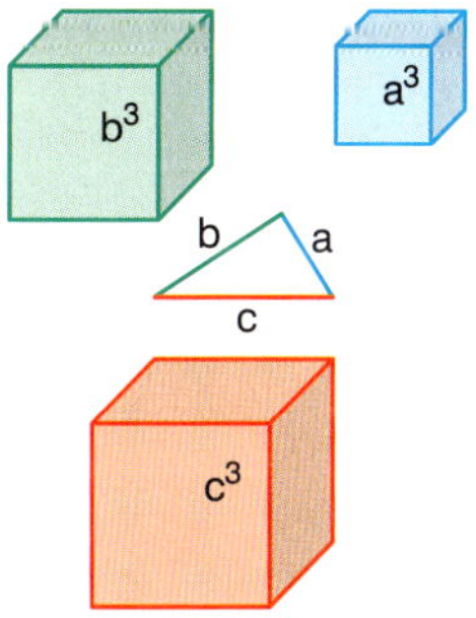


**17** *Eine einfache Variation – ein schwieriges Problem*
Was passiert, wenn man in der Gleichung $a^2 + b^2 = c^2$ an Stelle der Quadrate die dritten Potenzen einsetzt: $a^3 + b^3 = c^3$? In der geometrischen Interpretation bedeutet dies, dass man die Volumina von Würfeln mit den Seitenlängen a, b und c miteinander vergleicht.
a) Berechne zu $a = 3$ cm und $b = 4$ cm ($a = 5$ cm und $b = 12$ cm) die Seitenlänge c, so dass $a^3 + b^3 = c^3$.
b) Kann ein pythagoreisches Zahlentripel (a, b, c) gleichzeitig die Bedingung $a^3 + b^3 = c^3$ erfüllen? Probiere es an verschiedenen Beispielen aus. Begründe.

**18** *Gibt es überhaupt ganzzahlige Lösungen für die Gleichung $a^3 + b^3 = c^3$?*
Bei der Suche nach pythagoreischen Zahlentripeln haben wir eine anschauliche Hilfe benutzt: Wir suchten nach zwei Quadraten, die zusammengelegt ein drittes Quadrat ergeben.
Versuche es mit einer ähnlichen Strategie bei Würfeln. Am besten schreibst du dir die ersten 20 Kubikzahlen in einer Tabelle auf und versuchst es mit den Differenzen solcher Zahlen. Im Beispiel ist es fast gelungen, leider fehlt ein einziger Baustein. Findest du ähnlich knappe Ergebnisse?

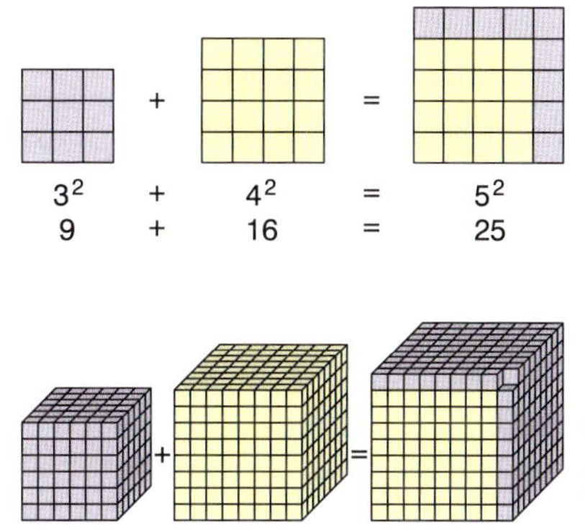


Schau dir hierzu Aufgabe 16 auf Seite 162 an.

## Großer Fermat'scher Satz

$x^n + y^n \neq z^n$ für x, y, z, $n \in \mathbb{N}$ und $n > 2$

Diese tschechische Briefmarke würdigt das Jahr 2000 als das „Weltjahr der Mathematik". Das Motiv der Marke ist *Fermat's letzter Satz.* FERMAT beschäftigte sich im 17. Jahrhundert mit dem Satz des Phythagoras und behauptete 1653, dass es für die Gleichung $x^n + y^n = z^n$ (Fermat'sches Tripel) keine ganzzahlige Lösung für n größer als 2 gebe.
*„Ich habe hierfür einen wahrhaft wunderbaren Beweis, doch ist der Rand hier zu schmal, um ihn zu fassen."* notierte er dazu. Nach diesem Beweis suchten seitdem viele Generationen von Mathematikern erfolglos. Auch zahllose Laien haben sich an diesem Problem versucht, denn im Gegensatz zu den meisten mathematischen Fragestellungen ist der Fermat'sche Satz (fast) jedem verständlich. 1908 wurde eine großzügige Belohnung für den Beweis des Satzes ausgesetzt: Der Industrielle PAUL WOLFSKEHL, selbst studierter Mathematiker, stiftete zum Entsetzen seiner Familie 100 000 Goldmark („Wolfskehl-Preis"); allerdings sollte dieser Preis am 13.9.2007 verfallen. Gerade noch rechtzeitig und 325 Jahre nach Fermat hat ANDREW WILES 1995 den Satz nach siebenjähriger Arbeit mit großem Aufwand beweisen können. Das war in der mathematischen Welt eine Sensation. Heute wird angenommen, dass FERMAT vielleicht den Spezialfall für $n = 3$ bewiesen hatte, von dem er glaubte, ihn verallgemeinern zu können. Die von Wiles benutzte Theorie war damals noch nicht weit genug entwickelt. Ob es tatsächlich auch einen einfachen Beweis geben könnte (den FERMAT gefunden haben könnte), ist bis heute unter Zahlentheoretikern strittig.

# CHECK-UP

## Der Satz des Pythagoras und verwandte Sätze

**Satz des Pythagoras**

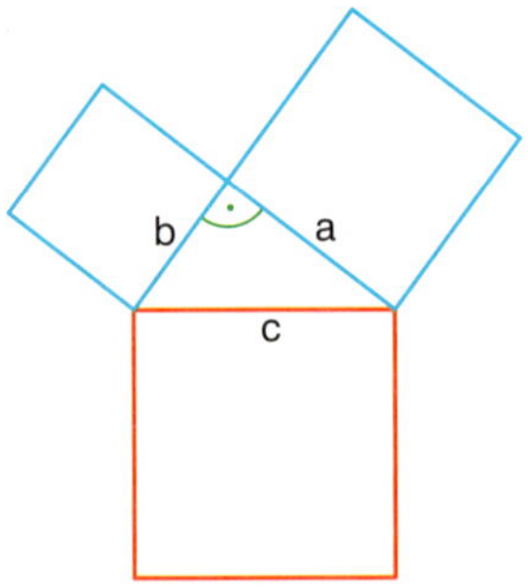


$a^2 + b^2 = c^2$

Achtung: Der Satz gilt nur in rechtwinkligen Dreiecken. Die Benennung kann anders sein.

Ein Dreieck ist **stumpfwinklig (spitzwinklig)**, wenn die Summe der Flächeninhalte der Quadrate über den kürzeren Seiten kleiner (größer) ist, als der Flächeninhalt des Quadrats über der längeren Seite.

Zahlentripel (a, b, c) mit $a^2 + b^2 = c^2$ heißen **pythagoreische Tripel**. Ein Dreieck, dessen Seitenlängen ein pythagoreisches Tripel bilden, ist rechtwinklig.

**Abstand zweier Punkte im Koordinatensystem**

$\overline{PQ} = d(P;Q) = \sqrt{(x_Q - x_P)^2 + (y_Q - y_P)^2}$

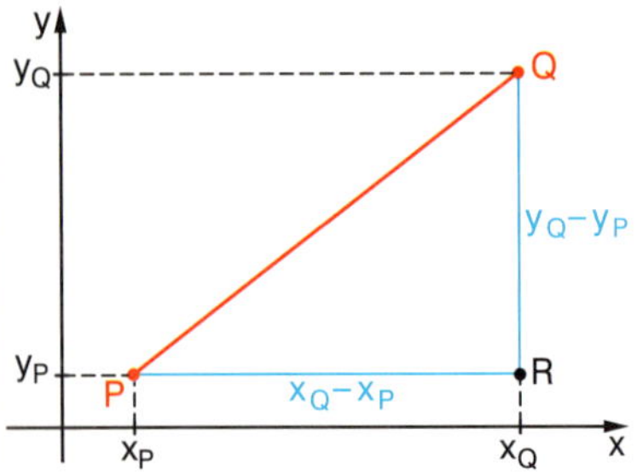


**Kreisgleichung** für einen Kreis mit Mittelpunkt $M(x_M|y_M)$ und Radius r:
Für alle Punkte $P(x|y)$ auf dem Kreis gilt:
1. $(x - x_M)^2 + (y - y_M)^2 = r^2$
2. $r = d(M;P)$

**1** Der Satz des Pythagoras gilt als einer der wichtigsten mathematischen Sätze. Findest du Gründe dafür? Notiere möglichst viele.

**2** Berechne die Längen der roten Strecken. Runde auf mm.

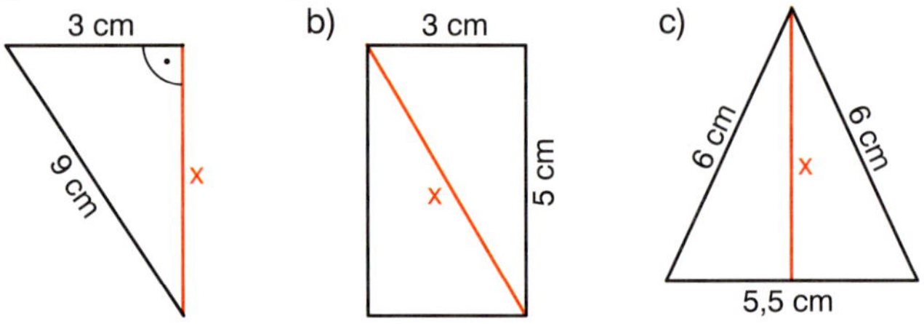


**3** Bestimme die fehlende Seitenlänge des Dreiecks mit den Katheten x und y und der Hypotenuse z so, dass das Dreieck rechtwinklig wird. Runde auf mm.
a) x = 17 cm; y = 13 cm
b) x = 6,4 cm; z = 9,4 cm
c) y = 4,9 cm; z = 10 cm

**4** Entscheide, ob das Dreieck mit den angegebenen Seitenlängen spitzwinklig oder stumpfwinklig ist. Kannst du **eine** Seitenlänge so verändern, dass sie ganzzahlig bleibt und das Dreieck rechtwinklig wird?
a) a = 4 cm; b = 4 cm; c = 5 cm
b) p = 10 cm; q = 5 cm; r = 13 cm
c) x = 9 cm; y = 15 cm; z = 11 cm

**5** Entscheide durch Rechnung ohne zu zeichnen:
a) Um welches besondere Viereck handelt es sich bei ABCD mit $A(5|7)$, $B(3|3)$, $C(7|5)$ und $D(7|7)$?
b) Du kannst leicht überprüfen, dass die Seiten des Vierecks ABCD mit $A(3|1)$, $B(0|2)$, $C(-1|-1)$ und $D(2|-2)$ alle gleich lang sind.
Damit ist ABCD eine Raute, aber ist es auch ein Quadrat?

**6** Bei der Erforschung der Tiefsee müssen die Forschungs-U-Boote oft in Unterwasserhöhlen navigieren ohne mit der Felswand zu kollidieren. Welche Strecke muss ein U-Boot vom Startpunkt A bis zum Beobachtungspunkt B zurücklegen?

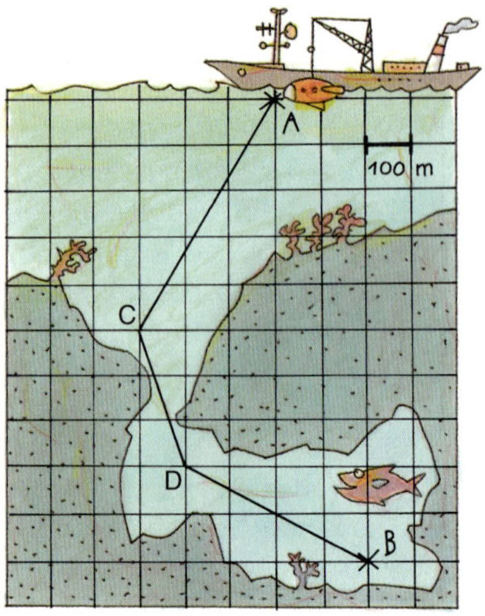


**7** Gib jeweils die Kreisgleichung an. Auf welchen der Kreise liegt der Punkt $Q(1|8)$?
a) $M(3|7)$; $r = \sqrt{5}$
b) $M(0|0)$; Kreispunkt $P(4|-3)$
c) $M(-2|1)$; Kreispunkt $P(5|4)$

# CHECK-UP

**8** Berechne die Längen der roten Strecken. Runde auf mm.

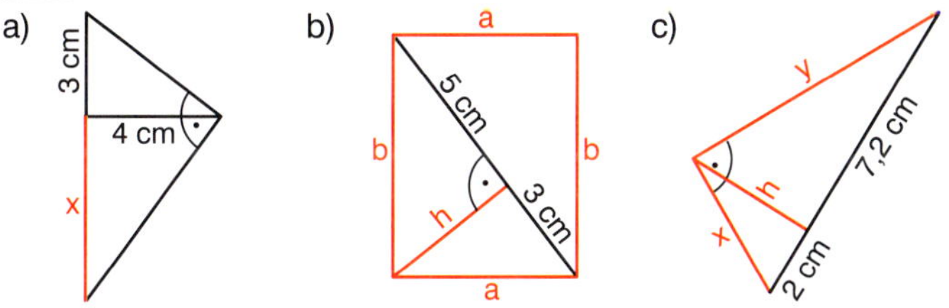


**9** Konstruiere das Trapez. Verwandle es dann in ein flächeninhaltsgleiches Quadrat. Welchen der Sätze des Euklid hast du benutzt? Beschreibe die Konstruktion.

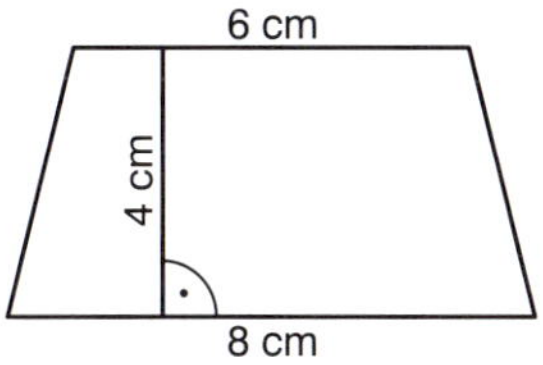


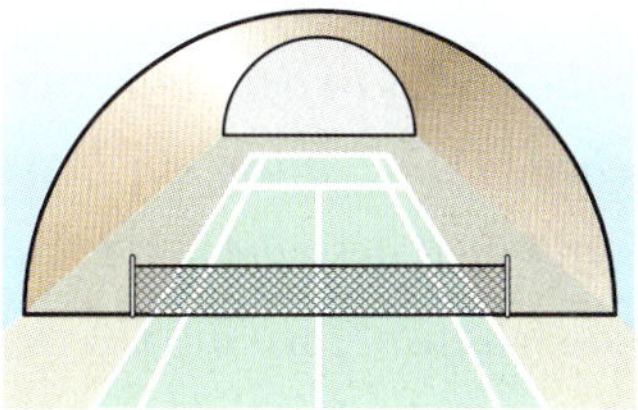

**10** Eine Tennishalle hat einen halbkreisförmigen Querschnitt. Das Spielfeld ist 10,97 m breit, der Abstand von Spielfeld und Wand beträgt 4 m. Wie hoch ist die Halle am Mittelstreifen (an der Seitenlinie) des Spielfeldes?

**11** Zwischen zwei Häusern ist eine Straßenlaterne gespannt. Die Häuser haben einen Abstand von 14 m. Das Befestigungsseil ist 14,2 m lang. Wie weit hängt die Lampe durch?

**12** Marion legt auf einer Alpenwanderung eine fast geradlinige Strecke von 2,7 km zurück. Sie überwindet dabei rund 800 Höhenmeter. Bestimme die durchschnittliche Steigung des Weges.

**13** Das Foto zeigt eine der Rauten, aus denen die Louvrepyramiden gebaut sind. Berechne die Höhe einer Raute. Verwende die Zahlenangaben und das Foto auf Seite 179.

**14** Die große Louvrepyramide (Foto S. 179) ist 21,6 m hoch und hat ca. 33 m lange Seitenkanten. Wie groß ist ihre quadratische Grundfläche?

**15** Für das Eckelement eines Küchenschranks wird in einem Prospekt für die Strecke $\overline{BC}$ eine Länge von 35 cm angegeben. Was meinst du dazu? Wie müsste die Angabe für die Größe der Arbeitsfläche auf dem Eckelement lauten?

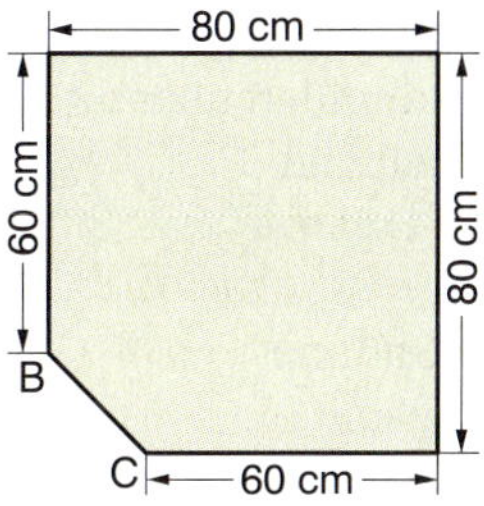


**16** Ein gleichseitiges Dreieck hat eine Höhe von 7 cm. Ermittle seinen Flächeninhalt.

**Höhensatz**

$h^2 = p \cdot q$

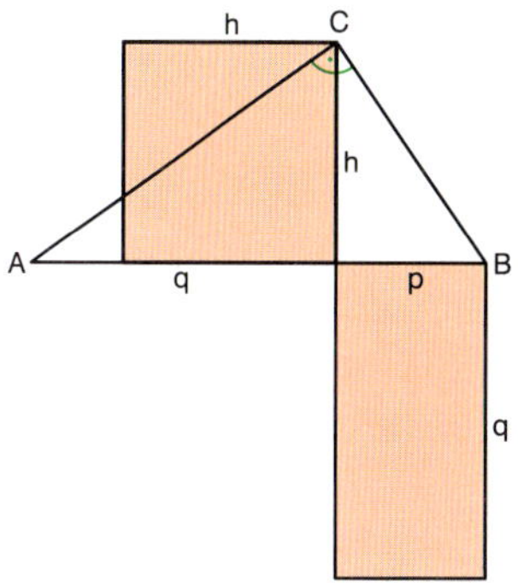


**Kathetensatz**

$a^2 = p \cdot c$
$b^2 = q \cdot c$

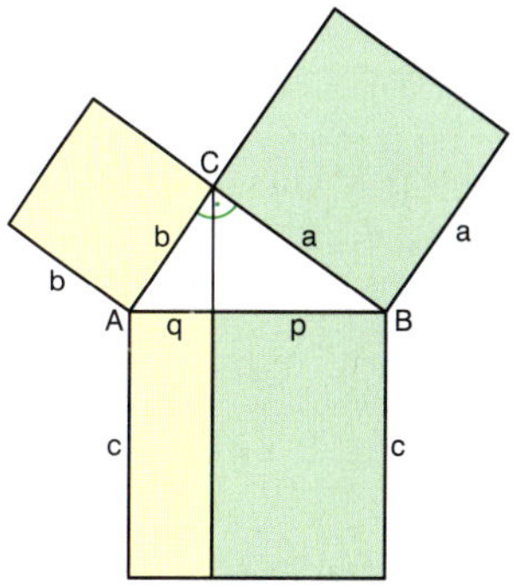


Achtung: Die Sätze gelten nur in rechtwinkligen Dreiecken. Die Benennung kann anders sein.

**Strategie** beim Lösen von Anwendungsaufgaben:

1. **Problem** verstehen
2. **Planskizze** erstellen
3. **Beziehungen zwischen den Größen** suchen (Auffinden rechtwinkliger Dreiecke, Planskizze um Hilfsgrößen ergänzen etc.)
4. **Lösung** des Problems (Berechnung der Hilfsgrößen und der gesuchten Größen)
5. **Problemprobe** (passt die Lösung zum Problem?)

# 6 Modellieren mit Potenzfunktionen und -gleichungen

## 6.1 Potenzen mit nicht negativen, ganzen Exponenten

### *Was dich erwartet*

*Man kann eine Seite eines Mathematikbuches nicht lesen wie die Titelseite einer Zeitung. Das Lesen einer Seite eines Mathematikbuches kann man eher vergleichen mit dem „Lesen“ einer Karikatur. So wie man die visuell gegebenen Informationen in einer Karikatur entschlüsseln muss, so ähnlich ist es in der Mathematik. Viele Informationen sind in wenigen Zeilen gegeben. Daher muss ein Leser verschiedene Gleichungen in den Blick nehmen, die Korrektheit des einen oder anderen Schrittes überprüfen, „vorausschauen“, wo die Überlegungen hinführen, und zurückschauen, ob die gegebenen Informationen effizient verwendet wurden. Die Leistungsfähigkeit, die Kraft – und die Eleganz der Mathematik rühren von der Tatsache her, dass ein großer Teil der mathematischen Informationen sehr „dicht“ dargestellt werden kann. Ein Beispiel dafür sind die Potenzen, mit denen es sich vorzüglich rechnen lässt.*

$$\frac{2}{n^2}+\frac{3}{n^2}+\frac{4}{n^2}+\ldots+\frac{n+1}{n^2}$$
$$=\sum_{i=1}^{n}\frac{i+1}{n^2}=\frac{1}{n^2}\sum_{i=1}^{n}(i+1)=\frac{1}{n^2}\left(\sum_{i=1}^{n}i+\sum_{i=1}^{n}1\right)$$
$$=\frac{1}{n^2}\left(\frac{n(n+1)}{2}+n\right)=\frac{1}{n^2}\left(\frac{n^2+3n}{2}\right)$$
$$=\frac{n+3}{2n}=\frac{1}{2}+\frac{3}{2n}\xrightarrow{\text{für } n\to\infty}\frac{1}{2}$$

*In diesem Lernabschnitt werden die bekannten Verfahren zum Rechnen mit Potenzen wiederholt und ein erster Ausblick auf die Erweiterung des Potenzbegriffes gegeben.*

### *Aufgaben*

**1** In vielen Wäldern werden große Bestände von Rehwild gehalten. Das Wild wird im Winter gefüttert, es wird dafür gesorgt, dass sich Krankheiten nicht ausbreiten. Da Feinde weitgehend fehlen, wächst der Tierbestand z. T. unkontrolliert. Angenommen, jedes Stück Rehwild hat im Mittel x Nachkommen, diese haben im Mittel „pro Tier“ wieder x Nachkommen usw. Dann kann man mithilfe von Potenzen die Summe der Nachkommen über mehrere Generationen modellieren.

a) Angenommen, jedes Stück Rehwild hat in etwa vier Nachkommen. Ergänze die Tabelle.

| Generation | Anzahl | Formel |
|---|---|---|
| 1 | 4 | $x$ |
| 2 | 4 + 16 | $x + x^2$ |
| 3 | 4 + 16 + ■ | $x + x^2 +$ ■ |
| 4 | | |
| 5 | | |

b) Erstelle eine Tabelle mit der Summe aller Nachkommen für verschiedene Tiere. Informiere dich zu diesem Zweck über die Anzahl der Nachkommen in einer Generation und rechne. Häufig ist es wichtig, nur auf die Zahl der weiblichen Nachkommen zu achten. Wieso eigentlich?

*Katzen (weiblich)*
Pro Generation im Mittel fünf weibliche Nachkommen.

## Aufgaben

Problemlösen durch Entdecken von Mustern

**2** Wie viele Quadrate kannst du auf dem Schachbrett entdecken?
Das Problem kannst du auf verschiedene Arten lösen. Finde zumindest zwei Lösungswege. Dazu kannst du die Tipps verwenden.

a) *Lösungstipp 1:* Vielleicht denkst du, dass $8 \cdot 8 = 64$ die richtige Antwort ist. Dies wäre richtig, wenn man nur an 1×1-Quadrate denkt. Es gibt aber auch 2×2-Quadrate, 3×3-Quadrate, usw. Zähle die entsprechenden Quadrate und ergänze die Tabelle.

| Quadratgröße | 1×1 | 2×2 | 3×3 | | | |
|---|---|---|---|---|---|---|
| Anzahl der Quadrate | $8 \cdot 8 = 64$ | $7 \cdot 7 = 49$ | | | | |

b) *Lösungstipp 2 (anderer Lösungsweg):* Löse zunächst einfachere Probleme z. B. Wie viele Quadrate entdeckst du auf einem (1×1)-, (2×2)-, (3×3)-Schachbrett usw? Versuche ein Muster zu entdecken.

| Größe des Schachbretts | 1×1 | 2×2 | 3×3 | 4×4 | | |
|---|---|---|---|---|---|---|
| Anzahl der Quadrate | 1 | $1 + 4 = 5$ | | | | |

**3** *Erkunden der Eigenschaften von Potenzen*
Rechnen mit Potenzen ist einfach, man muss nur wissen wie es geht.

Achtung: Für das **Addieren und Subtrahieren** von Potenzen gibt es auch Regeln (siehe Aufgabe 22).

Schreibe jeden der Terme als Produkt ohne Potenzen. Schreibe dann das Ergebnis der Rechnung als Potenz mit einem Exponenten.

a) $a^3 \cdot a^5$ b) $a^6 \cdot a^2$ c) $\frac{a^8}{a^4}$

d) $(a^3)^2$ e) $(a^4)^3$

f) Formuliere eine Regel, wie man das Produkt (den Quotienten, die Potenz) von Potenzen berechnet.

Schreibe jeden der Terme als Produkt von Faktoren und vereinfache mithilfe von Potenzen.

g) $(5a^4)^3$ h) $(a^2b^3)^2$

i) $\left(\frac{2}{a^2}\right)^2$ j) $\left(\frac{a^4}{b^2}\right)^3$

k) Formuliere eine Regel, wie man Potenzen von Produkten (Quotienten) berechnet.

**4** *Reagiere nicht auf Kettenbriefe*
Im Jahre 1989 wurde eine Postkartenaktion zugunsten des damals 9-jährigen CRAIG SHERHOLD gestartet, der an einem für unheilbar gehaltenen Hirntumor litt. Jeder, der die Adresse von Craig erhielt, sollte ihm eine Karte mit Genesungswünschen schreiben und Craigs Adresse an Bekannte weiterleiten. Diese sollten Craig schreiben und die Adresse wiederum an Bekannte weitergeben.

a) Berechne mithilfe von Potenzen die Anzahl der Karten für Craig in der 1. (2., 3., ..., 10.) „ Runde“, wenn jeder, der Craigs Adresse erhielt, auch geschrieben und die Adresse an 5 Bekannte weitergeleitet hat.

b) Craig kam dank der großen Zahl der Genesungswünsche in das Guinness-Buch der Rekorde. Die Redaktion hat danach beschlossen, derartige Rekorde nicht mehr zu akzeptieren. Warum wohl?

Craig erhielt innerhalb des ersten Jahres ca. 16 Millionen Karten, bis 1991 ca. 50 Millionen, bis 1997 sogar 250 Millionen.
Übrigens, Craig ist heute ein gesunder junger Mann – und bekommt immer noch wäschekorbweise diese Postkarten.

## Aufgaben

**5** *Bei Potenzen muss man genau hinschauen*
Berechne mithilfe des Taschenrechners.
a) $-3^4$ b) $(-3)^4$ c) $2 \cdot 3^4$ d) $(2 \cdot 3)^4$
Vergleiche die Ergebnisse. Wenn du die Basis zu dem jeweiligen Exponenten erkennst, dann kannst du erklären, wie es zu den Ergebnissen kommt.

## Basiswissen

Was man über Potenzen alles wissen sollte:
- Was versteht man unter der Potenz $a^n$?
- Welche Regeln muss man beim Rechnen mit Potenzen beachten?

**Definition von $a^n$**
Ist a eine reelle Zahl und n eine natürliche Zahl, dann ist:

$$a^n = \underbrace{a \cdot a \cdot a \cdot a \cdot \ldots\ldots \cdot a}_{\text{n-mal der Faktor a}}$$

**Rechenregeln**
Es seien a und b reelle Zahlen ungleich 0, m und n natürliche Zahlen:

gleicher Exponent
- Potenz von Produkten $(a \cdot b)^n = a^n \cdot b^n$
- Potenz von Quotienten $\left(\frac{a}{b}\right)^n = \frac{a^n}{b^n}$

gleiche Basis
- Produkt von Potenzen $a^m \cdot a^n = a^{m+n}$
- Quotient von Potenzen $\frac{a^m}{a^n} = a^{m-n}$
- Potenz von Potenzen $(a^m)^n = a^{m \cdot n}$

## Beispiele

**A** Berechne jeden der Terme ohne Taschenrechner.
a) $2^4$ b) $5^1$ c) $(-2)^4$ d) $-2^4$ e) $\left(\frac{3}{5}\right)^3$ f) $5 \cdot 3^3$

*Lösungen:*
a) $2^4 = 2 \cdot 2 \cdot 2 \cdot 2 = 16$
b) $5^1 = 5$
c) $(-2)^4 = (-2)(-2)(-2)(-2) = 16$
d) $-2^4 = -(2 \cdot 2 \cdot 2 \cdot 2) = -16$
e) $\left(\frac{3}{5}\right)^3 = \frac{3}{5} \cdot \frac{3}{5} \cdot \frac{3}{5} = \frac{27}{125}$
f) $5 \cdot 3^3 = 5 \cdot 3 \cdot 3 \cdot 3 = 5 \cdot 27 = 135$

**B** Vereinfache jedes Produkt.
a) $4^2 \cdot 4^4$ b) $x^3 \cdot x^7$ c) $s \cdot s^6$ d) $3a^2 \cdot (-5a^4)$

c) Fehlt der Exponent, so ergänze den Exponenten 1.

*Lösungen:*
a) $4^2 \cdot 4^4 = 4^{2+4} = 4^6$
b) $x^3 \cdot x^7 = x^{3+7} = x^{10}$
c) $s \cdot s^6 = s^1 \cdot s^6 = s^7$
d) $3a^2 \cdot (-5a^4) = 3 \cdot a^2 \cdot (-5) \cdot a^4 = 3 \cdot (-5) \cdot a^2 \cdot a^4 = -15a^6$

Beweis der Produktregel

**C** Beweise die Produktregel für Potenzen.

*Lösung:*

$$\underbrace{a \cdot a \cdot \ldots \cdot a}_{\text{m Faktoren a}}^{a^m} \cdot \underbrace{a \cdot a \cdot \ldots \cdot a}_{\text{n Faktoren a}}^{a^n} = \underbrace{a \cdot \ldots \cdot a \cdot a \cdot \ldots \cdot a}_{\text{zusammen (m + n) Faktoren a}}^{a^{m+n}}$$

## Beispiele

**D** Vereinfache jeden Term, indem du die passende Regel anwendest. Entscheide zunächst, welche Regel passt.

a) $(a^3)^4$ b) $(a^2 \cdot b^5)^2$ c) $\frac{(xy^3)^5}{(x^2y)^2}$

*Lösungen:*

a) Potenz von Potenzen: $(a^3)^4 = a^{12}$

b) Potenz von Produkten: $(a^2 \cdot b^5)^2 = (a^2)^2 \cdot (b^5)^2$

Potenz von Potenzen: $= a^4 \cdot b^{10}$

c) Potenz eines Quotienten/Produktes: $\frac{(xy^3)^5}{(x^2y)^2} = \frac{x^5y^{15}}{x^4y^2} = xy^{13}$

Statt $x^1$ darf man x schreiben.

## Übungen

**6** Berechne die Terme ohne Taschenrechner.

a) $6^3$ b) $-4^4$ c) $(-5)^1$ d) $(-5)^4$ e) $-6^3$ f) $(-6)^3$ g) $(-2 \cdot 6)^3$

**7** *Etwas Zahlentheorie*

Zahlen der Form $2^p - 1$, bei denen p eine Primzahl ist, nennt man Mersenne-Zahlen. Sie sind benannt nach dem Mathematiker MARIN MERSENNE (1588–1648). Mathematiker interessieren sich besonders dafür, welche der Mersenne-Zahlen Primzahlen sind. Berechne die ersten fünf Mersenne-Zahlen und finde heraus, welche dieser Zahlen Primzahlen sind.

Primzahlen zu finden ist schwer. Vielleicht hilft ein Computerprogramm.

*Trainieren der Regeln zum Rechnen mit Potenzen*

**8** Vereinfache.

Produkt von Potenzen

a) $x^2x^8$ b) $a^4 \cdot a$ c) $y^2y^3y$ d) $(5c)(2c^3)$
e) $(-2z^3)(-4z^5)$ f) $(4a^{10})(-6a^4)a$ g) $(10x^3)(-x^6)(x^3)$ h) $-x^3(-x^4)$

**9** Vereinfache.

Quotient von Potenzen

a) $\frac{6r^5}{2r^3}$ b) $\frac{4s^3}{10s^5}$ c) $\frac{t^4}{3t^5}$ d) $\frac{8x^3y^3}{12x^2}$ e) $\frac{-(xy)^3}{(-2xy)^2}$

**10** Beweise die Rechenregeln für Potenzen. Lies zunächst bei Beispiel C nach, wie die Rechenregel für das Multiplizieren von Potenzen dort bewiesen wird.

**11** Wie man Produkte potenziert, kann man an einem Würfel veranschaulichen. Erläutere mithilfe der Zeichnung, dass die Potenz eines Produktes dem Produkt der einzelnen Potenzen entspricht.

Potenz von Produkten/Quotienten

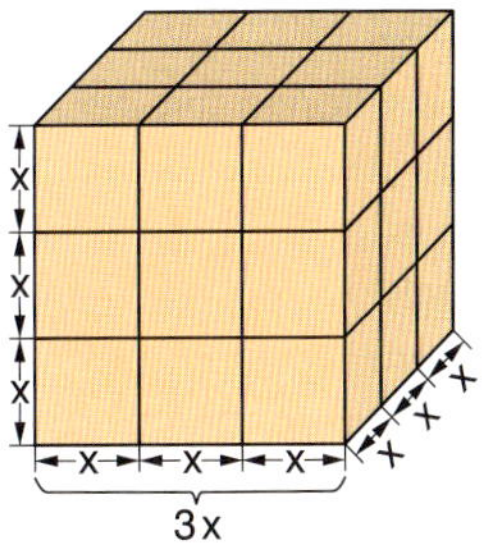


**12** Vereinfache.

a) $(2x)^5$ b) $(5y)^3$ c) $\left(\frac{2}{3y}\right)^4$
d) $(-3z)^2$ e) $\frac{(3x)^4}{(9x)^2}$ f) $\left(\frac{xy}{7}\right)^2$

**13** Wende die Regel zum Potenzieren von Potenzen an.

Potenz von Potenzen

a) $(4s^2)^3$ b) $(x^3y^2)^2$ c) $(d^4 \cdot f)^3$ d) $(r^2s^3t^4)^3$ e) $(x^2(-z)^3)^5$

**14** Der Term $\frac{12m^{12}}{4m^4}$ soll vereinfacht werden.
Welche der Antworten ist richtig? Wie kannst du deine Entscheidung begründen, ohne auf eine Rechenregel zu verweisen?

$3m^3$ $8m^8$ $3m^8$ $8m^3$

**15** Ergänze die fehlenden Exponenten.

a) $(2^2)^x = 2^{12}$ b) $(3^x)^4 = 81$ c) $(p^q)^x = p^{6q}$ d) $(4^2)^2 = 4 \cdot 4^x$
e) $(2^x)^2 = 1024$ f) $(5^2)^x = 25$ g) $(r^{2s})^x = r^{6s}$ h) $(2 \cdot 3)^4 = 36^x$

## Übungen

**16** *Potenzieren von negativen Zahlen*

a) Ergänze die Tabelle mit Potenzen.

b) Welche Vorzeichenregel kann man aus der Tabelle ablesen?

c) Mit den Regeln zum Rechnen mit Potenzen kann man die Vorzeichenregel für Potenzen finden und beweisen:

$a^{2n} = (a^2)^n$ Was kann man folgern, wenn a negativ ist?

$a^{2n+1} = a^{2n} \cdot a$ Was kann man folgern, wenn a negativ ist?

| $a^n$ | 1 | 2 | 3 | 4 |
|---|---|---|---|---|
| (−1) | −1 | 1 | −1 | 1 |
| (−2) | −2 | 4 | | |
| (−3) | | | | |

Exponent (Kopfzeile), Basis (erste Spalte)

**17** Erläutere, warum

a) $x^5 \cdot x^3$ und $(x^5)^3$ nicht äquivalent sind,  b) $a x^2$ und $(a x)^2$ nicht äquivalent sind.

**18** In welchem Verhältnis steht das Volumen eines Würfels mit der Kantenlänge s zur Größe seiner Oberfläche?

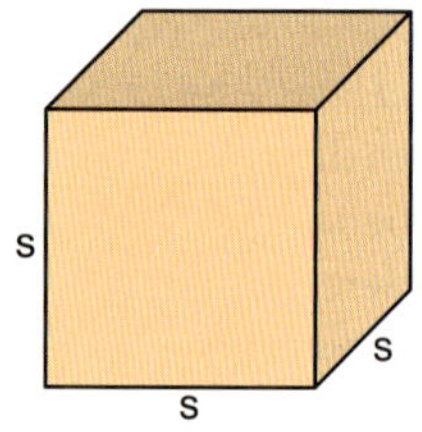


**19** Die Kantenlänge s eines Würfels wird um den Faktor a größer. Wie verändert sich das Volumen (die Oberfläche)?

**20** Begründe, warum $(a^m)^n$ und $(a^n)^m$ äquivalent sind.

**21** Vereinfache die folgenden Terme.

a) $\frac{(a \cdot b)^5}{a \cdot b^5}$  b) $\frac{(x \cdot y)^4}{(x \cdot y)^3}$  c) $\frac{(x^4 \cdot z)^2}{(x \cdot z)^2}$  d) $\frac{(3r)^4}{(9r^2)^2}$  e) $\frac{s^3 (t \cdot u)^2}{(s \cdot t \cdot u^2)^3}$

Regeln zum Addieren und Subtrahieren von Potenzen

**22** Es gibt auch Rechenregeln für das Addieren von Potenzen.

a) Welche der folgenden Regeln sind sicher falsch? Begründe.

$a^2 + b^2 = (a+b)^2$  $a^2 + a^2 = a^4$  $a^2 + 3a^2 = 4a^2$  $a^2 + 2a^2 = 2a^4$

b) Entdecke richtige Regeln.

Potenzfunktionen

GTR

**23** *Funktionenlabor: Potenzfunktionen*

Funktionen mit der Funktionsgleichung $f(x) = x^n$, n ist eine natürliche Zahl größer 0, gehören zur Menge der Potenzfunktionen.

Bekannt sind dir bereits die speziellen Potenzfunktionen

$f(x) = x$ und $g(x) = x^2$.

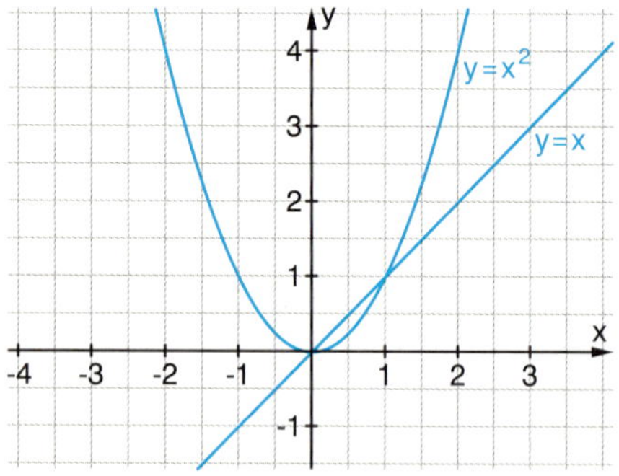


Untersuchungsauftrag: Finde mithilfe des GTR heraus, welchen Einfluss der Exponent n auf den Graphen der jeweiligen Potenzfunktion hat. Finde so viele Merkmale wie möglich. Trage die Ergebnisse in Form einer Tabelle oder eines Berichtes zusammen, der später die Eigenschaften auf „einen Blick" erkennen lässt.

**24** a) Erkennnst du eine besondere Eigenschaft der Funktion $f(x) = x^2$?

b) Gibt es ähnliche Muster für $f(x) = x^3$, $f(x) = x^4$ und $f(x) = x^5$?

| x | 0 | 1 | 2 | 3 | 4 | 5 |
|---|---|---|---|---|---|---|
| $x^2$ | 0 | 1 | 4 | 9 | 16 | 25 |

1  3  5  7  9

2  2  2  2

## Übungen

**25** Ergänze die folgende Tabelle in deinem Heft.

| | Gesetz | Beispiel mit Zahlen | Beispiel mit Variablen |
|---|---|---|---|
| Produkt von Potenzen | | | |
| Quotient von Potenzen | | | |
| Potenz von Produkten | | | |
| Potenz von Quotienten | | | |
| Potenz von Potenzen | | | |

Zum Training

## Aufgaben

Spielen mit Potenzen

**26** Vergleiche die Terme $(2^2)^5$ und $2^{(2^5)}$. Was stellst du fest?

**27** *Vorsicht Technik*
Versuche mit dem Taschenrechner $2^{(2^{40})}$ zu berechnen. Beachte: Es muss zunächst $2^{40}$ ausgewertet werden. Setze beim Rechnen mit dem TR entsprechende Klammern. Was geschieht, wenn du die Klammern vergisst?

**28** *Nochmals etwas Zahlentheorie*
PIERRE DE FERMAT war ein berühmter französischer Mathematiker, der wichtige Beiträge zur Zahlentheorie und Wahrscheinlichkeitsrechnung leistete. FERMAT interessierte sich u. a. für Zahlen der Form $2^{(2^n)} + 1$ mit $n = 1, 2, 3, \ldots$. Er vermutete, dass jede dieser Zahlen, die nach ihm Fermat'sche Zahlen genannt wurden, eine Primzahl ist.

PIERRE DE FERMAT (1601–1665)

a) Erstelle eine Tabelle der Zahlen für $n = 1, 2, 3, 4, 5$.
*Hinweis für den Taschenrechner:* Beachte Klammern. Was wird beim Auswerten des Terms zuerst berechnet?
b) Du kannst schon erahnen, wie schwer es zu überprüfen ist, ob die Fermat'sche Zahl für $n = 5$ eine Primzahl ist. Um wie viel schwerer ist das Überprüfen der Fermat'schen Zahlen auf Teilbarkeit für $n = 6, 7, \ldots$!
Übrigens, obwohl FERMAT ein großartiger Mathematiker war, war seine Vermutung falsch. Für $n = 5$ konnte LEONHARD EULER im Jahr 1732 zeigen, dass 641 ein Teiler der Fermat'schen Zahl ist. Ermittle mit dem Taschenrechner einen weiteren Teiler.

Zufall oder nicht?

**29** *Eine überraschende Entdeckung*
a) Zeige, dass $1^2 + 8^2 = 4^2 + 7^2$ und $14^2 + 87^2 = 41^2 + 78^2$. Wie sind die Zahlen 14, 87, 41 und 78 ausgewählt worden?
b) Ist $17^2 + 84^2 = 71^2 + 48^2$? Wie wurden diese Zahlen ausgewählt?
c) Sind die Beobachtungen in Aufgabe a) und b) Zufall?
Es ist $0^2 + 5^2 = 3^2 + 4^2$. Bilde Gleichungen mit Quadratzahlen wie in a) und b) und überprüfe, ob sie stimmen. Beachte, dass die Zahl 03 natürlich 3 bedeutet.

**30** Verdunstung und Wärmeabgabe geschieht über die Oberfläche der Haut. Zwei Tiere derselben Gattung haben etwa ähnliche Körperformen (z. B. Eidechse und Komodo-Waran). Welches Tier verliert weniger Wärme und Feuchtigkeit, das kleine oder das große Tier? Begründe dies mit dem Verhältnis der Oberfläche zu dem Volumen.

## 6.2 Potenzen mit ganzzahligen Exponenten

**Was dich erwartet**

*Mit negativen Exponenten kann man die Grundgedanken der Potenzen und Potenzrechnungen auf weitere Fragestellungen der Realität übertragen. Protonen sind positiv geladene Teilchen im Atomkern. Ein Kohlenstoffatom besitzt zwölf Protonen. Die Masse eines Protons beträgt in etwa $1{,}7 \cdot 10^{-27}$ kg.*

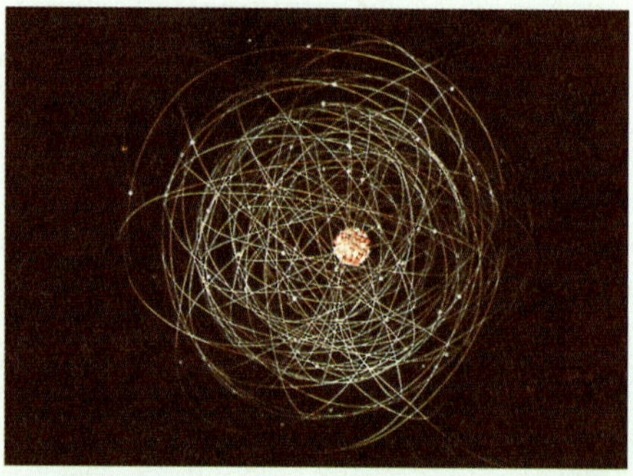

*Elektronen haben eine Masse, die ungefähr 1/2000 der Masse des Protons ist. Damit ist die Masse eines Elektrons ungefähr $8{,}5 \cdot 10^{-31}$ kg. Negative Exponenten spielen in verschiedenen Wissenschaften eine Rolle, wie z. B. in der Physik, wenn man sehr kleine Zahlen übersichtlich darstellen will. Besonders vorteilhaft ist es, dass man mit Potenzen mit negativen Exponenten auch einfach rechnen kann.*

**Aufgaben**

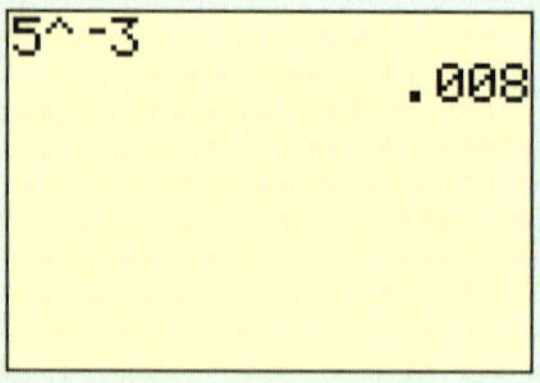


**1** *Welche Definition verwendet dein Taschenrechner bei negativen Exponenten und dem Exponenten Null?*

a) Ergänze die Tabelle 1 mithilfe deines Taschenrechners. Gib die Ergebnisse jeweils als Bruch an. Wie könnte auf dem Taschenrechner $a^{-n}$ definiert sein? Überprüfe deine Definition an weiteren Beispielen $(5^{-1}, 3^{-2}, 10^{-3})$.

b) Du kannst durch Ausprobieren herausfinden, wie auf deinem Taschenrechner Potenzen mit dem Exponenten 0 definiert sind. Vervollständige dazu die Tabelle 2. Überprüfe deine Definition an weiteren Beispielen $(4^0, (-3)^0, 10^0)$.

c) Berechne mit dem Taschenrechner $0^0$. Überrascht dich das Ergebnis? Erkläre das Ergebnis.

| Tabelle 1 | |
|---|---|
| $2^{-1}$ | |
| $2^{-2}$ | |
| $2^{-3}$ | |
| $2^{-4}$ | |
| $2^{-5}$ | |

| Tabelle 2 | |
|---|---|
| $1^0$ | |
| $2^0$ | |
| $3^0$ | |
| $4^0$ | |
| $(-4)^0$ | |

**2** *Finden der Definition für $a^0$ und $a^{-n}$ mithilfe der Rechenregeln für Potenzen*

a) Berechne $\frac{2^4}{2^4}\left(\frac{3^5}{3^5}, \frac{5^2}{5^2}, \frac{4^k}{4^k}, \frac{a^m}{a^m}\right)$. Begründe, warum die Definition $a^0 = 1$ sinnvoll ist.

b) Vereinfache $\frac{2^4}{2^7}\left(\frac{3^5}{3^9}, \frac{5^2}{5^3}, \frac{4^0}{4^k}, \frac{a^0}{a^n}\right)$. Begründe, warum die Definition $a^{-n} = \frac{1}{a^n}$ sinnvoll ist.

c) Berechne mit den Definitionen aus Aufgabe a) oder b) ohne Taschenrechner $5^0$ $(2^0, 2^{-2}, 5^{-3}, 7^0)$.

**3** *Durchmesser eines Atoms*

Wissenschaftler geben den Durchmesser eines Atoms mit ca. 0,0000000001 m an.

a) Was muss man sich merken, wenn man diese Zahl behalten möchte?

b) Physiker schreiben stattdessen $10^{-10}$ m. Erkläre, wie diese Potenz zustande kommt.

## Aufgaben

**4** Erkläre an der Zeichnung wie man $2^0$ und $2^{-n}$ sinnvoll definieren kann.

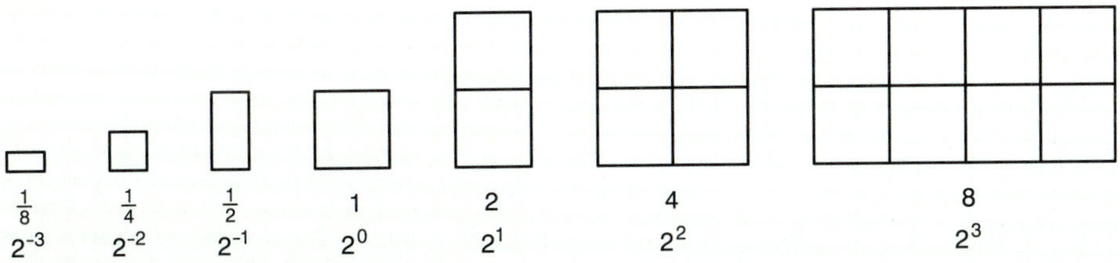


Du kannst die Figuren mit Papier und Schere herstellen. Beginne mit einem Quadrat der Kantenlänge 10 cm. Stelle die größeren Quadrate durch Ankleben her und die kleineren durch Zerschneiden.

## Basiswissen

**Exponent 0**
Wenn a eine Zahl ungleich 0 ist, dann ist:
$a^0 = 1$

**negative Exponenten**
Wenn a eine Zahl ungleich 0 ist und n eine natürliche Zahl, dann ist:
$a^{-n} = \frac{1}{a^n}$ und $\frac{1}{a^{-n}} = a^n$

**Rechnen mit Potenzen mit ganzzahligen Exponenten**
Es gelten die bekannten Rechenregeln für Potenzen.

## Beispiele

**A** Vereinfache die Terme. Die Ergebnisse sollen keine negativen Exponenten enthalten.

a) $a^4 \cdot b^0$ b) $b^{-5} \cdot b^5$ c) $\frac{c^3 g^2}{c^7 g^2}$

*Lösung:*

a) $a^4 \cdot b^0 = a^4 \cdot 1 = a^4$

b) $b^{-5} \cdot b^5 = b^{-5+5} = b^0 = 1$

c) $\frac{c^3 g^2}{c^7 g^2} = c^{3-7} g^{2-2} = c^{-4} g^0 = \frac{1}{c^4}$

**B** Vereinfache zu Ergebnissen ohne negative Exponenten.

a) $\frac{x}{x^{-6}}$ b) $\frac{1}{y^{-4}}$ c) $\frac{z^{-4}}{z^{-2}}$

*Lösung:*

a) $\frac{x}{x^{-6}} = x^{1-(-6)} = x^7$

b) $\frac{1}{y^{-4}} = \frac{1}{\frac{1}{y^4}} = y^4$ oder $\frac{1}{y^{-4}} = \frac{y^0}{y^{-4}} = y^{0-(-4)} = y^4$

c) $\frac{z^{-4}}{z^{-2}} = z^{-4-(-2)} = z^{-2} = \frac{1}{z^2}$

## Übungen

**5** Berechne ohne Taschenrechner.

a) $2^{-3}$ b) $5^0$ c) $10^{-6}$ d) $\left(\frac{1}{3}\right)^0$ e) $\frac{1}{4^{-2}}$

f) $2^{-5} \cdot 2^8$ g) $7^6 \cdot 7^{-6}$ h) $10^6 \cdot 10^{-3}$ i) $\frac{10^6}{10^8}$ j) $\frac{4^{10}}{4^{12}}$

**6** Vereinfache die Terme zu Ergebnissen ohne negative Exponenten.

a) $\frac{x^4 \cdot x^{-4}}{x^4}$ b) $\frac{a^3 \cdot b^5}{a \cdot b^6}$ c) $\frac{r}{r^{-5}}$ d) $\frac{3x^3 \cdot y^{-3}}{27x^5 \cdot y^3}$ e) $\frac{6a^4 \cdot b^{-2}}{72a^7 \cdot b^{-5}}$

**7** Vereinfache jeden der Terme. Die Ergebnisse sollen lediglich positive Exponenten enthalten.

a) $-5a^{-6}$ b) $\frac{x^4}{y^{-6}}$ c) $a \cdot a^{-1}$ d) $\frac{f^7 \cdot f^{-7}}{f^2}$ e) $-6 \cdot \frac{p^{-5}}{p^{-7}}$

## Übungen

**8** Vereinfache. Die Ergebnisse sollen nur positive Exponenten haben.

a) $-b^{-1} \cdot b^{-2}$ b) $(a^2 \cdot b^{-5})^0$ c) $\frac{5a^9b^{-3}}{10a^{-1}b^5}$ d) $\frac{27a^{-4}b^{-1}}{9a^{-1}b^{-4}}$

**9** Berechne jeden Term ohne Taschenrechner.

a) $2^4$ b) $-2^4$ c) $(-2)^4$ d) $2^{-4}$ e) $(-2)^{-4}$ f) $-2^{-4}$

**10** Behauptung: Der Term $\left(\frac{a}{b}\right)^{-n}$ ist reziprok zu $\left(\frac{a}{b}\right)^n$.

Reziprok: Kehrbruch

a) Überprüfe die Behauptung an mehreren Beispielen.
b) Beweise die Behauptung.

$\left(\frac{a}{b}\right)^{-n} = \frac{a^{-n}}{b^{-n}}$

**11** Vereinfache.

a) $a^{-2} \cdot a^{x+2}$ b) $y^{-2a} \cdot y^{3a}$ c) $2^{x+3} \cdot 2^{2x-1}$ d) $\frac{a^{3b+1}}{a^{2b}}$ e) $\frac{x^{y-5}}{x^{y+3}}$
f) $6 \cdot a^0 \cdot b^{-2}$ g) $3^{-x+1} \cdot 3^x$ h) $a^{-x} \cdot a^{-x-1}$ i) $\frac{t}{t^{2s}}$ j) $(b^{-y})^{-2}$

**12** Schreibe mit positiven Exponenten.

a) $\left(\frac{2}{5}\right)^{-2}$ b) $(3^2)^{-4}$ c) $(2a^3b^{-2})^3$ d) $(2a^3b^{-2})^{-3}$ e) $\left(\frac{x^3}{y^5}\right)^{-1}$

**13** Zeige, dass gilt: a) $\frac{x^{-1}-y^{-1}}{x-y} = -\frac{1}{xy}$ b) $y^{a-b} = \frac{1}{y^{b-a}}$

**14** *Offene Fragen*

$0^{-n}$ ?

Laut Basiswissen sind $0^0$ und $0^{-n}$ nicht definiert. Begründe, warum die beiden Terme nicht definiert sind.

$0^0$ ?

$0^{-3}$ ?

**15** *Etwas zum Nachdenken*

a) Warum kann man $s^2 \cdot t^{-3}$ nicht vereinfachen?
b) Erläutere, warum die Vereinbarung $s^{-2} = \frac{1}{s^2}$ sinnvoll ist.
c) Warum ist $(3a)^{-2} \neq \frac{3}{a^2}$?

**16** *Etwas zur Auflockerung*

$\frac{4}{\sqrt{4}} + 4 + 4$

Schreibe so viele Terme wie möglich mit genau vier Vieren auf, deren Berechnung Ergebnisse zwischen 1 und 10 liefern. Wer findet die meisten Terme?

Potenzfunktionen

**17** *Funktionenlabor: Potenzfunktionen*

Funktionen mit der Funktionsgleichung $f(x) = x^{-n}$, n ist eine natürliche Zahl, gehören zur Menge der Potenzfunktionen.

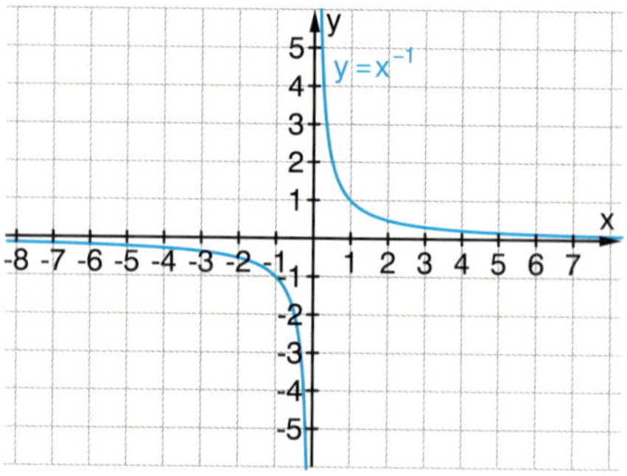


a) Bekannt ist dir bereits die spezielle Potenzfunktion $f(x) = x^{-1}$, auch wenn du dies wahrscheinlich nicht sofort erkennst.

GTR

Schreibe die Funktionsgleichung mit positivem Exponenten.

b) Welchen Einfluss hat n auf die Graphen der Potenzfunktionen $f(x) = x^{-n}$? Finde so viele Merkmale wie möglich. Trage die Ergebnisse in Form einer Tabelle oder eines Berichtes zusammen, der später die Eigenschaften auf „einen Blick" erkennen lässt.

c) In Kapitel 6.1 wurden in der Aufgabe 23 Potenzfunktionen behandelt. Wie unterscheiden sich diese Potenzfunktionen von denen in diesem Kapitel, welche Gemeinsamkeiten gibt es?

## Übungen

**18** Ordne jedem der Graphen die passende Potenzfunktion zu. Begründe.

$f(x) = x^{2n}$ $g(x) = x^{2n+1}$ $h(x) = x^{-2n}$ $i(x) = x^{-(2n+1)}$

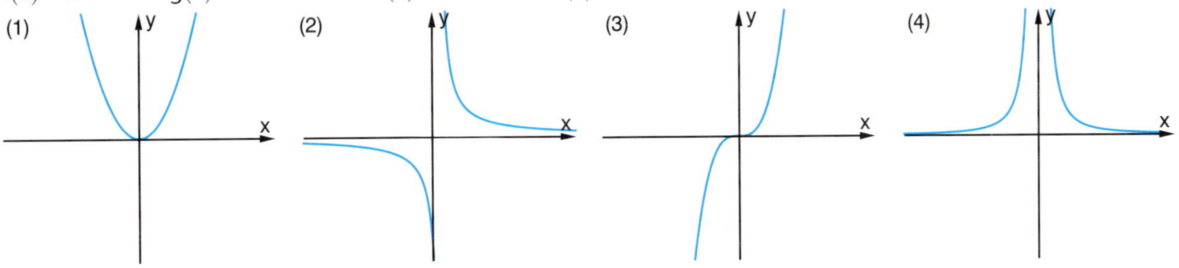


**19** Überprüfe die folgenden Behauptungen. Dabei ist a eine reelle, und n eine natürliche Zahl. Gib ein Gegenbeispiel an, falls die Behauptung falsch ist. Begründe, falls die Aussage richtig ist.

a) Wenn $a < 0$ ist, dann ist $a^n < 0$.
b) Wenn n gerade ist, dann ist $a^n > 0$.
c) $a^{-n}$ ist nie positiv.
d) Wenn $a^n < 1$ ist, dann ist $a < 1$.

**20** Die Schulden der Bundesrepublik Deutschland beliefen sich im September 2003 auf 1 280 000 000 000 €.

a) Versuche die Zahl zu lesen.
b) Wie viel Schulden entfallen im Durchschnitt auf jeden Bundesbürger, wenn man davon ausgeht, dass die Bevölkerung Deutschlands etwa 83 000 000 beträgt? Schätze zunächst, ohne mit dem Taschenrechner zu rechnen. Überprüfe deine Schätzung.
c) Woran liegt es, dass man Schwierigkeiten hat, mit diesen Zahlen umzugehen?

Einem deutschen Wirtschaftsminister unterlief in einer Fernsehsendung ein Fehler, als er die Zahl 120 Milliarden in Ziffern schreiben sollte. Er schrieb eine Stelle zu wenig auf. Auf den Fehler aufmerksam gemacht, sagte er: „Es ist ja nur eine Null zu wenig.“
Was meinst du, ist das ein kleiner Fehler?

**21** *Dezimalschreibweise und Potenzen*

Übertrage die Tabelle in dein Heft und ergänze.

| Dezimalschreibweise | 10 000 | 1 000 | 100 | 10 | ? | ? | ? |
|---|---|---|---|---|---|---|---|
| Zehnerpotenzen | $10^4$ | $10^3$ | $10^2$ | $10^1$ | ? | ? | ? |

**22** *Große Zahlen und der Taschenrechner*

a) Berechne mit deinem Taschenrechner $6\,000\,000^2$. Welche Ausgabe erhältst du? Interpretiere das Ergebnis.
b) Berechne das Produkt $5\,000\,000 \cdot 40\,000\,000$. Sage vorher, wie das Ergebnis auf dem Display deines Taschenrechners angegeben wird.
c) Was geschieht mit kleinen Zahlen? Berechne mit dem Taschenrechner $0{,}000\,000\,9^2$. Interpretiere das Ergebnis.

**23** *Wellenlängen*

a) Röntgenstrahlen haben eine Wellenlänge von ca. 0,000 000 000 125 m.
Tippe diese Zahl in deinen Taschenrechner ein und drücke die „=“-Taste.
Was geschieht? Erkläre.
b) Um das Wievielfache größer ist die Wellenlänge bei der Übertragung von Fernsehsignalen im Vergleich zu der Wellenlänge von UV-Licht?

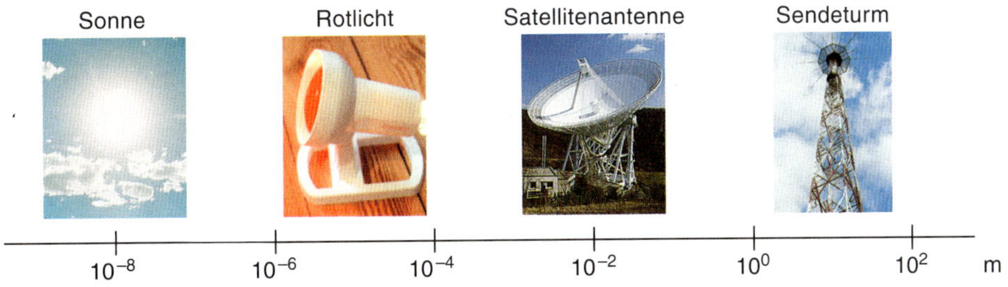

## Basiswissen

Astrophysiker sind Physiker, die sich mit dem Weltall beschäftigen. Für Entfernungen im Weltall benötigen sie sehr große Zahlen.
Wissenschaftler rechnen häufig auch mit sehr kleinen Zahlen.
Großen und kleinen Zahlen ist gemeinsam, dass man viele Nullen benötigt um sie aufzuschreiben.

Entfernung
Erde – Proxima Centauri (erdnächster Fixstern):
ungefähr 38 000 000 000 000 km

Wellenlänge von Röntgenstrahlen:
0,000 000 000 125 m

**Wissenschaftliche Schreibweise von Zahlen**
Mithilfe von Zehnerpotenzen kann man sehr große und sehr kleine Zahlen übersichtlich darstellen und schnell Überschlagsrechnungen machen.
Eine Zahl in wissenschaftlicher Schreibweise

$a \cdot 10^z$

Für a gilt: $1 \le a < 10$
Der Exponent z ist eine ganze Zahl.

$9 \cdot 10^6 = 9\,000\,000$
$2{,}3 \cdot 10^{-8} = 0{,}000\,000\,023$

Taschenrechner: 3.8 E 13 bedeutet $3{,}8 \cdot 10^{13}$.

**Rechnen mit Zahlen in wissenschaftlicher Schreibweise**

$(a \cdot 10^n)(b \cdot 10^m)$
$= (a \cdot b)(10^n \cdot 10^m)$
$= (a \cdot b) \cdot 10^{n+m}$

$(a \cdot 10^n) + (b \cdot 10^n)$
$= (a + b) \cdot 10^n$

## Beispiele

**C** Schreibe 38 000 000 000 000 km und 0,000 000 000 125 m in wissenschaftlicher Schreibweise.

*Lösung:*

Kommaverschiebung: 13 Stellen nach links (10 Stellen nach rechts)

38 000 000 000 000 km
$= 3{,}8 \cdot 10\,000\,000\,000\,000$ km
$= 3{,}8 \cdot 10^{13}$ km

0,000 000 000 125 m
$= 1{,}25 : 10\,000\,000\,000$ m
$= 1{,}25 \cdot 10^{-10}$ m

**D** Berechne.

a) $(3 \cdot 10^8)(1{,}5 \cdot 10^{-3})$

b) $(9{,}5 \cdot 10^8) - (7{,}8 \cdot 10^8)$

*Lösung:*

$(3 \cdot 10^8)(1{,}5 \cdot 10^{-3})$
$= (3 \cdot 1{,}5)(10^8 \cdot 10^{-3})$
$= 4{,}5 \cdot 10^5 = 450\,000$

$(9{,}5 \cdot 10^8) - (7{,}8 \cdot 10^8)$
$= (9{,}5 - 7{,}8) \cdot 10^8$
$= 1{,}7 \cdot 10^8 = 170\,000\,000$

## Übungen

**24** Schreibe jede Zahl in wissenschaftlicher Schreibweise.
a) 384 000 b) 0,007 c) 40 075 d) 0,32 e) 0,000 028 5

**25** Schreibe jede Zahl in Dezimalschreibweise.
a) $5{,}8 \cdot 10^7$ b) $1{,}602 \cdot 10^{-19}$ c) $2{,}9 \cdot 10^{23}$ d) $1{,}405 \cdot 10^8$

**26** Rechne mit wissenschaftlicher Schreibweise. Mache zunächst eine Überschlagsrechnung.
a) $1{,}2 \cdot 10^4 + 3 \cdot 10^4$ b) $7{,}03 \cdot 10^4 \cdot 2 \cdot 10^{-6}$ c) $1{,}05 \cdot 10^{-3} \cdot 4 \cdot 10^4$
d) $2{,}5 \cdot 10^3 + 4 \cdot 10^{-1}$ e) $\frac{9 \cdot 10^8}{4{,}25 \cdot 10^3}$ f) $\frac{4{,}6 \cdot 10^{-4}}{1{,}5 \cdot 10^{-9}}$

Vorsicht bei Aufgabe d).

**27** Wissenschaftler behaupten, das Universum sei $10^{18}$ Sekunden alt. Wie viele Jahre sind dies? Drücke das Ergebnis in Worten aus.

**Aufgaben**

**28** Übertrage die Daten in die jeweils andere Schreibweise (wissenschaftliche Schreibweise, Dezimalschreibweise)

| Planet | Durchmesser (km) | Größte Entfernung zur Erde (km) |
|---|---|---|
| Merkur | 5000 | $2{,}20 \cdot 10^8$ |
| Venus | 12000 | $2{,}609 \cdot 10^8$ |
| Erde | 12800 | – |
| Mars | 6800 | $4 \cdot 10^8$ |
| Jupiter | 143000 | $9{,}67 \cdot 10^8$ |
| Saturn | 121000 | $1{,}658 \cdot 10^9$ |
| Uranus | 52000 | $3{,}160 \cdot 10^9$ |
| Neptun | 49500 | $4{,}689 \cdot 10^9$ |
| Pluto | 3000 | $7{,}525 \cdot 10^9$ |

**29** Ein Funksignal legt in einer Sekunde $3 \cdot 10^8$ m zurück.
Überschlage ohne Taschenrechner, wie lange ein Signal von einem Satelliten im ungünstigsten Fall vom a) Merkur b) Jupiter c) Saturn d) Pluto zur Erde benötigt.

## Schwarze Löcher

Schwarze Löcher können als Endzustand eines Sternes bei einer Supernova (Explosion eines Sternes) entstehen. Astronomen glauben, dass in der Endphase des „Lebens eines Sternes" dieser unter der eigenen Schwerkraft zusammenbricht. Ein derartiges schwarzes Loch ist ein Objekt mit der Masse eines Sternes aber mit einem sehr geringen Durchmesser. Die Gravitationskraft (Schwerkraft) wird so groß, dass selbst Licht nicht entweichen kann.
Woran können wir erkennen, dass ein Stern so weit geschrumpft ist, dass er zu einem schwarzen Loch geworden ist? Der deutsche Astronom SCHWARZSCHILD hat den kritischen Radius R berechnet, unter dem ein zusammenbrechender Stern zu einem schwarzen Loch wird.

$R = \frac{2 \cdot G \cdot m}{c^2}$ G: Gravitationskonstante $\left(6{,}7 \cdot 10^{-11} \frac{m^3}{kg \cdot s^2}\right)$

m: Masse des Sterns in kg

c: Lichtgeschwindigkeit $\left(3 \cdot 10^8 \frac{m}{s}\right)$

Den Radius, der auch Schwarzschildradius genannt wird, erhält man bei Anwendung der Formel in Metern.
Kein Teilchen, das sich dem Zentrum des schwarzen Loches um weniger als den Schwarzschildradius R nähert, kann dieses wieder verlassen.

**Schwarzes Loch auch im Zentrum unserer Milchstraße:**
Astronomen glauben Beweise gefunden zu haben, dass auch im Zentrum unserer Milchstraße ein Sternenmonster, ein schwarzes Loch, lauert.

**30** Astronomen haben berechnet, dass unsere Sonne nicht groß genug ist, um ein schwarzes Loch zu werden. Sie müsste mindestens die dreifache Masse besitzen. Um aber eine Vorstellung zu bekommen, wie groß ein schwarzes Loch ist, berechne den Schwarzschildradius für die Sonne.

**Sonne:**
$r = 7 \cdot 10^5$ km
$m = 2 \cdot 10^{30}$ kg

*Universum*
Im Weltall gibt es noch weitere interessante Objekte, in denen die Masse auf kleinem Raum zusammengepresst ist. Bekannt sind „Weiße Zwerge" und „Neutronensterne". Informiert euch über diese Objekte und stellt die gefundenen Ergebnisse einschließlich eures Wissens über „schwarze Löcher" aus.

**Projekt**

# 6.3 Wurzeln und Potenzen mit rationalen und irrationalen Exponenten

## Was dich erwartet

Potenzregeln:
$a^m \cdot a^n = a^{m+n}$

*Mathematiker arbeiten gerne mit Termen, mit denen man möglichst einfach rechnen kann. Potenzen sind solche Terme. Wir kennen eine Reihe von einfachen Regeln zum Rechnen mit Potenzen. Es ist eine gute Idee, sich diese Rechenregeln noch einmal ins Gedächtnis zu rufen, denn Potenzen und Wurzeln haben viel miteinander zu tun.*

$x^5 = 7$ *Die gesuchte Zahl x ist eine Zahl, die fünfmal mit sich selbst multipliziert die Zahl 7 ergibt. Man kann kurz schreiben:*

$x = \sqrt[5]{7}$ *(fünfte Wurzel aus 7).*

$\sqrt[5]{7} = 7^p$ *Vielleicht kann man $\sqrt[5]{7}$ auch als eine Potenz von 7 schreiben.*

## Aufgaben

**1** *Lösen von Potenzgleichungen*

a) Finde die Lösungen der folgenden Potenzgleichungen.
(1) $x^3 = 8$ (2) $x^2 = -9$ (3) $x^4 = 10000$ (4) $x^3 = -125$

b) Ein bisschen Theorie: Für welche Fälle hat die Gleichung $x^n = c$ keine Lösung, eine Lösung, zwei Lösungen?
Unterscheide für den Exponenten n zwei Fälle.

c) Potenzgleichungen kann man grafisch mithilfe von Potenzfunktionen lösen. Erläutere, was in den Schaubildern dargestellt ist. Begründe deine Vermutungen aus Aufgabe b) mithilfe der Graphen.

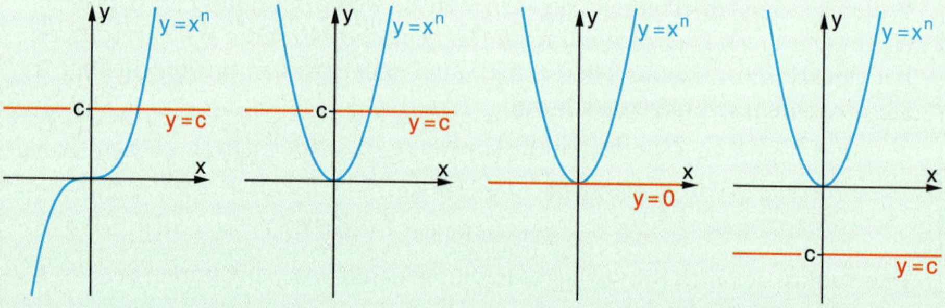


**2** *Intervallschachtelung*

Durch eine Intervallschachtelung kann man einen Näherungswert für Wurzeln zumindest theoretisch beliebig genau berechnen.

| | |
|---|---|
| 3 | $< \sqrt{10} < 4$ |
| 3,1 | $< \sqrt{10} < 3,2$ |
| 3,16 | $< \sqrt{10} < 3,17$ |
| 3,162 | $< \sqrt{10} < 3,163$ |

a) Überprüfe dein Wissen über Intervallschachtelungen.

b) Es soll die Zahl näherungsweise bestimmt werden, die fünfmal mit sich selbst multipliziert 20 ergibt. Gib die ersten vier Schritte einer Intervallschachtelung an.

**3** Ein Würfel der Kantenlänge s soll ein Volumen von 100 l besitzen.

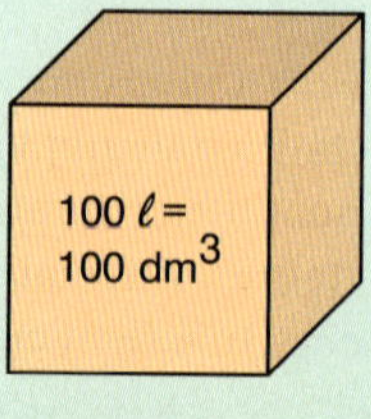


a) Schätze, welche Kantenlänge der Würfel haben muss. Überprüfe mit dem Taschenrechner deinen Schätzwert.

b) Gib die Kantenlänge auf Millimeter genau an.

## Aufgaben

**4** *Iterationsverfahren zur näherungsweisen Berechnung von Wurzeln*

a) Berechne die ersten zehn Iterationsschritte zur näherungsweisen Berechnung von $\sqrt[5]{20}$ und notiere die Näherungswerte. Was stellst du fest?

b) Für die Berechnung von Quadratwurzeln (z. B. $\sqrt{20}$) hast du das Heronverfahren kennen gelernt. Informiere dich über das Heronverfahren und vergleiche es mit dem Verfahren in dieser Aufgabe. Wie müsste man vermutlich die Iterationsvorschrift abändern, um $\sqrt[10]{20}$ zu berechnen? Überprüfe deine Vermutung durch Berechnen der ersten zehn Iterationsschritte.

z. B. $\sqrt[5]{20}$
*Iterationsvorschrift:*
$x_{n+1} = \frac{1}{5}\left(4x_n + \frac{20}{x_n^4}\right)$,
*Startwert:*
z. B. $x_1 = 20$

$x = \sqrt[5]{20}$ ist eine Zahl, die fünfmal mit sich selbst multipliziert 20 ergibt: $x^5 = 20$.

## Basiswissen

**n-te Wurzel** $\sqrt[n]{b}$

Ist $b \geq 0$ und n eine natürliche Zahl, dann ist $\sqrt[n]{b}$ diejenige nichtnegative Zahl, die n-mal mit sich selbst multipliziert b ergibt.
Wurzeln sind für negative Radikanden nicht definiert.

$(\sqrt[n]{b})^n = b$

**Lösungen von Potenzgleichungen**

$x^n = b$ mit geradem Exponenten n besitzt für
- $b > 0$ genau zwei Lösungen: $L = \{-\sqrt[n]{b}, \sqrt[n]{b}\}$
- $b = 0$ genau eine Lösung: $L = \{0\}$
- $b < 0$ keine Lösung: $L = \{\}$

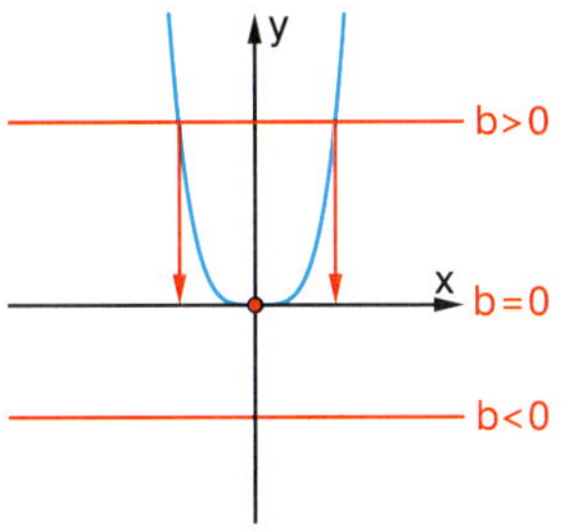


$x^n = b$ mit ungeradem Exponenten n besitzt immer genau eine Lösung.
- Für $b \geq 0$ ist die Lösung: $\sqrt[n]{b}$
- Für $b < 0$ ist die Lösung: $-\sqrt[n]{-b}$

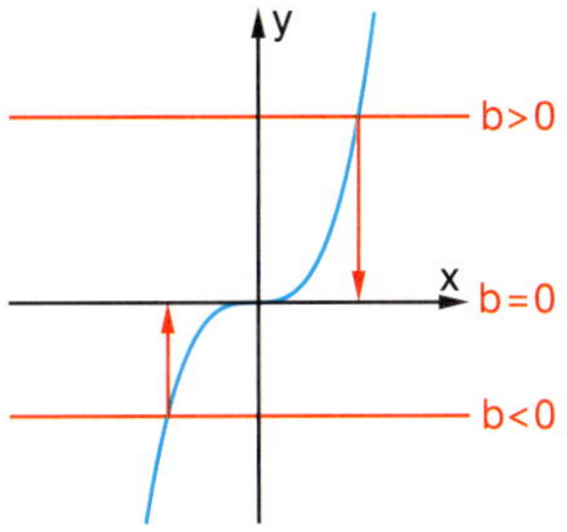


$\sqrt[2]{b}$ ist die Zahl, die quadriert b ergibt. Statt $\sqrt[2]{b}$ schreibt man kurz $\sqrt{b}$.

*Warum sind Wurzeln generell nur für nicht negative Radikanden definiert?*
Es scheint zunächst nicht recht einsichtig, warum z. B. $\sqrt[3]{(-8)}$ nicht definiert ist. Auf vielen Taschenrechnern kann man $\sqrt[3]{(-8)}$ durch Eingeben des negativen Radikanden berechnen. Dies ist für das praktische Rechnen mit Wurzeln hilfreich. Mathematiker schauen aber ganz genau hin und stellen fest, dass eine Definition von Wurzeln für negative Radikanden zu Widersprüchen führt (siehe Aufgabe 14).

## Beispiele

**A** Zeige, dass 7 die 7. Wurzel aus 823 543 ist.

*Lösung 1:*
Mit Taschenrechner: $7^7 = 823\,543$

*Lösung 2:*
Mit Taschenrechner: $\sqrt[7]{823\,543} = 7$

## Beispiele

**B** Löse die Gleichungen a) $x^5 = -46$ und b) $x^6 = -46$

*Lösung:*

a) Die Gleichung hat eine Lösung, da der Exponent ungerade ist.

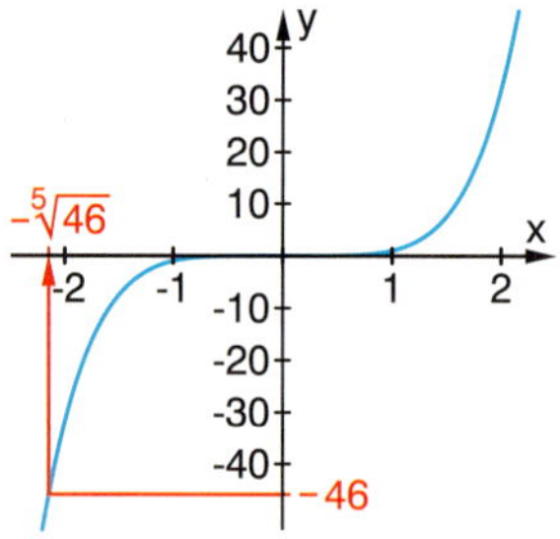


$L = \{-\sqrt[5]{-(-46)}\} = \{-\sqrt[5]{46}\}$

b) Die Gleichung hat keine Lösung, da der Exponent gerade und b negativ ist.

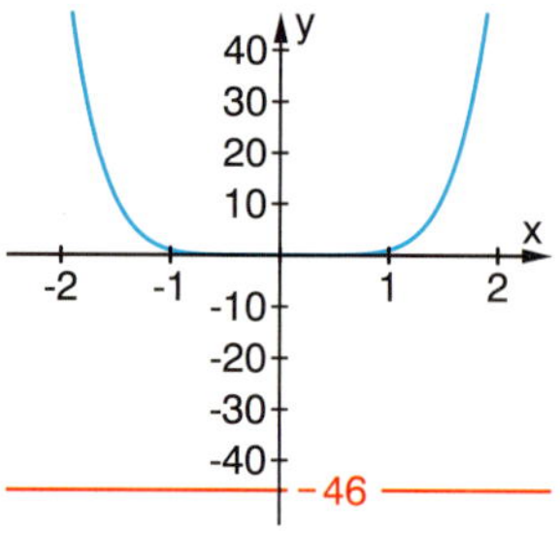


$L = \{\}$

## Übungen

$\sqrt[5]{16} \approx 1{,}7411$
Probe:
$1{,}7411^5 \approx 16$

**5** *Training mit dem Taschenrechner*
Informiere dich, wie man mit deinem Taschenrechner n-te Wurzeln berechnen kann. Berechne dann und überprüfe durch Potenzieren, ob deine Ergebnisse korrekt sind.
a) $\sqrt[5]{16}$ b) $\sqrt[3]{2}$ c) $\sqrt[4]{10}$ d) $\sqrt[6]{0{,}25}$ e) $\sqrt[10]{10}$ f) $\sqrt[7]{500}$

**6** Berechne und überprüfe deine Ergebnisse.
a) $\sqrt[3]{12{,}3}$ b) $\sqrt[4]{\frac{5}{4}}$ c) $\sqrt[3]{0{,}4}$ d) $\sqrt[4]{16{,}4}$ e) $\sqrt[5]{0{,}09}$ f) $\sqrt[3]{\frac{3}{8}}$

**7** Löse die folgenden Gleichungen. Gib jeweils die exakten Lösungen und gegebenenfalls Näherungslösungen auf zwei Dezimalen an.
a) $x^4 = 20$ b) $x^7 = -100$ c) $0{,}4x^4 = 250$ d) $0{,}1x^5 = 4$ e) $3{,}2x^2 = -2$

**8** Löse. Gib jeweils die Lösungen auf zwei Dezimalen an.
a) $-3x^3 = -81$ b) $5b^4 + 30 = 100$ c) $3z^2 + 40 = 20$ d) $-4y^5 + 12 = -6y^5 - 88$

**9** *Produkt- und Quotientenregel*
a) Beweise die Regel für das Rechnen mit dem Produkt von Wurzeln. Potenziere beide Seiten der Gleichung, achte auf die richtige Anwendung der Potenzgesetze.
b) Begründe die Einschränkungen für a und b in der Rechenregel.
c) Wie lautet die Regel für das Rechnen mit dem Quotienten von Wurzeln? Beweise „deine" Regel.

Produktregel:
Für $a \geq 0$, $b \geq 0$ und eine natürliche Zahl n gilt: $\sqrt[n]{a} \cdot \sqrt[n]{b} = \sqrt[n]{a \cdot b}$

**10** *Addieren und Subtrahieren von Wurzeln*
a) Beim Addieren und Subtrahieren von Termen hilft ein Rechengesetz.
$5x + 7x = (5 + 7)x = 12x$
Welches Rechengesetz wurde angewandt?
b) Du kannst mithilfe des Gesetzes aus Aufgabe a) zwei der drei folgenden Terme mit Wurzeln vereinfachen.
(1) $5\sqrt[5]{7} - 12\sqrt[5]{7}$ (2) $3\sqrt{10} + 2\sqrt[4]{10}$ (3) $3\sqrt{20} + 2\sqrt{45}$
c) Formuliere eine Regel für das Addieren und Subtrahieren von Wurzeln.

Teilweises Wurzelziehen:
$\sqrt{20} = \sqrt{4 \cdot 5} = 2 \cdot \sqrt{5}$

**11** Vereinfache die folgenden Terme (wenn es geht).
a) $3\sqrt{15} + 6\sqrt{15}$ b) $\sqrt{8} - \sqrt{32}$ c) $3\sqrt[3]{5} - \sqrt[3]{5}$ d) $3\sqrt[3]{5} - \sqrt{5}$
e) $8\sqrt[4]{10} + 5\sqrt[4]{5}$ f) $-\sqrt{75} + \sqrt{12} - 3\sqrt{3}$ g) $-2\sqrt[3]{108} - \sqrt[3]{32}$

## Übungen

**12** Vereinfache.

a) $\sqrt[3]{2} \cdot \sqrt[3]{4}$ b) $\sqrt[3]{12} \cdot \sqrt[3]{18}$ c) $\sqrt[4]{3} : \sqrt[4]{3}$ d) $\sqrt[5]{16} \cdot \sqrt[5]{2}$ e) $\sqrt[6]{9} : \sqrt[6]{81}$

**13** Wie hoch ist der Stapel von würfelförmigen Kisten? Die Volumina der Kisten sind 130 $dm^3$, 95 $dm^3$ und 18 $dm^3$. Gib das Ergebnis exakt mithilfe von Wurzeln und als Näherungswert mithilfe einer Dezimalzahl an.

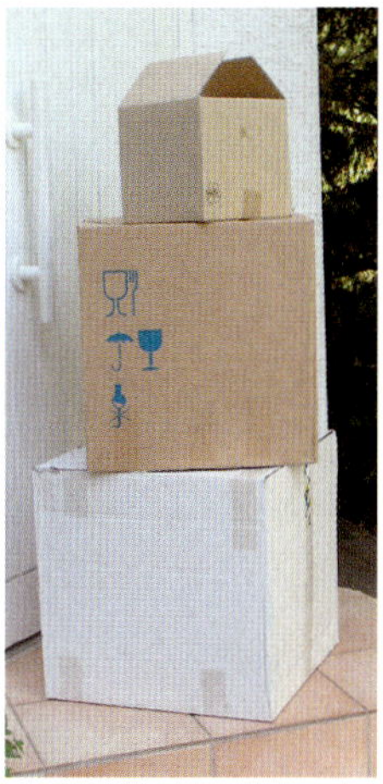

**14** *Genau hingeschaut*

Die Wurzel aus negativen Radikanden ist nicht definiert (siehe Basiswissen). Nebenstehend findest du den ersten Teil einer Begründung, dass diese Vereinbarung sinnvoll ist.

Angenommen $\sqrt[3]{(-8)} = -2.$
Dann ist $\sqrt[6]{(-8)^2} = -2.$
Hieraus folgt $\sqrt[6]{64} = -2.$
..............

a) Wie wird die Argumentation begonnen?

b) Setze die Argumentation fort und zeige, dass es nicht sinnvoll ist, Wurzeln für negative Radikanden zu definieren.

**15** *Wurzelziehen und Potenzen*

Wurzeln, in deren Radikanden Potenzen stehen, kann man oft vereinfachen. Entdecke eine Regel, indem du die Wurzeln vereinfachst. Übrigens, eine der Wurzeln lässt sich nicht vereinfachen.

a) $\sqrt[4]{a^{12}}$ b) $\sqrt[3]{x^{36}}$ c) $\sqrt[7]{y^7}$ d) $\sqrt[10]{s^{-20}}$ e) $\sqrt[4]{27c^9}$ f) $\sqrt[4]{256b^{-4}}$

$\sqrt[3]{a^6} = \sqrt[3]{(a^2)^3} = a^2$

**16** Mit den Rechenregeln für Wurzeln kann man Wurzeln teilweise ziehen.

a) $\sqrt[3]{a^4}$ b) $\sqrt[4]{a^7}$ c) $\sqrt[3]{c^{10}}$ d) $\sqrt[3]{(a^4)^2}$ e) $\sqrt[4]{a^5b^8}$ f) $\sqrt[3]{f^4g^5}$

Teilweises Wurzelziehen:
$\sqrt[4]{a^9} = \sqrt[4]{a^8 \cdot a}$
$= a^2 \cdot \sqrt[4]{a}$
Dabei muss $a \geq 0$ sein.

**17** Auf dem Taschenrechner kann man $a^{\frac{1}{n}}$ berechnen.

Beispiel: 20 ^ ( 1 / 3 ) =

Wie könnte $a^{\frac{1}{n}}$ definiert sein? Du kannst dies durch Ausprobieren oder durch Nachdenken herausfinden.

a) Ergänze die folgende Tabelle mithilfe des Taschenrechners.

| x | $x^{\frac{1}{2}}$ | $x^{\frac{1}{3}}$ |
|---|---|---|
| 1 | | |
| 4 | | |
| 8 | | |
| 9 | | |
| 16 | | |
| 25 | | |
| 27 | | |

b) Wende die Regeln zum Potenzieren von Potenzen an.

1) Bestimme x so, dass
$(a^x)^2 = a \quad \Rightarrow \quad x = ???$
$(b)^2 = a \quad \Rightarrow \quad b = ???$

2) Verfahre genauso mit $(a^x)^3 = a$.

3) Rechne wie in 1) und 2):
$(a^x)^n = a$

### Definieren

Mathematiker verwenden häufig Definitionen um „sich das Leben leichter zu machen". So wird z. B. ein Begriff definiert, indem man genau angibt, was er bezeichnet. Man kann ihn dann ohne weitere Erklärungen verwenden, da die Definition allgemein bekannt ist.

Man benutzt Definitionen auch, um z. B. das Rechnen mit Termen zu vereinfachen. Man definiert z. B. $a^{\frac{1}{n}}$ so, dass beim Rechnen die bekannten Regeln für das Rechnen mit Potenzen erhalten bleiben.

## Basiswissen

Potenzen mit „gebrochenen" Exponenten machen zunächst keinen Sinn. Man definiert sie so, dass die bekannten Regeln für das Rechnen mit Potenzen auch für sie gelten. Natürlich dürfen beim Rechnen keine Widersprüche auftreten.

**Potenzen mit rationalem Exponent**

$2^{\frac{1}{3}}$

*Definition:*
Ist $a \geq 0$ und n eine natürliche Zahl, dann ist

$a^{\frac{1}{n}} = \sqrt[n]{a}$

$2^{\frac{5}{4}}$ $\quad$ $2^{1,2} = 2^{\frac{12}{10}}$

*Definition:*
Sind $a \geq 0$ und m und n natürliche Zahlen, dann ist

$a^{\frac{m}{n}} = \sqrt[n]{a^m}$

**Rechenregeln:** Es gelten alle Regeln, die für das Rechnen mit ganzzahligen Exponenten gelten.

## Beispiele

**C** Berechne mit den Potenzrechenregeln und den Regeln für das Rechnen mit Wurzeln. Vergleiche.

a) $a^{\frac{2}{3}} \cdot a^{\frac{1}{3}}$ $\qquad$ b) $(a^{\frac{1}{3}})^6$

*Lösungen:*

$a^{\frac{2}{3}} \cdot a^{\frac{1}{3}} = a^{\frac{2}{3}+\frac{1}{3}} = a$

$\sqrt[3]{a^2} \cdot \sqrt[3]{a} = \sqrt[3]{a^2 \cdot a} = \sqrt[3]{a^3} = a$

$(a^{\frac{1}{3}})^6 = a^{\frac{6}{3}} = a^2$

$(\sqrt[3]{a^6}) = \sqrt[3]{(a^2)^3} = a^2$

Die Ergebnisse stimmen jeweils überein.

**D** Vereinfache die folgenden Terme.

a) $49^{\frac{1}{2}}$ $\quad$ b) $81^{\frac{1}{4}}$ $\quad$ c) $-125^{\frac{1}{3}}$ $\quad$ d) $\left(\frac{8}{27}\right)^{-\frac{1}{3}}$ $\quad$ e) $8^{\frac{2}{3}}$

*Lösungen:*

a) $49^{\frac{1}{2}} = \sqrt{49} = 7$ $\qquad$ b) $81^{\frac{1}{4}} = \sqrt[4]{81} = 3$

c) Die Basis ist 125: $\quad -125^{\frac{1}{3}} = -\sqrt[3]{125} = -5$
Übrigens: $\sqrt[3]{-125}$ ist nicht definiert.

d) $\left(\frac{8}{27}\right)^{-\frac{1}{3}} = \left(\frac{27}{8}\right)^{\frac{1}{3}} = \sqrt[3]{\frac{27}{8}} = \frac{3}{2}$ $\qquad$ e) $8^{\frac{2}{3}} = \sqrt[3]{8^2} = \sqrt[3]{64} = 4$

$5^{1,3}$ mit Taschenrechner:
[5] [^] [1.3] [=]
8,1032...

**E** *Dezimalzahlen als Exponent*
Was bedeutet $5^{1,3}$?
*Lösung:*
$5^{1,3} = 5^{\frac{13}{10}} = \sqrt[10]{5^{13}} \approx 8,103$

## Übungen

**18** Erläutere, wie man ohne Taschenrechner $4^{\frac{3}{2}}\ (8^{-\frac{2}{3}})$ berechnet.

**19** Berechne ohne Taschenrechner. Schreibe zunächst mit Wurzelzeichen.

a) $16^{\frac{1}{2}}$ $\quad$ b) $625^{\frac{1}{4}}$ $\quad$ c) $1000^{\frac{1}{3}}$ $\quad$ d) $27^{\frac{2}{3}}$ $\quad$ e) $25^{\frac{3}{2}}$ $\quad$ f) $36^{-\frac{3}{2}}$

**20** Dezimalzahlen als Exponenten. Rechne ohne Taschenrechner.

a) $4^{0,5}$ $\quad$ b) $32^{0,2}$ $\quad$ c) $81^{0,25}$ $\quad$ d) $256^{0,125}$ $\quad$ e) $625^{0,25}$ $\quad$ f) $1024^{0,7}$

Tipp: Verwandle den Exponenten zunächst in einen Bruch.

## Übungen

**21** Vereinfache die Terme ohne Taschenrechner.
Schreibe dazu jeweils statt der Wurzel einen rationalen Exponenten.

a) $\sqrt[4]{3^8}$ b) $\sqrt[9]{0{,}6^{18}}$ c) $\sqrt[5]{0{,}1^{20}}$ d) $\sqrt[3]{12^4}$ e) $\sqrt[6]{100^6}$
f) $\sqrt[5]{2^{15}}$ g) $\sqrt[4]{7^{10}}$ h) $\sqrt[6]{25^4}$ i) $\sqrt[20]{32^4}$ j) $\sqrt[100]{1024^{-10}}$

**22** Was wurde hier falsch gemacht?

a) $\sqrt[3]{a}\cdot\sqrt[4]{a}=\sqrt[12]{a}$ b) $\frac{\sqrt[3]{a^5}}{\sqrt[3]{a^2}}=a^3$

Rechne mithilfe von Potenzen richtig.

**23** Mithilfe von rationalen Exponenten kann man selbst schwierige Rechenausdrücke vereinfachen. Vergiss nicht, die Regeln für das Rechnen mit Potenzen anzuwenden.

a) $\sqrt[5]{x^4}\cdot\sqrt[10]{x^2}$ b) $\sqrt[3]{a^2}\cdot\sqrt[6]{a}$ c) $\sqrt[6]{a^5}:\sqrt[3]{a^2}$ d) $(\sqrt[5]{b^2})^{10}$ e) $\sqrt[6]{\sqrt[4]{x^3}}$

$$\sqrt[5]{a^4}\cdot\sqrt[10]{a^7}$$
$$=a^{\frac{4}{5}}\cdot a^{\frac{7}{10}}$$
$$=a^{\frac{4}{5}+\frac{7}{10}}$$
$$=a^{\frac{8}{10}+\frac{7}{10}}=a^{\frac{15}{10}}$$
$$=a^{\frac{3}{2}}=\sqrt{a^3}$$

**24** *Körperoberfläche*

Aus einem Biologiebuch: Die Körperoberfläche O in Quadratmeter kann man mit einer Formel aus der Masse m in Kilogramm und der Länge h in Zentimetern berechnen.
$O=0{,}007184\cdot m^{0{,}425}\cdot h^{0{,}725}$

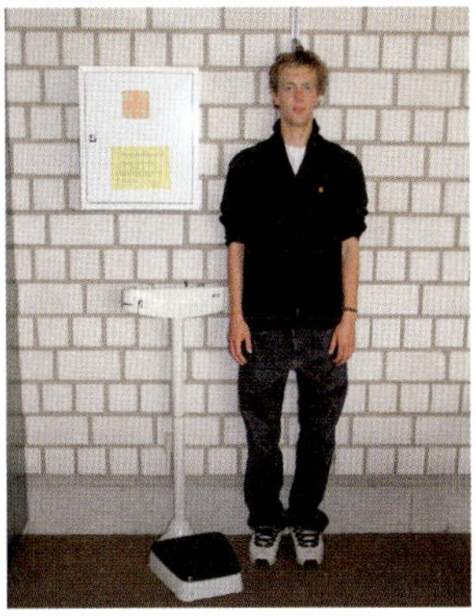

a) Berechne die Oberfläche eines Jugendlichen, der 181 cm groß ist und 66,4 kg wiegt. Wie genau sollte man deiner Meinung nach rechnen?
b) Berechne deine Körperoberfläche.

**25** *Musik und Potenzen*

Eine Oktave bezeichnet den Notenabstand von irgendeiner Note bis zur nächsten Note mit demselben Namen. Musiker bezeichnen Töne mit C, D, E, F, G, A, H ... Physiker geben stattdessen die Frequenz der Töne an. Je kleiner die Frequenz ist, desto tiefer ist der Ton. Die Oktave ist das Doppelte der Frequenz der ersten Note. Man kann die Frequenzen für die 85 Tasten eines Klaviers nach einer Formel berechnen, die Potenzen verwendet.

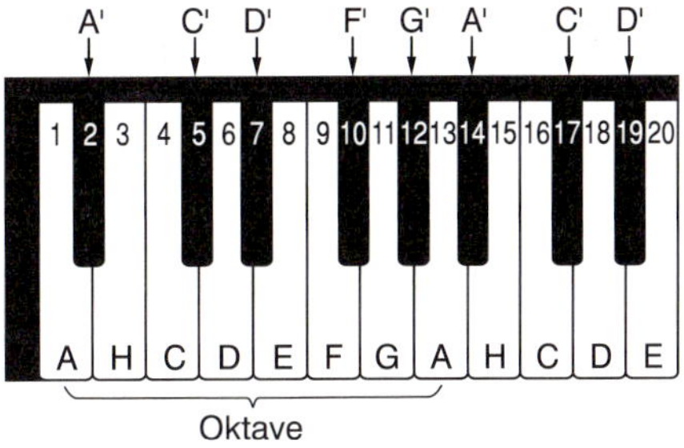


Die Frequenz der n-ten Taste von links ist $F(n)=27{,}5\cdot 2^{\frac{n-1}{12}}$.
a) Berechne die Frequenz der 5. (20., 28.) Taste von links.
Befrage einen Experten, wie der jeweilige Ton heißt.
b) Überprüfe, ob die Formel zu der Aussage über die Frequenzen in einer Oktave passt.

**26** *Luftdruck*

Der Luftdruck nimmt mit wachsender Höhe ab. Für eine Höhe bis zu 80 km kann man den Luftdruck p näherungsweise mit der Formel
$p=1013\cdot 2^{-\frac{10h}{58}}$ (h in km, Luftdruck p in Hektopascal (hPa))
berechnen.
Berechne den Luftdruck in 30 km (40 km, 45 km) Höhe.

Wenn ein mit Helium gefüllter Wetterballon aufsteigt, dann dehnt er sich wegen des geringer werdenden Luftdrucks aus.

## *Übungen*

**27** *Funktionenlabor I:* $f(x) = x^{\frac{1}{n}}$

Taschencomputer

a) Welchen Einfluss hat n auf den Verlauf der Funktion? Variiere in der Funktionsgleichung n. Sage zunächst vorher, wie sich der Graph verändert. Überprüfe deine Vermutung mit dem grafischen Taschenrechner.

b) Untersuche ebenso die Funktionen $f(x) = x^{-\frac{1}{n}}$.

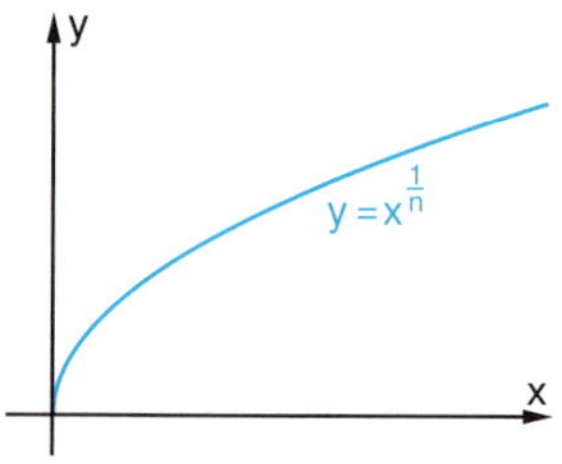


**28** *Funktionenlabor II: Potenzfunktionen*

Funktionen mit der Funktionsgleichung $f(x) = x^{\frac{m}{n}}$ gehören zu der Menge der Potenzfunktionen.

**Potenzfunktionen**
mit rationalem Exponenten:

Funktionsgleichung:
$f(x) = x^{\frac{m}{n}}$

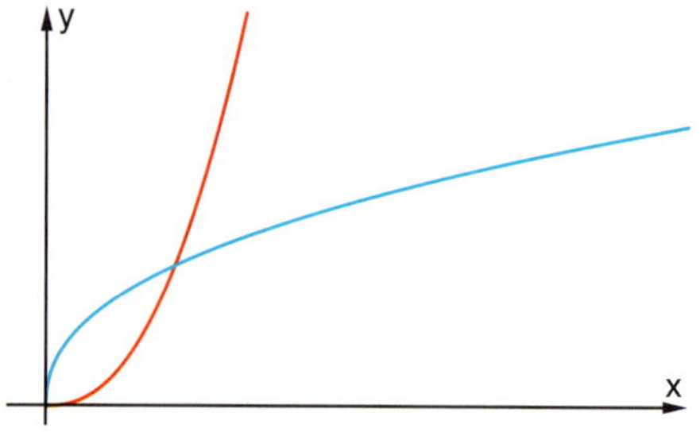


Taschencomputer

Untersuche, welchen Einfluss der Exponent auf den Verlauf des Graphen hat. Zeichne dazu die Graphen der Funktionen in ein Schaubild. Verwende auf der x- und y-Achse den gleichen Maßstab.

a) $f(x) = x^3$
$g(x) = x^{\frac{1}{3}}$

b) $f(x) = x^4$
$g(x) = x^{\frac{1}{4}}$

c) $f(x) = x^{\frac{3}{2}}$
$g(x) = x^{\frac{2}{3}}$

Was hat die Funktion f jeweils mit der Funktion g zu tun?
Vergleiche die Graphen der Potenzfunktionen $f(x) = x^a$ mit $a > 1$ mit den Graphen der Potenzfunktionen $g(x) = x^b$ mit $0 < b < 1$.

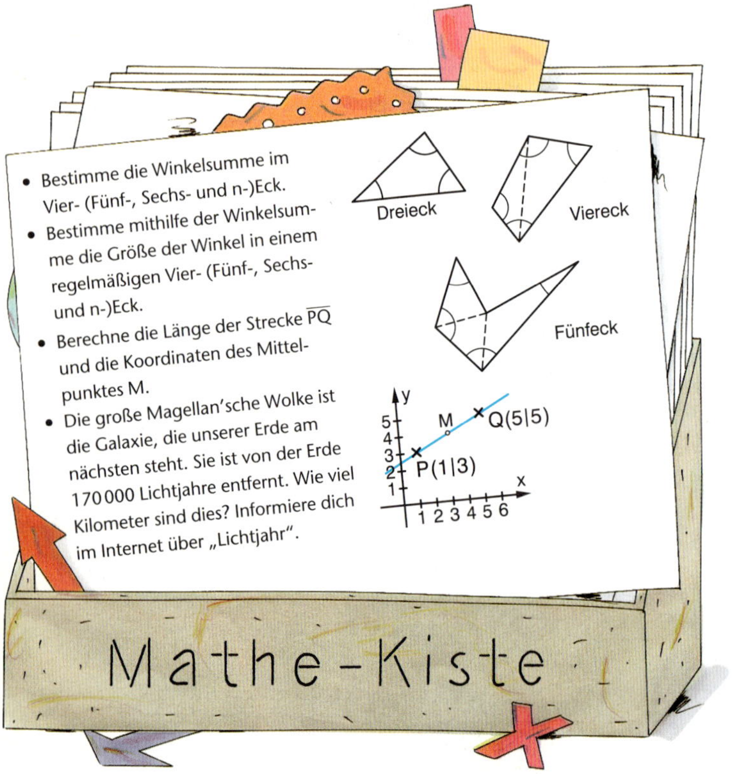


**29** Zeichne die Graphen der Funktionen $f(x) = x^{\frac{1}{3}}$, $g(x) = x^{\frac{1}{5}}$ und $h(x) = x^{\frac{1}{7}}$ mit dem GTR
(Fenster $-1 \leq x \leq 10$, $-1 \leq y \leq 2$).
Ordne die Funktionen nach größeren y-Werten für
a) $0 < x < 1$, b) $x > 1$.

**30** Zeichne mit dem GTR die Graphen der Funktionen $f(x) = x^{\frac{5}{3}}$ und $g(x) = x^{\frac{3}{5}}$.
Achte auf gleiche Abstände der Einheiten auf x- und y-Achse.
Was beobachtest du? Erkläre.

**31** Erstelle eine Übersicht mit allen unterschiedlichen Potenzfunktionen und deren Graphen. Ordne den Funktionen ihre Eigenschaften zu.

## Aufgaben

**32** *Volumen und Oberfläche eines Würfels*

a) Berechne das Volumen eines Würfels mit einer Oberfläche von $120\,cm^2$.
b) Drücke das Volumen V als Funktion der Oberfläche O aus. Zeichne den Graphen mit dem GTR.
c) Berechne die Oberfläche eines Würfels mit einem Volumen von $80\,cm^3$.
d) Drücke die Oberfläche O als Funktion des Volumens V aus. Zeichne den Graphen mit dem GTR.

**33** *Irrationale Exponenten*

Erläutere, was dargestellt ist. Kann man vermuten, dass Potenzen mit irrationalen Exponenten existieren? Begründe.

$1 < \sqrt{2} < 2$
$1{,}4 < \sqrt{2} < 1{,}5$
$1{,}41 < \sqrt{2} < 1{,}42$
$1{,}414 < \sqrt{2} < 1{,}415$
$1{,}4142 < \sqrt{2} < 1{,}4143$
........................

$10^1 = 10 < 10^{\sqrt{2}} < 10^2 = 100$
$10^{1,4} \approx 25{,}1189 < 10^{\sqrt{2}} < 10^{1,5} \approx 31{,}6228$
$10^{1,41} \approx 25{,}7040 < 10^{\sqrt{2}} < 10^{1,42} \approx 26{,}3027$
$10^{1,414} \approx 25{,}9418 < 10^{\sqrt{2}} < 10^{1,415} \approx 26{,}0016$
$10^{1,4142} \approx 25{,}9537 < 10^{\sqrt{2}} < 10^{1,4143} \approx 25{,}9597$
........................

**34** *Anpassen einer Potenzfunktion an Daten (Regression mit Potenzfunktionen)*

Aus einem Kochbuch für Mikrowellenherde:

| Portionen | Garzeit in Minuten |
|---|---|
| 1 | 10 |
| 2 | 15 |
| 4 | 22,5 |

Was ein Koch nie machen würde.

a) Mit dem GTR oder einer Tabellenkalkulation (z. B. Excel) kann man eine Potenzfunktion den Daten anpassen.
Gib die Gleichung der Potenzfunktion an, mit der man die Daten modellieren kann. Vergleiche deine Ergebnisse mit den nebenstehenden.
b) In dem Kochbuch findet man, dass für sechs Portionen die Garzeit 28,5 Minuten beträgt. Passt diese Angabe zu dem Modell?
c) Berechne die Garzeit für drei Portionen.

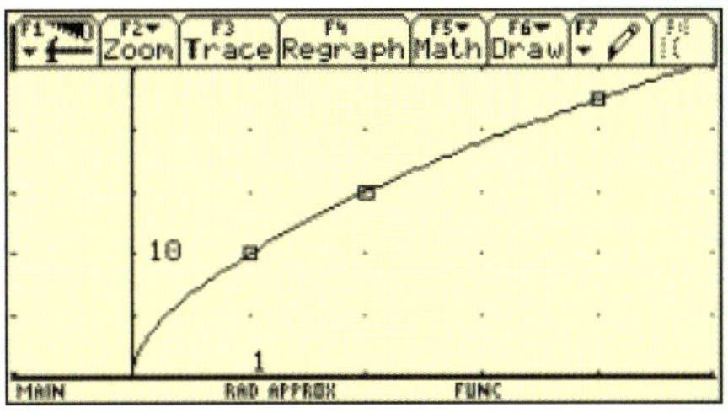


y = a·x^b    a = 10
b = 0.5849625

**35** *Genau hingeschaut*

Die Graphen von $f(x) = x^3$ (blau) und $g(x) = x^{\frac{1}{3}}$ (rot) wurden mit verschiedenen Computerprogrammen gezeichnet.
a) Welches der Programme zeichnet Graphen, die mit der Definition von $x^{\frac{1}{n}}$ vereinbar sind? Begründe.
b) Berechne die Gleichung der Umkehrfunktion zu $f(x) = x^{\frac{4}{3}}$ $\left(f(x) = x^{\frac{m}{n}}\right)$.

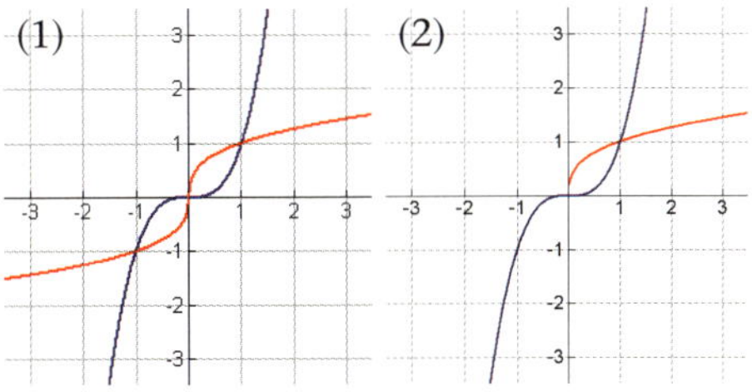


b) Ersetze f(x) durch y, vertausche x und y und löse nach y auf.

## Aufgaben

**36** *Funktionenzwiebel*

a) Erzeuge die Zwiebel mit dem GTR.

b) Die Zwiebel soll mehr Schalen bekommen.

c) Wie lässt sich die obere Hälfte der Zwiebel aus der unteren erzeugen?

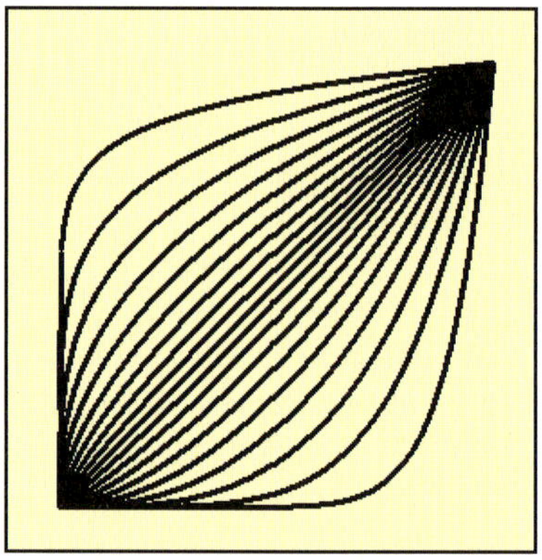

Gruppenarbeit

**37** *Funktionsblume*

a) Konstruiere die Blume.

b) Erfindet und zeichnet mit dem GTR eigene Blumen.

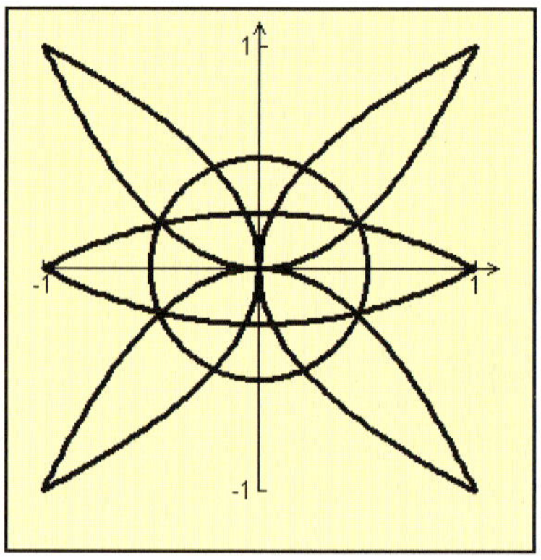


**38** *Funktionenlabor III*

a) Beschreibe, wie die Graphen aus $y = x^3$ entstehen. Ordne die Grafiken den Funktionsgleichungen zu, bevor du mit dem GTR zeichnest. Überprüfe dann mit dem GTR.

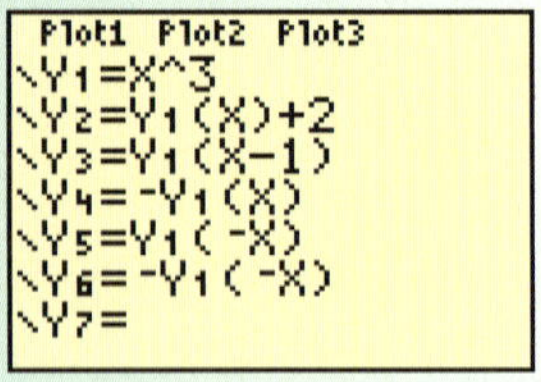


Zweimal taucht eine Grafik doppelt auf. Zu welchen Funktionen gehören diese Grafiken? Woran liegt das?

(1)

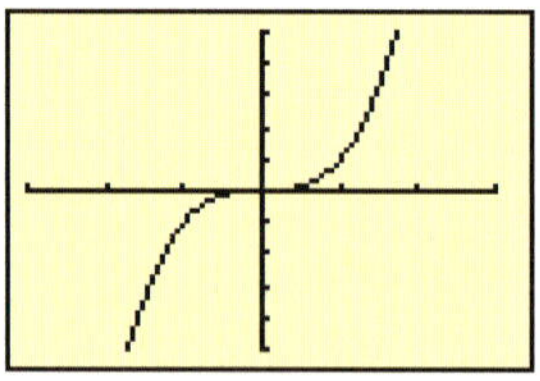

(2)

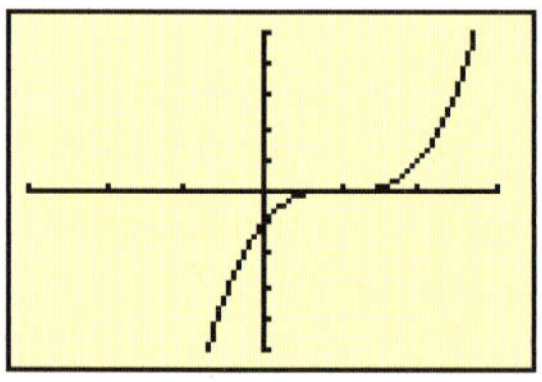

(3)

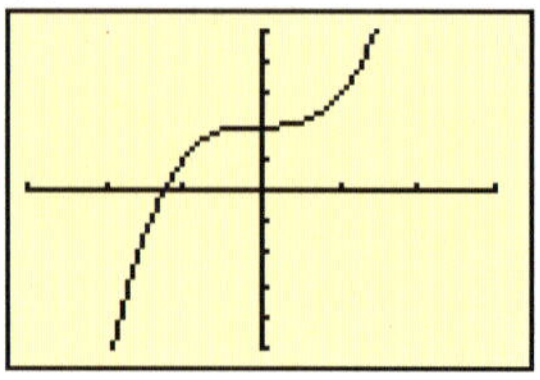

(4)

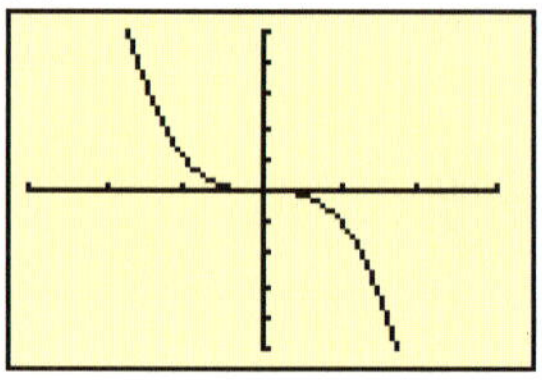

b) Untersuche $y_1 = x^4$ auf gleiche Weise und erstelle die zugehörigen Grafiken. Wieder tauchen zwei Grafiken doppelt auf.

Verschiebe die Funktion um 3 Einheiten in negative y-Richtung und spiegele sie dann an der x-Achse. Wie lautet der Funktionsterm? Skizziere die Funktion. Erhält man dasselbe Ergebnis, wenn man zuerst spiegelt und dann verschiebt?

c) Beschreibe, wie die Graphen zu $f(x) = a \cdot (x - m)^k$ aussehen und wie sie sich aus $f(x) = x^k$ entwickeln.

# CHECK-UP

## Potenzen

**1** Berechne ohne Taschenrechner (Achte auf die Basis).

a) $3^3$ b) $-2^4$ c) $(-3)^2$ d) $(-5)^3$ e) $(-2\cdot 3)^2$ f) $-(5\cdot 3)^2$

**2** Vereinfache.

a) $a^7\cdot a^3$ b) $x^{15}\cdot x$ c) $(3x)(5x^6)$
d) $(-2z^4)\cdot(-3z^2)$ e) $(20x^5)(-x^3)(x^2)$ f) $b\cdot 2b^4\cdot(-3b)$

**3** Vereinfache die Terme und vergleiche.

a) $5^{(2+3)}$ und $5^2+5^3$ b) $3^{-2}$ und $-3^2$ c) $(7-5)^2$ und $7^2-5^2$

**4** Vereinfache.

a) $\frac{5x^3}{2x^2}$ b) $\frac{a^6}{4a^3}$ c) $\frac{-(ab)^2}{(-5ab)^2}$ d) $\frac{100x^3y^2}{(-2xy)^2}$

**5** Vereinfache (für Profis).

a) $\frac{(-ab)^3}{ab^3}$ b) $\frac{-a^2b^5}{(ab)^5}$ c) $\frac{x^3(ty)^2}{xt^2y^3}$ d) $\frac{a^3(b^2c)^4}{(a^2c)^3}$

**6** Welche Zahl oder Variable musst du für x einsetzen?

a) $(3^2)^x=3^{12}$ b) $(a^b)^x=a^{(b^2)}$ c) $3^x=9^2$ d) $(2\cdot 5)^6=100^{x-6}$

**7** Licht legt im Vakuum in 1 Sekunde $3\cdot 10^8$ m zurück. Ein Lichtjahr ist die Strecke, die das Licht in einem Jahr zurücklegt. Wie viele km sind ein Lichtjahr?

**8** Beweise die Rechenregel für das Potenzieren von Potenzen mit natürlichen Exponenten.

**9** Skizziere den Graphen der Potenzfunktionen.

a) $f(x)=x^2$ b) $f(x)=x^4$ c) $f(x)=x^3$ d) $f(x)=-x^3$

**10** Nenne drei Potenzfunktionen, die eine (keine) Umkehrfunktion haben.

**11** Gib möglichst viele Eigenschaften an.

(1) $f(x)=x^3$ (2) $g(x)=x^6$ (3) $h(x)=x^{-2}$ (4) $k(x)=x^{-5}$

**12** Berechne ohne Taschenrechner.

a) $3^{-2}$ b) $(-2)^0$ c) $\frac{11^7}{11^5}$ d) $-10^{-3}$
e) $\left(\frac{2}{3}\right)^{-1}$ f) $\frac{(-2)^3}{(-2)^4}$ g) $0{,}4^{-2}$ h) $2^6\cdot 5^6$

**13** Vereinfache.

a) $a^{-3x}a^{2x}$ b) $\frac{x^{2-b}}{x^b}$ c) $3x^0y^{-2}$ d) $\frac{a^{3-x}b^{6+y}}{a^{5-x}b}$

**14** Vereinfache zu Ergebnissen ohne negative Exponenten.

a) $a^{-3}a^3a^{-1}$ b) $\frac{x^4z^3}{x^6z^2}$ c) $\frac{z^{-3}}{z^{-8}}$ d) $\frac{7a^4b^{-6}}{49a^8b^{-3}}$

**15** Setze Klammern so, dass das Ergebnis möglichst klein (groß) wird, und gib das Ergebnis an.

a) $-3^{2^2}$ b) $10\cdot 6+4\cdot 3^{-7}$ c) $3\cdot 3+1^{-1}$

**Potenzen mit natürlichen Exponenten:**
$a\in\mathbb{R},\ n\in\mathbb{N}$
$a^n=\underbrace{a\cdot a\cdot\ldots\cdot a}$
(n-mal der Faktor a)

**Rechenregeln:**
a, $b\in\mathbb{R}\setminus\{0\}$, m, $n\in\mathbb{N}$

Potenz von Produkten:
$(a\cdot b)^n=a^n\cdot b^n$

Potenz von Quotienten:
$\left(\frac{a}{b}\right)^n=\frac{a^n}{b^n}$

Produkt von Potenzen mit gleicher Basis:
$a^m\cdot a^n=a^{m+n}$

Quotient von Potenzen mit gleicher Basis:
$\frac{a^m}{a^n}=a^{m-n}$ $(m>n)$

Potenz von Potenzen:
$(a^m)^n=a^{m\cdot n}$

**Potenzen mit ganzzahligen Exponenten:**
Zusätzlich zu den bereits bekannten Rechenregeln gilt für $a\in\mathbb{R}\setminus\{0\},\ n\in\mathbb{N}$:

$a^0=1$ $a^{-n}=\frac{1}{a^n}$ $\frac{1}{a^{-n}}=a^n$

**Potenzfunktionen mit ganzzahligen Exponenten:**

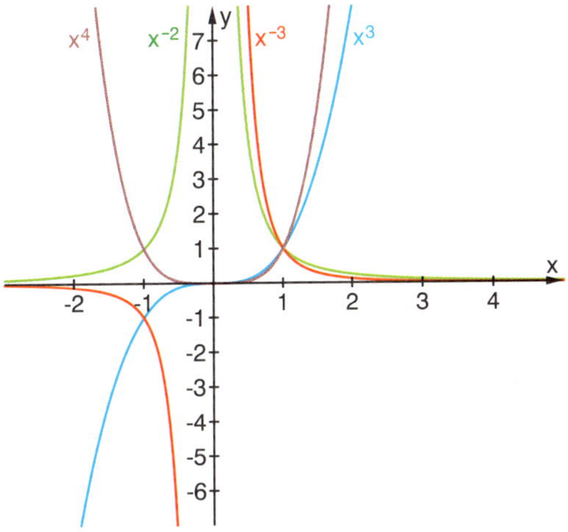

# CHECK-UP

**Wissenschaftliche Schreibweise von Zahlen:**
$a \cdot 10^z$ mit $1 \le a < 10$ und $z \in \mathbb{Z}$
Beispiel: $9{,}5 \cdot 10^7 = 95\,000\,000$

**n-te Wurzel:**
Für $b \ge 0$ und $n \in \mathbb{N}$ ist $\sqrt[n]{b}$ diejenige positive Zahl, die n-mal mit sich selbst multipliziert b ergibt.
Beispiel: $\sqrt[4]{81} = 3$, da $3^4 = 81$
Für die 2-te Wurzel schreibt man auch:
$\sqrt[2]{b} = \sqrt{b}$

**Potenzen mit rationalen Exponenten:**
Für $a \ge 0$; $m, n \in \mathbb{N}$ gilt:
$a^{\frac{1}{n}} = \sqrt[n]{a}$ $\quad$ $a^{\frac{m}{n}} = \sqrt[n]{a^m}$
Es gelten alle Rechenregeln, die für das Rechnen mit ganzzahligen Exponenten gelten.

**Potenzen mit reellen Exponenten:**
Beispiel: $5^{\sqrt{3}}$ kann näherungsweise mit einem rationalen Näherungswert für $\sqrt{3}$ berechnet werden.

**Potenzfunktionen mit rationalen Exponenten:**

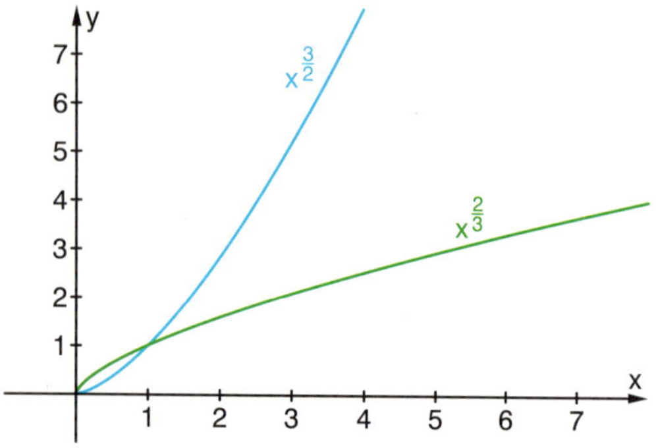


**16** Berechne für die Körper in der Tabelle jeweils das Verhältnis von Oberfläche O zu Volumen V. Wie verändert sich dieses Verhältnis mit wachsender Kantenlänge a?

| | V | O |
|---|---|---|
| Würfel | $a^3$ | $6a^2$ |
| Tetraeder | $\frac{a^3}{12}\sqrt{2}$ | $a^2\sqrt{3}$ |
| Oktaeder | $\frac{a^3}{3}\sqrt{2}$ | $2a^2\sqrt{3}$ |

**17** a) Schreibe jede Zahl in wissenschaftlicher Schreibweise.
$4\,000\,321$; $0{,}000\,012\,3$; $-81$; $0{,}005$; $-48\,765{,}543\,27$
b) Wandle in Dezimalschreibweise um.
$2{,}6 \cdot 10^5$; $3{,}1 \cdot 10^{-11}$; $1{,}001 \cdot 10^7$; $590\,000 \cdot 10^{-8}$

**18** Rechnen mit wissenschaftlicher Schreibweise.

a) $(4 \cdot 10^3) \cdot (3 \cdot 10^2)$ b) $7 \cdot 10^7 + 3 \cdot 10^7$ c) $\frac{12 \cdot 10^4}{3 \cdot 10^2}$
d) $8{,}9 \cdot 10^3 - 2{,}7 \cdot 10^3$ e) $1{,}06 \cdot 10^{-6} \cdot 5 \cdot 10^2$ f) $\frac{8{,}3 \cdot 10^{-5}}{1{,}3 \cdot 10^{-6}}$

**19** Die Raumsonde Voyager 1 wurde am 5. 9. 1977 gestartet. Sie verlässt zurzeit unser Sonnensystem mit einer Geschwindigkeit von 3,6 AU (astronomical units) pro Jahr. 1 AU entspricht $1{,}496 \cdot 10^8$ km. Welche Strecke legt die Sonde in einer Stunde zurück?

**20** Löse die Gleichung und gib die Lösungen exakt oder ggf. auf zwei Nachkommastellen gerundet an.
a) $x^3 = -36$ b) $0{,}1x^3 = -100$ c) $x^2 = 0{,}64$ d) $5x^2 + 15 = 65$

**21** Das dritte Kepler'sche Gesetz (1619) zur Beschreibung der Planetenbahnen lautet:
Die Quadrate der Umlaufzeiten zweier Planeten um die Sonne verhalten sich wie die 3. Potenzen der großen Halbachsen ihrer Planetenbahnen.
Oder kurz: $\frac{T_1^2}{T_2^2} = \frac{a_1^3}{a_2^3}$

Berechne mithilfe der Daten der Erde ($T_E = 1$ Jahr; $a_E = 149{,}6 \cdot 10^6$ km) die mittleren Umlaufzeiten von Merkur ($a_M = 57{,}9 \cdot 10^6$ km) und Saturn ($a_S = 1427 \cdot 10^6$ km).

**22** Vereinfache ohne Taschenrechner.
a) $\sqrt[4]{5} \cdot \sqrt[4]{125}$ b) $\sqrt[3]{8} \cdot \sqrt[3]{8}$ c) $\sqrt[5]{\frac{1}{2}} : \sqrt[5]{16}$ d) $\sqrt[10]{32^{-2}}$

**23** Vereinfache.
a) $\sqrt[3]{x^3} \cdot \sqrt[6]{x^{15}}$ b) $\sqrt[5]{\sqrt[3]{x^9}}$ c) $\sqrt[10]{a^7} : \sqrt[5]{a^4}$

**24** Ergänze x.
a) $\left(\left(\frac{1}{2}\right)^{0,5}\right)^x = \frac{1}{8}$ b) $\left(9^{\frac{1}{2}}\right)^x = \frac{1}{9}$ c) $\left(0{,}4^{0,25}\right)^x = 0{,}4$

**25** Nenne möglichst viele Gemeinsamkeiten und Unterschiede der beiden Funktionen.
a) $f(x) = x^3$ und $g(x) = x^{-3}$ b) $f(x) = x^3$ und $h(x) = x^{\frac{1}{3}}$

# 7 Daten erheben, auswerten und darstellen

## 7.1 Daten in Diagrammen

*Bei statistischen Untersuchungen werden oft lange Listen von Daten erhoben. Je mehr Daten, umso schwerer fällt der Überblick. Deshalb werden die Daten nach bestimmten Kriterien in Tabellen geordnet und in übersichtlichen Diagrammen veranschaulicht. Bei größeren Datenmengen wirst du dabei die Tabellenkalkulation als wertvolles Werkzeug benutzen. Du wirst zudem erfahren, dass bei der Interpretation der Diagramme neben dem sorgfältigen „Lesen" auch fachübergreifende Kenntnisse nützlich sind.*

### Was dich erwartet

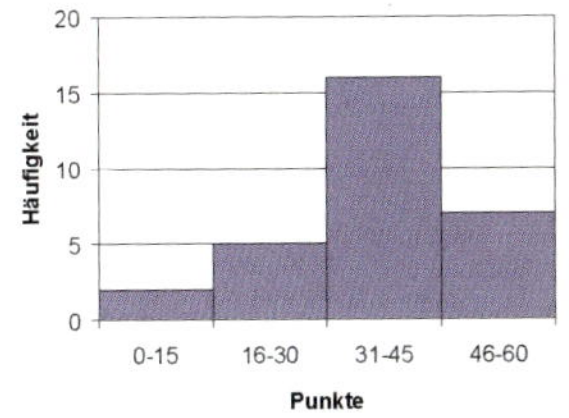


**1** *Interpretationen*

Auf dem Forum „Zukunft der Schule" fanden die Ergebnisse einer Umfrage reges Interesse. Die Eltern von schulpflichtigen Kindern wurden nach der Anzahl ihrer Kinder befragt:

| Familien mit | | | | |
|---|---|---|---|---|
| 1 Kind | 2 Kindern | 3 Kindern | 4 Kindern | 5 oder mehr Kindern |
| 1710 | 990 | 210 | 45 | 15 |

Eine besorgte Stimme: *„Das müssen wir beachten: Mindestens jedes zweite Kind ist heute ein Einzelkind."*
Eine andere Stimme: *„Mir kommt das gar nicht so vor. Ich habe den Eindruck, dass immer noch mehr als die Hälfte aller Kinder Geschwister haben."*

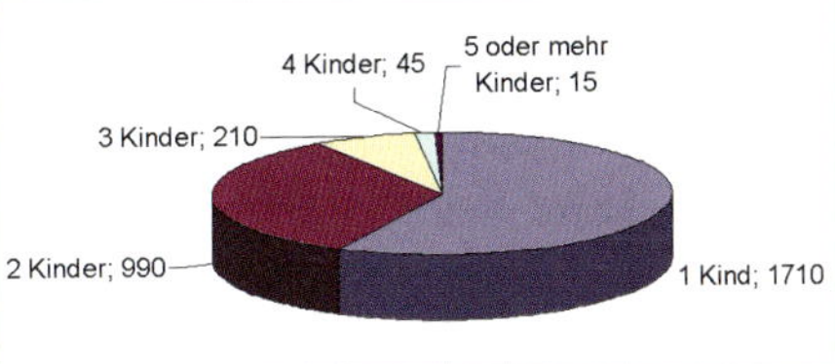


Was meinst du? Vielleicht helfen eine zusätzliche Tabelle und eine Grafik.

| Kinder | | | | |
|---|---|---|---|---|
| ohne Geschw. | mit 1 G. | mit 2 G. | mit 3 G, | mit 4 oder mehr G. |
| ■ | 1880 | ■ | ■ | ■ |

### Aufgaben

Führe in deiner Schule eine Befragung nach der Geschwisterzahl durch. Stelle die Ergebnisse mit einer Tabellenkalkulation dar und vergleiche.

**2** *Diagramme in Tageszeitungen*

Suche in der Tageszeitung ein interessantes statistisches Diagramm. Welche Daten werden damit verdeutlicht. Welche Diagrammform wurde gewählt?
Fertige eine eigene Version des Diagramms an (mit Tabellenkalkulation) und stelle es mit kurzer Erläuterung in der Klasse vor.

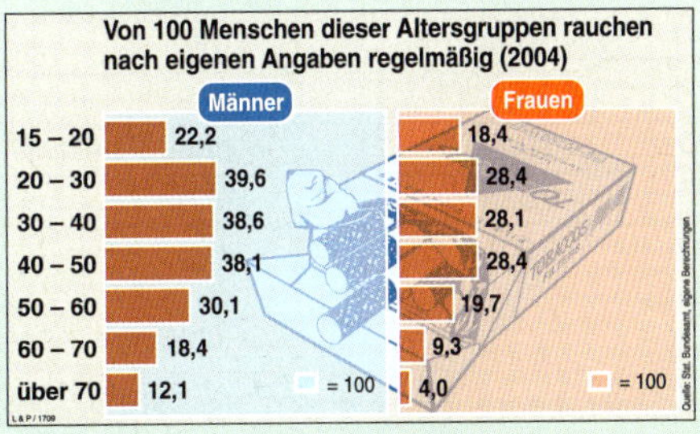


Welche Diagrammtypen findet ihr?
Welche sind euch bekannt, welche Namen haben die Diagrammtypen?

## Basiswissen

Daten aus statistischen Erhebungen werden in Tabellen zusammengefasst. Mit einer Tabellenkalkulation können diese Daten schnell in passenden Diagrammen veranschaulicht werden.

### Diagramme

*Balkendiagramm und Säulendiagramm*

Beispiel: Erneuerbare Energieträger gewinnen auch in Deutschland immer mehr an Bedeutung. Für das Jahr 2005 sind hier die Daten in einer Tabelle dargestellt.

| Energieträger | Wind | Wasser | Biomasse/Müll | Sonne |
|---|---|---|---|---|
| Anteil in Mrd. kWh | 26,50 | 21,52 | 11,10 | 1,00 |

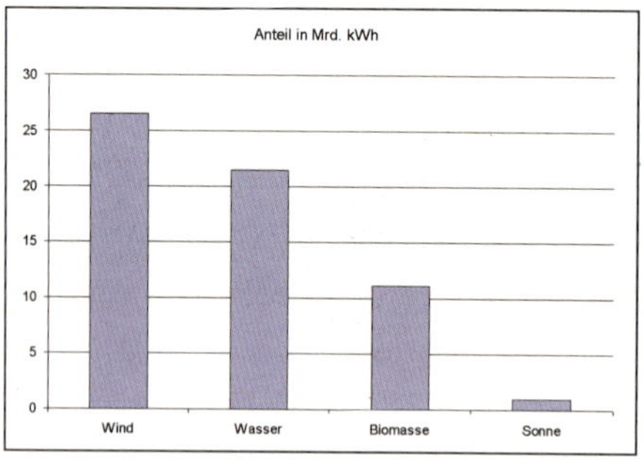


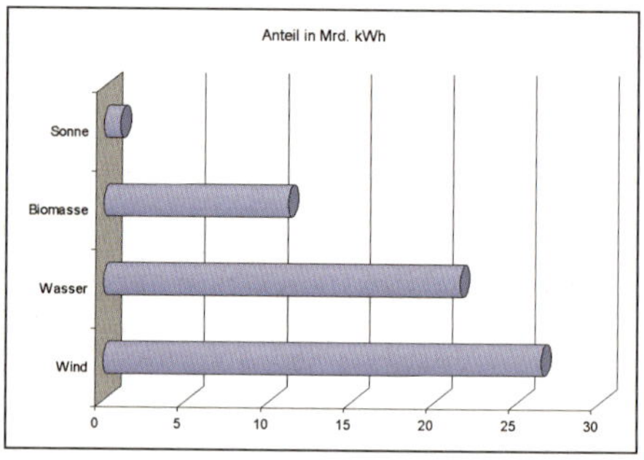


Balken- und Säulendiagramme sind besonders geeignet, wenn absolute Häufigkeiten weniger Daten verglichen werden sollen.

*Kreisdiagramm* oder *Tortendiagramm*

Es eignet sich besonders zur Darstellung von Anteilen (relativen Häufigkeiten).

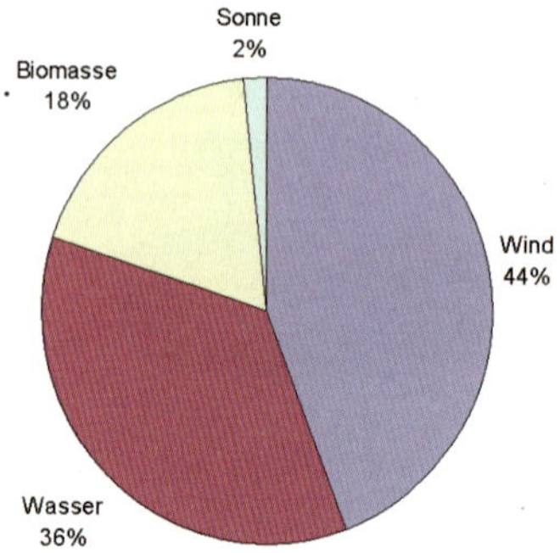


Für das Kreisdiagramm werden die Winkel berechnet.

1 % entspricht einem Winkel von $\frac{360^\circ}{100} = 3{,}6^\circ$

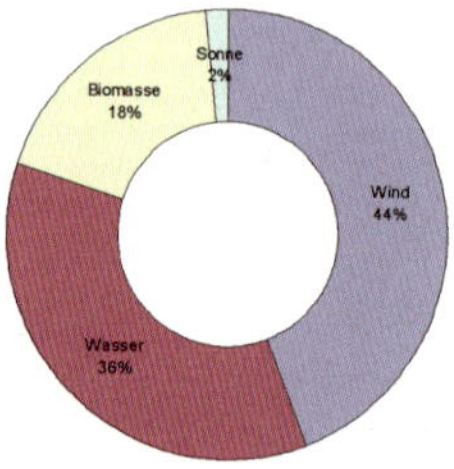


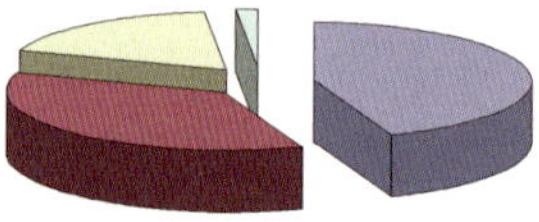

*Liniendiagramme*

Beispiel: Besonders intensiv wurde in den letzten Jahren die Windenergie ausgebaut.

| Jahr | Mrd. kWh |
|---|---|
| 2000 | 9,5 |
| 2002 | 15,9 |
| 2004 | 25,0 |
| 2005 | 26,5 |
| 2006 | 29,8 |

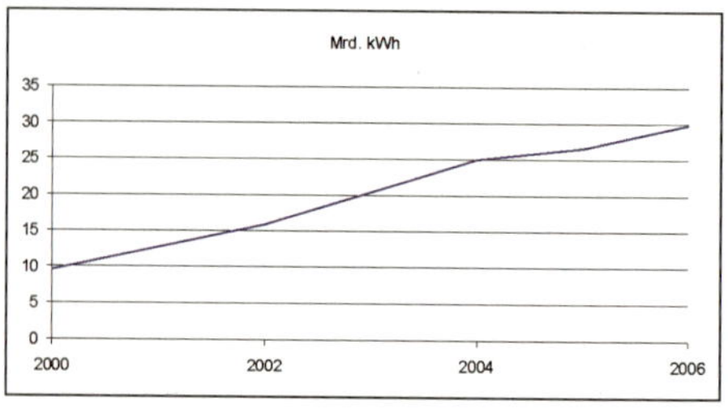


*Liniendiagramme* werden verwendet, wenn es darum geht, Veränderungen oder Entwicklungen von Daten zu veranschaulichen.

Mit deiner Tabellenkalkulation kannst du zwischen zahlreichen Darstellungsformen der einzelnen Diagrammtypen wählen.

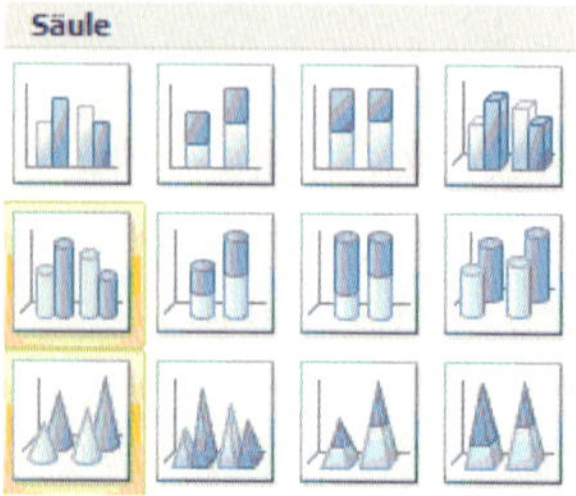


Auch das Layout und die Farben kannst du dir aussuchen.

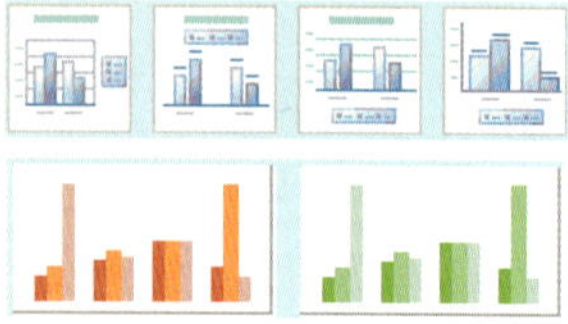

Auch bei anderen Diagrammtypen hast du viele Gestaltungsmöglichkeiten.

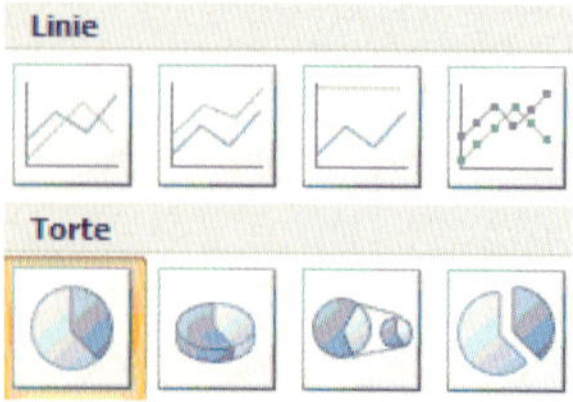

## Beispiele

**A** Forschungsauftrag **Augenfarbe** in der Klasse 8a: Untersucht die Verteilung der Augenfarbe in eurer Klasse. Stellt eure Ergebnisse in einer Tabelle und mit Diagrammen dar.

*Ergebnisse der Klasse 8a*
Die Untersuchung ergab:

| Augenfarbe | blau | grün | braun | grau |
|---|---|---|---|---|
| Anzahl | 12 | 8 | 7 | 3 |

Die Ergebnisse dargestellt als:
**Tabelle** mit relativen Häufigkeiten, als Säulendiagramm und Kreisdiagramm.

Häufigkeitsverteilung

| Augenfarbe | blau | grün | braun | grau |
|---|---|---|---|---|
| rel. Häufigkeit | 40 % | 26,7 % | 23,3 % | 10 % |

**Säulendiagramm**

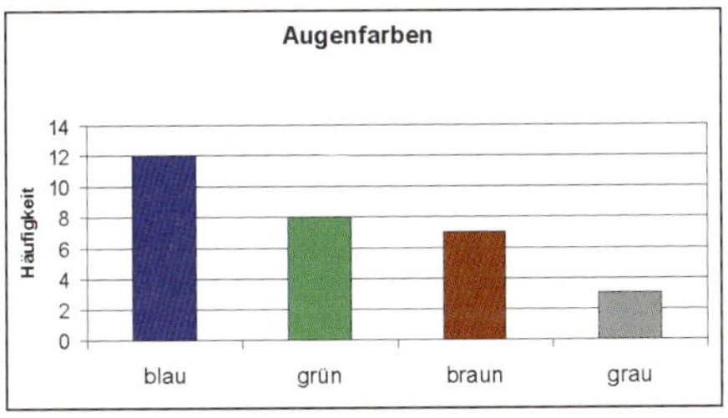


**Kreisdiagramm**

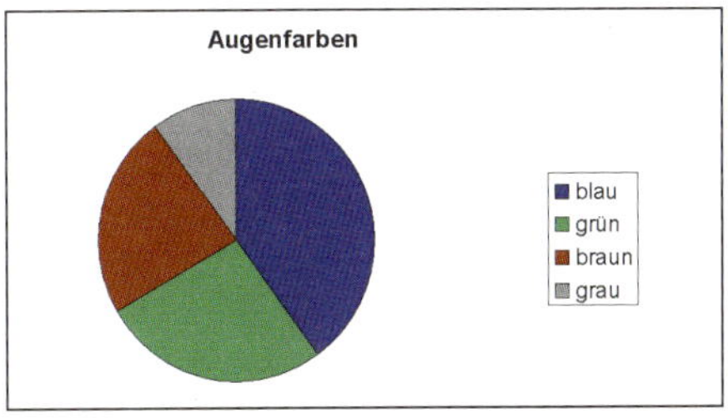


Wusstest du schon, dass weltweit in etwa 90 % aller Menschen braune Augen haben?

**B** Diagramm mit Deutschlands Ölimporten im Jahr 2005

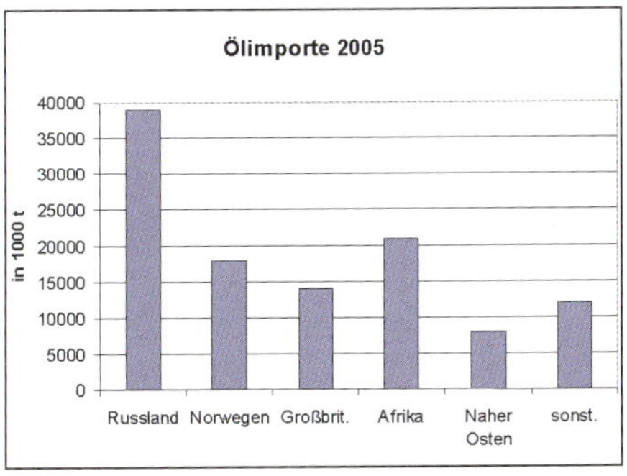


Erstelle mithilfe des Diagramms eine Tabelle mit den
a) Ölimporten
b) Anteilen der Ölimporte

| | in 1 000 t | Anteil |
|---|---|---|
| Russland | 39 000 | 35 % |
| Norwegen | 18 000 | 16 % |
| Großbrit. | 14 000 | 12,5 % |
| Afrika | 21 000 | 18,7 % |
| Naher Osten | 8 000 | 7,1 % |
| sonst. | 12 000 | 10,7 % |

## Übungen

**3** *Die größten Weihnachtswünsche*
Eine Zeitung hat eine Kinderbefragung in Auftrag gegeben. Es sollte herausgefunden werden, was Kinder sich zu Weihnachten wünschen. 1 000 Kinder zwischen sechs und zwölf Jahren wurden befragt. Dabei erhielt man die folgende Anzahl von Nennungen:

| | | | |
|---|---|---|---|
| Computer, -spiele, Spielkonsolen | 540 | Kleidung | 100 |
| Spielzeug, Bastelsachen | 340 | Fanartikel | 100 |
| Unterhaltungselektronik (Handys, DVDs usw.) | 260 | Bücher, Zeitschriften | 80 |
| Stofftiere, Puppen | 140 | Brettspiele | 80 |
| Möbel, Einrichtung | 50 | Tiere und Zubehör | 60 |
| Geld | 30 | Süßigkeiten | 40 |

a) In der Zeitung sollen die Daten in Form eines Diagramms veröffentlicht werden. Der Redakteur schlägt ein Kreisdiagramm vor. Was meinst du?
b) Erstelle ein Balkendiagramm für die Zeitung. Gibt es deiner Meinung nach überraschende Ergebnisse? Ergänze das Diagramm mit einem Text.

## *Übungen*

**4 Deutschland 2006** Laut Industrieverband Heimtiere (IVH) sind Katzen in Deutschland weiterhin die klare Nummer eins, gefolgt von den Hunden und den Kleintieren wie Kaninchen, Hamster und dergleichen. Insgesamt gibt es laut IVH in 12 Millionen Haushalten 23,2 Millionen Haustiere, wobei Terrarien und Aquarien als eine Einheit gezählt werden. Würden die darin enthaltenen Tiere extra gezählt werden, wäre die Summe natürlich noch höher.

| Tierart | Anzahl | befinden sich in |
|---|---|---|
| Katzen | 7,8 Millionen | 15,4 % der Haushalte |
| Hunde | 5,3 Millionen | 13,4 % der Haushalte |
| Kleintiere | 6,3 Millionen | 6 % der Haushalte |
| Ziervögel | 3,8 Millionen | 5,7 % der Haushalte |
| Aquarien | 1,95 Millionen | 4,3 % der Haushalte |
| Zierteiche | 1,4 Millionen | 3,7 % der Haushalte |
| Terrarien | 0,42 Millionen | 1,1 % der Haushalte |

Quelle: www.wissenswertes.at

Stelle die Daten mithilfe von Diagrammen dar (Vorsicht bei Prozentangaben).

**5** *PKW-Farben 2007*

a) Silber ist in Deutschland beliebt.

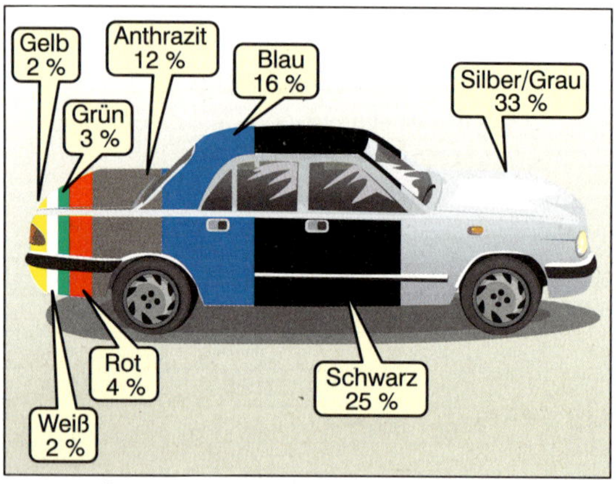


| | USA | Japan |
|---|---|---|
| silber | 18 % | 31 % |
| schwarz | 11 % | 10 % |
| blau | 12 % | 10 % |
| rot | 11 % | 6 % |
| weiß | 17 % | 27 % |
| grün | 4 % | 5 % |
| anthrazit | 15 % | 3 % |
| gelb | 2 % | 4 % |
| braun | 9 % | 3 % |

Farbstatistik für PKWs

Stelle die Farbvorlieben in den Ländern Deutschland, USA und Japan in einem Kreisdiagramm dar.

b) Farbvorlieben ändern sich mit der Zeit. Schreibe einen kurzen Artikel für eine Zeitung zu diesem Thema. Verwende dabei Informationen aus dem Diagramm.

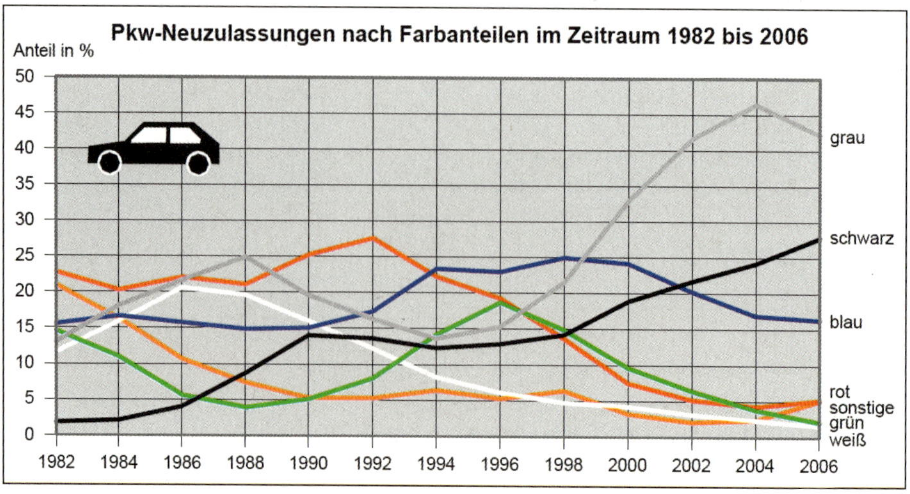

## Übungen

**6** *Woher kommt die dicke Luft?*

| Jahr 2004 | Deutschland | China | USA | Kenia | Russland |
|---|---|---|---|---|---|
| $CO_2$ – Ausstoß pro Jahr | 837,5 Mio. t | 3270,5 Mio t | 5652 Mio t | 8,5 Mio t | 1503 Mio t |
| Bevölkerungszahl | 82,33 Mio | 1 272 Mio | 289,4 Mio | 30,7 Mio | 144,7 Mio |

a) Stelle die $CO_2$-Emission der Länder und die Emission pro Kopf in diesen Ländern in einem Balkendiagramm dar. Vergleiche.
b) Besorge dir die neusten Daten zu den $CO_2$-Emissionen. Welche Veränderungen beobachtest du?

**7** *Fast Food im Vergleich*

a) Vergleiche die angegebenen Fastfoodprodukte. Benutze Diagramme zur Unterstützung deiner Ausführungen.

| | kJoule | Fett | Kohlenhydrate | Eiweiß |
|---|---|---|---|---|
| Pizza Salami (Portion 350 g) | 3 500 | 42 g | 56 g | 35 g |
| Döner (Huhn) (Portion 360 g) | 2 328 | 8,5 g | 90,9 g | 28,4 g |
| Big Mäc (Portion 210 g) | 1 978 | 23,1 g | 37,8 g | 25,2 g |
| Pommes frites (Portion 150 g) | 1 830 | 19,5 g | 66 g | 9 g |
| Currywurst (Portion 260 g) | 2 861 | 49,6 g | 45,8 g | 23,3 g |

b) Wenn du von einem Energiebedarf von 7 200 kJoule täglich ausgehst, dann kannst du berechnen, wie viel Prozent jeweils eine Portion Fastfood abdeckt.

**8** *Aus der* ***JIM-Studie 2006*** *(Jugend, Information, Multimedia):*

Auf die Frage, auf welches Medium sie am wenigsten verzichten können, mussten sich 12–19-jährige Jugendliche zwischen Radio, Fernseher, Bücher, Zeitschriften und Zeitungen, Computer, Internet, MP3-Player entscheiden. Es war nur eine Nennung erlaubt.
a) Stelle die Daten aus der Tabelle in einem geeigneten Diagramm dar.
b) Führe eine entsprechende Befragung in deiner Jahrgangsstufe durch und vergleiche.

am wenigsten verzichten kann ich auf ...

| | Mädchen | Jungen |
|---|---|---|
| Computer | 17 % | 34 % |
| Fernseher | 19 % | 18 % |
| Internet | 16 % | 22 % |
| MP3-Player | 21 % | 11 % |
| Radio | 10 % | 5 % |
| Bücher | 11 % | 5 % |
| Zeitschr. | 5 % | 3 % |
| Zeitung | 1 % | 2 % |

**9** *Punkt-Diagramm*

In dem folgenden Punkt-Diagramm ist das Gewicht der 18 Spieler, die zum Kader der SG Hüffelsheim gehören, zu Beginn der Saison dargestellt.

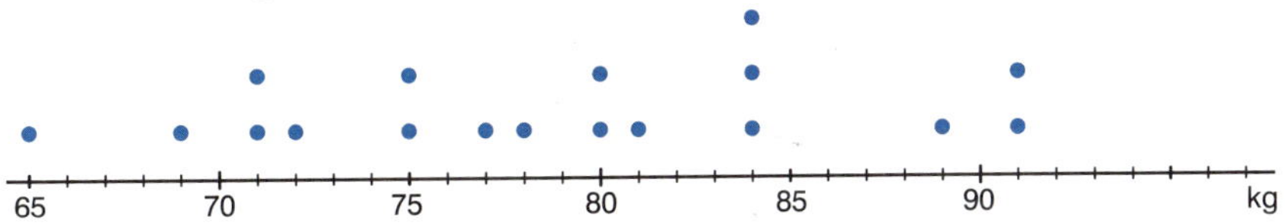


a) Erstelle mithilfe des Diagramms eine Häufigkeitstabelle.
b) Nach der Winterpause wurden die Spieler erneut gewogen. Gewichte in kg:
69, 75, 75, 95, 86, 90, 78, 74, 63, 88, 84, 93, 78, 80, 87, 84, 78, 86.
Erstelle ein Punkt-Diagramm. Vergleiche.

Punkt-Diagramm

Häufigkeitstabelle:

| Gewicht | Häufigkeit |
|---|---|
| 65 | 1 |
| 69 | 1 |
| 71 | 2 |
| 72 | 1 |
| ... | ... |

## Übungen

**10** Klimadiagramme sind dir sicher aus der Erdkunde bekannt.
Wir wollen einmal sehen, was du noch kannst.

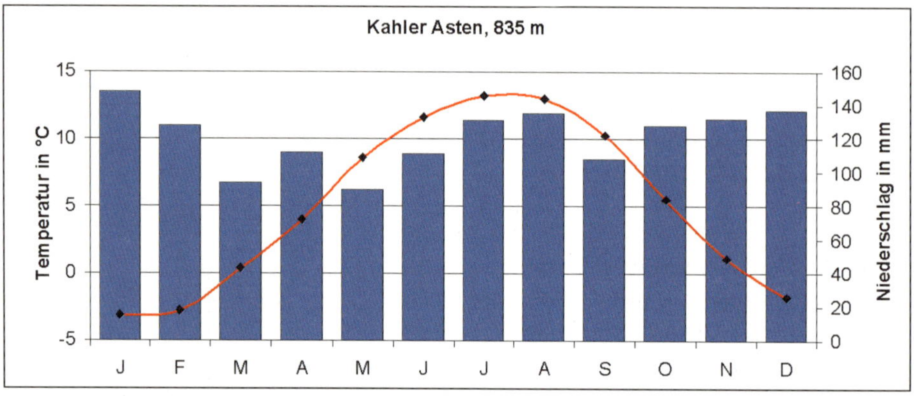


a) Finde zunächst heraus, wo der „Kahle Asten" liegt.
b) Beantworte die folgenden Fragen:
- Maximum (Minimum) der Temperatur,
- Jahresmittel der Temperatur,
- Frostperioden,
- Maximum (Minimum) des Niederschlags
- Jahresniederschlag,
- Niederschlagsverteilung

b) Erstelle mit einer Tabellenkalkulation oder dem GTR ein Klimadiagramm für Mexico-City.

| | Jan | Feb | Mär | Apr | Mai | Jun | Jul | Aug | Sep | Okt | Nov | Dez |
|---|---|---|---|---|---|---|---|---|---|---|---|---|
| Temperatur °C | 12,2 | 13,3 | 16,1 | 17,8 | 18,9 | 18,6 | 17,2 | 17,5 | 17,5 | 15,6 | 13,9 | 12,5 |
| Niederschlag mm | 12 | 5 | 10 | 20 | 53 | 119 | 170 | 152 | 130 | 51 | 18 | 6 |

Du kannst sicher erhebliche Unterschiede des Klimas von Mexico City und vom „Kahlen Asten" mithilfe der Diagramme feststellen.

**Stängel-Blatt-Diagramm**
Im Jahre 1972 erfand JOHN TUKEY das Stängel-Blatt-Diagramm zur einfachen Darstellung von Häufigkeitsverteilungen.

**11** *Alter von Oscar-Gewinnern in der Kategorie Hauptdarsteller seit 1987*

a) Das Stängel-Blatt-Diagramm gibt die Altersverteilung der männlichen Oscargewinner der 21 Jahre seit 1987 wieder. Aus dem Diagramm kann man nicht nur alle 21 Daten ablesen. Man sieht auf einen Blick bemerkenswert viele weitere Informationen. Solltest du nicht mehr wissen, was ein Stängel-Blatt-Diagramm ist, dann schaue auf Seite 236 oder im Internet nach.

Stängel-Blatt-Diagramm des Alters von männlichen Oscar-Gewinnern

| | |
|---|---|
| 3 | 02378899 |
| 4 | 13446678 |
| 5 | 235 |
| 6 | 12 |

b) Erstelle ein Stängel-Blatt-Diagramm der Altersverteilung der weiblichen Oscargewinner seit 1987. Die Daten findest du im Internet.
Vergleiche die beiden Diagramme. Was stellst du fest?

ABRAHAM LINCOLN
1809–1865

**12** Das Stängel-Blatt-Diagramm stellt das Alter amerikanischer Präsidenten zum Zeitpunkt ihrer Amtsübernahme dar.
Lies so viele Informationen wie möglich aus dem Diagramm ab. Wer war der jüngste, wer der älteste US-Präsident?

| | |
|---|---|
| 4 | 23667899 |
| 5 | 011111224444455555666777778 |
| 6 | 0111244589 |

## Übungen

**13** *Histogramme*

Die Daten aus der Aufgabe 11 kann man auch mit einem Histogramm darstellen. Histogramme verwendet man, wenn die Daten über ein größeres Intervall verteilt sind. In unserem Fall ist das Alter bei den männlichen Oscargewinnern über ca. 4 Jahrzehnte verteilt.

| Intervall | Häufigkeit | rel. Häufigkeit |
|---|---|---|
| 30 – 39 | 8 | $\frac{8}{21} \approx 0{,}38$ |
| 40 – 49 | 8 | $\frac{8}{21} \approx 0{,}38$ |
| 50 – 59 | 3 | $\frac{3}{21} \approx 0{,}14$ |
| 60 – 70 | 2 | $\frac{2}{21} \approx 0{,}1$ |

Und so wird ein Histogramm gezeichnet:
- Man unterteilt z. B. das Intervall von 30 bis 70 in gleichgroße Intervalle der Breite 10; man nennt diese Intervalle auch **Klassen.**
- Dann zählt man, wie häufig die Altersangaben in eines der Intervalle (eine der Klassen) fallen.
- Ein Histogramm besteht aus Rechtecken über den Intervallen, deren Flächeninhalte den relativen Häufigkeiten der Klassen entsprechen.

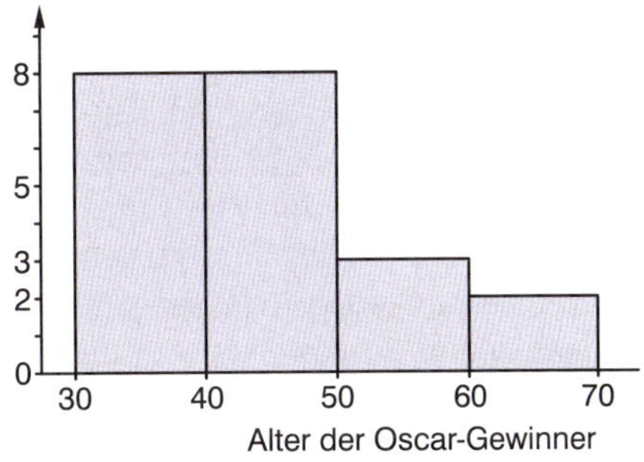


Tipp: Bei gleichbreiten Klassen darf man als Rechteckshöhe auch die relative oder absolute Häufigkeit verwenden.

Sind die Klassen gleich breit, dann unterscheidet sich das Histogramm kaum von dem Stängel-Blatt-Diagramm. Beim Stängel-Blatt-Diagramm kann man allerdings noch die einzelnen Daten erkennen.

Zeichne selbst ein Histogramm für das Alter der weiblichen Oscar-Gewinner. Bleibe bei einer Klassenbreite von 10 Jahren.

**14** *Ist es wichtig, welche Breite man für die Klassen wählt?*

Die wöchentlichen Einnahmen der Schülerinnen und Schüler in einem Mathekurs, die bereits Geld verdienen, sollen in einem Histogramm dargestellt werden.
Wenn man ein Histogramm zeichnet, dann muss man entscheiden, wie breit die Klassen werden sollen. Die beiden Diagramme stellen dieselben Daten dar. Bei dem ersten Histogramm ist die Klassenbreite 20 €, in dem anderen 10 €.
Beantworte mit beiden Diagrammen die folgende Frage: In welches Intervall fällt die Mehrheit der Schülerinnen und Schüler mit ihren Einnahmen? Wie beeinflusst die Breite der Klassen deine Antwort?

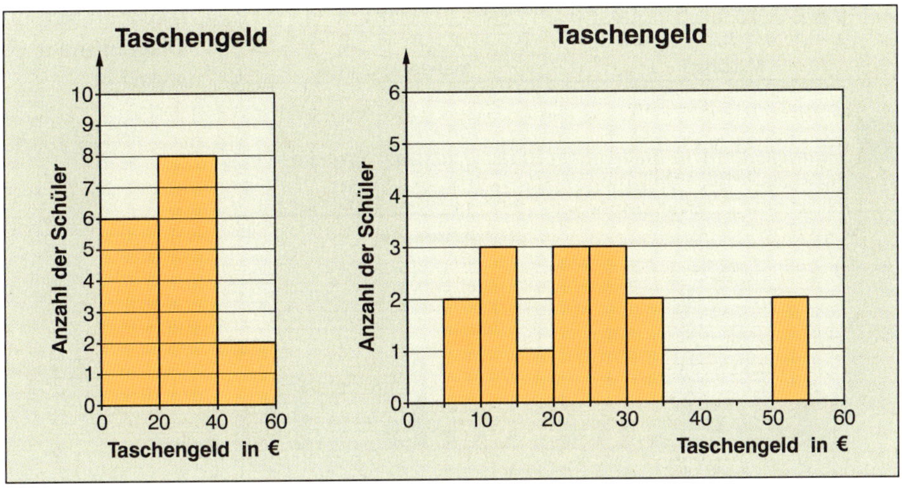


Tipp: Zu viele Klassen erzeugen Unübersichtlichkeit. Zu wenige Klassen verbergen unter Umständen Informationen.
Als allgemeine Regel gilt: Verwende zwischen 5 und 10 Klassen. Aber natürlich gibt es auch Ausnahmen von der Regel.

## Einschaltquoten

Die großen deutschen öffentlich-rechtlichen und privaten Fernsehsender haben sich zusammengeschlossen zur Arbeitsgemeinschaft Fernsehforschung. Diese AGF hat wiederum die Nürnberger Gesellschaft für Konsumforschung beauftragt, die Messung der Einschaltquoten zu organisieren. Auf Grundlage statistischer Erhebungen zur Bevölkerungsstruktur wurden per Zufall entsprechende Haushalte ausgewählt, in denen die Mess-Boxen durch spezielles Service-Personal installiert wurden. Deutschlandweit nehmen über 5 000 Haushalte an der Messung teil.
Alle relevanten Geräte wie Fernseher (auch Zweitgeräte), Videorecorder, Satelliten-Receiver und Set-Top-Boxen werden mit der Messeinrichtung verbunden. Kernstück ist eine spezielle Fernbedienung, welche die normale Fernbedienung ersetzt und über die auch die jeweiligen Fernsehnutzer per Knopfdruck eingegeben werden.
Die Daten werden jede Nacht über die Telefonleitung an eine Zentrale übermittelt und ausgewertet. Auf dieser Basis haben die einzelnen Sender bereits am nächsten Morgen die Möglichkeit, sich zu vergleichen und langfristig ihre Werbezeiten zu kalkulieren und ihr Programm zu optimieren.
(Quelle MDR Thüringen)

## Aufgaben

**15** *Einschaltquoten*

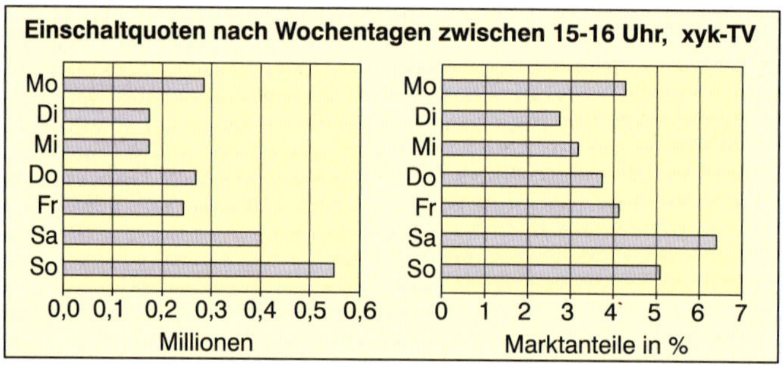


Was kann der Programmdirektor von xyk-TV aus den beiden Diagrammen an Informationen ablesen? Widersprechen sich die Diagramme u. U. sogar?

**16** *Häufigkeiten von Buchstaben in der deutschen Sprache*

a) Interpretiere das „Häufigkeitsgebirge" in der Grafik

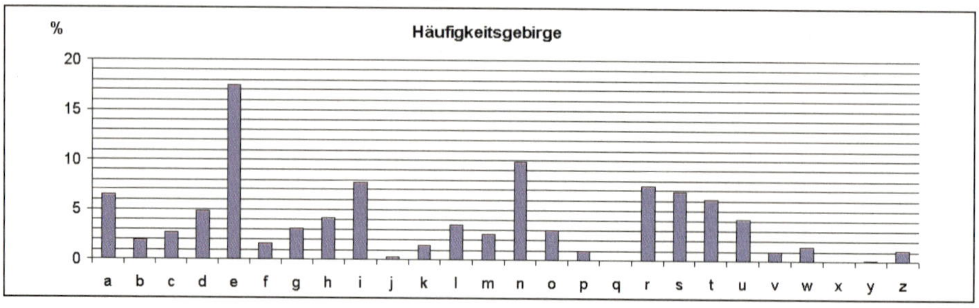


b) Ein deutscher Text wird verschlüsselt, indem jeder Buchstabe des Originaltextes stets durch einen anderen, aber immer denselben Buchstaben ersetzt wird. Du hast einen langen verschlüsselten Text „empfangen". Hast du eine Idee, wie man diesen Text mit dem Häufigkeitsgebirge entschlüsseln kann?

## Aufgaben

**Projekt**

Versuchsprotokoll

*Forschungsauftrag:*
*Puls vor und nach körperlicher Betätigung*

- Fertigt zum Protokollieren zunächst eine Tabelle zum Eintragen eurer Messung an.

| Name | Ruhepuls | Puls nach Belastung |
|---|---|---|
| Albert | | |
| Berg | | |
| ... | | |

- Messt den Ruhepuls und tragt die Ergebnisse in die Tabelle ein.
- Danach macht jede/jeder 15 Kniebeugen.
- Messt euren Puls erneut und trage das Ergebnis in die Rubrik „Puls nach Belastung" ein.

**Messen des Pulses:**

- Spüre deinen Pulsschlag an deinem Hals.
- Zähle die Pulsschläge in 15 Sekunden.
- Multipliziere mit 4. Das Ergebnis ist dein Puls.

Auswertung:

a) Bestimme den kleinsten und den größten Puls.
b) Ein Arzt begutachtet einen Ruhepuls von 80.
Wird er ihn als normal einschätzen? Begründe.

Punkt-Diagramm

c) Ein Punkt-Diagramm erhält man, in dem man über einem Zahlenstrahl für jeden Wert einen Punkt einträgt. Kommt ein Wert mehrfach vor, so stapelt man Punkte übereinander. Für die Werte 54, 62, 66, 66, 66, 67, 69, 69, 73, 77, 77, 85 sieht das Diagramm wie folgt aus:

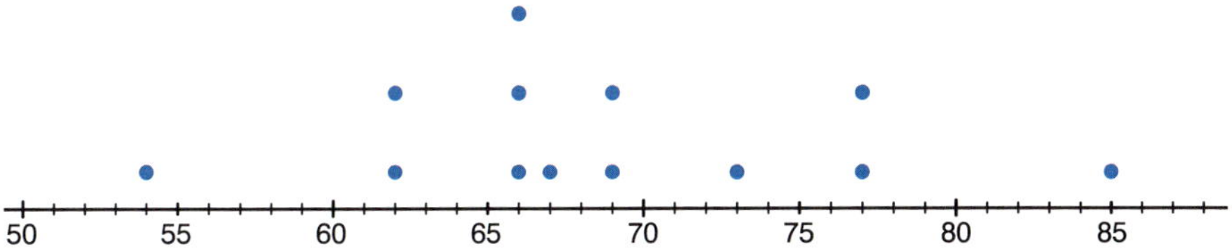


Zeichne ein entsprechendes Diagramm für den Ruhepuls der Schülerinnen und Schüler deiner Klasse und deren Puls nach Belastung. Werte die beiden Diagramme aus.

**17** Bei Diagrammen sollte man stets genau hinschauen. Nicht immer ist ein „Trick" so leicht zu durchschauen wie der folgende.
Die beiden Wochenzeitschriften „Woche um Woche" und „7-täglich" kommen neu auf den Markt. Sie konkurrieren um dieselben Käufer. In der 7. Ausgabe veröffentlicht „7-täglich" auf Seite 2 triumphierend die eigene Verkaufsstatistik und einige Seiten später höhnisch die des Konkurrenten „Woche um Woche".
Urteilt selbst.

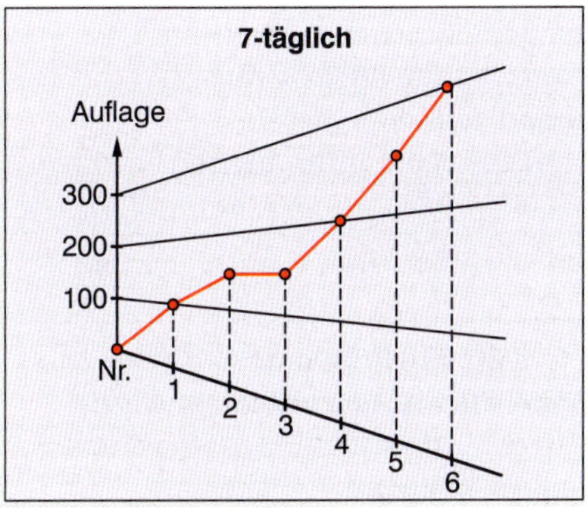


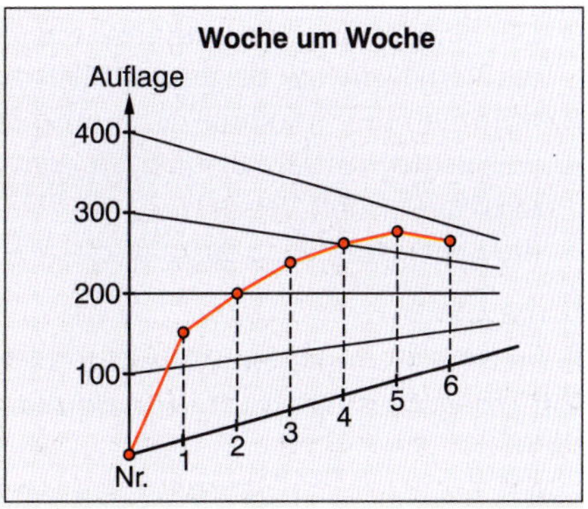

# 7.2 Mittelwerte und Streumaße berechnen und interpretieren

### *Was dich erwartet*

*Ist mein Ruhepuls im Vergleich zu meinen Mitschülern eher hoch oder niedrig? Welche Höchstgeschwindigkeiten erreichen Raubtiere im Vergleich zu anderen Tierarten? Wie streuen die mittleren Monatstemperaturen in Quito und in Washington? Antworten auf solche Fragen findet man mithilfe statistischer Untersuchungen. In den Daten einer statistischen Erhebung steckt jede Menge von Informationen. Diese werden je nach Fragestellung oft zusammengefasst in wenigen sogenannten Kennwerten, die das Typische der Datenverteilung charakterisieren sollen. Mittelwerte sind Kennwerte der Lage; du kennst sie bereits als arithmetisches Mittel, Median und Modalwert. Der Mittelwert sagt nichts darüber aus, wie weit die niedrigste und die höchste Messung auseinanderliegen oder ob sich die Messungen eng um den Mittelwert scharen oder breit streuen.*

*Hierfür gibt es in der Statistik Kennwerte der Streuung, einige davon wirst du in diesem Lernabschnitt kennenlernen und zusammen mit den Mittelwerten zum Vergleich von Datenverteilungen nutzen.*

Welche Strategie? Sollen wir den Gegner schocken durch den Maximalwert oder einlullen durch den Zentralwert?

### *Aufgaben*

**1** *Statistik als Entscheidungshilfe?*

Kai und Nina sind mit der Hotline ihres Handy-Service unzufrieden, die Wartezeiten waren in der letzten Zeit oft unerträglich lang. Beim Kauf eines neuen Handys wollen sie hier besser fahren. Deshalb testen sie zusammen mit ihren Freunden die Service-Hotline zweier Anbieter, indem sie vielmals anrufen und jeweils die Wartezeiten (in Sekunden) notieren. Auf der Marginalie sind die beiden Listen aufgeführt.

Wie sollen sie sich entscheiden?

Versucht nun in „statistischen Expertenteams" einige begründete Argumentationshilfen zu geben. Dabei kann zum Beispiel hilfreich sein:

1. Eine geeignete graphische Darstellung der Daten
2. Die Berechnung von Mittelwerten. Welcher Mittelwert charakterisiert die Verteilung am besten im Blick auf die anstehende Entscheidung?
3. Minimal- und Maximalzeiten und der Abstand zwischen diesen.
4. jeweils der mittlere Bereich, in dem ungefähr die Hälfte (drei Viertel) der Wartezeiten liegen?
5. die Bedeutung der „Ausreißer".
6. ...

Schreibt eure Argumentationshilfen in einer kurzen Expertise auf.
Zur Unterstützung könnt ihr ein passendes Tabellenkalkulationsblatt anfügen.

| Hotline A | Hotline B |
|---|---|
| 34 | 27 |
| 45 | 67 |
| 81 | 73 |
| 34 | 71 |
| 66 | 74 |
| 34 | 53 |
| 43 | 36 |
| 82 | 52 |
| 20 | 69 |
| 57 | 61 |
| 92 | 57 |
| 141 | 247 |
| 32 | 11 |
| 99 | 13 |
| 139 | 46 |
| 24 | 45 |
| 47 | 52 |
| 35 | 62 |
| 110 | ■ |
| 15 | ■ |

## Aufgaben

**2** *Was Mittelwerte verschweigen*

a) Die „mittleren Jahrestemperaturen“ der Städte Quito/Ecuador (13,0 °C), Washington/USA (14,0 °C) und Santiago/Chile (14,0 °C) sind in etwa gleich groß.
Sie wurden offensichtlich aus den mittleren Monatstemperaturen berechnet. Welche Zusatzinformationen lassen sich aus der Tabelle ablesen? Beschreibe mithilfe einer Grafik und geeigneten Größen.

| | Quito Temp. (°C) | Washington Temp. (°C) | Santiago Temp. (°C) |
|---|---|---|---|
| JAN | 13,0 | 2,8 | 20,0 |
| FEB | 13,0 | 3,7 | 19,3 |
| MRZ | 12,9 | 7,3 | 17,2 |
| APR | 13,0 | 13,7 | 13,9 |
| MAI | 13,1 | 18,8 | 10,9 |
| JUN | 13,0 | 23,4 | 8,4 |
| JUL | 12,9 | 25,7 | 8,1 |
| AUG | 13,1 | 24,7 | 9,1 |
| SEP | 13,2 | 21,1 | 11,6 |
| OKT | 12,9 | 15,3 | 13,8 |
| NOV | 12,8 | 8,8 | 16,5 |
| DEZ | 13,0 | 3,2 | 18,9 |

**3** *Argumentieren mit „Mittelwerten“*

Die Mitarbeiter von InfoMedia wollen mehr Geld. Geschäftsleitung und Gewerkschaften streiten um die Durchschnittsgehälter.

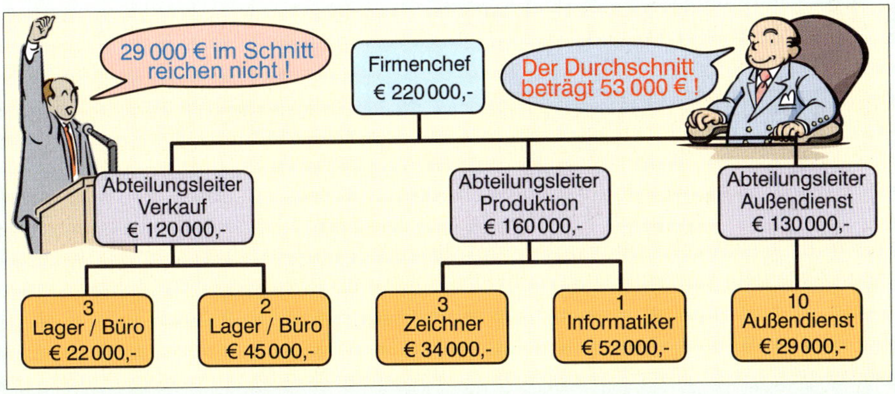


Offenbar argumentieren beide Tarifpartner mit Mittelwerten. Kannst du ihre Überlegungen begründen?

**4** *Erforschen eines speziellen statistischen Diagramms*

An der Aktion „Laufen für Bolivien“ haben alle 23 Schülerinnen und Schüler der Klasse 8c mit jeweils individuellen Laufstrecken (z. B. 1 800 m) teilgenommen. Alle Laufstrecken wurden in einer Tabelle notiert. Anschließend wurde das „Laufprofil“ der 8c in einem sogenannten „Boxplot“ fest gehalten.

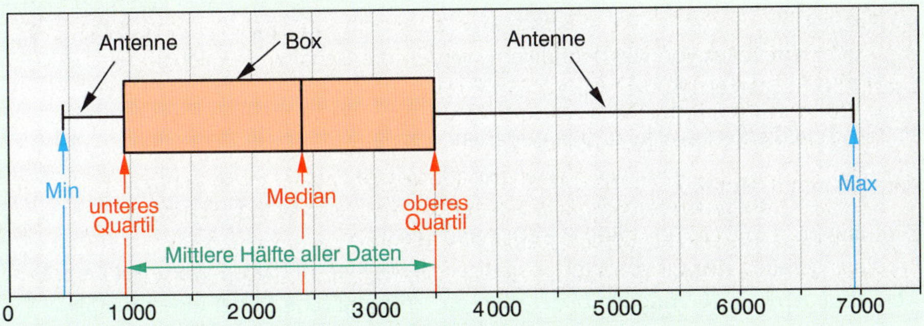


a) Schreibe alle Informationen auf, die du aus dem Diagramm ablesen kannst.
b) Julius hat aus der zugrundeliegenden Tabelle auch das arithmetische Mittel berechnet: Es beträgt 2 596,4 Meter. Warum unterscheidet es sich vom Median? Kannst du die von der Klasse gelaufene Gesamtstrecke berechnen?
c) Schreibe einen kurzen Bericht für die Schülerzeitung, der die Beteiligung der Klasse 8c am Aktionstag treffend beschreibt.

Im Mathe-Lexikon oder im Internet findest du zu den Fachbegriffen gute Hilfen.

## *Basiswissen*

Statistiker stehen oft vor der schwierigen Aufgabe, eine umfangreiche Datenmenge (-verteilung) möglichst knapp und treffend zu charakterisieren. Dazu gibt es geeignete Kennwerte, die einmal etwas über die Lage der Verteilung (Mittelwerte) und zum anderen die Breite oder die Streuung der Daten aussagen (Streuungsmaße).

**siehe Formelsammlung**
Diese bekannten Mittelwerte hast du bereits in den vorherigen Klassenstufen benutzt. Unter „Erinnern und Wiederholen" am Ende des Buches oder in deiner Formelsammlung kannst du dich nochmals genau informieren.

**Mittelwerte**

Die bekanntesten Mittelwerte sind

**Median (Zentralwert)**

Bestimmung:

1. Daten der Größe nach ordnen
2. • bei einer ungeraden Datenanzahl: den Wert bestimmen, der genau in der Mitte der geordneten Liste liegt.
   • bei einer geraden Datenanzahl: das arithmetische Mittel der beiden Datenwerte in der Mitte bestimmen

| 10 15 15 15 | 20 | 25 25 40 45 |
|---|---|---|
| 4 Werte | Zentralwert | 4 Werte |

**arithmetisches Mittel**

Berechnung:

1. Summe aller Datenwerte bilden
2. Die Summe durch die Anzahl aller Datenwerte dividieren.

$$\bar{x} = \frac{\text{Summe der Datenwerte}}{\text{Anzahl der Datenwerte}}$$

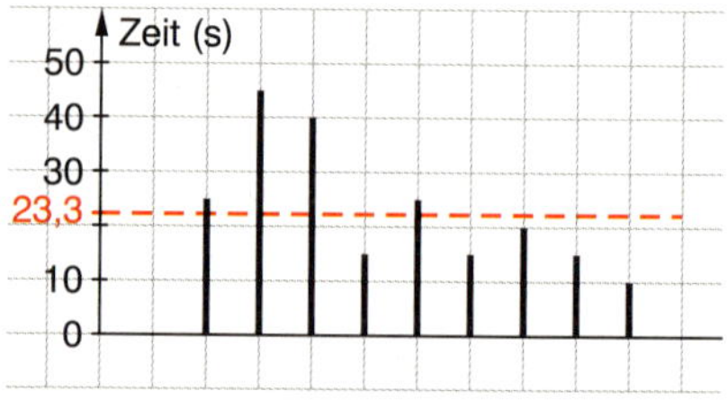


Insbesondere bei Datenwerten, die weder geordnet noch als Größen gemessen werden können, verwendet man auch den häufigsten Datenwert **(Modalwert)**.

**Aufgabe der Mittelwerte**

Mittelwerte sollen eine Verteilung durch eine charakteristische („mittlere") Größe möglichst treffend beschreiben. Damit ermöglichen sie:

- einen einfachen und schnellen Vergleich verschiedener Verteilungen (Ein Angestellter im Betrieb B verdient durchschnittlich weniger als ein Arbeiter im Betrieb A.)
- die Einordnung/den Vergleich einzelner Daten mit dem Mittelwert (Wie liegt der Angestellte im Betrieb A mit seinem Verdienst im Vergleich zum Durchschnittsverdienst in A.)

## *Beispiele*

**A** In einem Team von Werbegrafikern werden die Gehälter verglichen: Joe 1 700 €, Lisa 1 850 €, Marcel 1 800 €, Mira 1 650 €, Harald 1 850 € und Anne 2 850 €.

1) Berechne die Kennwerte zu den gegebenen Daten.

Arithmetisches Mittel: $\bar{x} = \frac{1\,700 + 1\,850 + 1\,800 + 1\,650 + 1\,850 + 2\,850}{6} = \frac{11\,700}{6} = 1\,950$

Zentralwert: 1 650 1 700 1 800 1 850 1 850 2 850

Bei einer geraden Anzahl von Werten werden die beiden mittleren Werte als Zentralwert angegeben. Falls möglich bildet man das arithmetische Mittel dieser beiden Werte. Der Zentralwert beträgt also $\frac{1\,800 + 1\,850}{2} = \frac{3\,650}{2} = 1\,825$.

$n \cdot \bar{x}$ = Summe aller Daten

Durch den „Ausreißer" des gegenüber allen anderen deutlich höheren Gehalts von Anne ist das arithmetische Mittel nicht charakteristisch für die Gehaltsverteilung, der Median ist hier eher der geeignete Kennwert. Allerdings verrät das arithmetische Mittel, welche Summe an Gehältern insgesamt ausgezahlt wird.

## Beispiele

**B** Der Benzinverbrauch zweier Autos vom Typ A und Typ B soll verglichen werden. Die nebenstehenden Werte (Liter/100 km) wurden bei Testfahrten gemessen.

| Typ A | Typ B |
|---|---|
| 7,0 | 7,7 |
| 6,0 | 6,8 |
| 6,4 | 7,3 |
| 6,8 | 6,6 |
| 7,2 | 6,8 |
| 7,6 | 6,9 |
| 8,3 | 7,4 |
| 7,4 | 7,1 |
| 7,3 | 6,9 |
| 6,9 | 6,7 |
| 7,2 | 7,5 |
| | 7,5 |

1. Schritt: Ordnen der Daten.

| | | | | | | | | | | | | |
|---|---|---|---|---|---|---|---|---|---|---|---|---|
| **Typ A** | 6,0 | 6,4 | 6,8 | 6,9 | 7,0 | 7,2 | 7,2 | 7,3 | 7,4 | 7,6 | 8,3 | |
| **Typ B** | 6,6 | 6,7 | 6,8 | 6,8 | 6,9 | 6,9 | 7,1 | 7,3 | 7,4 | 7,5 | 7,5 | 7,7 |

Minimum und Maximum lassen sich nun sofort ablesen, bei Typ A (6,0; 8,3) liegen sie deutlich weiter auseinander als bei Typ B (6,6; 7,7).

Typ A : Median 7,2 Typ B: Median $\frac{6{,}9+7{,}1}{2} = 7{,}0$

Das arithmetische Mittel ist bei beiden gleich: 7,1.
Beide Verteilungen stimmen in den berechneten Kennwerten weitgehend überein, bei Typ A ist der Median etwas größer als bei Typ B. Die „Spannweite" zwischen Minimum und Maximum ist bei A deutlich größer als bei B.

## Übungen

**5** *Kurztraining*
Bestimme Median und arithmetisches Mittel für jede Datenmenge
a) Zeit für die Pizza-Lieferung (in min): **28; 31; 26; 35; 26**
b) Kosten von Popcorn im Kino (in €): **2,75; 3,00; 2,50; 1,50; 1,75; 2,00; 2,25; 3,25**
c) Anzahl der Haustiere pro Haushalt: **3; 2; 1; 0; 3; 4; 1**

**6** *Detektivarbeit*
Drei Zeitdaten haben das arithmetische Mittel 12 min und den Median 14 min.
a) Wie groß ist die Summe der Daten?
b) Welche der drei Daten kannst du genau angeben?
c) Gib drei Daten an, zu denen die gegebenen Kennwerte passen.
Gibt es mehrere Möglichkeiten?

Bei den Übungen 6 bis 9 leistet die Tabellenkalkulation als Werkzeug zum Probieren gute Dienste. Wer es lieber algebraisch mag, kommt auch mit Gleichungslösen zum Ziel.

**7** *Was passiert, wenn …*
a) Berechne in der folgenden Datenliste Median und arithmetisches Mittel.

**1,8; 1,6; 2,4; 3,0; 1,0; 2,8; 1,6; 1,2; 2,0; 2,8; 1,8**

b) Ändere in der Ausgangsliste genau einen Wert so, dass Median und arithmetisches Mittel gleich groß sind.
c) Der Maximalwert der Liste wird durch den Wert **12** ersetzt.
Was passiert mit dem arithmetischen Mittel und dem Median?

**8** *Bilanzausgleich*
Susanne hat im letzten Jahr beim Jogging im monatlichen Durchschnitt eine Strecke von 32,4 km zurückgelegt. Dieses Jahr stellt sie in einer Bilanz Ende November fest, dass ihr Monatsdurchschnitt nur 29,6 km beträgt.
Wie viele Kilometer muss sie im Dezember joggen, um wenigstens noch den Vorjahresdurchschnitt zu erreichen?

**9** *Ballweitwurf – eine aussterbende Disziplin*
Die Tabelle zeigt die Ergebnisse (in Meter) im Wurf mit dem 200-g-Ball vom Schulsportfest. Die roten Zahlen sind die von den Mädchen, die schwarzen von den Jungen.

| | | | | | | | | | | | | | |
|---|---|---|---|---|---|---|---|---|---|---|---|---|---|
| 53 | 32 | 27 | 46 | 35 | 27 | 42 | 48 | 25 | 52 | 34 | 52 | 37 | 26 |
| 30 | 33 | 64 | 50 | 26 | 49 | 37 | 50 | 48 | 25 | 53 | 47 | 32 | 29 |

a) Das arithmetische Mittel und der Median dieser Messdaten liegen dicht beisammen. Trotzdem charakterisiert keiner dieser Werte die Verteilung zufriedenstellend.
Woran liegt das?
b) Berechne die Mittelwerte der Wurfweiten für Mädchen und Jungen getrennt.
Sind diese für einen Vergleich der beiden Gruppen geeignet?

Histogramm

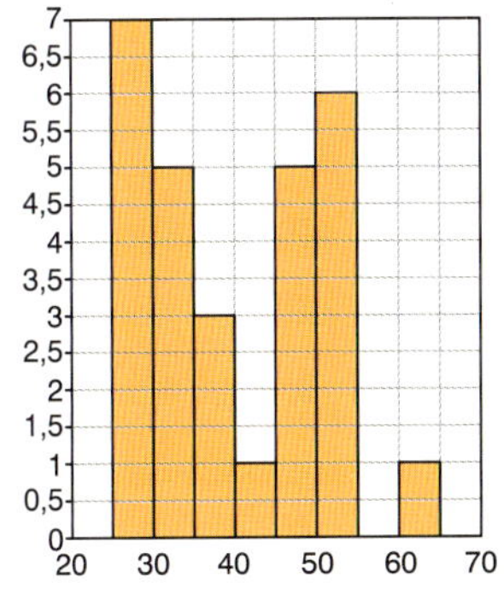


Klassenbreite 5

## Übungen

**10** *Vergleich der Mittelwerte*

In einer Stichprobe von 1 002 Erwachsenen haben Statistiker nach der Kinderzahl gefragt. Die jeweiligen absoluten Häufigkeiten stehen an den Säulen.

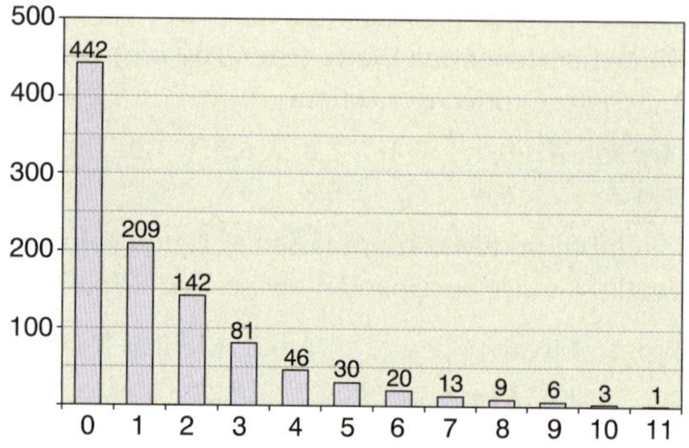


a) Ordne Modalwert, Median und arithmetisches Mittel der Größe nach. Kannst du die Anordnung ohne zu rechnen voraussagen? Begründe.

b) Wie könnte ein Häufigkeitsdiagramm aussehen, für das die Anordnung der drei Mittelwerte umgekehrt ist? Gib ein Beispiel an und bestätige durch Nachrechnen.

c) Skizziere das Bild einer Häufigkeitsverteilung, bei der die drei Mittelwerte eng beieinander liegen.

**11** *Pulsfrequenz*

Die Messung der Pulsfrequenz von 32 Schülerinnen und Schülern wird im Stängel-Blatt-Diagramm festgehalten. Vergleiche Median und arithmetisches Mitte. Schätze zuerst und rechne dann nach.

**Stängel - Blatt - Diagramm**

| | | | | | | | | | | | |
|---|---|---|---|---|---|---|---|---|---|---|---|
| 5 | 2 | 3 | 7 | 8 | 8 | 9 | | | | | |
| 6 | 0 | 2 | 3 | 3 | 4 | 2 | 5 | 5 | 8 | 9 | 9 |
| 7 | 0 | 1 | 1 | 2 | 3 | 2 | | | | | |
| 8 | 0 | 0 | 1 | 2 | 4 | 8 | | | | | |
| 9 | 0 | | | | | | | | | | |

**12** *Kinobesuch*

| | |
|---|---|
| Mo | 580 € |
| Di | 300 € |
| Mi | 270 € |
| Do | 420 € |
| Fr | 560 € |
| Sa | 630 € |
| So | 590 € |

In der Tabelle sind die Tageseinnahmen des Kinos in einer Kleinstadt während einer Novemberwoche notiert.

a) Berechne die durchschnittliche Tageseinnahme des Kinos in dieser Woche.

b) Für Kinokarten gibt es je nach Sitzplatz meist verschiedene Preiskategorien, du kennst diese sicher für das Kino deiner Stadt. Kannst du abschätzen, wie viele Kinokarten ungefähr in dieser Novemberwoche verkauft wurden?

**13** *„Schlangen" im Supermarkt*

Die Kunden eines Supermarktes beschweren sich über zu lange Wartezeiten an den Kassen. Zur Überprüfung werden deshalb die Anzahlen der Kunden in dreißig aufeinanderfolgenden Zeitabschnitten von jeweils 10 Minuten gezählt:

| **Anzahl der Kunden** | 0 | 2 | 3 | 4 | 5 | 6 | 7 | 9 |
|---|---|---|---|---|---|---|---|---|
| **absolute Häufigkeit** | 1 | 2 | 4 | 5 | 8 | 3 | 2 | 4 |

0 2 2 3 3 3 3 4 …

a) Stelle die Verteilung in einem Diagramm dar und bestimme Median und arithmetisches Mittel.

b) Bieten die Kennwerte hier Hilfen für anstehende Entscheidungen? Welche Beobachtungen würdest du als Filialleiter anstellen?

**14** *Eigenschaften von Mittelwerten*

Was hältst du von den folgenden Aussagen? Kannst du deine Meinung an Beispielen belegen? Versuche auch eine beispielunabhängige Begründung.

Bei einer ungeraden Datenanzahl ist der Median immer ein Datenwert aus der Liste.

Aus der Kenntnis des arithmetischen Mittels und der Gesamtzahl n der Daten kann man auf die Gesamtsumme der Datenwerte zurückschließen.

Das arithmetische Mittel reagiert empfindlich auf Ausreißer, der Median nicht.

Bei einer „symmetrischen" Datenverteilung stimmen Median und arithmetisches Mittel in etwa überein.

## Übungen

**15** *Erfolg beim Computerspiel*
Peter erprobt mit seinen zehn Geburtstagsgästen sein neues Computerspiel. Er erzielt 25 Punkte, die anderen erreichen 18, 15, 40, 22, 10, 45, 15, 12, 20 und 32 Punkte.
Wie ist seine Leistung in der Gruppe einzuschätzen?
Liegt er oberhalb des Mittelwerts? Vielleicht sogar im oberen Viertel?
Wie groß ist die Spannweite zwischen der minimalen und der maximalen Punktzahl?
Wie weit ist er vom Minimum, wie weit vom Maximum entfernt?

## Basiswissen

Der Mittelwert einer Datenverteilung verschweigt viel über die einzelnen Daten. Er sagt z. B. nichts darüber aus, wie groß die Unterschiede/die Schwankungen zwischen den einzelnen erhobenen Daten sind. Hier helfen einfache Streuungsmaße.

### Streuungsmaße

**Spannweite**
Sie ist die Differenz zwischen dem Maximum und dem Minimum der Datenmenge.

Spannweite = maximaler Datenwert – minimaler Datenwert

Die Quartile unterteilen die Datenliste in Viertel. Die „Quarte" ist dir vielleicht aus der Musik bekannt.

**Quartilsabstand**
Diesen gewinnt man mithilfe weiterer Kennwerte, dem sogenannten *unteren Quartil* $Q_1$ und dem *oberen Quartil* $Q_3$. Sie werden mithilfe des Medians bestimmt. Der Median teilt die der Größe nach geordnete Datenliste in eine untere und in eine obere Teilliste.
Das **untere Quartil $Q_1$** ist dann der Median der unteren Teilliste, das **obere Quartil $Q_3$** ist der Median der oberen Teilliste.

Unteres Quartil $Q_1$ Oberes Quartil $Q_3$

| | | | | | | | | | | |
|---|---|---|---|---|---|---|---|---|---|---|
| 10 | 12 | 15 | 15 | 18 | 20 | 22 | 25 | 32 | 40 | 45 |

Median untere Hälfte Median Median obere Hälfte

Der Quartilsabstand ist die Differenz zwischen dem oberen und dem unterem Quartil.
Er gibt die Länge des Intervalls an, das die mittleren 50 % einer Datenreihe umfasst.

**Aufgabe der Streuungsmaße**
Streuungsmaße machen eine Aussage über die Ausbreitung/Streuung der einzelnen Werte um den Mittelwert herum. Sie ergänzen den Mittelwert um eine wesentliche Zusatzinformation über die zugrundeliegende Verteilung.

Aus Klasse 7 kennst du bereits die mittlere Abweichung:
$$\frac{|x_1 - \bar{x}| + |x_2 - \bar{x}| + \ldots + |x_n - \bar{x}|}{n}$$

**Boxplot**
Einen schnellen Überblick über Lage und Streuung einer Datenmenge gewinnt man mit der graphischen Darstellung der fünf Werte Minimum, Maximum, Median, unteres und oberes Quartil im sogenannten „Boxplot".

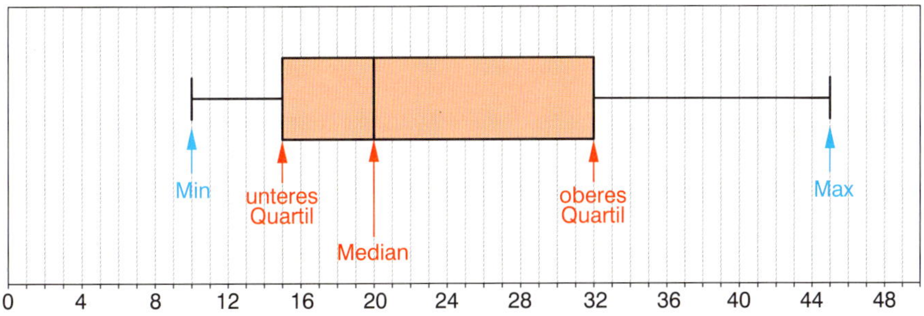


Durch die Skala unter dem Bild kannst du die „fünf Werte" direkt ablesen.

## Beispiele

**C** Veranschauliche die Daten – Wartezeiten in der Hotline (in Sekunden) – in einem Boxplot: **84, 79, 90, 73, 95, 88, 92, 81, 67**.

1 Schritt: Daten ordnen, Minimum, Maximum und Median bestimmen
67 73 79 81 84 88 90 92 95 Median ($Q_2$) = 84

2. Schritt: Berechnung von $Q_1$
67 73 79 81
↑
$Q_1 = \frac{73 + 79}{2} = 76$

Berechnung von $Q_3$
88 90 92 95
↑
$Q_3 = \frac{90 + 92}{2} = 91$

3. Schritt: Boxplot zeichnen

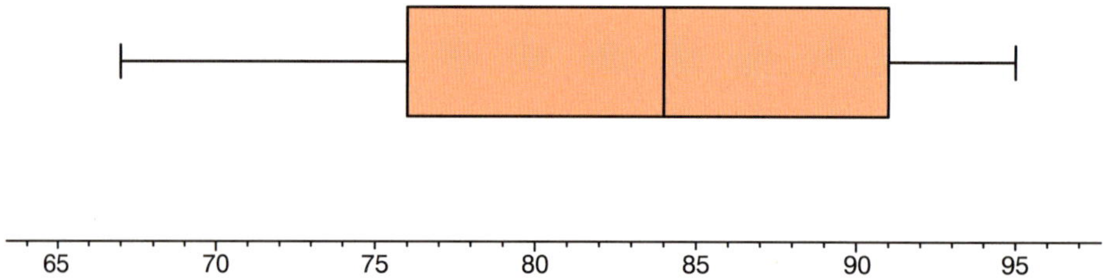


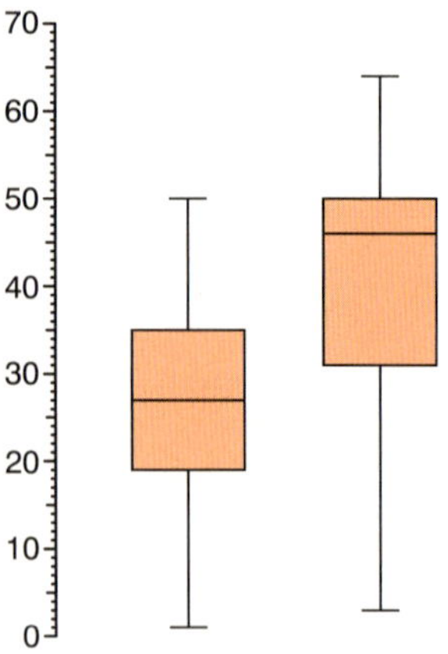


**D** In der Klasse 8a wurde ein Trainingsprogramm zum Lösen von Raumanschauungsaufgaben vorgenommen. Vor dem Training wurde ein Eingangstest durchgeführt, nach dem Training ein vergleichbarer Abschlusstest. In jedem Test konnten maximal 80 Punkte erreicht werden. Die Auswertung der jeweils erreichten Punktzahlen sind nebeneinander in Boxplots festgehalten. Was lässt sich daraus ablesen?

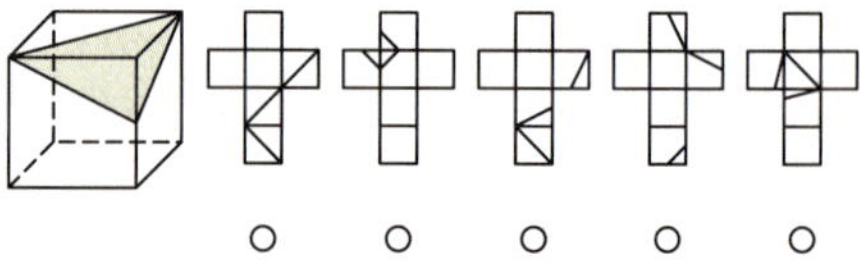

Insgesamt sind die erreichten Punktzahlen im Nachtest klar verbessert. Der Median ist vom Vortest (27 Punkte) zum Nachtest (46 Punkte) deutlich angestiegen, das gleiche gilt für die jeweils erreichte Maximalpunktzahl (50 → 64). Beim Vortest lag der Median ziemlich genau in der Mitte zwischen den Quartilen $Q_1$ und $Q_3$, im Nachtest liegt er deutlich näher an $Q_3$. Das Minimum der erreichten Punktzahlen liegt im Nachtest etwas über dem des Vortests, der Abstand zwischen $Q_1$ und Minimum ist zudem im Nachtest deutlich größer. Der Quartilsabstand ist im Nachtest größer als beim Vortest.
Alles scheint darauf hinzudeuten, dass das Training erfolgreich war.

## Übungen

**16** *Kurztraining*
Bestimme zu den folgenden Datenmengen jeweils die fünf Werte Minimum, Maximum, Median, unteres und oberes Quartil, und zeichne ein Boxplot.

a) Schülerbefragung über Schulwegzeiten (in min): **12 9 23 10 10 8 35 9 2 14**

b) Monatsmittelwerte der Wasseroberflächentemperatur an der Nordsee im Jahr 2007 (in °C)

| Jan | Feb | Mrz | Apr | Mai | Juni |
|---|---|---|---|---|---|
| **8,3** | **7,2** | **7,1** | **8,4** | **10,2** | **13,2** |
| Jul | Aug | Sep | Okt | Nov | Dez |
| **16,0** | **17,3** | **15,9** | **14,2** | **11,4** | **9,5** |

Quelle: Bundesamt für Seeschifffahrt und Hydrographie

c) Anzahl der Haustiere in befragten Schülerfamilien

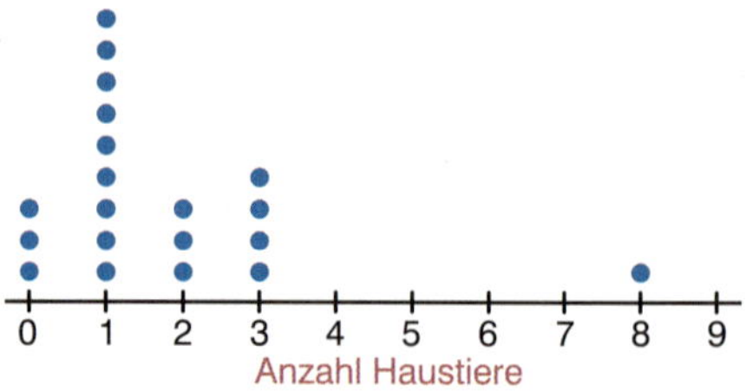

## Übungen

**17** *Boxplots und Datenlisten*
Welche der folgenden Datenlisten passen zu dem Boxplot?

1) 23,25,26,28,28,28,28,30,31,33,41,43
2) 23,23,24,25,26,27,29,30,31,33,41,43
3) 23,27,28,28,33,43
4) 23,27,28,28,29,32,43

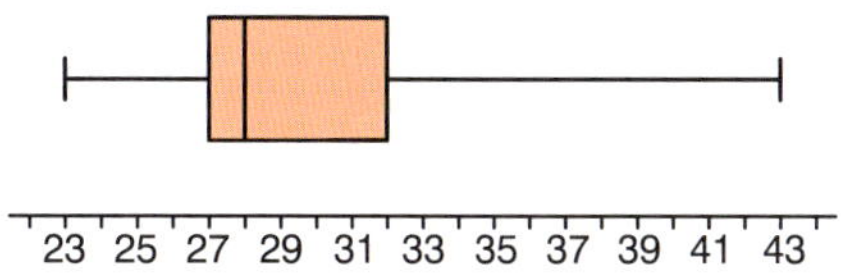


**18** *Boxplots und Histogramme*
Zu jedem der Histogramme ist ein Boxplot gezeichnet. Ordne zu.

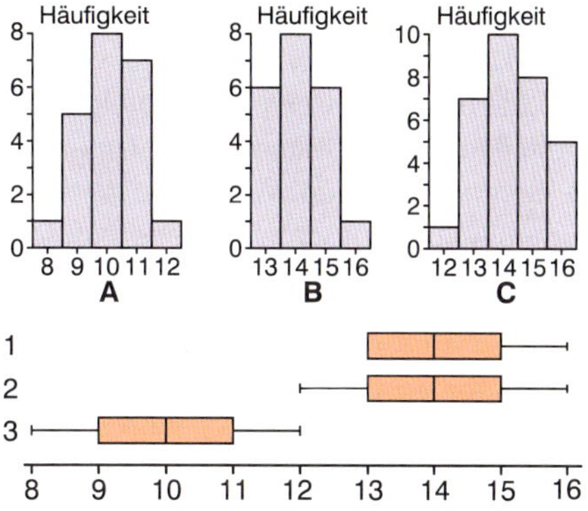


**19** Im Beispiel B (Seite 205) wird der Benzinverbrauch zweier Autos vom Typ A und B miteinander verglichen. Zeichne mithilfe der in der Tabelle gemessenen Testwerte zu beiden Autotypen einen Boxplot.

**20** Sicher hast du einige der Aufgaben auf den vorhergehenden Seiten dieses Lernabschnitts schon bearbeitet. Dabei hast du auch Datenverteilungen mithilfe von Mittelwerten charakterisiert oder verglichen.
Bei welchen dieser Aufgaben könnte deiner Meinung nach ein Boxplot von Nutzen sein? Zeichne in diesen Fällen die Boxplots.

Handy-Hotlines (1)
Ballweitwurf (7)
Monatstemperaturen (2)
Streit der Tarifpartner (3)
Pulsfrequenzen (9)
Supervision (12)
Kino (10)

**21** *„Schauspielerinnen reifen früher zu Stars heran als Schauspieler"*
Bei den alljährlichen Oscar-Verleihungen werden jeweils die beste Schauspielerin und der beste Schauspieler mit der Trophäe ausgezeichnet. Vielleicht hast du dich mit diesen Daten schon im Lernabschnitt 6.1 an Hand der Stängel-Blatt-Diagramme beschäftigt. Die Tabellen zeigen nochmals das Alter der Preisträger von 1987 bis 2007.
a) Überprüfe die Aussage in der Überschrift mithilfe der beiden Boxplots.
b) Welche Informationen liefern die Boxplots noch? Formuliere entsprechende Schlagzeilen.

**Beste Hauptdarstellerin:**
22; 43; 27; 81; 43; 30; 34; 36; 46; 50; 40; 35; 26; 27; 34; 36; 36; 29; 31; 30; 62

**Bester Hauptdarsteller:**
62; 44; 52; 33; 43; 55; 53; 38; 39; 32; 46; 61; 47; 41; 37; 48; 30; 44; 38; 39; 46

**22** *Schwergewichte*
In dem Boxplot ist eine Liste mit den Körpergewichten (in kg) von 11 unterschiedlichen Tierarten zusammengefasst.
a) An einem Ende der Liste steht der Gepard, am anderen Ende der afrikanische Elefant. Wie schwer sind diese Tierarten ungefähr?
b) Das sechstschwerste Tier in der Liste ist der Elch. Wie schwer ist er ungefähr?
c) Was sagt dir der Boxplot über die Streuung der Gewichte?
d) Pferdeantilope und Rothirsch sind die siebt- und achtschwersten Tiere.
Kannst du eine vernünftige Schätzung über ihr Gewicht aus dem Boxplot ableiten?

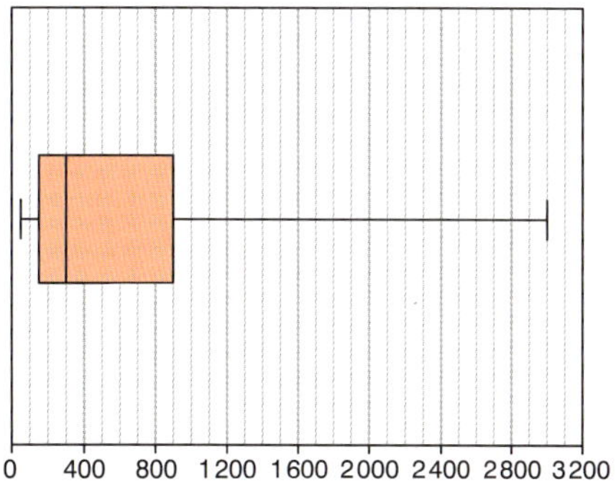

**Projekt**

*Teil 1: Handbreite vergleichen – Wie liege ich zum Mittel?*

Experimentiere in deiner Klasse. Alles was du brauchst ist ein Lineal.

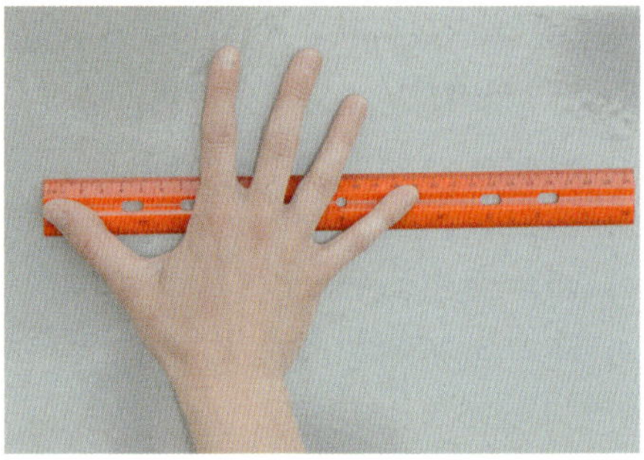

1. Jeder misst seine Handbreite als Abstand zwischen den Spitzen des Daumens und dem kleinen Finger bei gespreizten Fingern.
2. Liste alle gemessenen Handbreiten (am besten in einer Tabelle mit den Namen) auf.
3. Bestimme die fünf Werte und zeichne einen Boxplot. Beschreibe deine Position in der Verteilung.
4. Unterscheiden sich die Messwerte von Mädchen und Jungen? Erstelle für beide Gruppen Boxplots und beschreibe die Unterschiede. Beschreibe auch deine Position in deiner Gruppe und vergleiche mit der unter 3. bestimmten Position.

## Die „Handbreit" in Redewendungen und Maßangaben

Die „Handbreit" kommt in vielen Redewendungen vor: „Immer eine Handbreit Wasser unter dem Kiel" – das wünscht man den Seglern und anderen Schiffern.
*„Immer eine Handbreit Kohle unter dem Grillrost"* wünschten zahlreiche Gäste der Betreiberin der neuen Imbissbude.
*„Wie ein rotglühender Ball steht die Sonnenscheibe eine Hand breit über dem Horizont"*, so beginnt ein Stimmungsbericht.
„Eine Handbreit" wird aber durchaus auch als Längenmaß verwendet, z. B. zur Kennzeichnung eines geringen Abstandes: *„Lass die Tür bitte eine Handbreit offen stehen"*, aber auch als Maßangabe in Gebrauchsanweisungen:

„Ballerina-Länge" meint die *eine Handbreit über dem Knöchel endende Rocklänge*

Die Hosenbeine der Hirschlederhose reichen *„bis Handbreit über dem Knie"*

Die Mähne wird etwa *„eine Handbreit unter dem Mähnenkamm abgeschnitten..."*

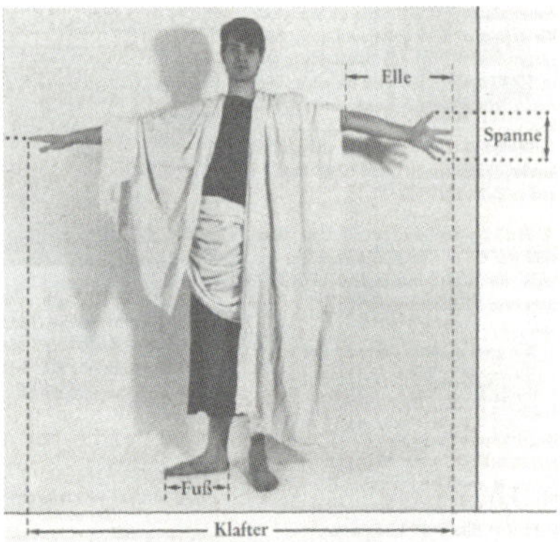


*Teil 2: Klafter, Elle, Fuß und Handbreite – alte Körpermaße neu entdecken*

Vor der weltweiten Festlegung des metrischen Systems gab es früher einen Wirrwarr von Längenmaßen, die aus Körpermaßen definiert wurden, z. B. *Klafter, Elle, Fuß, Handbreite (-Spanne), Fingerbreite usw.*

Versucht, diese Maße jeweils durch Zentimeterangaben zu „normieren". Die Boxplots aus dem obigen Teil 1 sind eine gute Grundlage zur Festlegung der Handbreite. Führe für die anderen Maße entsprechende Experimente durch. Könnt ihr damit die folgenden Beziehungen bestätigen?

1 Klafter = 4 Ellen = 6 Fuß = 24 Handbreiten

## Wildtiere: Schnelligkeit entscheidet!

Als Menschen noch Tieren als Nahrung dienten, wussten sie, dass sie bestimmten Tierarten nicht durch Flucht entkommen konnten. Geschwindigkeit entschied über Fressen und Gefressenwerden, was im Reich der Wildtiere auch heute noch so ist. Welche Geschwindigkeiten erreichen Wildtiere eigentlich, und was macht sie so schnell?

Lange Schwebephasen erhöhen die Geschwindigkeit.

Die Oberschenkel sind wahre Muskelpakete.

Der Gepard kann unvermittelt in einen Sprint mit bis zu 110 km/h übergehen.

## Übungen

**23** *Raubtiere und Huftiere*
In dem Stängel-Blatt-Diagramm sind die Geschwindigkeiten für Huftiere (in der Regel Pflanzenfresser) und die für Raubtiere auszugsweise aufgetragen.
a) Zeichne mithilfe der Tabelle das vollständige Diagramm. Was fällt dir auf?
b) Erstelle für jede der beiden Tiergruppen ein Boxplot. Liefert der Vergleich der Boxplots neue Erkenntnisse? (Vielleicht kannst du die Raubtiere noch um einige Tiere mit ihren Geschwindigkeiten erweitern).
c) Erstelle auch einen Boxplot mit den Geschwindigkeiten aller Tiere und vergleiche.
d) Unterscheide auch zwischen Haustieren und Wildtieren.

| Raubtiere | | Huftiere |
|---:|:---:|:---|
| | 2 | 5 5 |
| 0 | 3 | |
| 8 | 4 | 8 |
| 0 | 5 | 0 5 |
| 7 4 | 6 | |
| | 7 | |
| | 8 | 1 1 |
| | 9 | |
| | 10 | |
| 0 | 11 | |

„Rücken an Rücken"

**24** *Raubtiere und Nagetiere*
Stelle wie in Aufgabe 23 die Geschwindigkeiten der Raubtiere und der Nagetiere jeweils im Stängel-Blatt-Diagramm und im Boxplot dar. Halte deine Beobachtungen fest.

Ergänze die Tabellen mithilfe der Biologie-Experten.

**25** Erkunde mithilfe statistischer Diagramme auch die Besonderheiten bei den Körpergewichten der Tiere. Beschreibe deine Beobachtungen. Vergleiche mit deinen Beobachtungen bei den Geschwindigkeiten.

| | | |
|---|---|---|
| 0,2 km/h | Das langsamste Säugetier zu Lande | … ist das Faultier mit einer Höchstgeschwindigkeit von 0,2 km/h. |
| 56 km/h | Das schnellste Säugetier im Wasser | … ist der Große Schwertwal (Orca), er schwimmt etwa 56 km/h schnell. |
| 56 km/h | Das ausdauerndste Säugetier | … ist die Pronghornantilope (Gabelbock), sie hält 56 km/h auf einer Strecke von 6 km. |
| 110 km/h | Das schnellste Säugetier zu Lande | … ist der Gepard mit bis zu 110 km/h Spitzengeschwindigkeit bei kurzen Sprints. |

| Tierart | max. Laufgeschwindigkeit (km/h) | Körpergewicht (kg) |
|---|---|---|
| **Elefanten** | | |
| Afrik. Elefant | 35 | 4500 |
| **Huftiere** | | |
| Breitmaulnashorn | 25 | 3.000 |
| Flusspferd | 25 | 3000 |
| Giraffe | 50 | 650 |
| Oryx | 70 | 200 |
| Pferdeantilope (Roan) | 56 | 250 |
| Thomsongazelle | 81 | 20 |
| Grantgazelle | 81 | 50 |
| Dickhornschaf | 48 | 150 |
| Hirschziegenantilope | 105 | 37 |
| Tapir | 40 | 250 |
| Gabelbock (Pronghorn) | 90 | 40 |
| Bison | 56 | 900 |
| Elch | 56 | 300 |
| Rentier | 80 | 120 |
| Rothirsch | 72 | 150 |
| Damhirsch | 80 | 65 |
| Reh | 60 | 25 |
| Gams | 40 | 35 |
| Wildschwein | 55 | 80 |
| Pferd | 70 | 500 |
| **Raubtiere** | | |
| Gepard | 110 | 55 |
| Schwarzbär | 48 | 135 |
| Wolf | 64 | 40 |
| Hund | 67 | 25 |
| Dachs | 30 | 11 |
| Fuchs | 50 | 6 |
| **Nagetiere** | | |
| Murmeltier | 16 | 4 |
| Eichhörnchen | 20 | 0,40 |
| Ratte | 10 | 0,25 |
| Maus | 13 | 0,02 |
| **Hasenartige** | | |
| Feldhase | 72 | 4 |
| Kaninchen | 56 | 2 |

Quelle: Forschungsinstitut für Wildtierkunde und Ökologie, Wien www.fiwi.at

**26** *Fußballnationalmannschaften*

In den Tabellen siehst du die Aufgebote der deutschen Nationalmannschaften bei den Fußballweltmeisterschaften der Männer 2006 in Deutschland und der Frauen 2007 in China.

| Tor: | Geburtsjahr |
|---|---|
| Jens Lehmann | 1969 |
| Oliver Kahn | 1969 |
| Timo Hildebrand | 1979 |
| **Abwehr:** | |
| Marcell Jansen | 1985 |
| Arne Friedrich | 1979 |
| Robert Huth | 1984 |
| Jens Nowotny | 1974 |
| Philipp Lahm | 1983 |
| Per Mertesacker | 1984 |
| Christoph Metzelder | 1980 |
| **Mittelfeld:** | |
| Sebastian Kehl | 1980 |
| Bastian Schweinsteiger | 1984 |
| Torsten Frings | 1976 |
| Michael Ballack | 1976 |
| Thomas Hitzlsperger | 1982 |
| Tim Borowski | 1980 |
| Bernd Schneider | 1973 |
| **Angriff:** | |
| Mike Hanke | 1983 |
| Oliver Neuville | 1973 |
| Miroslav Klose | 1978 |
| Gerald Asamoah | 1978 |
| Lukas Podolski | 1985 |
| David Odonkor | 1984 |

Lukas Podolski

Renate Lingor

Was hältst du von den folgenden Schlagzeilen?
*Weibliche Kicker jünger als männliche*
*Gute Mischung aus Jung und Alt im Nationalkader!*
*Angriff jünger als die Abwehr.*
Was fällt dir beim ersten Blick auf die Tabellen auf?
Liefern Kennwerte und Grafiken zusätzliche Erkenntnisse?
Schreibe deine eigenen Schlagzeilen.

| Tor: | Geburtsjahr |
|---|---|
| Nadine Angerer | 1978 |
| Ursula Holl | 1982 |
| Silke Rottenberg | 1972 |
| **Abwehr:** | |
| Kerstin Stegemann | 1977 |
| Saskia Barusiak | 1982 |
| Babett Peter | 1988 |
| Annike Krahn | 1985 |
| Sandra Minnert | 1973 |
| Sonja Fuss | 1978 |
| Ariane Hingst | 1979 |
| **Mittelfeld:** | |
| Linda Bresonik | 1983 |
| Melanie Behringer | 1985 |
| Renate Lingor | 1975 |
| Simone Laudehr | 1986 |
| Kerstin Garefrekes | 1979 |
| Fatmire Bajramaj | 1988 |
| **Angriff:** | |
| Sandra Smisek | 1977 |
| Birgit Prinz | 1977 |
| Anja Mittag | 1985 |
| Martina Müller | 1980 |
| Petra Wimbersky | 1982 |

| **Topverdiener im Sport 2007** (Angaben in geschätzten Mill. €) | | |
|---|---|---|
| 1. Tiger Woods | Golf | 73 |
| 2. Oscar de la Hoya | Boxen | 35 |
| 3. Floyd Mayweather | Boxen | 34 |
| 4. Fernando Alonso | Formel 1 | 30 |
| 5. Phil Mickelson | Golf | 29 |
| 6. David Beckham | Fußball | 29 |
| 7. Ronaldinho | Fußball | 23,5 |
| 8. Kimi Räikkönen | Formel 1 | 22 |
| 9. Dwight Freeney | Football | 22 |
| 10. Shaquille O'Neal | Basketball | 21 |
| Valentino Rossi | Motorrad | 21 |

| **Zum Vergleich (ohne Platzierung)** | | |
|---|---|---|
| Ralf Schumacher | Formel 1 | 17 |
| Dirk Nowitzki | Basketball | 12 |
| Regina Halmich | Boxen | 3 |
| Fabian Hambüchen | Turnen | 0,9 |
| Magdalena Neuner | Biathlon | 0,7 |

**27** *Was Boxplots alles verraten können*

Berechne Kennwerte und zeichne Grafiken zu den aufgeführten Tabellen aus dem Sportbereich.
Halte deine Beobachtungen in einer kurzen Zeitungsnotiz fest.

Magdalena Neuner

Suche dir deine eigenen Tabellen aus dem Internet oder den Sportzeitungen, werte diese aus und schreibe einen kurzen Bericht.

Topscorer in der Basketball-Bundesliga:

| Spieler | Spiele | Punkte | Pkte/Sp |
|---|---|---|---|
| 1. Derrick Allen (Dt. Bank SKY.) (Saison 2007) | 14 | 307 | 21,93 |
| 2. Timothy James Black (digibu Baskets) (Saison 2007) | 14 | 289 | 20,64 |
| 3. Julius Jenkins (ALBA BERLIN) (Saison 2007) | 15 | 275 | 18,33 |
| 4. Caleb Green (TBB Trier) (Saison 2007) | 15 | 266 | 17,73 |
| 5. Matt Haryasz (Bremerhaven) (Saison 2007) | 8 | 136 | 17,00 |
| 6. Mark Davis (Science City Jena) (Saison 2007) | 9 | 148 | 16,44 |
| 7. Immanuel McElroy (Köln 99ers) (Saison 2007) | 15 | 239 | 15,93 |
| 8. Brandon Woudstra (EnBW L'burg) (Saison 2007) | 15 | 233 | 15,53 |
| 9. Rouven Roessler (Giessen46ers) (Saison 2007) | 13 | 201 | 15,46 |
| 10. Bobby Brown (ALBA BERLIN) (Saison 2007) | 15 | 229 | 15,27 |

# 7.3 Sammeln und Auswerten von Daten in Projekten

**Was dich erwartet**

*Daten können sprechen. Sie tun dies nicht von alleine. Erst die richtige Auswahl und Organisation der Datenerhebung, die anschließende statistische Erfassung der Daten mit der Darstellung von Diagrammen oder mit der Berechnung geeigneter Kennwerte und schließlich die sachgerechte Auswertung und Interpretation der so aufbereiteten Daten bringen die Daten zum Sprechen. Für die einzelnen dieser drei Schritte*

***Datenerhebung → Erfassung und Darstellung → Auswertung***

*hast du in den beiden vorangehenden Abschnitten an vielen Beispielen die notwendigen Kenntnisse und Fähigkeiten erworben. Hier schlagen wir die zusammenfassende Anwendung in eigenen Projekten aus deiner unmittelbaren Umgebung vor. Da ein solches Projekt von der Themenfindung bis zur Präsentation möglichst selbstständig gestaltet werden sollte, findest du hier nur einige Anregungen und Hinweise zur Planung und Ausführung. Zum besseren Verstehen werden die einzelnen Schritte mit Auszügen aus einem Projekt zum Thema „Handy" erläutert.*

**Projekt**

*Der „Datendetektiv"*

*Wie man eine statistische Untersuchung plant, durchführt und veröffentlicht*

Sicher hast du dir schon einmal gewünscht, dass deine Stimme zu dem einen oder anderen Sachverhalt mehr Gewicht hat. Mit diesem Projekt wirst du durch eigenes Tun erfahren, wie dir dies gelingen kann. Deine Projektgruppe wird als „Datendetektiv" arbeiten. Dazu werdet ihr zu einem Thema, das euch interessiert, mithilfe verschiedener Quellen und eigener Beobachtungen Daten sammeln, graphisch darstellen, mit Kenngrößen beschreiben und schließlich Schlüsse ziehen bzw. Vermutungen begründen. Eure Ergebnisse werdet ihr dann entweder in der Klasse vortragen oder anderweitig veröffentlichen.

Abfolge in vier Schritten

1. Schritt: **Thema finden**

Überlegt euch für eure Klasse ein spannendes und möglichst aktuelles Thema.

Hierfür einige Anregungen

*Computer und Fernsehen*
Wie lange sitzen Kinder und Jugendliche vor dem Fernsehen und Computer? Welche Sendungen sehen sie, welche Spiele spielen sie? Gibt es Unterschiede in der Computernutzung bei Mädchen und Jungen?

*Schulwege*
Wie lang sind die Schulwege an unserer Schule, welche Zeit wird dafür benötigt? Welche Durchschnittswerte liegen bei Fußgängern, bei Radfahrern oder bei Fahrschülern vor?

*Freizeitverhalten*
Wie gestalten Jugendliche ihre Freizeit? Welche Rolle spielen dabei sportliche Aktivitäten? Wo liegen die Unterschiede zwischen einer 8. und 10. Klasse? Spielt die Wohnlage (Stadt oder Land) eine Rolle?

*Rucksack*
Sind die Rucksäcke mit den Schulsachen zu schwer? Was sagen die Daten dazu in unterschiedlichen Klassenstufen?

Leit- Beispiel „Handy"

*Befragungsaktion*

Die Diskussion um die Handynutzung an der Schule wird heftig geführt. Befürworter und Gegner stützen ihre Argumente mit statistischen Zahlen, die sie aus der Zeitung oder anderen Berichten entnehmen.

Die Klasse 8a ist den Zahlen gegenüber misstrauisch, sie plant ihre eigene Untersuchung an ihrer Schule.

**Streitthema: Handyverbot an Schulen**

- „Wir müssen Kinder und Jugendliche vor den Gefahren und dem Missbrauch von Handys schützen."
- „Das Handy ist als Kommunikationsmittel heute auch für Schüler unersetzlich."

2. Schritt: **Daten sammeln**

Dies kann einmal durch Recherchen in Zeitungen oder im Internet geschehen. Für unser Projekt interessanter ist aber der eigene Fragebogen.

Erstellt einen eigenen Fragebogen zu dem von euch gewählten Thema.

Der rechts stehende Fragebogen wurde von einer Gruppe Schüler im Rahmen des Projekts Handy im Jahre 2005 erstellt.

Müsste der Fragebogen heute anders aussehen?

Aller Anfang ist schwer!
Im „Brainstorming" werden mögliche Fragen gesammelt. Diese gewinnt man aus dem Formulieren von Vermutungen oder Behauptungen. Nach einer Diskussion sollte man sich auf möglichst wenige Fragen verständigen.

**Tipps:**

- kurze und prägnante Fragen
- einfache Sprache
- ähnliche Fragestellungen zusammenfassen
- klar strukturierte und eindeutige Anwortmöglichkeiten vorgeben
- … .

Ein kurzer Fragebogen wird eher akzeptiert und verstanden und erleichtert zudem die anschließende Bearbeitung. Die beabsichtigte Auswertung wird auch von den Fragetypen abhängen; manchmal wird man nach einer Maßzahl fragen, ein anderes Mal eine von mehreren Auswahlantworten ankreuzen lassen u. Ä.

Beispiel

**Umfrage über Handynutzung**

1. Dein Alter in Jahren ?
   ☐ Jahre
2. Junge oder Mädchen
   ☐ Junge ☐ Mädchen
3. Hast du ein Handy
   ☐ Ja ☐ Nein
4. Mit wie vielen Jahren hast dein erstes Handy bekommen ?
   ☐ unter 10 ☐ über 10
   ☐ mit 10 bis 12
5. Wie viel Geld gibst du im Moment für dein Handy aus?
   ☐ 0 bis 5 € ☐ 10 bis 20 €
   ☐ 5 bis 10 € ☐ mehr als 20 €
6. Wie wichtig sind die Funktionen auf dem Handy (z.B. Kamera, Mp3,...) ?
   ☐ sehr wichtig ☐ weniger wichtig
   ☐ wichtig ☐ überhaupt nicht
7. Nutzt du dein Handy eher für SMS oder zum Telefonieren ?
   ☐ SMS ☐ beides
   ☐ telefonieren
8. Wie viele SMS schreibst du durchschnittlich am Tag?
   ☐ keine ☐ 7 - 10
   ☐ 1 - 3 ☐ mehr als 10
   ☐ 4 - 6
9. Was hälst du von einem Handy- Verbot an der Schule?
   ☐

Führt die Befragung zu eurem Thema sorgfältig durch.

Beobachtet dabei die auftretenden Probleme. Gegebenenfalls müsst ihr Teile der Befragung noch einmal durchführen.

Hier könnt ihr weitere wichtige Erfahrungen sammeln.

- Ein Fragebogen sollte so vorgestellt werden, dass der Adressat ihn mit der notwendigen Ernsthaftigkeit ausfüllt. Ist dies gewährleistet?
- Können die Fragen ohne zusätzliche Erläuterungen beantwortet werden?
- Reicht die vorgesehene Zeit zur sorgfältigen Beantwortung der Fragen?
- Sind die Fragetypen mit den Antwortmöglichkeiten sinnvoll gewählt?
- Ist die Gruppe der Befragten zu groß (zu klein)?

3. Schritt: **Daten bearbeiten und darstellen**

Stellt die Daten eurer Befragungsaktion übersichtlich in Tabellen und Diagrammen dar.

- Welche Datensätze möchtet ihr darstellen? Entscheidet jeweils, welche Art von Diagrammen oder Illustrationen ihr verwendet. Begründet eure Entscheidung.
- Stelle die Datensätze gemäß eurer Entscheidung mithilfe eines Diagramms dar.
- Überprüfe, ob eine der Darstellungen falsche Vorstellungen hervorrufen könne. Sollte dies der Fall sein, so ändere die graphische Darstellung entsprechend ab.
- Daten kann man auch mithilfe von Bildern und Illustrationen darstellen. Überlegt euch eine geeignete Darstellung.

Berechnet geeignete Kennwerte und ggf. relative Häufigkeiten

- Prüft, welche der verwendeten Datensätze durch Mittelwerte und Streuungsmaße charakterisiert werden können. Welche Kennwerte sind angemessen? Begründet eure Entscheidung.
- Berechne, wenn es sinnvoll erscheint, mit welcher relativen Häufigkeit einzelne Daten auftreten.

## Tipps zur Durchführung der Arbeit

**Arbeitsteilung/Teamarbeit**

Bei der Bearbeitung größerer Datenmengen empfiehlt sich auf jeden Fall eine Arbeitsteilung in verschiedenen Teams. Jedes Team bearbeitet einen bestimmten Datensatz oder der gleiche Datensatz wird von den Teams mit unterschiedlichen Aufträgen bearbeitet. Anschließend werden die Ergebnisse der einzelnen Teams zusammengeführt.

**Computereinsatz**

Eine Datenerfassung auf dem Computer lohnt sich, auch wenn die Frageergebnisse zunächst in Papierform vorliegen.

**Einsatz spezieller Software**

Mithilfe von Tabellenkalkulation oder speziellen Statistikprogrammen kann die spannende Bearbeitung der Daten erfolgen. Dabei bewähren sich nun die erworbenen Kenntnisse über Darstellung der Daten in Diagrammen und die Berechnung geeigneter Kennwerte. Manche Besonderheiten werdet ihr erst in bestimmten Darstellungen erkennen oder durch den Vergleich unterschiedlicher Befragungsgruppen entdecken.

Beispiele für Datenerfassung

Auszug aus der Datenerfassung in einer Tabelle aus der Handy-Befragung in einer 10. Klasse

Handyumfrage

| Ein. | G | SMS |
|---|---|---|
| 1 | w | 6 |
| 2 | m | 4 |
| 3 | w | 14 |
| 4 | m | 3 |
| 5 | m | 0 |
| 6 | w | 7 |
| 7 | m | 12 |
| 8 | w | 7 |
| 9 | m | 2 |
| 10 | w | 6 |
| 11 | w | 7 |
| 12 | w | 4 |
| 13 | w | 12 |
| 14 | m | 3 |
| 15 | w | 4 |
| 16 | w | 17 |
| 17 | m | 1 |
| 18 | m | 0 |
| 19 | m | 8 |
| 20 | m | 3 |
| 21 | m | 4 |
| 22 | w | 9 |
| 23 | w | 17 |
| 24 | m | 0 |
| 25 | w | 6 |
| 26 | m | 7 |
| 27 | w | 10 |

„Wie viele SMS schreibst du durchschnittlich am Tag?"

**Handyumfrage**

Median: 6
arithmetisches Mittel: 6,41

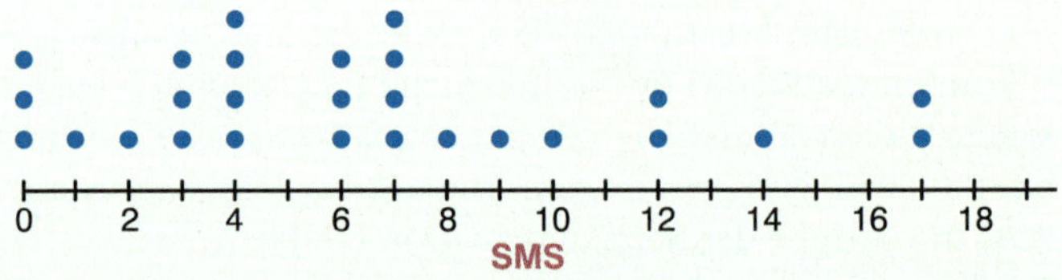


Die Frage 8 des obigen Fragebogens wurde hier im Antwortformat verändert: Statt dem Ankreuzen einer Auswahl wird hier eine Zahl eingetragen.

**Boxplot für die gesamte Klasse**

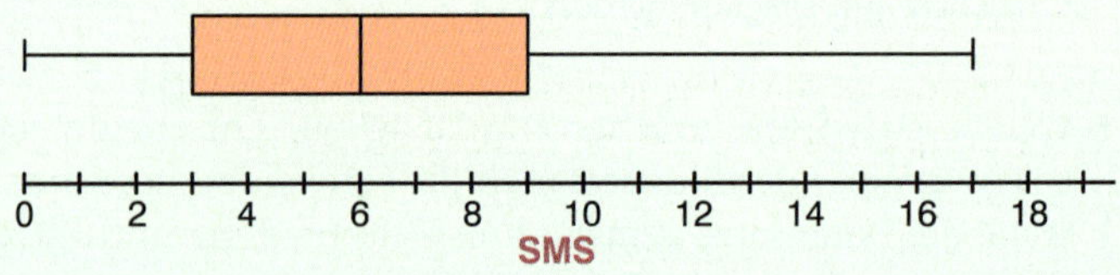


Ist der auffällige Unterschied der Boxplots für m/w typisch oder spezifisch für die befragte Klasse?

**Boxplot getrennt nach Geschlecht m/w**

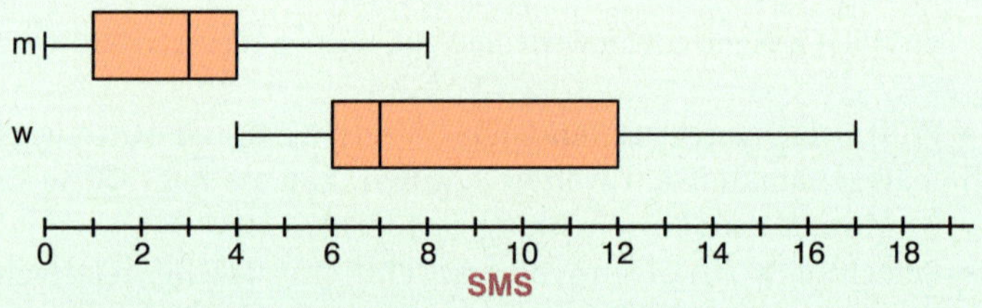


4. Schritt **Auswerten und Präsentieren der Daten**

Ihr habt Daten erhoben oder gefunden, sie auf ganz unterschiedliche Arten dargestellt, zusammengefasst und ausgewertet.

Präsentiert die Ergebnisse eurer Befragungsaktion in der Öffentlichkeit.

Erarbeitet eine Zusammenfassung.
Diese soll beinhalten:

- eine kurze Beschreibung des Themas eurer Untersuchung. Worum geht es?
- eine Liste der Aspekte, die ihr präsentieren möchtet, in der entsprechenden Reihenfolge
- welche Daten ihr in welcher Form präsentieren wollt
- eine Liste der Schlussfolgerungen, die ihr gezogen habt.

Wichtig: Diagramme sorgfältig beschriften

An unserer Schule hat heute fast jeder Schüler sein eigenes Handy. Die meisten haben ihr erstes Handy bereits mit 10 Jahren bekommen.
... Die 16-Jährigen geben im Mittel 15 € im Monat für ihr Handy aus, die Mädchen in diesem Alter verschicken deutlich mehr SMS als die Jungen ...

Ihr könnt euren Bericht mündlich oder schriftlich präsentieren. Solltet ihr den Bericht mündlich vortragen, dann stellt Poster, Folien oder Computer zur Präsentation bereit. Vergesst nicht kleine Karteikarten als Gedächtnisstützen.

# CHECK-UP

## Statistik – Diagramme

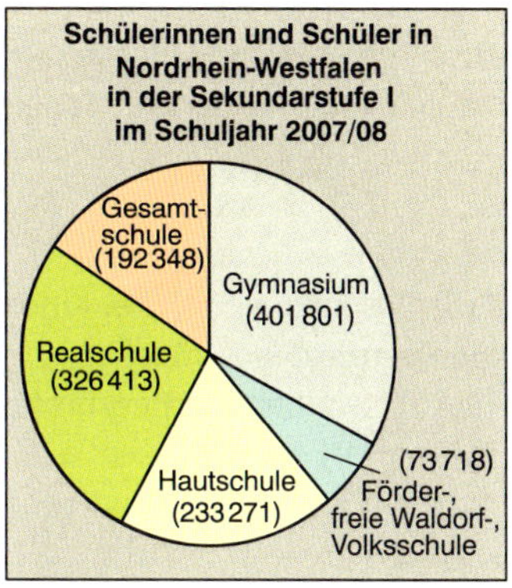


**1** *Schulen in NRW*

a) Erstelle mit dem Kreisdiagramm eine Tabelle mit den prozentualen Anteilen der einzelnen Schularten

b) Stelle die Daten mithilfe eines Stabdiagramms dar.

c) Schülerzahlenprognose für die kommenden Jahre:

| | 2010 | 2016 | 2022 | 2028 | 2034 | 2040 |
|---|---|---|---|---|---|---|
| in tausend | 2000 | 1750 | 1700 | 1750 | 1740 | 1680 |

Stelle die Daten mit verschiedenen Diagrammarten dar. Welche eignen sich für welchen Zweck besser?

**2** *Lebenserwartung in Afrika*

a) Interpretiere das Stängel-Blatt-Diagramm mit den Lebenserwartungen in allen afrikanischen Ländern (siehe rechts).

b) Erstelle aus den Daten der Tabelle ein Stängel-Blatt-Diagramm mit den Lebenserwartungen in den europäischen Ländern.

| Jahre | 84 | 82 | 81 | 80 | 79 | 78 | 77 | 76 |
|---|---|---|---|---|---|---|---|---|
| Anzahl Länder | 1 | 1 | 3 | 5 | 9 | 6 | 1 | 1 |

| 74 | 73 | 72 | 70 | 68 | 66 |
|---|---|---|---|---|---|
| 2 | 2 | 2 | 1 | 1 | 1 |

Vergleiche die beiden Diagramme.

**3** Schreibe einen Artikel über Verletzungen mit stationärer Behandlung von Kindern. Verwende das folgende Diagramm.

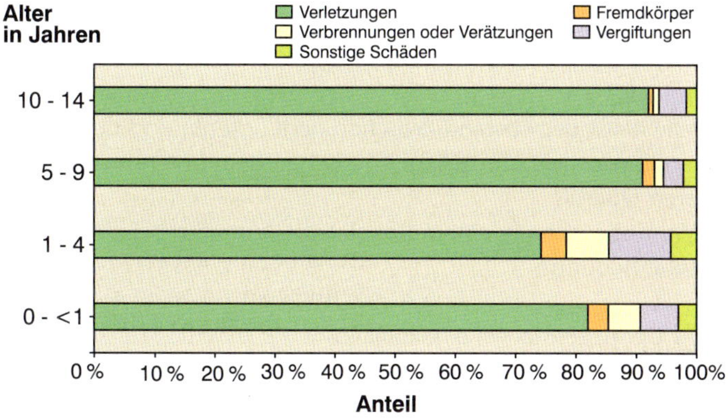


**4** Mathematiklehrer Petermann vergibt bei der Korrektur einer Klassenarbeit zunächst für jede Aufgabe sogenannte „Rohpunkte". Dies sind die Rohpunkte für 25 Arbeiten:
43, 23, 18, 48, 38, 39, 46, 30, 28, 43, 40, 38, 30, 26, 19, 38, 34, 35, 31, 44, 34, 38, 40, 31, 40.

a) Stelle die Rohpunkte mit Hilfe eines
- Stängel-Blatt-Diagramms,
- Punkt-Diagramms,
- Histogramms mit 4 (6) gleichbreiten Klassen dar.

b) Welche Noteneinteilung soll Herr Petermann wählen?

### Säulen- und Stabdiagramm

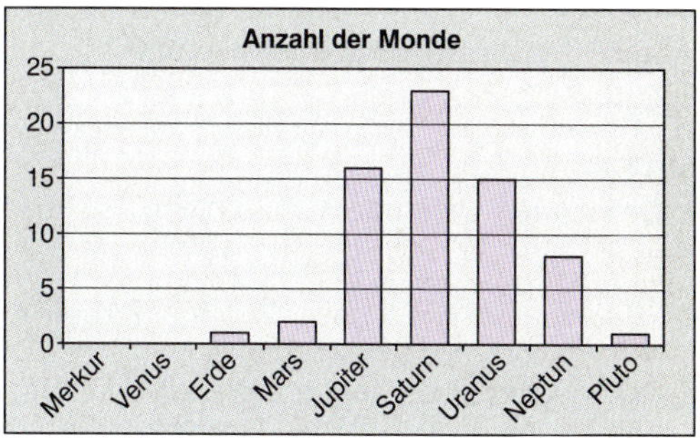


Besonders geeignet zur Darstellung von absoluten und relativen Häufigkeiten

### Stängel-Blatt-Diagramm

Lebenserwartung in Afrika in Jahren

4 0223333
4 56666788899
5 01112223344
5 5567778899
6 034
6 67
7 11244

Mit einem Stängel-Blatt-Diagramm kann man viele Daten schnell übersichtlich darstellen und dennoch alle einzelne Daten erkennen.

### Kreisdiagramm

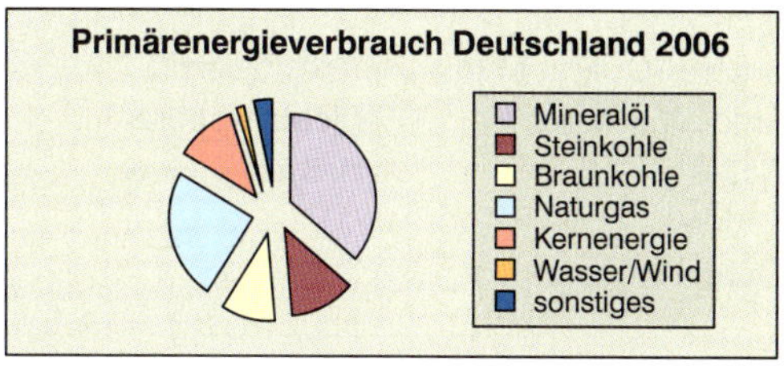


### Histogramm

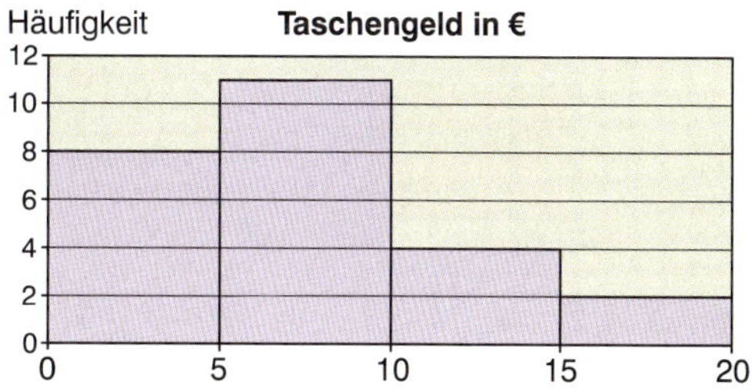

# CHECK-UP

## Statistik – Kenngrößen

**Mittelwerte**

Beispiel:

Wartezeiten an einer Kasse in Minuten

3, 8, 2, 3, 7, 2, 2, 3, 0

*Median:*

- Ordnen der Daten der Größe nach.

⇓

| | | | | | | | | |
|---|---|---|---|---|---|---|---|---|
| 0 | 2 | 2 | 2 | 3 | 3 | 3 | 7 | 8 |

- Der Median ist der mittlere Wert. Ist die Anzahl der Werte gerade, dann ist der Median das arithmetische Mittel der mittleren Werte.

*arithmetisches Mittel:*

Summe aller Werte dividiert durch die Anzahl der Werte: $\frac{29}{9} \approx 3{,}2$

*Modalwert:*

häufigster Wert: 2

**Streumaße**

*Spannweite*

Differenz zwischen Maximum und Minimum:

$8 - 0 = 8$

*Quartilsabstand*

| | | | | | | | | |
|---|---|---|---|---|---|---|---|---|
| 0 | 2 | 2 | 2 | 3 | 3 | 3 | 7 | 8 |

⇑ ⇑ ⇑

unteres Quartil Median oberes Quartil

Median unterer Hälfte: $\frac{2+2}{2} = 2$

Median oberer Hälfte: $\frac{3+7}{5} = 5$

**Quartilsabstand:** $5 - 2 = 3$

**Boxplot**

*Fünf Kenngrößen auf einen Blick:*

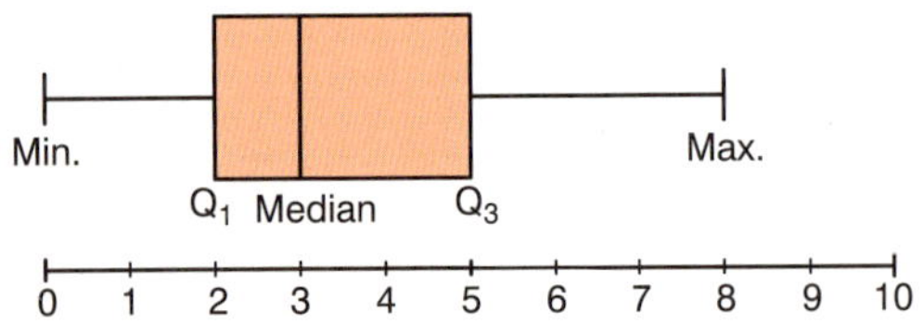


**5** *Kinobesuch*

Die folgenden Daten geben die Anzahl der Kinobesucher in der Nachmittagsvorstellung an 16 aufeinander folgenden Tagen wieder:

24, 33, 20, 31, 17, 90, 42, 40, 102, 24, 36, 31, 48, 30, 45, 31

a) Ermittle Median, arithmetisches Mittel und Modalwert.

b) Das Kino-Management möchte die Besucherzahlen des Kinos mit denen ähnlicher Kinos der Region vergleichen. Welcher Mittelwert repräsentiert die Besucherzahl am besten? Begründe. Unterstütze deine Begründung mit einem Diagramm.

**6** *Kennwerte*

Übertrage das Punkt-Diagramm in dein Heft. „Kringele" die fünf Kenngrößen ein: Minimum, Maximum, unteres Quartil, oberes Quartil, Median. Werden zwei Daten zur jeweiligen Berechnung benötigt, dann kringele beide ein.

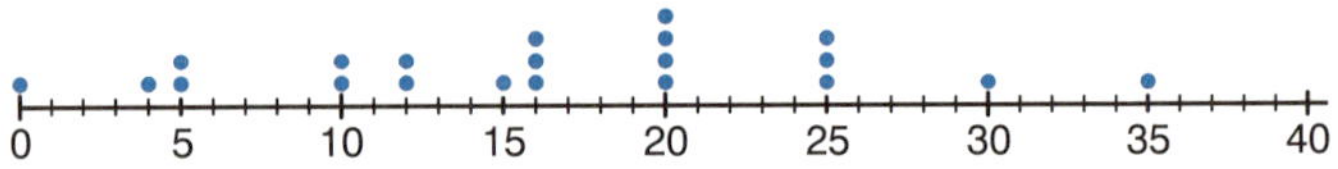


**7** *Noten*

Häufig wird bei der Berechnung von Zeugnisnoten das arithmetische Mittel der einzelnen Noten verwendet.

a) In welchen Fällen kann dies zu Ungerechtigkeiten führen? Gib eine entsprechende Notenverteilung von 8 Klassenarbeitsnoten an.

b) Sollte man den Median verwenden? Ist der Median immer gerechter?

**8** *Überprüfe deine Fachkenntnisse in Statistik:*

a) Wie heißt die Differenz zwischen dem kleinsten und dem größten Wert?

b) Was versteht man unter dem unteren (oberen) Quartil?

c) Wie findet man den Median, wenn die Anzahl der Daten gerade ist?

d) Wie heißt der Abstand zwischen dem unteren und oberen Quartil? Wie viele Werte liegen zwischen dem unteren und oberen Quartil?

e) Wo findet man in einem Boxplot die Ausreißer bei einer Datenerhebung?

**9** Der nebenstehende Boxplot stellt die Längen der 10 längsten Schlangen dar.

a) Die Python soll die längste Schlange sein. Wie lang wird sie nach dem Boxplot?

b) Die Königskobra ist die fünftlängste Schlange. Kannst du mit dem Boxplot ermitteln, wie lang sie wird?

**Die längsten Schlangen**

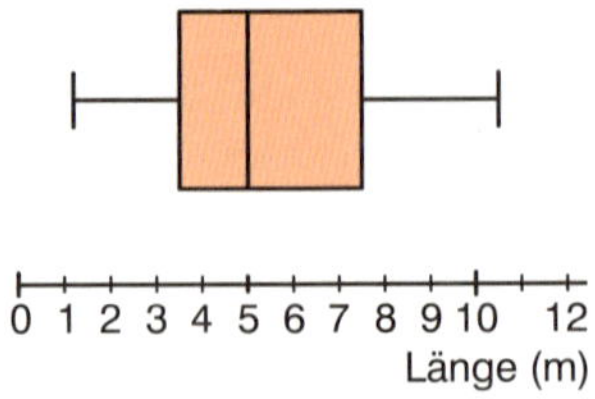


**10** Zeichne ein Boxplot mit Höhen der 11 höchsten Achterbahnen der Welt: 71 m , 75 m, 76 m, 79 m, 80 m, 94 m, 97 m, 119 m, 127 m, 128 m, 139 m (Stand 2007) Gibt es bereits höhere Achterbahnen (siehe Internet)?

# Zum Erinnern und Wiederholen

## Schneller Zugriff zum Basiswissen aus den vorhergehenden Schuljahren

# Zahl – Brüche

**Gleiche Brüche – verschiedene Namen**

Gleiche Brüche können verschiedene Namen haben.

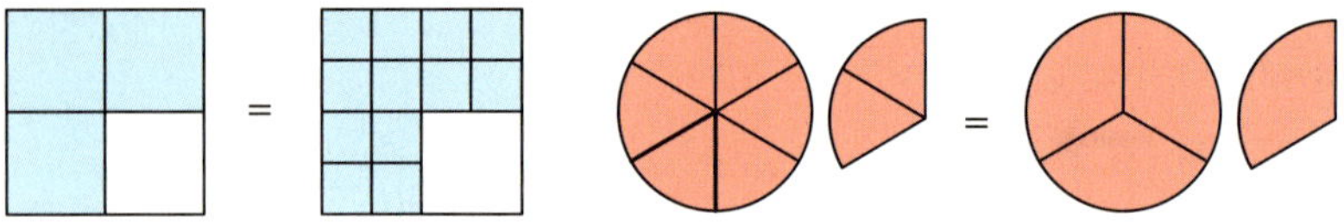

$\frac{3}{4} = \frac{12}{16}$ $\qquad \frac{8}{6} = \frac{4}{3} = 1\frac{1}{3}$

Durch Erweitern und Kürzen findest du verschiedene Namen für gleiche Brüche.

**Erweitern**

***Erweitern*** heißt...

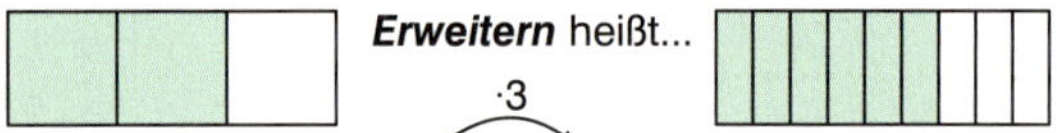

$\frac{2}{3} \xrightarrow{\cdot 3} \frac{6}{9}$, also $\frac{2}{3} = \frac{6}{9}$

*... Zähler und Nenner mit der gleichen Zahl multiplizieren.*

**Kürzen**

***Kürzen*** heißt...

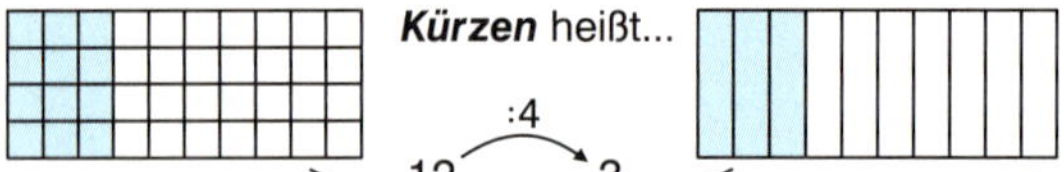

$\frac{12}{40} \xrightarrow{:4} \frac{3}{10}$, also $\frac{12}{40} = \frac{3}{10}$

*... Zähler und Nenner durch die gleiche Zahl dividieren.*

---

**Ordnen**

Brüche gleichnamig machen und nach der Größe der Zähler ordnen.

$\frac{2}{3}\ \frac{5}{6}\ \frac{1}{2}\ \frac{3}{4} \rightarrow \frac{8}{12}\ \frac{10}{12}\ \frac{6}{12}\ \frac{9}{12} \rightarrow \frac{6}{12} < \frac{8}{12} < \frac{9}{12} < \frac{10}{12}$

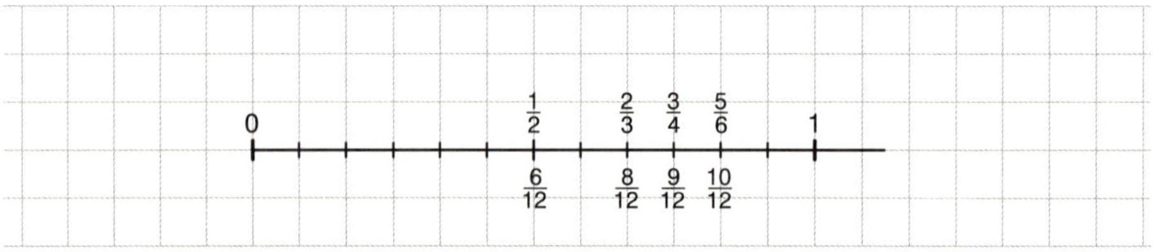


---

**Addieren Subtrahieren**

Gleichnamig machen, dann Zähler addieren oder subtrahieren und Nenner beibehalten

$\frac{3}{4} + \frac{2}{5} = \frac{15}{20} + \frac{8}{20} = \frac{23}{20}$

$\frac{5}{6} - \frac{2}{3} = \frac{5}{6} - \frac{4}{6} = \frac{1}{6}$

---

**Multiplizieren**

Zähler mal Zähler, Nenner mal Nenner

$\frac{3}{4} \cdot \frac{2}{5} = \frac{6}{20} = \frac{3}{10}$

Spezialfall

$3 \cdot \frac{2}{5} = \frac{3}{1} \cdot \frac{2}{5} = \frac{6}{5}$

---

**Dividieren**

Multiplizieren des ersten Bruches mit dem Kehrbruch des zweiten Bruches

$\frac{4}{5} : \frac{3}{2} = \frac{4}{5} \cdot \frac{2}{3} = \frac{8}{15}$

Spezialfall

$\frac{4}{5} : 3 = \frac{4}{5} : \frac{3}{1} = \frac{4}{5} \cdot \frac{1}{3} = \frac{4}{15}$

# Zahl – Rechnen mit rationalen Zahlen

Menge der rationalen Zahlen $\mathbb{Q}$

## Der Zahlenstrahl wird zu einer Zahlengeraden erweitert

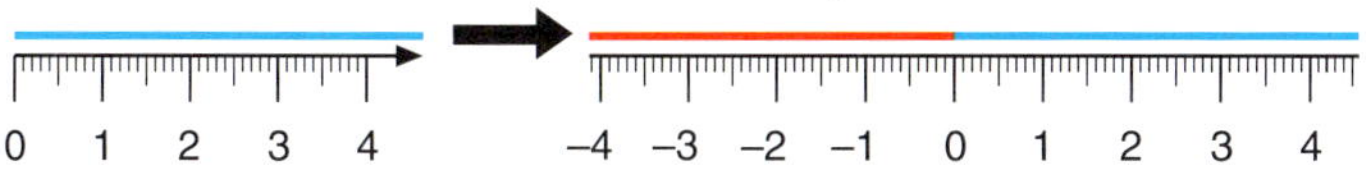


Die Menge aller jetzt vorhandenen Zahlen (also die natürlichen Zahlen, die positiven und negativen Bruchzahlen und die Zahl 0) wird **„Menge der rationalen Zahlen"** genannt und mit $\mathbb{Q}$ bezeichnet.

---

Betrag

Der Betrag einer Zahl gibt an, wie weit sie von der 0 entfernt ist.
Der Betrag ist nie negativ.

$|-30| = 30$ $\quad |20| = 20$

$\left|-\frac{5}{4}\right| = \frac{5}{4}$ $\quad |1{,}25| = 1{,}25$

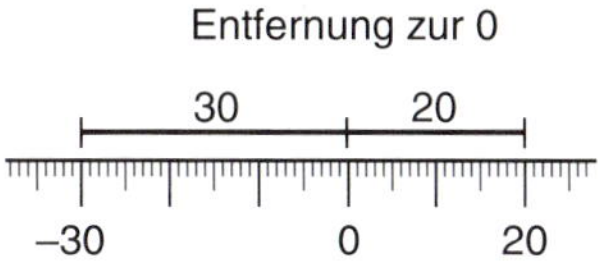


Ordnen

Eine Zahl a ist kleiner als eine Zahl b, wenn a auf der Zahlengeraden links von b liegt.

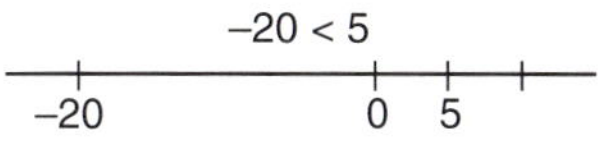


---

Addieren

Addierst du eine positive Zahl, so gehst du auf der Zahlengeraden nach rechts.

$-4 + 9 = 5$

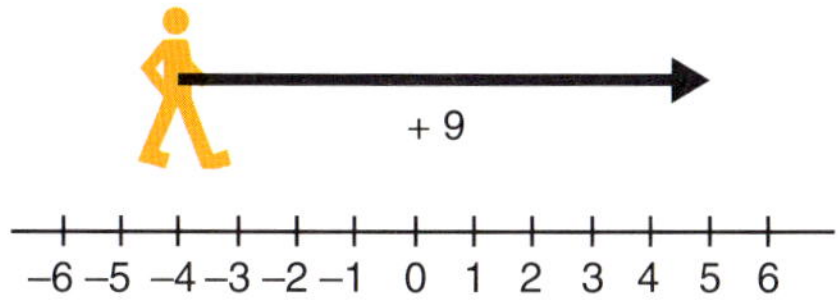


Addierst du eine negative Zahl, so gehst du auf der Zahlengeraden nach links.

$3 + (-7) = -4$

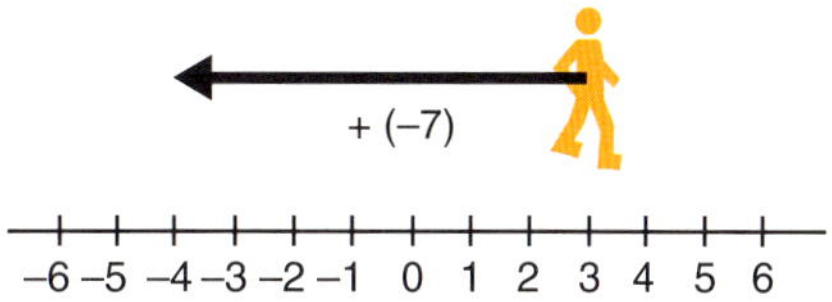


Subtrahieren

Subtrahierst du eine positive Zahl, so gehst du auf der Zahlengeraden nach links.

$7 - (+8) = -1$

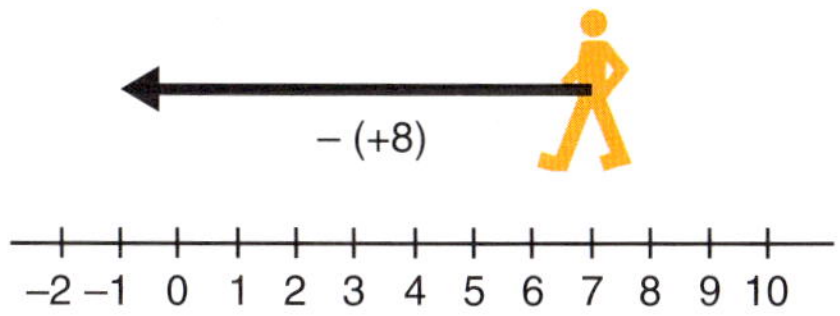


Subtrahierst du eine negative Zahl, so gehst du auf der Zahlengeraden nach rechts.

$6 - (-3) = 9$

---

Multiplizieren und Dividieren

Rationale Zahlen werden multipliziert/dividiert, indem man die Beträge multipliziert/dividiert und das Vorzeichen des Ergebnisses gemäß der Vorzeichentabelle festlegt.

$(-4) \cdot 3 = -12$ $\qquad (-8) : (-2) = 4$

| ·/: | + | − |
|---|---|---|
| + | + | − |
| − | − | + |

Bei der Multiplikation mit 0 erhält man das Produkt 0.
Die Division durch 0 ist verboten.

# Zahl – Regeln und Gesetze

Beim Berechnen von Rechenausdrücken musst du, wie im Straßenverkehr, Vorfahrtsregeln beachten. Dadurch kannst du manchmal auch Rechenvorteile erlangen und somit geschickt rechnen.

**Nur Strichrechnungen**

Rechne von links nach rechts, dann machst du nichts falsch.

$$\begin{aligned} & 37{,}7 - 18{,}2 + 12{,}8 \\ = {} & 19{,}5 + 12{,}8 \\ = {} & 32{,}3 \end{aligned}$$

**Nur Punktrechnungen**

Rechne von links nach rechts, dann machst du nichts falsch.

$$\begin{aligned} & 36 : 4 \cdot 2 \\ = {} & 9 \cdot 2 \\ = {} & 18 \end{aligned}$$

**Punkt- vor Strichrechnung**

Punktrechnungen werden vor Strichrechnungen ausgeführt.

$$\begin{aligned} & 13{,}4 + 6 \cdot 9 \\ = {} & 13{,}4 + 54 \\ = {} & 67{,}4 \end{aligned}$$

**Klammern zuerst**

Was in Klammern steht, wird zuerst ausgerechnet.

$$\begin{aligned} & 8 \cdot (25{,}75 - 16{,}75) \\ = {} & 8 \cdot 9 \\ = {} & 72 \end{aligned}$$

---

**Kommutativgesetz (Vertauschungsgesetz)**

Beim Addieren darfst du die Reihenfolge der Summanden vertauschen.

$$\frac{1}{6} + \frac{2}{3} = \frac{2}{3} + \frac{1}{6}$$

Beim Multiplizieren darfst du die Reihenfolge der Faktoren vertauschen.

$$\frac{1}{8} \cdot \frac{2}{3} = \frac{2}{3} \cdot \frac{1}{8}$$

---

**Assoziativgesetz (Verbindungsgesetz)**

Beim Addieren darfst du die Reihenfolge, in der du addierst, selbst festlegen.

$$\begin{aligned} & 37 + 16{,}4 + 23{,}6 \\ = {} & 37 + 40 \\ = {} & 77 \end{aligned}$$

Beim Multiplizieren darfst du die Reihenfolge, in der du multiplizierst, selbst festlegen.

$$\begin{aligned} & 13{,}1 \cdot 20 \cdot 5 \\ = {} & 13{,}1 \cdot 100 \\ = {} & 1310 \end{aligned}$$

---

**Distributivgesetz (Verteilungsgesetz)**

**Ausmultiplizieren**

Du kannst eine Summe mit einer Zahl multiplizieren, indem du jeden Summanden mit der Zahl multiplizierst und die Produkte addierst.

$$\begin{aligned} & (10 + 7) \cdot 6 \\ = {} & 10 \cdot 6 + 7 \cdot 6 \\ = {} & 60 + 42 \\ = {} & 102 \end{aligned}$$

**Ausklammern**

Es geht auch umgekehrt.

$$\begin{aligned} & 43 \cdot 356 + 57 \cdot 356 \\ = {} & (43 + 57) \cdot 356 \\ = {} & 100 \cdot 356 \\ = {} & 35\,600 \end{aligned}$$

# Zahl – Terme 1

Terme aufstellen

Der Flächeninhalt kann durch unterschiedlich aussehende Terme beschrieben werden.

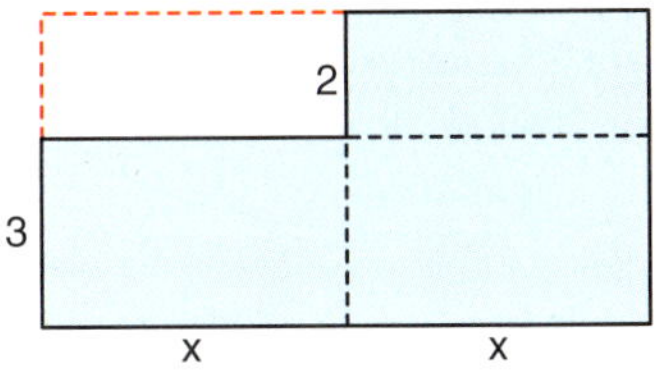


Bei jeder Einsetzung für die Variable x erhalten wir mit jedem Term den gleichen Wert.

| x | $x \cdot 3 + x \cdot 5$ | $2x \cdot 5 - 2 \cdot x$ | $2x \cdot 3 + x \cdot 2$ |
|---|---|---|---|
| 3 | 24 | 24 | 24 |
| 4,5 | 36 | 36 | 36 |
| 6 | 48 | 48 | 48 |

Rechnen mit Termen

**Mit Termen können wir nach den gleichen Gesetzen rechnen wie mit Zahlen:**

Kommunativgesetz

bei der Addition

$a + b = b + a$

bei der Multiplikation

$a \cdot b = b \cdot a$

Assoziativgesetz

bei der Addition

$(a + b) + c = a + (b + c)$

bei der Multiplikation

$(a \cdot b) \cdot c = a \cdot (b \cdot c)$

Distributivgesetz

$a \cdot (b + c) = a \cdot b + a \cdot c$

$\frac{b + c}{a} = \frac{b}{a} + \frac{c}{a}$ $(a \neq 0)$

$a \cdot (b - c) = a \cdot b - a \cdot c$

$\frac{b - c}{a} = \frac{b}{a} - \frac{c}{a}$ $(a \neq 0)$

Termumformungen

**Ziele beim Termumformen:**

| | | |
|---|---|---|
| Terme als gleichwertig erkennen | $3x + 2x$ | $5x$ |
| Terme vereinfachen | $a + b + a + b$ | $2(a + b)$ |

Mithilfe von Rechenregeln können wir Terme in gleichwertige Terme umformen. Dabei gelten die gleichen Gesetze wie beim Rechnen mit Zahlen (Kommutativgesetz, Assoziativgesetz, Distributivgesetz).

Strategien beim Termumformen

**Strategien beim Termumformen:**

| | |
|---|---|
| Ordnen und Zusammenfassen | $6x - 2 - 3x + 5 = 3x + 3$ |
| Ausmultiplizieren und Zusammenfassen | $3(a + 2) - 5 = 3a + 6 - 5 = 3a + 1$ |
| Ordnen und Ausklammern | $5x + 2x + 1 = 3x + 3 = 3(x + 1)$ |

# Zahl – Terme 2

**Klammerregeln bei Addition und Subtraktion**

$a + (b + c) = a + b + c$
$a + (b - c) = a + b - c$

*Auflösen von „Plusklammern“: Klammer einfach weglassen.*

$a - (b + c) = a - b - c$
$a - (b - c) = a - b + c$

*Auflösen von „Minusklammern“: Rechenzeichen in der Klammer umkehren – Klammer weglassen*

---

**Addieren und Subtrahieren von Produkten**

$4ab + 7ac - 5ac + 3ab + 6bc$

Vereinfachen des Terms:

$4\,ab + 7\,ac - 5\,ac + 3\,ab + 6bc =$

$4\,ab + 3\,ab + 7\,ac - 5\,ac + 6bc =$

$7\,ab \quad + \quad 2\,ac \quad + 6bc$

In dem Term werden Produkte addiert und subtrahiert.

Gleichartige Produkte werden gekennzeichnet

und dann zusammengefasst.

---

**Vereinfachen von Produkten**

$2 \cdot 7 \cdot 5 \cdot 0{,}1 = (2 \cdot 5) \cdot (0{,}1 \cdot 7) = 10 \cdot 0{,}7 = 7$
$7a \cdot 5b = 35ab$
$2 \cdot x \cdot y \cdot 3 \cdot x = 6 \cdot x \cdot x \cdot y = 6x^2y$

Reihenfolge der Faktoren alphabetisch

In Produkten mit mehreren Faktoren kann man beliebig vertauschen und klammern.

---

**Anwenden des Distributivgesetzes Ausmultiplizieren und Ausklammern**

*Ausmultiplizieren*

Eine Summe wird mit einem Faktor multipliziert.

$x \cdot (y + 2 + x)$

Jeder Summand in der Klammer wird mit dem Faktor multipliziert, die entstehenden Produkte werden dann addiert.

$x \cdot (y + 2 + x) = x \cdot y + 2x + x^2$

*Ausklammern*

Mehrere Produkte werden addiert.

$a \cdot b + a \cdot c + 3 \cdot a$

In jedem dieser Produkte kommt der gleiche Faktor a vor. Dann kann der Faktor a ausgeklammert werden.

$a \cdot b + a \cdot c + 3 \cdot a = a \cdot (b + c + 3)$

---

**Produkte von Summen – Summe von Produkten**

$(a + b) \cdot (c + d) = a \cdot c + a \cdot d + b \cdot c + b \cdot d$

$(3x - 4) \cdot (2 + 0{,}5x) = 1{,}5x^2 + 4x - 8$

| | 2 | 0,5 x |
|---|---|---|
| 3 x | 6 x | 1,5 $x^2$ |
| –4 | –8 | –2 x |

---

**Binomische Formeln**

**Binomische Formeln**

$(a + b)^2 = a^2 + 2ab + b^2$
$(a - b)^2 = a^2 - 2ab + b^2$
$(a + b) \cdot (a - b) = a^2 - b^2$.

# Zahl – Gleichungen und Ungleichungen aufstellen und lösen

**Das Problem**

Um einen Packwürfel zu verschnüren, braucht man 3 m Schnur, 20 cm davon für den Knoten. Wie lang ist die Seite des Würfels?

„Übersetzen" in mathematische Sprache

**Gleichung aufstellen**

1. Variable (Unbekannte) festlegen
   x bezeichnet die Seitenlänge des Würfels (in cm)
2. Übersetzen der Problemstellung in passende Terme
   Die Schnur umspannt 8 Seitenlängen x. Es kommen noch 20 cm für den Knoten hinzu. Also:
   $l(x) = 8 \cdot x + 20$
   Die Länge der Schnur ist 300 cm:
   $l(x) = 300$
3. Gleichung aufstellen
   $8 \cdot x + 20 = 300$

**Gleichung lösen**

*Probieren*

$8 \cdot 10 + 20 = 100$
zu klein

$8 \cdot 40 + 20 = 340$
zu groß

$8 \cdot 30 + 20 = 260$
zu klein

$8 \cdot 35 + 20 = 300$
passt!

*Tabelle*

| x | l(x) |
|---|---|
| 5 | 60 |
| 10 | 100 |
| 15 | 140 |
| 20 | 180 |
| 25 | 220 |
| 30 | 260 |
| 35 | 300 |
| 40 | 340 |

*Graph*

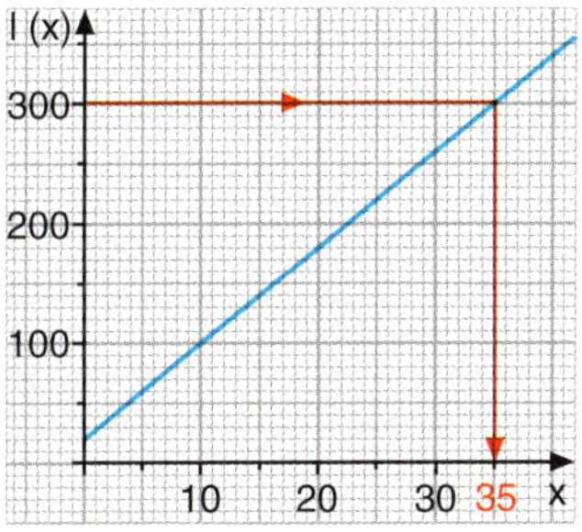


$l(x) = 8 \cdot x + 20$

*Äquivalenzumformungen*

$8x + 20 = 300 \quad | -20 \quad -20$

$8x = 280 \quad | :8 \quad = :8$

$x = 35$

**Lösung aufschreiben**

$x = 35$

Die Seitenlänge des Würfels beträgt 35 cm.

**Einsetzprobe**

Einsetzen der Lösung in die Gleichung:

Linke Seite der Gleichung:
$8 \cdot 35 + 20 = 300$

Rechte Seite der Gleichung: 300 Stimmt!

**Problemprobe**

3 m Schnur: Passt!

---

Bei Division oder Multiplikation der **Ungleichung** mit einer negativen Zahl muss das Ungleichheitszeichen umgedreht werden.

$-2x < 8 \quad | : (-2)$
$x > -4$

**Lösungsmenge:**
$L = \{x \mid x > -4\}$

Ungleichung

# Zahl – lineare Gleichungssysteme

lineares Gleichungssystem

**Lineares Gleichungssystem**

(1) $3x + 4y = 20$
(2) $-4x + 2y = -12$

Lösungsverfahren

**Gesucht:** Wertepaar $(x \mid y)$, das beide Gleichungen löst.
**Lösungsverfahren:** Auflösen der Gleichungen nach y.

Damit erhalten wir zwei Funktionsgleichungen
(1) $y_1(x) = -\frac{3}{4}x + 5$
(2) $y_2(x) = 2x - 6$

Lösung mit Tabelle und Graph

**Lösung mit Tabelle:**

| x | $y_1(x)$ | $y_2(x)$ |
|---|---|---|
| −1 | $5\frac{3}{4}$ | −8 |
| 0 | 5 | −6 |
| 1 | $4\frac{1}{4}$ | −4 |
| 2 | $3\frac{1}{2}$ | −2 |
| 3 | $2\frac{3}{4}$ | 0 |
| 4 | 2 | 2 |
| 5 | $1\frac{1}{4}$ | 4 |

**Grafische Lösung:**

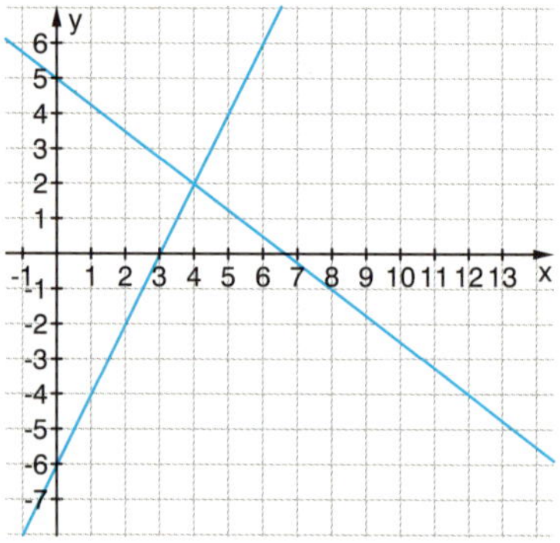


Rechnerische Lösungsverfahren

**Gleichsetzungsverfahren**

Gleichsetzungsverfahren

$$y_1(x) = y_2(x)$$
$$-\frac{3}{4}x + 5 = 2x - 6 \quad | -2x - 5$$
$$-\frac{11}{4}x = -11 \quad | : \left(-\frac{11}{4}\right)$$
$$x = 4$$

Berechnung von y: $y_1(4)$ oder $y_2(4)$
$y_2(4) = 2 \cdot 4 - 6 = 2$

Die **Lösung** ist **(4 | 2)**.

Einsetzungsverfahren

$$3x + 4y = 20$$
$$y = 2x - 6$$

2x – 6 für y einsetzen

$$3x + 4(2x - 6) = 20$$ Gleichung mit einer Variablen
$$3x + 8x - 24 = 20$$ Löse die Gleichung nach x auf
$$11x = 44$$
$$x = 4$$

Berechnung von y: $y_1(4)$ oder $y_2(4)$

Die **Lösung** ist **(4 | 2)**.

$y_2(4) = 2 \cdot 4 - 6 = 2$

Additionsverfahren

$$3x + 4y = 20$$
$$-4x + 2y = -12 \quad | \cdot (-2)$$

Multipliziere die 2. Gleichung mit −2, um Terme zu schaffen, die sich „gegenseitig aufheben".

$$3x + 4y = 20$$
$$8x - 4y = 24$$
$$11x = 44$$
$$x = 4$$

4y und −4y „heben sich auf".

Berechnung von y:
$y_1(4)$ oder $y_2(4)$

Die **Lösung** ist **(4 | 2)**.

$y_2(4) = 2 \cdot 4 - 6 = 2$

# Messen – Übersichten über die Einheiten

Längen

Umrechnungszahl 10

1 km = 1000 m  · 1000

1 m = 10 dm  · 10

1 dm = 10 cm  · 10

1 cm = 10 mm

---

Flächeninhalte

Umrechnungszahl 100

1 ha = 100 a  · 100

1 a = 100 $m^2$  · 100

1 $m^2$ = 100 $dm^2$  · 100

1 $dm^2$ = 100 $cm^2$  · 100

1 $cm^2$ = 100 $mm^2$

---

Rauminhalte
Volumina

Umrechnungszahl 1000

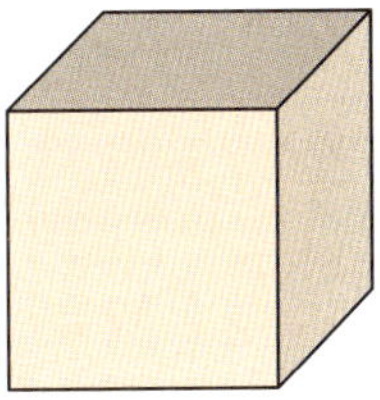

1 $m^3$ = 1000 $dm^3$  · 1000

1 $dm^3$ = 1000 $cm^3$  · 1000

1 $cm^3$ = 1000 $mm^3$

Das Volumen von Flüssigkeiten wird in Litern gemessen.
1 l = 1 $dm^3$     1 ml = 1 $cm^3$

---

Gewichte

Umrechnungszahl 1000

1 t = 1000 kg  · 1000

1 kg = 1000 g  · 1000

1 g = 1000 mg

---

Zeitspannen

Umrechnungszahlen 24 und 60

1 Tag = 24 h  · 24

1 h = 60 min  · 60

1 min = 60 s

# Messen – Flächenberechnungen

Flächeninhalte

## Strategien zur Flächenumwandlung

Durch Zerlegen und Ergänzen lassen sich Vielecke in flächengleiche Rechtecke umwandeln:

Dreieck

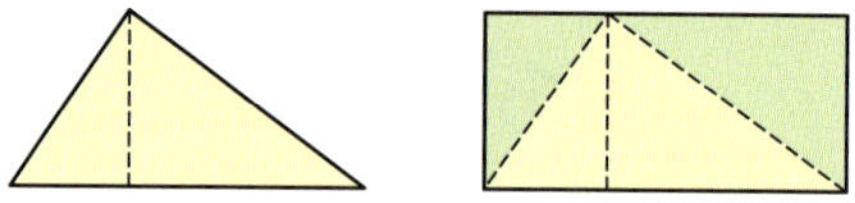

Parallelogramm

Trapez

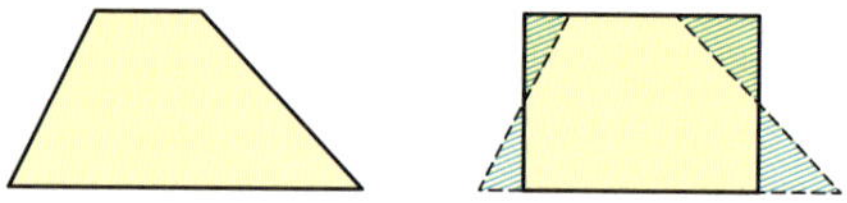

## Formeln für Flächeninhalte

Mithilfe der Flächeninhaltsformel für Rechtecke $A = a \cdot b$ und der nebenstehenden Flächenumwandlung gewinnt man die Formeln für andere Flächen.

Dreieck
$A = \frac{1}{2} g \cdot h_g$

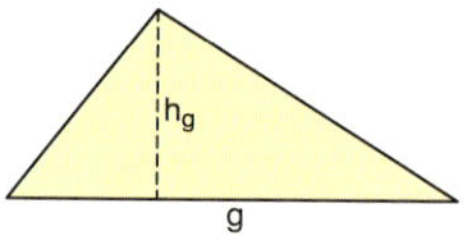


Parallelogramm
$A = g \cdot h$

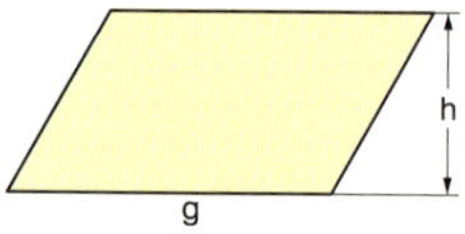


Trapez
$A = \frac{1}{2}(a + c) \cdot h$

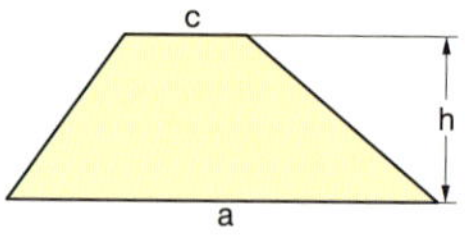


---

Kreisberechnung

Umfang und Flächeninhalt eines Kreises lassen sich mit Hilfe des Durchmessers oder des Radius berechnen.

Umfang Flächeninhalt

### Kreisumfang

Der Kreisumfang u ist ungefähr dreimal so groß wie der Durchmesser d des Kreises.

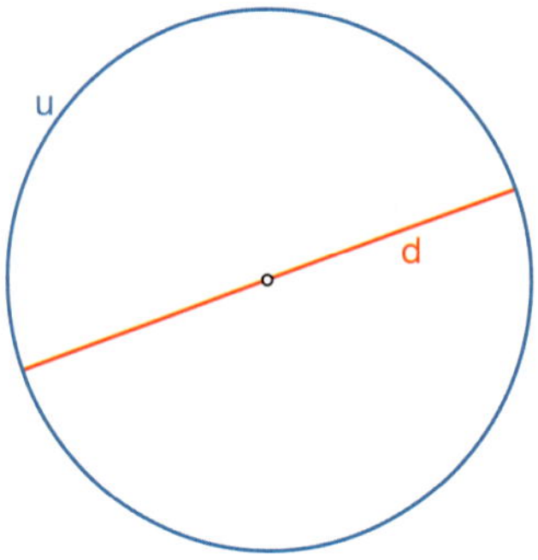


### Kreisfläche

Die Kreisfläche A ist ungefähr dreimal so groß wie das Quadrat über dem Radius r des Kreises.

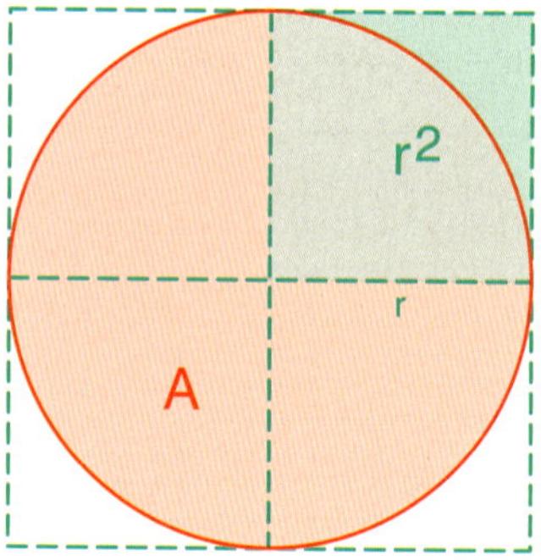


Exakter berechnet man den Kreisumfang und die Kreisfläche mit der Kreiszahl π.

$\mathbf{u = \pi \cdot d}$

$\mathbf{A = \pi \cdot r^2}$

---

Die Kreiszahl π

π (sprich Pi) ist der griechische Buchstabe für p.
Näherungsweise gilt: $\pi = 3{,}14$
Auf dem Taschenrechner findest du mit der Taste π einen genaueren Näherungswert. $\pi = 3{,}14159265359\ldots$

# Messen – Prisma und Zylinder

Prismen sind Körper

- die ein Vieleck als Grundfläche haben und
- deren Seitenkanten
  - auf der Grundfläche senkrecht stehen und
  - gleich lang sind.

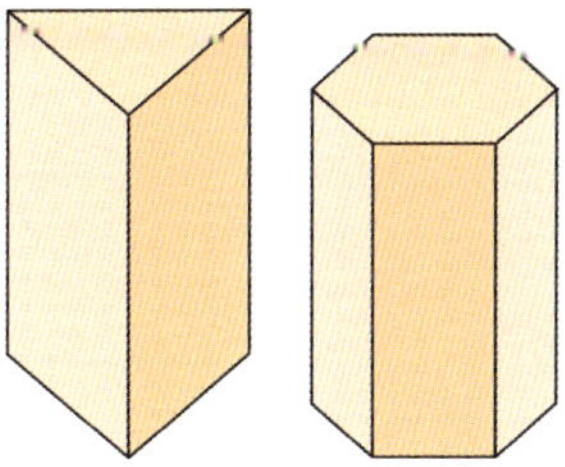

Berechnung von Volumen und Oberfläche von Prismen

**Prisma**

**Volumen:**

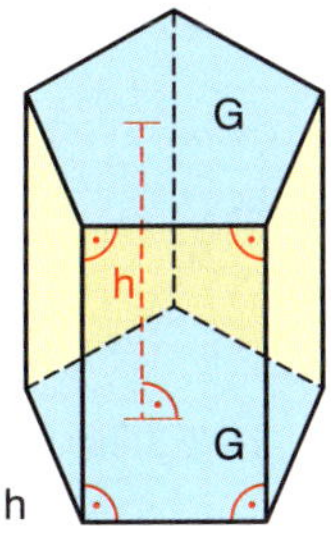


$V = G \cdot h$

Volumen = Grundfläche · Höhe

**Oberfläche:**

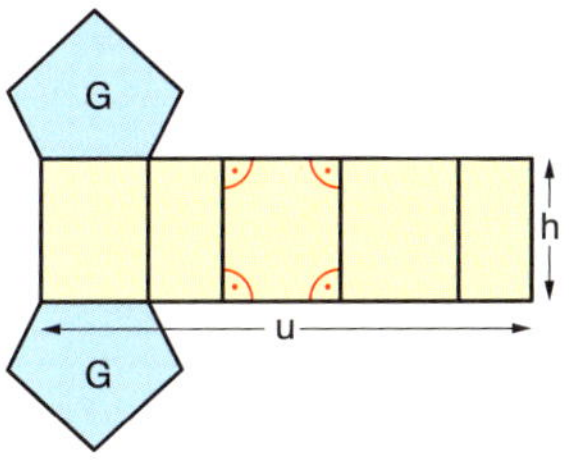


$O = 2G + M$
$M = u \cdot h$

Oberfläche = 2 · Grundfläche + Mantel

**Berechnung von Vielecken**

1. Zerlegen in einfache Teilflächen.
2. Berechnen der Inhalte der Teilflächen.
3. Addieren der Teilflächeninhalte.

**Flächeninhalt von Vielecken:**

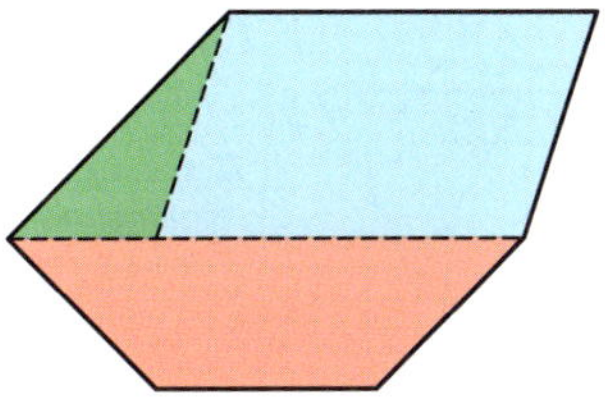

$A_{Vieleck} = A_{Dreieck} + A_{Parallelogramm} + A_{Trapez}$

**Volumen eines Vieleckprismas:**

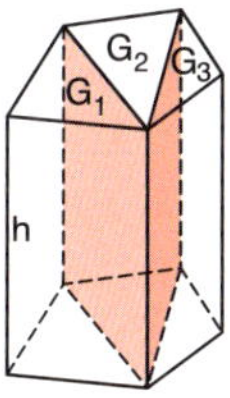


$V = (G_1 + G_2 + G_3) \cdot h$
$= G \cdot h$

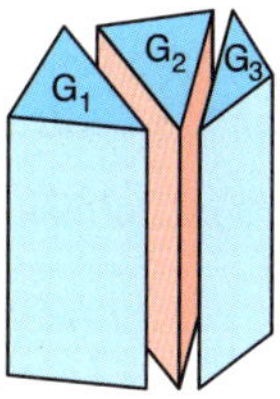


---

Zylinder

**Volumen und Oberfläche eines Zylinders**

Das Volumen eines Zylinders berechnet sich wie das des Prismas als Produkt aus Grundflächeninhalt und Höhe:

$V = G \cdot h = \pi \cdot r^2 \cdot h$

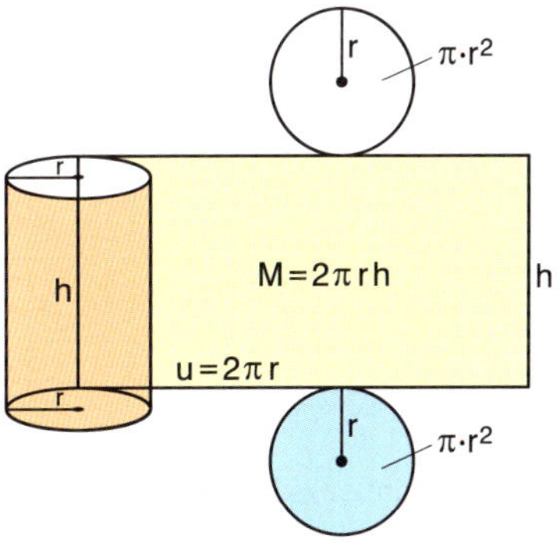


Die Oberfläche eines Zylinders besteht aus zwei Kreisflächen und der Mantelfläche, die sich zu einem Rechteck abwickeln lässt. Für den Flächeninhalt der Oberfläche gilt:

$O = 2 \cdot G + M = 2 \cdot \pi \cdot r^2 + 2\pi \cdot r \cdot h$

# Raum und Form – Ebene Figuren und Körper

**Grundformen ebener geometrischer Figuren (Flächen)**

ebene Figuren

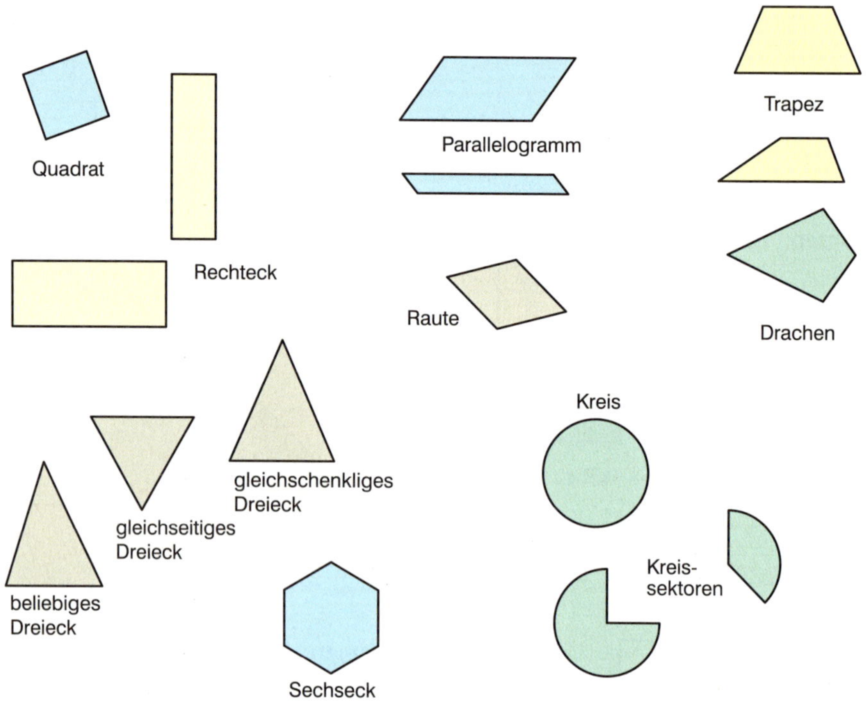


**Grundformen geometrischer Körper**

Körper

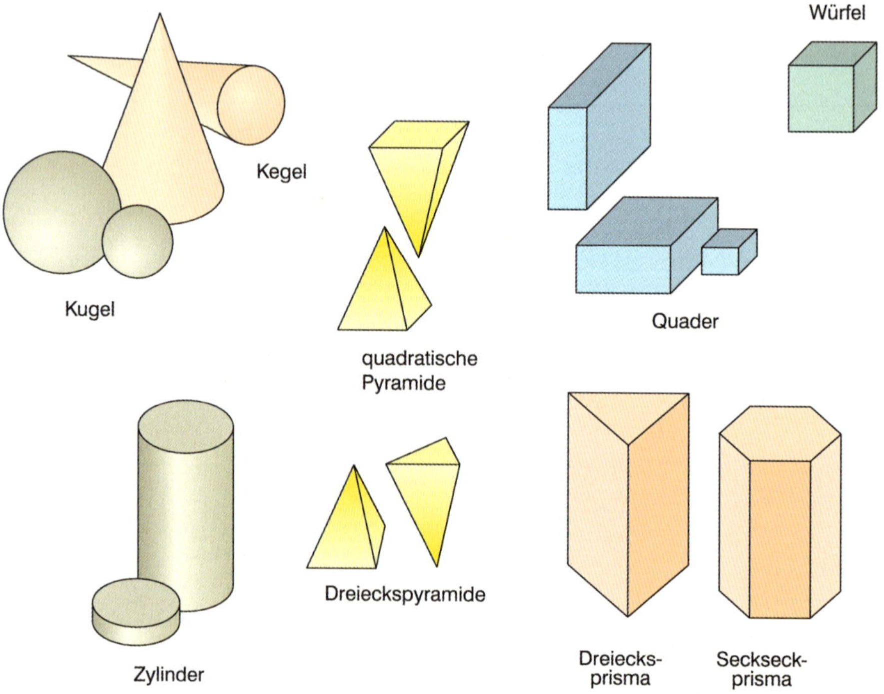

# Raum und Form – Schrägbilder und Netze

**Das Schrägbild eines Würfels entsteht**

Schrägbilder zeichnen

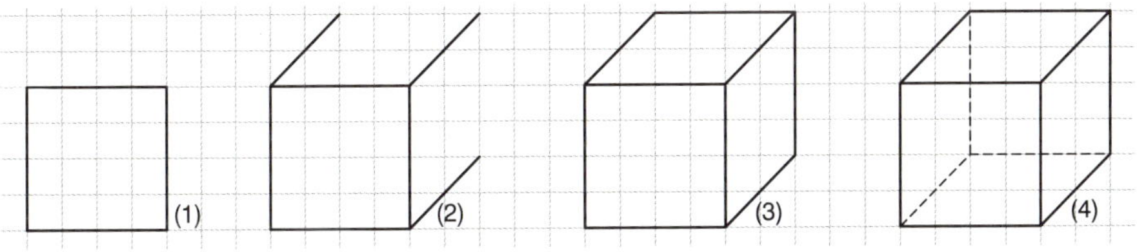


*1. Schritt:* Zeichne die Vorderfläche des Würfels.
*2. Schritt:* Zeichne die Kanten, die von vorne nach hinten zeigen, schräg und verkürzt wie im Bild.
*3. und 4. Schritt:* Ergänze die fehlenden Kanten der hinteren Fläche des Würfels. Die verdeckten Kanten werden nur gestrichelt gezeichnet.

Soll der Würfel undurchsichtig sein, so lässt man alle verdeckten Kanten weg. (3)

Körper entstehen aus ihren Netzen.

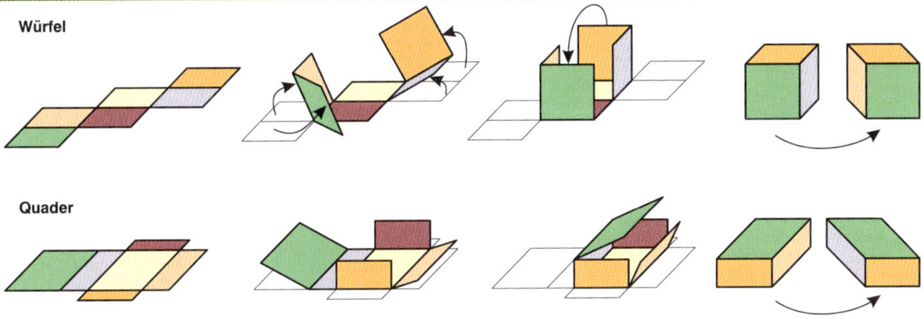


Würfel

Quader

**Netz** **Schrägbild**

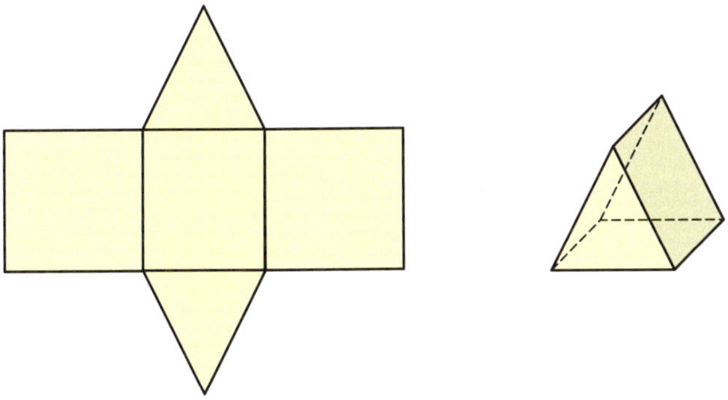

Prisma

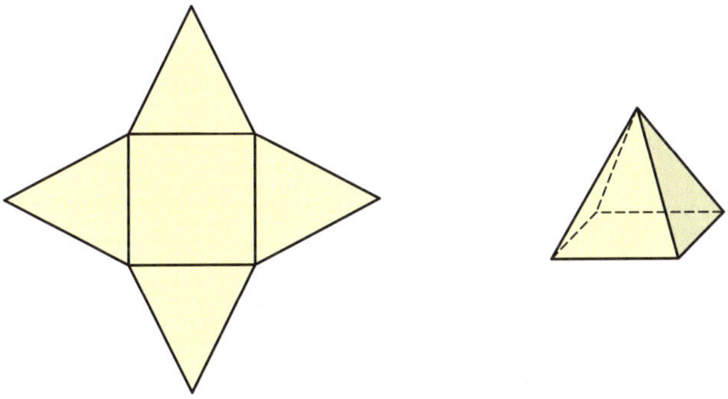

Pyramide

# Raum und Form – Winkel und Winkelsätze

Winkel
Winkeltypen

## Winkel

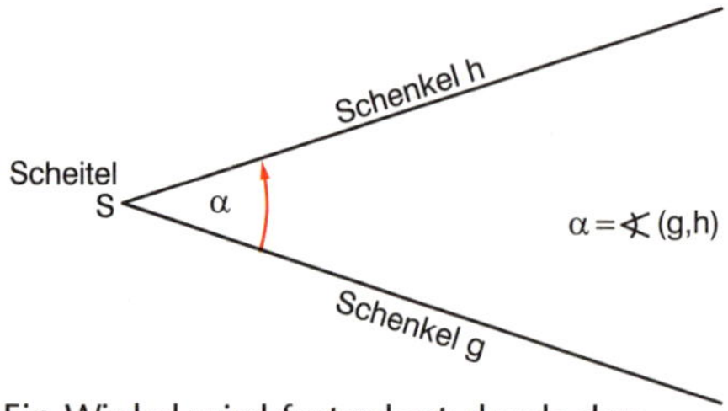


Ein Winkel wird festgelegt durch den **Scheitel S** und die beiden **Schenkel g und h.**

Winkel werden in Typen eingeteilt:

Spitzer W.
$0° < \alpha < 90°$

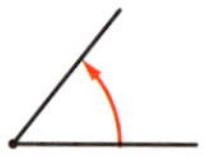

Rechter W.
$\alpha = 90°$

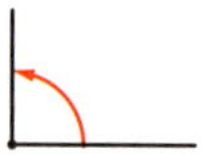

Stumpfer W.
$90° < \alpha < 180°$

Gestreckter W.
$\alpha = 180°$

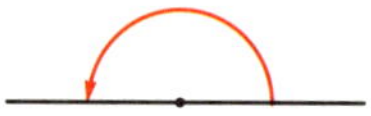

Überstumpfer W.
$180° < \alpha < 360°$

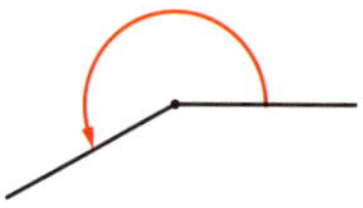

---

Bezeichnungen

| α | β | γ | δ |
|---|---|---|---|
| Alpha | Beta | Gamma | Delta |

Winkel und Winkelgrößen werden mit griechischen Buchstaben bezeichnet.

---

Nebenwinkel
Scheitelwinkel
Wechselwinkel
Stufenwinkel

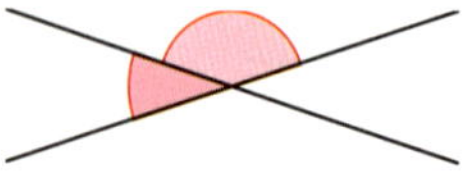

Nebenwinkel ergänzen sich zu 180°.

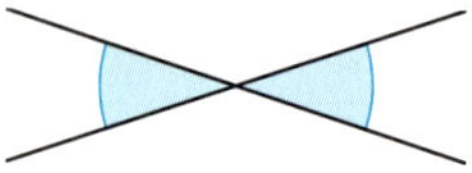

Scheitelwinkel sind gleich groß.

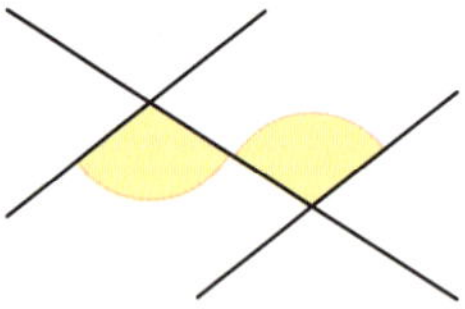

Wechselwinkel sind gleich groß.

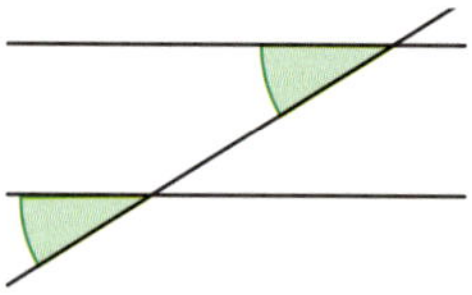

Stufenwinkel sind gleich groß.

---

Stufen- und Wechselwinkel an Doppelkreuzungen

Sind an einer Doppelkreuzung Stufen- und Wechselwinkel gleich groß, so sind die Geraden parallel. Sind sie es nicht, so sind die Geraden nicht parallel.

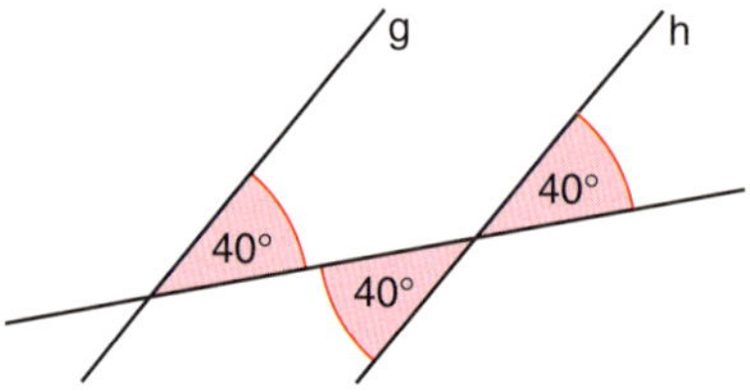


g und h sind parallel.

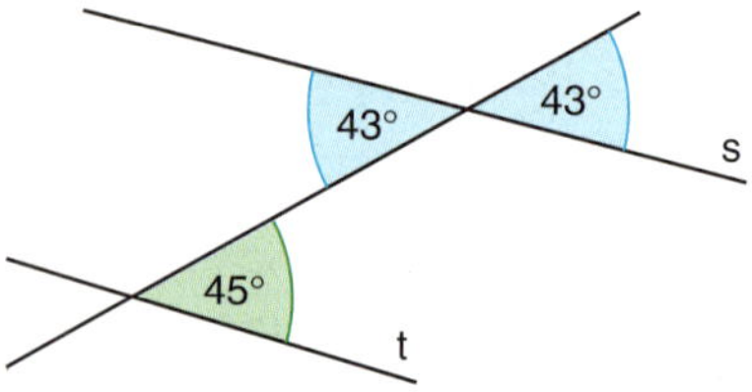


s und t sind nicht parallel.

---

Winkelsumme im Dreieck

**Die Winkelsumme im Dreieck beträgt 180°.**

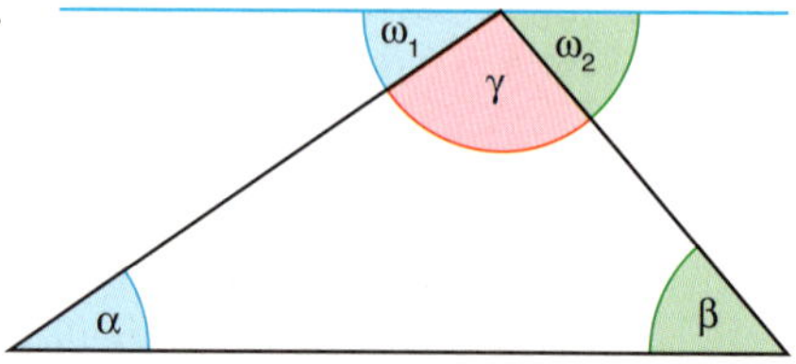


Beweis:
Die blaue Gerade ist parallel zur gegenüberliegenden Dreiecksseite.
Also ist $\omega_1$ Wechselwinkel zu $\alpha$ und $\omega_2$ Wechselwinkel zu $\beta$.
Da $\omega_1 + \omega_2 + \gamma = 180°$, gilt also auch: $\alpha + \beta + \gamma = 180°$.

# Raum und Form – Konstruktionen an Dreiecken

Umkreismittelpunkt

Punkte, die von zwei Punkten A und B gleich weit entfernt sind, liegen auf der Mittelsenkrechten der Strecke $\overline{AB}$.
Die drei Mittelsenkrechten der Dreiecksseiten schneiden sich in einem Punkt, dem Mittelpunkt des **Umkreises.**

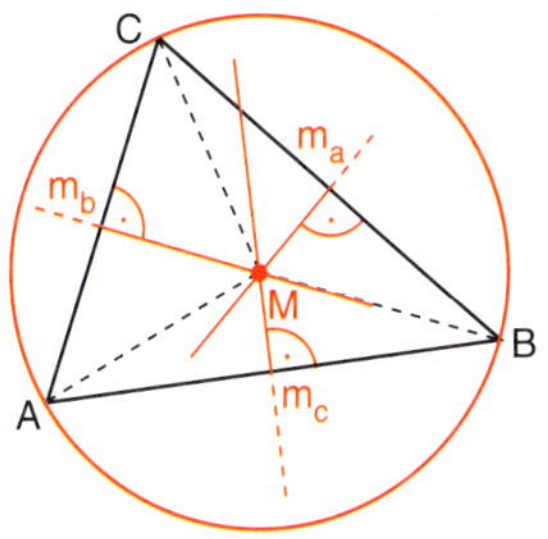


Inkreismittelpunkt

Punkte, die auf der Winkelhalbierenden eines Winkels liegen, haben von beiden Schenkeln des Winkels den gleichen Abstand.
Im Dreieck schneiden sich die drei Winkelhalbierenden der Dreieckswinkel in einem Punkt, dem Mittelpunkt des **Inkreises.**

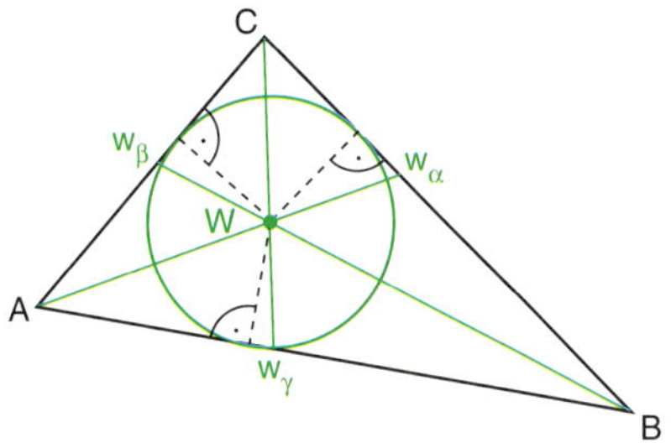


Höhenschnitttpunkt

Im Dreieck schneiden sich die drei Höhen in einem Punkt, dem **Höhenschnittpunkt H.**

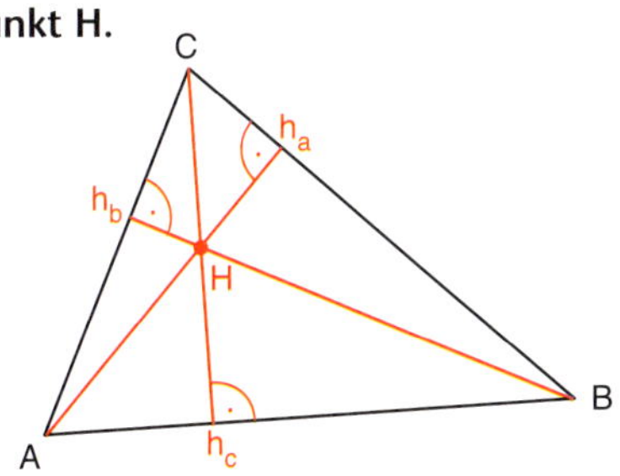


Schwerpunkt

Im Dreieck schneiden sich die drei Seitenhalbierenden in einem Punkt, dem **Schwerpunkt S.**

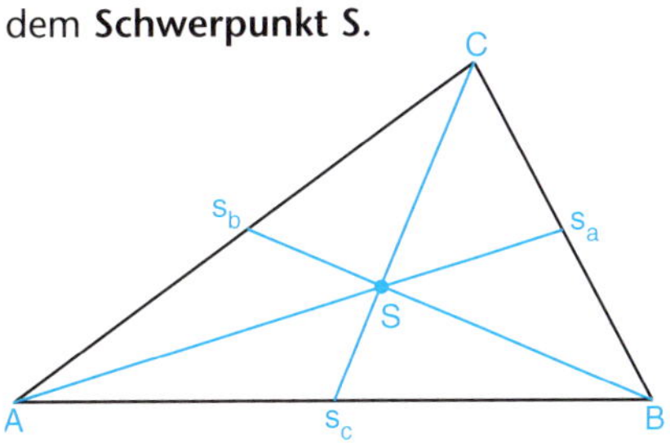


Kongruenzsätze

Figuren, die nach Größe und Form vollständig übereinstimmen, nennt man deckungsgleich oder kongruent. Mithilfe einiger gegebener Größen kann man sie eindeutig konstruieren. Bei Dreiecken genügt hierfür die Angabe von drei geeigneten Größen.

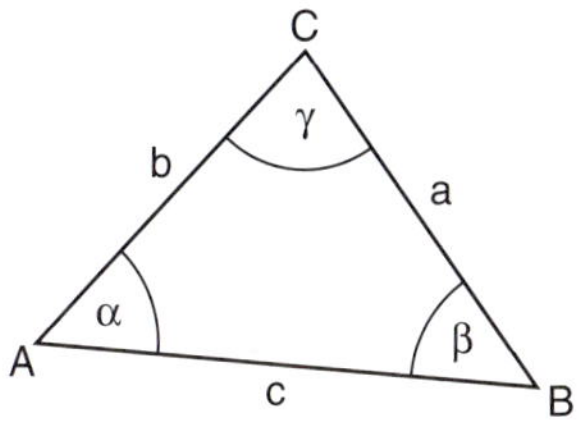


Bezeichnungen am Dreieck

Ein Dreieck ABC ist eindeutig konstruierbar, wenn

**SSS** die drei Seitenlängen gegeben sind.

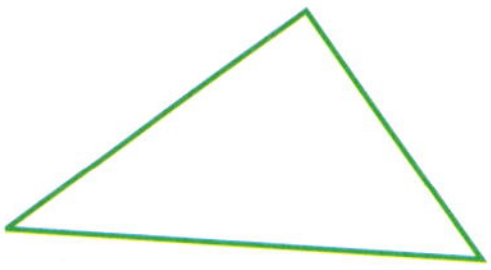

**SWS** zwei Seitenlängen und das Maß des eingeschlossenen Winkels gegeben sind.

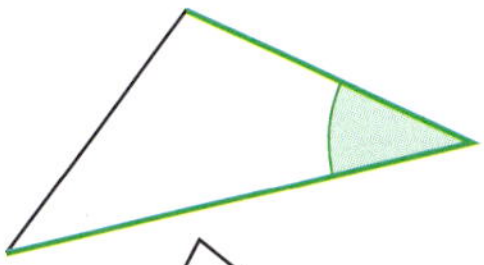

**WSW** eine Seitenlänge und die Größe der beiden anliegenden Winkel gegeben sind.

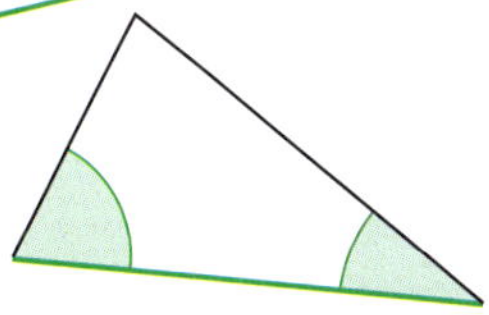

**SsW** Ein Dreieck ist eindeutig konstruierbar, wenn zwei Seitenlängen und der der längeren Seite gegenüberliegende Winkel gegeben sind.

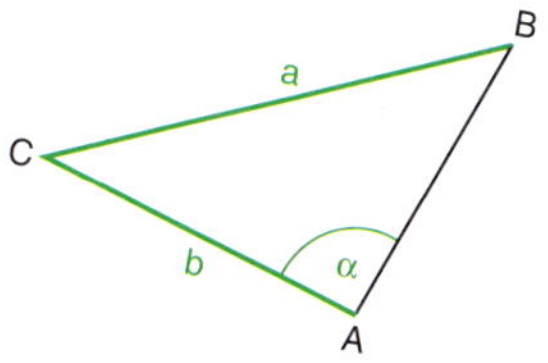

# Raum und Form – Haus der Vierecke

Vierecke lassen sich nach verschiedenen Kriterien ordnen. Diagramme schaffen Übersicht in der Vielfalt.

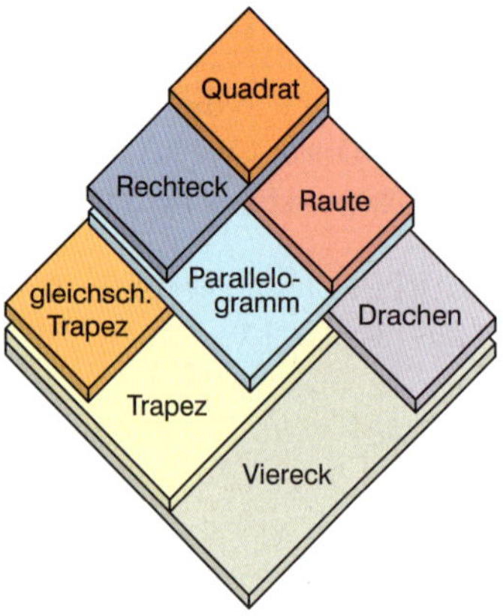


Anschauliches „Mengendiagramm"

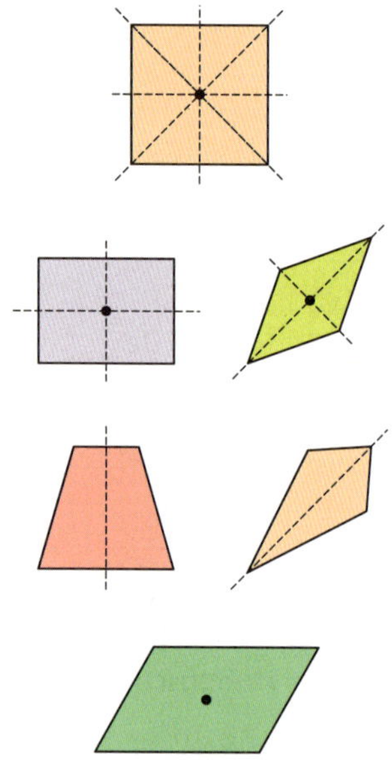

Anzahl und Lage von Symmetrien

das Haus der Vierecke

Das Haus der Vierecke in einem Ordnungsdiagramm

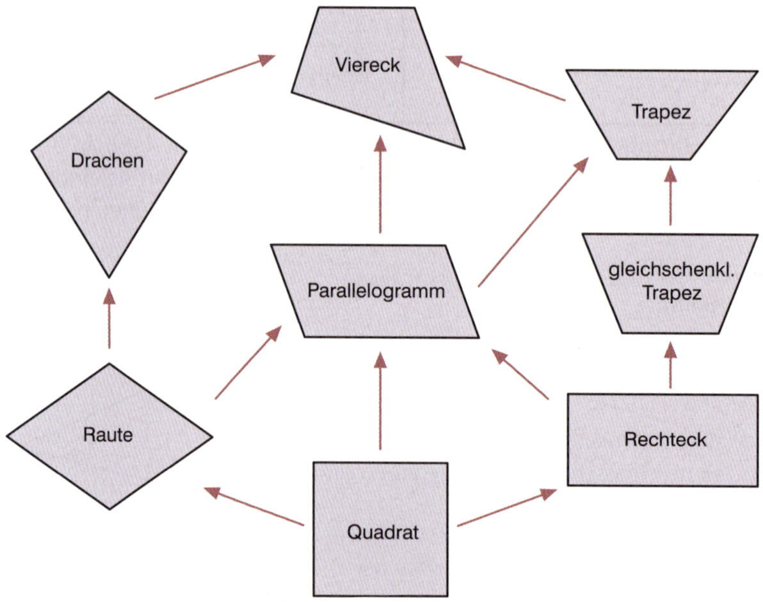


gute Definition

### Eine „gute Definition"

- … legt einen Begriff präzise fest und dient der klaren Verständigung,
- … enthält nur Worte, die allgemein verständlich oder bereits klar definiert sind,
- … enthält nicht mehr Informationen als unbedingt notwendig,
- … erweist sich als nützlich bei der Ordnung und Unterscheidung von Begriffen.

# Raum und Form – Tangenten und Winkel am Kreis

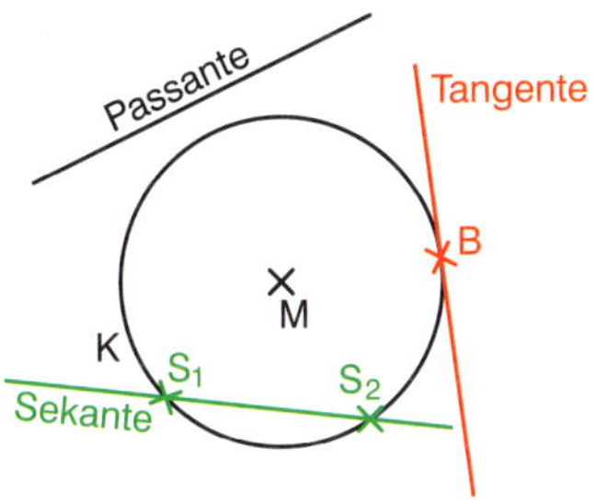


$\overline{S_1S_2}$ heißt Sehne.

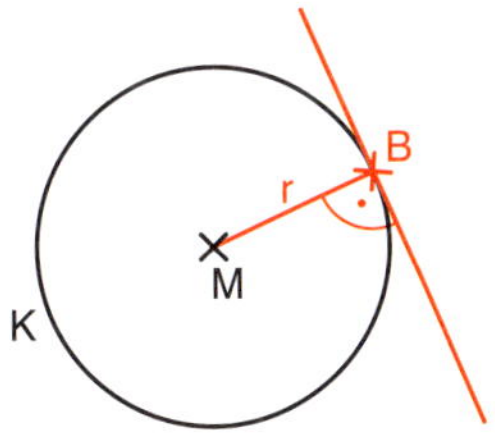


Die Tangente steht im Berührpunkt B senkrecht zum Radius MB.

Passante
Sekante
Sehne
Tangente

---

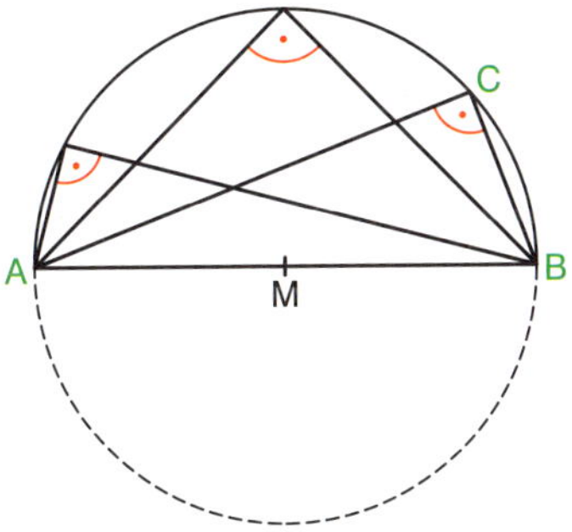


**Satz des Thales**
Wenn bei einem Dreieck ABC die Ecke C auf dem Kreis mit dem Durchmesser AB liegt, dann hat das Dreieck bei C einen rechten Winkel.

Es gilt auch die **Umkehrung**
Wenn ein Dreieck ABC bei C einen rechten Winkel hat, dann liegt C auf dem Kreis mit dem Durchmesser AB.

Satz des Thales

---

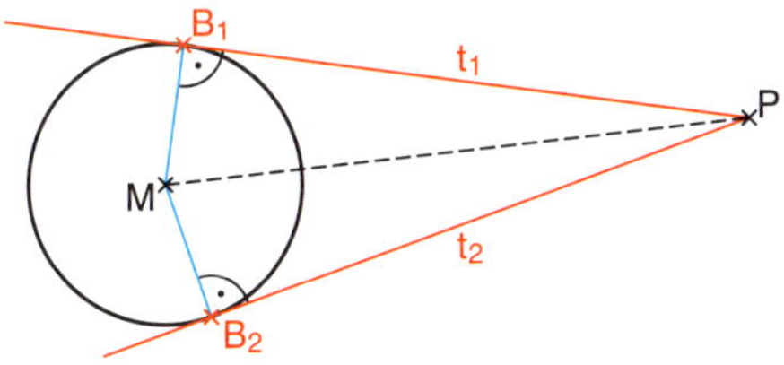


1) Zeichne die Strecke $\overline{MP}$.
2) Konstruiere den Thaleskreis über $\overline{MP}$.
3) Markiere die beiden Schnittpunkte $B_1$ und $B_2$ der beiden Kreise.
4) Die Geraden $PB_1$ und $PB_2$ sind senkrecht zu den Radien $\overline{MB_1}$ und $\overline{MB_2}$.
Sie sind die Tangenten an den Kreis.

Tangentenkonstruktion

---

**Umfangswinkelsatz**

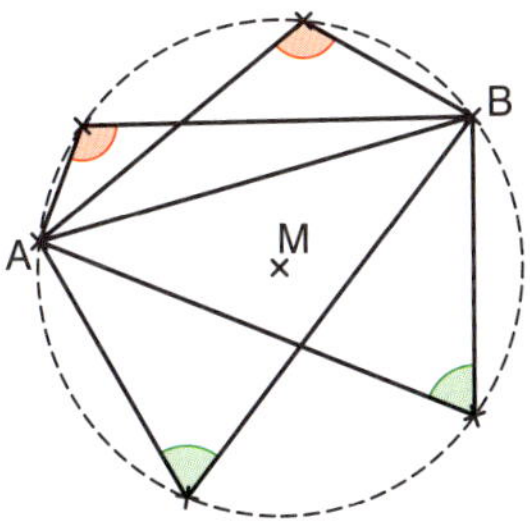


Die zu einer Kreissehne gehörigen Umfangswinkel auf derselben Seite der Sehne sind gleich groß.

**Umfangs-Mittelpunktswinkelsatz**

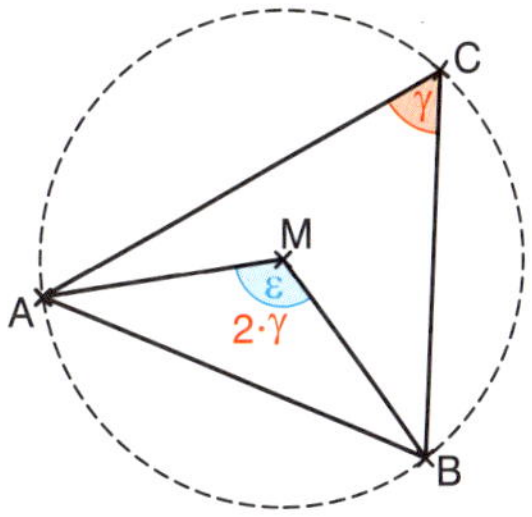


Jeder Umfangswinkel zur Sehne $\overline{AB}$, dessen Scheitel auf derselben Seite von $\overline{AB}$ liegt, ist halb so groß wie der zugehörige Mittelpunktswinkel.

Umfangswinkelsatz

Mittelpunktswinkelsatz

# Funktionaler Zusammenhang – Zuordnung, Graph, Tabelle, Rechenvorschrift

Zuordnung

In vielen Situationen des Alltags besteht zwischen Größen ein Zusammenhang.
- Aktienkurse verändern sich minütlich. Jedem Zeitpunkt an einem Tag an der Börse kann man den jeweiligen DAX zuordnen.
- Das Volumen eines Würfels hängt von dessen Kantenlänge ab. Man kann somit jeder Kantenlänge das Volumen des entsprechenden Würfels zuordnen.
- Der Umfang eines Rechtecks hängt von der Länge und Breite ab. Der jeweiligen Länge und Breite wird der Umfang zugeordnet.

---

Zuordnung kann man auf verschiedene Arten darstellen:
- mit einer Tabelle
- mit einem Graphen
- mit Worten
- mit einer Rechenvorschrift

Zuordnung: Geschwindigkeit → Bremsweg

**Text:** Den Bremsweg s eines Autos auf trockener Straße errechnet man, indem man die Geschwindigkeit v mit sich selbst multipliziert und das Ergebnis durch 100 dividiert.

Tabelle

**Tabelle:**

| Geschwindigkeit v (in km/h) | | Bremsweg s (in m) |
|---|---|---|
| v | $v \cdot v$ | $\frac{v \cdot v}{100}$ |
| 10 | 100 | 1 |
| 20 | 400 | 4 |
| 50 | 2 500 | 25 |
| 100 | 10 000 | 100 |
| 200 | 40 000 | 400 |

Graph

**Graph:**

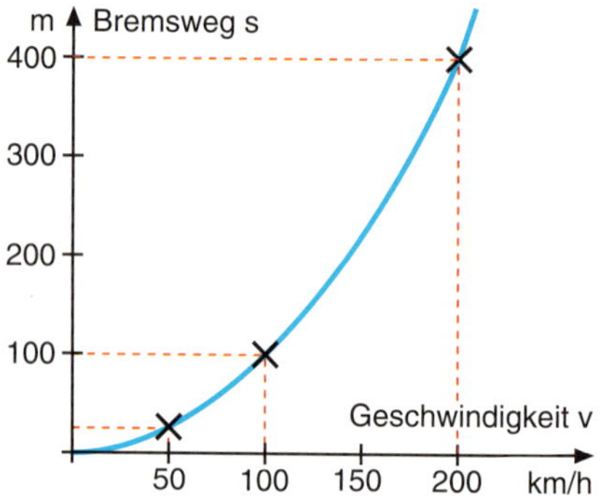


Rechenvorschrift

**Rechenvorschrift:** $s = \frac{v \cdot v}{100}$

---

Formulierungen

| „lange“ Formulierung | kurz | Sprechweise |
|---|---|---|
| Der Bremsweg s ist abhängig von der Geschwindigkeit. | s(v) | s von t |
| Der Bremsweg s bei einer Geschwindigkeit von 80 km/h beträgt 64 m. | s(80) = 64 | s von 80 gleich 64 |

# Funktionaler Zusammenhang – Graphen lesen, zeichnen und beschreiben

Zuordnungen lassen sich durch Graphen darstellen.

Graphen lesen

- Achte zunächst auf die Beschriftung der Achsen. Dann weißt du schon, worum es geht.
- Jeder Punkt auf dem Graphen gibt dir eine Information, die aus zwei Werten besteht. Wenn das Fahrzeug 3 Minuten gefahren ist, hat es eine Geschwindigkeit von 30 km/h. **Kurzschreibweise** für das **Wertepaar:** (3 min | 30 km/h)

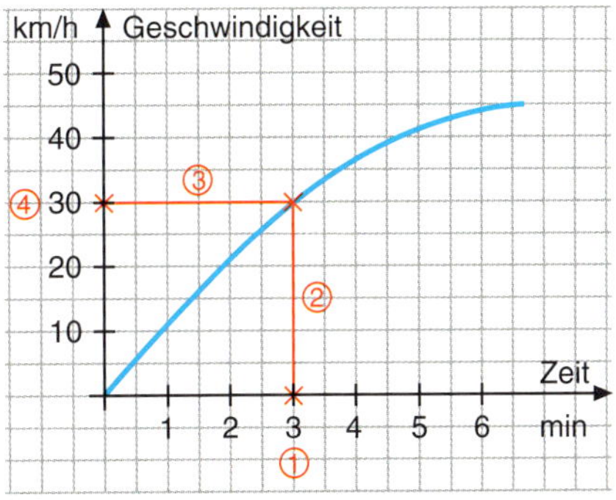


**Geschwindigkeit-Zeit-Diagramm**

---

Informationen lassen sich grafisch veranschaulichen.

Graphen zeichnen

1. *Festlegen, was dargestellt werden soll.* Welche Größe wird auf welcher Achse aufgetragen?
2. *Festlegen des Bildausschnittes.* Welche Bereiche werden auf den Achsen dargestellt?
3. *Festlegen des Maßstabes.* (z. B. 1 cm auf der Achse entspricht …)
4. *Eintragen der Wertepaare aus Tabelle.*

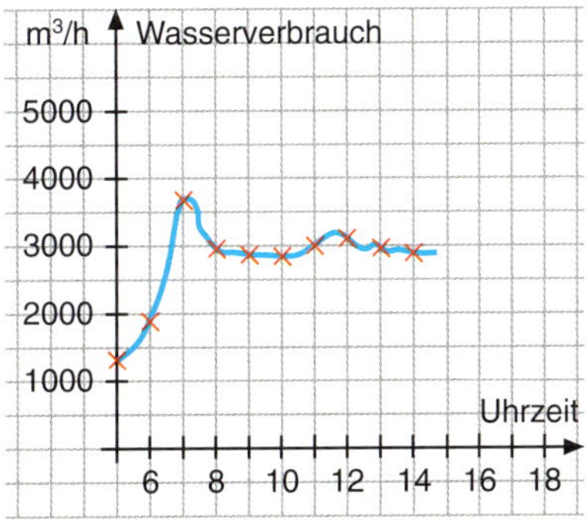


---

Wie kann man über Graphen sprechen? Man benötigt geeignete Begriffe, um einen Graphen beschreiben zu können.

Graphen beschreiben

**Vokabular zum Beschreiben eines Graphen**

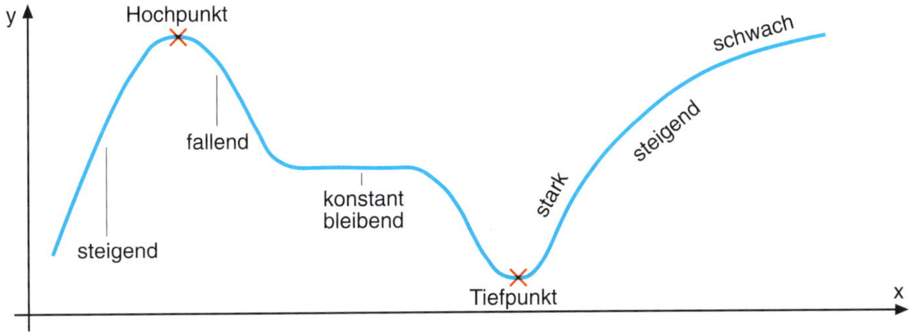

# Funktionaler Zusammenhang – proportionale, antiproportionale Zuordnungen

proportionale Zuordnung

Proportionale Zuordnung $x \to y$

Verdoppelt sich x, dann verdoppelt sich y usw.

Tabelle

| Menge (in g) | Preis (in €) |
|---|---|
| 100 | 1,10 |
| 200 | 2,20 |
| 300 | 3,30 |
| 50 | 0,55 |
| 1 | 0,011 |
| x | $0{,}011 \cdot x$ |

(·3 ; :2)

Graph

100 g Wurst kosten 1,10 €

Menge in Gramm → Preis in €

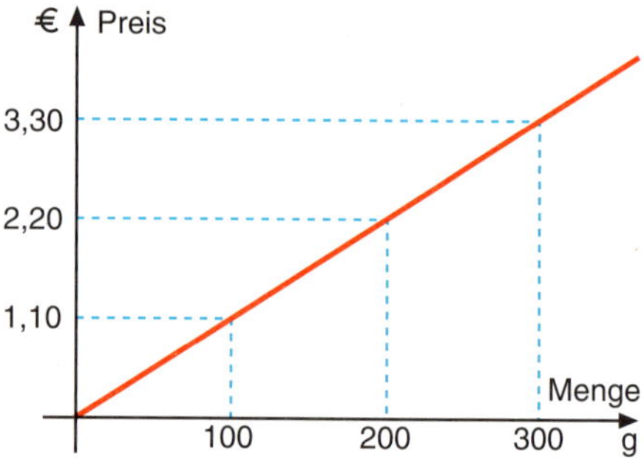


Rechenvorschrift

Rechenvorschrift: $P(x) = 0{,}011\,x$

Der Graph ist eine Ursprungsgerade.

antiproportionale Zuordnung

Antiproportionale Zuordnung $x \to y$

Verdoppelt sich x, dann halbiert sich y usw.

Für eine Strecke von 120 km benötigt man bei 20 km/h durchschnittlicher Geschwindigkeit 6 Stunden

durchschnittl. Geschwindigk. v → Zeit t für eine bestimmte Strecke

Tabelle

| Geschwindigkeit v (in km/h) | Fahrzeit t für 120 km (in h) |
|---|---|
| 20 | 6 |
| 40 | 3 |
| 60 | 2 |
| 10 | 12 |
| 5 | 24 |
| 1 | 120 |
| v | 120/v |

(·2 ; :2 ; :4 ; ·4)

Graph

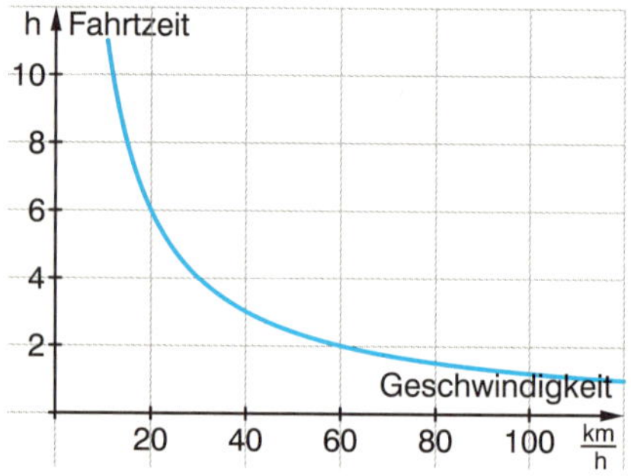


Rechenvorschrift

Rechenvorschrift: $t(v) = 120/v$

Rechnen im Dreisatz

3 kg Spargel kosten 18 €. Wie viel kosten 11 kg?

1) **3 kg** Spargel kosten **18 €**.

2) **1 kg** Spargel kostet:
$18\,€ : 3 =$ **6 €**

3) **11 kg** Spargel kosten:
$11 \cdot 6\,€ =$ **66 €**

| | |
|---|---|
| 3 kg | 18 € |
| 1 kg | 6 € |
| 11 kg | 66 € |

(:3 ; ·11)

Für zwei Ponys reicht ein Futtervorrat 30 Tage. Wie lange reicht er für fünf Ponys?

1) **2 Ponys** verbrauchen das Futter in **30 Tagen**.

2) **1 Pony** verbraucht den Vorrat in
$2 \cdot 30$ Tagen = **60 Tagen**.

3) **5 Ponys** verbrauchen den Vorrat in
$60 : 5$ Tagen = **12 Tagen**.

| | |
|---|---|
| 2 Ponys | 30 Tage |
| 1 Pony | 60 Tage |
| 5 Ponys | 12 Tage |

(:2 ; ·5 ; ·2 ; :5)

# Funktionaler Zusammenhang – Prozent- und Zinsrechnung

Anteile

Anteile kann man auf verschiedene Arten angeben.
Wie viel des Kreises ist rot gefärbt?

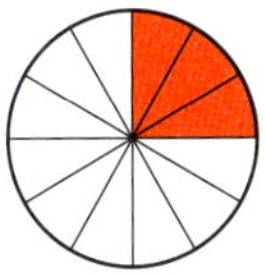

| | |
|---|---|
| als Bruchteil | $\frac{3}{12}$ |
| als „Anteil" | 3 von 12 |
| mit Worten | jeder Vierte |
| als Prozent | 25 % |

Anteile, die man sich merken sollte:

$\frac{1}{10} = 10\,\%$ $\frac{1}{5} = 20\,\%$ $\frac{1}{4} = 25\,\%$ $\frac{1}{3} = 33{,}3\,\%$ $\frac{1}{2} = 50\,\%$ $\frac{2}{3} = 66{,}6\,\%$ $\frac{3}{4} = 75\,\%$

Umrechnen in Prozent

Erweitern auf den Nenner 100

$\frac{1}{4} = \frac{25}{100} = 25\,\%$

Dezimalzahldarstellung berechnen

$1 : 4 = 0{,}25 = 25\,\%$

---

Wie viel Prozent sind 32 von 80?

Prozentsatz p % gesucht

Anteil 32 von 80

$\frac{32}{80} = 0{,}4 = 40\,\%$

Prozentsatz p % = 40 %

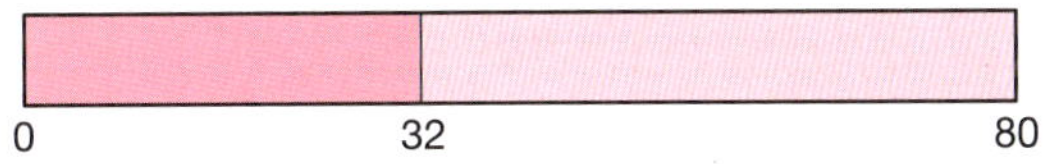


35 % von 600?

Prozentwert P gesucht

$600 \cdot \frac{35}{100} = 210$

Prozentwert P = 210

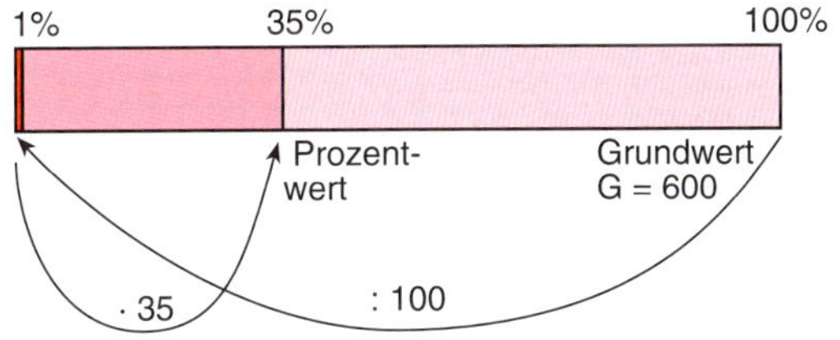


$600 \xrightarrow{\cdot \frac{35}{100}} 210$

60 % entspricht 180.

Grundwert G gesucht

$180 \cdot \frac{100}{60} = 300$

Grundwert G = 300

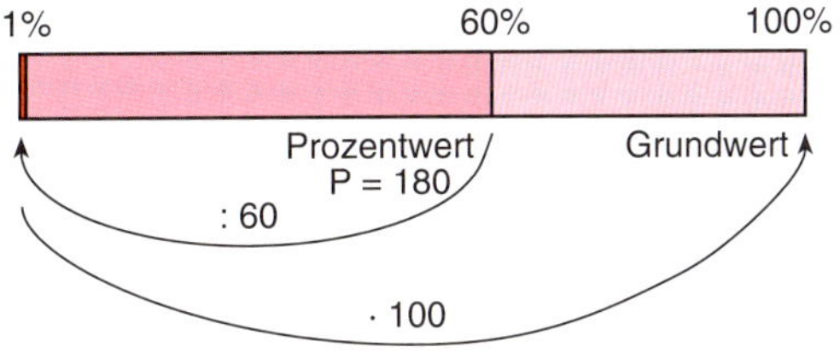


$180 \xrightarrow{\cdot \frac{100}{60}} 300$

Wie man schnell und richtig rechnet.

Änderung in Prozent

2 500 € **zuzüglich** 15 %:

$2\,500\,€ \xrightarrow{\cdot 1{,}15} 2\,875\,€$

820 € **abzüglich** 5 %:

$820\,€ \xrightarrow{\cdot 0{,}95} 2\,875\,€$

Der Verkaufspreis von 399 € liegt um 65 % über dem Einkaufspreis. Wie hoch war der EK?

$399\,€ \xrightarrow{:1{,}65} 221{,}82\,€$

---

Zinsrechnung ist Prozentrechnung

| Prozentrechnung | | Zinsrechnung | |
|---|---|---|---|
| Grundwert | G | Kapital | K |
| Prozentsatz | p % | Zinssatz | p % |
| Prozentwert | P | Zinsen | Z |

Wie viel Zinsen erhält man für 320 € bei einem Zinssatz von 4 %?

K = 320 €
P % = 4 % = 0,04
Z = 320 · 0,04 = 12,80 €

# Funktionaler Zusammenhang – lineare Funktionen

lineare Funktion

**Funktionsgleichung:** $y = 1{,}5\,x + 2$          $y = m\,x + b$

**Wertetabelle:**

+1 +1 +1 +1

| x | –1 | 0 | 1 | 2 | 3 | … |
|---|---|---|---|---|---|---|
| y | 0,5 | 2 | 3,5 | 5 | 6,5 | … |

+1,5 +1,5 +1,5

+1 +1

| x | 0 | 1 | 2 |
|---|---|---|---|
| y | b | | |

+m +m

**Graph:**

Steigungsdreieck

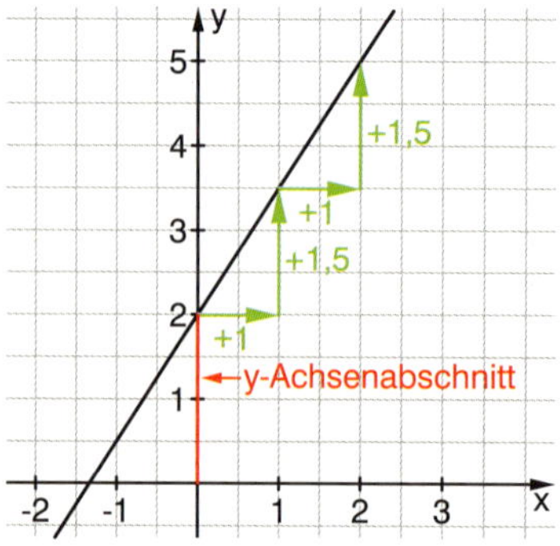


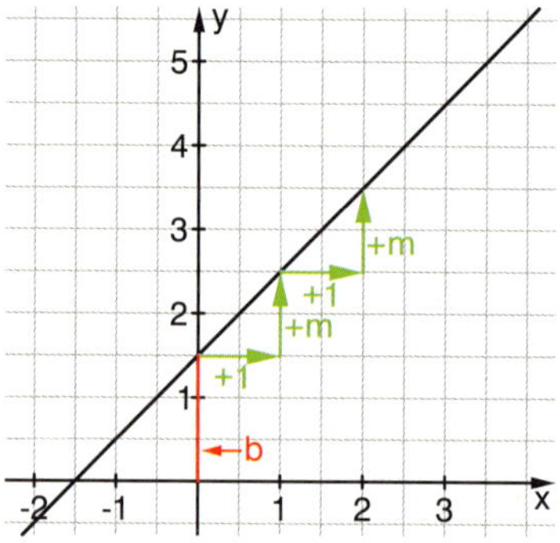


Geradengleichung zu zwei gegebenen Punkten

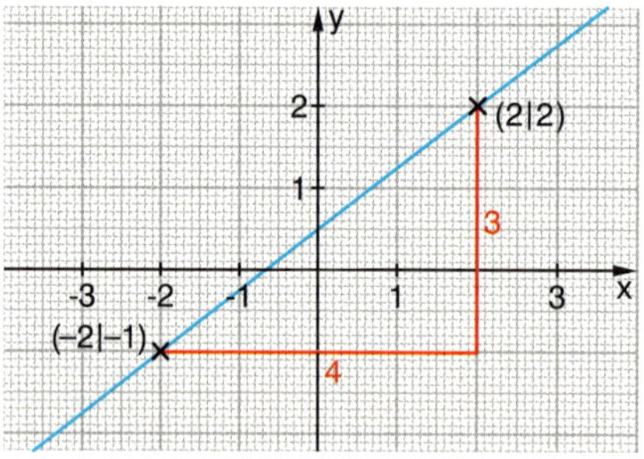


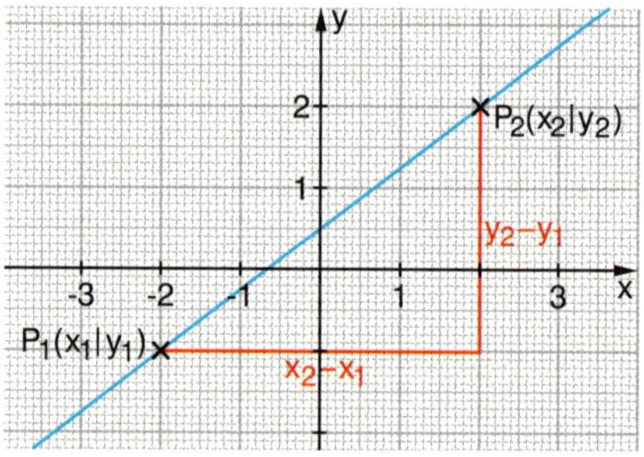


$m = \frac{2-(-1)}{2-(-2)} = \frac{3}{4}$

$y = \frac{3}{4}x + b$

$P_1(-2|-1)$:   $-1 = \frac{3}{4} \cdot (-2) + b$

$b = \frac{1}{2}$

$y = \frac{3}{4}x + \frac{1}{2}$

1. Steigung m mithilfe der beiden Punkte berechnen
   $m = \frac{y_2 - y_1}{x_2 - x_1}$
2. Die Koordinaten eines Punktes (z. B. $P_1$) in die Gleichung $y = m\,x + b$ einsetzen. Die Gleichung nach b auflösen.
3. Funktionsgleichung aufschreiben.

Modellieren mit linearen Funktionen

Was willst du herausfinden? → Daten sammeln, Variable festlegen → Annahmen, Zusammenhänge formulieren, Vereinfachungen vornehmen → grafische mathematische Lösung → Ergebnis formulieren → Überprüfung des Ergebnisses → Was willst du herausfinden?

# Daten – Diagramme

Diagramme: Daten „auf einen Blick"

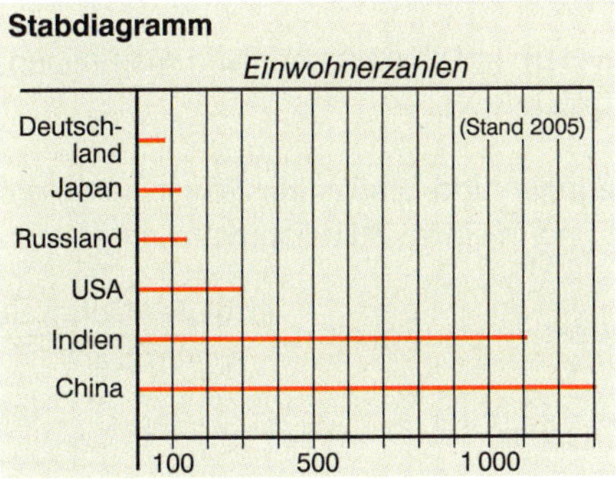


In einem Stabdiagramm entspricht die Länge des Striches der Größe der Zahl.

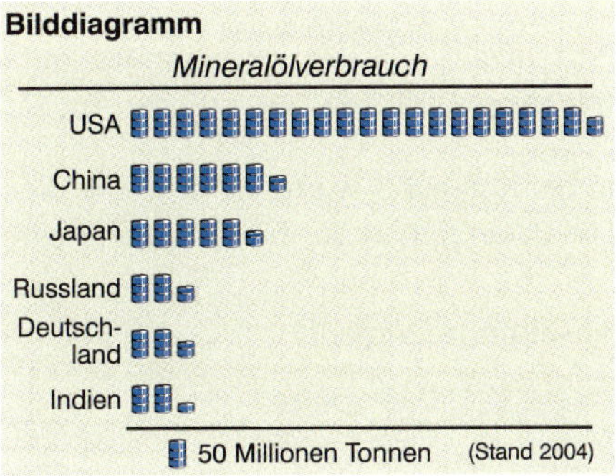


In einem Bilddiagramm stellt die Anzahl oder die Größe des Zeichens die Zahl dar.

Stabdiagramm
Bilddiagramm

---

Die mittleren Monatstemperaturen eines Jahres sind von München in der Tabelle eingetragen. Das Liniendiagramm bietet einen guten Überblick. Man sieht unmittelbar, wann die mittlere Temperatur unter Null liegt, oder wann sie am größten ist.

Liniendiagramm

| | A | B |
|---|---|---|
| 1 | **Monat** | **mittlere Temperatur** |
| 2 | Jan | -2,4 |
| 3 | Feb | -1,2 |
| 4 | Mrz | 3,0 |
| 5 | Apr | 7,5 |
| 6 | Mai | 12,0 |
| 7 | Jun | 15,2 |
| 8 | Jul | 17,0 |
| 9 | Aug | 16,5 |
| 10 | Sep | 13,1 |
| 11 | Okt | 7,6 |
| 12 | Nov | 2,7 |
| 13 | Dez | -0,9 |
| 14 | | |
| 15 | | |

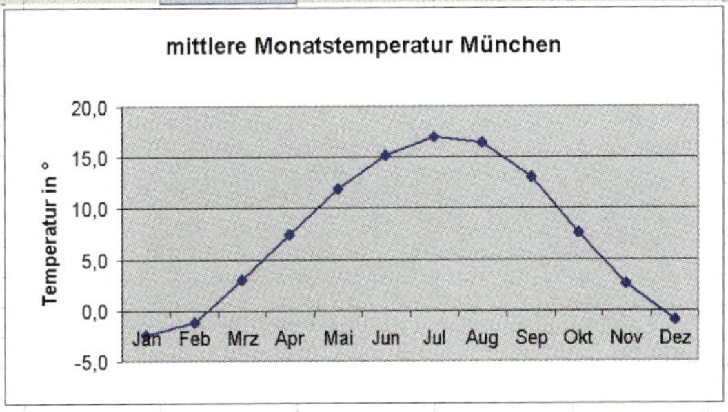


---

Daten kannst du auch in einem Stängel-Blatt-Diagramm darstellen. In der Tabelle findest du die höchste Punktzahl, die jeder Basketballspieler in einem Spiel erzielt hat. Der Trainer möchte die Daten so darstellen, dass er schnell die höchste und die kleinste Punktzahl ablesen kann. Zudem möchte er sehen, welche Punktzahlen häufig vorkamen.

| Name | Punkte |
|---|---|
| Alex | 5 |
| Aynur | 9 |
| Daniel | 20 |
| Hauke | 14 |
| Jan | 18 |
| Kim | 31 |
| Max | 6 |
| Michael | 50 |

| Name | Punkte |
|---|---|
| Nadim | 18 |
| Nils | 11 |
| Pascal | 25 |
| Robert | 32 |
| Stefan | 10 |
| Sven | 46 |
| Till | 17 |
| Tobias | 21 |

Stängel-Blatt-Diagramm

In dem Stängel-Blatt-Diagramm sind die Zehner die „Stängel". Die Einer werden als „Blätter" hinzugefügt.
Es gibt drei Ergebnisse bei den Zwanzigern: 20, 25, 21. Das notieren wir so: 2 | 0 1 5
Die Zahlen sind in jedem Blatt der Größe nach geordnet.

Stängel-Blatt-Diagramm

| Stängel | Blätter |
|---|---|
| **5** | 0 |
| **4** | 6 |
| **3** | 1 2 |
| **2** | 0 1 5 |
| **1** | 0 1 4 7 8 8 |
| **0** | 5 6 9 |

# Daten – Anteile, Prozente, Häufigkeiten

Prozentzahlen lassen sich besonders gut vergleichen. In Diagrammen kann man häufig mit einem Blick erfassen, welcher Anteil am größten ist.

In der Klasse 6 b wurde gefragt, wie die Schülerinnen und Schüler zur Schule kommen. Die Daten sind in der Tabelle zusammengefasst und in einem Stabdiagramm dargestellt.

Absolute Häufigkeit
Relative Häufigkeit

**Absolute Häufigkeit**

| | Anzahl |
|---|---|
| zu Fuß | 12 |
| Fahrrad | 4 |
| Auto | 3 |
| Bus | 6 |
| gesamt | 25 |

$\Rightarrow$

**Relative Häufigkeit** $= \frac{\text{absolute Häufigkeit}}{\text{Gesamtzahl}}$

| | Anteil | Prozent |
|---|---|---|
| zu Fuß | 12/25 | 48 % |
| Fahrrad | 4/25 | 16 % |
| Auto | 3/25 | 12 % |
| Bus | 6/25 | 24 % |
| gesamt | 25/25 | 100 % |

Stabdiagramm
Kreisdiagramm

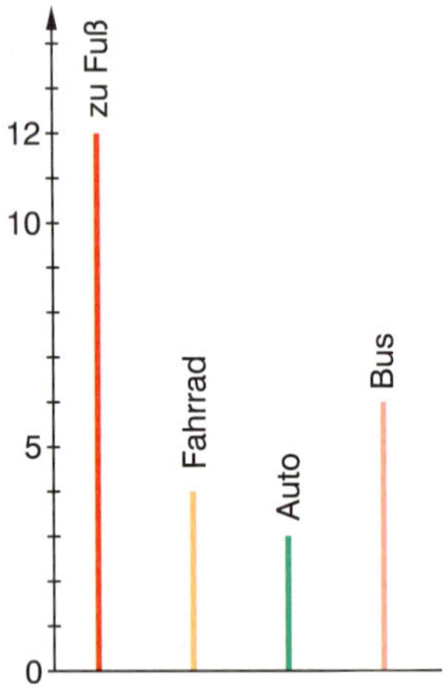


**Stabdiagramm**

Für das **Kreisdiagramm** werden die Winkel berechnet.
1 % entspricht einem Winkel von $\frac{360°}{100} = 3{,}6°$.
Die Winkelmaße werden gerundet.

| | |
|---|---|
| 48 % | 173° |
| 16 % | 58° |
| 12 % | 43° |
| 24 % | 86° |
| 100 % | 360° |

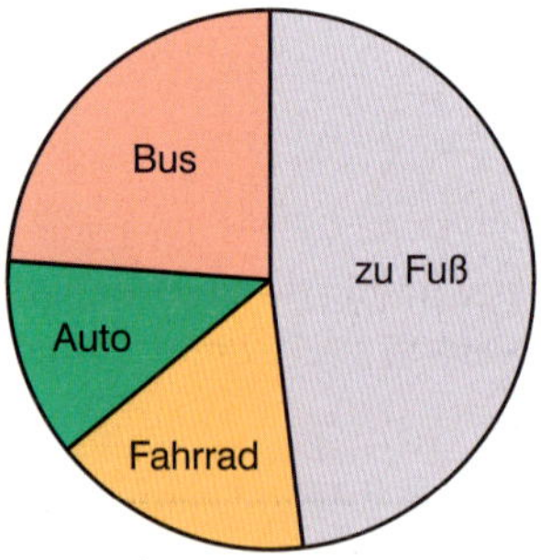


**Kreisdiagramm**

Sven fragt seine Mitschülerinnen und Mitschüler, wie lange sie in der Woche vor dem Computer sitzen. Die Ergebnisse seiner Befragung fasst er in einer Tabelle zusammen. Er möchte die relativen Häufigkeiten in Prozent ermitteln.

| Zeit | Anzahl |
|---|---|
| 0 bis 1 Stunde | 6 |
| 1 bis 2 Stunden | 9 |
| 2 bis 4 Stunden | 4 |
| 2 bis 6 Stunden | 2 |
| mehr als 6 Stunden | 3 |

Berechnung der Prozentzahlen

**Gesamtzahl:** $6 + 9 + 4 + 2 + 3 = 24$

| Zeit | Anteil | Prozente |
|---|---|---|
| 0 bis 1 Stunde | $\frac{6}{24} = \frac{1}{4}$ | 25 % |
| 1 bis 2 Stunden | $\frac{9}{24} = \frac{3}{8}$ | 37,5 % |
| 2 bis 4 Stunden | $\frac{4}{24} = \frac{1}{6}$ | 16,7 % |
| 4 bis 6 Stunden | $\frac{2}{24} = \frac{1}{12}$ | 8,3 % |
| mehr als 6 Stunden | $\frac{3}{24} = \frac{1}{8}$ | 12,5 % |

**Berechnung der Prozentzahlen:**

$\frac{1}{4} = \frac{25}{100} = 25\,\%$

$\frac{1}{6} \approx 0{,}167 \approx 16{,}7\,\%$
(gerundet)

Bei gerundeten Zahlen verwendet man das „≈"-Zeichen und sagt: „ungefähr gleich".

# Daten – Mittelwerte

Um Mittelwerte zu berechnen, benötigst du zunächst eine Liste der Ergebnisse. Wenn du z. B. wissen möchtest, wie lange du im Mittel für bestimmte Kopfrechenaufgaben brauchst, so misst du die Zeiten zunächst einige Male und notierst die Werte. Mit Diagrammen kannst du dir einen guten Überblick über die Werte verschaffen.

Ergebnisliste: 15 s 20 s 15 s 10 s 25 s 45 s 35 s 15 s 25 s

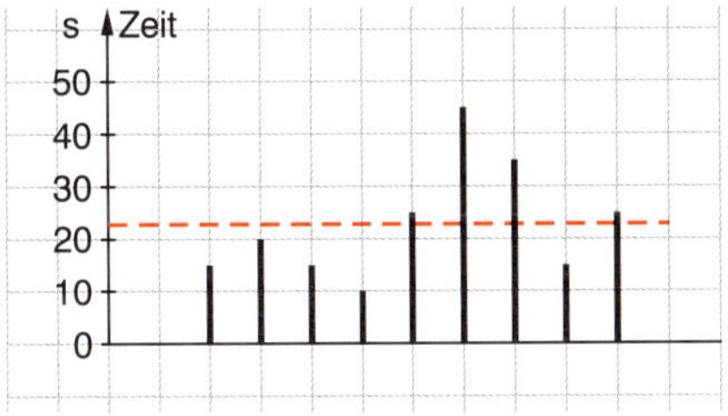


Um den **Durchschnitt** der Werte zu berechnen, musst zu zunächst die Summe der Werte bilden. Dividiere die Summe dann durch die Anzahl der Werte. Das Ergebnis nennt man auch arithmetisches Mittel. Im Diagramm gibt die gestrichelte Linie den Durchschnitt an.

Durchschnitt
Arithmetisches Mittel

$\frac{15\text{ s} + 20\text{ s} + 15\text{ s} + 10\text{ s} + 25\text{ s} + 45\text{ s} + 35\text{ s} + 15\text{ s} + 25\text{ s}}{9} \approx \frac{205\text{ s}}{9} = 22\frac{7}{9}\text{ s} \approx 22{,}8\text{ s}$ (gerundet)

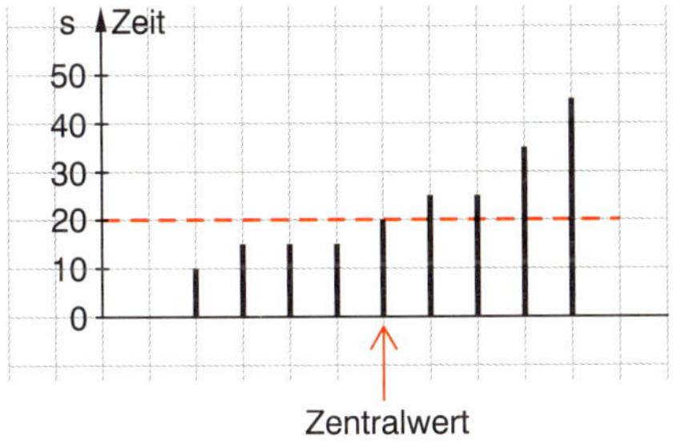


Wenn du die Werte der Größe nach ordnest, erkennst du, welcher Wert genau in der Mitte steht. Es ist der **Zentralwert**. Es stehen gleich viele Werte vor dem Zentralwert wie hinter dem Zentralwert.

Zentralwert
Median

| 10 s 15 s 15 s 15 s | 20 s | 25 s 25 s 35 s 45 s |

↑ Zentralwert

Der **häufigste Wert** in einer Liste heißt **Modalwert**. In der Ergebnisliste ist der Modalwert 15 s. Er kommt 3-mal vor. Alle anderen Werte kommen weniger häufig vor.

Modalwert
Häufigster Wert

---

In einem Team werden die Gehälter verglichen:
Joe 1700 €, Lisa 1850 €, Marcel 1800 €, Mira 1650 €, Harald 1850 € und Anne 2850 €.

Die Kennwerte zu den gegebenen Daten sind:

Anwendung

Arithemetisches Mittel: $\frac{1700 + 1850 + 1800 + 1650 + 1850 + 2850}{6} = \frac{11\,700}{6} = 1950$

Das arithmetische Mittel beträgt also 1950 €

Zentralwert: 1650 € 1700 € 1800 € 1850 € 1850 € 2850 €
In diesem Beispiel gibt es eine gerade Anzahl von Werten. Als Zentralwert wählt man das arithmetische Mittel der beiden mittleren Werte 1800 und 1850.

$\frac{1800 + 1850}{2} = \frac{3650}{2} = 1825$

Der Zentralwert beträgt also 1825 €

Modalwert: Am häufigsten kommt der Wert 1850 vor.
Der Modalwert beträgt also 1850 €.

Das arithmetische Mittel ist in diesem Falle als Kennwert weniger geeignet (wegen des „Ausreißers" des Gehaltes von Anne).

# Zufall – Zufallsexperimente und Wahrscheinlichkeit

| | Die wichtigsten Begriffe | Beispiele |
|---|---|---|
| Zufallsexperiment | Ein Experiment, bei dem verschiedene Ergebnisse eintreten können | Würfeln<br>Werfen eines Basketballs auf den Korb |
| Ergebnismenge | Zusammenfassung aller möglichen Ergebnisse | {1, 2, 3, 4, 5, 6}<br>{3-Punkte-Wurf, 2-Punkte-Wurf, 1-Punkt-Wurf, kein Treffer} |
| Ereignis | Zusammenfassung einiger Ergebnisse (Teilmenge der Ergebnismenge) | gerade Zahlen {2, 4, 6}<br>Treffer {3-P; 2-P; 1-P} |
| Wahrscheinlichkeit | Eine Zahl zwischen 0 und 1 (0 % und 100 %), die angibt, wie wahrscheinlich ein Ergebnis (Ereignis) eintritt | Die Wahrscheinlichkeit kann je nach Situation „empirisch" oder „theoretisch" ermittelt werden. |

relative Häufigkeit

Wiederholt man ein Zufallsexperiment, so kann man die relative Häufigkeit berechnen, mit der ein bestimmtes Ergebnis (Ereignis) eintritt.
Experiment: jeweils 20-maliges Werfen eines Basketballs auf den Korb

| | 3-Punkte | 2-Punkte | 1-Punkt |
|---|---|---|---|
| Häufigkeit | 2 | 14 | 8 |
| relative Häufigkeit | $\frac{2}{20}$ | $\frac{13}{20}$ | $\frac{8}{20}$ |

„empirische Wahrscheinlichkeit"

Die relative Häufigkeit ist ein Schätzwert für die Wahrscheinlichkeit, mit der das betreffende Ergebnis eintritt. Statt Schätzwert sagen wir auch „empirische Wahrscheinlichkeit" (empirisch: aus einem Experiment gewonnen).
Die relative Häufigkeit ist ein guter Schätzwert für die Wahrscheinlichkeit, wenn das Zufallsexperiment sehr häufig wiederholt wurde.

---

Laplace-Experiment

Bei einer Reihe von Zufallsexperimenten kann man annehmen, dass jedes einzelne Ergebnis mit der gleichen Wahrscheinlichkeit auftritt. In diesen Fällen kann man die Wahrscheinlichkeit für das Eintreten eines Ergebnisses theoretisch, d. h. ohne Experiment, bestimmen.

| Münze | Würfel | Glücksrad | Urne |
|---|---|---|---|
|  |  |  |  |

**Ergebnismenge**

| {Z, W} | {1, 2, 3, 4, 5, 6} | {0, 1, …, 9} | {1, 2, …, 49} |
|---|---|---|---|

theoretische Wahrscheinlichkeit

**Anzahl der Ergebnisse**

| 2 | 6 | 10 | 49 |
|---|---|---|---|

**Wahrscheinlichkeit für jedes Ergebnis**

| $\frac{1}{2}$ | $\frac{1}{6}$ | $\frac{1}{10}$ | $\frac{1}{49}$ |
|---|---|---|---|

Wahrscheinlichkeit für das Eintreten eines Ereignisses:

Laplace-Formel

$p = \frac{\text{Anzahl der günstigen Ergebnisse}}{\text{Anzahl der möglichen Ergebnisse}}$

# Werkzeuge – Graphen mit dem Taschencomputer

Mit wenigen Tastendrücken kannst du dir den Graphen einer Funktion auf dem Taschencomputer anzeigen lassen. Wie musst du vorgehen, wenn du z. B. einen Graphen zu y = 2x + 3 oder zu y = –2x + 1 zeichnen willst?

Grafik erstellen

1. **Funktionsterme eingeben**

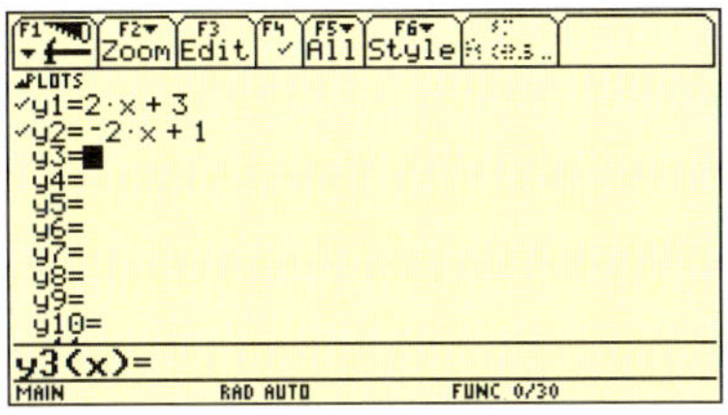


2. **Zeichenbereich für die x- und y-Achse festlegen**

   Beachte: Bei dem hier gewählten Zeichenbereich wird die Abbildung maßstabsgetreu.

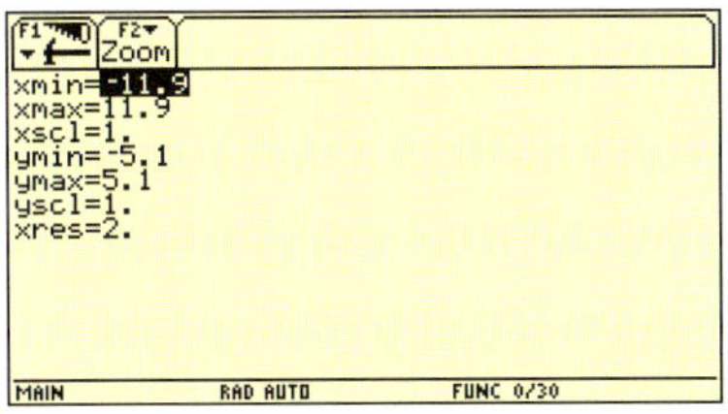


3. **Graphen anzeigen lassen**

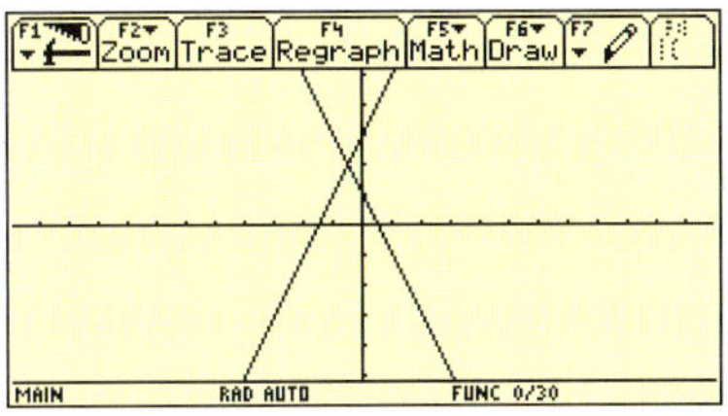


Nun kannst du verschiedene Wertepaare mit der Wertetabelle oder der TRACE-Funktion des Taschencomputers finden:

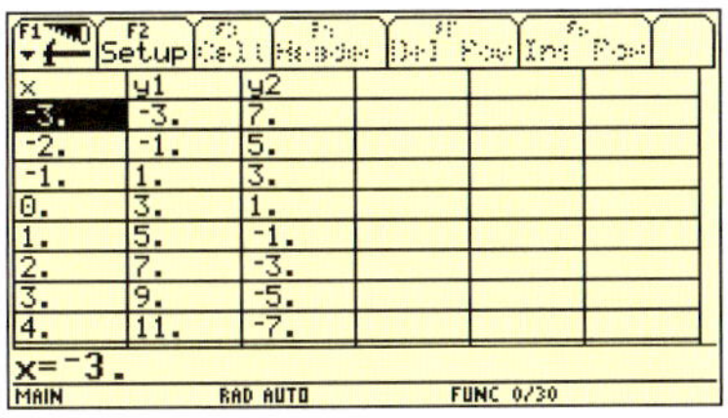

| x | y1 | y2 |
|---|---|---|
| -3. | -3. | 7. |
| -2. | -1. | 5. |
| -1. | 1. | 3. |
| 0. | 3. | 1. |
| 1. | 5. | -1. |
| 2. | 7. | -3. |
| 3. | 9. | -5. |
| 4. | 11. | -7. |

x=-3.

Mit TRACE kannst du auf dem Graphen „spazieren fahren“:

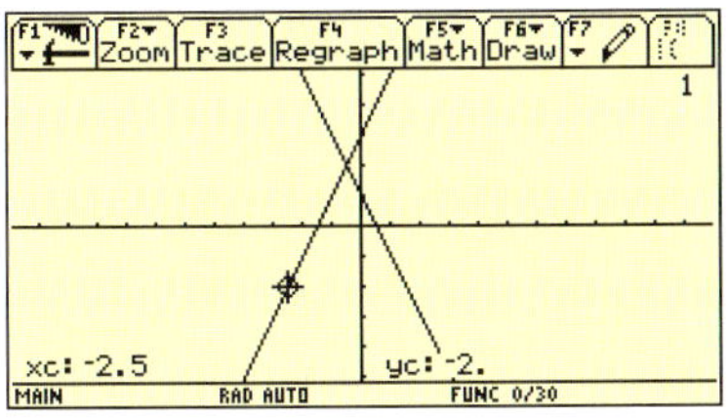


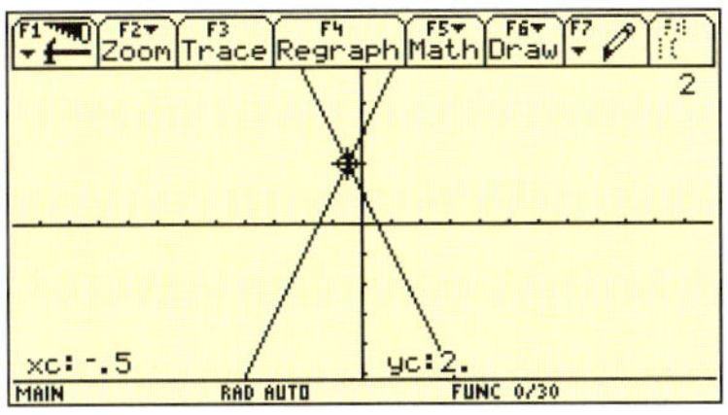


Gleichung lösen

Durch den Vergleich der Funktionswerte in der Tabelle oder mit „Trace“ auf den Graphen lassen sich Lösungen von Gleichungen finden.
Die Genauigkeit kann durch die Wahl kleinerer Schrittweiten in der Tabelle oder durch „Zoomen“ in der Graphik erhöht werden.

# Werkzeuge – Tabellenkalkulation

Tabelle

Zeilen 1, 2, 3, …
Spalten A, B, C,…
Zellen A1, E3,..

Beim Start der Tabellenkalkulation öffnet sich ein leeres Tabellenblatt, eine Tabelle mit in Zeilen und Spalten angeordneten einzelnen Zellen.
In jede beliebige Zelle ist eine Eingabe möglich. Eingegeben werden können Zahlen, Texte und auch Formeln zur Berechnung von Werten mit den Zahlen anderer Zellen.

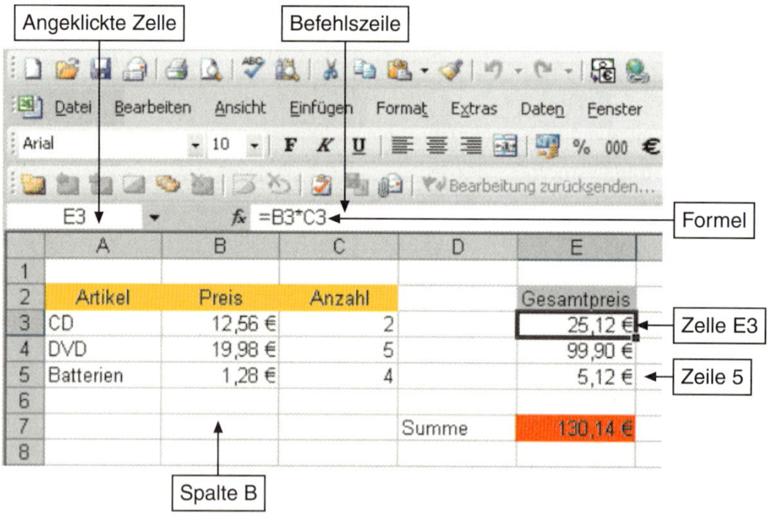


Eingabe von Formeln

Die Rechenoperation für die Formel kann in die Befehlszeile oder auch direkt in die Zelle eingegeben werden, sie muss zur Kennzeichnung als Formel auf jeden Fall mit dem Gleichheitszeichen beginnen.

= **B3*C3**

In dem Tabellenblatt ist in Zelle E3 die Formel =**B3*C3** geschrieben. Damit wird automatisch der Preis für eine CD mit der Anzahl der gekauften CDs multipliziert, es wird dann der Gesamtpreis für alle gekauften CDs in die Zelle geschrieben.

Die Tabellenkalkulation stellt auch viele wiederkehrende Formeln fertig zur Verfügung. In der Zelle E7 ist der Befehl =**SUMME(E3;E4;E5)** eingegeben. Damit werden die in den Zellen E3 bis E5 angegebenen Gesamtpreise für die gekauften Artikel aufsummiert.

Diagramme

Zu geeigneten Tabellen lassen sich mit der Tabellenkalkulation auch übersichtliche Diagramme erstellen. Nach dem Markieren der passenden Spalten (oder Zeilen) werden zuerst der Diagramm-Assistent und dann die gewünschte Diagrammart aufgerufen; das Diagramm wird dann automatisch erstellt.

Diagrammtyp:

Diagramm-Assistent

| | A | B | C |
|---|---|---|---|
| 1 | Partei | Stimmenanteile | |
| 2 | CDU/CSU | 35% | |
| 3 | SPD | 34% | |
| 4 | FDP | 10% | |
| 5 | Grüne | 8% | |
| 6 | Die Linke | 9% | |
| 7 | Sonstige | 4% | |

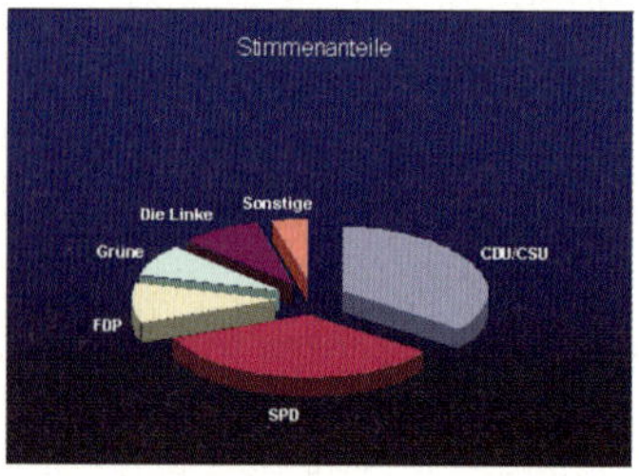


Formatierung

Wie bei der Textverarbeitung kannst du auch in der Tabellenkalkulation einzelne Zellen oder das Tabellenblatt formatieren. Damit ist gemeint, dass du z. B. die Spalten- oder Zeilenbreite, die Größe oder Farbe der Zellen, Schriftart und Schriftgröße der Einträge in den Zellen und vieles andere einstellen bzw. verändern kannst.

Hilfefunktion

Jede Tabellenkalkulation bietet eine Hilfefunktion. Nutze sie.

# Werkzeuge – Dynamische Geometriesysteme

DGS

DGS = „Dynamische Geometrie-Systeme" sind Werkzeuge, mit denen du am Computer geometrische Konstruktionen ausführen kannst.[1] Die konstruierten Figuren sind mit dem **Zugmodus** nachträglich noch in Lage und Form veränderbar. Mit der Frage **„Was passiert wenn …"** und dem gezielten Experimentieren beim Ziehen der Figuren lassen sich wichtige geometrische Eigenschaften und Zusammenhänge entdecken.

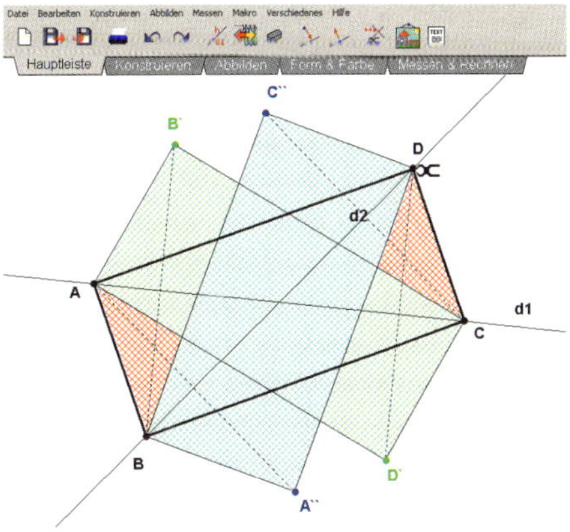


Zugmodus

Experimentieren und Entdecken „Was passiert, wenn …?"

Nach dem Start des DGS erscheint ein leeres Zeichenblatt. Mit Hilfe verschiedener Menüs lässt sich auf dem Zeichenblatt konstruieren, abbilden und messen.

**Hauptleiste**

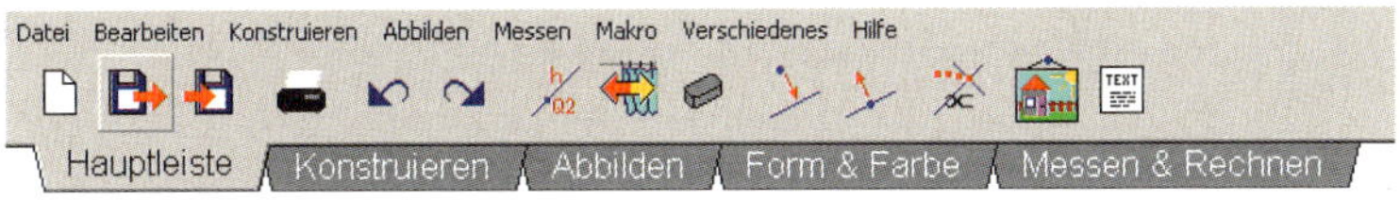


Dieses Menü musst du aktivieren, wenn du z. B. ein neues Zeichenblatt erstellen willst, wenn du deine Zeichnung speichern oder drucken willst oder ein Zeichenobjekt mit dem „Radiergummi" löschen willst.

**Konstruieren**

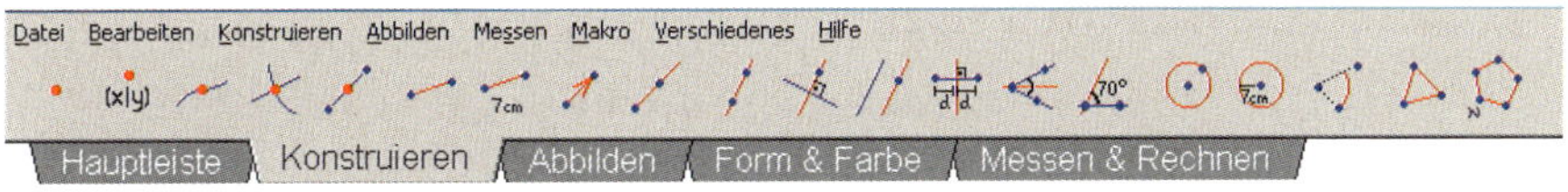

Strecke zwischen zwei Punkten

Hier findest du alle wichtigen Befehle zum Konstruieren auf dem Zeichenblatt. Wenn die Maus auf ein bestimmtes Icon zeigt, so wird der Konstruktionsbefehl beschrieben, zusätzliches Drücken der F1-Taste liefert eine ausführliche Beschreibung. Nach dem Aktivieren des Icons kann die Konstruktion durchgeführt werden.

**Abbilden**

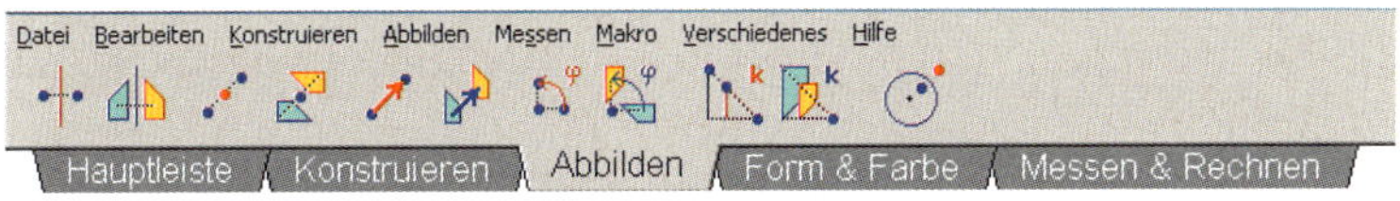

Achsenspiegelung

Hier findest du alle Abbildungen, die du kennst. Wenn du z. B. eine Figur an einer vorgegebenen Achse spiegeln willst, so musst du das Icon aktivieren, dann die Figur anklicken und anschließend die Achse.

**Messen & Rechnen**

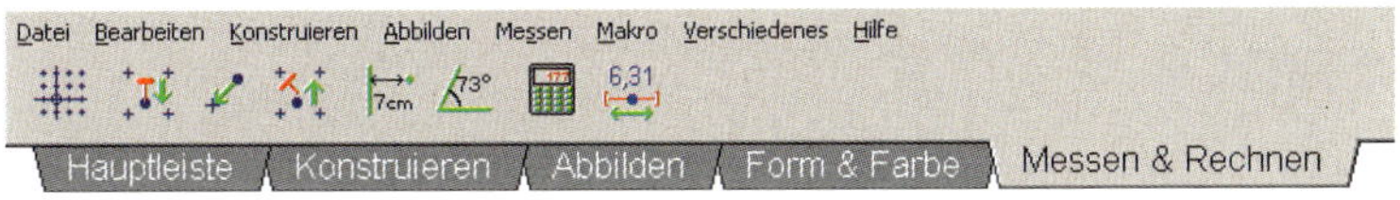


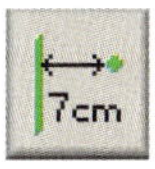


Abstand messen

Hier kannst du Abstände und Winkel in deiner Zeichnung messen. Nach dem Anklicken des Icons müssen die zu messenden Objekte angegeben werden.

[1] Die hier gezeigten Menus sind dem DGS *Euklid DynaGeo* entnommen. Andere DGS wie z. B. *GeoGebra, GEONExT, Zirkel und Lineal, Cabri-Géomètre, Cinderella, Geometer's Sketchpad* weisen in anderer Anordnung im Wesentlichen die gleichen Icons auf.

# Lösungen zu den Check-ups

**Lösungen zu Seite 40**

**1** a) 11 b) 40 c) 1,4 d) 15
e) 0,3 f) 0,5 g) $\frac{2}{9}$ h) $\frac{5}{13}$

**2** a) 31,623 b) 0,31623 c) 6,3246 d) 3162,3

**3** a) Seitenlänge beträgt $\sqrt{8} \notin \mathbb{Q}$

**4** a) 4,15 m b) 447,2 m c) 2,83 cm d) 10 m

**5** a) $3{,}1 < \sqrt{10} < 3{,}45 < \sqrt{12} < 3{,}47 < \frac{7}{2} < 4$

**6** a) $x_1 = \sqrt{60} = 7{,}746$
$x_2 = -\sqrt{60} = -7{,}746$
b) $x_1 = 2$
$x_2 = -2$
c) $x_1 = \sqrt{40} = 6{,}325$
$x_2 = -\sqrt{40} = -6{,}325$
d) $x_1 = \sqrt{15} = 3{,}873$
$x_2 = -\sqrt{15} = -3{,}873$
e) $x_1 = 0$
f) $x^2 = -3$
keine Lösung

**7** a) $\sqrt{4} = 2,\ \sqrt{9} = 3$ b) $x^2 = -9$ keine Zahl ergibt quadriert eine negative Zahl.

**8**

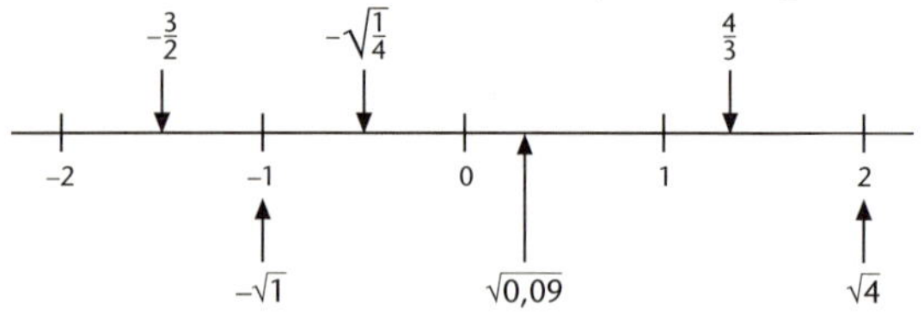


**9** $20 < \sqrt{500} < 30$ $22{,}36 < \sqrt{500} < 22{,}37$
$22 < \sqrt{500} < 23$ $22{,}360 < \sqrt{500} < 22{,}361$
$22{,}3 < \sqrt{500} < 22{,}4$

**10** Dies kann eine Intervallschachtelung für a) $\sqrt{6}$ und b) $2\frac{1}{3}$ sein.

**Lösungen zu Seite 41**

**11** a)

| n | $x_n$ | $y_n = \frac{36}{x_n}$ |
|---|---|---|
| 1 | 3 | 12 |
| 2 | 7,5 | 4,8 |
| 3 | 6,15 | 5,85366 |
| 4 | 6,00183 | 5,99817 |
| 5 | 6,00000 | 6,00000 |

$a = \sqrt{36}\ \text{cm} = 6\ \text{cm}$

b)

| n | $x_n$ | $y_n = \frac{40}{x_n}$ |
|---|---|---|
| 1 | 4 | 10 |
| 2 | 7 | 5,71429 |
| 3 | 6,35714 | 6,29213 |
| 4 | 6,32464 | 6,32447 |
| 5 | 6,32456 | 6,32455 |
| 6 | 6,32456 | 6,32455 |

auf 5 Nachkommastellen gerundet: $a = \sqrt{40}\ \text{cm} \approx 6{,}32456\ \text{cm}$

**12** a) Heronverfahren

| n | $x_n$ | $y_n = \frac{90}{x_n}$ |
|---|---|---|
| 1 | 9 | 10 |
| 2 | 9,5 | 9,4737 |
| 3 | 9,4868 | 9,4868 |

auf 3 Nachkommastellen gerundet: $\sqrt{90} \approx 9{,}487$

b) Intervallhalbierungsverfahren

| n | x | y | $\frac{x+y}{2}$ | $\left(\frac{x+y}{2}\right)^2$ |
|---|---|---|---|---|
| 1 | 9 | 10 | 9,5 | >90 |
| 2 | 9 | 9,5 | 9,25 | <90 |
| 3 | 9,25 | 9,5 | 9,375 | <90 |
| 4 | 9,375 | 9,5 | 9,4375 | <90 |
| 5 | 9,4375 | 9,5 | 9,46875 | <90 |
| 6 | 9,46875 | 9,5 | 9,484375 | <90 |
| 7 | 9,484375 | 9,5 | 9,4921875 | >90 |
| 8 | 9,484375 | 9,4921875 | 9,48828129 | >90 |
| ⋮ | ⋮ | ⋮ | ⋮ | ⋮ |
| 13 | 9,486816407 | 9,487060548 | 9,486938478 | >90 |
| 14 | 9,486816407 | 9,486938478 | | |

$\sqrt{90} \approx 9{,}487$

**13** a)

| n | $x_n$ | $x_n$ | $x_n$ |
|---|---|---|---|
| 0 | 5 | 10000 | 0,4 |
| 1 | 2,2360679 | 100 | 0,6324555 |
| 2 | 1,4953487 | 10 | 0,7952707 |
| 3 | 1,2228445 | 3,1622776 | 0,8917795 |
| ⋮ | ⋮ | ⋮ | ⋮ |
| 10 | 1,0015729 | 1,0090349 | 0,9991055 |

| n | $x_n$ | $x_n$ |
|---|---|---|
| 0 | $0{,}1\bar{6}$ | 0,001 |
| 1 | 0,4082482 | 0,0316227 |
| 2 | 0,638943 | 0,1778277 |
| 3 | 0,7993391 | 0,4216962 |
| ⋮ | ⋮ | ⋮ |
| 10 | 0,9982517 | 0,9932767 |

Ist der Startwert $x_0 > 1$ ($< 1$), so sind auch alle $x_n > 1$ ($< 1$)
Die Zahlen $x_n > 1$ werden mit größer werdendem n immer kleiner (immer größer), sie nähern sich 1 an.
Interpretationsbeispiel: Ein Quadrat mit einem Flächeninhalt, der größer (kleiner) als 1 cm² ist, hat eine Seitenlänge, die größer (kleiner) als 1 cm ist.

**14** a)

| n | $x_n$ |
|---|---|
| 0 | 2 |
| 1 | 8 |
| 2 | 26 |
| 3 | 80 |
| 4 | 242 |
| 5 | 728 |

b)

| n | $x_n$ |
|---|---|
| 0 | 2 |
| 1 | 3 |
| 2 | 3,5 |
| 3 | 3,75 |
| 4 | 3,875 |
| 5 | 3,9375 |

Die Zahlen in a) wachsen unbeschränkt; die Zahlenfolge in b) scheint sich 4 anzunähern.

**15** Nachfolger = Vorgänger + Vorvorgänger

| n | 0 | 1 | 2 | 3 | 4 | 5 | 6 | 7 | 8 |
|---|---|---|---|---|---|---|---|---|---|
| $x_n$ | 1 | 1 | 2 | 3 | 5 | 8 | 13 | 21 | 34 |

**16** a) Voraussetzung: a, b und c sind drei aufeinander folgende Zahlen.
Behauptung: $a + b + c$ ist durch 3 teilbar.
Beweis: $b = a + 1$
$c = b + 1 = a + 2$
$a + b + c = a + (a + 1) + (a + 2) = 3a + 3$
$= 3 \cdot (a + 1)$
Also: $a + b + c$ ist durch 3 teilbar.

b) Behauptung: $2 \cdot \sqrt{2}$ ist irrational
Annahme: Das Gegenteil ist wahr.
$2 \cdot \sqrt{2}$ ist rational
Folgerungen: $2 \cdot \sqrt{2} = \frac{p}{q}$ $|:2$
$\sqrt{2} = \frac{p}{2 \cdot q}$
$\sqrt{2} = \frac{p}{r}$ (Bruchzahl)
$\Rightarrow \sqrt{2}$ ist rational
Widerspruch, da $\sqrt{2}$ irrational ist!
Also ist die Annahme, dass $2 \cdot \sqrt{2}$ rational ist, falsch.

**17** a) wahr, denn $n = \frac{n}{1}$
b) falsch: $\sqrt{0{,}01} = 0{,}1 > 0{,}01$
c) falsch: $\sqrt{2}$ ist irrational

**18** a) $7\sqrt{x} - 6\sqrt{y} + 3\sqrt{x} - 4\sqrt{y} = 10\sqrt{x} - 10\sqrt{y}$
$= 10(\sqrt{x} - \sqrt{y})$
b) $\sqrt{\frac{11}{60}} \cdot \sqrt{\frac{12}{55}} = \sqrt{\frac{11 \cdot 12}{60 \cdot 55}} = \sqrt{\frac{1}{25}} = \frac{1}{5}$
c) $\sqrt{5} + \sqrt{20} - 2\sqrt{75} + 3\sqrt{5} =$
$\sqrt{5} + 2\sqrt{5} - 10\sqrt{3} + 3\sqrt{5} = 6\sqrt{5} - 10\sqrt{3}$
d) $\sqrt{0{,}1} \cdot \sqrt{0{,}121} = \sqrt{0{,}0121} = 0{,}11$
e) $(a + \sqrt{b}) \cdot (a - \sqrt{b}) = a^2 - b$
f) $5 \cdot \sqrt{\frac{5}{8}} = 5 \cdot \sqrt{\frac{5}{4 \cdot 2}} = \frac{5}{2}\sqrt{\frac{5}{2}}$

**19** a) $\sqrt{2 \cdot w}$ $D = \{w \mid w \geq 0\}$
b) $\sqrt{x - 5}$ $D = \{x \mid x \geq 5\}$
c) $\sqrt{s^2 + 1}$ $D = \mathbb{R}$
d) $\sqrt{9 - x^2}$ $D = \{x \mid -3 \leq x \leq 3\}$
e) $\sqrt{x^2 - 9}$ $D = \{x \mid x \leq -3 \text{ oder } x \geq 3\}$
f) $\sqrt{6 - 3r}$ $D = \{r \mid r \leq 2\}$

**Lösungen zu Seite 86**

**1** a) Mit $S_{A;\,1,5}$ wird die zentrische Streckung mit Streckzentrum A und Streckfaktor $k = 1{,}5$ bezeichnet. In b) ist die zentrische Streckung ausgeführt.

b)

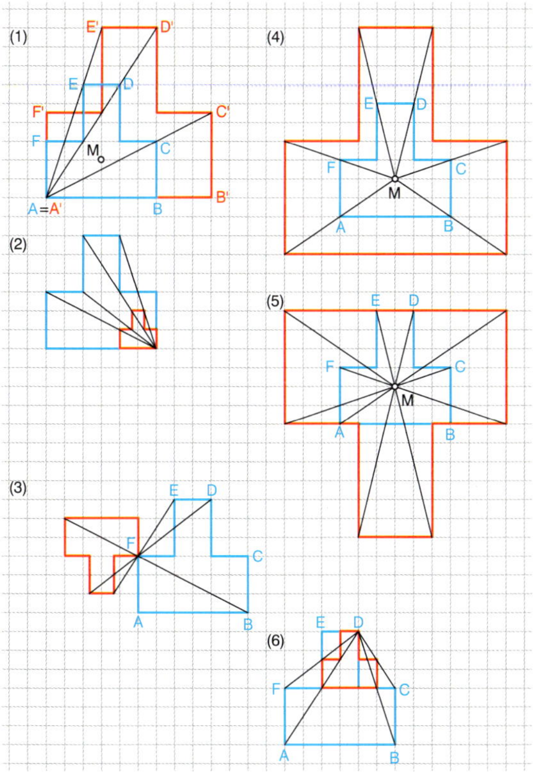


**2**

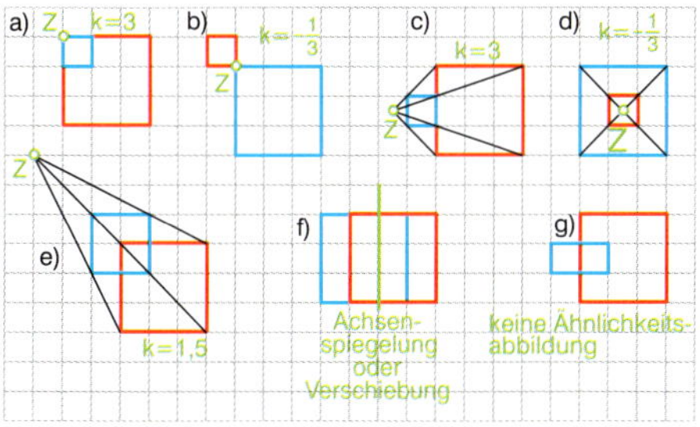


**3**

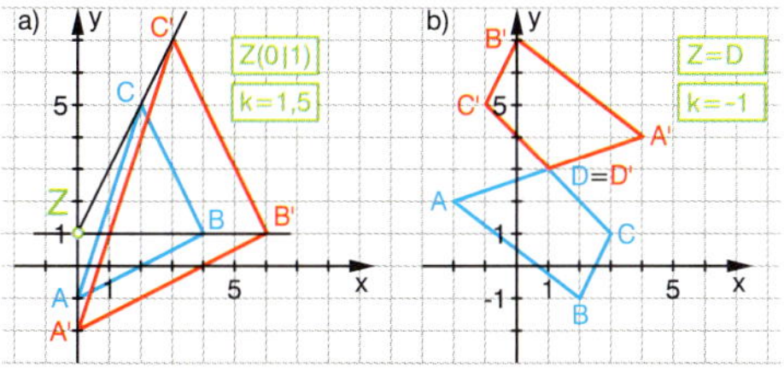


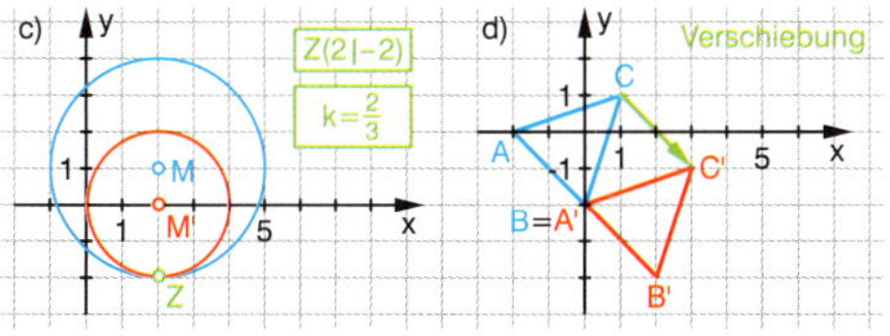


**4**

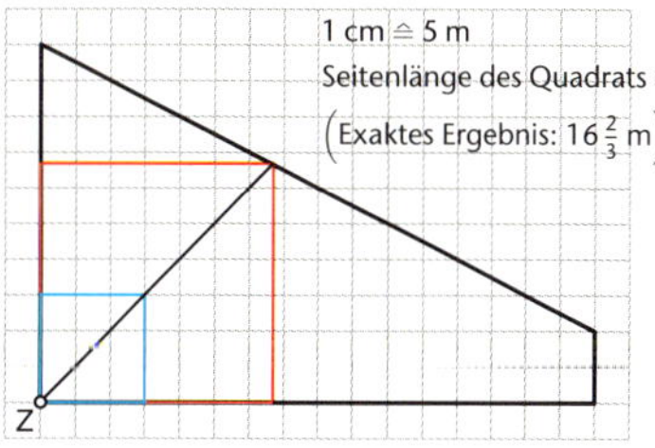


**5** a) ①, ② und ④ richtig, ③ falsch. b) ①, ② und ③ richtig, ④ falsch.

**Lösungen zu Seite 87**

**6** a) Falsch, Gegenbeispiel:

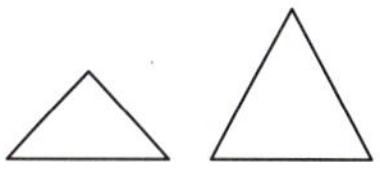

gleichschenklig, jedoch nicht ähnlich!

b) Richtig, dies folgt aus den Eigenschaften der zentrischen Streckung.

c) Falsch, Gegenbeispiel:

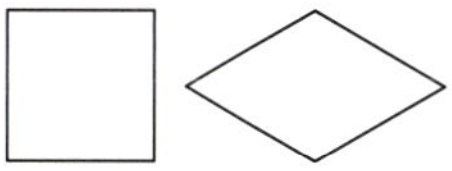

d) Falsch, sein Volumen verändert sich mit $k^3 = 3^3 = 27$. Es muss heißen „Das Volumen ver27-facht sich."

e) Richtig, vergleiche mit Aufgabe 20 auf Seite 62.

**7** a) $\frac{15}{3+9} = \frac{x}{9} \Rightarrow x = 11{,}25$ b) $\frac{6}{x} = \frac{10+6}{20} \Rightarrow x = 7{,}5$

c) $\frac{x_1}{3} = \frac{4}{21} \Rightarrow x_1 = \frac{4}{7}$ $\frac{x_2}{18} = \frac{4}{21} \Rightarrow x_2 = 3\frac{3}{7}$

**8** a) $\frac{x}{180} = \frac{68}{85} \Rightarrow x = 144\text{ m}$ b) $\frac{x}{250} = \frac{350}{100} \Rightarrow x = 875\text{ m}$

c) $\frac{1{,}2}{0{,}5} = \frac{x}{4} \Rightarrow x = 9{,}6\text{ m}$

**9** Vergleiche Seite 72 Nummer 30

**10** a) $120\text{ g} \cdot (25)^3 = 1875\text{ kg}$ b) $800\text{ cm} : 25 = 32\text{ cm}$

**11** Stufe 1: $27\text{ cm} \cdot 27\text{ cm} = 729\text{ cm}^2$

Stufe 2: $729\text{ cm}^2 + 4 \cdot (9\text{ cm})^2 = 1053\text{ cm}^2$

Stufe 3: $1053\text{ cm}^2 + 12 \cdot (3\text{ cm})^2 = 1161\text{ cm}^2$

**Lösungen zu Seite 124**

**1** (1) quadratische Funktion $f(x) = x^2 - 2$

(2) lineare Funktion $f(x) = -3x - 2$

(3) quadratische Funktion $f(x) = (x-1)^2$

(4) antiproportionale Funktion $f(x) = \frac{12}{x}$

**2** a) lineare Funktion: Gerade; quadratische Funktion: Parabel mit Maximum (Minimum), symmetrisch

lineare Funktion: konstante Steigung; quadratische Funktion: Steigung ändert sich gleichmäßig.

b) lineare Funktion: $f(x) = mx + b$; quadratische Funktion: $f(x) = ax^2 + bx + c$

c)

| x | 2x − 1 | $(x-2)^2 - 4$ |
|---|---|---|
| −4 | −9 | 32 |
| −3 | −7 | 21 |
| −2 | −5 | 12 |
| −1 | −3 | 5 |
| 0 | −1 | 0 |
| 1 | 1 | −3 |
| 2 | 3 | −4 |
| 3 | 5 | −3 |
| 4 | 7 | 0 |

Bei der linearen Funktion ändert sich der Funktionswert um 2, bei der quadratischen Funktion zunächst um −11, dann um −9, −7, −5 usw.

**3**

a) Nullstellen $x_1 = 2$, $x_2 = -3$ Parabel nach oben geöffnet „normal"

b) Scheitelpunkt $S(-2|-4)$ nach oben geöffnet „normal"

c) Scheitelpunkt $S(0|3)$ nach oben geöffnet „normal"

d) Schnittpunkt mit y-Achse $(0|5)$ nach unten geöffnet „normal"

e) Nullstellen $x_1 = 0$, $x_2 = 1$ nach oben geöffnet gestreckt $(a = 3)$

f) Scheitelpunkt = Nullstelle $S(0|0)$ nach unten geöffnet gestaucht $(a = -0{,}5)$

**4** a) $S(0|5)$ Maximum  b) $S(7|0)$ Minimum
c) $S(-2|-5)$ Minimum

**5** a) $f(x)=-(x-4)^2$  b) $f(x)=(x+5)^2-2$  c) $f(x)=-x^2+2$

**6** $S(100|5) \Rightarrow f(x)=a(x-100)^2+5$
Zudem $f(0)=40 \Rightarrow 40=a(0-100)^2+5$
$35=a\cdot 100^2 \Rightarrow a=\frac{35}{10000}$
$f(x)=\frac{35}{10000}(x-100)^2+5$

**Lösungen zu Seite 125**

**7** a) Mit Faktor 4 gestreckt,  b) Mit Faktor 0,2 gestaucht,
c) An der x-Achse gespiegelt, gestreckt (Faktor –2),  d) Um 3 nach unten verschoben,
e) Gespiegelt an x-Achse, gestreckt (Faktor –3), um 1 nach oben verschoben.  f) Gestaucht $\left(\text{Faktor } \frac{1}{4}\right)$,

**8** a) $f(x)=x^2+4x-2$
$=\underbrace{x^2+4x+4}-4-2$
$=(x+2)^2-6$
$S(-2|-6)$
b) $f(x)=x^2-4$
$S(0|-4)$
c) $f(x)=x^2-5x-6=\underbrace{x^2-5x+\left(\frac{5}{2}\right)^2}-\left(\frac{5}{2}\right)^2-6$
$=\left(x-\frac{5}{2}\right)^2-\frac{49}{4}$  $S\left(\frac{5}{2}\middle|-\frac{49}{4}\right)$
d) Nullstellen $x_1=-2$, $x_2=6$
Scheitelpunkt $(2|y_S)$
$y_S=(2+2)(2-6)=-16$
$S(2|-16)$
e) $x_1=0$, $x_2=10$
Scheitelpunkt $(5|y_S)$
$y_S=-0{,}2\cdot 5(5-10)=5$
$S(5|5)$
f) $S(0|0)$

**9** $S(50|30) \Rightarrow f(x)=a(x-50)^2+30$
$P(100|0) \Rightarrow f(100)=a(100-50)^2+30=0$
$a\cdot 50^2 = -30$
$a = -\frac{30}{2500}$
$f(x)=-\frac{30}{2500}(x-50)^2+30$

**10** a) Der Scheitelpunkt liegt in der Mitte zwischen den Nullstellen.
$x_S=\frac{1}{2}(x_1+x_2)$
$f(x_S)=a\left(\frac{1}{2}(x_1+x_2)-x_1\right)\left(\frac{1}{2}(x_1+x_2)-x_2\right)$
$=a\left(\frac{1}{2}(x_2-x_1)\right)\left(\frac{1}{2}(x_1-x_2)\right)=-\frac{1}{4}a(x_1-x_2)^2$
$S\left(\frac{1}{2}(x_1+x_2)\middle|-\frac{1}{4}a(x_1-x_2)^2\right)$
b) Nicht jede Parabel besitzt eine Nullstelle, aber jede Parabel besitzt einen Scheitelpunkt.

**11** a) $a=0{,}5$  $b=2$  $c=-6$  $L=\{-6;2\}$  b) $L=\{1;5\}$  c) $L=\{\}$

**12** a) $x_{1/2}=\frac{-2\pm\sqrt{4+32}}{2}$
$x_1=-4$; $x_2=2$
$L=\{-4;2\}$
b) $4x^2-8=20 \quad |+8$
$4x^2=28 \quad |:4$
$x^2=7$
$L=\{-\sqrt{7},\sqrt{7}\}$
c) $3x^2-x=0$
$x(3x-1)=0$
$L=\left\{0;\frac{1}{3}\right\}$
d) $5x^2-5x=0$
$5x(x-1)=0$
$L=\{0;1\}$
e) $9x^2+16x+12=0$
$x_{1/2}=\frac{-16\pm\sqrt{256-432}}{18}$
$L=\{\}$
f) $3x^2=2x-1 \quad |-2x^2$
$x^2=-1$
$L=\{\}$

**13** a)  b)  c)

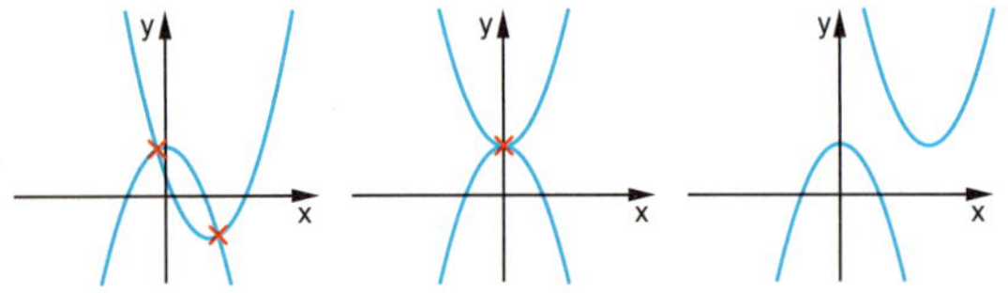


**14** $40x-2x^2=x^2-5x+150$
$3x^2-45x+150=0$  $a=3$; $b=-45$; $c=150$
$x_{1/2}=\frac{45\pm\sqrt{45^2-4\cdot 3\cdot 150}}{2\cdot 3}=\frac{45\pm\sqrt{225}}{6}=\frac{45\pm 15}{6}$
$x_1=10$; $x_2=5$
Berechnung der y-Werte: $40\cdot 10-2\cdot 10^2=200$
$40\cdot 5-2\cdot 5^2=150$
Schnittpunkte: $(5|150)$; $(10|200)$

**15**
- $h(0)=-\frac{1}{200}(0-40)^2+10=2$  **Abwurfhöhe?**
- $S(40|10)$  **Scheitelpunkt?** (max. Höhe)
- $h(70)=-\frac{1}{200}(70-40)^2+10=5{,}5$  **Höhe bei w = 70 m?**
- $h(w)=0=-\frac{1}{200}(w-40)^2+10$  **Wurfweite?**
  $-10=-\frac{1}{200}(w-40)^2$
  $2000=(w-40)^2$
  $w_1=40+\sqrt{2000}\approx 84{,}7$ (Weite)  $(w_2=40-\sqrt{2000}\approx -4{,}7)$
- $h(w)=8$  **Wo ist der Speer 8 m hoch?**
  $8=-\frac{1}{200}(w-40)^2+10$
  $-2=-\frac{1}{200}(w-40)^2$
  $400=(w-40)^2$
  $w_1=40+\sqrt{400}=60$  $w_2=40-\sqrt{400}=20$

**Lösungen zu Seite 154**

**1** a) $D=\{x|x\le 3\}$  b) $D=\{x|x\ge -3\}$  c) $D=\left\{x\middle|x\ge\frac{5}{3}\right\}$
d) $D=\{x|x\ge 4\}$  e) $D=\mathbb{R}$  f) $D=\{x|x\le -1 \text{ oder } x\ge 1\}$

**2** a) Verschiebung um 3 nach oben  b) Verschiebung um 3 nach links  c) Streckung Faktor 3
d) Verschiebung um 1 nach rechts, um 4 nach unten  e) Spiegelung an x-Achse, Streckung Faktor –2  f) Verschiebung um 4 nach links Streckung $a=2$

**3** a) keine Lösung
$f(x)=\sqrt{x+2}$
$g(x)=\sqrt{x}$
Gegeneinander horizontal verschoben
b) keine Lösung
$f(x)=\sqrt{x}+3$
$g(x)=\sqrt{x}$
vertikal gegeneinander verschoben
c) keine Lösung
$f(x)=2\sqrt{x}$
gestreckt
$g(x)=\sqrt{x-2}$
nach rechts verschoben

**4** a) Waagerechter-Linien-Test
Zu jedem Funktionswert y gehört nur ein x-Wert
b) Waagerechter-Linien-Test
Der Graph der Funktion wird von jeder Horizontalen höchstens einmal geschnitten
c) Für $D=\{x|x\ge x_s\}$ oder $D=\{x|x\le x_s\}$ besitzt eine quadratische Funktion eine Umkehrfunktion. Dabei ist $x_s$ der x-Wert des Scheitelpunktes.

**5**
a) $y=4-x^2$
$x=4-y^2$
$-x+4=y^2$
$y=\sqrt{4-x}$
b) $y=(x-2)^2+3$
$x=(y-2)^2+3$
$y-2=\sqrt{x-3}$
$y=\sqrt{x-3}+2$
c) $y=x^2-3x-4$
$x=y^2-3y-4 \Rightarrow y^2-3y-(4+x)=0$
$y=\frac{3+\sqrt{9+16+4x}}{2}$
$y=\frac{3}{2}+\frac{1}{2}\sqrt{4x+25}$

**6** a) $f(x)=\sqrt{x-2}+3$
c) $y=\sqrt{x-2}+3 \Rightarrow x=\sqrt{y-2}+3$
$x-3=\sqrt{y-2}$
$(x-3)^2+2=y$ für $x\ge 3$

**7** $\sqrt{x}+3=x$
$x=(x-3)^2$ mit $x-3>0$
$x^2-7x+9=0$  $L=\{0{,}5\cdot(7+\sqrt{13})\}$

**8** a) $L=\{25\}$ b) $L=\{0; \frac{1}{9}\}$ c) $L=\{9\}$
d) $L=\{9\}$ e) $L=\{4\}$

**9** Zweimal quadrieren
a) $L=\{4\}$ b) $L=\{\}$

**Lösungen zu Seite 155**

**10** a) Konzentrische Kreise um F mit Radius 1 (2; 3; …) cm: Punkte, die von F die Entfernung 1 (2; 3; …) cm haben. Parallelen in Abstand 1 (2; 3; …) cm von h: Punkte, die von h den Abstand 1 (2; 3; …) cm haben.
b) Zur Konstruktion siehe z. B. Seite 138, Beispiel A.

**11** a)
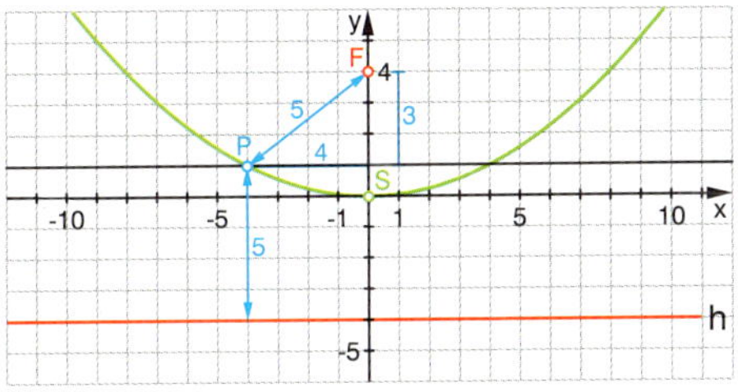


b) Scheitelpunkt $S(0|0) \Rightarrow f(x)=ax^2$. Weiterer Punkt $P(-4|1) \Rightarrow f(x)=\frac{1}{16}x^2$.

**12** a) $f(x)=a(x+2)^2+2$
$f(8)=4 \Rightarrow a=\frac{2}{100}$
$f(x)=\frac{2}{100}(x+2)^2+2$

b) $f(x)=a(x-2)(x-8)$
$f(4)=6 \Rightarrow a=-\frac{3}{4}$
$f(x)=-\frac{3}{4}(x-2)(x-8)$

c) $f(-2)=-4$ $\quad -4=4a-2b+c$
$f(4)=14$ $\quad 14=16+4b+c$ $\quad f(x)=ax^2+bx+c$
$f(0)=-3$ $\quad -3=c$
$f(x)=\frac{5}{8}x^2+\frac{7}{4}x-3$

**13** $f(x)=0{,}000375x^2-0{,}0249x+6{,}35$

**14** a)
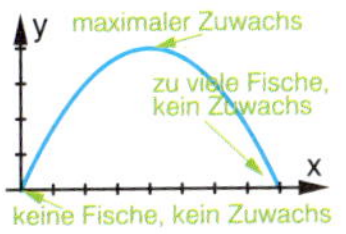


b) $m(x) = a\cdot x(x-1000)$
$m(500)=600=a\cdot(500-1000)\cdot 500$
$a = -\frac{6}{2500}$
$m(x) = -\frac{6}{2500}\cdot x(x-1000)$

**15** a)

| t | x | y |
|---|---|---|
| 0 | 0 | 0 |
| 1 | 30 | 15 |
| 2 | 60 | 20 |
| 3 | 90 | 15 |
| 4 | 120 | 0 |

Länge des Abschlags: $y=0$ für $x=120$

b) $y=\frac{2}{3}x-5\left(\frac{x}{30}\right)^2$

c) $y=\frac{2}{3}x-1{,}9\left(\frac{x}{30}\right)^2$
Die Flugbahn ist „viel höher", der Schlag viel länger: Länge etwas mehr als 300 m. (s. Tabelle)

c)

| t | x | y |
|---|---|---|
| 0 | 0 | 0 |
| 1 | 30 | 18,1 |
| 2 | 60 | 32,4 |
| 3 | 90 | 42,9 |
| 4 | 120 | 49,6 |
| 5 | 150 | 52,5 |
| 6 | 180 | 51,6 |
| 7 | 210 | 46,9 |
| 8 | 240 | 38,4 |
| 9 | 270 | 26,1 |
| 10 | 300 | 10 |
| 11 | 330 | −9,9 |

**Lösungen zu Seite 194**

**1** Einige Gründe sind
- Die Aussage ist einfach
- Der Satz verbindet Geometrie und Algebra
- Der Satz lässt sich zur Konstruktion rechter Winkel verwenden
- Mithilfe des Satzes lassen sich viele Anwendungsprobleme (z. B. Entfernungsmessung) lösen
- Der Satz ist auf ungeheuer viele Arten beweisbar.
Die Beweise sind z. T. einfach und anschaulich.

**2** a) $x \approx 8{,}5$ cm b) $x \approx 5{,}8$ cm c) $x \approx 5{,}3$ cm

**3** a) $z \approx 21{,}4$ cm b) $y \approx 6{,}9$ cm c) $x \approx 8{,}7$ cm

**4** a) spitzwinklig, da $4^2+4^2>5^2$; $a=3$ cm oder $b=3$ cm
b) stumpfwinklig, da $10^2+15^2<13^2$; $p=12$ cm
c) stumpfwinklig, da $9^2+11^2<15^2$; $z=12$ cm

**5** a) Berechne die Seitenlängen des Vierecks: $\overline{AB}=\overline{BC}=\sqrt{20}$, $\overline{CD}=\overline{DA}=2$
Da je zwei benachbarte Seiten gleich lang sind, handelt es sich um ein Drachenviereck.
b) $\overline{AB}=\overline{BC}=\overline{CD}=\overline{DA}=\sqrt{10}$ Diagonalen: $\overline{AC}=\sqrt{20}$, $\overline{BD}=\sqrt{20}$
Da die Diagonalen gleich lang sind, handelt es sich um ein Quadrat.
Oder: Da $\overline{AB}^2+\overline{BC}^2=\overline{AC}^2$, liegt bei B ein rechter Winkel vor. ⇒ Quadrat

**6** Hier musst Du die Länge der Streckenstücke bestimmen und addieren. Die Streckenstücke sind alle Hypotenusen von rechtwinkligen Dreiecken.
$\overline{AC} \approx 583$ m; $\overline{CD} \approx 316$ m; $\overline{DB} \approx 447$ m
Das U-Boot muss ungefähr 1346 m zurücklegen.

**7** a) $(x-3)^2+(y-7)^2=5$
Q liegt auf dem Kreis, denn $(1-3)^2+(8-7)^2=5$
b) $r=d(M;P)=5$; $x^2+y^2=25$;
Q liegt nicht auf dem Kreis, denn $1^2+8^2 \neq 25$
c) $r=d(M;P)=\sqrt{58}$; $(x+2)^2+(y-1)^2=58$
Q liegt auf dem Kreis, denn $(1+2)^2+(8-1)^2=58$

**Lösungen zu Seite 195**

**8** a) $x \approx 5{,}3$ cm
b) $h \approx 3{,}9$ cm $a \approx 4{,}9$ cm $b \approx 6{,}3$ cm
c) $h \approx 3{,}8$ cm $x \approx 4{,}3$ cm $y \approx 8{,}1$ cm

**9** Verwandle das Trapez zuerst in ein Rechteck mit den Maßen 7 cm × 4 cm.
Die Umwandlung erfolgt mithilfe des Höhensatzes.
1. Verlängere die 7 cm lange Seite um 4 cm.
2. Konstruiere den Mittelpunkt der verlängerten Strecke.
3. Zeichne einen Halbkreis um den Mittelpunkt mit der verlängerten Strecke als Durchmesser.
4. Verlängere die Rechteckseite, die innerhalb des Kreises senkrecht auf dem Durchmesser steht, bis sie den Kreisbogen schneidet.
5. Konstruiere das Quadrat über der in 4. verlängerten Rechteckseite.

**10** Planskizze:
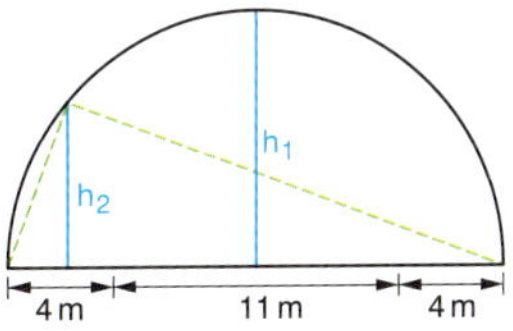


10,97 m ≈ 11 m im Rahmen sinnvoller Genauigkeit. Die Höhe $h_1$ am Mittelstreifen entspricht dem Radius des Kreises, also $h_1 \approx 9{,}5$ m.
Die Höhe $h_2$ an der Seitenlinie lässt sich mithilfe des Höhensatzes bestimmen:
$h_2 \approx \sqrt{4\,\text{m}\cdot 15\,\text{m}} \approx 7{,}7$ m

**11** Planskizze:
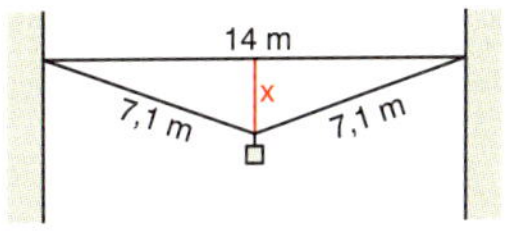


Die Lampe hängt ca. 1,2 m durch.

**12** Planskizze:
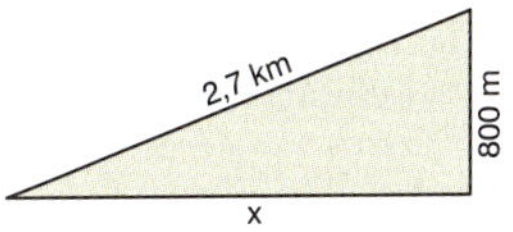


$x \approx 2579$ m
Die Steigung beträgt $\frac{800}{2579} \approx 31\%$

**13** Planskizze:
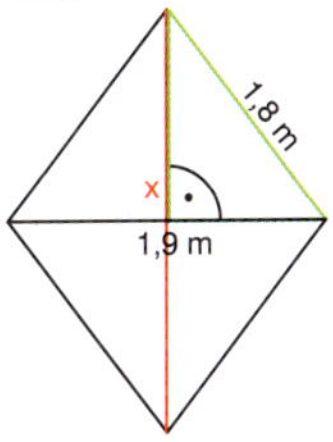


Mithilfe des grünen Dreiecks lässt sich $\frac{x}{2} \approx 1{,}53$ m bestimmen.
Die Höhe der Raute beträgt ca. 3,1 m.

**14** Planskizze:

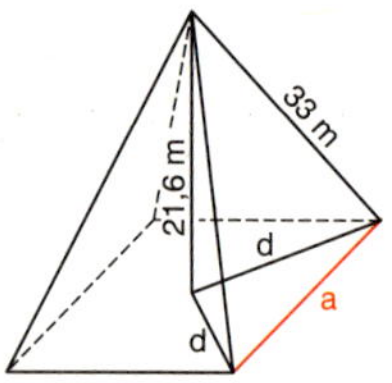


$d \approx 24{,}9$ m
$a = \sqrt{2d^2} \approx 35{,}3$ m
Die Grundfläche beträgt ca. 1245 $m^2$.

**15** Planskizze:

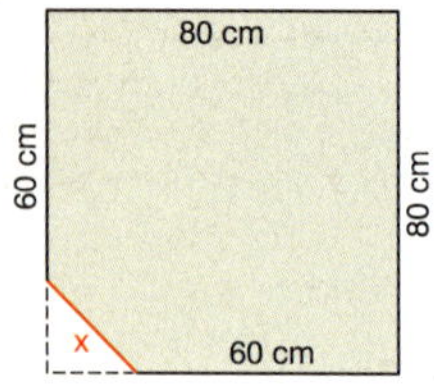


$x = \sqrt{2 \cdot 20^2}$ cm $\approx 28{,}3$ cm.
Die Angabe im Prospekt ist falsch.
Der Flächeninhalt der Arbeitsplatte beträgt
$(80\text{ cm} \cdot 80\text{ cm}) - \frac{1}{2} \cdot (20\text{ cm} \cdot 20\text{ cm})$
$= 6200\text{ cm}^2 = 0{,}62\text{ m}^2$

**16** Planskizze:

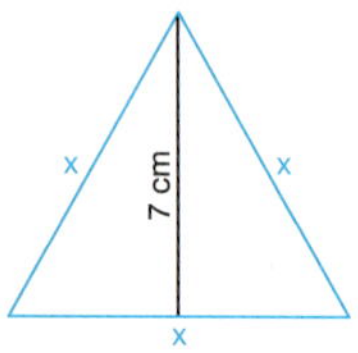


$x^2 = \left(\frac{x}{2}\right)^2 + 7^2$
$x \approx 8{,}1$ cm
Der Flächeninhalt beträgt ca. 28,3 $cm^2$.

**Lösungen zu Seite 217**

**1** a) 27 b) −16 c) 9 d) −125 e) 36 f) −225

**2** a) $a^{10}$ b) $x^{16}$ c) $15x^7$ d) $6z^6$ e) $-20x^{10}$ f) $-6b^6$

**3** a) 3125 und 150 b) $\frac{1}{9}$ und −9 c) 4 und 24

**4** a) 2,5x b) $0{,}25a^3$ c) −0,04 d) 25x

**5** a) $-a^2$ b) $-\frac{1}{a^3}$ c) $\frac{x^2}{y}$ d) $\frac{b^8 c}{a^3}$

**6** a) 6 b) b c) 4 d) 9

**7** 31 536 000 s pro Jahr 1 Lichtjahr $\approx 946 \cdot 10^{10}$ km

**8** $(x^n)^m = \underbrace{\underbrace{(x \cdot x \cdot \ldots \cdot x)}_{n\text{-mal}} \cdot \underbrace{(x \cdot x \cdot \ldots \cdot x)}_{n\text{-mal}} \cdot \ldots \cdot \underbrace{(x \cdot x \cdot \ldots \cdot x)}_{n\text{-mal}}}_{m\text{-mal}} = x^{n \cdot m}$

**9** –

**10** $x^3$; $x^1$; $x^{15}$ ($x^2$; $x^{10}$; $x^6$)

**11** (1) Punktsymmetrisch zum Ursprung; strebt für x gegen $+\infty$ $(-\infty)$ gegen $+\infty$ $(-\infty)$; überall steigend; umkehrbar; Wendepunkt im Ursprung
(2) Symmetrisch zur y-Achse; strebt für x gegen $+/-\infty$ gegen $+\infty$; für $x > 0$ steigend, für $x < 0$ fallend; nicht umkehrbar; Tiefpunkt im Ursprung
(3) Symmetrisch zur y-Achse; für $x = 0$ nicht definiert; für $x < 0$ steigend, für $x > 0$ fallend; strebt für x gegen $+/-\infty$ gegen 0; strebt für x von rechts (links) gegen 0 jeweils gegen $+\infty$
(4) Punktsymmetrisch zum Ursprung; für $x = 0$ nicht definiert; für $x > 0$ und $x < 0$ fallend; strebt für x gegen $+/-\infty$ gegen 0; strebt für x von rechts gegen Null gegen $+\infty$, für x von links gegen 0 gegen $-\infty$

**12** a) $\frac{1}{9}$ b) 1 c) 121 d) −0,001
e) 1,5 f) −0,5 g) 6,25 h) 1 000 000

**13** a) $a^{-x}$ b) $x^{2-2b}$ c) $3y^{-2}$ d) $a^{-2}b^{5+y}$

**14** a) $\frac{1}{a}$ b) $\frac{z}{x^2}$ c) $z^5$ d) $\frac{1}{7a^4 b^3}$

**15** Möglichst klein: a) $-3^{(2^2)} = -(3^2)^2 = -81$
b) $(10 \cdot 6 + 4 \cdot 3)^{-7} \approx 10^{-13}$ c) $(3 \cdot 3 + 1)^{-1} = 0{,}1$
Möglichst groß: a) $(-3^2)^2 = 81$
b) $10 \cdot 6 + 4 \cdot (3^{-7}) \approx 60$ c) $3 \cdot (3 + 1^{-1}) = 12$

**Lösungen zu Seite 218**

**16** Würfel: $\frac{6}{a}$ Tetraeder: $\frac{6\sqrt{6}}{a}$ Oktaeder: $\frac{3\sqrt{6}}{a}$
Wenn a wächst, wird das Verhältnis O : V immer kleiner.

**17** a) $4{,}000321 \cdot 10^6$; $1{,}23 \cdot 10^{-5}$; $-8{,}1 \cdot 10^1$; $5 \cdot 10^{-3}$; $-4{,}876554327 \cdot 10^4$
b) 260 000; 0,000 000 000 031; 10 010 000; 0,0059

**18** a) $1{,}2 \cdot 10^6$ b) $1 \cdot 10^8$ c) $4 \cdot 10^2$
d) $6{,}2 \cdot 10^3$ e) $5{,}3 \cdot 10^{-4}$ f) $\approx 6{,}38 \cdot 10^1$

**19** 8 760 Stunden pro Jahr
Geschwindigkeit $\approx$ 61 479 km/h

**20** a) −3,30 b) − 10 c) −0,8 oder 0,8 d) −3,16 oder 3,16

**21** Merkur: $\approx$ 0,24 Jahre; Saturn: $\approx$ 29,46 Jahre

**22** a) 5 b) 4 c) 0,5 d) 0,5

**23** a) $\sqrt{x^7}$ b) $\sqrt[5]{x^3}$ c) $\frac{1}{\sqrt[10]{10}}$

**24** a) $x = 6$ b) $x = -2$ c) $x = 4$

**25** a) Gemeinsamkeiten: f und g gehen durch $(1|1)$ und $(-1|-1)$; symmetrisch zum Ursprung.
Unterschiede: g(0) ist nicht definiert; f ist überall steigend, g ist überall fallend; f strebt für x gegen $+/-\infty$ gegen $+/-\infty$, g strebt für x gegen $+/-\infty$ gegen 0; g strebt für x gegen 0 gegen $+/-\infty$.
b) Gemeinsamkeiten: f und g gehen durch $(0|0)$, $(1|1)$; f und g sind überall steigend; streben für x gegen $+\infty$ gegen $+\infty$.
Unterschiede: g ist für $x < 0$ nicht definiert; f strebt für x gegen $-\infty$ gegen $-\infty$; mit zunehmenden x wird f immer steiler, g immer flacher.

**Lösungen zu Seite 243**

**1** a)

| Schulform | Gymnasium | Gesamtschule | Realschule | Hauptschule | Sonstige | Summe |
|---|---|---|---|---|---|---|
| Anz. Sch. | 401 801 | 192 348 | 326 413 | 233 271 | 73 718 | 1 227 551 |
| in Prozent | 32,7 % | 15,7 % | 26,6 % | 19,0 % | 6,0 % | 100,0 % |

b)

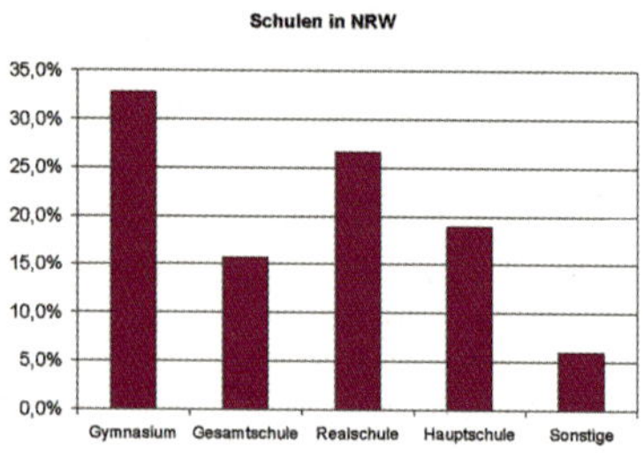


c) Die zeitliche Entwicklung der Schülerzahlen wird gut in einem Liniendiagramm dargestellt. Vorsicht! Die Hochachse beginnt hier bei 1,65 Millionen.

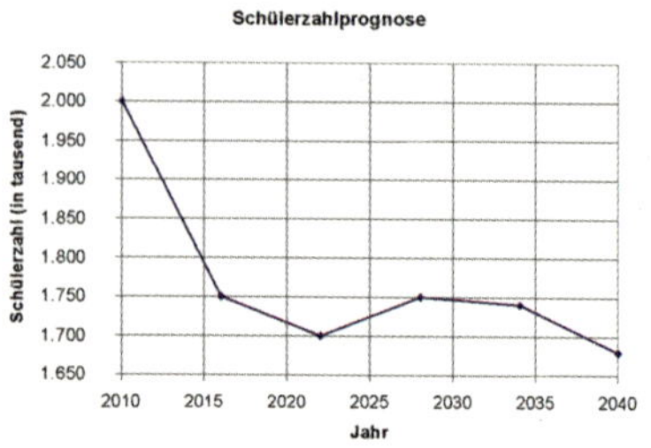

**2** a) Die Lebenserwartung in den 49 betrachteten afrikanischen Ländern liegt zwischen 40 und 74 Jahren, in den meisten Ländern zwischen 50 und 59 Jahren (Median: 52 Jahre).

b) **Lebenserwartung in Europa in Jahren:**

6 68
7 0223344
7 67888888999999999
8 0000011124

Die Lebenserwartung in den 36 europäischen Ländern liegt zwischen 66 und 84 Jahren, in den meisten Ländern zwischen 76 und 79 Jahren (Median: 79 Jahre). Die Lebenserwartung in Europa scheint etwa um 27 Jahre höher zu sein als in Afrika.

**3** Die Hauptursache für eine stationäre Behandlung von Kindern stellen die Verletzungen mit Häufigkeiten zwischen 74 % und über 90 % dar. Als nächst häufige Ursache kann man aus dem Diagramm Vergiftungen ablesen, wobei der Anteil bei den 1–4jährigen am höchsten ist, ebenso wie bei der dann folgenden Ursache, den Verbrennungen / Verätzungen. (Sind Kinder in diesem Alter besonders neugierig und entdeckungsfreudig?)

**4** a) Stängel-Blatt-Diagramm:

1 89
2 368
3 001144588889
4 00033468

Punkt-Diagramm:

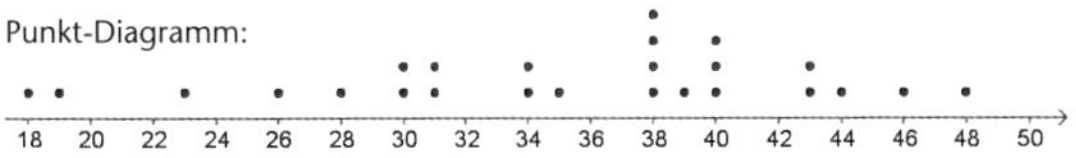


Histogramme:

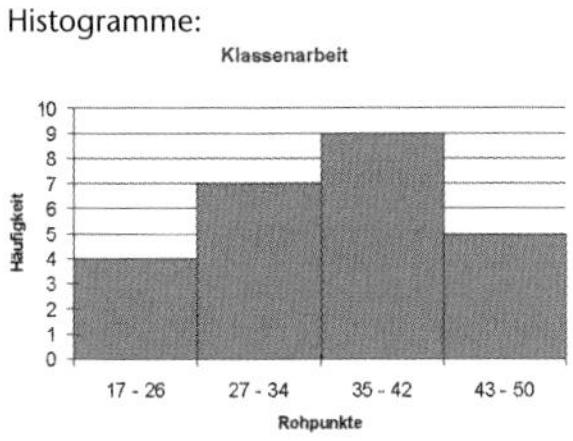


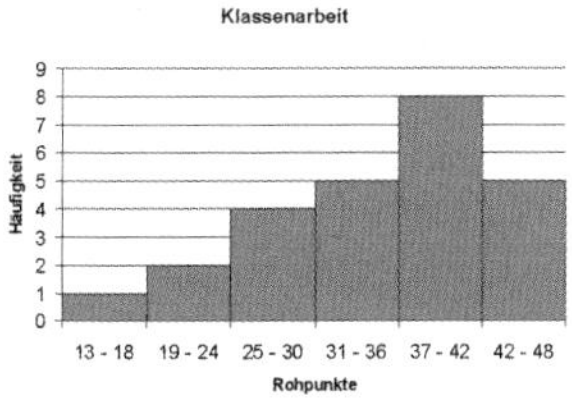


b) Herr Petermann hat verschiedene Möglichkeiten; am einfachsten (und schülerfreundlich) wäre es, bei der Einteilung von sechs in etwa gleich breiten Klassen auszugehen, also:

bis 18 Punkte: ungenügend
19–24 Punkte: mangelhaft
25–30 Punkte: ausreichend
31–36 Punkte: befriedigend
37–42 Punkte: gut
42–48 Punkte: sehr gut

Dann würde mehr als die Hälfte (13) der Arbeiten mit gut und sehr gut benotet!

In der Realität gehen Lehrer bei der Benotung nicht von gleich breiten Klassen aus. Häufig sind mindestens 50 % der erreichbaren Punkte erforderlich, um noch ein „Ausreichend" zu bekommen.

**Lösungen zu Seite 244**

**5** a) Median: 32; arithmetisches Mittel: 40,25; Modalwert: 31

b) Der Median scheint die Besucherzahlen gut zu repräsentieren; das arithmetische Mittel wird durch die beiden „Ausreißertage" (90, 102) stark nach oben verzerrt.

**6** Minimum: 0 unteres Quartil: 10 Median: 16
Maximum: 35 oberes Quartil: 20

**7** a) Das arithmetische Mittel kann bei „Ausreißern" zu Ungerechtigkeiten führen, z. B. bei folgenden Noten: 2; 3; 2; 3; 2; 2; 6; 2; 1. Das arithmetische Mittel (2,6) führte hier eher zur Gesamtnote „befriedigend", obwohl sechs von neun Arbeiten mit „gut" und „sehr gut" benotet wurden. Median: 2.

b) In den meisten Fällen ist der Median gerechter, aber nicht immer. Beispiel: 5; 2; 5. Hier führte der Median (5) zur Note „mangelhaft", das arithmetische Mittel (4) aber zur Note „ausreichend".

**8** a) Spannweite

b) Median der unteren (oberen) Hälfte der Daten

c) arithmetisches Mittel der beiden „mittleren" Datenwerte

d) Quartilsabstand. Zwischen dem unteren und oberen Quartil liegt die mittlere Hälfte der Daten.

e) Ausreißer liegen auf den „Antennen" in der Nähe des Minimums bzw. Maximums.

**9** Aus dem Diagramm liest man ab:
Minimum: 1 unteres Quartil: 3,5 Median: 5
Maximum: 10,5 oberes Quartil: 7,5

a) Die Python ist gemäß dem Diagramm 10,50 m lang.

b) Der Median der Daten ist hier das arithmetische Mittel aus dem fünften und sechsten Datenwert. Beispiele für mögliche Kombinationen: (3,5|6,5), (4|6), (5|5). Man kann aus dem Diagramm also nur ablesen, dass die Königskobra als fünftlängste Schlange zwischen 3,5 m (unteres Quartil) und 5 m (Median) lang ist.

**10** Die elf höchsten Achterbahnen:

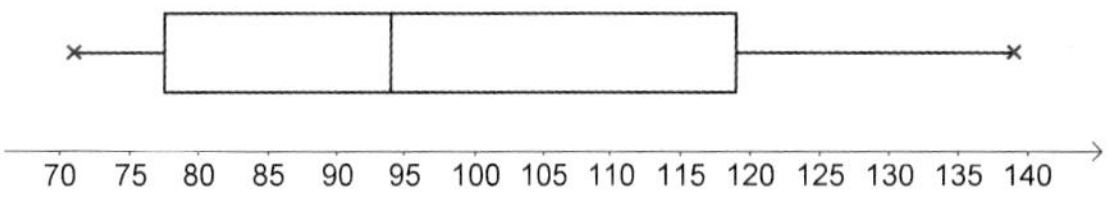

# Stichwortverzeichnis